MANNHEIMER BEITRÄGE
ZUR SPRACH- UND LITERATURWISSENSCHAFT

herausgegeben von

PETER BROCKMEIER · ULRICH HALFMANN
HANS-JÜRGEN HORN · WILHELM KÜHLMANN · HARTMUT LAUFHÜTTE
JOCHEN MECKE und MEINHARD WINKGENS

Band 39

Signet: Motiv vom Hals der Oinochoe des ‚Mannheimer Malers'
(Reissmuseum Mannheim, Mitte des 5. Jh. v. Chr.)

Ulrich Winter

Der Roman im Zeichen seiner selbst

Typologie, Analyse und historische Studien
zum Diskurs literarischer Selbstrepräsentation
im spanischen Roman des 15. bis 20. Jahrhunderts

gnv Gunter Narr Verlag Tübingen

Die Deutsche Bibliothek – *CIP-Einheitsaufnahme*

Winter, Ulrich:
Der Roman im Zeichen seiner selbst : Typologie, Analyse und historische Studien zum Diskurs literarischer Selbstrepräsentation im spanischen Roman des 15. bis 20. Jahrhunderts / Ulrich Winter. – Tübingen : Narr, 1998
 (Mannheimer Beiträge zur Sprach- und Literaturwissenschaft ; Bd. 39)
 ISBN 3-8233-5039-0

© 1998 · Gunter Narr Verlag Tübingen
Dischingerweg 5 · D-72070 Tübingen

Das Werk einschließlich aller seiner Teile ist urheberrechtlich geschützt. Jede Verwertung außerhalb der engen Grenzen des Urheberrechtsgesetzes ist ohne Zustimmung des Verlages unzulässig und strafbar. Das gilt insbesondere für Vervielfältigungen, Übersetzungen, Mikroverfilmungen und die Einspeicherung und Verarbeitung in elektronischen Systemen.
Gedruckt auf chlorfrei gebleichtem und säurefreiem Werkdruckpapier.

Gesamtherstellung: Hubert & Co., Göttingen
Printed in Germany

ISSN 0175-3169
ISBN 3-8233-5039-0

Vorwort

Die vorliegende Studie ist die überarbeitete Fassung meiner Dissertation, die im Wintersemester 1995/96 von der Neuphilologischen Fakultät der Ruprecht-Karls-Universität Heidelberg angenommen wurde. Trotz ihrer systematisch-methodischen Ausrichtung hat die Arbeit ihren Ausgangspunkt nicht in der literaturwissenschaftlichen Theorie, sondern in der literarischen Praxis und konkreter: im Gespräch über Literatur. Dieses Gespräch begann, als Prof. Frauke Geweckc (Heidelberg) mir den zeitgenössischen spanischen Roman als Idee einer Forschungsarbeit mit auf den Weg nach Spanien gab und Prof. Santos Sanz Villanueva (Madrid) das Stichwort 'Metafiktion' mit auf den Heimweg. Es ist mir ein ehrliches Bedürfnis, allen meinen Dank auszusprechen, die dieses Gespräch ermöglicht haben, daran beteiligt waren und dazu beigetragen haben, daß es in der vorliegenden Form als Buch erscheinen kann. An erster Stelle danke ich meinen Lehrern. Herr Prof. Arnold Rothe (Heidelberg) hat die Arbeit geduldig betreut, immer neue Versionen mit Kritik und Lob bedacht und vielfältige Gelegenheiten geboten, meine Thesen mit ihm und anderen zu diskutieren; Herr Prof. Jochen Mecke (Regensburg) hat mir wertvolle literarhistorische Perspektiven meines Themas aufgezeigt und mir als Chef Vertrauen, Rücksichtnahme und Unterstützung entgegengebracht.

Ich konnte mit vielen Freunden und Kollegen über mein Dissertationsprojekt zu verschiedenen Gelegenheiten sprechen. Besonders danken möchte ich Herrn Dr. Christian v. Zimmermann (Heidelberg) und meiner Frau für zahlreiche Hinweise und die kritische und sehr aufmerksame Lektüre des Manuskriptes. Herrn Dr. Gonzalo Arilla und Frau Crisanta Bielsa (Heidelberg / Mannheim) bin ich verbunden, denn sie haben mir in vielen Jahren einen einzigartigen Zugang zu Literatur und Kultur ihres Landes ermöglicht. Ich danke Stefan Winter für technische Hilfe bei der Erstellung der Druckvorlage und Frau Carmen Betz für die Durchsicht von Teilen der Druckfassung. Den Herausgebern der „Mannheimer Beiträge" danke ich für die freundliche Aufnahme meiner Dissertation in ihre Reihe.

Für diejenigen, die während all dieser Gespräche neben mir und hinter mir gestanden haben, ist ein Wort des Dankes vielleicht nicht ausreichend. Ich denke vor allem an meine Eltern Aloys und Gisela Winter, die mich rückhaltlos unterstützt haben: ihnen widme ich diese Arbeit.

Regensburg, im November 1997   Ulrich Winter

Inhaltsverzeichnis

Vorwort 5
Inhaltsverzeichnis 7
0.   Einleitung 13
        'Selbstbezüglichkeit' als Gegenstand und Problem literaturwissenschaftlicher Forschung (15); a) *Metafiction* und *narcissistic novel* (21); b) *Mise en abyme* (24) Ausgangspunkte, Perspektive, Fragestellungen und Ziel der Untersuchung (29); Aufbau der Untersuchung (40); Der spanische Roman (41)

1.   Selbstrepräsentation – ein Beschreibungsmodell 43
1.1   Selbstrepräsentation und ihre Instanzen 43
     1.1.1   Repräsentation, dynamisches und unmittelbares Objekt 44
     1.1.2   Selbstrepräsentation als doppelte Semiose 48
     1.1.3   Selbstrepräsentationen lesen: Der Rezipient der Selbstrepräsentation als strukturelle und historische Instanz (Interpretant) 51
     1.1.4   Selbstinterpretation des Textes: Verkettung der Interpretanten 54
     1.1.5   Aussage und Repräsentation 56
1.2   Die Selbstrepräsentationstypen 60
     1.2.1   Objekttypen 60
     1.2.1.0 Zur Definition der Objekttypen 60
         a) Zur inhaltlichen Definition des Typs: Objekte als Repräsentationen (61); b) Relationalität: Objekte als besetzbare Positionen (64); Die Beschreibungsebene der Analyse: Repräsentation und Kontext (65); Kontextualisierungsmöglichkeiten (66)
     1.2.1.1 *TEXT* als Objekt der Selbstrepräsentation 67
     1.2.1.2 *AUTOR* als Objekt der Selbstrepräsentation 70
     1.2.1.3 *LESER* als Objekt der Selbstrepräsentation 75

1.2.2	Komplexität und Dynamik der Selbstrepräsentation auf der kontextualen, genealogischen und paradigmatischen Achse	78
1.2.3	Die Repräsentationsarten	79
1.2.3.0	Vorbemerkung	79
1.2.3.1	Indexikalische Selbstrepräsentation	82
	Der Aussage-TEXT	84
1.2.3.2	Ikonische Selbstrepräsentation	90
1.2.3.3	Symbolische Selbstrepräsentation	98
1.2.3.4	Ikonische, indexikalische und symbolische Repräsentation: gegenseitige Abgrenzung und Darstellungsfunktionen	105
1.2.4	Ausdifferenzierung der Beschreibungsparameter (Überblick)	106
1.2.5	Subdifferenzierung der Selbstrepräsentationstypen	108
1.2.6	Beispielreihe	111
1.2.6.1	Ikonische Selbstrepräsentation	111
1.2.6.1.1	AUTOR-Ikons	111
1.2.6.1.2	TEXT-Ikons	114
1.2.6.1.3	LESER-Ikons	116
1.2.6.2	Indexikalische Repräsentationen	119
1.2.6.2.1	AUTOR-Indices	119
1.2.6.2.2	TEXT-Indices	122
1.2.6.2.3	LESER-Indices	125
1.2.6.3	Symbolische Selbstrepräsentation	126
1.2.6.3.1	AUTOR-Symbole	126
	Zwischenbemerkung: Symbolische TEXT-Repräsentation vs. symbolische LESER-Repräsentation (129)	
1.2.6.3.2	TEXT-Symbole	130
1.2.6.3.3	LESER-Symbole	131
1.2.7	Interferenzen	135
1.2.7.1	AUTOR-als-LESER und LESER-als-AUTOR	141
1.2.7.1.1	AUTOR-als-LESER: Entzifferung, Mimesis, Intertextualität	142
1.2.7.1.2	LESER-als-AUTOR: *Mouvance*, dialogisches Prinzip, 'mort de l' auteur'	147
1.2.7.2	TEXT-als-AUTOR und TEXT-als-LESER	149
1.2.7.2.1	TEXT-als-AUTOR: Transtextualität, Diskurseffekt, Skripturalismus	149
1.2.7.2.2	TEXT-als-LESER: Transtextualität, Lesemaschinen	152
1.2.7.3	AUTOR-als-TEXT und LESER-als-TEXT	154
1.2.7.3.1	AUTOR-als-TEXT: 'Sprechendes Buch' und Dekonstruktion	154

	1.2.7.3.2	LESER-als-TEXT: Sinnarretierung und Sinnentgrenzung 156
	1.2.7.4	'Auto-Biographie' des Romans? 161
2.	Selbstrepräsentation in historischer Praxis 165	
2.0	Analyse der historischen Möglichkeiten und Grenzen selbstrepräsentationaler Darstellung im Roman .... 165 Zur Praxis der Textanalyse (166); Position und Status des Aussage-TEXTES als Paradigma historischen Wandels und Fluchtpunkt der Textanalyse (167)	
2.1	15. - 17. Jahrhundert 169	
	2.1.0	Einleitende Bemerkungen .... 169 Die 'Intervention des Autors'(171)
	2.1.1	Diego de San Pedro *Cárcel de amor* (1492): Vergangenheit der Handlung, Gegenwart der Erzählung und Zukunft der Schrift .... 176 LESEN: Handlungsbeteiligung, Rezeptionslenkung und Kontrollverlust (178); LESEN und PRODUZIEREN: Praxis des Erzählens (180); PRODUZIEREN: Allegorie des Autors und Einheit des Ich (182); AUTOR und Aussage-TEXT: Handeln, Sprechen, Schreiben (183)
	2.1.2	Francisco Delicado *Retrato de la Lozana andaluza* (1528?): Poetik inszenierter Mündlichkeit ..... 184 AUTOR und TEXT: Avancen (187); SCHREIBEN: Poetik inszenierter Mündlichkeit (191); SCHREIBEN als Prozeß: zwischen Manuskript und Buchdruck (193)
	2.1.3	Miguel de Cervantes *Don Quijote* (1605/15): Die Welt als Buch und das Buch in der Welt 197
	2.1.3.1	AUTOR-Position .... 201 AUTOR-Indices: Prologus / 'yo' / segundo autor (202); Segundo autor / Cide Hamete in Teil I (206); Prologus und Cide Hamete in Teil II: Entbindung aus der Interferenz (207); Die Autorsignatur als ironischer Index (213)
	2.1.3.2	TEXT-Position .... 214 TEXT-Ikons und Indices: Aggregatzustände der lesbaren Welt (215); Allegorie der Materialität der Schrift (219); Anthropomorphisierung des 'Buches' (224); Symbolische TEXT-Repräsentationen:

		Reflexionen auf sprachliche Konstruiertheit (225); Ironischer TEXT-Index als indirekter Verweis auf transzendentale Autorschaft (226)

       2.1.3.3 LESE-Position 228
LESER-Indices: Der Leser des Romans –„Tú, letor, pues eres prudente, juzga lo que te pareciere" (229); LESER-Ikons: Leser und Entzifferer im Roman (230); Der Aussage-TEXT als PRODUKT multipler LEKTÜREN (237); Symbolische LESER-Repräsentation und symbolischer AUTOR als Verweis auf transzendentale Autorschaft (238)

       2.1.3.4 Maese Pedros Puppentheater und die Materialität der Zeichen 242
       2.1.3.5 Selbstrepräsentation im *Don Quijote* 244
       2.1.4   Selbstrepräsentation 1492–1615 247
       2.1.5   Schrift und Buchdruck 253
Schrift und Buchdruck im *Don Quijote* (257)
       2.1.6   Ausblick 260

2.2   Station 1871: Ver-Dichtung des transzendentalen Modells 264
       2.2.1   Benito Pérez Galdós *La novela en el tranvía* (1871): Apotheose des bürgerlichen Subjekts 264
LESEN: Erziehung zur Vernunft (266); SCHREIBEN und TEXT: Die Realität des Buches (269); Transzendentaler Autor und Mündlichkeit (271)
       2.2.2   Das Modell transzendentaler PRODUKTION 271

2.3   20. Jahrhundert: Moderne und Postmoderne 275
       2.3.0   Einleitende Bemerkungen 275
Auflösung des transzendentalen Modells: Doppelkodierung, Dekonstruktion, Fragmentierung und Verschwinden des Aussage-TEXTES und seiner Repräsentationen (276)
       2.3.1   Miguel de Unamuno *Niebla* (1914): Das G/geschriebene S/sein 280
             2.3.1.1 AUTOR-Position 284
Die Autorsignatur: Immanenz und Transzendenz (285); Víctor Goti als AUTOR-Ikon (293)
             2.3.1.2 TEXT-Position 295
TEXT-Indices als Bestätigung der Sonderstellung des Aussage-TEXTES (295); TEXT-Ikons: Verzeitlichung der Schrift und „confusionistische" Metaphern des Lebens (297)
             2.3.1.3 LESER-Position 300

	Symbolische LESER-Repräsentation: Deutungsalternative für den Rezipienten (300); LESER-Indices: Machtstrategie, Ordnungsmaß, Fallstrick (301); LESER-Ikons: Wissen um die Existenz (304)	
2.3.1.4	Die Metaphysik der Schrift in den Aussage-TEXT-Repräsentationen	306
2.3.1.5	Selbstrepräsentation in *Niebla*	307
2.3.2	Gonzalo Torrente Ballester *Fragmentos de apocalipsis* (1977/82): Allegorie und Ironie der *écriture*	311
	Zwei Spielregeln für die Allegorie der *écriture* (313); Ironisierter Realismus und ironisierter Skripturalismus (316)	
2.3.3	Luis Goytisolo *Estela del fuego que se aleja* (1984): Das Subjekt und sein im Diskurs recycletes Double	317
2.3.3.1	AUTOR- und TEXT-Position	320
	Indices: Das Subjekt und sein apokryphes Leben (320); Spracherwerb als Existenzgründung (326); Aus Zeichen gestiftete Substanz (329); Dekonstruktion des sprachlich begründeten Subjekts (333); Der Autorname jenseits des Textes (337); Die Autorsignatur (Suil Yotgoilos) (340)	
2.3.3.2	LESER-Position	340
	Selbstverständigung des schreibenden Subjekts (340); LESEN als Selbstverkennung (341)	
2.3.3.3	*Estela del fuego que se aleja* und die Ästhetik der Moderne	345
2.3.4	Juan José Millás *El desorden de tu nombre* (1988): Die Intertextualität des Lebens	349
2.3.4.1	AUTOR-Position	354
	Julio als AUTOR-Ikon: Poetik der Psychose (354); Laura: Das sprachlose Schreiben der Wirklichkeit (361); TEXT-als-AUTOR: Kriminalerzählungen als Systemreferenz und performative Palimpseste (363)	
2.3.4.2	TEXT-Position	366
	Die Titelsignatur (366); TEXT-Symbole: Das 'Unbewußte' des Romans (368); Ikons: 'Ästhetische Halluzination der Wirklichkeit' (370)	
2.3.4.3	LESER-Position	371
	LESER-Symbol: Psychoanalytischer und literarischer Code (371); Psychoanalyse (372); Julios Welt-LEKTÜRE (375)	
2.3.4.4	Die Bedeutung von Schreiben und die Funktionen der Aussage-TEXT-Repräsentation	377

2.3.4.5 Der Status des Aussage-TEXTES: Realität oder Version?.. 378
2.3.5 Antonio Muñoz Molina *Beatus ille* (1986): Die Intertextualität der Geschichte 381

LESEN: Der nichtgeschriebene Aussage-TEXT als Text des Rezipienten (385); SCHREIBEN: Der nichtgeschriebene Aussage-TEXT als leere Subjektstelle (386); TEXT: Der nichtgeschriebene Aussage-TEXT: Widerlager der positivistischen oder/und offiziellen Geschichtsschreibung (387); Noch einmal SCHREIBEN: Inés als AUTOR? (388)

2.3.6 *El desorden de tu nombre* und *Beatus ille* als Paradigmen postmoderner Selbstrepräsentation........... 389

3. Schlußperspektiven: Der Roman im Zeichen seiner selbst – Selbstrepräsentation als Diskurs 394

Die Randbereiche des Selbstrepräsentationsdiskurses: pragmatische Kontexte und Sinndimensionen der Selbstreflexion (394); Zum Aussagewert der Selbstrepräsentationen und ihrer Beschreibungsparameter (395); Position, Funktion und Status des Aussage-TEXTES als Katalysator und Paradigma historischen Wandels (397); Arretierung und Entgrenzung des Zeichensinns als Grundstrategien der Selbstrepräsentation (405); a) Metaphorisierung als Sinnarretierung: Subjektmodelle (408); b) Das Buch als zweites Selbst der Figur: Eine 'spanische Variante' der Selbstrepräsentationen? (410)

Anhang... 412

Exkurs 1: Selbstrepräsentation und Selbstbezüglichkeit des Zeichens (412); *Exkurs 2*: Zur Anwendung von Ecos Begriff der 'kulturellen Einheit' (414); *Exkurs 3*: Zur Operationalisierung der Peirceschen Kategorien für die Selbstrepräsentationstypen (415)

Literaturverzeichnis 419
    1. Werke.. 419
    2. Forschungsliteratur 421
Register 434
    Definitionen eingeführter Begriffe 434
    Namen-, Werk- und Stichwortindex 434

0. Einleitung

Die vorliegende Studie entwickelt im ersten Teil ein allgemeines Modell, das semiotisch-typologisch und historisch beschreibt, wie narrative Texte mittels Thematisierung von Aspekten des Schreibens, des Zeichenseins und der Interpretation 'sich selbst', d.h. Literatur und ästhetische Kommunikation, explizit oder implizit als Redegegenstand konstituieren und dadurch eine Aussage im Diskurs über ästhetische Zeichenpraxis machen. Im zweiten Teil wird das Modell im Zuge der Rekonstruktion eines Selbstrepräsentationsdiskurses auf spanische Romane der frühen Neuzeit, der Moderne und Postmoderne angewendet.

Versteht man unter 'Selbstbezug' oder 'Selbstrepräsentation' jedes Moment, in dem ästhetische Zeichenpraxis im weitesten Sinne zur Sprache kommt, so scheint beinahe jeder literarische Text zumindest partiell selbstbezüglich zu sein: das Erzählte verweist auf die Erzählung zurück, 'Resonanzen' zwischen Dargestelltem und Darstellung entstehen, die daran erinnern oder in Szene setzen, daß die Erzählung selbst ein Text oder Kunstwerk ist – das Spektrum reicht von der flüchtigen Autonymie etwa eines im Roman erwähnten Romanlesers[1] bis zur Erzählung der Textentstehung selbst. Im Bereich der literarischen Praxis ist Selbstbezüglichkeit nicht epochal, (sub)gattungs-spezifisch, normativ oder ideologisch festgelegt oder auf bestimmte ästhetische oder pragmatische Anliegen verpflichtet, da jede Äußerung an sich schon die Möglichkeit bietet, selbst zum Gegenstand der Rede zu werden bzw. Sprache zu ihrem Gegenstand zu machen[2].

Das Interesse der Untersuchung richtet sich nicht primär oder ausschließlich darauf, zu beschreiben, wie Texte ihr *eigenes* Funktionieren erklären, so

---

[1] Zur Autonymie s. Jakobson (1963:178). Barthes (1975:53–54) gibt folgende Charakteristik: „La copie énigmatique, celle qui intéresse, c'est la copie décrochée: tout en même temps, elle reproduit et retourne: elle ne peut reproduire qu'en retournant, elle trouble l'enchaînement infini des répliques. [...] [P.e., un] cinéaste qui voit des films, [un] écrivain qui lit des livres [...] Tout cela, c'est l'*autonymie* : le strabisme inquiétant (comique et plat) d'une opération en boucle: quelque chose comme un anagramme, une surimpression inversée, un écrasement de niveaux".

[2] Für Jakobson (1964) ist bekanntlich Metasprachlichkeit eine der sechs Sprachfunktionen.

wie es vorrangig etwa die *mise en abyme*-Forschung in der Nachfolge von Lucien Dällenbachs Studie *Le récit spéculaire* (1977) unternimmt. Die Arbeit geht vielmehr von zwei Beobachtungen aus: (i) Da ein literarischer Text auf keine Informationen als etwas jenseits der Äußerung Gegebenes zurückgreifen kann[3], indizieren Selbstrepräsentationen in der Regel einen Mangel, d.h. die Notwendigkeit, daß etwas gesagt oder explizit gemacht werden muß, was eigentlich – da es sich um 'Selbst'-Repräsentationen handelt –, 'da' ist oder 'da' sein sollte. Es muß dennoch gesagt werden, weil etwas Abwesendes ersetzt (etwa der Autor nach der Erfindung des Buchdrucks) oder die Vorstellungen von Literatur, Schreiben, Lesen etc. revidiert werden. In diesem Sinne sind Selbstrepräsentationen in vielen Hinsichten Krisenindikatoren, und nicht zufällig fällt die Blütezeit selbstrepräsentationaler Romane in Epochen kulturellen und auch politischen Umbruchs. (ii) Die historischen Inhalte, Möglichkeiten und Grenzen selbstrepräsentationaler Thematisierung sind Manifestationen des literarischen Wissens von ästhetischer Zeichenpraxis.

Aus diesem doppelten Grund stellt sich die vorrangige Frage, *wie* Literatur über ihr 'Selbst' spricht. Wenn Momente der Selbstthematisierung als *énoncés* eines sich in ihnen manifestierenden historischen Diskurses (i.S.v. Foucault) über Schreiben, Zeichen, Lesen etc. in Betracht kommen, läßt sich die Rede von 'Selbst'-Bezüglichkeit im Sinne einer Identität von Subjekt und Objekt des Bezugs oder im Sinne einer Selbstpräsenz und Autonomie des Textes nicht aufrechterhalten – letztlich selbst dort nicht, wo sich Romane, wie häufiger beim *nouveau roman*, scheinbar allein über ihre eigenen Signifikanten schreiben. Bei Selbstbezügen handelt es sich vielmehr um Repräsentationen von semiotischen Handlungen. (In der vorliegenden Studie wird der Ausdruck '*Selbst*repräsentation' nur als Oberbegriff für alle Formen der Repräsentation semiotischer Handlungen gebraucht.)

Die literaturkritische und -theoretische Fokussierung von 'Selbstbezüglichkeit' und 'Selbsttätigkeit' der Literatur – in Abgrenzung etwa gegen Mimesis und Werkherrschaft des Autors – steht ihrerseits in der Pflicht der Ästhetik der Moderne und stellt eine Verabsolutierung und Vereinseitigung dar, die langfristig zur Enthistorisierung frühmoderner Werke führt. Die (Re-)Historisierung bzw. Ent-Modernisierung muß deshalb bei dem analytischen Beschreibungsmodell von Selbstrepräsentation beginnen. Dieses Modell soll dazu dienen, ausgehend von der Erfassung, Klassifizierung und Synthetisierung einzelner Repräsentationsmomente in den Texten einen Diskurs zu rekonstruieren, der nicht nur, wie es Foucault in seinem Aufsatz „Qu'est-ce qu'un auteur?" (Foucault 1994/1969c) gefordert hat, die (Macht-)Position bzw. Funktion des 'Autors' analysiert, sondern konsequenterweise auch Positionen und Funktionen des Schreibens, Statute des Zeichenseins, Positionen des Lesens, der Deutungs- und Produktionsmacht etc. Bei der angesonnenen

---

[3] Vgl. Iser (1975:21)

archäologischen Diskurs-Rekonstruktion spielt es dabei gerade keine Rolle, ob die Texte solche Reflexionen explizit thematisieren: häufig sind gerade die 'unbewußten', auf den ersten Blick nur rein funktionalen Manifestationen von Selbstthematisierung aussagekräftiger als explizite Reflexionen. Die angestrebte Allgemeinheit des Beschreibungsmodells und die Validität der erzielten Ergebnisse hängt deshalb entscheidend davon ab, Selbstthematisierungen einheitlich und erschöpfend zu erfassen und begrifflich darzustellen. Das vorgeschlagene Modell ist dann auch insofern allgemein, als es den Anspruch hat, nicht nur für spanische Texte zu gelten, sondern für schriftlich fixierte Erzählliteratur überhaupt.

Ein Blick in die Forschung zeigt, daß Selbstthematisierung kaum umfassend in dem gerade explizierten Sinne gesehen worden ist. Nicht zuletzt deshalb, wie gesagt, weil die Perspektive der einschlägigen Forschungsliteratur auf Selbstbezüglichkeit von der Ästhetik der Moderne bestimmt ist, jener Epoche, die 'Selbstbezüglichkeit' als eines ihrer wichtigsten Merkmale beansprucht hat. Die Literatur der vorgängigen Epochen und der Postmoderne aber zeigen, inwiefern die Sicht der Moderne (diskurs-)historisch spezifisch und damit begrenzt gültig ist[4].

'Selbstbezüglichkeit' als Gegenstand und Problem
literaturwissenschaftlicher Forschung

'Selbstbezüglichkeit' ist kein einheitlich behandeltes oder etabliertes *sujet* der Literaturkritik bzw. -theorie. Die jüngere Forschung faßt das Problem in den Bezeichnungen *Metatextualität*, *Metafiction*, *self-begetting*, *self-referential*, *self-informing* oder *narcissistic novel*, *mise en abyme*, *surfiction* u.ä., die, bisweilen nur um Nuancen unterschieden, um den Sachverhalt kreisen, daß Literatur sich selbst in ihrer Sprachlichkeit, Diskursivität, als Darstellungsproblem, als poetologisch normiertes Sprechen, als geschichtliches bzw. intertextuelles Phänomen zum Thema erhebt. Mit all den erfreulichen oder mißlichen Konsequenzen, die es mit sich bringt, bestimmen die zahlreichen einschlägigen Untersuchungen den Gegenstand zwischen mindestens drei verschiedenen Koordinaten – zumeist uneingestanden und ohne klare Trennungen zu ziehen:

(i) Im Sinne der schon angesprochenen metasprachlichen Funktion: hieraus lassen sich jedoch kaum historische Differenzqualitäten ableiten, da es sich um eine Basisfunktion der Sprache handelt.

---

[4] In Spanien ist es nach Juan Goytisolo (1977:58–59) die idealistisch-orthodoxe, offizielle Literaturwissenschaft im Gefolge Menéndez y Pelayos gewesen, die selbstreflexive Literatur lange Zeit von vornherein aus dem Kanon ausgrenzt und damit das subversive und poetisch-innovative Potential mittelalterlicher und frühmoderner Autoren wie dem Arcipreste de Hita oder Francisco Delicado ignoriert hat.

(ii) Verstanden als „Autoreflexivität" oder „focus on the message for its own sake" (Jakobson 1964:356), wird Selbstbezüglichkeit in Konkurrenz zu referentiellem Sprachgebrauch als strukturelles Merkmal der poetischen Zeichenfunktion betrachtet[5]. Diese literaturtheoretische Sichtweise von 'Selbstbezüglichkeit' dürfte ihren Ausgangspunkt im *linguistic turn* haben. Durch die Arbeiten von Peirce, Bachtin und Saussure ist Bedeutungsbildung (im Text) bekanntlich als unendliche Semiose beschrieben bzw. aus der Strukturalität der Sprache oder der Intertextualität / Dialogizität des Textes erklärt worden. Es setzt sich die Erkenntnis durch, daß jede sprachliche und soziale Handlung ins System der Sprache eingebunden ist, durch die diese in Bezug zum gesamten Kontext anderer sprachlicher Äußerungen steht. 'Selbstbezüglichkeit' wird zur Hinsichtnahme einer Theorie, die – systematisch spätestens seit Jakobsons Formulierung der Sprachfunktionen im berühmt gewordenen *Closing statement* (Jakobson 1964) – den Äußerungskontext als Bedingung sprachlicher Sinnbildung miteinbezieht. Der Roman wird folglich als per se selbstbezüglich angesehen, weil Sprache an sich selbstbezüglich ist[6], und jeder *récit* ist autoreflexiv (Todorov 1967:49), weil er ein poetisches Zeichen ist. Unter Rückgriff auf Bachtins dialogischen Romanbegriff läßt sich diese Sichtweise auch auf den intertextuellen Raum ausdehnen; der Roman ist ursprünglich und gattungsbedingt autotelisch, weil in seiner Polyphonie die Sprache nicht nur Instrument, sondern selbst Objekt der Darstellung ist (Bakhtine 1978:409 s. auch 107, 155 pass.). Schließlich wird Literatur als selbstbezüglich angesehen, weil die intertextuelle Verfaßtheit (Genette 1982:7) eines jeden Textes ihn zu allen anderen Diskurstypen, Äußerungsweisen, Gattungen in Beziehung setzt. Beim dekonstruktiven Kontextualismus Derridas oder de Mans und den *tel quel*-Postulaten einer immanenten 'Auto-produktivität' des Textes (Kristeva, Ricardou) handelt es sich nur um die radikalen Varianten dieser Sichtweise.

Auch hier stellt sich die Frage, wie Selbstbezüglichkeit in dieser Verwendung noch operatives Beschreibungsinstrument sein kann. Nicht zufällig mündet die Forschung der 70er und 80er Jahre, die sich mit expliziter Selbstthematisierung im Roman auseinandersetzt und auf die strukturalistische und poststrukturalistische Theorie aufbaut, immer wieder in die aporetische Feststellung, daß – wie es schon der Untertitel von Robert Alters Pionierwerk *Partial Magic. The Novel as Self-Conscious Genre* (1975) verrät – letztlich *jeder* Roman „metafictional" sei[7]. Diese wesensmäßige Metafiktionalität entspricht der Feststellung, daß jeder Roman schon allein durch seine Architextualität eine implizite Stellungnahme zum intertextuellen Feld abgibt bzw.

---

[5] S.a. Jakobson (l.c. 356–377) sowie Eco (1972:145–166).
[6] „Every enunciation involves a kind of lateral statement about language, about itself, and includes a kind of self-designation within its very structure" (Jameson 1972:202).
[7] So auch Waugh (1984:5), Hutcheon (1984:8,18).

sie ergibt sich als Effekt der immanenten Reflexivität des Sprachsystems selbst, welche literarische Texte per se selbstbezüglich werden läßt[8].

(iii) Freilich hat diese Entwicklung im Theoriebereich nicht unabhängig von der literarischen Praxis stattgefunden. Die Frage danach, was unter 'Selbstbezüglichkeit' sinnvollerweise als Untersuchungsgegenstand zu verstehen und wie unter seinem Gesichtspunkt die narrative Praxis allgemein zu beschreiben ist, wird noch dadurch kompliziert, daß Selbstreflexivität auch einen literarhistorischen Stellenwert hat. Selbstbezüglichkeit gilt dann gemeinhin als ästhetisch definiertes Kennzeichen der Kunst seit der romantischen Moderne. Die vom Werk selbst hervorgebrachte Reflexion auf seine Form wird Ausdruck der Autonomieästhetik, aber auch einer umgreifenden Darstellungskrise[9]. Michel Foucault bindet gar den Begriff von 'Literatur' überhaupt an jene im 19. Jahrhundert beginnende Epoche, in der die Sprache Objekt wird und sich in „ihrer Dicke als Objekt" eingräbt: „elle [la littérature] n'a plus alors qu'à se recourber dans un perpétuel retour sur soi, comme si son discours ne pouvait avoir pour contenu que de dire sa propre forme" (Foucault 1966a:313); indem sie sich in radikaler Intransitivität verschließe, werde die

---

[8] Das Abgrenzungsproblem zwischen immanenter Selbstbezüglichkeit und thematisiertem Selbstbezug wird für den hier vorgeschlagenen Ansatz in *Exkurs 1* (Anhang) und Kap. 1.2.1.0 (*Die Beschreibungsebene der Analyse*) behandelt.

[9] Vgl. zur Selbstreflexivität als fundamentaler ästhetischer Disposition moderner Kunst in Weiterführung von Hegels Ästhetik Dieter Henrichs grundlegenden Aufsatz *Kunst und Kunstphilosophie der Gegenwart* (Henrich 1966). Der „partiale Charakter" ist das Kennzeichen einer utopielos gewordenen Kunst, die nicht mehr die Lebensverhältnisse ohne weiteres abbilden kann und sich als Darstellung einer „unvordenklichen", d.h. weder im Subjekt noch in der Wirklichkeit möglichen Vermittlung von „Sein und Selbst" gibt, die die Einheit von Form und Formbruch verkörpert, ohne diese Einheit selbst noch darstellen zu können (l.c. 15,21): „Statt Wirkliches in die Wesentlichkeit seines Erscheinens zu versetzen, zwingt [die moderne Kunst] Wirkliches gerade aus der Weise seines vorgängigen Erscheinens hinaus. Daß sie dabei dennoch aufweist, was es mit solchem Erscheinen in Wahrheit auf sich hat, ist darin begründet, daß dieses Wirkliche an ihm selbst von einem Grund dependiert, der seinem Erscheinen vorangeht ohne die Möglichkeit der Manifestation". Die moderne Kunst widersetzt sich der mimetischen Darstellung, indem sie aufgrund ihres partialen Charakters „nur als Rückgang aus dem Erscheinenden den unvordenklichen »Indifferenzpunkt« zum Vorschein bringt" (l.c. 22). Zur Darstellung dieser Unverfüglichkeit wird die Kunst dort „am überzeugendsten", wo sie sich selbst zum Problem geworden ist und als dieses Problem zum Thema hat (l.c. 21). Die ästhetische Reflexion auf den Kunstcharakter des Werks, das Hervorscheinen seiner gemachten Materialität, die Darstellung spontaner, unverfüglicher Produktionsakte, prozeßhafter Genesen und der Sprachlichkeit des Bewußtseins sind adäquate Ausdrucksmittel dieser Befindlichkeit. Die vom Werk geleistete Selbstreflexion, durch die es sich zu seinem eigenen Betrachter macht und dem Rezipienten die Illusion verweigert, verlangt von diesem im Gegenzug, selbst das Werk neu zu erschaffen. Umgekehrt wird die Reflexion des Betrachters durch die vorweggenommene Selbstreflexion des Werks determiniert, die in dem Maße zum Verlust der ästhetischen Distanzierungsmöglichkeit führt, in dem die Selbstreflexion zum Bestandteil des Ausdrucks und seiner Bedeutung wird (l.c. 29–31).

Literatur der Erkenntnisgegenstand ihrer selbst[10]. In der Tat hat die Literatur sich selbst seit der Romantik, dann verstärkt unter den Erfahrungen der Moderne und seit dem *linguistic turn*, im Dialog mit Philosophie und Literaturtheorie des russischen Formalismus, des Strukturalismus, der *tel quel*-Theorie und dem Poststrukturalismus in einer Weise als Referenzfeld erobert, die den Texten vergangener Jahrhunderte, mit Ausnahme einiger üblicherweise als Schwellenwerke der Moderne kanonisierter Romane wie *Don Quijote* oder *Tristram Shandy*, offenbar verschlossen blieb: Im Experiment mit der Sprache lotet die Literatur die Räume aus, die die Sprache selbst freigibt. Einige Stationen dieses Übergangs vom „raconter" zum „dire que l'on raconte" (Barthes 1966b:21) hat Roland Barthes skizziert. Erst mit den „Erschütterungen des guten bürgerlichen Gewissens", so Barthes, sei sich die Literatur zu ihrem wesentlichen Objekt geworden:

> d'abord une conscience artisanale de la fabrication littéraire, poussée jusqu'au scrupule douloureux, au tourment de l'impossible (Flaubert); puis, la volonté héroïque de confondre dans une même substance écrite la littérature et la pensée de la littérature (Mallarmé); puis, l'espoir de parvenir à éluder la tautologie littéraire en remettant sans cesse, pour ainsi dire, la littérature au lendemain, en déclarant longuement qu'on *va* écrire, et en faisant de cette déclaration la littérature même (Proust); puis, le procès de la bonne foi littéraire en multipliant volontairement, systématiquement, à l'infini, les sens du mot-objet sans jamais s'arrêter à un signifié univoque (surréalisme); à l'inverse enfin, en raréfiant ces sens, au point d'espérer obtenir un *être-là* du langage littéraire, une sorte de blancheur de l'écriture (mais non pas une innocence): je pense ici à l'œuvre de Robbe-Grillet. (Barthes 1964:106–107)[11]

Wenn schließlich im Bewußtsein davon, daß jedes Sprechen im Kontext anderer Äußerungen steht, eine Äußerung allein noch unter dem gleichzeitigen ironischen Bekenntnis zum Wissen um die Intertextualität der Rede Geltung beanspruchen kann, so ist dies eine der rhetorischen Strategien der „condition postmoderne" (Eco 1984:76–82): In Überwindung der *skripturalistischen* (Ricardou 1967:54) Techniken des *(nouveau) nouveau roman* spielen postmodern genannte Romane parodistisch mit dem gesamten traditionellen Formenbestand der Literatur, zu dem bald auch, wie in Italo Calvinos *Se una notte d'inverno un viaggiatore* (1979) oder Torrente Ballesters *Fragmentos de apocalipsis* (1977/1982), die theoretisch-praktischen Entdeckungen und Aporien des *tel quel*-Romans gehören[12], die bis dahin in dem Versuch, eine reine Selbstpräsenz der Signifikanten zu behaupten, den Gipfelpunkt referentieller Intransitivität markiert hatten. Skripturalismus und Metatextualität sind mitt-

---

[10] Vgl. a. Foucault (1994/1963:259–260).
[11] Dies ist sozusagen die kondensierte und um den *nouveau roman* erweiterte Formulierung einiger Grundgedanken von *Le degré zéro de l' écriture* (Barthes 1953).
[12] Vgl. zu einer Analyse von *Se una notte d'inverno un viaggiatore* in diesem Lichte Kablitz (1992). *Fragmentos de apocalipsis* steht in ironischer Distanz zur skripturalistischen Praxis (s. u. Kap. 2.3.2).

lerweile selbst 'zitierfähig' geworden und können in einer Meta-Metatextualität vorgeführt werden. Andere, weniger sprachphilosophisch ausgerichtete Romane kehren zum intrigenorientierten Erzählen zurück, doch erreicht diese Rückkehr nicht mehr den Status eines 'unschuldigen' Erzählens, das um die intertextuelle Vernetzung jeder Rede nicht immer schon wüßte[13]. Es bleiben dabei freilich auch jene Fälle nicht aus, in denen Selbstthematisierung im 20. Jahrhundert einen mehr oder weniger unterhaltsamen Eigenwert hat, das Sprechen über das Schreiben den eigentlichen Reiz ausmacht[14], Selbstbezüglichkeit zum Selbstzweck[15], zum leeren formalen Spiel gerät (s. Livingstone 1958:395).

Die Präsenz der Ästhetik der Moderne als Deutungshorizont für nichtmoderne Texte zeigt sich besonders deutlich dort, wo einzelne Romane des 17. und 18. Jahrhunderts, statt in ihrem Eigenrecht, als Vorläufer einer letztlich teleologisch betrachteten Entwicklung verortet werden[16]. So wird in Robert Alters *Partial Magic* und weiteren, ungleich differenzierteren Arbeiten wie Patricia Waughs *Metafiction* (1984), Linda Hutcheons *The narcissistic novel* (1984, zuerst 1980) und Robert C. Spires' *Beyond the metafictional mode* (1984) auch auf Romane vornehmlich des 17. und 18. Jahrhunderts aufmerksam gemacht, in denen sich gleichwohl der *metafictional mode* realisiert zeige. Mit den Erzählwerken von Unamuno, Borges, Calvino, Barth, Pynchon u.a. reihen sich *Don Quijote* (1605/1615), *Tristram Shandy* (1759–67) und *Jacques le fataliste* (1796) in eine Art Kanon metafiktionaler Literatur ein, für den sie die Funktion von Modellen oder „Prolegomena" überneh-

---

[13] Vgl. im Korpus der in dieser Studie berücksichtigten Romane etwa Juan José Millás' *El desorden de tu nombre* (1988) (Kap. 2.3.4) oder *Beatus ille* (1986) (Kap. 2.3.5).

[14] So kritisiert etwa Robert Alter an Unamunos *Niebla*: „The problem with Unamuno's novel – it is a recurrent trap for modern self-conscious novelists – is that nothing in its fictional realization is quite so interesting as the theorizing that goes on with it" (Alter 1975:175).

[15] So die Kritik Luis Goytisolos (1992:78) an der postfrankistisch-postmodernen Metafiktion in Spanien.

[16] Schon die Begriffsbildung '*metafiction*' zeigt die in diesen Ansätzen vorgenommene Unterstellung eines unhinterfragten Begriffs von 'Fiktion' oder 'fiction' – im angloamerikanischen Sprachgebrauch häufig gleichgesetzt mit 'Erzählliteratur' oder 'realistischem Schreiben' –, der letztlich auch zu den charakteristischen Paradoxien selbstreflexiven Schreibens führt (s.u.), selbst aber eben nicht mehr als kritischer Begriff verwendet wird. Für ein historisierbares Modell müßte indessen 'Fiktion' selbst, wenn sie als Kategorie tragend sein sollte, als eine veränderliche Größe gelten, sowohl in ihrem historisch-poetologischen Funktionswandel (Costa Lima 1990, Jauß 1983, Assmann 1980) als auch im Theoriebereich selbst (Pfeiffer 1990); von dieser historischen Dimension wäre zudem 'Fiktion' als ästhetische, pragmatische, linguistische bzw. sprachlogische Kategorie zu unterscheiden (s. Keller 1980, Iser 1983, Landwehr 1975 bzw. Searle 1975). An dieser Stelle kann eine allgemeine Diskussion des Fiktionsbegriffs ausbleiben, da er für die vorliegenden Arbeit, zumindest in einer Entgegensetzung von 'fiktiv' und 'real', kein tragender Terminus ist.

men[17]. Alter nimmt das 19. Jahrhundert als „eclipse" des selbstbezüglichen Romans aus, weil gerade das „flaunting its own condition as artifact" (Alter 1975: x) – so seine Definition von „self-conscious novel" – die Omnipotenz des Erzählers hintertreiben würde (l.c. 102)[18].

Die Aufmerksamkeit auf den kontextualistischen Sinnbildungsprozeß der Sprache seitens der Literaturtheorie ist ebenso die Frucht des *linguistic turn* wie die selbstbezügliche Literatur des 20. Jahrhunderts; literarische Selbstreflexivität, wie sie sich im Spiegel der Forschung darstellt, entpuppt sich dabei bisweilen nicht nur als Entdeckung, sondern gar als Erfindung zeitgenössischer Theorie. Dies wird besonders deutlich, wenn Romane aus der Konstituierungsphase neuzeitlicher Literatur oder gar aus anderen Kulturkreisen zur Debatte stehen, die auf die moderne Idee einer Selbstbegründung des Werks[19] oder ein seit den *tel quel*-Arbeiten unterstelltes autonomes Text-Subjekt hin gelesen werden[20]. Die Folge ist bisweilen eine modernisierende oder enthisto-

---

[17] S. Alter (1975:4,156) für *Don Quijote* und *Niebla*, Waugh (1984:70) für *Tristram Shandy*.

[18] Zahlreiche Studien speziell zum Selbstbezüglichkeits-Aspekt bei Flaubert (etwa Foucault 1994/1967:293–325) oder Pérez Galdós (Kronik 1977) zeigen freilich, daß diese Position nicht gehalten werden kann. (s. u. Kap. 2.2.1).

[19] Ein typisches Beispiel für die der Moderne-Ästhetik verpflichtete Rezeption in der gegenwärtigen Forschung ist die Tendenz, vormodernen Texten die Realisierung eines *autoenchâssement* zu unterstellen, mit dem der Text von der – freilich erst in der Moderne enstandenen und relevant gewordenen – Idee einer Selbstbegründung in seiner eigenen Sprache, d.h. einer Abkopplung von außersprachlichen oder traditionellen poetologischen Vorgaben und Bezügen kündete, wie es die *mise en abyme*-Praxis des Romans der 50er bis 70er Jahre intendierte: erst in der Selbsteinschließung entrinne der Erzählung nichts mehr, keine Erfahrung gebe es mehr außerhalb der Sprache (Todorov 1971:84). Beflügelt vom Pathos referenzlosen Selbstbezugs, findet man Selbsteinschließung sogar dort, wo sie im Text in der Tat nicht der Fall ist. Borges' Bemerkung in *Historia de la eternidad* (1936), daß *Die Märchen aus 1001 Nacht* in der 602. Nacht sich selbst erzählten (Borges ed. 1989:413), mag noch als ein literarisches Augenzwinkern verstanden werden. Italo Calvino steht Borges indessen in nichts nach, wenn er die Hypothese aufstellt, daß die Sirenen im homerischen Epos nichts anderes als eben die *Odyssee* singen dürften, denn dies sei „il naturale coronamento dell'enchâssement delle storie" (s. 1980:321–322, Zitat p.321). Anlaß zur Vorsicht besteht dort, wo solche Gedankenspiele nicht mehr im Bereich fiktionaler oder semi-fiktionaler Texte stattfinden. So vermutet Foucault, daß Bouvard und Pécuchet in Flauberts gleichnamigem Roman wohl auch ihr eigenes Buch kopieren (Foucault 1994/1967:312), obwohl sie dieses gerade nicht lesen; die parallele, von Foucault aufgestellte These, daß auch der *Don Quijote* sich einfachhin selbst einschließe (Foucault 1966a:62) – sie wird geteilt von zahlreichen Studien über diesen Roman (s.u. Fn. 294) – wird durch eine exaktere Analyse nicht unwesentlich relativiert werden müssen (s. u. Kap.2.1.3.1).

[20] Dies zeigen offensichtlich nach dem Subjektparadigma gebildete Bezeichnungen wie "self-conscious novel" (Hutcheon 1984) „narcissistic" oder „self-informing novel", „self-conscious", „self-reflexive narrative" (weitere Begriffe s. Waugh 1984:13–14) oder die Vorstellung eines autonomen Textsubjekts in der *tel quel*-Theorie. – Vor allem Spires, der gerade mit einem historischen Modell aufwarten will, liest frühmoderne Romane, besonders *Don Quijote*, als 'prä-poststrukturalistische' Werke (s.u. bspw. Fn.255).

risierende Lektüre frühmoderner Romane.

Diese epochale 'Gleichschaltung' und die methodische Aporie einer wesensmäßigen Selbstbezüglichkeit des Romans – auch die telquelistische Idee einer „productivité dite texte" hat das ihre dazu beigetragen[21] – bewirken eine Restriktion des Blickpunkts, die nicht nur historische, sondern auch strukturelle Differenzierungsmöglichkeiten verdeckt und damit verhindert.

Umgekehrt hat der *lingustic turn* natürlich auch eine Sensibilität für dezidierte Aspekte der Selbstthematisierung hervorgebracht, der es zu verdanken sein dürfte, daß in den letzten zwanzig Jahren Selbstbezüglichkeit der Sprache nicht nur als Bedingung jeglicher Sinn-Effekte verstanden, sondern als eigenes *Thema* der Literatur systematisch untersucht und ihr ein eigener Namen gegeben wurde[22]. Welche konkreteren und vor allem systematischen Beschreibungsmodell von Selbstbezüglichkeit werden in der Forschung vorgeschlagen? Zwei Forschungszweige lohnen hier eine nähere Betrachtung: Zum einen die vor allem aus der angelsächsischen Kritik eingebrachten Untersuchungen aus der Perspektive der *metafiction* (Hutcheon [1984], Waugh [1984], Spires [1984])[23]; zum anderen Lucien Dällenbach, der mit *Le récit spéculaire* (1977) eine systematische narratologische Studie der *mise en abyme* vorgelegt hat, die wegen ihres typologischen Wertes besonderes Interesse verdient. Ausgehend von einer Kritik an diesen Modellen soll dann das Konzept der Selbstrepräsentation vorgestellt werden.

a) *Metafiction* und *narcissistic novel*

Wenngleich Hutcheon, Waugh und Spires auf den Begriff *metafiction* in je verschiedener Abgrenzung auch zu anderen Bezeichnungen rekurrieren[24], läßt

---

[21] Linda Hutcheon (1983:35–39) hat darauf hingewiesen, daß mit der Ersetzung des 'Autors' und seiner Werkherrschaft durch eine 'productivité dite texte' das Kind mit dem Bade ausgeschüttet werde, da Autor- und Leser-Positionen damit letztlich gänzlich aus den theoretischen Modellen exorzisiert würden.
[22] In den folgenden beiden Abschnitten werden nur Forschungsarbeiten referiert, die sich systematisch mit Selbstbezüglichkeit beschäftigen.
[23] Weitere wichtige Vorarbeiten zu *metafiction*, die hier nicht eigens kritisch begutachtet werden, sind Scholes (1970, 1979) und Christensen (1981). Partielle Aspekte der Selbstrepräsentation wie „duplication intérieur" (Morrissette 1971, Livingstone 1958) oder das in der Forschung romantisch und später existentialistisch geprägte Konzept einer „autonomen Figur" (Lebois 1949, Gillet 1956, Leube 1969, de Toro 1981 u.a.) sind nicht typologisch interessant.
[24] Der Begriff 'metafiction' schließt bedingt auch intertextuelle Aspekte im Sinne von parodistischen Verfahren ein. Daneben haben sich eine Reihe von Alternativbezeichnungen gebildet, die nicht immer klar abgegrenzt sind: Alter (1975) spricht von „self-conscious novel"; Hutcheon (1984) von „narcissistic" oder „self-informing novel", „self-conscious" oder nur „self-reflexive narrative" (weitere Begriffe s. Waugh

sich als gemeinsamer Nenner eine Verletzung der Normen traditioneller romanesker Schreibpraktiken festhalten, die paradoxale Effekte erzeugt. *Metafiction* (und übrigens auch *mise en abyme*) ist weniger, wie es der Skripturalismus sein wollte, Negation, als vielmehr Herausforderung, Überbietung, dialektische Aufhebung oder Dekonstruktion des klassischen Realismus, seiner epistemologischen und poetologischen Voraussetzungen und Kategorien Mimesis, Subjekt, Autor, Welt/Fiktion etc.[25] Hutcheon sieht „fiction that includes within itself a commentary on its own narrative and/or linguistic identity" in dem Paradox stehen, „narzißtisch-selbstreflexiv" und zugleich leserorientiert zu sein. Der Leser gerate dadurch seinerseits in das Paradox, eine vorgefundene, bereits produzierte fiktive Welt anerkennen zu müssen und sich dennoch produktiv am Sinnbildungsprozeß beteiligen zu sollen (Hutcheon 1984:1,7). Für Waugh liegt die dominante Funktion der *metafiction* ebenfalls in der Spannung zwischen dem Text als Kommunikationsmedium und dem Medium als Selbstzweck. Metafiktionale Texte stellen dabei u.a. das Paradox zur Schau, daß jede sprachliche Beschreibung fiktionaler Welt zugleich deren Erzeugung ist (Waugh 1984:14–15, 88)[26]. Realität erscheine so als sprachliches Konstrukt und Sinn als abhängig von Kontexten oder *frames* (i.S.v. Goffman), die in der metafiktionalen Literatur de- oder rekontextualisiert würden (l.c.101). Spires geht dagegen narratologisch vor. Seine Definition von *metafiction* basiert letztlich auf der *narrativen Metalepse* und ihren paradoxalen Effekten. Genette hat die Metalepse definiert als „toute intrusion du narrateur ou du narrataire extradiégétique dans l'univers diégétique (ou de personnages diégétiques dans un univers métadiégétique, etc.), ou inversement", wobei der Wechsel der diegetischen Ebenen nicht mehr durch den Erzählakt abgesichert ist (Genette 1972: 243–244)[27]; Spires erweitert die Metalepse um den „narrataire" als einer dritten Komponente neben „narrateur" und „diégèse". *Metafiction* besteht dann aus Grenzüberschreitungen („violations") zwischen drei „Welten", „the world from which one speaks

---

1984:13–14); in Borchmeyer/Zmegacs *Moderne Literatur in Grundbegriffen* ist von „Metatextualität" (1987:246–249) die Rede, die aber offensichtlich etwas anderes meint als Genettes (1982) Begriff etc.; Kellman (1980) favorisiert die Bezeichnung „selfbegetting novel", die ihrerseits einen Sonderfall der *mise en abyme* darstellt; Spires (1984:16–17) grenzt in einer unklaren Begriffsbildung „metafiction" gegen „selfreferential novel" ab.

[25] Hutcheon (1984:xvii) bekennt sich deutlich zu dieser dialektischen Sichtweise, wenn sie auch für *metafiction* den Mimesis-Begriff beibehält. Ähnlich Waugh, die *metafiction* als Erweiterung des Realismus ansieht, auf deren metonymischer Basis die selbstbezügliche Bewegung erst stattfinden kann (Waugh 1984:18); schon Dällenbach stellt in Frage, ob die hyperreflexive *mise en abyme*-Praxis des *tel quel*-Romans wirklich der Mimesis entkommt (Dällenbach 1977:210–211).

[26] Vgl. u. Kap. 2.3.0 und zur Anwendung dieses „creation/description"-Paradoxes die in Kap. 2.3 behandelten Romane, bes. *Fragmentos de apocalipsis* (Kap. 2.3.2).

[27] Vgl. dazu auch u. Kap. 1.2.6.2.1.

and the world of which one speaks" und „the world from which one listens or reads" (Spires 1984:15). Diese Grenzverletzungen der drei Welten, die Spires „fictive author", „story" und „text-act reader" zuordnet, führten zu einer Infragestellung der „sacred conventions of fiction" (gemeint ist die traditionelle realistische Romanpoetik), aufgrund derer diese Grenzen bestünden. Die Dekonstruktion der Raumstruktur dieser Welten lenke die Aufmerksamkeit auf die Arbitrarität genau dieser „conventions of fiction", „and thereby unmask any illusion that what is being narrated is real rather than mere fiction" (l.c. 15–16).

Die bisher besprochenen Systematisierungsversuche sind offenbar weniger darauf ausgelegt, ein allgemeines, historisch differenzierungsfähiges typologisches Modell zu erstellen, als vielmehr daran interessiert, Formen der Selbstthematisierung als Kriterien für eine Subgattungsspezifizierung des Romans zu nutzen. Hutcheon etwa unterscheidet Romane danach, ob sie ein „Wissen" um den narrativen Prozeß bzw. ihre sprachliche Konstruiertheit jeweils offen oder verdeckt zur Schau stellen, d.h. ob sie „diegetical" vs. „linguistical" bzw. „overt"/„self-conscious" oder „covert"/„self-reflexive" sind (Hutcheon 1984:17–35). Diese Formen können dann bestimmten Subgenres oder Schreibweisen wie Detektivroman, phantastischer, spielerischer oder erotischer Literatur zugeordnet werden.

Historische Perspektiven werden nur rudimentär geboten und bleiben zumeist beschränkt auf die Epochenunterscheidung 'modern'/'posmodern'. Ohne hier auf spezifischere Ergebnisse einzugehen, läßt sich zusammenfassend sagen, daß *metafiction* für die genannten Autoren Schreibmodus einer von Cervantes, Sterne und Diderot auf den Weg gebrachten Moderne ist, der durch die paradoxalen Verschränkungen von 'Realität' und 'Fiktion' gekennzeichnet ist; als 'postmodern' etikettierte Formen weisen sich hingegen durch einen Verzicht auf derartige Reflexionen aus. L. Hutcheon geht davon aus, daß sich in verschiedenen historischen Momenten die Realität von Literatur und Lesen nur graduell unterscheidet (l.c. xvii,13); sowohl Realismus als auch Moderne lassen sich im Rahmen eines erweiterten Mimesiskonzeptes als „Mimesis of Product" bzw. „Mimesis of Process" verstehen (l.c.5). Für P. Waugh unterscheiden sich *metafiction* und postmoderne Romane darin, daß allein die ersteren eine produktive Spannung in semiotischen Paradoxien aufrechterhalten (Waugh 1984:137). Ähnlich argumentiert Spires mit Blick auf die spanische Literatur, wenn er, ohne den Ausdruck 'postmodern' zu verwenden, den Roman der 70er und 80er Jahre aufgrund seiner Verfremdungs- und Illusionseffekte „self-referential" nennt, während *metafiction*-Romane sich dadurch auszeichnen, daß sie sich selbst als primäres Objekt hinterfragen und ihr eigenes Entstehen fokussieren (Spires 1980, 1984:16–17).

b) *Mise en abyme*

Mit Lucien Dällenbachs Untersuchung *Le récit spéculaire* (1977) wurde das Konzept der *mise en abyme* zum differenziertesten und in der Literaturkritik mittlerweile etablierten systematischen Beschreibungsmodell romanesker Selbstbezüglichkeit. Gegenüber den oben kritisierten nicht-thematischen oder historischen Studien hat Dällenbachs Arbeit zudem den Vorteil, Selbstthematisierung nicht nur im Hinblick auf eine mögliche Subgattungsspezifizierung des Romans zu entwerfen. Wenngleich auch Dällenbach weithin der Ästhetik der Moderne verpflichtet bleibt, indem er in Gestalt der *mise en abyme* nur einen speziellen Modus der Selbstthematisierung bzw. den eigentlichen *Reflexions*modus beschreibt, ist seine Studie als Systematisierungsvorschlag interessant und soll hier allein unter dem Aspekt der Operabilität für die angestrebte allgemeine Beschreibung von Selbstrepräsentation – gegen den Strich – gelesen werden.

Die narrative Struktur des 'Buchs im Buch' ist bekanntlich von André Gide zum ersten Mal in seinem *Journal 1889–1939* (1948:41) als *mise en abyme* auf den Begriff gebracht worden, wenngleich die Technik an sich beinahe so alt ist wie die Literatur selbst. Vor allem der *nouveau roman* und der *nouveau nouveau roman* aber machten sie sich exzessiv und zuletzt *ad absurdum* zunutze, um die „Autoproduktivität" des Textes gegen die klassische Mimesis-Poetik ins Feld zu führen. Inwiefern dieser Selbstbegründungsgestus der *mise en abyme* dem Roman erlaubt, sich selbst anstelle der Welt als Objekt zu setzen, ist zentrale Fragestellung von Dällenbachs systematischem Unternehmen (Dällenbach 1977:11). Seine Studie baut auf der Narratologie von Genette und der Semiotik Jakobsons auf und versucht unter dem Begriff der *mise en abyme* Reflexivität im Roman typologisch zu beschreiben.

In der allgemeinsten Definition ist *mise en abyme* „tout miroir interne réfléchissant l'ensemble du récit par réduplication simple, répétée ou spécieuse" (l.c. 52). Sie wurzelt also in *Reflexivität* (l.c. 60 mit n1) und besitzt intra- oder metadiegetischen Charakter (l.c. 74). Ferner reflektiert sie die *Totalität* der Erzählung (*récit*) (l.c. 69–70, 125n2). Als Typologie betrachtet, basiert die Untersuchung im wesentlichen auf mehreren quer zueinander liegenden Beschreibungskategorien, die selbst aber nicht durchgängig kontinuierlich entwickelt bzw. explizit gemacht sind. Während Reflexion an sich stets von einer Aussage (*énoncé*) ausgeht, die Erzählung also das „sujet de la réflexion" ist (l.c. 62), werden die 'Spiegel'-Phänomene der *mise en abyme* in drei Hinsichten qualifiziert und unterschieden.

(i) Nach ihrer Komplexität. – Es lassen sich fünf elementare *mises en abyme* unterscheiden (*fictionelle, énonciative, textuelle, métatextuelle, transcendantale*), die durch distinktive Merkmale bestimmt sind und ihrerseits einen der drei Typen (*simple, à l'infini, paradoxale*) erzeugen können. Da sich die *mise en abyme de l'énoncé* als einzige in allen drei Typen findet, ist allein der

Analogiegrad zwischen ihr und dem reflektierten Objekt dafür maßgeblich, welcher Typ realisiert wird bzw. ob ein Typ in den anderen übergeht[28].
(ii) Nach ihrem Objekt (l.c. 62). – Die *elementaren mises en abyme* differenzieren sich je nach dem, ob sie die Erzählung – gemäß Jakobsons Unterteilung – als *énoncé, énonciation* oder *code* reflektieren. Die *mise en abyme de l'énoncé* –„citation de contenu ou un résumé intertextuels" (l.c. 76) – zerfällt in *fictionelle* und *textuelle* (Reflexion der Erzählung als erzählte Geschichte bzw. Signifikanten-Struktur; l.c. 123–127). Die *mise en abyme de l'énonciation* bezieht sich auf Kontext und Prozeß der Produktion und Rezeption (l.c. 100). Die Reflexion auf den Code in der *mise en abyme métatextuelle* stellt die Funktionsweise der Erzählung zur Schau (l.c. 127), während – notwendig metaphorische – Reflexionen auf Ursprung oder Zweckgerichtetheit der Erzählung schließlich den fünften Typ charakterisieren, die *mise en abyme transcendantale* (l.c. 131–132).
(iii) Nach dem Verhältnis zwischen Erzählung und reflektiertem Objekt. – Die Verhältnis zwischen Reflektierendem und Reflektiertem (Diegese und Metadiegese) kann in verschiedenen Formen und Graden der Analogie erscheinen, wie etwa „*ressemblance, comparaison, parallèle, parenté, coïncidence*". Aber es gibt auch indirektere Analogien wie z.B. :

> [...] similitudes réalisées par homonymie des protagonistes du récit-cadre et du récit inséré [...], quasi-homonymie de tel personnage et de l'auteur [...], homonymie du récit-cadre et du récit inséré [...], répétition d'un décor révélateur et d'une constellation de personnages [...], reprise textuelle d'une ou de plusieurs expressions symptomatique du récit premier à l'intérieur du segment réflexif [...]. Moins immédiatement perceptibles et davantage soumis à la performance du lecteur apparaissent en revanche les mots et locutions à double entente (l.c. 65–66).

Wie das Zitat zeigt, sind die Abstufungsskalen recht heterogen und richten sich letztlich allein nach dem reflektierten Objekt aus.
Mises en abyme lassen sich jedoch nicht nur formal klassifizieren, sondern auch funktional beschreiben. Solche Darstellungsfunktionen sind z.B. die Reflexion auf Schreib- oder Leseprozesse der *mise en abyme de l'énonciation* oder auf transzendentale Produktionsinstanzen des Textes. Erscheinen und Kombination bestimmter Typen läßt zudem historische Entwicklungen erkennen, die bei Dällenbach jedoch weitgehend auf Romantik, *nouveau* und *nouveau nouveau roman* beschränkt bleiben (l.c. 151–208), d.h. auf die Moderne im engeren Sinne.

---

[28] „[...] ce qui préside à l'instauration des types et au passage du type I (dédoublement simple) au type II (dédoublement à l'infini) et au type III (dédoublement paradoxal) n'est rien d'autre que le degré d'analogie existant entre la mise en abyme de l'énoncé et l'objet qu'elle réfléchit. Plus précisément, que c'est selon qu'elle reflète une même œuvre (similitude), la même œuvre (mimétisme) ou l'œuvre même (identité) que la réflexion basale engendre respectivement les types I, II ou III" (l.c. 142).

Im Hinblick auf eine allgemeine Typologisierung von Selbstrepräsentation lassen sich zwei Kritikpunkte an Dällenbachs Studie formulieren.
(i) Die elementaren Formen der *mise en abyme* und deren Unterklassifizierungen sind weder durchgängig nach einheitlichen Kategorien noch kontinuierlich beschrieben bzw. ausdifferenziert. Dällenbach klassifiziert *mises en abyme* zunächst auf drei hierarchisch abgestuften Ebenen: typologisch, elementar und thematisch. Allein die drei Typen stellen aber letztlich die eigentliche struktural und diachron distinktive Kategorie dar. Sie basieren auf einem einheitlichen Unterscheidungskriterium, nämlich dem *Analogiegrad* („similitude", „mimétisme", „identité") zwischen *mise en abyme de l'énoncé* und Erzählung ersten Grades (*simple, à l'infini, paradoxale*). Die elementaren Formen – *fictionelle, énonciative, textuelle, métatextuelle, transcendantale* – lassen sich nicht mehr auf eine einzige Ordnungskategorie zurückführen. Während die ersten vier nach *formalen* (sprachlichen, strukturalen, logischen, semiotischen) Kategorien definiert sind, folgt die *mise en abyme transcendantale* offenbar einer *inhaltlich-thematischen* Bestimmung[29]. Auf der dritten Ebene rückt das Verhältnis zwischen elementarer *mise en abyme* und Erzählung in den Blickpunkt. Die Abstufungen, die hier angegeben werden, richten sich – allerdings abermals nicht durchgängig – nach dem Analogiegrad zu der Erzählung, sind aber abhängig von der jeweiligen elementaren Form. So kann etwa hinsichtlich der *mise en abyme de l'énonciation*, die Kontext und Prozeß von Produktion und Rezeption reflektiert, danach unterschieden werden, in welcher Weise Autor- bzw. Leserinstanzen dargestellt sind (Analogiegrad: unter dem Namen des Autors, als auktoriale Figur, als Produktionsinstanz etc.), ob mehr das „Sein" des Autors oder mehr sein „Tun" akzentuiert ist, in welcher Korrespondenzbeziehung Autor- und Leserdarstellung stehen etc. (l.c. 100–118). Bei der *mise en abyme de l'énoncé* werden paradigmatische Ebene (Analogiegrad: von der wörtlichen Wiederholung eines Segments über die Paraphrase bis zur freien Transposition mit dem Effekt einer Eingrenzung der Bedeutung oder einer semantischen Expansion) und syntagmatische Ebene (Position der *mise en abyme* innerhalb der Erzählung) unterschieden, schließlich können ganze Kunstwerke im *abyme* stehen (Analogiegrad: ganze Romane, Paraphrasen von Romanen, Auszüge etc.) (l.c. 76–99).

Die Uneinheitlichkeit der Beschreibungskategorien ist wohl in erster Linie darauf zurückzuführen, daß für Dällenbach allein die extrapolierten Typen distinktiv sind. Je elementarer die Beschreibungsebene wird, um so mehr nimmt die Relevanz für die Typenkonstitution ab und umso weniger differenziert ist sie in der Taxonomie ausgearbeitet. Die Beispiele auf der dritten Ebene, also die nach Analogie zur Erzählung geordneten Realisierungsmöglichkeiten der einzelnen elementaren Formen, sind dann schon nicht mehr um

---

[29] Dällenbach gibt zu bedenken, daß die *mise en abyme transcendantale* nicht als ontologische Fundierung, sondern allenfalls als Ursprungs*metapher* zu verstehen sei (l.c. 132).

einer Graduierung willen angeordnet, sondern entstammen dem Phänomenbereich dessen, was in der Literatur zu finden ist, wie das Zitat o. S.25 zeigte. Kontinuierliche bzw. vollständige Beschreibung herrscht allein auf der ersten Ebene zwischen den Typen und bedingt auf der zweiten. Schwerlich einzusehen ist aber, wieso der Analogiegrad als Ordnungskriterium auf der ersten Ebene typenkonstitutiv sein soll – und die Typen ihrerseits sogar diachrone Veränderungen zu beschreiben erlauben –, auf der dritten Ebene aber bloß eine letztlich konsequenzenlose, extensiv aufgefüllte Skala. Da sich aber allein am Analogiegrad zwischen *mise en abyme* und Erzählung ablesen läßt, ob überhaupt, in welchem Maße und in welcher Hinsicht Reflexivität vorliegt, müßte dieses Kriterium auf allen Ebenen gleichermaßen berücksichtigt werden.

(ii) Die Typologie kann wegen der restriktiven Ausrichtung des Modells auf Ganzheitsaspekte kaum als eine *allgemeine* Darstellung von Selbstthematisierung gelten – letztlich ist dafür die Zielvorgabe verantwortlich, in der *mise en abyme* ein sehr spezielles, hochentwickeltes Erzählverfahren zu beschreiben[30]. Feinere Differenzierungen könnten zu abweichenden Ergebnissen führen und der Tatsache Rechnung tragen, daß nicht jede scheinbare Selbsteinschließung eines Romans wirklich eine aporistische oder paradoxale *mise en abyme* darstellt[31].

---

[30] Die zurundegelegte Spiegeldynamik führt mitunter sogar zu voreiligen Schlüssen. So schreibt Dällenbach zur *mise en abyme du code*, die bisweilen als „poétique fictionnalisée" (l.c. 128) das Funktionsprinzip des Romans aufdeckt: „[la *mise en abyme du code*] existe ailleurs à l'état pur [...] pour relever qu'elle aussi est plus ou moins évidente selon que varie le degré d'homologie entre code et énoncé-référent et qu'en raison de l'impossibilité – qui découle de cette adéquation plus ou moins marquée – de lui assigner des limites précises rien n'interdit en principe d'en étendre le domaine à tel art poétique [...], tel débat esthétique [...], tel manifeste [...], tel credo [...], telle indication sur la finalité que le producteur assigne à l'œuvre ou que l'œuvre s'assigne elle-même [...] – à condition que cet art poétique, ces considérations esthétiques, ce manifeste, ce credo ou cette marque de destination soient [...] assumés par le texte de manière assez visible pour que la réflexion métatextuelle [i.e. du code] puisse opérer à la façon d'un *mode d'emploi* et disposer la lecture à s'acquitter moins difficultueusement de sa tâche: *refaire, comme dans un miroir, ce que son envers symétrique a fait avant elle: prendre l'œuvre pour ce qu'elle veut être prise.*" (l.c. 129–130; letzte Herv. U.W.). Man wird in den folgenden Analysen sehen, daß auch die angeblichen 'Gebrauchsanweisungen' in den Romanen nur dann solche sind, wenn man ihre wörtliche Bedeutung zugunsten einer möglicherweise figurativen bzw. metafigurativen favorisiert. Diese Möglichkeit einer dekonstruktiven Lektüre (hier i.S.v. de Man 1979:3–19) wird bei Dällenbach gerade von der Spiegel*metaphorik* verdeckt: der referentielle Fehlschluß liegt auch dort vor, wo eine Textpassage, nur weil sie auf den ersten Blick das ästhetische Funktionieren des Romans zu erklären scheint, als wörtlich zu verstehende Aussage über den Roman betrachtet wird.

[31] Als Beispiel für eine paradoxale *mise en abyme* führt Dällenbach den *Don Quijote* an, da dessen zweiter Teil seinen ersten einschließe (l.c. 96n1, 218). Eine differenzierte Analyse (s.u. Kap. 2.1.3) kann zeigen, daß Dällenbach Cervantes durch die Optik der Moderne liest.

Das Ziel von Dällenbachs Studie ist es, ausgehend von den Typen – und nicht von den elementaren *mises en abyme*, an denen es sich ja nicht hauptsächlich entscheidet, welchen Typ sie generieren – Reflexionsstrukturen in Texten zu beschreiben. Sowohl die Objekte der *mise en abyme*, die sich teilweise in den elementaren Formen wiederfinden, als auch die Abstufung der Verhältnisse zwischen Erzählung und reflektiertem Objekt sind deshalb zweitrangig und nicht maßgeblich. Es ist also letztlich zwar funktional (thematisch) distinktiv, aber typologisch unerheblich, ob das reflektierte Objekt nun *énoncé*, *énonciation* oder *code* ist. Bestimmte Differenzen zwischen den drei bzw. fünf elementaren *mises en abyme* fallen dann kaum ins Gewicht und können somit auch nicht komparativ aussagefähig sein. Um so mehr gilt dies für die verschiedenen Abstufungen des Verhältnisses zwischen Erzählung und Objekt: die Skalierung kennt nur eine graduelle Ordnung, aber die Kategorien der Graduierung variieren je nach elementarer *mise en abyme*. Jenseits einer funktionalen bzw. thematischen Relevanz sind die elementaren *mises en abyme* also nurmehr dafür bestimmend, welche Graduierungsskala für das Erzählung-Objekt-Verhältnis angelegt werden muß – und diese Skala hat keinen Einfluß mehr auf die strukturale Beschreibung des Textes. Auch dadurch wird eine aussagekräftige Differenzierungsmöglichkeit preisgegeben. Offensichtlich ist dafür die Objektaufteilung nach *énoncé*, *énonciation* und *code* – zumindest wie sie hier realisiert ist – und die Beschränkung auf Totalitätsaspekte verantwortlich.

Die kritische Durchsicht ergab, daß die bisherigen Systematisierungsversuche von Selbstrepräsentation sowohl ihrer Konzeption nach als auch hinsichtlich ihres bevorzugten Textkorpus' weithin in der Pflicht der modernen Ästhetik stehen. Die nicht allgemein und kontinuierlich entworfenen Beschreibungskategorien ermöglichen eine nur partiale Sichtweise auf Selbstbezüglichkeit, wodurch weder der Einzeltext in seiner Historizität noch das Einzelphänomen im Text entsprechend gewürdigt wird. In der Unentschiedenheit zwischen Metasprachlichkeit, Autoreflexivität und romantisch-moderner Selbstreflexivität gelingt zumeist nur eine thematische Definition von Selbstbezüglichkeit. Im folgenden sollen nun die Parameter eines alternativen Beschreibungsmodells vorgestellt werden, das versucht, einige dieser Mängel zu beheben.

Ausgangspunkte, Perspektive, Fragestellungen und Ziel der Untersuchung

Wenn Selbstthematisierung sogar in komplexeren Formen seit den Anfängen des Erzählens praktiziert wird – man mag hier an eingeschobene Erzählungen in der *Odyssee* denken – kann selbst für die Dichtungen Mallarmés und die radikal intransitive *mise en abyme*-Praxis des *tel quel*-Romans, in denen die Signifikanten zu ihrem eigenen Resonanzkörper werden und ein mögliches Objekt der Bezugnahme sich im „differentiellen Spiel der Marken" (Derrida 1972a pass.) aufzulösen scheint, nur in Anspruch genommen werden, daß sie eine, wenn auch extreme Etappe, im Diskurs der Selbstrepräsentation darstellen. Wie, über welche Umwege, in welcher Explizitheit etc. auch immer Selbstrepräsentation als im Roman inszenierte Zeichenpraxis thematisiert sein mag: Sei es, daß die reale Äußerungssituation im Text als inszenierte Äußerungssituation wiederkehrt (wie etwa im *Conde Lucanor* oder im *Decamerone*), daß ein Buch im Buch erscheint, das Buch über das Buch handelt oder durch es entsteht[32], daß ein Text sich in sich selbst verschließt, indem er nach Art des *nouveau nouveau roman* auf seine eigenen Signifikanten rekurriert und als deren Anagramme, Homonymien etc. entsteht, sei es, daß der Text sich rhizomatisch im intertextuellen Raum situiert und sich selbst so als Epiphänomen eines „texte général" darstellt (wie in zahlreichen Erzählungen Borges') oder prätextuelle und systemreferentielle Vorgaben wie die traditionelle realistische Romanpoetik für metafiktionale Techniken dienen - unabhängig von all diesen Hinsichten lassen sich einige Bedingungen, Perspektiven Ausgangspunkte und Ziele festlegen, die den Ansatz der vorliegenden Untersuchung verorten.

(i) *Objektbezug*. – Selbstbezüglichkeit, so die erste Prämisse, setzt ein Objekt voraus, auf das Bezug genommen werden kann und das seinerseits als ein ästhetisch-semiotischer Aspekt des Werks definierbar sein muß. Damit ist zugleich die Bedingung für die Klasse selbstbezüglicher Aussagen bestimmt.

(ii) *Historizität und Partialität*. – Das literarische Selbstverständnis, wie es sich in Selbstbezügen manifestiert, ist historisch. Obwohl sich das Objekt des Sebstbezugs, also das materielle und diskursive Selbst der Literatur, mit Ausnahme der Erfindung des Buchdrucks kaum verändert hat und obwohl seit Beginn schriftlicher literarischer Kommunikation theoretisch alle Spielarten, Hinsichten und Möglichkeiten des Selbstbezugs potentiell verfügbar sind, weist die Selbstthematisierung praktisch in ihrer Form, Komplexität oder Radikalität historischen Wandel auf. Dieser Wandel kommt zustande, weil das 'Selbst' *unter je verschiedenen Aspekten als Objekt* aufgerufen wird, und das heißt auch, daß ein je verschiedenes Selbstverständnis von Literatur oder

---

[32] So Verriers (1972:59) prägnante Formulierung dreier Entwicklungsstufen des *nouveau roman*.

allgemeiner schriftlicher kultureller Zeichenpraxis vorliegt. Das Selbstverständnis ist selbst historisch. So wird unter einem Buch, über das in einem Buch gesprochen wird, nicht immer das gleiche verstanden. Zu Beginn des 2. Buches des *Conde Lucanor* (1335) verkündet der Autor Don Juan in seinem Eigennamen, daß er auf Bitte von Don Jayme die weiteren Exempel in dunklerer Sprache verfassen werde. Patronio, eigentlich eine von Don Juan erfundene Gestalt, die die Exempel im Dialog mit dem Conde Lucanor erzählt und – nach heutigem Verständnis von Fiktionalität – keine 'Existenz' außerhalb dieses Buches beanspruchen dürfte, behauptet kurz darauf, daß er zwar weitere Exempel vorbringen werde, „mas non por essa manera que en l'otro libro ante déste [i.e. das erste Buch]" (CL 279)[33]. Der Leser gewinnt hier den Eindruck, daß durch die Stimme Patronios hindurch das Buch selbst spricht. Der gleiche Fall liegt im *Libro de buen amor* (um 1330) vor, wenn es zu Beginn heißt: „De todos estrumentos yo, libro, só pariente" (LB c.70a:82). Im zweiten Teil des *Don Quijote* bringt Sansón Carrasco in das Dorf den frisch gedruckten ersten Teil der Geschichte, und abermals 'spricht' das Buch selbst durch die Stimme der Protagonisten, wenn nun seitens der Figuren über Vorzüge des Romans und die Nachlässigkeiten seines Verfassers gerichtet wird; doch zugleich wird auch eine 'Existenz' der Figuren außerhalb jenes Buches, das ihre Heldentaten mitteilt, reflektiert, denn der zweite Teil, in dem die kritische Begutachtung des ersten Teils stattfindet, ist innerhalb der erzählten Geschichte noch nicht erschienen. In Unamunos *Niebla* (1914) macht es gerade die Tragik des Antihelden Augusto Pérez aus, daß er, der sich zwar als fiktives Wesen wähnte, dennoch aber selbstbestimmte Handlungen ausführen zu können hoffte, sich am Ende von seinem Autor sagen lassen muß, *nichts anderes* als das Buch zu sein, das 'Unamuno' geschrieben hat. In Torrente Ballesters *Fragmentos de apocalipsis* (1977/82) scheinen diese Differenzen zwischen fiktivem Autor, Buch und Figur wieder vollständig eingeebnet: der Autor weiß von sich, nichts weiter als Worte auf einem Blatt Papier zu sein, ebenso wie die vermeintlich von ihm erfundenen Figuren, die sich unabhängig von ihm entwickeln, am Ende selbst zu Autoren werden und das Amt des vormaligen Autors usurpieren.

(iii) *Spezifische sprachliche Aktualisierung des Objekts.* – Verschiedene Realisierungen von Selbstthematisierung finden also darin ihre Einheit, daß ein (noch festzulegender) Objektbereich, eben das 'Selbst' des Textes, der gemeinsame Redegegenstand bestimmter Aussagen ist. In den soeben angeführten Beispielen bezogen sich die Texte direkt oder indirekt auf sich selbst,

---

[33] Ein Verzeichnis der Siglen, mit denen nur Werke abgekürzt werden, aus denen mehrfach zitiert wird, findet sich u. im *Literaturverzeichnis*. Sofern es sinnvoll erscheint, werden auch werkinterne Aufteilungen (Teil, Buch, Kapitel, Vers, copla etc.) angegeben; in diesen Fällen ist die Belegstelle (Seitenzahl und ggf. Bandnummer) nach einem Doppelpunkt (z.B. LB c.70a: 82) angeführt.

indem sie über ein Buch oder sich selbst als Buch sprachen. Die hier interessierende Frage ist zunächst, in welcher Weise jeweils das vermeintlich identische Bezugsobjekt (z.B. Buch) aktualisiert wird bzw. welche Aspekte an ihm als relevant aufgefaßt werden, welche Vorstellungen mit ihm verbunden werden. Dies entscheidet sich nicht vorrangig an den spezifischen Themen, Anlässen oder Inhalten des Selbstbezugs, etwa Aussagen über den Sprachstil (*Conde Lucanor*), existenzphilosophische Reflexionen (*Niebla*) oder im Roman exemplifizierte Sprachphilosophie (*Fragmentos de apocalipsis*). Der Untersuchung geht es vielmehr darum zu beschreiben, wie das 'Selbst' des Textes dabei ins Spiel gebracht wird. So besteht beispielsweise im *Conde Lucanor* und im *Libro de buen amor* kein wesentlicher Unterschied zwischem dem Buch als Produkt des Autors (Don Juan bzw. Arcipreste de Hita), als erzähler Geschichte oder als materiellem Objekt – diese Differenzen sollen offenbar gerade eingeebnet sein. Im *Don Quijote* achtet Cervantes darauf, daß die Figuren gerade nicht ausschließlich das Buch sind, über das sie sprechen; sie haben noch eine Existenz außerhalb des ersten Teils, wenngleich durch ironische Bemerkungen ein Bewußtsein von der Sprachlichkeit der erzählten Welt zu erkennen gegeben wird. In *Niebla* hingegen ist genau das der Fall, was Cervantes vermieden und höchstens ironisch evoziert hatte: hier ist das Buch die Schrift, das Grab und das Gefängnis der Figur; *Fragmentos de apocalipsis* hingegen beerbt auf den ersten Blick die poststrukturalistische Literaturtheorie, wenn Torrente Ballester den 'Tod des Autors' (Barthes 1984/1968:67) zugunsten einer autoproduktiven *écriture* inszeniert, zu der das 'Buch' geworden ist (freilich geschieht auch dies nicht ganz ohne Ironie[34]).

Von diesen zwei Polen der Selbstthematisierung: Existenz eines Bezugsobjekts und jeweiliger Aktualisierung dieses Objekts in einem konkreten Selbstbezug, ergeben sich zwei Aufgabenstellungen. Zunächst muß – noch immer unabhängig von konkreten Realisierungen des Selbstbezugs – festgelegt werden, welche Textaussagen überhaupt in den fraglichen Bereich 'Selbstthematisierung' fallen, sodann, wie dieser allgemein definiert und gegebenenfalls unterteilt werden kann. Daraus läßt sich umgekehrt zugleich eine Definition des 'Selbst' des Textes als Bezugsobjekt ableiten. Zum anderen muß die Beschreibung von Selbstthematisierung im konkreten Text erfassen, *wie* diese Objekte je repräsentiert werden. Das 'Selbst' als abstraktes Bezugsobjekt ist der Analyse ja nur als spezifisches, bereits dargestelltes Objekt zugänglich (z.B. das 'Buch' unter diesem oder jenem Aspekt), d.h. als ein ausdifferenziertes oder nur rudimentär errichtetes zweites 'Selbst' innerhalb des Textes, das sich letztlich aus allen selbstbezüglichen Aussagen und ihren Interrelationen zusammensetzt.

Worüber muß ein Text also sprechen, damit von ihm gesagt werden kann, er spreche über 'sich selbst', und unter welchen Bedingungen referieren

---

[34] Vgl. Kap. 2.3.2

Selbstthematisierungen in einem oder mehreren Texten – etwa die verschiedenen Buch-Referenzen in den obengegebenen Beispielen – noch auf das gleiche Objekt? Das Problem, das hier zum Vorschein kommt, ist weniger eines der Terminologie; vielmehr steht ein prinzipiell nicht identischer, sondern von seiner Darstellung abhängiger Gegenstand in Frage, und historischer Wandel manifestiert sich daran, wie dieses Objekt sich als Referenzobjekt verändert. Aus diesen Überlegungen ergeben sich ein methodischer Weg (iv) und ein übergreifender Rahmen für die Historizität der Selbstthematisierung, in dem sich die Untersuchung ansiedelt (v).

(iv) *Objektdarstellung als 'Repräsentation'* –. Für eine adäquate systematische und historische Erfassung von Selbstbezüglichkeit soll Selbstthematisierung im folgenden als Selbst*repräsentation*[35] aufgefaßt werden, basierend auf dem Repräsentations- bzw. Zeichenbegriff der Semiotik von Ch. S. Peirce[36]. Der Peircesche Zeichenbegriff: „something which stands to somebody for something in some respect or capacity" (*CP* 2.228)[37] fokussiert Zeichenpraxis als partielle *Objekt*darstellung. Gegenüber dem *mise-en-abyme*-Ansatz rücken unter der Hinsichtnahme auf Selbst*repräsentation* gerade die Differenzen zwischen den Objekten – die dann entsprechend auch anders denn als „énoncé, énonciation, code" definiert werden müssen – und die Bezugsart auf diese Objekte, d.h. die Realitätsweise, in der sie Redegegenstand werden, in den Mittelpunkt. Um eine begrifflich differenziertere und kontinuierlichere Beschreibung des Selbstbezugs und seiner Anschlußmöglichkeit für diachro-

---

[35] Möglichen Mißverständnissen, die vor allem zwei in dem Begriff 'Selbstrepräsentation' noch nachwirkende Konnotationen verursachen könnten, soll an gegebener Stelle begegnet werden: dies betrifft zum einen die Bedeutung von 'Selbst-', die nach Art der *tel quel*-Theorie und der oben diskutierten *metafiction*-Forschung insinuiert, daß dem Text eine Art Subjekt-Status zuerkannt wird; zum anderen den Metaphysik-Verdacht, in dem der Repräsentations-Begriff steht (hier wird er ausschließlich in der Peirceschen Bedeutung von *representation* verwendet).

[36] Zu allgemeinen Darstellungen der Peirceschen Zeichentheorie s. bspw. Walther (1979), Arroyabe (1982), Schönrich (1990), Nagl (1992). – Die Peircesche Semiotik bietet freilich auch die Nachteile einer unhandlichen kategorialen Ordnung und einer uneinheitlichen Terminologie. Dies ist darauf zurückzuführen, daß Peirce in einem halben Jahrhundert semiotischen Forschens zwischen Zeichentheorie im engeren Sinne, mathematischen, geophysischen und naturevolutionären Studien seine permanenten Änderungen unterworfene Theorie nirgends systematisch zusammengefaßt hat. Einer der von Peirce am klarsten ausgearbeiteten Abhandlungen ist der *Syllabus* (1902; dt. = Peirce 1983), der in dieser Arbeit der wichtigste Referenztext ist. Der Zugriff auf seine Schriften ist dadurch erschwert, daß sie bisher nur in geringem Umfang veröffentlicht sind. Nachdem die *Collected Papers* (= Peirce 1931–58) lange Zeit als Standardwerk gegolten haben, bietet die im Entstehen begriffene Ausgabe *Writings of Ch.S. Peirce. A Chronological Edition*, Bloomington 1982ff. eine Gesamtausgabe, die chronologisch, aber immer noch nicht kritisch ist.

[37] Peirce-Belege, sofern sie den *Collected Papers* (= Peirce 1931–58) entstammen, werden in der üblichen Zitierweise '*CP*' gefolgt von der Band- und Paragraphennummer (z.B. 2.228) wiedergegeben.

ne Perspektiven zu erreichen, wird also von *der Realität der Reflexion* (mise en abyme) auf *die Realitäten, die die Repräsentation ihren Objekten gibt,* umgestellt. Wenn unter dem Blickpunkt der *mise en abyme* 'Resonanzen' zwischen Darstellung und Dargestelltem als Identitäten zwischen beiden erscheinen, so kommen sie unter dem Blickpunkt von Repräsentation als Differenzen in Betracht. *Selbst*repräsentation wird schließlich kein autonomes Handeln 'von selbst' meinen, welches von einem subjektähnlichen Wesen namens Text ausgeführt würde[38]. Das zu beschreibende 'Selbst' ist bzw. entsteht vielmehr als das Objekt einer vom Text ausgehenden Darstellung. Der Peircesche Repräsentationsbegriff impliziert, daß es sich bei dem 'Selbst' auch als Bezugsobjekt nicht ohne weiteres um ein Reales oder mit sich Identisches handelt, auf das reflexiv Bezug genommen werden könnte. Selbstrepräsentation muß vielmehr als eine zeichenhafte Darstellung von etwas selbst Zeichenhaftem aufgefaßt werden. Der Ausdruck 'Selbst' gibt deshalb nur dem hier in Rede stehenden Untersuchungsgegenstand seinen allgemeinsten Namen. Im gleichen Maße wird auch der Fokus von den narrativen Funktionen der Selbstthematisierung auf die historische Diskurskonstitution verschoben[39].

(v) *Selbstrepräsentation als Diskurs.* – Wenn Selbstrepräsentation Konstitution eines Redegegenstandes, d.h. Praxis einer Selbstverobjektung des Textes ist, 'ontosemiotische' Errichtung eines zweiten 'Selbst' im Text mittels der Rede über sich selbst, so läßt sich Selbstrepräsentation innerhalb eines konkreten Textes und im Vergleich verschiedener Texte im Kontinuum eines Selbstrepräsentations*diskurses* verstehen. Der Begriff *Diskurs* soll hier allerdings allein in diesem eingeschränkten Sinne verstanden werden, nämlich als ein „System des Denkens und Argumentierens, das von einer Textmenge abstrahiert ist", wobei jeder Diskurs durch einen „gemeinsamen Redegegenstand" und „Regularitäten der Rede über diesen Gegenstand" (Titzmann 1989:51–52) definiert ist und in Bezug zu anderen Diskursen steht; die Aussagen (*énoncés*), als elementare Einheiten des Diskurses (Foucault

---

[38] Diese mißliche Konnotation insinuieren nicht nur viele der im vorangegangenen Kapitel genannten Bezeichnungen („self-conscious", „self-begetting" etc.); eine solche Konzeption liegt auch bisweilen – uneingestanden – den theoretischen Arbeiten (bes. der *tel quel* - Gruppe) selbst zum Teil zugrunde. Als ob das nach-metaphysische Subjekt, nachdem es die sprachlich-soziale Bedingtheit seiner Handlungen und Vorstellungen durchschaut hat, sich rekonstituieren würde, indem es nun zwar sein Wissen um Diskursivität wohl oder übel hinnehmen müßte, gleichwohl aber noch absolute Handlungen ausführen könnte. Zu Subjekt-Konstruktionen im Zusammenhang mit der Selbstrepräsentation s. Kap. 3.3.–3.4 u. pass.; zum 'Selbst' als sprachlicher Metapher in der Literatur bzw. Philosophie s. de Man (1979:111–112, 160–187); kritisch zur Verwendung in verschiedenen Theoriezweigen Habermas (1985:427) u. Frank (1986:12).

[39] Bis auf wenige Ausnahmen, die die Unterschiede sichtbar werden lassen, erübrigt es sich durch die grundsätzlich verschiedene Betrachtungsweise des Phänomens, im weiteren Verlauf der Arbeit auf die entsprechende Behandlung bestimmter Selbstrepräsentationsfiguren bei Dällenbach einzugehen.

1969a:107), sind durch „zulässige Argumentationsstrukturen" (Titzmann 1989:52) oder, in Foucaults Worten, *episteme* bzw. „a prioris historiques" (Foucault 1969a:250,167) einer diskursiven Formation bestimmt. Aus dieser übergreifenden Perspektive gesehen sollte die Rede von einem „autoreferentiellen Diskurs" nicht mehr auf die Praxis des *tel quel*-Romans oder deren hochartifizieller Ironisierung etwa bei Calvino beschränkt bleiben[40], der vielmehr nur eine – freilich extreme – Form der Selbstbezüglichkeit wäre.

Wenn die Untersuchung sich so in den weiteren Horizont einer *archäologischen* Perspektive einfügt, ergibt sich dies zunächst als Konsequenz aus dem Beschreibungsansatz, der sich für die Konstitution eines bestimmten Redegegenstandes interessiert, den er im Auftauchen, Verschwinden, Wiedererscheinen verfolgt, anstatt bestimmten *Themen* wie etwa Schreiben, poetische Reflexion, Parodie etc. bzw. pragmatischen Anlässen nachzugehen. Wenngleich erst in diesem archäologischen Rahmen die Untersuchung und ihre Ergebnisse sinnvoll werden, etwa indem der Diskurs je auf seine epistemologischen Prämissen zurückgeführt wird, darf dieser Horizont nicht als Anspruch der Studie auf epistemologische Axiomatisierung der Selbstrepräsentationsformen mißverstanden werden. Historische Entwicklungen sollen zunächst im Rahmen der Beschreibungsparameter festgemacht werden, die als Symptom nicht nur epistemologischen Wandels interpretierbar sind[41].

---

[40] So Kablitz' (1992) Verwendung des Begriffs in dem schon erwähnten Aufsatz.

[41] In dem Maße, in dem die Untersuchung sich auf narrative, schriftliche Texte beschränkt und nur einen Anspruch auf typologische Allgemeinheit erhebt, können bestimmte Fragestellungen und Problemkomplexe, die von der mittlerweile beträchtlichen Kritik an Foucaults Unternehmen hervorgebracht wurden, offengelassen werden. Dies betrifft nicht nur den eingeschränkten, nämlich v.a. an der französischen Klassik orientierten Begriff der *représentation*, sondern auch die Diskontinuitäts-These der Epochenbrüche zwischen Renaissance, „âge classique", und Moderne (Foucault 1966a:13; vgl. hierzu und zur Grundlegung des Repräsentationsgedankens die Kritik von Frank 1983:135–243, 1990:362–426; zum Moderne-Konzept Foucaults s. Honneth 1988:127–144) sowie die „minimale Datenbasis", mit der Foucault die Renaissance-*episteme* plausibel macht (jedoch nicht gegen das Mittelalter abgrenzt) und die als vor-klassische *episteme* „reinem Systemzwang" zu entspringen scheint (Hempfer 1993:26). Frank (1990:362–407) hat detailliert aufgezeigt, wie auch der zweite epistemologische Bruch zwischen *représentation* und modernem Subjektdenken als kontinuierliche Entwicklung beschrieben werden kann. Franks allzu harmonisierender Tendenz in der Angleichung von französischem Neostrukturalismus und deutscher Subjektphilosophie ist indessen skeptisch zu begegnen (s. auch Küpper 1990:18n52). Eine weitere Frage, die nicht im Vorfeld diskutiert werden muß, betrifft die Aussagefähigkeit von Literatur bzw. ästhetischer Kommunikation überhaupt für eine epistemologische Axiomatisierung. Foucault jedenfalls, der selbst in zwei berühmten Analysen Kunstwerke illustrativ habhaft gemacht hat – *Las Meninas* und *Don Quijote* (Foucault 1966a:19–31 u. 60–64) –, räumt erwartungsgemäß künstlerischen Äußerungen und der Literatur im besonderen keinen Sonderstatus als Analysefeld für die Archäologie ein: „La littérature appartient à la même trame que toutes les autres formes culturelles, toutes les autres manifestations de la pensée d'une époque. [...] je crois que la

Unabhängig von der thematischen Ausrichtung verweisen die Möglichkeiten und Grenzen selbstrepräsentationaler Bezugnahme auf einen jeweiligen Begriff von Sprache, Literatur[42], Schreiben, Lesen etc. Dies wäre ein diachroner Ausgangspunkt der Typologie. Eine letzte Einschränkung des hier in Anschlag gebrachten Diskurs-Begriffs betrifft sein Verhältnis zu anderen Diskursen, institutionalisierten Praktiken bzw. „champs de pratiques non discursives" (Foucault 1969a:90), das gleichfalls nur okkasionell und am Rande, jedoch nicht systematisch verfolgt werden kann[43]. In dem Maße, in dem Selbstrepräsentation in der Literatur deshalb auch weitgehend unabhängig von institutionalisierten Praktiken betrachtet wird (Literaturmarkt, Leser- und Autorsoziologie, Urheberrecht etc.) soll ihr Diskurs als Machtdiskurs i.S.v. Foucaults Diskurs-Begriffs in *L'ordre du discours* (1971) berücksichtigt werden. Erst abschließend ließe sich diese Frage in modifizierter Weise in Hinsicht auf das „non-dit" des Diskurses[44] beantworten. Im Zentrum steht vielmehr die wirklichkeitskonstitutive Funktion, die Foucault ausdrücklich den Diskursen zuschreibt (vgl.1969a:55–67), insoweit damit die Realität gemeint ist, die der Text durch seine Selbstrepräsentation *im* Text erhält.

---

manière même d'utiliser le langage dans une culture donnée à un moment donné est liée intimement à toutes les autres formes de pensée. [...] Toute la littérature est dans un rapport au langage qui est au fond celui que la pensée entretient avec le savoir. Le langage dit le savoir non su de la littérature" (Foucault 1994/1966c:543–544). Etwas zurückhaltender in bezug auf den epistemologischen Aussagewert von Literatur ist wohl Tietzmann: Da Aussagen der Literatur nicht durch andere Diskurse bestätigt würden, müsse das von ihr transportierte Wissen „in jedem Falle ein vortheoretisches" sein, „ein Wissen, das am ehesten den Status von Einstellungen und Mentalitäten haben mag" (Titzmann 1989:58). Am Ende mag diese Frage gemäß den Ergebnissen vom Leser selbst entschieden werden (s. u. Kap. 3.).

[42] Für die umgekehrte Blickrichtung ließe sich Foucaults Kommentar zur Epoche der „retour du langage" anführen: „C'est qu'au début du xixe siècle, à l'époque où le langage s'enfonçait dans son épaisseur d'objet et se laissait, de part en part, traverser par un savoir, il se reconstituait ailleurs, sous une forme indépendante, difficile d'accès, repliée sur l'enigme de sa naissance et tout entière référée à l'acte pur d'écrire. La littérature, c'est la contestation de la philologie (dont elle est pourtant la figure jumelle); elle ramène le langage de la grammaire au pouvoir dénué de parler, et là elle rencontre l'être sauvage et impérieux des mots. De la révolte romantique contre un discours immobilisé dans sa cérémonie, jusqu'à la découverte mallarméene du mot en son pouvoir impuissant, on voit bien quelle fut, au xixe siècle, la fonction de la littérature par rapport au mode d'être moderne du langage" (Foucault 1966a:313).

[43] Link (1984:63) kritisiert Foucaults mehrdeutigen Diskursbegriff, der nicht zwischen Rede und sozialer Praxis unterscheidet. In dieser Arbeit ist 'Diskurs' natürlich auf sprachliche Zeichenpraxis beschränkt.

[44] Vgl. Foucault (1969a:36): „Le discours manifeste ne serait en fin de compte que la présence répressive de ce qu'il ne dit pas; et ce non-dit serait un creux qui mine de l'intérieur tout ce qu'il dit"; s. u. Kap. 3.

Das Vorhaben einer allgemeinen Beschreibung von Selbstrepräsentation, die Berücksichtigung ihrer Historizität und die Konstitution eines Selbstrepräsentationsdiskurses, der einer semiotischen Ontogenese des Textes im Text entspricht, ergeben sich also als drei Hinsichtnahmen aus ein und derselben Betrachtungsperspektive, nämlich der der Selbstrepräsentation. Die einzelnen Selbstrepräsentationsmomente entsprechen dabei den *énoncés* als elementare Einheiten des Diskurses[45].

(vi) *Fragestellungen*. – Die Beschreibungsparameter müssen abstrakt, allgemein und kontinuierlich definiert werden, damit die Phänomene der Selbstrepräsentation sowohl erfaßt, in ihren verschiedene Dimensionen differenziert und einander zugeordnet werden können als auch historisch vergleichbar sind. Dies zu leisten ist das Ziel der vorliegenden Untersuchung. Die genannten Bedingungen sind später präziser zu formulieren. An dieser Stelle sollen sie vorerst nur in Form von Fragestellungen an einem 'Text' erläutert werden, der der Anschaulichkeit halber nicht der Literatur, sondern der Malerei entstammt und sich wie kaum ein anderer dazu anbietet, nämlich Velázquez' weltberühmtes Gemälde *Las Meninas* (1656)[46]. Im Vergleich zu Foucaults Instrumentalisierung dieses Kunstwerks für die Darstellung der *episteme* der *représentation* wird zugleich sichtbar werden, inwiefern eine auf die Selbstrepräsentation hin zentrierte Beschreibung die von Foucault vorgenommene epistemologische vollständig umorganisieren muß, ohne dadurch freilich den in Anspruch genommenen diskursarchäologischen Horizont zu verlassen. Nicht zuletzt können sich Beziehungen zwischen den Bildelementen einstellen, die nicht mehr ohne weiteres dem Rahmen der *episteme* – zumindest wie Foucault sie beschrieben hat – direkt zugeordnet werden können.

Die Selbstrepräsentationen Maler, Leinwand, Betrachter etc. – so wäre zunächst ausgehend von Foucaults Analyse des Bildes zu sagen[47] – springen hier

---

[45] S. zur Definition des *énoncé* im Rahmen der Diskursarchäologie ausführlich l.c. 31–173.
[46] Vgl. Foucault (1966a.19–31). – Bezüge auf die *Meninas* sind an dieser Stelle und bei allen weiteren Gelegenheiten in der Arbeit, soweit nicht anders ausgewiesen, allein dem illustrativen Zweck verpflichtet und stellen nicht den Anspruch auf Aussagen über Velázquez' Gemälde. Für eine Analyse der Selbstrepräsentation in der bildenden Kunst müßten die zu entwickelnden Beschreibungsparameter entsprechend umdefiniert werden. Schönrichs Instrumentalisierung dieses Gemäldes für die Darstellung der Peirceschen Zeichenklassen zeigt, wenngleich sie nicht diesem Zweck dient, daß mittels der Peirceschen Semiotik auch Selbstrepräsentation im engeren Sinne nicht-sprachlicher Texte zu beschreiben wäre.
[47] Nach Foucault sind in den *Meninas* jene Möglichkeitsbedingungen kultureller Äußerungen (*episteme*) in 'Reinform' zur Aufführung gebracht (1966a:31), die Velázquez' Epoche bzw. den „âge classique" bestimmen, nämlich die *représentation*. (Foucaults Begriff der '*représentation*' ist jedoch nicht mit Peircens Begriff zu verwechseln, auf den sich die vorliegende Untersuchung stützt; s. ausführlicher u. Kap. 1.1) *Représentation* in den

gewissermaßen dem Betrachter in den Blick, einen Blick aber, den sie in dem Maße selbst vordefinieren und damit zum Teil des Bildes erklären, in dem der Betrachter ihre Position seinerseits konstituiert: der Maler, der hinter der rückwärtig aufgestellten Leinwand hervor und aus dem Bild heraus den Betrachter ansieht, die unsichtbare Leinwand selbst, auf der wohl das Gemälde *Las Meninas* selbst entsteht oder schon gemalt ist, aber auch die Bilder an den Wänden, der Spiegel, der an der hinteren Wand positioniert die betrachtenden Könige schemenhaft von außerhalb des Darstellungsraumes in das Bild hereinholt, der Zuschauer, der durch eine geöffnete Tür das Atelier betritt und die Malszene beobachtet, Pinsel und Palette in den Händen des Malers, noch das in den Raum durch ein seitliches Fenster flutende Licht; schließlich der durch die Anordnung entstehende Blickwechsel zwischen Maler, Königspaar und Betrachter, die sich als Perspektivpositionen gegenseitig voraussetzen und strukturieren, die Ineinanderprojizierung von Maler, Betrachter und Modell im Spiegel, virtuelle Linien nurmehr, die nicht mehr dargestellt sind, sondern sich allein noch als struktureller Effekt von Perspektiven ergeben; wenn das gesamte Bild in seinem Äußerungskontext mit einbezogen wird (immerhin werden Maler und Bild mit Diego de Velázquez und *Las Meninas* in Verbindung gebracht), ist schließlich jedes aufgetragene Farbpigment zu einer Selbstaussage geworden. Der ganze „cycle de la représentation" ist im Bild für den Betrachter ausgestellt.

Inwiefern ist das im Bild Dargestellte eine Selbstverobjektung in je spezifischer Realitätsweisen und wie ließe sich die Darstellung dann in kontinuierlicher Begrifflichkeit beschreiben? Worin unterscheidet sich beispielsweise kategorial *dargestellter* Selbstbezug (Maler, Bilder) vom *virtuellen* Raum der Blicke und der perspektivischen Anlage, die nicht weniger selbstthematisch sind, aber in einer anderen Realitätsweise das Bild im Bild wiedergeben als das konkret Gezeichnete? Wie verhalten sich die zahlreichen Verdopplungen des Bildes im Bild *zu*einander: die Gemälde an den Atelierwänden einerseits, die Leinwand, die jene der *Meninas* sein mag, andererseits? Welchen Selbstaussagewert haben sie als – intertextuelle – Zitate? Dient der Spiegel nur als

---

Meninas – das ist vor allem die Unmöglichkeit eines subjektiven Standpunktes, von dem aus die Darstellung sich organisierte und ein fixiertes Verhältnis von Betrachter und Betrachtetem, Zuschauer und Modell, Subjekt und Objekt möglich wäre. Vielmehr wird durch die Blick-Kommunikation zwischen Maler, Betrachter, Zuschauer, die uneinsehbare Leinwand, die Position und Darstellung des Spiegels, in dem das Königspaar als Modell in den Bildraum eingezogen wird, verhindert, daß derjenige, der sich ins Zentrum der Perspektiven setzt, sich selbst im Bild wiederfinden könnte. In dem Maße, in dem ein zentraler Ort außerhalb des Bildes vom Bild aus vorgeschlagen und benötigt wird, ist er zugleich im Bild als Dargestelltes und Bezugspunkt eines anderen Ortes definiert (zum zeichentheoretisch in Anlehnung an den von Arnauld / Lancelot in der *Logique de Port-Royal* entwickelten Repräsentations-Begriff bei Foucault (1966a:77–81 u. 1994/1969b: 741–750).

Überlagerungsort für die Konstitution der Blickoszillierung oder ist er selbst noch eine Verdoppelung des Bildes, indem er möglicherweise ein mimetisches Anliegen explizit macht oder andeutet, weil er, entgegen den Gemälden an den Wänden, scheinbar ein 'reales', außersemiotisches Objekt in den Repräsentationsraum einziehen will? Ist der Spiegel schon als die Idealvorstellung des Malens semantisiert oder stehen die kopierten Gemälde dem 'Selbst' der *Meninas* näher, weil sie eben Gemälde sind? In welcher Hinsicht ist noch die Farbpalette oder der Pinsel eine Verdopplung des Bildes, etwa im Vergleich zu Bildern, die schon mit ähnlichen Malinstrumenten hergestellt worden sind? Halten die dargestellten Werkzeuge als solche, unabhängig davon, ob das Bild auf der uneinsehbaren Leinwand schon existiert oder nicht, ein Noch-Nicht des Gemäldes, einen – aus der Sicht des dies darstellenden, fertigen Gemäldes – schon vergangenen Prozeßmoment präsent und zeichnen sie dem Bild seine eigene Ontogenese, d.h. seine Vergangenheit ein? Sind sie eine Metapher des Malers oder der Prozeßhaftigkeit der Bildgenese? Wie verhalten sich die zahlreichen Betrachter-Positionen zueinander: das Königspaar, das die ganze Malszene sieht, aber außerhalb bleibt; der reale Betrachter, von dem das Königspaar nichts weiß, der seinerseits dafür aber nur durch die aus dem Bild herausschauenden Blicke (inklusive des Spiegels selbst) evoziert ist, und der gemalte Betrachter der Malszene im Hintergrund, die alle drei auf ihre Weise Betrachter-Positionen einnehmen? In welcher Weise unterscheiden sie sich durch ihre Perspektive und ihr 'Wissen', in welcher Weise dadurch, daß sie eine je verschiedene Realität im Bild haben? Ist der Maler ein privilegierter Betrachter, weil er zugleich Betrachter und Maler ist? Welche Rolle spielt der Einbezug des realen (autobiographischen) Kontextes durch die Kennzeichnung des Malers als Diego de Velázquez und der Leinwand als die im Entstehen begriffenen *Meninas*? Wenn die Perspektiven des Bildes die Position des realen Betrachters in dreifacher Weise vorstrukturieren: ist es gleichgültig, ob er sich als betrachtetes und zu malendes Objekt, als zuschauendes Königspaar oder gar als arbeitender Maler versteht, drei Möglichkeiten, die ihm durchaus offenstehen[48]? Was sagen schließlich die beschriebenen Differenzen über die Konzeption von Sehen, Interpretieren, Malen und Zeichentheorie in den *Meninas* aus? Wie unterscheiden sich in den genannten Hinsichten schließlich die *Meninas* vom *Arnolfini Hochzeitsbild* (1434), wo der Maler selbst im Spiegel ist[49]. Die Reifikationen, die das Bild-

---

[48] Vgl. zu dieser letzten Option die Beschreibung der *Meninas* von Schönrich (1990:46–68), der das Bild im Licht der Transzendentalphilosophie liest.

[49] Velázquez hat diese schon seinen Zeitgenossen aufgefallene Disposition durch folgenreiche Abwandlungen im Vergleich zu ähnlichen Darstellungen in der Kunstgeschichte hervorgebracht, indem er den malenden Maler aus jenem Spiegel genommen, in dem er etwa in Van Eycks *Arnolfini Hochzeitsbild* noch war, und in die gleiche Ebene gerückt hat wie die Hofdamen, die im fertigen Bild seine Modelle geworden sind; die Könige, die er im Bild zu malen scheint, sind in den Spiegel getreten, der seinerseits, gegenüber Van Eycks

'Selbst' konstituieren, Maler, Bild, Betrachter (in der Literatur entsprächen sie Autor, Text und Leserrepräsentationen), müssen *abstrakt, als besetzbare Positionen* bestimmt und als solche gegeneinander differenziert werden.

Das in der vorliegenden Untersuchung verfolgte Programm arbeitet damit einem von Michel Foucault skizzierten, aber nicht ausgeführten Projekt zu, das er in *Le langage à l'infini* (1963) einmal als „ontologie formelle de la littérature" (Foucault 1994/1963:254) benannt hatte und das von eben diesen „phénomènes d'autoreprésentation du langage" (l.c. 253) ausgehen sollte. Nach Foucault wäre das methodische Verfahren das folgende:

> Il faudrait commencer par une analytique générale de toutes les formes de reduplication du langage dont on peut trouver des exemples dans la littérature occidentale. Ces formes à n'en pas douter sont en nombre fini, et on doit pouvoir en dresser le tableau universel. Leur extrême discrétion souvent, le fait qu'elles sont parfois cachées et jetées là comme par hasard ou inadvertance ne doivent pas faire illusion: ou plutôt il faut reconnaître en elles le pouvoir même de l'illusion, la possibilité pour le langage (chaîne monocorde) de se tenir debout comme une œuvre. La reduplication du langage, même si elle est secrète, est constitutive de son être en tant qu'œuvre, et les signes qui peuvent en apparaître, il faut les lire comme des indications ontologiques.
> Signes souvent imperceptibles et presques futiles. Il leur arrive de se présenter comme des défauts – simple accrocs à la surface de l'œuvre: on dirait qu'il y a là comme une ouverture involontaire sur le fond inépuisable d'où elle vient jusqu'à nous. (l.c.)

Die nun vorzuschlagende Typologisierung unter dem Blick einer *Selbstverobjektung* oder *Selbstrepräsentation* nimmt gewissermaßen diese Anregung einer „ontologie formelle" und eines „tableau universel" auf, wenngleich sie typologisch-generativ und nicht extensiv vorgeht.

Unter der Perspektive der Selbstrepräsentation kann ein weiter Phänomenbereich geordnet werden, der in besonderer Weise einer archäologisch ausgerichteten Analyse der je zeitgenössischen Konzeptionen und historischen Verschiebungen von Schreiben, Textualität und Lesen im Text dienen kann[50],

---

Gemälde, nicht mehr konvex ist, sondern plan; s. zur weiteren Interpretation von Velázquez' Bild im Kontext zeitgenössischer Kunsttheorien (v.a. bzgl. des Porträts und seiner repräsentativen Funktion), einer Situierung der Bildkomposition im Vergleich zu Vorgängern und Nachfolgern und einer aufschlußreichen Klärung der Funktion einzelner Bildelemente den Aufsatz von Stoichita (1986).

[50] Volker Roloff hat eine solche Analyse im Hinblick auf eine „historische Rekonstruktion von Leseweisen" einmal in folgenden Worten als Desiderat beschrieben: „Lesen und Schreiben sind, als Konstituenten jeder literarischen Tätigkeit, nur in ihrer Wechselbeziehung zu begreifen, wobei vor allem, zumal in der historischen Perspektive, die Beweglichkeit und Offenheit der Grenzen zwischen Produktion und Rezeption zu beachten sind. Es gilt, jeweils die Geschichtlichkeit und Relativität der Abgrenzungen selbst mit zu bedenken, etwa die Veränderbarkeit der Zuordnungen und die verdeckten Wertungen, so wie sie z.B. in den Klischeevorstellungen von der 'Originalität' und 'Kreativität' des Schreibens im Gegensatz zur angeblichen Passivität des Lesens zum Ausdruck kommen.

und zwar mittels eines Beschreibungsinstrumentariums, das sich gerade auf den formalen Befund beschränkt, um so für angrenzende Fragestellungen, die im Verlauf der Arbeit im gegebenen Fall angesprochen werden, ein möglichst allgemeines Modell zugrundezulegen.

Aufbau der Untersuchung

Der erste Teil der Studie (Kap. 1) erarbeitet das formale Beschreibungsmodell romanesker Selbstrepräsentation. Ausgehend von der semiotischen Perspektive 'Selbstrepräsentation', wie sie soeben motiviert und skizziert wurde, ist zunächst der zentrale Blickpunkt festzulegen, von dem aus sich die Typologie in verschiedenen Komplexitätsebenen entwickelt. Zunächst ist Selbstrepräsentation ausgehend vom Zeichenmodell von Peirce zu definieren, sodann werden aus Peircens Kategorien *Erstheit, Zweitheit* und *Drittheit* sowie aus Derridas *marque*-Begriff drei *Objekte* abgeleitet, die als abstrakte Selbstrepräsentationsobjekte gelten (Kap. 1.2.1) und ihrerseits in einem konkreten Ereignis jeweils als *Ikon, Index* und *Symbol* auftreten können (Kap. 1.2.3). So ergeben sich neun *elementare Selbstrepräsentationstypen*, die im folgenden mit Beispielen illustriert (Kap. 1.2.6) und mit einem weiteren, nunmehr schon komplexeren Typ vervollständigt werden, der sich aus einer bestimmten *Interferenz* zweier Objekte erst zusammensetzt (Kap. 1.2.7). Die Typen sind in dieser Beschreibungsebene keine narrativen oder generischen Typen, sondern *elementare* Repräsentationsmomente, die sich vielfältig innerhalb eines Textes finden, zumal wenn nur Romane in Frage kommen, die Selbstrepräsentation thematisieren; sie bestehen je nachdem aus einzelnen Wörtern, zusammenhängenden Einheiten, bestimmten Erzählperspektiven etc. Die Objekte sind abstrakt definierte Positionen, denen sich alle Selbstrepräsentationen zuordnen lassen sollten. Die Aktualisierungen sind, unter den Typen beschrieben, die Konstituenten (*énoncés*) des Selbstrepräsentations-Diskurses. Wenn innerhalb eines Textes mehrere Selbstrepräsentationen erscheinen – dies ist der Regelfall in den unter dem Arbeitsthema versammelten Texten –, eröffnet sich auch

---

Eine Geschichte der Lektüre ist daher immer zugleich eine Geschichte der verschiedenen Konzeptionen, ästhetischen Bewertungen, Idolisierungen oder auch kritischen Beurteilungen des Lesens, die ihrerseits vor allem als Verschiebungen der Positionen und Werturteile im Rahmen der jeweils geltenden Kommunikations- und Diskursregeln darstellbar sind. [...] Da die Texte selbst als Produkte der Lektüre und als Konzepte für künftige Leser sozial- und kommunikationsgeschichtlich relevant und wirksam sind, genügt es nicht, den verschiedenen Thematisierungen der Lektüre im Sinne einer Motivgeschichte nachzugehen, sondern dabei jeweils die zeit- und texttypische Kombination von Lektürekonzepten und Schreibweisen zu erfassen, und mit der Veränderung der Schreibweise u.a. auch den Wandel der Lektüre und Lektürekonzeption der Autoren." (Roloff 1985:186–187)

eine systemische Dimension: Verschiedene Repräsentationen konkurrieren miteinander (z.B. mehrere Autor-Figuren im *Don Quijote*), beziehen sich aufeinander (Darstellung von Schreibprozessen in mehreren Repräsentationen), entwickeln sich auseinander, dekonstruieren einander etc. Das Verhältnis und die Beziehbarkeit einzelner Repräsentationen zueinander richtet sich nach dem jeweiligen semiotischen Wert, nach dem sie bestimmt bzw. realisiert sind. Eine abermals vorgenommene abstrahierende Typenbildung in dieser Ebene bleibt aus, da sie auf Kosten der Differenziertheit der elementaren Typen gehen würde. Im historischen Teil wird eine verschieden ausführliche Analyse der Romane aus zwei Großepochen durchgeführt (Kap. 2.1.1– 2.1.3, 2.2.1, 2.3.1– 2.3.5.).

Der spanische Roman

Nach der bisherigen Skizzierung des Untersuchungshorizontes ist es klar, daß weder filiationsgeschichtliche, thematische, motivgeschichtliche, sozioliterarische, nationalliterarische noch monographische Forschung angestrebt wird bzw. diese Hinsichten in ihrem Eigenrecht verfolgt werden können, wenngleich die Ergebnisse auch für diese Perspektiven verwertbar sein sollten. Die spanische Romanliteratur dient zunächst als Illustrationsfeld, das sich durch einige Charakteristika für diese Aufgabe besonders zu empfehlen scheint[51]:

---

[51] Von der Präsenz selbstbezüglichen Schreibens in der spanischen Literatur zeugen – jenseits von Untersuchungen zu Einzelwerken – eine Reihe von kritischen Arbeiten: Spires (1984) verfolgt den „metafictional mode" in der spanischen Literatur vom *Lazarillo de Tormes* bis in die Gegenwart; unter dem Blickpunkt der „duplication intérieure" macht Livingstone (1958) eine Tradition fest, Gillet (1956) sieht die sog. „revoltierende Figur" besonders in der spanischen Literatur gegenwärtig; Newberry (1973) findet die von Pirandello systematisch in einigen seiner Theaterstücke (*Sei personaggi in cerca d'autore* etwa) umgesetzte Vertauschung von 'Fiktion' und 'Realität' als Eigentümlichkeit der spanischen Literatur wieder. Sobejano (1986) faßt eine Tradition selbstbezüglichen Schreibens im 20. Jahrhunderts unter dem Titel der „novela poemática". Die neu erstarkende Präsenz selbstrepräsentationaler Literatur seit 1975 führte zu weiteren Untersuchungen, die sich mit dem Schreibmodus neuerer Romane unter dem Blickpunkt einer postmodernen Ästhetik auseinandersetzen (Navajas 1987) und ansatzweise eine theoretische Beschreibung liefern (Sobejano 1983 u. 1988, Herzberger 1979), die jedoch für die Absichten dieser Arbeit nicht ausreichend sind. So wird mit der Tetralogie *Antagonía* (1973–81) von Luis Goytisolo und der sog. 'Alvaro-Mendiola-Trilogie' seines Bruders Juan (*Señas de identidad* [1966], *Reivindicación del conde don Julián* [1970], *Juan sin tierra* [1975]) und verstärkt seit dem Ende des *Franquismo* der selbstbezügliche Schreibmodus ein hervorstechendes Merkmal der spanischen Romanproduktion. Davon zeugen eine Reihe von Publikationen seit 1985, wie die in *Insula* 464/465 (Julio-Agosto 1985) *Las nuevas letras* 3/4 (1985) oder in Amell/García Castañeda (1988) versammelten Beiträge; Darío Villanueva (1987) fühlt sich verpflichtet, in seinem Rückblick auf den spanischen Roman im ersten Dezennium nach dem Tod Francos eine Kategorie „metaficción" einzuführen; zahlreiche Aufsätze führen bis in die jüngste Zeit die „metanovela" als maßgeblichen

eine lebendige literarische Tradition, die sich von *Don Quijote*, dem Theater Calderóns und schließlich *Niebla* speist, in der gerade bestimmte Umgangsformen mit Selbstbezüglichkeit weitergereicht werden. Die Forschung hat von verschiedenen Seiten aus immer wieder betont, daß die Literatur einzelner Epochen durch bestimmte selbstbezügliche Themen und Rekurse gekennzeichnet ist: so reicht die Intervention des Autors[52] von der Manifestation frühneuzeitlicher Subjektivität im *Conde Lucanor*[53] bis zu *Fragmentos de apocalipsis* (1977/82), sie zieht sich durch die Blütezeiten selbstrepräsentationalen Schreibens in Spanien – *Siglos de oro*, *98er Generation*, dann erneut seit Mitte der 60er Jahre und verstärkt nach dem Ende des *Franquismo* – durch Epochen mithin, die zugleich Zeiten nationaler Krise oder Umbruchsstimmung sind.

Schreibmodus an (Sobejano 1979, 1985, 1989, Sanz Villanueva, 1985, 1986, Spires 1980 u.a.).

[52] Castro (1954) sieht die Autorintervention als Reflex eines jüdisch-arabischen kulturellen Substrats; S. zu diesem narrativen Rekurs ausführlicher Kap. 2.0.

[53] S. Lida de Malkiel (1950/51), Gumbrecht (1990:96).

1. Selbstrepräsentation – ein Beschreibungsmodell

1.1. Selbstrepräsentation und ihre Instanzen

Für eine Beschreibung von Selbstrepräsentation auf allgemein-theoretischer Ebene sind zunächst folgende Fragen unter Berücksichtigung der in der Einleitung gestellten Vorgaben sowie später noch zu präzisierender Bedingungen zu beantworten: Aufgrund welcher Kriterien lassen sich dargestellte Objekte oder Sachverhalte als selbstrepräsentational verstehen? Wie ist 'Repräsentation' als eine Beziehung von Dargestelltem und Darstellung zu definieren? Repräsentation und Selbstrepräsentation müssen dabei so gefaßt werden, daß die spezifischen medialen und historischen Möglichkeiten und Grenzen des literarischen Diskurses beschreibbar und vergleichbar bleiben. Da es beim Diskurs der Selbstrepräsentation sowohl auf der Beschreibungsebene als auch auf der Objektebene um zeichenhafte Zusammenhänge geht, werden als theoretische Bezugspunkte zwei Zeichentheorien für das Beschreibungsmodell operationalisiert, zunächst die von Peirce, später auch die *marque*-Theorie Derridas.

Auf der Basis des Peirceschen Zeichen- bzw. Repräsentationsbegriffs

> A sign, or representamen, is something which stands to somebody for something in some respect or capacity. It adresses somebody, that is, it creates in the mind of that person an equivalent sign, or perhaps a more developed sign. That sign which it creates I call the *interpretant* of the first sign. The sign stands for something, its *object*. It stands for that object, not in all respects, but in reference to a sort of idea [...]. (*CP* 2.228)[54]

---

[54] Unter dem *Repräsentamen* oder Zeichenmittel ist in der Peirceschen Semiotik das Zeichen im engeren Sinne als Signifikant zu verstehen; im Rahmen einer allgemeinen, nicht auf sprachliche Zeichen beschränkten Semiotik ist darunter alles gefaßt, was in Bezug auf ein Objekt „gegenständlich" (Pape 1986:14) interpretiert werden kann. Dieses *Objekt* sollte jedoch nicht einfachhin als ein identifizierbares Einzelding der empirischen Realität aufgefaßt werden; es ist vielmehr jeglicher „Gegenstand des Denkens, Meinens, Fühlens, Wünschens und Wollens" (Schönrich (1990:128). Vgl. *CP* 2.230: „The word Sign will be used to denote an Object perceptible, or only imaginable, or even unimaginable in one

soll Selbstrepräsentation als eine offene dreistellige Relation, die sich in das Semiosedreieck 'Zeichenmittel-(oder Repräsentamen)-Objekt-Interpretant' projizieren läßt, erklärt und fortan aufgefaßt werden. Selbstrepräsentation ist dann formal eine Beziehung zwischen einer Aussage des Textes (Zeichenmittel) und einem Objekt (das 'Selbst'), die einen Interpretanten motiviert. Ein Text repräsentiert sich selbst, *insofern* er selbst als das von ihm Repräsentierte *repräsentierbar* ist. Oder einfacher gesagt: Er ist dort und insofern selbstrepräsentational, als er etwas darstellt, was als ein Aspekt seiner selbst *verstanden* werden kann. Diese vielleicht auf den ersten Blick kompliziert oder tautologisch klingende Definition ergibt sich nicht nur aus dem in Anschlag gebrachten Repräsentationsbegriff, sondern trägt auch der Tatsache Rechnung, daß Selbstrepräsentation literarischer Texte wesentlich auf den (historischen) Rezipienten angewiesen und teilweise von seiner Deutung abhängig ist; der Aspekt, in dem Selbstrepräsentationalität besteht, ist letztlich ein kulturell und historisch bedingtes Wissenselement, eine „kulturelle Einheit"[55].

1.1.1 Repräsentation, dynamisches und unmittelbares Objekt

Im ersten *Exemplo* des *Conde Lucanor* (1335) erzählt Don Juan Manuel folgende Geschichte: Ein Freund des Conde beschließt auszuwandern und ihm aus diesem Grund seine Ländereien zu überlassen. Der Conde hat Bedenken, dieses Geschenk anzunehmen, und berät sich mit seinem Vertrauten Patronio, der ihn durch die Erzählung ähnlicher Geschichten davon überzeugt, daß die scheinbare Großzügigkeit in Wahrheit eine Freundschaftsprobe ist. Und so stellt es sich auch heraus. Da es sich um ein Exempel handelt, fehlt schließlich auch nicht die passende Sentenz:

> Et entendiendo don Iohan que estos exiemplos eran muy buenos, fízolos escribir en este libro, et fizo estos viessos en que se pone la sentençia de los exiemplos. Et los viessos dizen assí:
> Non vos engañedes, nin creades que, endonado,
> faze ningún omne por otro su daño de grado. (CL 60)

---

sense". Der *Interpretant* ist entsprechend die Position, in der nach der Zeichenbedeutung zu suchen wäre. Er ist aber weder mit dem Interpreten ohne Umschweife gleichzusetzen noch mit einem erkennenden Subjekt oder einem transzendentalen Signifikat. Vereinfacht läßt sich sagen: wenn das Repräsentamen oder der Zeichenmittelbezug dem *signifiant* bei Saussure (1922:98–99) entspricht, so kann der Objektbezug als *signifié* und der Interpretant als das eigentliche *signe* gelten. Das dreiwertige Peirce'sche Modell ist indessen nicht vollständig in die Struktur bei Saussure transformierbar (vgl. Stetter 1979).

[55] D.i. „alles, was kulturell als Entität definiert und unterschieden wird" (Eco 1987b:99). Zur Anwendung und Kompatibilität dieses Begriffs im vorliegenden Zusammenhang s.u. *Exkurs 2* im *Anhang*.

Die von Patronio erzählten Geschichten sind das Objekt, das im Zeichenmittel „exiemplos" repräsentiert wird. Der Interpretant von „estos exiemplos" aktualisiert das angesonnene Objekt allerdings nicht in seiner Totalität, sondern nur partiell, in diesem Fall in seinem Aspekt als didaktisch verwertbares, narratives Produkt (Exempel). Der Interpretant erzeugt eine Repräsentation, d.h. i.S.v. Peirce

> a mediating representation which represents the relate to be a representation of the same correlate which this mediating representation itself represents. Such a mediating representation may be termed an interpretant, because it fulfills the office of an interpreter (*CP* 1.553; Hervorh.i.O.) [56]

Die vom Interpretanten geleistete Repräsentation konstituiert allererst die Beziehung zwischen Zeichenmittel und Objekt und ist in ihrem semantischen Gehalt selbst abhängig von der Beziehung der beiden Relate. Eine Darstellung in dieser dreiwertigen Relationalität wird fortan – mit Peirce – als *Repräsentation* verstanden. In weniger formaler Weise läßt sich der Begriff 'Repräsentation' im Kompositum 'Selbstrepräsentation' für alle Fälle einer Selbstdarstellung im Sinne der oben zitierten Definition benutzen (vgl. auch *CP* 1.339); *Repräsentation* kann dann auch als Referieren (*CP* 2.303) oder Denotieren (*CP* 8.181) verstanden werden (vgl. Schönrich 1990:128), d.h. im Bedeutungsspektrum von Goodmans Referenz-Begriff, der „alle Fälle des *Stehens für*" umfaßt (Goodman 1981:11).

Der Interpretant korreliert das Zeichenmittel mit seinem Objekt, indem er zugleich einen bestimmten Repräsentationsgehalt darstellt, der den notwendig partiellen Aspekt angibt, in dem auch Selbstrepräsentationalität überhaupt vorliegt. Durch die vom Interpretanten geleistete Repräsentation wird das zuvor reale, außersemiotische – oder, wie es bei Peirce heißt, „dynamische" – Objekt als ein „unmittelbares" semiotisches Objekt aktualisiert und damit in ein Zeichen verwandelt. Erst als ein selbst Zeichenhaftes ist das Objekt überhaupt semiosefähig. Denn das Objekt als Relat hat einen Wert „außerhalb" und einen „innerhalb" der Semiose[57]: das *dynamische* Objekt ist unabhängig davon, wie es durch ein bestimmtes Zeichen aktual dargestellt wird; dem dynamischen Objekt kommt deshalb in der Peirceschen Terminologie der außersemiotische Status des *Realen* zu: „Reality [...] is a special mode of being, the characteristics of which is that things that are real are whatever they really are, independently of any assertion about [= representation of] them" (*CP* 6.349). Das dynamische Objekt – das „object of which a sign is a sign" –

---

[56] Die Ausdrücke „relate" und „correlate" wären in diesem Zitat durch Repräsentamen bzw. Objekt zu ersetzen.
[57] „It is usual and proper to distinguish two Objects of a Sign, the Mediate without, and the Immediate within the Sign" (Peirce 1977:83). „Mediate" und „Immediate" sind alternative Bezeichnungen für dynamisches und unmittelbares Objekt.

besteht aus nichts anderem als der unendlichen Kette seiner Repräsentationen als unmittelbares Objekt – d.h. den „object[s] of a sign" (Eco 1979:193)[58]. In die Semiose fließt aber nur ein, was von dem Objekt aktual je repräsentiert wird – das *unmittelbare* Objekt ist das eigentlich semiotische: „Every sign stands for an object independent of itself, but it can only be a sign of that object insofar as that object is itself of the nature of a sign" (*CP* 1.538) (Abb.1).

```
                        Interpretant
                            \
                             \
                       Repräsentamen
                       ‾Interpretant‾
                            /\
                           /  \
                          /    \
                         /      \
                        /        \
                       /          \
                      /------------\
               Repräsentamen      Objekt
               (unmittelbar)    (unmittelbar)
                                      ⋱
                                       Objekt
                                     (dynamisch)
```

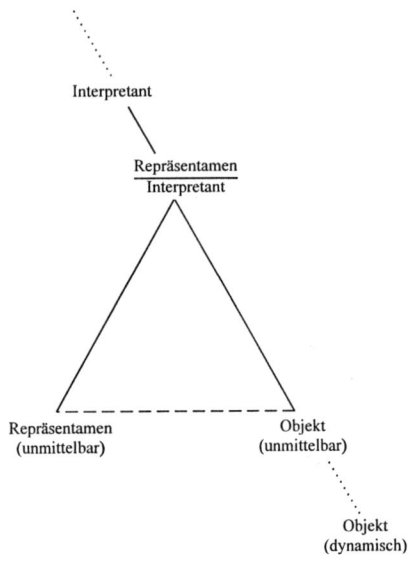

(Abb.1: Das Peircesche Semiosemodell)

Eine vollständige Repräsentation wäre unendlich oder eben die Präsentation des Objekts selbst. Bei der Selbstrepräsentation übernimmt das 'Selbst' des Textes die Funktion des dynamischen Objekts, das durch eine Repräsentation

---

[58] Und dieses Objekt des Zeichens wäre, wissenschaftstheoretisch gesehen, von einer unter idealen Bedingungen prinzipiell unendlich diskutierenden Forschergemeinschaft zu bestimmen: „The real [...] is that which, sooner or later, information and reasoning would finally result in, and which is therefore independent of the vagaries of me and you. Thus, the very origin of the conception of reality shows that this conception essentially involves the notion of a COMMUNITY, without definite limits, and capable of a definite increase of knowledge. And so those two series of cognition – the real and the unreal – consist of those which, at a time sufficiently future, the community will always continue to reaffirm; and of those which, under the same conditions, will ever after be denied" (*CP* 5.311). Diese Konsequenz ist nicht verwunderlich, wenn auch das Denken selbst, d.h. auch das Subjekt, für sich nur als Zeichen zu haben ist. Eine philosophische Kritik dieses Standpunkts ist an dieser Stelle nicht nötig (vgl. etwa die Studie von Schönrich 1990), da Peirce' Modell in diesen Konsequenzen hier nicht zum Tragen kommen wird. Zum Verhältnis zwischen unmittelbarem und dynamischem Objekt, d.h. der Möglichkeit des Zeichens, eine Art von realem Referenten zu haben, vgl. u. Kap. 1.1.5.

als partielles, unmittelbares Objekt in die Semiose einfließt. Selbstrepräsentation meint dann, daß der Text sich *als etwas* darstellt und Selbstrepräsentationalität nur in dieser Hinsicht besteht und zu beschreiben ist. Das bedeutet, daß erstens von Repräsentations*gehalten* oder 'kulturellen Einheiten' die Rede ist, die den Diskurs der Selbstrepräsentation in Form einer bestimmten Realität der im Text repräsentierten Selbstobjekte konstituieren.

Repräsentation ist damit – gemäß der Peirceschen Semiotik – gerade nicht „[un] simple redoublement – répétitif ou réflexif – *survenu* à une présence simple (ce qu'a toujours *voulu dire* le mot de représentation)" (Derrida 1967b:64n1), d.h. Wiedergabe eines vorgängigen transzendentalen Signifikats, sondern in der Interpretantenkette Bezug auf ein noch nicht (und prinzipiell nie) gegenwärtiges Signifikat (nämlich das dynamische Objekt), das aber von dem historischen Rezipienten bestimmt wird und selbst in dem Maße zeichenhaft ist, in dem es repräsentiert wird (vgl. *CP* 1.538), sei es als Signifikantenkette oder eben als Objekt eines kulturellen Wissens[59]. Für die Analyse dieser Selbstbeschreibung kommt es nun darauf an, diese Beziehung im Zeichenmodell unterzubringen, dem dynamischen Objekt eine Position zuzuwei-

---

[59] Diese Verwendung des Begriffs der Repräsentation mag von den mißlichen Implikationen entlasten, die der Begriff seither mit sich führte und die in der französischen Literaturtheorie der 60er und 70er Jahre zu seinem Exorzismus geführt haben. Einer seiner scharfzüngigsten Kritiker ist Ricardou: „[...] toujours, à la base du texte, comme la condition de sa possibilité, doit, dans un premier temps, nécessairement gésir un *quelque chose à dire*. Ou, plus précisément, ce que nous nommons un sens institué. Ensuite, dans un second temps, peut s'accomplir l'acte d'écrire qui ne saurait se concevoir autrement que comme la *manifestation du sens institué*." (Ricardou 1978:15–16). Genette (1983:29) ersetzt den Terminus durch *Information* (wenngleich schon in der *Encyclopédie* verzeichnet ist, daß seine Bedeutung durchaus auch nicht-mental sein kann; vgl. den Hinweis von Birus 1982:28n68). Dieses Mißtrauen hat seinen Grund natürlich in der 'metaphysischen' Belastung, die der Begriff in der Spanne seiner Bedeutung mit sich führt, „de la représentation au sens général de *Vorstellung*, mais aussi au sens de la représentation comme répétition ou reproduction de la présentation, comme *Vergegenwärtigung* modifiant la *Präsentation* ou *Gegenwärtigung*; enfin au sens de représentant tenant lieu, occupant la place d'une autre *Vorstellung*" (Derrida 1967b:54). Nach den bisherigen Ausführungen sollte es jedoch klar sein, daß mit dem Peirceschen Repräsentationsbegriff indessen nicht jenes „simple redoublement [...] survenu à une présence simple" gemeint ist. Dies zeigt sich schon daran, daß Derrida sich selbst bekanntlich bei der Darstellung der *différance* auf Peirce beruft (1967a:70–73; vgl. auch De Man 1979:8–9), wenngleich er freilich Peircens Semiotik nicht unwesentlich auf sein eigenes Modell hin einschleift (vgl. die ausführliche Kritik von Schönrich 1990:284–294). Eco (1990:32–43) betont die Irreduzibilität der unbegrenzten Semiose bei Peirce auf die „dekonstruktive Drift" des dynamisierten Zeichensinns in der *différance*. Unter anderem sei dafür Peirce' Bestehen auf ein absolutes Objekt (das „Reale") als Grenzwert verantwortlich, gegen den die Zeichenrepräsentationen konvergieren (vgl. Fn. 58 sowie *CP* 1.339, 5.311, 5.407, 6.610), wenngleich es sich bei dem „Realen", wie gesagt, nicht um ein vorgängiges, sondern ein zukünftiges Signifikat handelt.

sen und später die möglichen unmittelbaren Objekte zu bestimmen, die den Interpretanten konstituieren.

1.1.2 Selbstrepräsentation als doppelte Semiose

Die Stelle des Interpretanten kann als eine differenzierende *Beschreibungsform* der Selbs*t*repräsentation funktionieren. *Selbst*repräsentation ist dann der Sonderfall einer Repräsentation, die erstens durch einen bestimmten Objektbereich festlegt ist (das 'Selbst' des Textes) und in der zweitens eine semantische Konvergenz vorliegt: Ein und dieselbe semantische Komponente muß ja sowohl im Objekt als auch im repräsentierenden Zeichenmittel vorhanden sein, wenn Selbstrepräsentationalität der Fall sein soll. Im Beispiel aus dem *Conde Lucanor*: Die Geschichte muß schon Exempel sein, wenn ihre Interpretation als 'Exempel' selbstrepräsentational sein soll[60]. Zeichenmittel und Objekt, beides sind Texte bzw. Zeichen, generieren einen Interpretanten, müssen sich zusätzlich aber gegenseitig nach Konvergenzen abfragen, d.h. zueinander in eine Beziehung treten, die durch ihre je eigene bloße Referenzfunktion nicht abgesichert ist. Die Geschichte und der Nachsatz erzeugen ja selbst bereits, jeder für sich genommen, vollständige Repräsentationen; allein unter der Perspektive der Selbstrepräsentation verhalten sie sich zueinander wie Zeichenmittel und Objekt und müssen dort nun als solche fungieren. Beide Relate haben also als Voraussetzung für Selbstrepäsentation Zusatzbedingungen zu erfüllen: Sie müssen zugleich in einer Semiose funktionieren (in der sie ihre nicht-selbstrepräsentationale referentielle Funktion erfüllen) *und* in einer anderen Funktion an einer zweiten Semiose teilnehmen, die ihnen erlaubt, sich gegenseitig zu vergleichen, ohne dabei aber ihre Funktionen in der ersten Semiose zu vernachlässigen[61]. Das Zeichenmittel muß selbst zum Objekt werden oder werden können, um Selbstrepräsentationalität eintreten zu lassen. Wenn das Objekt der Selbstrepräsentation schon die semantische Komponente haben muß, die das Repräsentamen ihm zuschreibt, müssen beide Relate im Zeichen hinsichtlich dieser Komponente austauschbar sein bzw. besteht Selbstrepräsentationalität in der Hinsicht, in der sie austauschbar sind. Man kann deshalb auch sagen, daß beide Relate im Falle der Selbstpräsentation strukturell wie die zwei Teile einer reversiblen Metapher funktionieren[62], genauer gesagt, wie eine Metapher, bei der das Verweisungsver-

---

[60] Im *Conde Lucanor* wäre dies, so könnte man zunächst sagen, ohnehin der Fall gewesen, weil die Kapiteleinteilung nach *Exiemplos* gegliedert ist (vgl. dazu aber u. Fn. 71).
[61] S. zur Abgrenzung von Selbstbezüglichkeit und Selbstrepräsentation ausführlich *Exkurs 1* im *Anhang*.
[62] Zu einer semiotischen Analyse der Metapher mit den Begriffen Peirces s. Haley (1988; bes. 33–46, 83–88). Haley gibt zu bedenken, daß die Reversibilität von Metaphern u.a. davon abhängig ist, welche semantischen Bereiche zwischen den beiden Teilen der Meta-

hältnis zugleich in beide Richtungen initialisiert werden muß. Die Metapher ist nach einer Definition von Peirce eine Sonderform des ikonischen Zeichens, das sich dadurch als metaphorisches Zeichen bewährt, daß es eine „Parallele in etwas anderem" repräsentiert: „[Hypoicons] which represent the representative character of a representamen by representing a parallelism in something else, are *metaphors*" (*CP* 2.277). Beide Relate der Selbstrepräsentation müssen dies leisten, indem sie sich jeweils gegenseitig zu dem 'anderen' werden. Die Geschichte muß repräsentieren, daß sie ein mögliches Repräsentationsobjekt von 'Exiemplo' ist, und 'Exiemplo', daß einer seiner Interpretanten die Geschichte ist. Wenn sie dies, um als Relate der Selbstrepräsentation reversibel zu sein, gleichzeitig leisten müssen, so muß die wechselseitige Repräsentation innerhalb einer einzigen Semiose stattfinden, wie Abb 2. zeigt.

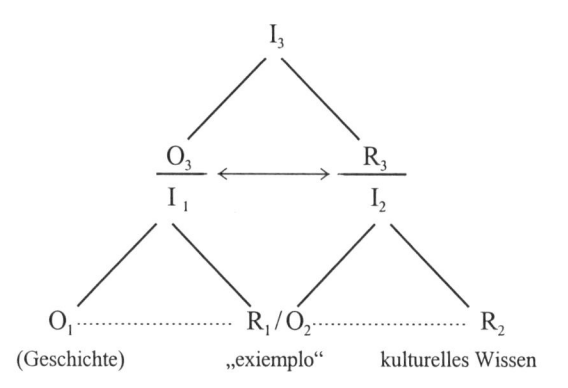

$$
\begin{array}{c}
I_3 \\
\diagup \diagup \\
\underline{O_3} \longleftrightarrow \underline{R_3} \\
I_1 I_2 \\
\diagup \diagdown \diagup \diagdown \\
O_1 \cdots\cdots R_1/O_2 \cdots\cdots R_2 \\
\text{(Geschichte)} \text{„exiemplo"} \text{kulturelles Wissen}
\end{array}
$$

(Abb. 2: Semiose der Selbstrepräsentation)

Die Schritte zu dieser Darstellung können folgendermaßen zerlegt werden. Zeichenmittel und Objekt müssen in einen Vergleich eingehen, nicht vollständig und direkt, sondern nur „in some respect", d.h. hinsichtlich der „Parallele", also eines gemeinsamen Interpretanten. Für diesen Vergleich müssen die semantischen Komponenten beider aber in irgendeiner Weise zumindest zur Verfügung stehen. Diese Komponenten müssen deshalb selbst zunächst als Interpretanten zweier Semiosen ermittelt werden, wobei eben auch das vormalige Zeichenmittel in eine Objektposition rückt. Die erste Semiose besteht darin: Das Repräsentamen (R_1) „Exiemplo" verweist auf ein

---

pher jeweils überschritten werden müssen. Je abstrakter das *tertium*, um so 'reversibler'. Die Interpretanten bzw. semantischen Komponenten der Selbstrepräsentation sind eher abstrakte Eigenschaften wie z.B. Exemplarität, Narrativität, Performativität. Leider hat Haley nicht die reversible Metapher als solche zeichentheoretisch aufgeschlüsselt.

Objekt (O_1 = die 'Geschichte'), mittels eines Interpretanten (I_1). In I_1 ist alles abgelegt, was R_1 von O_1 repräsentiert ist. Nun muß dieser Repräsentationsgehalt dahingehend überprüft werden, ob er auf R_1 selbst auch zutrifft. Dazu müssen aber erst die Interpretanten ermittelt werden, die R_1 (nunmehr in der Objekt-Position) besitzt. Das vormalige Repräsentamen muß also Objekt einer zweiten Darstellung oder Repräsentation werden (R_1 wird O_2). O_2 ist alles, was in einem historischen Moment als Text im allgemeinen und von diesem Text im besonderen gilt (ein kulturelles Wissen[63], der Diskurs über Literatur, in dem unter anderem festgelegt ist, was ein *'exiemplo'* ist), und auch dies wird in einem Interpretanten (I_2 von R_2, O_2/R_1) abgelegt. Nun kommt von diesem Wissen im Fall der Selbstrepräsentation aber nur das in Betracht, was „exiemplo" selbst über die Geschichte aussagt, also I_1. Der Text ist insofern selbstrepräsentational, als I_1 und I_2 übereinstimmen. Dies ist wiederum nur als Ergebnis eines Vergleichs von I_1 und I_2 möglich, indem I_1 und I_2 (vertauschbare) Repräsentamen und Objekt einer weiteren Semiose sind ($O_3/R_3/I_3$), die ein und dieselbe 'semantische Komponente' als gemeinsamen Repräsentationsgehalt beider in einem Zentral-Interpretanten (I_3) aufzeigt, der mit der Repräsentation 'Selbstrepräsentationalität' identisch ist.

Im letzten Schritt wurden nur die strukturellen Bedingungen für Objekt und Repräsentamen formuliert. Nun stellen sich zwei Fragen: 1) Unter welcher Hinsicht kann die zunächst repräsentierende Aussage (das Zeichenmittel) in vergleichbarer Weise zu einem Objekt werden, wie es das von ihr repräsentierte Objekt im Falle einer Selbstrepräsentation ist? (diese Hinsicht muß zugleich die Ordnung der Selbstrepräsentationstypen ergeben[64]). 2) Welche Funktion nimmt in der Selbstrepräsentations-Semiose die bisher noch ungeklärte Stelle des „mentalen Interpretanten" ein, d.h. der Rezipient, der ein Wissen über das Objekt 'Literatur' oder 'Text' anwendet und damit eben die Interpretantenstellen besetzt, die Instanz also, von der der Text als sein eigenes Repräsentat überhaupt erst interpretiert wird?

---

[63] „»Kulturelles Wissen« sei [...] die Gesamtmenge der Propositionen [d.h. der aus Texten einer Kultur abstrahierbaren Wissenselemente], die die Mitglieder der Kultur für wahr halten bzw. die eine hinreichende Anzahl von Texten der Kultur als wahr setzt" (Titzmann 1989:48). Es ist nicht notwendig, den Terminus 'kulturelles Wissen' hier weiter zu problematisieren, weil die Wissenselemente an dieser Stelle der Untersuchung nur eine strukturelle Stelle besetzen. In Kap. 1.2.1.1–3 werden sie genauer als AUTOR, TEXT und LESER definiert.
[64] S. u. Kap. 1.2.

1.1.3 Selbstrepräsentationen lesen: Der Rezipient der Selbstrepräsentation als strukturelle und historische Instanz (Interpretant)

Mit 'Rezipient' ist im vorliegenden Zusammenhang das funktionale semiotische Äquivalent des Interpretanten gemeint. Als „mentaler Interpretant" (*CP* 2.274), ist er derjenige, für den das Zeichen „in some respect" zum Objekt vorliegt und dessen Sprachkompetenz die Möglichkeit einer Zeichenrepräsentation überhaupt bietet. Auf dieser Ebene spielt es für die vorliegende Analyse der Selbstrepräsentation, die ja keine Rezeptionstheorie sein soll, nur eine untergeordnete Rolle, welchen Grad an Autonomie man dem Rezipienten dabei zugesteht: sei seine Arbeit ein aleatorischer, assoziativer Sinnbildungsprozeß[65] oder die Rekonstruktion eines Sinnhorizontes[66].

Für den Rezipienten und durch ihn muß der Text als das Repräsentierte repräsentierbar sein. Im Unterschied zu Aussagen des Textes, die in dem hier vorgeschlagenen Sinne nicht selbstrepräsentational sind, muß der Rezipient, sobald Selbstrepräsentation vorliegt, *sich selbst* auch insofern *als* Rezipienten vergegenwärtigen, als die Repräsentationsinhalte per definitionem ihn selbst als Instanz der inszenierten narrativen Kommunikation implizieren. Eine eingeschachtelte Erzählung, wie im *Conde Lucanor*, stellt nicht nur zur Schau, daß die Erzählung eine Erzählung ist (Todorov 1971:84), sondern impliziert auch die Anweisung einer semiotischen Handlung an den Rezipienten, die über die bloße Akzeptanz eines vom Text vorgegebenen Rollenangebots hinausgeht. Vielmehr muß der Rezipient sich selbst in den Zeichenprozeß in dem Maße investieren, in dem die Erzählung selbstrepräsentational ist. Unabhängig davon, ob sich ein konkreter, empirischer Leser tatsächlich etwa in einer Leserapostrophe mit dem Adressaten identifiziert oder nicht (narratologisch ausgedrückt: ob über den extradiegetischen *narrataire* ein 'virtueller Leser' konstruiert wird oder nicht [Genette 1972:266, 1983:103]), übernimmt er als semiotische Instanz *strukturell* die Rolle des Interpretanten.

Diese Einbindung des Rezipienten variiert zum einen je nach Objekt und Repräsentationsweise. Im besonderen Maße wird die Beteiligung des Rezipienten aber insofern relevant, als er auch eine historische Instanz ist. Sein kulturelles Wissen entscheidet, ob Selbstrepräsentation überhaupt und wenn ja, in welcher Semantik sie dann vorliegt. Hier mag noch einmal das Beispiel vom *Conde Lucanor* dienlich sein: Der Rezipient muß wissen, was „exiemplo" bedeutet und ob das Auftreten dieses Ausdrucks im Text eine Selbstrepräsentation darstellt, d.h. in diesem Fall, ob der Text tatsächlich dem Gattungsmodell 'Exempel' entspricht. Die Historizität reicht jedoch noch

---

[65] Vgl. Barthes (1973:58–59).
[66] Vgl. Iser (1990:60–67).

weiter und betrifft selbst die Semantik deiktischer Bezugnahmen wie „estos exiemplos" oder „este libro", die unproblematisch weil ahistorisch zu sein scheint, da die Demonstrativpronomina auf ein offenbar anwesendes Objekt referieren (eine *Haecceitas*, wie es bei Peirce bisweilen heißt), das gleichzeitig mit der repräsentierenden Aussage gegeben ist. Dies kann kurz an der schon zitierten Stelle aus dem *Conde Lucanor* verdeutlicht werden. In drei Fällen sind die Selbstrepräsentationen zusätzlich durch ein Demonstrativpronomen („estos") abgesichert, das zudem einen weiteren Interpretanten erzeugt.

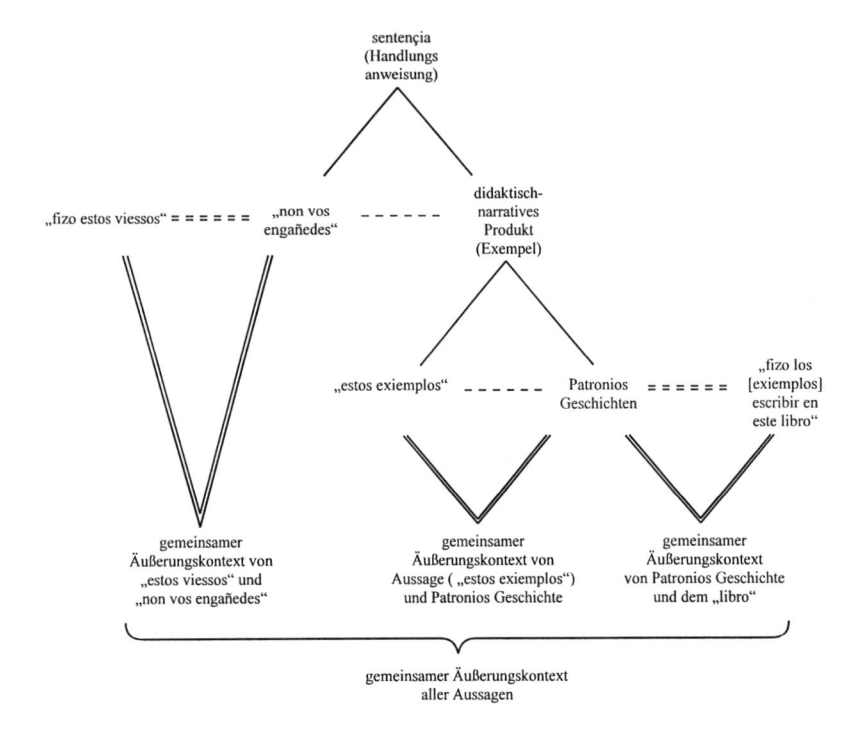

(Abb.3: Selbstrepräsentation im *Conde Lucanor*)

Wie die doppelten, nach unten weisenden Linien in Abb.3 verdeutlichen, erzeugen die drei Demonstrativpronomina, obwohl sie eigentlich auf verschiedene ontologische Bereiche bezogen sind, durch ihre spezifische Anordnung einen gemeinsamen Äußerungskontext zwischen Sender und Empfänger (d.h. sie fingieren, ihn zu erzeugen), der nur dann gegeben ist, wenn man den *Zeichen*charakter des Demonstrativpronomens unterschlägt; das Demonstrativpronomen wird dann gewissermaßen nicht als (die Abwesenheit des Objekts ersetzendes) *Zeichen* eingesetzt, sondern wäre hier „a sign of its object by virtue of being connected with it as a matter of fact and by also forcibly intruding upon the mind, quite regardless of its being interpreted as a sign" (*CP* 4.359), das angesonnene Objekt wäre ein quasi reales. Mit der Deixis wird die ganze „Doppeldeutigkeit der poetischen Botschaft" (Jakobson 1979:111) als Zitat ignoriert: Don Iohan ebnet die Differenz zwischen inszeniertem und realem Äußerungskontext ein. In der Tat: wenn die Geschichten vorgelesen werden[67], entsteht zwischen den Instanzen der Kommunikation ein Kontinuum. Erst die reflektierte Dazwischenkunft der Schrift ambiguisiert das Verhältnis zwischen *parole* und *écriture*[68] und erfordert ausgefeilte Techniken inszenierter Mündlichkeit[69]. Im *Conde Lucanor* aber scheint dieses Verhältnis noch nicht problematisch geworden zu sein, da Don Iohan mit dem gleichen Demonstrativpronomen, mit dem er auf ein Objekt der Diegese referiert („estos exiemplos"), auch auf den ganzen 'realen' Text („este libro") bezugnehmen kann. Wenn also der Rezipient des *Conde Lucanor* sich mit dem Sprachhandlungssubjekt Don Iohan in einen einzigen Äußerungskontext stellt, indem er die Differenz zwischen Schrift und Rede suspendiert, so muß er sich selbst auch als anwesenden *Hörer* repräsentieren. In Luis Goytisolos *Estela del fuego que se aleja* zielt beispielsweise der gleiche vermeintlich referentielle Bezug – „la relectura de estas páginas [...] me ha resultado dura" (EF 172) – so sagt dort eine Figur – ins Leere: zwar mag der Rezipient „estas páginas" zunächst auf den realen Text beziehen, doch später wird sich herausstellen, daß die Seiten, die der Erzähler als sein Produkt einklagt, auch der Ort seiner einzigen Existenz ist.

Noch das Demonstrativpronomen, das auf den ersten Blick nur den Objektbezug unterstützt, erzeugt also einen eigenen Interpretanten, der für die Selbstrepräsentation relevant ist. Er aktiviert nicht, wie „exiemplo", allein semantisch eine kulturelle Einheit, sondern bringt ein Verhältnis zwischen unmittelbarem und dynamischem Objekt, d.h. zwischen Repräsentation und Repräsentationsobjekt, mit ins Spiel und indiziert so möglicherweise ein epistemologisches Sprache/Welt-Verhältnis[70].

Wenn aber der Rezipient-Interpretant gemäß dem Semiose-Modell die Entscheidungsinstanz überhaupt über Selbstrepräsentationalität ist, müssen sich in seinem Wissen alle Entscheidungen über Geltung, Semantik etc. der Selbstrepräsentationen versammeln. Der Rezipient investiert also nichts anderes als ein *Wissen*, das sich aus dem historischen *Diskurs* über Sprache, Literatur, aber auch über den je angenommenen Wirklichkeitsbezug der Zeichen speist. Der historische Diskurs der Selbstrepräsentation manifestiert sich in

---

[67] Wie in vielen anderen Texten aus diesem Zeitraum bis hinein ins 18.Jahrhundert, gibt es darauf im *Conde Lucanor* Hinweise, so z.B. die Äußerung Don Iohans: „fizo los libros para los legos" (CL 47).
[68] Vgl. dazu Kristeva (1969:136–137).
[69] S. ausführlicher u. Kap. 1.2.3.1 u. 2.1.0.
[70] S. dazu ausführlicher u. Kap. 1.2.3.1.

der jeweiligen Realisierung der Selbstrepräsentation, wobei die *énoncés* dieses Diskurses auch je auf Selbstrepräsentationen je zukünftiger Texte einwirken. Das diskursive Selbst der Literatur ist historischen Wandel unterworfen, der durch Selbstrepräsentation nicht nur dokumentiert, sondern auch bedingt ist [71].

Das zu erarbeitende semiotische Modell kann dann mit Größen rechnen, die selbst zeichenhaft definiert sind: die repräsentierende Aussage, das Objekt und der Interpretant. Der Begriff des Rezipienten (oder Rezipient-Interpretant, insofern ein strukturelles Zeichenmoment gemeint ist) soll fortan als pragmatische, rezeptionstheoretische Kategorie reserviert bleiben. Als Rezipient-Interpretant muß er eine strukturelle Stelle besetzen, um Zeichenrepräsentation überhaupt zu ermöglichen; als historischer Rezipient ist er das Depot eines kulturellen Wissens; beides variiert und verschränkt sich je nach Selbstrepräsentationstyp. Der Rezipient muß, um diese Aufgabe zu erfüllen, der Position des *narrataire principale* (Prince 1973:189–190) entsprechen, d.h. des Adressaten aller Aussagen des Textes. Der Rezipient wird durch die Art und Weise der Repräsentation vollständig bestimmt werden und erfordert deshalb selbst keine weitere Klassifizierung[72].

1.1.4 Selbstinterpretation des Textes: Verkettung der Interpretanten

In Romane, in denen Selbstrepräsentationen in komplexerer Form auftreten und verschiedene Repräsentationen sich aufeinander beziehen, werden die weiterführenden Interpretanten vom Text selbst bereitgestellt. Diese Formen der 'Selbstreflexion' finden sich nicht nur in der literarischen Moderne; auch die oben wiedergegebene Stelle aus dem *Conde Lucanor* bietet dafür ein Beispiel. Die von Patronio erzählten Geschichten werden als „exiemplos" ausgegeben, die Moral als „sentençia de los exiemplos". Die „sentençia"

---

[71] Dies ist eine weitere Parallele, auf die die strukturelle Ähnlichkeit der Selbstrepräsentation mit einer reversiblen Metapher verweist: sinnvolle Umkehrungen von Metaphern lassen, wie Haley (1988) zeigt, semantische Erweiterungen und kreative Praxis metaphorischen Schreibens zu. Die gegenseitige Determinierung von Repräsentamen und Objekt bei der Selbstrepräsentation führt dazu, daß auch die Begriffe, in denen die Literatur über sich selbst spricht, von den Texten selbst bestimmt sind und umgekehrt. Wenn Don Juan Manuel seine Geschichte als „exiemplo" bezeichnet, rekurriert er nicht nur auf einen vorgeprägten Begriff und ordnet seine Geschichte in die Klasse des durch den Begriff Denotierten ein (Exempel), sondern verleiht auch u.U. umgekehrt durch seine *exiemplos* dem Gattungsbegriff eine neue Prägung. Es ist abzusehen, wie die Literatur durch ihre Selbstbeschreibungen sich selbst und die Begriffe, mit denen sie sich beschreibt, verändert, sowohl innerhalb eines Textes als auch in diachroner Hinsicht (vgl. z.B. Unamunos Kunstausdruck *nivola*).

[72] Vgl. auch Fn. 74.

(„Non vos engañedes...") bezieht sich also auf das gleiche Objekt, das schon durch den Ausdruck „exiemplo" bezeichnet wurde, nämlich den Dialog zwischen Conde und Patronio bzw. die Geschichten Patronios. Im ersten Interpretanten von „estos exiemplos" wird das Objekt nicht in all seinen Aspekten, sondern nur als didaktisch verwertbares, narratives Produkt, eben als 'Exempel' repräsentiert. Auch die Sentenz bezieht sich nicht direkt auf Patronios Geschichten, sondern stellt einen weiteren Interpretanten dar, der die schon implizit *als* 'moralisch' („exiemplos") repräsentierte Geschichte in den Begriffen einer Handlungsanweisung interpretiert („non vos engañedes [...]"). Die Sentenz selbst läßt sich also als ein sekundärer Interpretant der erzählten Geschichte auffassen, die mit dem ersten Interpretanten, nämlich dem Ausdruck „exiemplo", der die Geschichte als ein Exempel interpretierte, eine Interpretantenkette bildet[73].

Das Prinzip solcher Verkettung kann ebenfalls im Rahmen des Peirceschen Semiosemodells verankert werden. Charakteristisch an Peirce' Begriff der Repräsentation ist nicht nur die Unvollständigkeit von Repräsentation, sondern auch die Offenheit und Interpretantenzentriertheit. Diese Interpretantenverkettung ist deshalb (prinzipiell) unendlich, weil der Interpretant selbst immer wieder zum Zeichen einer weiterführenden Repräsentation werden kann:

> The object of representation can be nothing but a representation of which the first representation is the interpretant. But an endless series of representations, each representing the one behind it, may be conceived to have an absolute object at its limit. The meaning of a representation can be nothing but a representation. In fact, it is nothing but the representation itself conceived as stripped of irrelevant clothing. But this clothing never can be completely stripped off; it is only changed for something more diaphanous. So there is an infinite regression here. (*CP* 1.339)

Objektrepräsentation durch Zeichen läßt sich als prinzipiell infinite rekursive Verkettung sich aufeinander beziehender Interpretationen erklären. Repräsentation, und entsprechend Selbstrepräsentation, impliziert also – durch die Definition des Interpretanten als eines Zeichens, das weitere Interpretanten erzeugt[74] – eine Offenheit für weiterführende Interpretationen, die in der lite-

---

[73] S. o. S. 52, Abb. 3; die aufwärts gerichteten (einfachen) Verbindungslinien stellen diese Interpretantenkette dar, wobei die Positionen in den entstehenden Dreiecken Repräsentamen / Objekt / Interpretant aus Abb. 1(S. 46) entsprechen.

[74] Der Interpretant durchläuft indessen auch interne Entwicklungsstufen: Im Fall der Metapher (vgl. o. Fn. 62) entspräche der erste, *unmittelbare* Interpretant etwa der Stufe, auf der er spontan als solcher, in der Idee einer möglichen Ähnlichkeit erfaßt wird („the sign adresses somebody"). Die Interpretantenkette entwickelt sich in *dynamischen* Interpretanten, schließlich kann sich ein *logischer* Interpretant einstellen und als vollständiges Element in weitere Zeichenprozesse eingehen, z.B. als logisches Schlußelement in einem Syllogismus. Es existiert eine variantenreiche Terminologie zur Subdifferenzierung des

rarischen Selbstrepräsentation vom Text selbst vorgenommen werden. Wie jedes Peircesche Zeichen hat auch jede Selbstrepräsentation mithin zwei offene Flanken: Die Unendlichkeit der Interpretanten und die Unendlichkeit des Objekts.

Unter der hier eingenommenen Perspektive ergibt es sich, daß selbstrepräsentationale Texte keine 'sich selbst einschließenden', autosuffizienten Gebilde sein können, weil die Selbstrepräsentationen prinzipiell hinsichtlich ihres Repräsentationsgehaltes selektiv und hinsichtlich der Interpretierbarkeit offen sind. Aus diesem Grund kann es aus der Sicht der Analyse auch grundsätzlich (d.h. von vornherein) weder Totalitätsrepräsentationen (*mise en abyme*) noch „Gebrauchsanweisungen" oder „ernstgemeinte Aussagen"[75] geben, in denen der Roman sich selbst 'gültig' interpretierte. Noch die vermeintlich ultimative Selbstinterpretation eines Romans ist Teil des Textes, d.h. ein Interpretant, und muß deshalb als prinzipiell weiter interpretierbar betrachtet werden (eine andere Frage ist es, ob der Text eine weitere Interpretation wirklich anbietet); die Analyse wird so durch die Beschreibungsperspektive potentiell dekonstruktiv bzw. zeichnet vom Text vorgenommene Dekonstruktionen nach[76]. '(Selbst)-Repräsentation' ersetzt den Begriff des „réfléchir" (*mise en abyme*), hat aber den Vorteil, die Modifikationen in den Blick nehmen zu können, die die Repräsentation an dem Objekt vornimmt, indem sie es in ein *semiotisches* Objekt, d.h. seinerseits in ein *Zeichen* verwandelt.

1.1.5 Aussage und Repräsentation

Fortan müssen also dynamisches und unmittelbares Objekt, semiotisches und außersemiotisches Objekt getrennt werden (wenngleich bestimmte Selbstrepräsentationen, wie das Beispiel des *Conde Lucanor* zeigte, eine Aufhebung der Grenze ansinnen können). Für die Entwicklung von Selbstrepräsentationstypen steht das dynamische Objekt dann nicht, um ein Wort Ecos zu gebrauchen, „unter dem ontologischen Gesichtspunkt als konkretes Objekt einer

---

Interpretanten (s. Walther 1979:93ff.), die aber für das weitere Vorgehen vernachlässigt werden kann, weil es in dieser Arbeit ja nicht um eine allgemeine Zeichentheorie geht.

[75] So Searle (1975:331–332): „Sometimes the author of a fictional story will insert utterances in the story which are not fictional and not part of the story. To take a famous example, Tolstoy begins *Anna Karenina* with the sentence 'Happy families are all happy in the same way, unhappy families unhappy in their seperate, different ways.' That, I take it, is not a fictional but a serious utterance. It is a genuine assertion". Es ist offensichtlich, daß Dällenbach, wenn er von „modes d'emploi" (1977:130) spricht, die der Text über sich selbst bisweilen gebe, genau dies im Sinne hat.

[76] Jede Aussage „can in its turn become a text" und „as a consequence, its readability is put in question" (De Man 1979:204); die Frage, wie dem methodisch Rechnung zu tragen ist, wird bei der Definition der Objekttypen behandelt (Kap. 1.2.1.1.–3).

möglichen Erfahrung" in Frage, sondern „unter einem semiotischen Gesichtspunkt [als] das mögliche Objekt einer konkreten Erfahrung" (Eco 1987a:53), nämlich der der Selbstrepräsentationalität.

Das dynamische Objekt ist nach dem bisher Gesagten die Gesamtheit der kulturellen Einheiten, die, wenn sie aufgerufen werden, Selbstrepräsentation erzeugen. Für einen konkreten literarischen Text liegt das dynamische Objekt als das vor, was fortan seine definitive, begrenzte sprachliche *Aussage* oder *Romanaussage* (énoncé bzw. énonciation) genannt wird. Aufgrund der Austauschbarkeitsbedingung von Objekt und Zeichenmittel bei der Selbstrepräsentation kann theoretisch jedes Element der Aussage Objekt und Subjekt der Selbstrepräsentation werden[77]. Im konkreten umfaßt die Aussage:

(i) den Text als Signifikantenkette, d.h. alles, was im Roman *zitiert* ist[78], inklusive Autornamen, Titel und weiterer *Paratexte* (Genette 1982:9, 1987), insofern sie Objekt einer Repräsentation werden können[79]. Paratexte kommen

---

[77] *Praktisch* hingegen werden in der vorliegenden Arbeit nur Selbstrepräsentationen berücksichtigt, die von sprachlichen Zeichen ausgehen. Es wäre aber auch denkbar, andere im Roman vorkommende Zeichensysteme bzw. Medien wie Notenschrift oder Bilder (Zeichnung, Frontispiz, Illustration, Photographie) mit zu berücksichtigen.

[78] Damit ist nicht nur gemeint, daß „jede poetische Mitteilung [...] eigentlich zitierte Rede" ist (Jakobson 1979:111); für Bachtin (1978:120) macht den Unterschied zwischen Poesie und Prosa und im besonderen den Roman bekanntlich die Polyphonie des letzteren aus, die dadurch entsteht, daß der Roman Sprache (Rede, „Stimmen") nicht präsentiert, sondern darstellt, d.h. zitiert (die Personenrede ebenso wie die des 'Autors', l.c. 155). Sprache stellt im Roman Sprache dar, sie ist Subjekt, Objekt und Instrument der Darstellung (l.c. 175). – Semiotisch gesehen läßt sich unter einem Zitat mit Goodman (1981:11–15) eine sprachliche Denotation verstehen, die nicht-referentiell ist, weil das Zitierte (die Wörter) im Zitierenden (Text des Romans) enthalten ist. Insofern der Roman fiktional ist, handelt es sich um ein Zitat ohne Denotation.

[79] Unter *paratexte* zählt Genette bei seiner ersten Erwähnung des Begriffs (1982:9) „titre, sous-titre, intertitres; préfaces, postfaces, avertissements, avant-propos, etc.; notes marginales, infrapaginales, terminales; épigraphes; illustrations; prière d'insérer; bande, jaquette, et bien d'autres types de signaux accessoires, autographes ou allographes [...]" auf, die er in *Seuils* (1987) in ihrer räumlichen, zeitlichen, substantiellen, pragmatischen und funktionalen Dimension untersucht. Es erübrigt sich an dieser Stelle eine Erörterung aller Eventualitäten in bezug auf Zuständigkeiten und Intentionalitäten der Rahmentexte (seitens des Autors, seitens des Herausgebers, in der verschwimmenden Grenze zwischen Kommentar zum Text und marktorientiertem Buchdesign etc.), auf Probleme der Textkritik (verschiedene Ausgaben), auf die Historizität einzelner Elemente etc., kurz: in bezug auf die Verhältnisse zwischen Paratext, Text und pragmatischem Produktions- und Rezeptionskontext (s. zu einer systematischen Erfassung neben Genette 1987 bezüglich des Titels Rothe 1986). Die Paratexte brauchen hier nur als mögliche Bezugsobjekte der Selbstrepräsentation parat gehalten bleiben; erst wenn sie in Selbstrepräsentationen aktualisiert werden, kommen sie zum Tragen, und dann auch nur insofern sie in das Selbstrepräsentationsgefüge des Textes, d.h. in einen *Kontext* (s. Kap. 1.2.1.0.) eingehen. Daß von einem gegebenen Text aus Bezüge zu anderen Texten (desselben oder eines anderen Autors) als Selbstrepräsentationen auftauchen können, ist u.a. eine Frage der *Transtextualität*

dabei als Orte in Frage, von denen aus eine Selbstrepräsentation vorgenommen wird (z.B. Deutung des Haupttextes durch einen Prolog), aber auch als ihre möglichen Objekte (z.b. das Erscheinen des Autornamens im Haupttext). Gerade die Analyse muß dann zeigen, inwiefern Paratexte als Orte bzw. als Objekte gegenüber dem Haupttext privilegiert sind, inwiefern eine parergonale Hierarchie (Außen/Innen) – z.B. in der Wiederkehr des Autornamens oder Titels im Text – ironisiert oder dekonstruiert wird, der institutionalisierte Literaturdiskurs kommentiert wird etc. Trotz aller an dieser Stelle noch möglichen Offenheit ist es aus pragmatischen Gründen indessen sinnvoll, zur Aussage nur den sog. *péritexte* zu rechnen, d.h. Paratexte „dans l'espace du même volume" (Genette 1987:10) wie der Haupttext (alles andere ist als inter- oder intratextueller Verweis zu berücksichtigen[80]). Zur so definierten Aussage gehört ferner

(ii) ein spezifischer Äußerungskontext, in dem sie steht, nämlich die literarische Kommunikation, an der ein Rezipient mit kultureller Kompetenz teilnimmt sowie ein Verfasser, der den Text produziert hat und dessen Eigenname, wenn er vermerkt ist, auf andere Texte des Autors verweist etc. So wenig wie auf den realen Autor oder den konkreten Leser kann auf den Romantext oder die Aussage als reales (bzw. materielles) Zeichen vom Text selbst aus Bezug genommen werden, da sie als außersemiotisch zu gelten hat. Das bedeutet nicht, daß Texte nicht mit einem referentiellen Code spielen können (wie z.B. in Unamunos *Niebla*) oder ihn sogar vorauszusetzen scheinen (wie im *Conde Lucanor*). Doch dies sind bereits Momente in der Konstitution des Selbstrepräsentationsdiskurses. Daraus ergibt sich auch der folgende Punkt. Die Aussage umfaßt zudem

(iii) den transtextuellen[81] Ort, der sowohl ausgehend vom Autornamen den Werkkontext als auch intertextuelle Bezüge umfaßt. Schließlich besitzt die Aussage eine

(iv) materielle bzw. mediale Verfaßtheit, die ebenfalls als Objekt aufrufbar ist (Schriftlichkeit, Druck vs. Manuskript bzw. Literatur, Film, Musik etc.). Dadurch lassen sich Darstellungen von Objekten, die materiell oder medial gleich (Bücher im Roman), aber auch different bezüglich der Aussage sind

---

der Aussage (s.u.). Die hier nur vorläufig und allgemein skizzierten Zusammenhänge werden in spezifischeren Aspekten zu verschiedenen Gelegenheiten erneut aufgenommen.

[80] S.u. Kap. 1.2.7.

[81] Auch an dieser Stelle kann es vorerst bei einem unspezifischen Begriff bleiben, der alle möglichen Selbstrepräsentationsobjekte umfassen soll. „Transtextualité" ist der allgemeinste Begriff, den Genette zu bieten hat; er ist definiert als „tout ce qui le met [i.e. le texte] en relation, manifeste ou secrète, avec d'autres textes" (Genette 1982:7); darin sind sowohl verschiedene Intertextualitätsebenen einbegriffen als auch die „architextualité" des Textes, d.h. „l'ensemble des catégories générales, ou transcendantes – types de discours, modes d'énonciation, genres littéraires, etc. – dont relève chaque texte singulier" (l.c.).

(Filmverweise im Roman), als Selbstrepräsentationen ausweisen und diskurshistorisch deuten[82].

Da Selbstrepräsentationen im weitesten Sinne vom Romantext aus erzeugte diegetische Darstellungen sind, kann man nun sagen: im Falle der Selbstrepräsentation erscheint der Text *als* Zeichen seiner selbst (der Text als Aussage, dynamisches Objekt) und *im* Zeichen seiner selbst (der Text als Repräsentiertes, unmittelbares Objekt) oder, mit Blick auf die archäologische Diskurskonstitution formuliert: die Lektüre seitens des Rezipienten verwandelt die selbstrepräsentationale *Aussage* (des Textes) in ein *énoncé* des Selbstrepräsentationsdiskurses.

---

[82] Zur diskurshistorischen Deutung s. u. Kap. 1.2.3.2. Da Selbstrepräsentation einleuchtenderweise von den spezifischen Eigenschaften des dynamischen Objekts, d.h. der Aussage, abhängig ist und sich danach strukturiert, kann das vorgeschlagene Beschreibungsmodell nicht einfachhin auf andersgeartete Aussagetypen (Film, Theater, Kunst) übertragen werden. Wohl aber ließe sich für andere Medien ein solches Modell aufstellen.

1.2 Die Selbstrepräsentationstypen

1.2.1 Objekttypen

1.2.1.0 Zur Definition der Objekttypen

Die Definitionen der Selbstrepräsentationsobjekte ergeben sich aus der Typisierung der Art und Weise, wie die Aussage (das Selbst) zum semiotischen Objekt der Darstellung wird. Da diese Objekte nicht nur funktional zeichenhaft sind, sondern – hier im Gegensatz zu anderen in der Literatur geführten Diskursen (über die Liebe, die Politik etc.) – speziell im Selbstrepräsentationsdiskurs auch inhaltlich zeichenhaft, müssen sie auch auf der typologischen Ebene nach Maßgabe der zeichenhaften Romanaussage definiert werden. Damit ist gemeint, daß ein Allgemeinheit beanspruchendes Modell einheitlich sowohl die durch die spezifische Aussagestruktur des Textes vorgegebenen ästhetischen Möglichkeiten als auch die historischen Realisierungen von Selbstrepräsentation theoretisch beschreiben können muß. Dies stellt bestimmte Bedingungen für die inhaltlich-substantielle Definition eines jeden einzelnen Typs und für die Beschreibung der Beziehungen zwischen Typen.

Schon bei den bisher nur beispielhaft betrachteten Fällen von Selbstrepräsentation war zu sehen, daß der Fokus der Analyse auf elementaren Selbstrepräsentationsmomenten liegt, die i.d.R. vielfach in einem gegebenen Text vorkommen. Verkettungen von Selbstrepräsentationselementen können zugleich in verschiedenen Richtungen und Dimensionen die Semiose expandieren und sind prinzipiell unendlich, jedenfalls können sie über das im Text explizit Gesagte weit hinausgehen. Die Selbstrepräsentationsstruktur eines Textes ließe sich als komplexe Verknüpfung von Semiosedreiecken vielleicht in einem mehrdimensionalen 'Raum' graphisch darstellen, wobei auch noch innere Dynamiken etc. zu berücksichtigen sind[83]. Wie komplex Selbstrepräsentationen unter dieser Perspektive werden können, läßt sich leicht erahnen, wenn man bedenkt, daß bereits eine vergleichsweise einfache Struktur, wie die im *Conde Lucanor*, in Semiosedreiecken dargestellt, einen größeren Raum beansprucht[84]. Die Typisierung muß nun in beiden Dimensionen so gestaltet werden, daß die durch sie bewirkte Komplexitätsreduktion keine individuellen und historischen Differenzierungsmöglichkeiten preisgibt – nicht selten sind es gerade auf den ersten Blick minimale Varianten, die Texte letztlich zu

---

[83] S. u. Kap. 1.2.2.
[84] S. o. Abb. 3. S.52

Symptomen verschiedener Diskursformationen machen. Gleiches gilt für komplexitätssteigernde, prozeßhafte oder dekonstruktive Formen der Selbstrepräsentation, die als dynamische Entwicklungen von Selbstrepräsentation aus der Perspektive auf den fortschreitenden Text sichtbar werden, etwa wenn sich am Ende der Erzählung herausstellt, daß die Hauptfigur der fiktive Verfasser des Romans ist oder wenn, wie in Unamunos *Niebla*, der vormalige transzendentale Erzähler[85] und Autor mit seiner erdachten Figur Augusto ins Gespräch kommt und sich damit Autor- und Textstatus verändern.

a) Zur inhaltlichen Definition des Typs: Objekte als Repräsentationen

Aus den genannten Gründen erweist sich die geläufige literaturwissenschaftliche bzw. -historische Begrifflichkeit, die ja eigentlich als Metasprache zum Objekt 'Text' gerade auch die Selbstrepräsentationsobjekte beschreiben können müßte, als nicht geeignet für eine Definition von Objekttypen. Eine Verwendung der Konstituenten der Erzählung (*énoncé, énonciation, code*), wie sie Lucien Dällenbach als Differenzierungsschema für die *mise en abyme* benutzt, könnte gerade nicht ersichtlich machen, wie sich die Kräfteverhältnisse im Diskurs, den die Literatur über sich selbst führt, verschieben, da sich zwar Inhalte oder Bedingungen der Konstituenten, nicht aber sie selbst als funktionale Einheiten geändert haben. (Nämliches gilt für *mimesis of process / mimesis of product* o.ä., sofern sie elementare Objektdefinitionen sein sollten). Objektdefinitionen dürften aus den gleichen Gründen weder ohne weiteres dem narratologischen Inventar (Erzähler, *narrataire*, Diegese) noch der Begrifflichkeit einer Rezeptions- oder Produktionsästhetik entstammen (implizierter Autor oder impliziter Leser etwa) oder kommunikationstechnisch definiert werden.

(i, ii) Als *Repräsentationen* sind Selbstbezüge *semantisch* zu fassen, dabei aber so, daß alle Typen der gleichen Kategorie entsprechen (impliziter Leser, der moderne 'Leser als Autor' oder der 'Text' als sein 'eigener Leser' im Sinne einer poststrukturalistischen „écriture-lecture" [Kristeva 1969:181] basieren bspw. auf drei verschiedenen 'Leser'-Begriffen) und je verschiedene Realisierungen unter einem typspezifischen *tertium comparationis* zusammengefaßt werden können.

(iii) Um Differenzen zwischen den Repräsentationen von Zeichenpraktiken für die Rekonstruktion eines Selbstrepräsentationsdiskurses zu profilieren, ist zu berücksichtigen, daß ein dargestellter Produktionsakt wie etwa das Schreiben einen anderen Stellenwert hat, d.h. den Text im Text in einer anderen semiotischen Realität repräsentiert, als beispielsweise ein dargestellter Interpretationsakt oder auch der Verweis auf ein anderes Buch. So ist bspw. mit-

---

[85] Zur Verwendung des Begriffs 'transzendental' in dieser Arbeit s.u. Kap. 2.2.2.

tels des in den *Meninas* dargestellten Malers das Bild *Las Meninas* selbst in einer anderen Weise thematisiert (nämlich als noch nicht gemaltes, erst entstehendes Bild) als in den Gemälden, die an der rückseitigen Wand hängen (wenngleich diese Bilder nicht selbst schon die *Meninas* darstellen), und mittels der Farbpalette noch einmal unterschiedlich im Gegensatz zum abgebildeten Maler. Diese Differenzen kommen für die Typendifferenzierung als Maß an *semiotischer Realitätskonstituierung* zum Tragen. Denn unter diskurshistorischem Gesichtspunkt ist Selbstrepräsentation eine diskursive ontosemiotische Selbstverobjektung als Rede-Gegenstand. Als Objekte eines *Selbstrepräsentationsdiskurses* müssen die Objekte dabei in ihren verschiedenen *semiotischen* Wertigkeiten berücksichtigt werden.

Hier läßt sich im direkten Anschluß an Peirce auch Kontinuität in den Begriffsdefinitionen erreichen. Die Typologie unterscheidet dann verschiedene Selbstrepräsentationstypen nach ihrem jeweiligen Semiotizitätsgrad[86], der sich je nach Objektart und Repräsentationsweise des Objekts bestimmt. Beide Parameter werden zunächst einheitlich auf der Basis der Peirceschen Fundamentalkategorien *Erstheit*, *Zweitheit* und *Drittheit* (*Firstness*, *Secondness*, *Thirdness*) entwickelt[87]. Diese Kategorien sind – neben Derridas Zeichentheorie – der Ausgangspunkt für die Entwicklung von *Objekttypen*, die AUTOR oder PRODUZENT, PRODUZIEREN, SCHREIBEN, TEXT, PRODUKT, PRODUZIERT WERDEN, LESBARKEIT, GELESEN WERDEN, LESER, LESEN, LEKTÜRE u.ä. genannt werden[88]. Sobald etwas also Objekt der Selbstrepräsentation geworden ist, ist es, abgesehen von einigen Ausnahmen[89], in zwei Dimensionen bestimmt: es gehört einem bestimmten Objekttyp an (AUTOR, TEXT oder LESER) und stellt diesen in einer bestimmten Realitätsweise dar (ikonisch, indexikalisch, symbolisch). Ein *Selbstrepräsentati*-

---

[86] S. *Exkurs III* im Anhang.
[87] S. *Exkurs III* im Anhang.
[88] Die Versalien gelten, sobald diese Objekte definiert sind, als typographische Konvention, um kenntlich zu machen, daß es sich bei den Begriffen um Bezeichnungen für repräsentierte Objekte bzw. Objektpositionen handelt; dies ist notwendig einerseits, um die Verwechslungsmöglichkeit etwa mit 'Text' als semiologischem Begriff, Gattungsbezeichnung (Roman), 'Autor' als realem Autor, 'Leser' als Rezipient, *narrataire principale*, empirischem Leser etc. zu vermeiden; und andererseits, um die abstrakt definierten Repräsentationsobjekte gegen Schreiben, Lesen etc. als *erzählte* Handlungen bzw. diegetische Elemente abzusetzen. Jede schreibende Figur wird eine AUTOR-Repräsentation sein, aber nicht jede AUTOR-Repräsentation ist eine Schriftstellerfigur. Um allerdings die vorliegende Untersuchung nicht mit Versalien zu überladen, wird dort, wo sowohl repräsentierte Objekte als auch erzählte Sachverhalte gemeint sind, die Normalschreibung beibehalten, sofern keine Doppeldeutigkeit dadurch entsteht. Versalien werden also nur dort gesetzt, wo es für die Argumentation wichtig ist, daß explizit von den abstrakten Objekt-Positionen die Rede ist, und dort, wo die Begriffe Phänomene im Roman bezeichnen sollen, die im alltagssprachlichen Begriff von 'Text', 'Autor' oder 'Leser' nicht verständlich wären.
[89] S. u. Kap. 1.2.7.

onstyp ergibt sich dann aus einer Kombination von Repräsentationsweise und Objektart. In Kombination mit den Repräsentationsarten führt dies letztlich zu neun Selbstrepräsentationstypen[90]:

AUTOR-Ikon	TEXT-Ikon	LESER-Ikon
AUTOR-Index	TEXT-Index	LESER-Index
AUTOR-Symbol	TEXT-Symbol	LESER-Symbol

Selbstrepräsentation läßt sich dann folgendermaßen auf Peircens oben (S. 43) zitierte Zeichendefinition projizieren: „a sign [Signifikant/en in der Aussage] which stands to somebody [= Rezipient] for something [= die Aussage] in some respect or capacity [als AUTOR, TEXT, LESER; ikonisch indexikalisch, symbolisch]".

Als semiotisches Objekt entspricht dabei die 'LESER-Repräsentation' sowenig dem Rezipient oder dem empirischen Leser, wie der reale Verfasser der 'AUTOR-Repräsentation' oder die reale Romanaussage dem semiotischen Objekt der 'TEXT-Repräsentation' entspricht. Die Differenz zwischen beiden Bereichen ist jene zwischen semiotischem Repräsentationsraum und außersemiotischer Realität; sie ist allein unter pragmatischem Gesichtspunkt variabel, denn nichts hindert den empirischen Leser, etwa den Autornamen mit dem realen Autor, Textreferenzen mit dem realen Text oder sich selbst mit dem Adressaten einer Leseradresse zu identifizieren.

Mit dieser begrifflichen Fokussierung der Objekte sollte es gelingen, verschiedenartigste Phänomene von Selbstrepräsentation nicht nur sinnvoll und differenzierungsfähig zusammenzufassen, sondern vor allem auch über eine rein thematische Beschreibung hinauszugelangen.

---

[90] Eine terminologische Differenzierung in der Interpretantenstelle, die den Rezipienten betreffen würde, bleibt der Einfachheit halber unberücksichtigt. Die je nach der Semiotizität des Selbstrepräsentationstyps verschiedene Involvierung des Rezipienten ließe sich in gleicher Weise wie die Objekte und Repräsentationsweisen aus dem Zeichenmittel- und Objektbezug ableiten und auf die drei Stufen des Interpretanten, nämlich Rhema, Dicent und Argument, projizieren. Doch da die Tätigkeit des Rezipienten, insoweit es die hier vorliegenden Belange angeht, schon vollständig durch die Repräsentationsweise der Objekte determiniert ist (d.h., je nachdem, ob eine ikonische, indexikalische oder symbolische Selbstrepräsentation der Fall ist), würde eine Benennung des jeweiligen Interpretanten – außer drei weiteren Begriffen – der Beschreibung nichts Wesentliches hinzufügen.

b) Relationalität: Objekte als besetzbare Positionen

(iv) Die zweite bei der Typendefinition zu berücksichtigende Dimension, nämlich Relationalität der Objekte und Dynamik im Fortschreiten des Textes, hängt eng mit der ersten zusammen. Die Objekttypen werden als Positionen aufgefaßt, die je nach Text einfach oder multipel von gleichen oder verschiedenen Selbstrepräsentations-Objekten verteilt bzw. zugleich besetzt und verlassen werden können. Dazu noch einmal das Beispiel *Niebla*. Wenn transzendentale Autorschaft dekonstruiert wird, indem eine Figur – Augusto, 'das' also, was für den Autor zuvor der von ihm geschriebene Text war – mit dem vormaligen 'Autor' ins Gespräch kommt, zeigt sich, daß 'Autor' in der traditionellen Bedeutung als Urheber nicht mehr zur Definition eines Selbstrepräsentationsobjektes ausreicht. Die Repräsentation von Autorschaft muß auch dann noch als 'Autor' beschrieben werden können, wenn die Vorstellung transzendentaler Autorschaft gar nicht realisiert ist oder mittels einer bestimmten Disposition der Selbstrepräsentationen dekonstruiert wird: Im angesprochenen Fall hat sich das Verhältnis 'Autor'-'Text' gewandelt; Augusto ist in den Augen des vormaligen 'fiktiven Autors' zunächst ein 'Text'; als „revoltierende Figur" macht er sich von seinem Autor unabhängig, er dekontextualisiert diesen von seinem Text und verwandelt seinen Autor gewissermaßen selbst in einen 'Text'[91]. Ebenso ist es denkbar, daß die Autor-Funktion von einem Text ausgeübt wird. Dies ist der Fall in *El cuarto de atrás* (1978) von Carmen Martín Gaite: hier stellt sich am Ende des Romans heraus, daß der Roman 'sich selbst' geschrieben hat[92].

(v) Die Objekte sind also auch so zu bestimmen, daß aus dem jeweiligen Zusammenwirken verschiedener Selbstrepräsentationen es sich erst ergeben darf, welchen Effekt oder welche Selbstrepräsentationsfigur sie inszenieren bzw. welchem Objekttyp eine bestimmte Darstellung überhaupt zuzuordnen ist (Unamuno ist nur 'Autor', weil Augusto und die fiktive Welt sein 'Text' sind; bleibt er 'Autor', wenn er selbst 'Text' ist?). Werden die Objekte, wie hier vorgeschlagen, als je besetzbare Positionen definiert, so kann in diskurshistorischer Sicht eine solche „mort de l'auteur" (Barthes 1984/1968:61–67) als das Ende der *Inszenierung* transzendentaler Subjektivität beschrieben werden – *wenn* der 'Autor' denn verschwunden ist, d.h. aber, daß er zuvor auch präsent gewesen sein muß. Vor allem aber wird es möglich, auch der sich daraus ergebenden Frage nachzugehen, wer ggf. seinen Platz eingenom-

---

[91] S. zu diesen Fällen gesondert u. Kap. 1.2.7.
[92] Vgl. dazu auch u. Kap. 1.2.1.1.

men hat⁹³. Das nämliche gilt für die Definitionen der Objekte, die später 'TEXT' und 'LESER' genannt werden.

(vi) Unter dem Blickwinkel auf Relationierbarkeit und Dynamik der Objekte innerhalb eines Textes kommt hier auch schon gewinnbringend zum Tragen, daß die Peirceschen Kategorien nicht nur das realitätsthematische Kriterium 'Semiotizität' für die Abgrenzung der Objekte AUTOR-TEXT-LESER zu Verfügung stellen, sondern auch erlauben, den gemeinhin kommunikativ aufzufassenden (so aber hier nicht sinnvoll zu operationalisierenden) Zusammenhang dieser drei Objekte zeichen*genealogisch* zu verstehen. Selbstrepräsentation im literarischen Text besteht dann aus der expliziten, metaphorischen oder sonstwie gearteten Inszenierung (Darstellung) semiotischer Zustände und Prozesse der Zeichenproduktion, des Zeichenseins und der Zeichenlektüre, an der auf verschiedene Weise Objekte aktiv oder passiv beteiligt sind.

Die Beschreibungsebene der Analyse: Repräsentation und Kontext

Die folgenden Bemerkungen sind im Vorgriff auf die Typendefinition zu verstehen. Die Definitionen von AUTOR, TEXT und LESER sind relational organisiert. In der einfachsten Variante entspricht das Verhältnis von AUTOR – TEXT – LESER dem klassischen Äußerungskontext von Sender – Botschaft – Adressat. Während es den folgenden Kapiteln überlassen bleibt, die drei Objekte so zu definieren, daß die unterschiedlichsten Fälle (Positionsumbesetzungen, Vervielfältigungen, Ausfälle von Instanzen u.v.m.) von ein und derselben Basis aus beschrieben werden können, so handelt es sich doch in jedem Fall, der nicht nur aus einer isolierten Selbstrepräsentation besteht (z.B. eine einmalige Erwähnung eines Buches), um einen TEXT, zu dem mindestens ein AUTOR und/oder LESER in Beziehung steht. In diesem Fall soll fortan von einem *Kontext* die Rede sein, der die untere Grenze der Analyse bildet: Sobald ein Kontext entsteht, handelt es sich um *thematisierte* Selbstrepräsentation, da dann bereits eine Aussage über Schreiben, Lesen, Textualität etc. impliziert ist. Ein Text kann, wie die hier untersuchten Romane belegen werden, freilich beliebig viele Kontexte aufbauen, miteinander vernetzen, einzelne Instanzen de- und rekontextualisieren etc. Damit die Objektdefinitionen dies beschreiben können, müssen sie bestimmte Bedingungen erfüllen.

---

[93] Wie schon Foucault meinte: „L'essentiel n'est pas de constater une fois de plus sa [i.e. de l'auteur] disparition; il faut repérer comme lieu vide – à la fois indifférent et contraignant – les emplacements où s'exerce sa fonction" (Foucault 1994/1969c:789).

Kontextualisierungsmöglichkeiten

Diese Bedingungen sind teilweise schon dadurch eingelöst, daß die Selbstrepräsentationsobjekte als bestimmte Interpretanten der Aussage definiert werden. Als solche müssen sie allein schon aufgrund des in Anschlag gebrachten Zeichenbegriffs *kontextualistisch* aufgefaßt werden. Zunächst bedeutet dies, daß sie in Relation zueinander zu definieren sind. Kontextualistisch ist ferner in einem konkreten Sinne zu verstehen, denn diese Bedingung bezieht sich auf das quasi-kommunikationskontextuelle Verhältnis von Zeichenproduktion, -ereignis, und -interpretation der als AUTOR, TEXT und LESER zu definierenden Objekte. Um aber den gesamten Bedingungen gerecht zu werden, müssen die auf Peircens Kategorien beruhenden Selbstrepräsentationstypen möglichst offene Kontextualisierungsmöglichkeiten berücksichtigen. Dies soll in der Folge dadurch erreicht werden, daß sie mit dem von Jacques Derrida entwickelten *marque*-Begriff (oder besser: Nicht-Begriff) kompatibel gemacht werden, der in *Signature Evénement Contexte* (Derrida 1972b:367–393) am Paradigma von 'Kommunikation' festgemacht wird. Derrida führt in diesem Aufsatz einmal mehr seine bekannte Argumentation vor: Jedes Zeichen (*marque*), ob gesprochen oder geschrieben, ist zitiert; die Iterierbarkeit des Zeichens ist sowohl Bedingung seines Funktionierens als auch der Grund seines nicht fixierbaren Sinns (l.c. 381). Diese Dekontextualisierung oder ursprüngliche Kontextlosigkeit schneidet das Zeichen von seinem sinngebenden Ursprung ab; die Iterierbarkeit führt „une déhiscence et une brisure essentielles" (l.c. 389) ein. Es gibt nur eine „restance non-présente" des Sinns (l.c. 378); jedes Zeichen, und auch prinzipiell die Kommunikation, ist in diesem Sinne „graphematisch".

Selbstrepräsentation besteht teilweise aus solchen Kontextualisierungen, Rekontextualisierungen, Dekonstruktionen und infiniten Verkettungen, d.h. sie kommen allein als *inszenierte Effekte* der Selbstrepräsentationen in Betracht. Die Objekte brauchen deshalb selbst nicht kommunikationstheoretisch definiert zu werden. Doch unter Einbezug einer kontextualistischen Definition können mit den Beschreibungsparametern auch noch radikale Realisierungsweisen beschrieben werden[94]. Die moderne Literatur zeigt ja gerade etwa in der Dekonstruktion transzendentaler Autorschaft, wie der angebliche 'Autor' selbst eine Metapher, ein Effekt des Textes werden kann, wie polyperspektivistisch ein und dasselbe Zeichen mehrfach lesbar wird, daß Sprache ein „bewegliches Heer von Metaphern" (Nietzsche) ist und die Selbstreflexion

---

[94] Habermas' gegen Derrida ins Feld geführtes Argument, daß dessen „radikale[r] Kontextualismus [...] nur schwache Stützen in der philosophischen Diskussion" finde und sich vielmehr hauptsächlich „auf ästhetische Erfahrungen, genauer: auf Evidenzen aus dem Bereich der Literatur und der Literaturtheorie" stütze (Habermas 1988:247), läßt sich so *für* ein kontextualistisches methodisches Instrumentarium lesen.

selbst „not an original event but itself an allegorical (or metaphorical) version of an intralinguistic structure, with all the negative epistemological consequences this entails" (De Man 1979:153n28). Umgekehrt bleibt eine 'Autor'-Repräsentation in einem Roman, um es bei dem Beispiel zu belassen, solange ein „Effekt von Sinn", „Anwesenheit", eine Inszenierung von Transzendentalität, wie sie eben nicht dekonstruiert, dekontextualisiert etc. wird[95].

1.2.1.1 *TEXT* als Objekt der Selbstrepräsentation

Definition. – *TEXT-Repräsentationen* oder *TEXTE* werden Aussageelemente des Romantextes genannt, die entweder semantisch als Darstellungen von produzierten bzw. interpretierbaren Zeichen verstanden werden können oder die andere Objekte in der Position PRODUZIERTHEIT bzw. LESBARKEIT darstellen.

Wenn es im *Conde Lucanor* heißt: „Et entendiendo Don Iohan que estos exiemplos eran muy buenos, fízoles escribir en este libro", so repräsentiert „estos exiemplos" die erzählte Geschichte als ein artikuliertes (PRODUZIERTES) Zeichen. Die durch das Aussageelement „exiemplo" repräsentierte Geschichte steht zudem in einem bestimmten Äußerungskontext, der auf der Produktionsseite recht komplex ist: Patronio erzählt sie dem Conde, für das Buch *Conde Lucanor* aber ist Don Iohan der Produzent, wenn er selbst auch einräumt, Patronio nur zitiert zu haben[96] und insofern sich selbst neben dem Conde, dem Patronio die Geschichte erzählt, zum Adressaten oder *narrataire* macht; doch diese Ebene der Produktion und Rezeption wird in der Repräsentation „estos exiemplos" nur impliziert, sie ist nur indirekt oder implizit Objekt des Ausdrucks. Ebenso ist bei „estos exiemplos" die Lesbarkeit / Interpretierbarkeit, oder der Sinn der Geschichte nebensächlich (zumindest in dem Demonstrativpronomen; „exiemplo" wäre schon als Interpretation der Geschichte als didaktischer geltend zu machen). Die Frage nach den Umständen der Produktion und Rezeption (Erzählen, Zitieren, Hören, Tradieren etc.) wäre der Gegenstand einer Selbstrepräsentationsanalyse, bei der es ja gerade um diese Verhältnisse zwischen Produktion, Text und

---

[95] Derrida räumt dies im übrigen für sein eigenes Zeichenmodell auch ein; aus der prinzipiellen Kontextlosigkeit der „marque" sei nicht zu schließen: „qu'il n'y a aucune spécificité relative des effets de conscience, des effets de parole (par opposition à l'écriture au sens traditionnel), qu'il n'y a aucun effet de performatif, aucun effet de langage ordinaire, aucun effet de présence et d'événement discursif (*speech act*). Simplement, ces effets n'excluent pas ce qu'en général on leur oppose terme à terme, le présupposant au contraire de façon dissymétrique, comme l'espace général de leur possibilité." (Derrida 1972b:390).
[96] Don Iohan hat Patronio in der Tat nur eine bekannte Parabel in den Mund gelegt, um ihn zitieren zu können.

Rezeption gehen soll. Doch um eben diese Relationen beschreiben zu können, wie sie in einem gegebenen Text individuell repräsentiert sind, müssen zunächst die einzelnen Positionen als Selbstrepräsentationsobjekte getrennt, d.h. voneinander methodisch abstrahiert werden.

Ohne zunächst noch die spezifische Semantik des Begriffs „exiemplo" (etwa im Gegensatz zu „libro", „historia" etc.) zu berücksichtigen, besteht der eigentlich *selbst*repräsentationale Aspekt des Ausdrucks darin, daß der Text mittels „estos exiemplos" auf *seine eigene* Kondition, eine Äußerung zu sein, verweist. Der Ausdruck repräsentiert dann den Text (sich selbst) unter dem Aspekt, eine definitive, einmalige, *bereits geäußerte* Aussage zu sein; es kommt gerade noch nicht auf Produziertheit und Lesbarkeit an, diese sind nur impliziert. Auf Peirce' Kategoriensprache projiziert, repräsentiert sich der Text als ein Ensemble bereits aktualisierter Zeichenmöglichkeiten; der Objektstatus entspricht der *Zweitheit* des Zeichenmittels, dem *Sin*-Zeichen (bzw. *token*; vgl. Peirce 1990:381), das Peirce folgendermaßen definiert und gegen das Quali-Zeichen absetzt:

> A *Qualisign* is a quality which is a Sign. It cannot actually act as a sign until it is embodied; but the embodiment has nothing to do with its character as a sign.
> A *Sinsign* (where the syllable *sin* is taken as meaning 'being only once,' as in *single, simple*, Latin *semel*, etc.) is an actual existing thing or event which is a sign. It can only be so through its qualities; so that it involves a qualisign, or rather, several qualisigns. But these qualisigns are of a peculiar kind and only form a sign through being actually embodied. (*CP* 2.244–245; vgl. Peirce 1983:123,124)

Formal ausgedrückt: TEXTE sind Zeichen – d.h. Aussagen des Romans – deren Interpretant ein Objekt entsprechend einem als Zweitheit thematisierten Zeichenmittel repräsentiert. TEXT ist ein Zeichenereignis („event"), d.h. besteht aus realisierten Zeichenmöglichkeiten, aus Zeichen, die in einem einmaligen Kontext schon geäußert sind. Hinsichtlich seines Produzenten (AUTOR) ist TEXT *schon produziert* (PRODUZIERT) *worden*; doch die Frage nach Bekanntheit, Existenz, Anzahl seines/seiner AUTOR/EN interessiert im Moment noch nicht. Der Vollständigkeit der Definition halber muß man hinzufügen, daß TEXT auch hinsichtlich möglicher LESER ein *noch nicht interpretiertes* Zeichen ist: das Sin-Zeichen, das neben Derridas Zeichenbegriff eines der beiden Modelle für TEXT ist, unterscheidet sich vom Legi-Zeichen dadurch, daß die Ebene der konventionell erschließbaren Bedeutung (des Codes, der Signifikation etc.) der sprachlichen Zeichen gerade noch nicht erreicht ist: der TEXT als Sin-Zeichen ist bestenfalls les*bar* (d.h. später: LES*BAR*). Diese methodische Abstraktion soll dazu dienen – wie oben schon angemerkt – einen möglichst flexiblen Terminus zur Verfügung zu stellen, der, u.a. weil er in Relation zu den beiden anderen definiert ist, auch dann noch in Anschlag zu bringen sein muß, wenn beispielsweise – wie es in manchen Romanen der Fall ist – ein TEXT keinen ersichtlichen AUTOR hat, mehrere AUTOREN ihn beanspruchen, er von seinem Kontext dekontextualisiert ist etc. Die Definition von TEXT muß deshalb auch mit Derridas Zeichenbegriff, wie er ihn im Kontext von Kommunikation faßt, kompatibel sein:

> [...] un signe écrit comporte une force de rupture avec son contexte, c'est-à-dire l'ensemble des présences qui organisent le moment de son inscription. Cette force de rupture n'est pas un prédicat accidentel, mais la structure même de l'écrit. S'il s'agit du contexte dit «réel», ce que je viens d'avancer est trop évident. Font partie de ce prétendu contexte réel un certain «présent» de l'inscription, la présence du scripteur à ce qu'il a écrit, tout l'environnement et l'horizon de son expérience et surtout l'intention, le vouloir-dire, qui animerait à un moment donné son inscription. Il appartient au signe d'être en droit lisible même si le moment de sa production est irrémédiablement perdu et même si je ne sais pas ce que son prétendu auteur-scripteur a voulu dire en conscience et en intention au moment où il l'a écrit, c'est-à-dire abandonné à sa dérive essentielle. S'agissant maintenant du contexte sémiotique et interne, la force de rupture n'est pas moindre: en raison de son itérabilité essentielle, on peut toujours prélever un syntagme écrit hors de l'enchaînement dans lequel il est pris ou donné, sans lui faire perdre toute possibilité de fonctionnement, sinon toute possibilité de «communication», précisément. On peut éventuellement lui en reconnaître d'autres en l'inscrivant ou en le *greffant* dans d'autres chaînes. Aucun contexte ne peut se clore sur lui (Derrida 1972b: 377).[97]

PRODUZIERTHEIT und LESBARKEIT verweisen zwar auf AUTOR und LESER, doch hier kommen sie nur als Implikate von TEXT in Betracht (s. Abb.4); sie werden deshalb fortan ebenfalls in Versalien gesetzt.

Die Selbstrepräsentationalität besteht darin, daß das repräsentierende Zeichen, also die Aussage im Romantext, damit auf seine eigene Zeichenrealität des Geschriebenseins, der Lesbarkeit etc. (d.h. seine eigene Zweitheit) verweist und auf eine spezifische Weise thematisiert. Der Romantext mag ein konventionelles Zeichen sein, doch hinsichtlich der Selbstrepräsentation kommt es nur darauf an, daß er sich selbst als aktuales Zeichenereignis (Sin-Zeichen) anspricht. Dies ist etwa auch der Fall bei einem Selbstzitat wie in Carmen Martín Gaites *El cuarto de atrás* (1978), in dem die Protagonistin am Ende des Romans einen Blätterstapel liest, der, wie sich am Ende herausstellt, den Roman selbst enthält. Wenn der Komplex TEXT-Repräsentationen seine Einheit und seine Berechtigung, als Selbstrepräsentation zu gelten, allein darin findet, daß ein als Zweitheit realisiertes Zeichenmittel Objekt ist, liegt eine TEXT-Repräsentation u.a. auch dann vor:

(i) Wenn das Objekt in der Aussage *nicht zitierbar* ist. Dies ist etwa der Fall, wenn eine mediale Differenz zum Text besteht: ein Gemälde (wie in Guelbenzus *La noche en casa* [1977], die Bilder von Velázquez in Luis Goytisolos *Antagonía*-Zyklus, Musik- und Filmreferenzen in den Romanen Antonio Muñoz Molinas etc.). Oder wenn das Objekt *nicht zitiert* ist: So berichtet

---

[97] Gleiches gilt für die mündlichen Zeichen (l.c. 378), d.h., im vorliegenden Kontext, auch für im Roman als Rede repräsentierte TEXTE und ebenso für nicht in der Aussage zitierte TEXTE etc.

zwar im zweiten Teil des *Don Quijote* Sansón Carrasco von der gedruckten *Primera parte*, doch da dessen Verfasser nicht Cervantes sondern nur Cide Hamete ist, kann nicht ohne weiteres gesagt werden, daß dieses Buch identisch mit Cervantes' *Don Quijote* Teil I ist. In Borges' „biblioteca de Babel" sind alle Texte der Welt enthalten, also auch Borges' *Biblioteca de Babel*; in Flauberts *Bouvard et Pécuchet* sind TEXTE in Form von Büchern zahlreich, wenngleich der Roman *Bouvard et Pécuchet* nicht unter den Büchern zu finden ist, die die beiden Kopisten lesen. In diesen drei Fällen liegen TEXT-Repräsentationen vor, unabhängig davon, in welcher Beziehung das Objekt zur Aussage steht (Titelidentität, logische Einschließung, Ausschluß). Die Heterogenität dieses Objektbereichs resultiert hier allein aus den verschiedenen Repräsentations*arten*; Der Komplex kann in dieser Hinsicht jetzt noch ungeordnet bleiben, weil die Repräsentationsart erst Thema des nächsten Kapitels sein wird und der Definition von TEXT-Repräsentation nichts Wesentliches hinzufügt.

(ii) Wenn *umgekehrt* etwas nur deshalb zum TEXT wird, weil an anderer Stelle dessen Abhängigkeit von einem AUTOR oder LESER besteht: Von diesem Schicksal können Figuren betroffen sein (die dann zu 'Diskurs-Effekten' werden), wie Don Quijote, der im zweiten Teil des *Don Quijote* als Buch (TEXT) LESBAR geworden ist, oder Augusto Pérez, der erfahren muß, daß er von der Figur 'Miguel de Unamuno' als TEXT GESCHRIEBEN WURDE.

1.2.1.2 *AUTOR* als Objekt der Selbstrepräsentation

Definition. – *AUTOR-Repräsentationen* oder *AUTOREN* werden Aussageelemente des Romantextes genannt, die entweder semantisch als Darstellungen der Produktion von TEXTEN verstanden werden können oder die andere Objekte in der Position TEXT-PRODUKTION darstellen.

Die PRODUZIERTHEIT der TEXTE gab bereits einen ersten Hinweis auf ein weiteres Objekt, das dem TEXT vorgeordnet sein muß, ohne daß es aber schon als solches fokussiert worden wäre. PRODUZIERTHEIT wurde nur als Implikat von TEXT thematisiert, das davon kündet, daß der TEXT eine 'Vergangenheit' hat, in der er noch nicht als Zeichen artikuliert oder aktualisiert war. Wie aber kann PRODUKTION thematisiert werden, die gerade dadurch bestimmt sein soll, daß sie eben *nicht mehr* im TEXT aufzufinden ist? Sie muß ebenso abstrahiert und isoliert als Position bestimmt werden wie TEXT selbst. Nun könnte man sagen, daß jeder personalisierte Erzähler (auch Figuren wie Patronio, die als metadiegetische Erzähler fungieren), jede Diskursinstanz schon die *Repräsentation* oder Inszenierung einer PRODUKTION ist, im Gegensatz zur präsentierten, zitierten Aussage – vorausgesetzt, daß nicht nur einfachhin eine Geschichte erzählt wird, sondern der jeweilige PRODUZENT sich in ein Verhältnis zu seinem TEXT setzt (dies war die 'Kontext' genannte Schwelle, die überschritten werden muß, um Selbstrepräsentation systematisch erfassen zu können). Dies mag für die Mehrzahl der Romane das Problem lösen, doch bleiben damit bestimmte Fälle, die ausgehend von dem schon entwickelten TEXT-Begriff ebenfalls PRODUKTIONS-Akte wären, unberücksichtigt: in Carmen Martín Gaites *El cuarto de atrás* (1978) scheint es der TEXT selbst zu sein, der sich PRODUZIERT, wenn während der Erzählung ein Blätterstapel wächst, der sich am Ende, wenn die Erzählerin ihn lesen will, als *El cuarto de atrás* (d.h. als dessen Repräsentation) herausstellt. Gerade die autobiographische Tönung der Protagonistin, die sich als Verfasserin anderer von Martín Gaite publizierter Romane ausgibt, unterstreicht die dekonstruktive Pointe. Romane wie *El cuarto de atrás*, die die Idee subjektiver oder personaler Produktion dekonstruieren, verlegen die PRODUKTION als Objekt der Selbstrepräsentationen bisweilen in eine andere Objektposition: in diesem Fall in die von TEXT. Eine andere Form, Auto-PRODUKTIVITÄT eines TEXTES zu inszenieren, findet sich in Francisco Delicados *Retrato de la Lozana andaluza*: 'El autor', der als sog. 'dramatisierter Erzähler' auftritt, überläßt seiner Heldin das Wort, wenn er seinen vermeintlich transzendentalen Posten als Dichter verläßt, um der Lozana die Worte abzulauschen, die er dann für seinen *Retrato* aufschreibt. In diesem letzten Fall könnte man sagen, daß die Personenrede (*rhesis*) die Erzählerrede (*diegesis*) übernimmt, aber eben auch: Da der vormalige Erzähler, el autor, sich dadurch als AUTOR (gegenüber dem bloßen Erzähler) ausgewiesen hatte, daß er behauptete, den TEXT zu schreiben, rückt nunmehr der TEXT in die AUTOR-Position[98].

Für eine Grenzziehung zwischen der PRODUZIERTHEIT (die den TEXT definiert) und der PRODUKTION (die als SCHREIBEN oder PRODUZIEREN zur Position AUTOR gehört, s. Abb.4), kann man sich der gleichen Abstraktion bedienen, die schon zur Definition von TEXT geführt hat. Wenn auch hier der Semiotizitätsgrad das Maß sein soll, müssen AUTOR-Repräsentationen nach dem Modell der Erstheit im Zeichenmittel, nämlich dem *Quali-Zeichen*, definiert werden. AUTOR muß sich demnach zu TEXT so verhalten, wie Quali-Zeichen zu Sin-Zeichen. So wie die TEXT-Repräsentation eine AUTOR-Repräsentation impliziert, schließt das Sin-Zeichen „a qualisign, or rather, several qualisigns" (oder *tone*; Peirce 1990:276) als kleinste semiotische Einheiten ein. Entsprechend der Erstheit ist deren Zeichencharakter aber gerade nicht von einer aktuellen Verkörperung abhängig. „A *Qualisign*", so lautet die Definition, „is a quality which is a Sign. It cannot actually act as a sign until it is embodied; but the embodiment has nothing to do with its character as a sign."

---

[98] S. zu diesen Fällen u. Kap. 1.2.7.

Läßt man einmal die Problematik des Begriffs 'Qualität' außer Betracht, so wäre die Selbstdarstellung des Malers in Velázquez' *Meninas*, in *einer* Hinsicht jedenfalls, genuiner bildlicher Ausdruck der Erstheit, nämlich

> dem Besitz von Ideen noch vor jedem verwirklichten Objektbezug und noch vor der Frage nach dessen Geltung. Die Darstellung des Malers während einer Arbeitspause, als des potentiellen Schöpfers einer Repräsentation, erschöpft sich in der Andeutung der Möglichkeit wirklicher Abbildung mit einem verwirklichten Objektbezug; das einzige Bild [nämlich das auf der rückwärtig aufgestellten Leinwand] – wenn es denn überhaupt existiert –, das einen solchen Objektbezug auch verwirklicht, bleibt folglich unsichtbar. (Schönrich 1990:52)

Entsprechend versinnbildlichen seine Malinstrumente das, was die Qualizeichen von den Sinzeichen unterscheidet. Palette, Pinsel und Staffelei

> stellen nur die semiotischen Qualitäten bereit, die in der Malerei von jedem Bild involviert werden. Farbpigmente, der Strich des Pinsels und ein Medium, das diese Qualitäten auch sichtbar werden läßt, konstituieren die kleinste semiotische Einheit der Repräsentation, die ein Zeichen von anderen Zeichen überhaupt erst unterscheidbar macht. Auf die Verkörperung in einem tatsächlichen Zeichenereignis kommt es hier noch nicht an: die Palette ist bereit, der Pinsel ruht und die Palette gar ist vom Betrachter abgewandt. (l.c.58)

Formal gesagt: AUTOREN sind Zeichen – d.h. Aussagen des Romans – deren Interpretant ein Objekt entsprechend einem als Erstheit thematisierten Zeichenmittel repräsentiert.[99] Es sind genau diese anhand der *Meninas* beschriebenen Eigenschaften, die, abstrahiert, in den Selbstrepräsentationen allein dem Objekt AUTOR korrespondieren. Er beherrscht die Ebene, die der Aktualisiertheit des TEXTES genealogisch vorausgeht. Seine Tätigkeit, das SCHREIBEN oder PRODUZIEREN, beschränkt sich auf die Zeichen*initialisierung*, ohne aber darin den Zeichensinn schon prädisponieren zu können, da das PRODUZIERTE Zeichen bereits ein TEXT ist. Quali-Zeichen sind das semiotisierbare Material, das dem oder den an der PRODUKTION des TEXTES Beteiligten zur Verfügung steht: je nach dem angelegtem Maßstab kann

---

[99] Die Bezeichnung 'AUTOR' ist natürlich ähnlich 'metaphysisch belastet', wie schon 'Repräsentation'; selbst der Begriff 'Produzent' wäre es indessen nicht weniger (vgl. Derrida 1972b:13). Wenn solche, trotz typographischer Kennzeichnung durch Versalien verbleibenden Konnotationen hier nicht nur mangels einer Alternative in Kauf genommen werden, so deshalb, weil AUTOR-Repräsentationen im Roman eben die Position bzw. Funktion bezeichnen, durch die Zeichenproduktion vorgenommen wird. Das von Barthes (1984/1968) und Foucault (1994/1969c:789–821) geäußerte Mißtrauen gegen den 'Autor'-Begriff bezieht sich ja vor allem auf einen bestimmten 'Machtdiskurs' der (hermeneutischen) Literaturtheorie und -kritik bzw. einen institutionalisierten Umgang mit Literatur. Die Autor-Funktion in den Selbstrepräsentationen des Textes kann mit dem wie oben definierten Beschreibungsbegriff 'AUTOR' sowohl die realistische Erzählweise umfassen, bei der ein einzelner AUTOR für den ganzen TEXT (die ganze Erzählung) sich verantwortlich macht, als auch alle Formen einer Dekonstruktion dieser Funktion, etwa durch Interferenzen (s. u. Kap. 1.2.7) oder De- und Rekontextualisierungen etc.

man sie mehr oder weniger elementar fassen, von der Materialität des Zeichens bis zu Buchstaben, Wörtern, Intertexten etc. Im *Don Quijote* beispielsweise könnten als AUTOREN nicht nur Cide Hamete und der segundo autor gelten, sondern auch Sancho Panza, wenn er zu Beginn des zweiten Teils vom Verfasser vergessene Details nachträgt, und selbst der Buchdrucker, dem nachgesagt wird, daß er die Hauptschuld an den Auslassungen hat.

Ein AUTOR ist nicht wirklich ein AUTOR, bevor er nicht einen TEXT PRODUZIERT hat. Sobald ein TEXT aber PRODUZIERT ist und ein Zeichenereignis stattgefunden hat, ist die Bedeutungsbildung bereits an eine LESER-Position verwiesen. Dies gilt für alle AUTOR-Positionen in einem Text, nicht nur für den der gesamten Erzählung (der in die Verlegenheit kommen könnte, vom Leser etwa mit dem realen Autor verwechselt zu werden). Sowohl ein transzendentaler AUTOR als auch ein dekonstruierter müssen noch als Möglichkeiten einer Selbstrepräsentationsdisposition in einem Text beschrieben werden können; AUTOR muß beschreibbar sein können, wenn er, wie im Mittelalter, als Garant der Wahrheit auftritt, aber auch, wenn er als Sinngeber „unterwegs verloren geht" (Derrida 1972b:381). TEXT PRODUZIEREN oder SCHREIBEN bezeichnet also den inchoativen Moment, in dem mögliche Zeichen zu wirklichen Zeichen gemacht werden, der selbst aber noch im Bereich des nur Möglichen bleibt. Doch darf dies gerade nicht deshalb eine Möglichkeit sein, weil sie sich zukünftig realisieren kann. Dann wäre nämlich AUTOR nicht nur der Initiator eines Zeichens, sondern von vornherein eines Sinns, der – bei der LEKTÜRE – zu entfalten wäre. Der AUTOR ist vielmehr „[un] événement initial sans présence" (l.c. 345), „[une] source qui ne peut pas se présenter, s'arriver", „à [...] condition de passivité inconcevable et irrelevable" (l.c. 353)[100]. Aber auch hier ist aus der Perspektive der Selbstrepräsentation hinzuzufügen: AUTOREN müssen erst in diese Passivität geraten, die ein GESCHRIEBEN oder GELESEN WERDEN bedeutet (z.B. Unamuno wird von Augusto GELESEN). Solange dies – oder ähnliches, wie z.B. ein weiterer konkurrierender AUTOR – nicht der Fall ist, könnte man auch nicht von Inszenierung einer AUTOR-Dekonstruktion sprechen. Der AUTOR muß dann, wie die Erstheit bei Peirce, eine „positiv bestimmte Möglichkeit" (Peirce 1990:153) sein – nicht zuletzt dafür, daß ein TEXT entstehen kann, der seinerseits u.a. auch unabhängig von ihm LESBAR ist. Wie TEXT ist auch AUTOR der Name einer Position. Neben Peircens Quali-Zeichen ist deshalb das zweite Modell für die Definition von AUTOR Derridas Begriff der Zeichenproduktion:

> Ecrire, c'est produire une marque qui constituera une sorte de machine à son tour productrice, que ma disparition future n'empêchera pas principiellement de fonctionner et de donner, de se donner à lire et à réécrire. Quand je dis «ma disparition future», c'est pour

---

[100] Vgl. auch unter diskurstheoretischer Hinsicht Foucault (1994/1966b:519).

rendre cette proposition plus immédiatement acceptable. Je dois pouvoir dire ma disparition tout court, ma non-présence en général, et par exemple la non-présence de mon vouloir-dire, de mon intention-de-signification, de mon vouloir-communiquer-ceci, à l'émission ou à la production de la marque. Pour qu'un écrit soit un écrit, il faut qu'il continue à «agir» et être lisible même si ce qu'on appelle l'auteur de l'écrit ne répond plus de ce qu'il a écrit, de ce qu'il semble avoir signé, qu'il soit provisoirement absent, qu'il soit mort ou qu'en général il n'ait pas soutenu de son intention ou attention absolument actuelle et présente, de la plénitude de son vouloir-dire, cela même qui semble s'être écrit «en son nom» (Derrida 1972b:376).

So wie jede Aussage im Roman, etwa in Selbstdeutungen oder Selbstzitaten, zu einer TEXT-Repräsentation werden kann, sind alle Äußerungssubjekte im Text potentielle AUTOR-Repräsentationen, die sich dann realisieren, wenn eine entsprechende Relation zu einem TEXT bzw. auch zu einem LESER besteht (wie es im *Conde Lucanor* der Fall ist). In Tätigkeitsbezeichnungen wie 'el autor' oder dem Erscheinen des Autornamens im Text ist in der Regel bereits ein TEXT-Verhältnis impliziert[101]. Inwiefern diese Diskursinstanzen aber als Urheber, Transzendentalität oder entmachtete Subjektivität etc. repräsentiert sind, hängt allein von ihrem Verhältnis zu möglichen anderen Selbstrepräsentationen ab. Entsprechend zu den TEXT-Repräsentationen sind AUTOR-Repräsentationen deshalb u.a. auch dann der Fall,

(i) wenn ihr TEXT nicht zitiert ist (z.B. Víctor Goti und sein Roman, den er in *Niebla* schreiben will) oder nicht zitierbar ist (der Magier, der in Borges' Erzählung *Las ruinas circulares* [1941] einen Traum PRODUZIERT);

(ii) oder wenn eine nicht-personale Instanz bzw. ein anderes Objekt AUTOR ist; im Extremfall – so erzählt es Borges' in *Pierre Menard, autor del Quijote* (1941) – kann der ganze Text nur ein Zitat sein: Cervantes bzw. sein Roman verdrängt durch die Präsenz des *Quijote*-Zitats Pierre Menard als AUTOR, der sein AUTOR-Recht nur noch aus dem Hier und Jetzt der Wiederholung des cervantinischen Textes (die dann natürlich keine Wiederholung mehr ist) ableiten kann. In *Cuarto de atrás* verläuft PRODUKTION schließlich überhaupt nicht mehr durch ein personales Subjekt.

Wie im Fall der TEXT-Repräsentationen ist auch die Heterogenität dieses Feldes u.a. dadurch bedingt, daß die Bezugsart hier noch nicht thematisch ist. Paradoxien wie die sog. „autonome Figur" (Augusto in *Niebla*) stellen nicht die oben entwickelte AUTOR-Definition in Frage, sondern nur einen bestimmten Autor-Diskurs, in diesem Falle einen metaphysischen Autor-Begriff. Entsprechendes gilt für Dekontextualisierungen: In Carmen Martín Gaites *El cuarto de atrás* wird zunächst eine autobiographische Ich-Erzählerin eingeführt, die sich als Autorin mehrerer Romane Martín Gaites ausgibt. Wenn sich am Ende indessen herausstellt, daß sie ausgerechnet *El cuarto de atrás* nicht GESCHRIEBEN hat, weil der Roman 'sich von alleine' während

---

[101] S. u. Kap. 1.2.6.2.1.

der Erzählung PRODUZIERT hat, so wird die Ich-Erzählerin als AUTORIN von diesem TEXT dekontextualisiert.

1.2.1.3 *LESER* als Objekt der Selbstrepräsentation

Definition. – *LESER-Repräsentationen* oder *LESER* werden Aussageelemente des Romantextes genannt, die entweder semantisch als Darstellungen von TEXT-Interpretation verstanden werden können oder die andere Objekte in der Position TEXT-Interpretation darstellen.

Nach den bisherigen Festlegungen kann es bei der Bestimmung des LESERS nicht um einen 'Modell-Leser' oder den 'impliziten Leser' zu tun sein, um eine Interaktionsstruktur, wie sie die Rezeptionsästhetik oder auch semiotische Modelle beschreiben[102], sondern, als Repräsentation betrachtet, um eine Position, die sich an die LESBARKEIT des TEXTES anschließt[103]. Die LESBARKEIT von TEXTEN ist nicht unbedingt vom AUTOR abhängig; vielmehr entsteht dann eine LESER-Repräsentation, wenn etwas als Zeichen (als TEXT) interpretiert oder erst durch Interpretation etwas in ein Zeichen (in einen TEXT) verwandelt wird. Im zweiten Falle manifestiert sich am deutlichsten jene Unabhängigkeit des TEXTES von seinem möglichen AUTOR, die in dem Interpretanten 'LESBARKEIT' gefaßt wurde. So LESEN etwa im *Don Quijote* eine Reihe von Figuren Novellen, von welchen man weiß, daß sie einen AUTOR haben, wenn er auch nicht immer namentlich bekannt ist. Der 'Helm des Mambrino' wird aber auch zum TEXT – unabhängig von der Frage nach seinem vorgängigen AUTOR – wenn mehrere Figuren darüber streiten, was er eigentlich ist, und sich dadurch zu LESERN machen. So, wie der TEXT nur als LESBARES Zeichen vorliegen muß, determiniert er den LESER (wie einen Interpretanten), aber der LESER erklärt auch umgekehrt, kraft seiner LEKTÜRE, etwas zum TEXT, was zuvor vielleicht gar keiner gewesen ist (gemäß der Drittheit „bringt er eine Zweiheit hervor").

Die Interpretation oder LEKTÜRE, die von einem TEXT aus der Position LESER heraus vorgenommen wird, muß indessen selbst als auch nur die Möglichkeit eines weiteren TEXTES betrachtet werden, ebenso wie eine einmal vorgenommene Interpretation eines TEXTES mit anderen konkurrieren kann. Der LESER funktioniert wie der Interpretant: Er erklärt etwas zum TEXT, indem er einen Sinnbildungsprozeß in Gang setzt, und eröffnet die

---

[102] Wie z.B. Iser (1990), Eco (1987a).
[103] Von dieser Perspektive aus wird eher die strukturalistische Sicht auf den *narrataire* hilfreich werden, wie ihn Prince (1973) differenziert (vgl. u. Kap.1.2.6.1.3, 1.2.6.2.3, 1.2.6.3.3).

Möglichkeit für weitere TEXTE[104], die u.U. von seinen Interpretationen verkörpert werden und die folglich ihrerseits abermals interpretierbar (LESBAR) sind. D.h. die Interpretation hält prinzipiell sich selbst wie auch den schon interpretierten TEXT für weitere LEKTÜREN offen. Die „écriture" muß, so Derrida, nicht nur ohne Produzenten (AUTOR), sondern auch im Falle eines absoluten Verschwindens eines bestimmten Adressaten überhaupt lesbar bleiben („reste[r] lisible [...] malgré la disparition absolue de tout destinataire determiné en général"; Derrida 1972b:375); ein TEXT bleibt trotz oder neben einer schon vorgenommenen Interpretation durch einen LESER weiterhin LESBAR, ebenso wie die Interpretation selbst als TEXT weiterhin LESBAR bleibt. Es muß allein zwischen dem Zeichen (TEXT) als Voraussetzung der Interpretationsarbeit (LEKTÜRE) und dem Zeichen (TEXT) als Ergebnis der Interpretationsarbeit (LEKTÜRE) unterschieden werden: dazu braucht man nur den bisherigen Definitionen zu folgen. Der TEXT muß für den LESER nur als LES*BARES* Zeichen da sein – nicht aber als bedeutendes Zeichen, denn dazu verwandelt er ihn im Akt des LESENS. Der LESER für sich genommen ist also zunächst nichts weiter als die Konstitution einer Perspektive, unabhängig davon, ob der TEXT der ganze Roman ist, oder nur einer von zahlreichen eingelassenen TEXTEN, vom 'Helm des Mambrino' bis zur Novelle. (In den *Meninas* würde diese 'Perspektive' den Blicken von Maler, internem und externem Betrachter, Modell entsprechen, die allerdings nicht gleichwertig sind.)

LESE-Repräsentationen bestimmen sich entsprechend nach dem Modell der Drittheit, d.h. im Zeichenmittel nach dem Legi-Zeichen: dies sind Zeichen, die die semiotische Eigenschaft haben, durch Interpretationsregeln Objektrepräsentationen zu ermöglichen. Das Legi-Zeichen verweist auf die Dimension des Zeichenmittels, in der es überhaupt zum bedeutungsbildenden Zeichen wird[105]. Formal ausgedrückt: LESER sind Zeichen – d.h. Aussagen des Romans – deren Interpretant ein Objekt entsprechend einem als Drittheit thematisierten Zeichenmittels repräsentiert. Mit der LESER-Repräsentation thematisiert sich die Aussage als bedeutsames Zeichen.

Im *Conde Lucanor* findet sich eine solche Interpretation, etwa wenn die Geschichte als „exiemplo" bezeichnet wird und, weiterhin, in der Sentenz. In diesem Fall manifestiert sich die Interpretation sogar in einer weiteren zitierten Aussage („non vos engañedes [...]"), die ihrerseits als TEXT repräsentiert wird („los viessos [...]"). Die Tatsache, daß es hier ein AUTOR ist, der als

---

[104] Die korrespondierende Stelle bei Derrida wurde schon zitiert: „Ecrire, c'est produire une marque qui constituera une sorte de machine à son tour productrice [...]" (Derrida 1972b:376); s.o. S. 73f.

[105] Peirce definiert es (etwas vage und mißverständlich vielleicht) wie folgt: „A *Legisign* is a law that is a Sign. This law is usually established by men. Every conventional sign is a legisign (but not conversely). It is not a single object, but a general type which, it has been agreed, shall be significant." (*CP* 2.246; vgl. 1983:124)

LESER fungiert, kann für den Moment vernachlässigt bleiben[106]. Eine vergleichbare Konstellation findet sich in dem Selbstporträt der *Meninas*, wenngleich leicht verschoben: Auch hier scheinen AUTOR (als Maler) und LESER (als Betrachter des Modells) in eins zu fallen. Denn der Maler verharrt nicht nur in seiner Pose, es ist sein studierender Blick, der ihn zum LESER macht. Wie es scheint, kann er nicht beides zugleich sein: Sein Blick auf das Objekt verhindert gerade, daß er im gleichen Moment malt. Erst wenn er sich von der Mimesis löst, so könnte man vermuten, braucht er kein LESER mehr zu sein[107]. Als eindeutiger LESER in diesem Bild scheint besonders die durch die hintere Tür eintretende Figur Geltung beanspruchen zu können.

Leser-Adressen, als Pendant zum auktorialen 'Ich', sind die klassischen Interpretationsindikatoren im Roman, wenngleich gerade sie oft dem 'geneigten Leser' wenig Interpretationsspielraum lassen. Doch es sollte nach dem bisher Gesagten deutlich geworden sein, daß auch die LESER-Repräsentationen so divers sind, wie die möglichen von ihnen zu interpretierenden TEXTE. Das bedeutet zunächst,

(i) daß LESER auch etwas anderes als 'estos exemplos', also einen in der Aussage zitierten TEXT, LESEN;

(ii) daß umgekehrt TEXTE nicht nur das PRODUKT von AUTOREN, sondern auch die in Sprache objektivierte Interpretation eines LESERS sein können;

(iii) daß auch die LESER keineswegs personal konzipiert sein müssen etc.

Schließlich ergeben sich Grenzbereiche zwischen TEXT- und LESER-Repräsentationen: poetologisch-ästhetische Reflexionen über den Roman oder Selbstdeutungen im Prolog, Selbstbeschreibung der Erzählung als 'Geschichte', nicht weniger als das Wort 'Roman' auf dem Buchdeckel (oder eben gerade keine oder eine andere Bezeichnung wie z.B. 'nivola') etc. können sowohl als LESENDE TEXTE als auch als LES-Arten des TEXTES gelten, da sie – sei's als metasprachliche Begrifflichkeit („exemplo"), sei's als mehr oder minder komplexe Verstehensanweisung – Interpretationen darstellen. Auch hier müssen für eine präzisere Differenzierung u.a. die jeweiligen Repräsentationsarten bzw. weitere Selbstrepräsentationen näheren Aufschluß geben.

Das Verhältnis von AUTOR, TEXT und LESER läßt sich wie folgt graphisch darstellen (in den Positionen 'PRODUZIEREN' und 'PRODUZIERT-

---

[106] Wenn die Repräsentation von einem AUTOR vorgenommen wird, so ist dieser AUTOR hier zugleich LESER bzw. legitimiert sich, wie in diesem Fall, als AUTOR, *weil* er LESER ist. Er hat ja die Geschichten nicht erfunden und gibt zu erkennen, daß die vom ihm PRODUZIERTE Sentenz sich aus einer LEKTÜRE ergibt. Es ist deshalb kein Zufall, daß er zugleich AUTOR ist (vgl. u. Kap. 1.2.7.1.1).

[107] S. auch hier u. Kap. 1.2.7.1.

[HEIT]' ist hier auch SCHREIBEN, d.h. PRODUKTION im Medium der Romanaussage, inbegriffen):

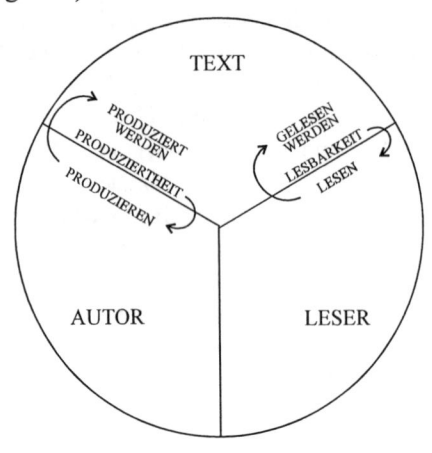

(Abb. 4: Die Selbstrepräsentationsobjekte)

1.2.2 Komplexität und Dynamik der Selbstrepräsentation auf der kontextualen, genealogischen und paradigmatischen Achse

In Texten, die Selbstrepräsentation thematisieren, treten die Objekte nicht singulär oder isoliert auf. Schon die Kontextbildung, die die untere Schwelle des Untersuchungsbereichs markierte, erfordert mindestens einen TEXT und einen LESER bzw. AUTOR. Die möglichen systemischen Beziehungen zwischen Selbstrepräsentationen in der Selbstrepräsentationsstruktur eines Textes, sind indessen variantenreicher. Unter 'Struktur' werden im folgenden alle (dynamischen) Beziehungen zwischen Repräsentationen verstanden: De-, (Re-)Kontextualisierungen, Konkurrenzen, Solidaritäten, Hierarchien, Verschiebungen, Umkehrungen, Kombinationen, gegenseitige Determinierungen, Interferenzen etc. zwischen verschiedenen Objektrepräsentationen bzw. von Kontexten. Sie werden später in den Einzelanalysen zu beschreiben sein; hier lassen sie sich als Punkte bzw. Querverbindungen auf mehreren strukturalen Achsen ansiedeln. Da dieses Zusammenspiel einzelner Selbstrepräsentationsmomente, wie schon gesagt, selbst nicht typisiert zu werden braucht, genügt an dieser Stelle eine Vorstellung der verschiedenen Achsen, auf denen Komplexität und Dynamik stattfinden kann und die den Raum der Selbstrepräsentationen definieren.

Auf einer *kontextualen* Achse steht ein Objekt in Beziehung zu anderen (AUTOR ist der Produzent eines TEXTES, der TEXT ist PRODUZIERT und LESBAR etc.). Es können in einem gegebenen Text Kontexterweiterungen,

De- und Rekontextualisierungen u.ä. durch *weitere* AUTOREN, TEXTE oder LESER stattfinden. Eine Expansion im Syntagma der Interpretantenkette *eines* Objekts läßt sich als *genealogische* Achse bezeichnen. So wurde im *Conde Lucanor* die Geschichte zunächst als Exempel bezeichnet und sodann die 'exemplarische Geschichte' durch einen Lehrsatz interpretiert. Der erste Interpretant repräsentierte und interpretierte die Geschichte als Exempel, der zweite Interpretant bezog sich auf das gleiche Objekt (TEXT in diesem Fall), aber schon unter Einbezug der ersten Repräsentation. Schließlich kann sich der Raum der Selbstrepräsentationen auch auf einer *paradigmatischen* Achse ausdehnen, wenn mehrere Repräsentationen offenbar eines gleichen Objekts miteinander konkurrieren: man mag hier an die zahlreichen AUTOREN denken, die im *Don Quijote* auftreten und sich für den gleichen TEXT verantwortlich erklären (ein Ich-Erzähler, der segundo autor, Cide Hamete etc.). Auf allen Achsen sind Verschiebungen, Kombinationen, Dekonstruktionen, Interferenzen u.ä. möglich. Dies ist bspw. der Fall, wenn sich Beziehungen zwischen Repräsentationen erst im Nachhinein eines 'hermeneutischen Zirkels' ergeben, etwa wenn sich am Ende des Romans eine Figur als AUTOR der gesamten Erzählung herausstellt. Für die Analyse wird in jedem Fall gelten: „lire le texte comme s'il avait été déjà lu" (Barthes 1970:22).

Die dreifache Differenzierung des Objektsbezugs: ikonisch (Ähnlichkeitsrelation), indexikalisch (existentielle Relation) und symbolisch (zeichenhaftinterpretierende Relation), die im folgenden Kapitel das zweite Ordnungskriterium auf dem Weg zur Definition der Selbstrepräsentationstypen liefern soll, ist nicht nur das Desiderat des in Anschlag gebrachten Repräsentationsbegriffs – „something which stands to somebody *in some respect or capacity*": jedes Objekt ist in einer bestimmten Weise repräsentiert –, sondern dient auch dazu, die Verhältnisse auf den paradigmatischen und genealogischen Achsen näherhin zu beschreiben.

1.2.3 Die Repräsentationsarten

1.2.3.0 Vorbemerkung

Auf der typologischen Ebene bestimmen sich die Verhältnisse zwischen Repräsentationen in entscheidendem Maße dadurch, welche Verbindlichkeit füreinander die jeweilige *Repräsentationsweise* den Objekten zugesteht. Ein kurzes Beispiel kann dies illustrieren. In Unamunos *Niebla* treten zwei AUTOREN auf. Der eine nennt sich selbst 'Unamuno' und spricht von „esta *nivola* que tienes, lector, en la mano" (NI 25: 252). Er scheint sich mit „esta nivola" direkt auf den realen Roman zu beziehen, d.h. auf die Roman-Aussage, die er als seinen TEXT einklagt. Dafür sprechen die Demonstrativpronomina, die indessen natürlich nicht direkt auf die – reale – Aussage referieren, dafür aber eine Beziehung zu ihr herstellen, ebenso wie der Name 'Unamuno'. Der andere AUTOR ist Víctor Goti, der an einer Stelle seinem Freund Augusto verrät, daß er sich mit dem Gedanken trägt, einen Roman zu schreiben, dessen Held Augusto sehr ähnlich ist. Goti ist damit AUTOR eines Romans, der sich auch zu 'Unamunos' Roman in einer Ähnlichkeitsbeziehung befindet, wodurch er zugleich in Konkurrenz zu 'Unamuno' tritt. Doch dieser Roman ist für den Rezipienten nicht lesbar, da kein Wort daraus in der Romanaussage von *Niebla* wiedergegeben (zitiert) wird; er ist für den Rezipienten nicht einmal in Fragmenten lesbar, wie bspw. in *Les faux-monnayeurs* Edouards Tagebuchaufzeichnungen. Obwohl beide, Víctor und 'Unamuno', AUTOREN von ähnlichen TEXTEN sind, ist *Niebla* so angelegt, daß Víctor 'Unamuno' keine wirkliche Konkurrenz als AUTOR von „esta nivola" machen kann. Allein als LESER ist es Víctor möglich, sich auf diese „nivola" zu beziehen (z.B. im Prolog, den Goti schreibt). Goti hat als AUTOR einen anderen Status als 'Unamuno', und die unterschiedliche Repräsentationsweise beider AUTOREN bzw. TEXTE wird beschreiben müssen, worin diese Differenz liegt. Gerade durch diese Differenz aber, die die TEXTE beider unter bestimmten Hinsichten miteinander vergleichbar macht, kann umgekehrt in Gotis Anmerkungen zur Konzeption seines Romans, auch der Entstehungsprozeß desjenigen Romans dargestellt werden, als dessen AUTOR sich 'Unamuno' ausgibt, unkritisch gesagt: die Entstehung von *Niebla*.

Die Differenzierung von ikonischen, indexikalischen und symbolischen Selbstrepräsentationen, die solche Differenzen zwischen Objekten klären muß, ist so einzurichten, daß die spezifische Repräsentationsweise eines Objekts Relevanz für die drei Achsen seiner Wertigkeit hat. Dadurch wird es sich ergeben, daß Ikonizität, Indexikalität und Symbolizität sich in ebenso abstrakter Weise fixieren lassen müssen wie schon die Objekttypen selbst. Die Definition der Bezugsarten kann in der Tat parallel zu der der Objekttypen vorgenommen werden, allerdings unter Berücksichtigung der Tatsache, daß die Bezugsart sich schon auf vorgegebene Objekte bezieht. Während AUTOR, TEXT und LESER *als* einzelne Objekttypen aus Aspekten der Aussage abgeleitet worden sind (Zeicheninitialisierung, Zeichenereignis und Zeicheninterpretation), fand deren Semiotizität ihren Niederschlag erst in den Verhältnissen *zwischen* AUTOR, TEXT und LESER. Wenn die Repräsentationsweise indessen bereits von einem gegebenen Objekt ausgeht, ist sie deshalb in erster Linie unabhängig vom Objekttyp; erst in zweiter Linie muß der jeweilige Semiotizitätsgrad des Objekttyps berücksichtigt werden.

Da der Untersuchungsbereich dieser Arbeit auf schriftliche Texte begrenzt ist und Selbstrepräsentationen nur insofern in Betracht kommen sollen, als sie von sprachlichen Aussagen ausgehen, ist vorausgesetzt, daß jegliche Repräsentation *symbolisch* (sprachlich) funktioniert, solange man mit Peirce unter symbolischen Zeichen solche versteht, die nur aufgrund einer Konvention oder Interpretation überhaupt etwas repräsentieren. Unter diesem Aspekt wären „yo, el autor de *esta nivola*, que tienes, lector, en la mano" aber auch Víctor Gotis Äußerung „voy a escribir *una novela*" symbolische Repräsentationen eines TEXTES. Wenn aber in der Fragestellung der Selbstrepräsentation die Repräsentationsart über die Thematisierungsweise des Objekts, d.h. über sein Verhältnis zur repräsentierenden Aussage, Auskunft geben soll und nicht das Funktionieren von Zeichenrepräsentation überhaupt zur Debatte steht, müssen auch die beiden anderen Bezugsarten in ihr Eigenrecht gesetzt werden. Als genuine symbolische Selbstrepräsentationen dürften dann nur solche gelten, die unabhängig von indexikalischen Bezugnahmen repräsentieren, und ikonische müßten sich gerade in Abgrenzung gegenüber den indexikalischen definieren[108].

Die neuen Parameter sollen durchlaufend an einem der Überschaubarkeit halber kurzen Text illustriert werden. Es ist ein lyrischer Einwurf, der Lope de Vegas comedia *La niña de plata* (1617) entstammt:

CHACÓN. [...]
1 Un soneto me manda hacer Violante,
2 que en mi vida me he visto en tanto aprieto;
3 catorce versos dicen que es soneto;
4 burla burlando van los tres delante.

5 Yo pensé que no hallara consonante,
6 y estoy a la mitad de otro cuarteto;
7 mas si me veo en el primer terceto,
8 no hay cosa en los cuartetos que me espante.

9 Por el primer terceto voy entrando,
10 y parece que entré con pie derecho,
11 pues fin con este verso le voy dando.

12 Ya estoy en el segundo, y aun sospecho
13 que voy los trece versos acabando;
14 contad si son catorce, y está hecho. (ed. 1946:290)

---

[108] Vgl. zu einer solchen Abstraktion die Unterscheidung zwischen „symbolical" und „indexical meaning" bei Burks (1948/49:680–689).

1.2.3.1 Indexikalische Selbstrepräsentation

Definition. – AUTOR, LESER oder TEXT sind dann indexikalisch repräsentiert, wenn sie sich auf den Aussage-TEXT beziehen, d.h. auf das semiotische bzw. diegetische Pendant zur realen Romanaussage.

Unter *Index* versteht Peirce Zeichen, die in einer „existentiellen Beziehung" zu ihrem Objekt stehen: „Der Index erfordert deshalb, daß sein Objekt und er selbst individuelle Existenz besitzen müssen" (Peirce 1983:65). Das klassische Beispiel für einen Index ist ein ausgestreckter Zeigefinger, der auf ein Objekt deutet, oder ein Uhrzeiger auf einem Zifferblatt. Wie das Ikon (vgl. Kap. 1.2.3.2) besitzt auch der Index einen Interpretanten, aber bei beiden ist die Tatsache, daß sie als Zeichen interpretiert werden, nicht zeichen*konstitutiv*. Vielmehr wird der Index „zu einem Zeichen aufgrund des Zufalls, daß er so aufgefaßt wird, ein Umstand, der die Eigenschaft, die ihn erst zu einem Zeichen macht, nicht berührt" (l.c.). Der Index würde hingegen seine zeichenkonstitutive Eigenschaft verlieren, wenn sein Objekt entfernt würde (z.B. ein Uhrzeiger ohne Zifferblatt) (Peirce 1986:375). Die *conditio sine qua non* des indexikalischen Bezugs überhaupt ist also zwar noch nicht (wie beim Symbol) die alleinige Vermittlung von Zeichen und Objekt durch einen Interpretanten, aber auch nicht mehr (wie beim Ikon) die Exempel-Relation zwischen Zeichen und Objekt, sondern eine bestimmte 'Existenz' des Objekts.

Im Bereich sprachlicher Zeichen gilt gemeinhin als Index jedes Deiktikum, Satzsubjekt, (Demonstrativ-)Pronomen, das dazu dient, das Objekt referentiell zu lokalisieren. In den Worten Jakobsons, alle *shifter* oder *embrayeurs*: grammatikalische Einheiten, deren Bedeutung nur in bezug auf den Äußerungskontext bzw. auf die Botschaft definiert werden können: „le mot «je» désignant l'énonciateur", so schreibt Jakobson in seiner Analyse der *shifter*, „est dans une relation existentielle avec l'énonciation, donc il fonctionne comme un index" (Jakobson 1963:179). Der Index hat zwei Verweise oder Objekte, weshalb Jakobson die *shifter* auch, ausgehend von Burks einflußreicher Peirce-Studie (Burks 1948/49), „Symbol-Indices" nennt: als sprachliche Zeichen erzeugen sie konventional Bedeutung, stellen aber auch eine existentielle Beziehung zur Äußerung her. Da diese konventionale, symbolische Bedeutungserzeugung bei allen sprachlichen Zeichen funktioniert, und damit auch bei allen Selbstrepräsentationen, muß die existentielle Beziehung Definiens der indexikalischen Selbstrepräsentation sein. Worin besteht sie aber?

E. Benveniste zeigt am Personalpronomen 'Ich' diese doppelte Natur der pronominalen Formen:

> [...] *je* ne peut être identifié que par l'instance de discours qui le contient et par là seulement. Il ne vaut que dans l'instance où il est produit. Mais, parallèlement, c'est aussi en tant qu'instance de forme *je* qu'il doit être pris; la forme *je* n'a d'existence linguistique que dans l'acte de parole qui la profère. Il y a donc, dans ce procès, une double instance

conjuguée: instance de *je* comme référent, et instance de discours contenant *je*, comme référé. La définition peut alors être précisée ainsi: *je* est l'«individu qui énonce la présente instance de discours contenant l'instance linguistique *je*». (Benveniste 1966:252)

Im Falle der indexikalischen AUTOR-Repräsentation muß folglich eine Beziehung zwischen der sprachlichen Diskursinstanz und dem Selbstrepräsentationsobjekt bestehen. Eine in der Romanaussage auftretende Diskursinstanz ist dann ein AUTOR-Index, wenn sie eine Beziehung zu dieser Romanaussage herstellt, die durch das Verhältnis PRODUKTION bestimmt ist. Ein Beispiel ist der Satz 'Unamunos' „yo, el autor de esta nivola que tienes, lector, en la mano" (NI 25:252). Erst durch den Zusatz „el autor de ésta nivola [...]" wird das 'yo' AUTOR-Index[109] und zugleich das von ihm PRODUZIERTE ein TEXT; „esta nivola" ist dann TEXT-Index und „lector" LESER-Index, weil alle drei Objekte dem gleichen Kontext angehören. Der AUTOR-Index unterscheidet sich deshalb von der bloßen 1. Person Singular einer Erzählerrede, Personenrede oder einer extradiegetischen Erzählinstanz (die ihrerseits potentielle AUTOR-Indices sind), da diese nicht – selbstrepräsentational – als *AUTOREN* eines *TEXTES* auftreten müssen. Der AUTOR-Index stellt dadurch zugleich eine Beziehung zur repräsentierenden Romanaussage her (gleiches gilt für TEXT- und LESER-Indices). Gerade diese Beziehung macht die Indexikalität aus. Nun kann freilich von den Indices nicht behauptet werden, daß sie sich 'direkt auf die Romanaussage' beziehen, denn damit würde ihnen eine reale Referenz zugestanden, d.h. die Differenz zwischen diegetischem / semiotischem und außersemiotischem/realem Äußerungskontext unterschlagen. Objekte und Repräsentationen sind sprachlich bzw. diegetisch. Die indexikalische Repräsentation zeichnet sich jedoch dadurch aus, daß dennoch eine – wie man noch sehen wird: variable – Relation zum Äußerungskontext der Romanaussage besteht. Der TEXT, auf den sich die Indices beziehen, soll deshalb fortan *Aussage-TEXT* genannt werden. Da der Aussage-TEXT als Repräsentationsobjekt, in seiner Position, seiner Funktion und seinem Status im Zusammenspiel der Selbstrepräsentationen das zentrale Paradigma sein wird, das in den späteren ausführlichen Analysen verfolgt wird[110], ist es angebracht, hier genauer darauf einzugehen.

---

[109] Das zuletzt genannte Beispiel gilt nur, solange mit 'autor' die neuzeitliche Bedeutung des Urhebers oder Verfassers verbunden werden kann; in den *Siglos de oro* hat der Begriff bekanntlich abweichende semantische Komponenten (vgl. u. Fn. 227). Unamuno spielt natürlich selbst gerade mit der zweifelhaften Ontologie des Autors.
[110] S. u. Kap. 2.0.

Der Aussage-TEXT

Der Aussage-TEXT ist das semiotische oder diegetische Pendant zur (außersemiotisch-realen) Romanaussage. Anders und genauer formuliert: Der Aussage-TEXT ist die Ebene und die Seinsform, in der sich *aus der Perspektive der erzählten Welt heraus* die erzählte Welt selbst als Sprachzeichen so materialisiert, daß sie als das diegetische Pendant zur realen, dem Rezipienten vorliegenden Romanaussage *aufgefaßt* werden kann. Aus der Perspektive der erzählten Welt heraus, ist der Aussage-TEXT das, was - nach bisweilen komplexen PRODUKTIONS- oder LESE-Prozessen – in der Romanaussage zitiert ist, d.h. als Signifikantenkette in diegetischem Modus in der Romanaussage an die 'Oberfläche' gelangt. Die von Peirce angesprochene „existentielle Relation" wird also im Falle der indexikalischen Selbstrepräsentation zwischen *repräsentierender* (realer) *Romanaussage* und dem *Äußerungskontext der Selbstrepräsentationsobjekte* gestiftet. Der eigentliche und nur ihr zukommende Minimalinterpretant *indexikalischer* Selbstrepräsentation muß also beide Äußerungskontexte, den diegetischen und den, den das Objekt mit der repräsentierenden Aussage verbindet, darstellen, genauer gesagt: Er konstituiert sich als Darstellung der *Differenz* oder *Grenze*, die die Romanaussage (inklusive ihres Äußerungskontextes) vom Aussage-TEXT trennt (alle weiteren semantischen Repräsentationsgehalte, z.B. 'autor' im Gegensatz zu 'escritor', fallen nicht mehr in den Bereich des Index).

Die indexikalische Differenz ist variabel und impliziert – in ihrer inszenierten Minimierung oder Aufhebung – die Möglichkeit eines referentiellen Codes des ästhetischen Zeichens, d.h. sie kann, wie beim *Conde Lucanor* gesehen, so gut wie eingeebnet sein. Im Unamuno-Beispiel „yo, el autor de esta nivola que tienes, lector, en la mano" scheint die dreifache Ausführung des Index' – er gilt dem AUTOR, dem TEXT und dem LESER – auf die nämliche Einebnung von Aussage und Aussage-TEXT, von Semiotischem und Außersemiotischem, 'Realem' und 'Fiktivem' etc. zu zielen (zumal der AUTOR auch noch 'Unamuno' heißt). Gerade diese Redundanz der Erwähnung aller drei Objekte könnte jedoch den Verdacht erregen, daß die Identifizierung des 'yo' mit dem Urheber der Aussage als realem Äußerungssubjekt nicht mehr gesichert ist, weil es in der Tat – wie man spätestens seit Bachtin und Benveniste weiß – nicht das reale Subjekt der Äußerung bezeichnet. Es sucht sein Heil darin, sich als „autor" zu bezeichnen auf einen TEXT und LESER zu zeigen. Doch können diese noch eine enge Beziehung zur Aussage haben, wenn einmal durch Redundanz der Verdacht erregt ist, daß das 'yo' keine Identifizierung mehr gewährleistet? Wenn der Ursprung der Äußerung in der *écriture* aufgeschoben ist, muß dem gesamten deiktischen System mißtraut werden, also auch dem von der ersten Person abhängigen (Benveniste 1966:253) Demonstrativpronomen „*esta* nivola" und dem extradiegetischen *narrataire* „lector", der auf einen extradiegetischen Erzähler verweist (Genette 1972:266)[111]. Eine folgenreichere Dekonstruktion der angeblich 'realen Referenz' eines Index findet sich etwa in Calvinos *Se una notte d'inverno un viaggiatore* (1979), wo zunächst von einem Leser die Rede ist, der ebendieses Buch kauft: „Stai per cominciare a leggere il nuovo romanzo *Se una notte d'inverno un viaggiatore* di Italo Calvino" (NV 3) – so beginnt der Roman. Das, was *im* Roman erzählt wird, scheint kaum vom äußeren, realen Kommunikationskontext Calvino-Buch-Leser getrennt werden zu können. Der Leser, der diesem referentiellen Fehlschluß aufsitzt, wird aber bald eines besseren belehrt. Denn im Nachhinein stellt sich heraus, daß die gelesenen Seiten einem anderen Buch entstammen, das einen anderen Titel trägt und auch nicht von 'Calvino' ist. In diesem Fall wird die Differenz zwischen Romanaussage und vermeintlichem Aussage-TEXT so groß, daß rückwirkend die Titel- und Autorennennung im ersten Satz letztlich nur einen *ikonischen* TEXT repräsentiert.

Die Differenz oder Grenze, die den Fokus bei der Beschreibung der indexikalischen Selbstrepräsentation darstellt, profiliert sich deutlich in den „narrativen Metalepsen" (Genette 1972:243–244)[112], weil sie hier zum Thema oder eigentlichen Referenten wird[113]. Dennoch ist die Metalepse aus der Perspektive gesehen, die die indexikalische Selbstrepräsentation bietet, nur ein Fall unter anderen. Wenn indexikalische Selbstrepräsentationen hier nicht einfachhin als Wechsel der Erzählebene, die entweder durch die *narration* abgesichert sind oder nicht, aufgefaßt werden – wenngleich sie darin auch bestehen –, so auch deshalb, weil die in allen entwickelten Parametern eingenommene Perspektive auf den Repräsentationsgehalt eine differenziertere und historisch sensiblere Beschreibung ermöglichen soll, bevor auf deren narrationstechnische Funktionen zurückgegriffen werden kann[114]. Vielmehr muß

---

[111] Die Identifizierung des 'yo' kann natürlich selbst durch die Nennung des Autornamens, wie es in *Niebla* der Fall ist, nicht geleistet werden. Die angesprochene Differenz – hier: zum autobiographischen Modus, in dem nach Lejeune (1975:19–35) der Autorname letzte Autorität zur Identifizierung ist – muß bestehen bleiben, weil der Index nicht extrasemiotisch definiert werden kann.

[112] Die Definition wurde bereits zitiert, s.o. S.22.

[113] Genette schreibt selbst über die Metalepsen: „Tous ces jeux manifestent par l'intensité de leurs effets l'importance de la limite qu'ils s'ingénient à franchir au mépris de la vraisemblance, et qui est précisément la narration (ou la représentation) elle même; frontière mouvante mais sacrée entre deux mondes: celui où l'on raconte, celui que l'on raconte." (Genette 1972:245).

[114] Während Genette die Beziehung zwischen den diegetischen Ebenen nach sechs Funktionen unterscheidet (1983:62–63), ist seine Beispielreihe der Metalepsen allein durch das (zudem nur indirekt als Kriterium angesetzte) Maß an 'Gewagtheit' bzw. an Widersetzlichkeit gegen das Wahrscheinlichkeitspostulat bestimmt: „Certaines [métalepses narratives], aussi *banales et innocentes* que celles de la rhétorique classique, jouent sur la double temporalité de l'histoire et de la narration; ainsi Balzac, dans un passage déjà cité

jede weitere Spezifizierung dieser Differenz – als ontologische Differenz zwischen 'fiktiver' und 'realer' Welt, zwischen Sprache des Textes und Realität des Textes, Semiotischem und Außersemiotischem, *res* und *verba*, zwischen Wirklichkeitsebenen oder Weltversionen, zwischen Erzählung ersten oder zweiten Grades, auch zwischen Prolog und Haupttext, sogar als didaktisch relevante zwischen Exempel und Sentenz – als Produkt weiterführender Interpretanten, die sich auch historisch verändern, aufgefaßt werden. Sie sind durch den Minimalinterpretanten des Index' selbst nicht mehr verbürgt. Hier tritt vielmehr der historische Rezipient auf den Plan: die indexikalische Differenz ist *historisch* und muß *historisierbar* beschrieben werden können.

Denn wenn man die Semiose der indexikalischen Selbstrepräsentation von ihrer Interpretantenseite her betrachtet und dort ein Objekt repräsentiert vorfindet, dessen Status durch sein Verhältnis zur Romanaussage bestimmt ist, dann haben die obengegebenen Beispiele von *Conde Lucanor*, *Niebla* oder *Se una notte d'inverno un viaggiatore* gezeigt, daß sich, historisch gesehen, nicht der symbolische Gehalt des Index' ändert ('yo' denotiert immer das Äußerungssubjekt) und auch nicht die reale Kommunikationssituation[115], in der die Romanaussage steht, wohl aber das, was für diesen Äußerungskontext *gehalten wird*, genauer gesagt, das Verhältnis, in das sich der Rezipient der Aussage zu den Selbstrepräsentationsobjekten setzt: ein historischer Rezipient, der nicht immer von dem selbst schon semiotischen Subjektbegriff Benvenistes (vgl. Silverman 1983:43–53) ausgeht, in dessen Licht das 'Ich' als Diskursinstanz erscheint. Dies gilt auch für die Metalepse, die zwar von ihrer ursprünglichen Definition her zum *audacior ornatus* gehört (Lausberg 1990:747), aber in älteren Texten wie *Lozana andaluza* und bedingt sogar im *Don Quijote* nicht das epistemologische Trauma auslösen muß, das Genette im Anschluß an Borges als jene „hypothèse inacceptable" bezeichnete, „que [...] le narrateur et ses narrataires, c'est-à-dire vous et moi, appartenons peut-être encore à

---

d'*Illusions perdues*: «Pendant que le vénérable ecclésiastique monte les rampes d'Angoulême, il nest pas inutile d'expliquer...» [...] On sait que les jeux temporels de Sterne sont *un peu plus hardis*, c'est-à-dire *un peu plus littéraux*, comme lorsque les digressions de Tristram narrateur (extradiégétique) obligent son père (dans la diégèse) 'prolonger sa sieste de plus d'une heure' [...], mais ici encore le principe est le même [...]. D'une certain façon, le pirandellisme de *Six personnages en quête d'auteur* ou de *Ce soir on improvise*, où les mêmes acteurs sont tour à tour héros et comédiens, n'est qu'une vaste expansion de la métalepse, comme tout de qui en dérive dans le théâtre de Genet par exemple, et comme les changements du récit robbe-grilletien: personnages échappés d'un tableau, d'un livre, d'une coupure de presse, d'une photographie, d'un rêve, d'un souvenir, d'un fantasme, etc. [...] Une figure *moins audacieuse*, mais que l'on peut rattacher à la métalepse, consiste à raconter comme diégétique, au même niveau narratif que le contexte, ce que l'on a pourtant présenté (ou qui se laisse aisément deviner) comme métadiégétique en son principe" (Genette 1972:244–245; Hervorh. U.W).

[115] Dies sei unter Vorbehalt gesagt, da zwischen Hören und Lesen ein Unterschied besteht. Juan Manuel selbst spricht von seinem Text als von einem „libro".

quelque récit" (Genette 1972:244–245)[116]. Wenn man also die Selbstrepräsentationstypen mit Rücksicht auf diachrone Perspektiven konzipieren will, muß die Differenz zwischen Romanaussage und Aussage-TEXT, die der Interpretant der indexikalischen Selbstrepräsentation darstellen soll, historisierbar sein. Im doppelten Sinne beziehen sich dann der Index (und seine Verkettungen mit weiteren Selbstrepräsentationen) nicht auf den *discours* Bevenistes, sondern auf den Foucaults: zum einen insofern, als die Deutung des Index vom historischen Rezipienten abhängig sind, der u.U. die Extradiegese für real hält und die Deiktika referentiell auffaßt; zum anderen insofern, als die indexikalisch aufgebauten Verhältnisse von AUTOR-, LESER- und TEXT-Repräsentationen im Roman bestimmte Diskurse, vor allem den realistischen, reproduzieren oder in Frage stellen (die Autor-Dekonstruktion bei Unamuno basiert ja gerade auf dem vermeintlich referentiellen Bezug von 'yo' bzw. 'Unamuno').

Welche Funktion übernimmt nun der Rezipient bei der indexikalischen Selbstrepräsentation? Es ist die schon angesprochene doppelte, strukturelle und historische, die er als Interpretant bzw. historischer Rezipient wahrnimmt. Wenn die indexikalische Selbstrepräsentation auch insofern zwingend ist, als im Fall der Abwesenheit des Objektes die Semiose, wie ein Uhrzeiger ohne Zifferblatt, leerlaufen würde, muß ihr der ikonischen Selbstrepräsentation gegenüber eine zusätzliche Bürgschaft zukommen, die ihren Repräsentationsanspruch legitimieren kann, eine Relation (Differenz) zur Aussage herzustellen[117]. Mit anderen Worten: Sobald ein Index auftaucht, muß der Rezipient (Leser) die durch den Index ins Spiel gebrachte Differenz zwischen Diegese und Realität definieren. Wenn der Rezipient als mentaler Interpretant dies übernimmt, indem er selbst ins Mittel tritt, um die beiden Ebenen in sich miteinander zu verbinden, kommt nunmehr direkt seine Historizität ins Spiel. Indexikalische Selbstrepräsentationen involvieren Bezüge auf den Rezipienten als historischen Interpretanten, der *sich selbst* als *Rezipient* vergegenwärtigen muß, insofern er die Differenz zwischen den beiden Äußerungskontexten definiert. Erst diese Einbindung – der Rezipient übernimmt die Stelle des sich selbst repräsentierenden Interpretanten – ermöglicht die Empfänglichkeit des empirischen Lesers, etwa die Moralität der Fabel nicht einfachhin als Interpre-

---

[116] Genette erweist sich hier kokett als 'quijotesker' Leser, wenn er einfachhin die diegetische Diskurssituation auf die reale überträgt und dabei die Literatur referentiell deutet. In bezug auf frühneuzeitliche Texte ist dies ein beredtes Beispiel für die in der Einleitung zu vorliegender Studie angesprochene modernisierende Lektüre.

[117] Die Aussage muß repräsentieren, daß sie wirklich ein aktuales Objekt (eine Differenz) repräsentiert, um sich von dem bloßen Ikon unterscheiden zu können. Dies entspricht der doppelten Repräsentation im klassischen repräsentationalistischen Zeichenmodell (s. o. Kap. 1.1.2. sowie speziell zur Selbstrepräsentativität des Index' ausführlich Peirce 1983:67–72).

tation eines Textes, sondern als implizite Handlungsanweisung ernstzunehmen oder, wie bei Unamuno, der vorgetäuschten Realität des Index' zu mißtrauen. Der Index ist nicht außersemiotisch, hält aber die Möglichkeit eines referentiellen Bezugs offen, weshalb er performativ sein oder auch eine metaphysische Unterstellung bieten kann, die dann dekonstruierbar ist. Da der Rezipient hier nur die strukturelle Anforderung des auf sich selbst als repräsentierend zeigenden Index ausfüllt, ist das Funktionieren des Index nicht davon abhängig, ob ein LESER Objekt der indexikalischen Selbstrepräsentation ist. Der Rezipient muß sich selbst an die vorderhand vakante Objektstelle setzen, um dem Objekt des Index' eine (über die bloße Möglichkeit in der ikonischen Repräsentation hinausgehenden) Realität zu gewährleisten, die so real ist, wie der Rezipient bzw. empirische Leser sich selbst oder den Text in seinen Händen (die Diegese) für real hält. Davon ist es abhängig, ob (als Sonderfall moderner Literatur) jenes epistemologische Trauma der Metalepse einsetzt, auf das Genette anspielt, oder ob, im harmloseren Fall, der empirische Leser sich selbst mit dem angesprochenen „querido lector" (also dem extradiegetischen *narrataire*) bzw. das sprechende 'Ich' mit dem realen Autor identifiziert. Es ist also festzuhalten, daß die indexikalische Selbstrepräsentation einen Rezipienten involviert, der sich selbst als Interpretant der variablen Differenz zweier Äußerungskontexte repräsentiert.

Die Indices sollen nun in dem Sonett schrittweise analysiert werden; da der Index aufgrund seiner Verweisstruktur potentiell das Verhältnis zwischen den *mots* und den *choses* thematisiert, bietet sich parallel dazu eine epistemologische Deutung der indexikalischen Differenz an.

Auf einer indexikalisch eingeführten Differenz beruht das Überraschungsmoment der Wendung in v.4, „burla burlando van *los tres* delante": v.1–3 scheinen zunächst natürliche Rede; sollte Chacón der 'burlado' gewesen sein, so belehrt er seine Spötter eines Besseren, indem er mit v.4 die drei vorangegangenen Zeilen als Sonettverse auszeichnet und damit zum AUTOR des Aussage-TEXTES wird. Genau diese Differenz wird im Interpretanten des Index „los tres" repräsentiert: das natürliche Sprechen ordnet sich hinterrücks zur poetischen Rede an, Chacón stolpert mit dem linken Fuß im Sprechen und setzt zugleich den „pie derecho", (seinen 'Versfuß' sozusagen) in den abgemessenen Raum der Regelpoetik: der Interpretant stellt beide 'Füße' zugleich gewissermaßen als Schritt dar. Dieser Schritt überbrückt eine Grenzlinie zwischen Diegese und realem Aussagekontext oder, sprachhandlungstypologisch, zwischen poetischer und pragmatischer Rede. Doch diese Bestimmung ist bereits ein Vorgriff.

Gemäß der strukturell erforderlichen Selbstanzeige des Index muß der Rezipient sich als Interpretant selbst investieren: seine Interpretationstätigkeit ist an der nicht ignorierbaren Erfahrung des Zuhörers in v.4 gebildet, von Chacón verspottet worden zu sein. Die Schadenfreude über dessen Bedrängnis im hilflosen Memorieren der Sonettregeln währt ganze drei Zeilen; in v.4 gewärtigt der Adressat, daß er selbst es ist, der einer Verwechslung aufgesessen ist, nämlich der von unpoetischer mit poetischer Rede. Dies ist der entscheidende Anhaltspunkt für die Benennung der beiden Bereiche, die die Differenz darstellt[118]. Es geht dann weniger um die Postulierung eines außerhalb des Textes sich wähnenden yo, das mittels des Textes als ein sprachliches Konstrukt oder bloßer 'Diskurseffekt' denunziert werden soll (wie bei Unamuno), sondern vielmehr um die Konstitution des Subjekts als Dichter *qua* Sprache und als nichts anderes *als* Sprache. Das Subjekt muß keine transzendentale Realität außerhalb der Sprache beanspruchen, eher umgekehrt: allein in der Sprache, dem poetologischen Regelbestand, ist es geborgen und realisiert sich als Dichter.

Ab v.4, da Chacón sich seiner als Poet bewußt wird und die Rede allmählich zum Sonett gerinnt, kommentiert der Dichter *in statu nascendi* seinen Standort, den er mit dem jeweiligen Prozeßmoment des entstehenden Gedichts in Verbindung bringt: als AUTOR-Index entsteht er gleichzeitig mit dem indexikalisierten TEXT (v.7,9,11–14). Diese am Leitfaden der Gedichtgenese sich verkettenden Indices lassen offensichtlich ihren primären Interpretanten, nämlich die sehr geringe Differenz zwischen Aussage und Aussage-TEXT, zum Impuls weiterer Repräsentationen werden: dabei rückt die Fragestellung nach einer möglichen ontologischen Differenz zwischen (realer) Aussage und (diegetischem) Aussage-TEXT abermals in den Hintergrund, weil nunmehr die sich reihenden Indices eine Interpretantenkette bilden und die einmal interpretierte Differenz nicht neu hinterfragen. Die Prozeßdarstellung in Standortbeschreibungen (v.6,9,11–13) wird unterstützt durch interne referentielle Verknüpfungen, die jedoch nur vordergründig auf ein zeitliches Früher und Später verweisen („van los tres *delante*"$_4$; „*Yo pensé que no hallara* consonante"$_5$; „aun sospecho / que *voy* los trece versos *acabando*"$_{12-13}$): mag für den Sprecher subjektive Zeit vergehen, so sind doch die Bezugspunkte („verso", „cuarteto", „terceto") durchgängig die Parameter des zeitlosen architektonischen Systembestands der Poetik. Auch ein räumliches Vor-

---

[118] Lope bezieht, wie gesagt, diese Pointe aus der mündlichen Rede in der *comedia*. Die *différance* in der zitierten schriftlichen Aussage, wie im Beispiel aus Unamunos *Niebla*, kommt hier kaum in Betracht. Die Selbstpräsenz der Stimme könnte so dem Rezipienten zugute gehalten werden, falls ihm kein metaphysischer Verdacht über die Identität des yo kommt. Jedenfalls gibt es keinen Anhaltspunkt, das yo vom Text zu trennen. Erst auf einer anderen Ebene verweist die literarische Bildung des *gracioso* Chacón natürlich auf Lope selbst zurück, der hier eine Kostprobe seines Könnens liefert. Wie in anderen seiner Stücke ist die poetische Diktion ungebildeter Figuren auch ein Fiktionalitätsausweis. Insofern ist Lopes Sonett nicht das beste Beispiel für die Historizität des Rezipienten als Interpretanten. Doch hier geht es vorrangig um die Typologie der Selbstrepräsentationsformen und die Anschließbarkeit einer historischen Perspektive. Deshalb kommt es hier allein darauf an, die strukturelle Involvierung des Rezipienten-Interpretanten aufzuzeigen.

anschreiten bleibt auf das geschlossene System der Signifikanten beschränkt, Chacóns 'Gehen' (v.9,10) ist ein nur metaphorisches. Die TEXT-Indices überwiegen deshalb auch. Die konzentrierteste Engführung von Aussage und Objekt findet sich in v.5: der gesuchte „consonante" liegt im Wort „consonante" selbst – Zeichen und Ding, Wesen und Erscheinung fallen in einer Art von barockem *Kratylismus* [119] zusammen.

In dieser Metapher des regelgeleiteten Gehens aber verdichtet sich der enge Zusammenhang von indexikalischer Selbstrepräsentation, Reflexion und Selbstbewußtsein in einer charakteristischen Färbung: Die indexikalische Selbstrepräsentation ermöglicht Chacón eine Selbstvergewisserung als Poet – anfänglich unsicher, aber zunehmend gefestigter –, deren Vertrauen schließlich bis in die Zukunft reicht, weil das Regelsystem die zeitlose Garantie gibt, die zumindest solange wie das Regelsystem gilt. Dies schließt nicht ein, daß das Regelsystem, da es sich mühelos selbst in der Anwendung enthalten kann, schon allein für ein besonders originelles Sonett aufkäme. Aber ein möglicher epistemologischer Zweifel ist ein weiteres Mal unterdrückt: der Index öffnet nicht den Blick auf einen Riß, der Zeichensystem von Welt trennte, beides ist 'aufgehoben' in einem Regelsystem, in dem, wie es scheint, die *représentation* (im Begriff Foucaults) zur Aufführung gebracht wird. Der Text selbst, der zugleich natürliche Rede und Sonett ist, kann dann die Differenz zwischen Poesie beanspruchender und freier Rede synthetisieren.

Die zweite Funktion der indexikalischen Standortberichte und internen Verknüpfungen liegt in der Etablierung eines 'sich-selbst'-LESENDEN AUTORS. Wenn dieser LESER am Ende durch eine Apostrophe zu einem LESER-Index wird – „contad si son catorce [...]"[14] – ist er bestens für sein Amt vorbereitet, abschließend zu beurteilen, ob das Sonett gelungen und damit fertig ist („[...] y esta hecho"). Denn der Dichter und sein Sonett – so die letzte Zeile – brauchen als Bestätigung ihrer Vollendung den LESER, der freilich, wie in den *Meninas*, selbst durch das bestimmt ist, was er zu LESEN hat. Aber hier gerät der indexikalische Bereich bereits in den symbolischen[120].

1.2.3.2 Ikonische Selbstrepräsentation

Definition. – AUTOR, TEXT und LESER sind ikonisch repräsentiert, wenn sie kulturelle Einheiten der Romanaussage exemplifizieren und sie damit als potentielles Objekt der Selbstrepräsentation bereithalten.

> Ein Ikon ist ein Zeichen, das sich auf das von ihm denotierte Objekt lediglich aufgrund von Eigenschaften bezieht, die es selbst besitzt, gleichgültig, ob ein entsprechendes Objekt

---

[119] Vgl. Genette (1979).
[120] Zu weiteren Beispiele und Differenzierungen der indexikalischen AUTOR-, TEXT- und LESER-Repräsentation s.u. Kap. 1.2.6.2.

wirklich existiert oder nicht. Es ist richtig, daß, wenn nicht wirklich ein solches Objekt existiert, das Ikon nicht als ein Zeichen fungiert, doch dies hat nichts mit dem ikonischen Charakter solcher Zeichen zu tun. Jede beliebige Entität – Qualität, existierendes Individuum oder Gesetz – ist ein Ikon von was auch immer, wenn es diesem ähnelt und als Zeichen für es verwendet wird. (Peirce 1983:124; vgl. auch *CP* 2.247)

Gemäß der *Erstheit* im Objektbezug ist für Ikonizität, so sagt das Zitat, die „wirkliche Existenz" eines Bezugsobjektes nicht konstitutiv: in diesem Sinne kann Peirce auch sagen, daß das Ikon zwischen sich und seinem Objekt nicht unterscheidet (s. Peirce 1986:435). Eine außersemiotische Entität von beliebiger Komplexität trennt nichts Materielles von seiner Rolle als Ikon in einem Zeichenprozeß, es ist allein der formale Aspekt der Erstheit, unter dem es zu einer semiotischen Entität wird; Ikonizität sagt nichts darüber selbst aus, sondern über die konstitutive Funktion für die Zeichenrepräsentation. Wenn nun aufgrund der Erstheit die Existenz des Bezugsobjekts nicht zwingend ist, das Ikon aber dennoch als Zeichen funktioniert, müssen die Objekte, als semiotische Möglichkeiten des Ikons, im Ikon selbst liegen; in der 'Beschaffenheit' des Ikons selbst sind die Bezugsobjekte als positive *Möglichkeiten* eingeschrieben. Das Ikon ist dann gewissermaßen das Modell seiner Objekte, oder, wie Peirce gelegentlich sagt, es ist dem Objekt „ähnlich"[121]. Diese Bedingungen gelten für alle drei Realisierungsformen ikonischer Erstheit, die Peirce am jeweiligen „mode of firstness" unterscheidet:

[Hypoicons] which partake of simple qualities, or First Firstnesses, are *images*; those which represent the relations, mainly dyadic, or so regarded, of the parts of one thing by analogous relations in their own parts, are *diagrams* [= Second Firstnesses]; those which represent the representative character of a representamen by representing a parallelism in something else, are *metaphors* [= Third Firstnesses]. *(CP 2.277)*

Für die Selbstrepräsentationen kommen nur die „third firstnesses", die Peirce „metaphors" nennt, zum Tragen, weil es um sprachliche Zeichen geht, bei denen Selbstrepräsentativität[122] gegeben sein muß, aber auch diese nur in einer spezifischen Form. Doch was bedeuten Möglichkeit und die sog. „Ähnlichkeit" für das Objekt selbst?

Die Schwierigkeit einer Operationalisierung von Ikonizität für eine bestimmte Art der Objektrepräsentation besteht offenbar darin, daß Peirce das Ikon als Erstheit nicht in Bezug auf das Objekt, sondern für dessen eigene Funktion als Zeichen überhaupt definiert, für die Selbstrepräsentation aber gerade umgekehrt die spezifische, durch das Ikon hervorgerufene Thematisierung bzw. 'Realität' des Objekts relevant sein soll, die hier in der gering-

---

[121] So im oben gegebenen Zitat, vgl. *CP* 1.558, 2.255, 2.276, 2.314. Peirce hat indessen auch die Konventionalität der Ikons gesehen; vgl. *CP* 7.467, 4.531 sowie Peirce (1983:64, 1986:391).
[122] Vgl. o. Kap. 1.1.2. sowie u. *Exkurs I* (Anhang).

sten Semiotizität auftritt. Wenn es beim Ikon auf das Objekt, dem die vom Ikon bereitgestellten 'ähnlichen Eigenschaften' zugeordnet werden sollen, gar nicht ankommt, muß die Perspektive für eine Definition der ikonischen Selbstrepräsentation geradezu umgekehrt werden. Aus der Sicht des Objekts betrachtet, bedeutet Ikonizität dann, daß das Ikon sein Objekt *exemplifiziert* (vgl. *CP* 2.228, 3.556, 4.448, 4.531). 'Exemplifizierung' bedeutet – wenn man den Terminus im Sinne Goodmans versteht – die Umkehrung der Referenzrichtung gegenüber 'symbolischer (sprachlicher) Denotation':

> Bei Exemplifizierung und bei Denotation liegen *entgegengesetzte Richtungen der Referenz* vor. Während bei der Denotation die Bezeichnung auf ihren Anwendungsgegenstand verweist, verweist bei der Exemplifizierung der Anwendungsgegenstand auf die Bezeichnung (oder auf die mit der Bezeichnung verbundene Eigenschaft). Bei der Exemplifizierung haben wir es also mit umgekehrter Denotation zu tun; doch dürfen wir die Exemplifizierung nicht als Konverse der Denotation definieren, denn die Exemplifizierung wählt aus: ein Symbol exemplifiziert nur einige, aber nicht alle seiner Eigenschaften, es verweist nur auf einige, nicht auf alle der Bezeichnungen, die es denotieren. Exemplifizierung einer Eigenschaft ist mehr als bloßer Besitz dieser Eigenschaft, sie erfordert zusätzlich eine Referenz auf diese Eigenschaft; diese Referenz unterscheidet exemplifizierte von bloß besessenen Eigenschaften. Die Exemplifizierung ist daher eine Unterrelation der Konversen der Denotation, sie ist charakterisiert durch *Referenz vom Denotat auf das Denotierende*. (Goodman 1981:14; Hv. i.O.)

Wenn der „Anwendungsgegenstand" der ikonischen Selbstrepräsentation eines der drei schon bestimmten Objekte (AUTOR, LESER, TEXT) sein soll und diese Objekte aus kulturellen Einheiten bestehen, kann man sagen, daß ikonische Selbstrepräsentation, hinsichtlich des Objekts als dessen Exemplifizierung verstanden, aus zwei Teilen besteht: (i) die Repräsentation eines Objekts überhaupt: „un soneto" im ersten Vers des Sonettes wäre schon eine TEXT-Repräsentation, weil der Ausdruck 'soneto' auf Textualität verweist. „Soneto" für sich genommen garantiert vor allem *Selbst*repräsentationalität (TEXT-Repräsentation) und erzeugt, isoliert betrachtet, noch nicht das, was später als das Proprium der *ikonischen* Repräsentation isoliert wird. In dieser Ebene der Betrachtung bedeutet Exemplarität nichts anderes als jene 'Resonanzen' zwischen Darstellung und Dargestelltem, die alle Selbstrepräsentationen aufweisen müssen. Die im folgenden unter (i) diskutierten Zusammenhänge gelten – in diesem Maße – also auch für indexikalische und symbolische Repräsentationen. Das Charakteristische der verschiedenen Repräsentationsweisen muß jeweils durch ein weiteres Bestimmungsmoment definiert werden. Die spezifische *Ikonizität* liegt darin, (ii) das Objekt in einer bestimmten Modalität zu aktualisieren („*un* soneto"), die bisher 'Möglichkeit' genannt wurde; doch kann sich diese 'Möglichkeit' nicht absolut, sondern – im Rahmen der Semiotizität – nur hinsichtlich jener 'Realität' bestimmen, die

Index und später Symbol für sich in Anspruch nehmen. Anderweitig hätte auch die Rede von der Exemplarität keinen Sinn[123].

Zu (i): Unter der hier eingenommenen Perspektive vom ikonisch repräsentierten Objekt aus (Exemplifizierung als umgekehrte Referenzrichtung vom Objekt auf sein Zeichen), ist nun die Beweislast, ob es sich überhaupt bei einem Aussageelement um eine *Selbst*repräsentation handelt, auf das zu exemplifizierende Objekt verlagert. Für Exemplarität im Rahmen der Selbstrepräsentation gelten dann zwei Bedingungen: einer der Repräsentationsgehalte muß Zeichen-PRODUKTION, PRODUZIERTHEIT, LESBARKEIT, LESEN etc. sein, wenn eine AUTOR-, TEXT- bzw. LESER-Repräsentation der Fall sein soll. Dies sind gewissermaßen die abstrakten Minimalinterpretanten. Für die zweite Bedingung kann man auf die Überlegungen zurückgreifen, die zur allgemeinen Beschreibung von Selbstrepräsentationalität führten. Das Objekt in seinen kulturellen Einheiten muß schon bekannt sein, wenn es im Ikon, mit dem es eine Art von 'Resonanz' erzeugt, erkannt werden soll; es muß selbst schon als kulturelles Zeichen fungieren können, wenn es Referenzobjekt eines Ikons sein soll[124]. Mit anderen Worten: der Rezipient muß wissen, was unter dem Objekt zu verstehen ist, was also beispielsweise alles ein TEXT, d.h. LESBAR und PRODUZIERT sein kann, und dieses Wissen ist historisch bzw. kulturell. Das bedeutet, daß der Rezipient nicht nur, im trivialen Sinne, wissen muß, das „soneto" einen TEXT meint, sondern auch, daß bspw. ein *ut pictura poesis*-Verweis in einem Text der Renaissance, selbst wenn er sich aufs Malen bezieht, auch das Schreiben meint.

Hier eröffnet sich nun eine historische differenzierende Interpretationsmöglichkeit ikonischer Selbstrepräsentationen. Exemplifizierung bedeutet Selektion bestimmter Eigenschaften. Dies ist unmittelbar kompatibel mit dem Repräsentationsbegriff: „soneto" ist zwar ein allgemeiner Gattungsbegriff, der auf den ersten Blick den Text in seiner Totalität einbezieht, doch stellt er –

---

[123] Das Exempel ist gerade nicht das Exemplifizierte, also der konkrete Text oder die Aussage, in der Weise, in der sie durch den Index aktualisiert wird. Aus diesem Grund kann man nicht einfachhin, Peircens Bezeichnung der „third firstnesses" aufnehmend, von 'metaphorischer' Selbstrepräsentationalität sprechen, weil dort zwar ein *tertium* („a parallelism") als gemeinsame Eigenschaft in Anschlag gebracht, nicht aber die dadurch implizierte Realitätsweise des Objekts fokussiert wird. Dies sollte die soeben vorgenommene Umkehrung der Perspektive leisten. – Die Verwendung des Begriffs der Ikonizität im vorliegenden Zusammenhang mag – andererseits – befremdlich und als gewaltsame terminologische Kohärenz erscheinen, bezieht er sich doch gemeinhin auf visuelle Codes (s. Eco 1972:200–230, 1987b:254–289) oder wird zur Kennzeichnung der Ästhetizität (s. Morris 1988:91–118) oder der Poetizität im Sinne einer „Semantisierung der Ausdruckselemente" (Lotman 1972:39–42) herangezogen. All diese Bedeutungsvarianten bleiben hier unberücksichtigt, da Ikonizität nicht Selbstrepräsentativität oder Autoreflexivität des Zeichens meint, sondern thematisierte Selbstrepräsentationalität in einer bestimmten semiotischen Wertigkeit, durch die der Begriff wohl systematisch gerechtfertigt ist.

[124] Vgl. Volli (1972).

semanalytisch gesehen – tatsächlich das Sonett eben auch nur unter dem Blickpunkt seiner Gattungszugehörigkeit dar (eine vollständige Repräsentation des Objekts wäre, wie gesagt, unendlich oder eben die Präsentation des Objektes selbst). Nun können die Bedeutung des Exempels und die selektierten Eigenschaften je nach Kontext variieren. Ein Stein exemplifiziert in der Regel nichts, wenn er Teil des Straßenpflasters ist, doch er kann als Gesteinsprobe aufgrund seiner Farbe oder Struktur dienen – weniger aber wiederum aufgrund seiner Größe oder seines Gewichts[125]. Dies heißt aber auch, daß nur eine relevante Eigenschaft auch eine exemplifizierende Eigenschaft sein kann. Für die ikonischen Selbstrepräsentationen bedeutet das: die Eigenschaft oder kulturelle Einheit, die exemplifiziert wird, wird auch – jeweils, und diskurshistorisch deutbar – potentiell für eine relevante Eigenschaft gehalten[126]. Anders gesagt: Eine ikonische Selbstrepräsentation kann nicht die Gesamtheit der Aspekte des Objekts (Romanaussage) repräsentieren, muß aber mindestens einen Aspekt exemplifizieren, wenn Selbstrepräsentationalität vorliegen soll (im Falle von 'soneto' ist dieser Aspekt die Gattungshaftigkeit und -zugehörigkeit des Objekts). Welche Aspekte überhaupt exemplifiziert werden können, hängt vom Ikon und vom Objekt ab. So ist ein Gemälde in einem anderen Gemälde – wie in den *Meninas* – ein stärkeres Ikon als ein Verweis auf eine Bild oder einen anderen nicht-sprachlichen Text in einem Roman; hier besteht ikonische TEXT-Repräsentation zunächst nur darin, daß ein Bild oder ein Musikstück ebenfalls ein komplexes Kunstwerk darstellt, ästhetische Reflexion erlaubt etc. Doch eine Reflexion auf das Porträtmalen, wie später bei der *Lozana andaluza* zu sehen, kann – nach dem *ut pictura poesis*-Theorem – auch auf das Schreiben bezogen sein. Hier zeigt sich nun,

---

[125] Dieses Beispiel bringt Goodman (1981:14).
[126] Diesen Gedanken kann man sich unter Rückgriff auf Ecos Bestimmung des „ikonischen Codes" vergegenwärtigen: „Der ikonische Code stellt [...] die semantische Beziehung zwischen einem graphischen Zeichenträger und einer schon codierten Wahrnehmungsbedeutung her. Die Beziehung besteht zwischen einer relevanten Einheit des graphischen Systems und einer relevanten Einheit eines semischen Systems, das von einer vorhergehenden Codifizierung von Wahrnehmungserfahrung abhängt" (Eco 1972:209). Die Ikonizität, von der Eco bezüglich graphischer Zeichen spricht, ist also durch zwei Codierungen bestimmt: das Ikon reproduziert hinsichtlich einer relevanten Objekteigenschaft den Wahrnehmungscode im graphischen Code und garantiert so die semantische Beziehung zwischen Zeichen und Objekt. Da im Moment nicht interessiert, wie der – nicht graphische, sondern – sprachliche Code überhaupt Objektrepräsentationen erlaubt, kann man auch sagen: Ikonizität liegt vor, wenn ein Code garantiert, daß ein Objekt hinsichtlich einer relevanten Eigenschaft repräsentiert wird, das selbst durch einen Code bestimmt ist. In der ikonischen Selbstrepräsentation muß also ein und derselbe Code (nämlich der, der bei Eco dem Wahrnehmungscode entspricht) bestimmen, was eine relevante Eigenschaft des Objekts ist, jenseits der abstrakten Minimalinterpretanten (PRODUZIEREN, LESEN etc.), die die Selbstrepräsentationalitätsbedingung erfüllen. Anders gesagt: Sobald ich eine Repräsentation als zugleich ikonisch und selbstrepräsentational auffasse, hat mir der Code gesagt, was ich für eine relevante Eigenschaft des 'Selbst' halte.

daß die Wahl des Ikons in mehrfacher Hinsicht diskurshistorisch relevant ist. Ginge es nur darum, Selbstrepräsentationen zu erzeugen oder mit ihnen sehr allgemeine Aspekte des Textes selbstreflexiv darzustellen, so gäbe es zahlreiche äquivalente Ikons oder, wie Jakobson sagen würde, Paradigmen: andere im Roman genannte Romane verweisen ebenso auf den Kunstcharakter des Textes wie erwähnte Musikstücke oder Gemälde. Sicherlich kann die – letztlich semanalytisch erklärbare – Wahl eines Ikons durch konkretere erzähltechnische oder poetologische Darstellungsabsichten bestimmt sein: so eignen sich gerade musikalische Strukturen aufgrund der Nicht-Referentialität dieses Zeichensystems zur Verdeutlichung narrativer Strukturen in einem Roman (Carpentier wäre hier ein Beispiel). Diskurshistorisch relevant aber ist, daß ein *ut-pictura-poesis*-Verweis auf die Vorstellung eines Zusammenhangs der Künste verweist, daß im *Don Quijote* die Materialität des Zeichens stark betont und beinahe allegorisiert wird, in *tel-quel* Texten hingegen die Signifikantenebene in den Blickpunkt rückt. Es ist nicht nur der Wandel des Bildreservoirs 'Medien' und anderer selbstrepräsentationaler Aspekte aussagefähig; auch die Erweiterung dieses Bildvorrats durch neue Medien (Buchdruck, Film) generiert umgekehrt eine neue Optik, durch die bisher nicht dargestellte oder sichtbare Aspekte am Text ausgedrückt werden können. Beispiele hierfür wären die produktiven Kinometaphern und selbstrepräsentational eingesetzten kinematographischen Techniken in zahlreichen Gedichten der *27er Generation* oder in Antonio Muñoz Molinas *Beltenebros* (1989). Durch diese diskurshistorische Sichtweise wird es jedenfalls möglich, eine nur erzähltechnisch-funktionale, poetologische oder thematische Interpretation zu überschreiten.

Zu (ii): Unter dem Blickpunkt der kulturellen Kodierung von Selbstrepräsentationalität ist Ikonizität aber noch nicht in ihrer Semiotizität gewürdigt, die den Objektstatus bestimmt. Ikonizität der Selbstrepräsentation liegt vor, wenn sie korrelativ mit dem *Möglichkeitsstatus* des Objekts gekoppelt ist. Möglichkeit kann aber nur heißen, daß das Objekt nicht schon indexikalisch an die Aussage zurückgebunden ist, wie etwa „burla burlando van *los tres* [versos] *delante*",, denn in diesem Fall wäre die Referenzrichtung nicht mehr umgekehrt, die Repräsentation wäre dann nicht mehr exemplarisch-ikonisch, sondern denotativ. Der Möglichkeitsstatus des ikonischen Objekts besteht relativ zu der Repräsentationsweise, die als indexikalische definiert und noch als symbolische zu bestimmen ist. In der Analyse des Lope-Sonetts wird später zu sehen sein, daß die ikonisch repräsentierten Objekte teilweise die gleichen sind, die im weiteren Verlauf des Gedichts indexikalisiert und auch symbolisiert werden; allein die Modalität bzw. semiotische Realität des Objekts verändert sich. Die Ikonizität läßt sich nun am Lope-Sonett illustrieren.

„Un soneto me manda hacer Violante"₁. Sowenig der unbestimmte Artikel auf ein konkretes Sonett und vielmehr auf das Gattungsmodell verweist, sowenig ist der Text in diesem Moment ein Sonett. Er wächst förmlich in dieses Modell erst hinein, in die Klasse des durch den Ausdruck „soneto" Denotierten. Erst im Nachhinein ist dies zu verifizieren, aber genau darin manifestiert sich am deutlichsten die *Möglichkeit* des Objekts in der ikonischen TEXT-Repräsentation im ersten Vers: im Moment der Äußerung von „un soneto" steht die repräsentierende Aussage („un soneto") selbst noch in keinem Verhältnis zu 'soneto' als TEXT-Repräsentation. Die Aussage ist noch kein Sonett. Dem wird noch dadurch Vorschub geleistet, daß Chacón seinen Part im aufgeführten Theaterstück spricht und es deshalb nicht von vornherein an der strophischen Aufteilung zu erkennen ist, daß es sich um die ersten Verse eines Sonetts handelt. Die erst zukünftige Einlösung des Bezugs ist allerdings keine Bedingung der ikonischen Selbstrepräsentation; Chacón hätte sein Sonett ebensogut mit der Rede von einem Gemälde oder Film beginnen können, der ihm in Auftrag gegeben ist: Wie in der Erstheit des Objekttyps (AUTOR) ist Erstheit der Repräsentationsart (Ikon) eine positiv bestimmte Möglichkeit (für Index oder Symbol). Man kann deshalb sagen, daß sich am Ende des ersten Quartetts diese ikonische Selbstrepräsentation bereits in eine indexikalische verwandelt hat, wenn sich nämlich „los tres [versos que van] delante"₄ auf den TEXT beziehen, der in der Aussage zitiert ist. Die Indices bilden als Bestätigung der durch die ikonischen Repräsentationen evozierten Selbstrepräsentationsmöglichkeiten eine Interpretantenkette, indem sie die Ikons interpretieren[127]. Die Möglichkeit, daß „catorce versos dicen que es soneto" das Sonett als diesen TEXT schon meint, ist teilweise realisiert, vollständig aber erst, wenn das von Violante geforderte „soneto" abgeschlossen ist.

Dagegen erscheint mit den ersten Schritten einer solchen indexikalischen Fixierung in v.4 auch die Möglichkeit einer AUTOR-Repräsentation am Horizont der Selbstverdopplung. So wie „un soneto"₁ den in der Aussage zitierten TEXT noch nicht aktualisiert, so sind auch die deklinierten Pronomina des lyrischen Ich („me manda", „en mi vida"; v.1,2) zwar Hinweise auf das Äußerungssubjekt, aber noch keine indexikalischen Repräsentationen eines AUTORS, der von sich behaupten könnte, PRODUZENT eines *Sonetts* zu sein. Das anfangs in Bedrängnis gebrachte 'yo' konturiert sich erst parallel zur Genese des Textes als Sonett-AUTOR: mag es in v.4 noch überrascht sein, daß es nicht nur freie, sondern gebunde Rede hervorgebracht hat, bekennt sich das yo, das sich in v.5 zum ersten Mal undekliniert als 'yo' ausgibt („Yo pensé que no hallara consonante"), bereits zu seiner Autorschaft. Bis dahin

---

[127] Doch darin erschöpft sich ihre Funktion natürlich nicht, zumal sie dazu nicht einmal nötig gewesen wären: Jeder Text, sofern er nur den Regeln des Sonetts entspricht, hätte die ikonische Selbstrepräsentation „Un soneto" eingelöst.

aber ist yo *in Abhängigkeit von der Ikonizität seines TEXTES* auch ein *ikonischer* AUTOR.

In paralleler Weise erfährt der LESER eine ikonische Repräsentation, stellvertretend in der Auftraggeberin Violante. Da der LESER allerdings auf seine direkte Ansprache bis zum Ende warten muß (erst in v.14: „contad si son catorce"), könnte die Deutung, daß „Violante" ein LESER-Ikon darstellt"), an dieser Stelle noch forciert wirken. Selbst wenn diese Vermutung sich nicht bestätigen sollte, zeigt eine konsequente Fahndung nach LESE-Handlungen doch einen überraschenden Fund: denn nur indem Chacón selbst zum LESER wird, verwandelt er das zuvor Gesagte überhaupt erst in einen TEXT und sich selbst in dessen AUTOR: „burla burlando van los tres delante" ist das Ergebnis von Chacóns LEKTÜRE seiner eigenen Rede, die diese in einen TEXT verwandelt. Der LESER wird ikonisch als sich-selbst-LESENDER AUTOR[128] eingeführt und bis zum Ende nicht mehr preisgegeben: „estoy a la mitad de otro cuarteto"$_6$, „Por el primer terceto voy entrando"$_9$, „fin con este verso le voy dando"$_{11}$ und „Ya estoy en el segundo"$_{12}$ sind die Früchte des Selbst-LESENS.

Was läßt sich aus dieser Analyse mit Blick auf eine Definition ikonischer Selbstrepräsentation ableiten? Nach den Befunden aus Lopes Sonett scheint die Bedingung für den Möglichkeitsstatus ikonisch repräsentierter Objekte zu sein, daß sie zu indexikalisch repräsentierten werden müssen, um im Nachhinein ikonische gewesen sein zu können, d.h. es muß sich eine Interpretantenkette auf der genealogischen Achse bilden. Für den Theaterzuschauer, der bei den ersten Worten Chacóns noch nichts um ein im Entstehen begriffenes Sonett weiß, beginnt diese Verkettung ab v.4. Chacón ist AUTOR-Ikon und „un soneto" etc. TEXT-Ikon, weil bzw. solange seine Rede selbst noch kein Sonett ist; andererseits ist Chacón in dem Moment, da er rückwirkend zum AUTOR-Ikon wird, schon AUTOR-Index; und „un soneto" ist nur dann TEXT-Ikon gewesen, wenn der TEXT zum Index wird. Muß also Indexikalität eintreten, um Ikonizität zu bestätigen? „Un soneto" hätte mit gleichem Recht auch in einer Abhandlung über Sonette stehen können, die selbst kein Sonett ist und nie eines sein wird. Wie steht es dagegen beispielsweise mit Víctor Gotis Satz: „voy a escribir una novela" (einen Roman, den er dann nicht eindeutig schreibt) oder mit TEXT-Repräsentationen, die etwa in medialer Differenz zum Roman stehen (wie die in Luis Goytisolos *Recuento* kommentierten *Meninas*) und die in der Regel in der Aussage gar nicht erst sprachlich werden können, aber mit gleichem Recht als ikonische TEXTE zu gelten haben?

---

[128] S. dazu u. Kap. 1.2.7.1.1.

Bei Lope ist der Möglichkeitsstatus des Objekts letztlich darin begründet, daß die Aussage, also das *repräsentierende* Zeichen, *noch kein* Sonett ist; jede Aussage trägt in sich die positive Möglichkeit, Teil eines Sonetts zu sein. Im Falle von Víctor Goti repräsentiert umgekehrt die Aussage (der Satz: „voy a escribir una novela") das *Objekt* als mögliches. Beide Fälle lassen sich, trotz ihrer strukturellen Unterschiede, unter den Typus Ikon subsumieren, weil die Austauschbarkeitsbedingung von Zeichen und Objekt in der Selbstrepräsentation besteht. Gleiches gilt für AUTOR- und LESER-Ikons. Im Falle der *Meninas*, die in Goytisolos Roman erwähnt werden, reduziert sich zunächst der Selbstrepräsentationsgehalt auf die Minimalinterpretanten der TEXT-Repräsentation – Bild und Roman sind etwas PRODUZIERT/LESBARES – und der Ikonizität, nämlich keine Beziehung zur Ebene der Aussage, wie sie konkret den jeweiligen den Romantext konstituiert, aufzuweisen[129].

Die ikonischen Selbstrepräsentationen bieten, wie bereits einige am Rande erwähnte Beispiele zeigten, die Möglichkeit, über den Text gelöst von seiner Aktualisiertheit und Definitheit als Aussage zu sprechen: Schreib- und Produktionsmomente, Textualität, Interpretation und Verstehen können so metaphorisch, allegorisch, allusiv, medial-different oder, wie im Sonett, in ihrer Prozessualität thematisiert werden – die möglichen Realisierungen variieren je nach Objekttyp[130].

1.2.3.3 Symbolische Selbstrepräsentation

Definition. – AUTOR, TEXT und LESER sind symbolisch repräsentiert, insofern sie mittels einer Interpretation als Selbstrepräsentationsobjekte entstehen.

„Ein *Symbol* ist ein Zeichen, dessen zeichenkonstitutive Beschaffenheit ausschließlich in der Tatsache besteht, daß es so interpretiert werden wird" (Peirce 1983:65). Jedes Symbol, wie etwa ein sprachliches Zeichen, kann durchaus einen indexikalischen Aspekt einschließen oder einen Index notwendig machen, der die Objektidentifizierung gewährleistet (z.B. ein Demonstrativpronomen und, wenn nötig, ein auf das intendierte Objekt zeigender Finger); Symbolizität an sich beruht aber allein auf der konventionalen Regularität seines Interpretanten. In diesem Sinne lebt das Symbol nicht – wie etwa der Index – ausschließlich vom Moment seiner Initialisierung als Zeichen (der Zeigefinger, der erst zu einem Index wird, wenn er sich auf das angesonnene Objekt richtet): in der Peirceschen Semiotik ist die Verwendung eines Sym-

---

[129] Sollte indessen der Bezug auf dieses Bild dazu dienen, den Roman zu deuten, so handelt es sich um eine symbolische Repräsentation; s. u. Kap. 1.2.3.3.
[130] Dazu und zu weiteren Beispiele und Differenzierungen der ikonischen AUTOR-, TEXT- und LESER-Repräsentation s.u. Kap. 1.2.6.1.

bols in einem bestimmten Zeichenereignis nur ein Fall seiner allgemeinen Verwendungsregel, auf der Zeichenmittelebene betrachtet, ist jeder Signifikant nur die *Replica*, d.h. die jeweilige Aktualisierung eines allgemeinen Typs. Die Fähigkeit zur Replica-Bildung ist deshalb *conditio* des Symbols (l.c. 66), es hat seine Realität in der Notwendigkeit[131], zukünftig so interpretiert zu werden (l.c. 65). Im Gegensatz zu Ikon und Index verwirkt das Symbol deshalb seinen Zeichenstatus, wenn es keinen Interpretanten gibt (Peirce 1986:375).

Interpretantenzentrierte Bedeutungskonstitution findet sich beispielsweise überall dort, wo, wie im Barock, poetische und topologische Systeme den Gebrauch rhetorischer Regeln in einem Kunstwerk so organisieren, daß auch deren Interpretation teilweise konventional gesichert ist. In dem Maße, in dem Texte sich in dieses Regelsystem einschreiben, funktionieren sie als aktualisierte Symbole, die vermittels eines topischen Argumentationssystems und einer tropologischen Regelpoetik (ihren Codes bzw. Interpretanten) Bedeutung konstituieren[132]. Auch bestimmte Formen der Intertextualität lassen sich mit Hilfe der Idee des Interpretanten darstellen. In diesen Beispielen unterhalten die Texte jedoch noch nicht das, was als symbolisches *Selbst*verhältnis zu beschreiben ist: der Text repräsentiert sich symbolisch selbst, insofern dieses Verhältnis über einen Interpretanten vermittelt wird, der die Repräsentation des Textes selbst zum Darstellungszweck hat. Die symbolische Selbstrepräsentation ist also dort zu suchen, wo Texte *ihre eigenen Interpretationen* angeben, so daß sie sich als Objekt ihrer selbst nur haben, wenn sie auch entsprechend dieser Regeln konstituiert sind bzw. die Interpretationsanweisung auf sie angewendet werden kann.

Die Semiose der symbolischen Selbstrepräsentation verläuft demnach umgekehrt wie die des symbolischen (sprachlichen) Zeichens: Bei der Verwendung eines sprachlichen Zeichens ist – vereinfacht gesagt – der Objektbezug durch den Code gegeben; die symbolische Selbstrepräsentation gibt, so ließe sich paradox formulieren, eine Verwendungsregel für einen Objektbezug, der ihr Objekt erst zugeordnet werden muß, damit es im Nachhinein überhaupt eine symbolische Selbstrepräsentation ist. Deshalb kann jede ikonische Selbstrepräsentation auch zu einer symbolischen werden. Ein einfaches und beinahe tautologisches Beispiel dafür stellte schon der Ausdruck „exiemplo" im *Conde Lucanor* dar, der nun als symbolische Selbstrepräsentation bezeichnet werden kann: „exiemplo" ist eine symbolische TEXT-Repräsentation,

---

[131] Realität und Notwendigkeit werden von Peirce bisweilen synonym gebraucht. Es handelt sich um die von aktualen Semiosen unabhängige Regularität der Zeichenverwendung.

[132] Durch diese Verankerung in einer gesellschaftlichen Zeichenpraxis kann eine sozialdidaktische Anspruchshaltung der Literatur nicht nur zu einer gegenseitigen Stabilisierung und Kontrolle von sozialem Wertesystem und poetischem System dienen, sondern die Codes selbst mit jedem einzelnen Regelfall generieren und im Rahmen ihres systeminternen Spielraums verändern.

wenn der Text ein „exiemplo" ist; ebenso bezieht sich „Un soneto" auf das Sonett, wenn es eines ist.

Die symbolische Selbstrepräsentation setzt eine Interpretation des Textes im Lichte der selbstgegebenen Regel voraus. Dabei spielt es eine wichtige Rolle, an welcher Stelle das Symbol steht. Wird ein Text auf dem Titelblatt als „Roman" bezeichnet oder eine Interpretation im Prolog gegeben, kann der Text von vornherein unter diesen Vorgaben rezipiert werden. Je später aber die symbolische Selbstrepräsentation erscheint, um so größer ist das Textsegment, das aufgrund der neuen Information unter Umständen reinterpretiert werden muß: So erfährt der Rezipient von *Niebla* erst im zweiten Prolog, daß der Verfasser des ersten Prologs eine fiktive Figur ist, die der Autor des zweiten Prologs erfunden hat[133]; wenn sich im Extremfall erst am Ende herausstellt, daß eine Figur der Verfasser des gerade gelesenen Textes ist, muß der gesamte Roman neu gelesen werden. Komplizierter wird der Fall, wenn die symbolische Selbstrepräsentation eine Version beschreibt, die nicht mehr mit dem Text oder der bisherigen Lektüre vereinbar ist[134]. Unabhängig davon, wie erbaulich (im Exempel-Beispiel), klärend oder beunruhigend die symbolischen Repräsentationen sind, verlangen sie grundsätzlich eine doppelte Lektüre und eine Operation, die beide Lektüren aufeinander zu beziehen erlaubt. Wie das sprachliche Zeichen nur dann symbolisch repräsentiert, wenn es zeigen kann, daß es ein Symbol ist (und nicht etwa nur formierte schwarze Tinte oder ein Geräusch), muß auch der Interpretant der symbolischen Selbstrepräsentation so strukturiert sein, daß er seine Repräsentationsleistung mitdarstellt. Formal ausgedrückt: Ein Zeichen kann nur als Symbol verstanden werden, wenn es mitrepräsentiert, daß es seine Repräsentationsleistung überhaupt nur erbringen kann, wenn es einen Interpretanten motiviert; Repräsentation und Repräsentation der Repräsentationsleistung sind also gefordert, ein Interpretant, der sich als Interpretanten repräsentiert. Wie bei der indexikalischen ist damit auch bei der symbolischen Selbstrepräsentation ein *selbstbewußter Rezipient* gefragt. Der Rezipient-Interpretant muß nun aber nicht (mehr nur), wie beim Index, den Status des Äußerungskontextes festlegen, sondern er muß seine Lektüre des Textes mit der Selbstinterpretation des Textes verrechnen. Diese Leseranweisung läßt sich direkt am Sonett vorführen.

Es war bereits zu vermuten, daß der LESER-Index „contad [si son catorce versos]"[14] in seiner imperativischen Formulierung auf eine noch ausstehende Handlung des Rezipienten hindeutet. Um den Auftrag des Versezählens auszuführen, muß er mittels seiner semiosischen Funktion als Interpretant ein-

---

[133] Vgl. dazu die narrativen Funktionen, die Dällenbach (1977:83–94) „boucle programmatique", „coda", und „pivot" als syntagmatische Positionen von *mises en abyme* zuordnet.
[134] S. dazu u. Kap. 1.2.6.3.1 (*Zwischenbemerkung*).

greifen. Zwar ist die Leserapostrophe „contad [...]" als LESER-Index Bestandteil der ganzen Anweisung „[...] si son catorce y está hecho", doch umgekehrt ist die tatsächliche Vollendung des Sonetts für sich genommen von einer LESER-Indexikalisierung so wenig abhängig wie von irgendeiner anderen Selbstrepräsentation. Man muß sich deshalb fragen, wozu der Imperativ eigentlich auffordert. Wenn der LESER-Index im Dienste der folgenden Repräsentation steht, die als symbolische plausibel zu machen ist, wie ein Zeigefinger, der ein Demonstrativpronomen unterstützt, muß das „y" zwischen „contad si son catorce" und „está hecho" nicht (allein) beiordnend, sondern final gemeint sein: 'Zählt nach, ob es vierzehn Zeilen sind, *damit* das Sonett (dessen Herstellbarkeit durch Chacón zu Beginn ja sehr zweifelhaft war) als fertig gelten kann'. Wenn die Anrufung des Lesers noch einen weiteren Zweck erfüllt, dann den, ihn zur Anerkenntnis seines Zweifels über Chacóns dichterische Fähigkeiten zu zwingen und dem neugeborenen Poeten einen abschließenden Triumph zu bereiten; somit interpretiert der LESER-Index auch das erste LESER-Ikon in v.4 und weist es zugleich als solches aus. Der von Chacón ausgegebene Auftrag ist zwar ein vergleichsweise einfacher: es sollen ja nur, stellvertretend für die übrigen Regeln angeführt, die Verse gezählt werden; der Form nach handelt es sich aber um eine dem Rezipienten auferlegte Symbol-Interpretation, umso mehr, als der Text im aufgeführten Drama dem Zuhörer nicht schriftlich vorliegt. Die Semiose der symbolischen Selbstrepräsentation nimmt nun ihren Verlauf.

Der Ausdruck „catorce [versos]" steht symbolisch für alle Sonette, und es ist eine symbolische Selbstrepräsentation, wenn das Lope-Sonett – insoweit es als TEXT repräsentiert wurde – sich mittels seiner Regelentsprechung als Objekt dieses Ausdrucks konstituieren kann. Gegenüber der symbolischen TEXT-Repräsentation „exiemplo" aus dem *Conde Lucanor* geht die Repräsentation im Sonett indessen einher mit einer weiteren, nämlich symbolischen LESER-Repräsentation. Der Nachweis der Regelentsprechung ist durch eine Interpretation bzw. Relektüre zu erbringen: Der Zuhörer muß zunächst das ganze Sonett noch einmal im Geiste durchgehen, um die Versanzahl zu bestätigen, die die Voraussetzung des geglückten Sonetts ist. Die Registratur ist freilich dadurch vereinfacht, daß der Sprecher sein Voranschreiten 'mitgezählt' hat. Hier erweist sich, ob der empirische Zuhörer die vorausgegangenen ikonischen LESER-Repräsentationen verstanden hat: Wenn er bereits ab v.4 'mitgelesen' hat, konnte er direkt den Schritten des Sprechers folgen, dabei die Regelentsprechung kontrollieren und am Ende sofort bestätigen. Spätestens aber von dem Moment an, da er im LESER-Index direkt aufgefordert ist, über das Gelungensein des Sonetts zu befinden, wird er sich bewußt, daß er während der Enstehung die Rolle des Lesers gespielt hat – indem er sich an Violantes Stelle gesetzt hat (LESER-Ikon) und an die Chacóns, des LESENDEN AUTORS. Und er wird sich dessen genau deshalb/dann bewußt, weil/wenn er die Rolle des letzten Richters einnimmt.

Indem er sein Richteramt ausführt, beweist er zugleich, daß er nicht nur den Text vernommen, sondern ihm auch so gut zugehört hat, daß er sich ein Urteil erlauben darf. Unabhängig davon, wie aufmerksam der *empirische* Leser nun gewesen sein mag, gilt formal: In seiner Eigenschaft als Richter *repräsentiert sich der Rezipient als Rezipient*, um die symbolischen LESER-Repräsentation zu vollziehen: er übernimmt in der letzten Zeile Funktion und Bedingung des Symbol-Interpretanten als Darstellung, die sich selbst zugleich als solche repräsentiert. So, wie die ikonischen Repräsentationen sich erst mit den indexikalischen realisierten, erfahren diese erst im Zusammenhang mit dem symbolischen ihre Rechtfertigung. Das Sonett schließlich ist erst dann wirklich fertig – „contad si son catorce, y está hecho" – wenn die symbolische Selbstrepräsentation realisiert ist: die Rede des Sprechers ist dann das Sonett eines Sonett-Autors, und alle ursprünglich zur „burla" Bestellten sind zu selbstbewußten Lesern geworden[135].

Die noch ausstehende Frage nach der Regelhaftigkeit der symbolischen Selbstrepräsentation, die ihren Ausdruck in der Bedingung der Replica-Fähigkeit hatte, erübrigt sich: Wenn die Iterierbarkeit des Zeichens radikale Dekontextualisierung bedeuten können muß, damit die Möglichkeit inszenierter *écriture* beschreibbar bleibt, kann von Konventionalität als Bedingung keine Rede sein. Aber auch hier kann man zunächst einen Blick auf das Sonett werfen. Besteht die Symbolizität eines Zeichens – wie Peirce schreibt – „ausschließlich in der Tatsache", daß es zukünftig „so interpretiert werden wird" (Peirce 1983:65), müßte auch die symbolische Selbstrepräsentation sich überhaupt erst in der Wiederholbarkeit des Bezugs realisieren. In verschiedenen Lektüren müßten sich Interpretanten und Objekte eines Zeichens als durchgängig identisch[136] erweisen. Im Lope-Sonett scheint dies keine besonderen Schwierigkeiten zu bereiten: Solange der Text aus 14 Zeilen besteht, gegliedert in 4 Strophen, Gleichklänge aufweist etc. und die Formbestimmungen von Sonetten sich nicht ändern, wird sich der Text symbolisch als Sonett darstellen. Während die Möglichkeitsbedingung einer symbolischen Selbstrepräsentation dadurch erfüllt ist, daß das Sonett die Regeln selbst angibt und deshalb nicht unabhängig von ihnen existieren könnte, ist aber umgekehrt nur

---

[135] Vor allem bei den symbolischen Selbst- und hier besonders bei den LESER-Repräsentationen muß strikt zwischen LESER als Objekt und dem Rezipienten unterschieden werden, der als Modell-Leser oder Rezipient-Interpretant bzw. Anschluß an den empirischen Leser die pragmatische Seite der Semiose betrifft. Das Maß, in dem sich der empirische Leser von den LESER-Repräsentationen angesprochen fühlt, ist, wie bei jeder Zeichenhandlung, d.h. auch in allen anderen Selbstrepräsentationen, von der individuellen Lektüre abhängig, wenngleich das Identifizierungsangebot für den Leser bei den LESER-Repräsentationen am größten ist.

[136] D.h. bei Peirce im Sinne einer intersubjektiven Idee vom Objekt, die eine Kommunikationsgemeinschaft besitzt (s. Peirce 1983:158n47 sowie o. Fn. 58).

die individuelle Formulierung der Regeln vom Sonett abhängig (sogar weithin mit ihm identisch), nicht jedoch der Regelgehalt selbst, der auch in jeder Poetikabhandlung nachzulesen wäre: der positive Befund von symbolischer Selbstrepräsentation ist letztinstanzlich von der Gültigkeit einer ihm externen Konvention abhängig. Solange die Regel allgemein akzeptiert ist, wird also nicht nur der Text immer auf sich verweisen; die aus der diskursiven Formulierung der Regeln im Sonett abstrahierbaren Regelgehalte würden auch für alle anderen Sonette zutreffen (dies macht den Lehrcharakter dieses Sonetts aus).

Wie verhält es sich aber, wenn die Gültigkeit einer externen Regel nicht mehr vorausgesetzt werden kann oder der Text ihr nicht entspricht (ein 'Sonett' – um beim Beispiel zu bleiben –, das von seinen 14 Zeilen spräche, sie aber nicht aufwiese?) Es ist nicht überraschend, daß symbolische Selbstrepräsentation in einem modernen Roman wie in Unamunos *Niebla* auf den Text selbst zugeschnitten ist: allein schon deshalb, weil eine im ersten Prolog eingebaute Leerstelle – der Unterzeichnete Víctor Goti – nur durch die Lektüre des Textes ausgefüllt werden kann und dann rückwirkend eine Infragestellung des traditionellen Prologs bewirkt (läßt man weitere Implikate dieser Stelle noch außer acht). *Niebla* unterscheidet sich aber von Lopes Sonett nicht nur dadurch, daß das Symbol keine weiteren Anwendungsfälle beherrscht; es kann auch nicht als gesichert gelten, daß verschiedene Leser, ja nicht einmal *ein* Leser zu verschiedenen Zeitpunkten, das Symbol gleich interpretieren. Die Wiederholbarkeit des Symbols ist also nur zum Preis eines fixierten Signifikats zu haben[137].

Die Konstruktion des LESERS im Sonett ist ebenso sprachlich und wird, wie die des AUTORS, durch den Text selbst erst hervorgebracht. Die im Text entstehenden Positionen AUTOR, TEXT und LESER werden nicht als transzendentale Entitäten dargestellt, sondern als sprachliche Konstrukte. So, wie Chacón mittels Sprache und allein in ihr zum Sonett-Dichter wird und der Text sich von der pragmatischen Rede löst, um ein Sonett zu werden, so entwickelt sich aus dem mehr oder weniger zufälligen Zuhörer der Sonett-Zuhörer. Diese zweite Existenz ist allein sprachlich und fällt mit AUTOR, TEXT und LESER der Selbstrepräsentationen zusammen, nicht aber mit der real geäußerten Aussage und ihren Instanzen. Alle drei bringen sich gegenseitig in ihrer Existenz im Repräsentationsraum hervor und nehmen nur in bezug auf das je andere Objekt ihre Position ein. Diskursarchäologisch mag man in der Disposition der Selbstrepräsentationen dieses Sonetts deshalb ein Phänomen der Foucaultschen *représentation* sehen, wobei sich die Subjektpositio-

---

[137] Dies ist auch in modernen hermetischen Texten der Fall, die sich selbst interpretieren, und so dem Leser keinen Ort zur wirklich produktiven 'Arbeit am Text' gestatten; ein Beispiel dafür wird Luis Goytisolos *Estela del fuego que se aleja* sein (s.u. Kap. 2.3.3).

nen erst im Lichte einer transzendentalen Regel konturieren (in diesem Fall der Gattungsregeln, die zwar in ihrer formalen Leere, jedoch – noch – nicht in ihrer diskursiven Kontingenz denunziert werden); formal betrachtet entstehen AUTOR, TEXT und LESER aber als Objekte durch Interpretantenketten auf der genealogischen Achse: der Index nimmt jeweils bezug auf das Ikon, und das Symbol interpretiet jeweils den Index. Für den LESER bedeutet das: Chacón wird selbst als LESER-*Ikon* repräsentiert, weil er die ersten drei Zeilen als Sonett-Verse interpretiert und fortan seine Standorte kommentiert (er LIEST seinen eigenen TEXT). „Contad" schließt einen LESER-*Index* ein (wobei sich auch der Adressat ändert). „Contad si son catorce" fordert dazu auf, nicht nur das von Chacón GELESENE noch einmal unter einem anderen Aspekt zu lesen, sondern eben auch die Lektüre selbst zu beurteilen. *Symbolische* Selbstrepräsentationen stellen ein Objekt erst mittels einer Interpretation dar. Wenn, wie im Falle der LESER-Repräsentation, das Objekt selbst schon eine Interpretationsposition ist, besteht die symbolische LESER-Repräsentation in der Interpretation einer Lektüre / Interpretation.

Der Text ist sowohl ein Symbol der Regelpoetik als auch zugleich ein symbolisch selbstrepräsentationaler, die Regel existiert zugleich innerhalb und außerhalb des Textes. Die Autonomie des Textes, so könnte man schließen, bleibt auf halbem Wege stecken: eine Regel aufzustellen, die nur für ihn selbst gelten würde, ist er noch nicht bereit. Andererseits erlaubt die durch die spezifischen Interpretanten der Indices in den Blickpunkt gestellte Differenz zwischen poetischer und natürlicher Sprache – und die dadurch ins Abseits der Reflexion geratene ontologische Frage – eine kritische Auseinandersetzung mit den poetischen Regeln, zumindest mit deren Anwendung; die Abhängigkeit der Qualität des Gedichts von der individuellen Anwendung der Regeln stellt wiederum die Originalität des Künstlers in den Vordergrund[138].

Die Ausformung der Selbstrepräsentationen skizzieren demnach folgendes Bild: der erkenntniskritische Impuls der Indices, nämlich die Frage nach der Wirklichkeitsreferenz der Zeichen, ist umgeleitet auf die Regelkonformität; dem korrespondiert, daß die symbolische Selbstrepräsentation hier nur zur Bestätigung der Entsprechung auffordert, also nur einen rhetorischen Imperativ stellt und nicht zu einer Gegeninterpretation des Textes führt. Diese Verführung des Textes, einen Repräsentationsraum vorzustellen, den er gewissermaßen noch von innen abschließen kann, läßt freilich leicht aus dem Blick geraten, daß symbolische Selbstrepräsentationen häufig Strategien sind, auf die Interpretationsebene überzugreifen, die mögliche *dissémination* des Sinns zu kontrollieren oder gerade auszulösen.

---

[138] Zu weiteren Beispiele und Differenzierungen der symbolischen AUTOR-, TEXT- und LESER-Repräsentation s.u. Kap. 1.2.6.3.

1.2.3.4 Ikonische, indexikalische und symbolische Repräsentation: gegenseitige Abgrenzung und Darstellungsfunktionen

Rückblickend läßt sich nun sagen, daß sich alle drei Repräsentationsarten unterschiedlich gegeneinander definieren. Ikonizität bestimmt sich gegenüber Indexikalität als Möglichkeit einer Aussage-TEXT-Repräsentation (selbst wenn letztere überhaupt nicht in Frage steht bzw. realisiert wird) und gegenüber Symbolizität darin, daß nicht seitens des Rezipienten interpretiert werden muß, damit der Repräsentationsgehalt eine Aussage über den Text enthält; ist dies indessen der Fall, handelt es sich um ein Symbol, dessen Objekt dann auch potentiell der Aussage-TEXT ist, der durch das Symbol allerdings eine andere 'Realität' im Repräsentationsraum erhält als durch den Index, nämlich eine ungleich 'sprachlichere'. Auf den Aussage-TEXT nimmt das Symbol indessen nicht direkt bezug, vielmehr beläßt es die Selbstrepräsentation im Bereich des Sprachlichen, wodurch es letztlich dem Leser bzw. Rezipienten anheimgestellt bleibt, aus der sprachlichen Formulierung eine – bisweilen individuelle – Sinngestalt abzuleiten. Durch symbolische Repräsentationen wird der Leser also in sein modernes Recht als eigentlicher Autor gesetzt, zumindest in dem Maße, in dem kein stabiler Code die Sinngebung determiniert; dies ist häufig der Fall, wenn das Interpretandum nicht eine extratextuale Entität ist (poetische Regeln, wie beim Sonett), sondern vom Text selbst hervorgebrachte 'Realität'. In diesem Sinne lassen sich symbolische Repräsentationen (zumal des LESERS) als Kennzeichen moderner Texte ausweisen; nicht selten dienen sie dazu, eine unterstellte Realität (die Diegese) als rein sprachliches Konstrukt zu denunzieren[139].

Das Ikon grenzt sich also direkt gegen den (eventuellen) Index ab und indirekt gegen das Symbol. „Soneto" in v.1 ist ikonisch, weil der Aussage-TEXT nur ein mögliches Bezugsobjekt ist (hier deshalb, weil der Aussage-TEXT im Moment der Äußerung nur aus eben dem Wort „soneto" bestand und deshalb noch kein *soneto* sein konnte); „los tres versos" repräsentiert das Sonett indexikalisch, weil (hier aufgrund dreier schon bestehender Zeilen) das Bezugsobjekt der Aussage-TEXT ist; „catorce versos" repräsentiert das Sonett sym-

---

[139] Symbolische (LESER-)Repräsentationen decken sich so teilweise mit der Iserschen „Leerstelle" als „Besetzbarkeit einer bestimmten Systemstelle im Text durch die Vorstellung des Lesers" (Iser 1990:284): Im modernen Roman, so Iser, bilden sich die Leerstellen vor dem „gelöschten Hintergrund [vom traditionellen Roman her] erwartbarer Verfahren" aus, „die im Leser eine gesteigerte Produktivität" entbinden (l.c. 324). Der Leser muß die von ihm selbst bereits erzeugten Beziehungen abermals transformieren (l.c. 325) und erfährt die „Geschichtlichkeit der von ihm erzeugten Standpunkte im Leseakt selbst" (l.c. 327). Freilich ist auch hier anzumerken, daß die symbolischen LESER-Repräsentationen sich (abgesehen von ihrer Einbindung in einem grundsätzlich differenten Ansatz) dadurch von den „Leerstellen" abgrenzen, daß sie ihren systematischen Ort in der selbstrepräsentationalen Kontext-Bildung haben.

bolisch, weil es den Aussage-TEXT mittels einer Umschreibung repräsentiert, ihn damit aber auch nur in seiner Sprachlichkeit darstellt.

Bei der ikonischen Selbstrepräsentation wird der Rezipient auf das kulturelle Wissen verwiesen, bei der indexikalischen auf ontologische oder epistemologische Verhältnisse und Differenzen zwischen Sprache und Welt, Fiktion und Realität und bei der symbolischen auf seine eigene Interpretationstätigkeit. Diese drei Spezifika lassen sich jeweils in konkreten Texten funktional und diskurshistorisch deuten.

1.2.4 Ausdifferenzierung der Beschreibungsparameter (Überblick)

In den beiden vorangegangenen Kapiteln wurden die Elemente für eine Beschreibung der Selbstrepräsentation formal entwickelt und so definiert, daß auch eine diachrone Perspektive daran anschließbar ist. In der Analyse des Lope-Sonetts war darüber hinaus zu sehen, in welcher Weise einzelne Repräsentationen sich miteinander verketten und in andere übergehen: die Genese von AUTOR, TEXT und LESER im Text ging in einer kontinuierlichen Bewegung von einfachen zu komplexeren Repräsentationsarten vonstatten, die Objekte entwickelten sich im Durchlaufen ikonischer, indexikalischer und teilweise auch symbolischer Repräsentationen und brachten sich dabei sozusagen gegenseitig zur Existenz. Es ist nach den bisherigen Definitionen offensichtlich, daß Selbstrepräsentationen nicht immer so monoton teleologisch verlaufen müssen; der Beschreibungsraum der Selbstrepräsentationen besitzt kein Gravitationszentrum, dem die Selbstrepräsentationen, wie im Lope-Sonett, zustreben. Vielmehr sind Besetzungsmöglichkeiten, Komplexität und Transformationen auf den strukturellen Achsen (s.u. Kap. 1.2.2) im Prinzip beliebig. Die bisher entwickelten Selbstrepräsentationstypen verstehen sich nur als Koordinaten, die den möglichen Raum der Selbstrepräsentationen definieren, und nicht selbst bereits die Möglichkeiten *sind*. Sie sind jedoch Marken, die nicht ungestraft überschritten werden können, weil sich dann jeweils neue Repräsentationszustände einspielen.

Nun zeigten die schon zitierten Beispiele aus der literarischen Praxis, daß es sinnvoll ist, unter Ausnutzung der im Beschreibungsmodell angelegten systematischen Möglichkeiten, d.h. ausgehend von den bisherigen Parametern, die einzelnen Typen in sich zu differenzieren bzw. Kombinationen von Objekten als zusätzliche Typen anzusetzen.

Welche Parameter kommen nun für eine Ausdifferenzierung und Erweiterung der Typen von den bisherigen Festlegungen her in Frage? Ein Selbstrepräsentationstyp ergibt sich – bisher – jeweils aus mehreren Minimalinterpretanten, die ihrerseits durch das Verhältnis zu den anderen Objekttypen bzw.

Repräsentationsweisen bestimmt sind. Chacón beispielsweise ist in den ersten drei Zeilen des Sonetts eine ikonische AUTOR-Repräsentation:

- bezüglich des Objekttyps:
  (1) er ist als AUTOR Initiator (eines TEXTES);
  (2) er realisiert seinen AUTOR-Status, weil er einen TEXT *PRODU-ZIERT*;
- bezüglich der Repräsentationsweise:
  (3) er ist *ikonischer* AUTOR, weil er entweder AUTOR eines TEXT-Ikons ist oder nicht AUTOR-Index, d.h.
  (4) er ist auch hinsichtlich eines möglichen TEXT-Index' oder eines möglichen AUTOR-Index' ein *ikonischer* AUTOR .

(1) und (3) perspektivieren Objekttyp bzw. Repräsentationsart an sich; (2) und (4) fokussieren den Objekttyp bzw. die Repräsentationsart in Relation zu jeweils anderen auf der kontextualen Achse, wobei aber (4) zugleich die Wertigkeit auf der genealogischen Achse angibt. Die Realisierung von Repräsentationen auf dieser Achse ist dabei so fakultativ wie etwa eine Vervielfältigung von AUTOREN auf der paradigmatischen Achse. (Ein AUTOR-Ikon *muß nicht* zum AUTOR-Index werden bzw. sein TEXT nicht zu einem TEXT-Index); Man könnte auch sagen: (1) und (3) bestimmen den *Typ* der Selbstrepräsentation, (2) fokussiert die Repräsentation unter dem Blickpunkt einer *Zeichenhandlung*, die das Verhältnis zwischen zwei Objekttypen angibt, und (4) die Relation einer Selbstrepräsentation zu anderen. Der durch Interpretanten definierte Typ und die entsprechende Zeichenhandlung sind also die Parameter, unter denen der Selbstrepräsentationsraum genauer vermessen werden kann.

Die Ausdifferenzierung der Typen wird Gegenstand des Kap. 1.2.5 sein. Hier können die bisher theoretisch gebliebenen *Selbstrepräsentationstypen* zugleich durch konkrete Beispiele illustriert werden. Die Zeichenhandlungsdimension kommt dabei nur insofern in Betracht, als sie für die Zuordnung einer Selbstrepräsentation in ein bestimmtes Feld relevant ist. Eine interne Ordnung der Typen dient nicht nur dazu, einen polymorphen Komplex zu untergliedern; da die Ordnung innerhalb der Typen nach dem Prinzip der bisherigen funktioniert, ohne in gleicher Weise durchsystematisiert zu werden, kann gezeigt werden, daß auch innerhalb eines Typs die Wertigkeit, die später für die Textanalyse relevant wird, differiert (vgl. u. Kap. 1.2.6).

Eine Erweiterung der Typen durch ebenfalls elementare, aber komplexere Repräsentationsmuster wird dann Überlagerungen von Zeichenhandlungen innerhalb eines Objekts systematisieren. Solche *Interferenzen* treten auf, wenn die Handlung eines Objekts das Objekt selbst verändert und ihm einen *ambivalenten* Status verleiht. Bei drei Objekten sind insgesamt sechs mögliche Interferenzen zu unterscheiden (Kap. 1.2.7).

Den Einzelanalysen (Kap. 2.1.1–3, 2.2.1, 2.3.1–5.) muß es dann vorbehalten bleiben, das *Zusammenspiel* aller Repräsentationsmomente zu beschreiben.

1.2.5 Subdifferenzierung der Selbstrepräsentationstypen

Unter der Zielsetzung, Selbstrepräsentation allgemein, funktional, textspezifisch und diskurshistorisch zu beschreiben, wurden die Typen nicht vorrangig thematisch-inhaltlich, sondern gemäß ihrer jeweiligen Semiotizität bestimmt. Dies führt nun andererseits dazu, daß jeder Typ ein Feld von Realisierungen definiert, die unter anderen Aspekten betrachtet sehr heterogen erscheinen. Als TEXT-Ikons können so bspw. gleichermaßen Träume, erwähnte Filme, Gemälde, Schreibinstrumente, Bücher, Bibliotheken etc. gelten[140]. Die zwischen diesen Realisierungen einzeln oder kombiniert waltenden Differenzen medialer (Gemälde/Buch), ontologischer (Traum/Buch), historisch bedingter (Buchmetaphern vs. Filmmetaphern) und anderer Art sind auf der bisher für die Typenbeschreibung betrachteten Ebene nicht relevant, dennoch stellt sich schon auf der Ebene der systematischen Beschreibung insofern die Frage, wie man maßgebliche Differenzen innerhalb eines Typs gerecht werden kann, als im konkreten Text durchaus typeninterne Differenzen relevant werden können. Es ist nur konsequent, eine Subdifferenzierung aufgrund der gleichen Kriterien durchzuführen, die schon die Einrichtung der Selbstrepräsentationstypen bestimmt hat, nämlich (i) die Semiotizität einerseits und die (ii) Verfaßtheit der Romanaussage als Grenzwert andererseits. Damit bleibt auch auf der Mikroebene der Beschreibung Kontinuität und Einheitlichkeit der Beschreibungsparameter gewährleistet, ohne daß eine thematisch-inhaltliche Sichtweise eingenommen wird oder die Darstellung in eine bloß extensive Phänomenologie mündet[141].

---

[140] S. dazu u. Kap. 1.2.6.
[141] Die Möglichkeit, das Kriterium der Peirceschen Kategorien ordnend für verschiedene Differenzierungsebenen anzuwenden, ergibt sich aus der vielfachen rekursiven Anwendbarkeit der Kategorien. Die Selbstrepräsentationstypen entstanden ja bereits aus einer doppelten Bestimmung durch die Kategorien, aus denen Objekttyp und Repräsentationsart abgeleitet wurden. Durch wiederholte rekursive Anwendung der kategorialen Ordnung kann eine im Prinzip beliebig feine Differenzierung auch innerhalb eines Typs unternommen werden. Im gegenwärtigen Moment der systematischen Entwicklung des Beschreibungsmodells kommt es zunächst nur darauf an, die im Beschreibungssystem angelegten Möglichkeiten zu entwickeln und nutzbar zu machen; erst in der konkreten Textanalyse, wo sich Wert und Funktion einer konkreten Realisierung von Selbstrepräsentation in der Selbstrepräsentationsstruktur des Textganzen bestimmen, können auch geringste Differenzen relevant werden, die bis in die Ebene von Grammatik, Syntax und Phonetik gehen (vgl. z.B. *Estela del fuego que se aleja* Kap. 2.3.3).

zu (i): Die interne Ordnung eines Typs braucht sich nach der Semiotizität nicht im gleichen Sinne wie bei den Typen zu richten, sondern nur indirekt, indem sie zum Maß nimmt, was den jeweiligen Typ selbst schon bestimmt, nämlich seine(n) Interpretanten. Die erste Subdifferenzierung kann dann gemäß der Frage geschehen: Inwiefern fokussiert eine bestimmte Selbstrepräsentation welche(n) Interpretanten, durch den/die sie einem bestimmten Typ angehört? Die vor dem Papierbogen verharrende Schreibfeder, von der im Prolog des *Don Quijote* die Rede ist, ist beispielsweise nicht nur das Attribut des Prolog-AUTORS (und mithin selbst ein AUTOR-Ikon), sondern auch ein TEXT-Ikon, insofern in ihr TEXT als Potentialität versinnbildlicht ist (wie der ruhende Pinsel in der Hand des Malers in den *Meninas*). Es bleibt zwar der Gesamtanalyse des Romans vorbehalten, das eigentliche Selbstrepräsentationsobjekt von „pluma" zu bestimmen, doch es kann schon gesagt werden, daß einer der Interpretanten von TEXT-Repräsentationen, nämlich LESBARKEIT in der Repräsentation dieses Objekts weitgehend ausgeblendet ist. Ein Traum hingegen, wie er in Borges' *Las ruinas circulares* vorkommt, repräsentiert einen realisierten TEXT, der aber in medialer Differenz zur Romanaussage steht und dessen LESBARKEIT in der Regel allein für seinen AUTOR besteht. Ein Buch, wie jenes, das Delmont in *La modification* (1957) mit sich führt, fokussiert PRODUZIERTHEIT, aber vor allem ist es ein dezidiert LESBARER TEXT, dessen LESER nicht mehr dessen AUTOR sein muß (unabhängig davon, ob es im Verlauf des Textes tatsächlich GELESEN WIRD).

Da sich die Selbstrepräsentationstypen an ihrer Semiotizität unterscheiden und dies sich darin äußert, welche Interpretanten sie definieren, sind die jeweiligen Subdifferenzierungen, die sich im Hinblick auf diese Interpretanten auffächern sollen, vom Typ abhängig und müssen für jeden Typ einzeln bestimmt werden. Dies ist letztlich auch der Grund dafür, daß die Differenzierbarkeit des Feldes einzelner Typen sehr unterschiedlich ist. Vor allem ikonische Repräsentationen erlauben eine nuancierte Spektralisierung, da sie alle kulturellen Einheiten aufrufen können, die ihr Objekt haben kann.

zu (ii): Der Grenzwert, gegen den die Repräsentationen konvergieren können, ist wie schon gesagt[142], die gesamte Romanaussage in ihrer Medialität, Totalität, Individualität, Transtextualität, Architextualität und paratextuellen Anlage, den Namen des Autors und den Titel des Textes sowie den Rezipienten als *narrataire principal* der gesamten Romanaussage eingeschlossen. Dieser außersemiotische Grenzwert entspricht im innersemiotischen Repräsentationsraum dem Objekt indexikalischer Repräsentationen. Typeninterne Differenzen müssen sich also auch nach der Verfaßtheit der repräsentierenden Romanaussage (dem Roman), dem 'Selbst' der Selbstrepräsentation, richten. Allein nach den bisherigen Überlegungen wären nun ein Gemälde (wie es in

---

[142] S. o. Kap. 1.1.5.

Goytisolos *Recuento* beschrieben wird), ein erwähnter Hitchcock-Film (den eine Figur in Millás' *El desorden de tu nombre* anschaut), Bücher (wie in Borges' *La biblioteca de Babel*) sowohl als TEXT-Ikons gleichwertig, aber auch darin, daß sie in gleicher Weise die Interpretanten PRODUZIERTHEIT und LESBARKEIT dominant setzen: Maler, Regisseur, Schriftsteller repräsentieren AUTOREN, Betrachter, Zuschauer, Leser repräsentieren LESER. Es ist aber offensichtlich, daß aufgrund der medialen Differenzen Buchverfasser und Buchleser dem Roman näher stehen als Regisseur und Fernsehzuschauer. Wenn also in *El desorden de tu nombre* ein Hitchcock-Krimi eine Rolle spielt, so wäre zwar 'Hitchcock' AUTOR-Index dieses Films; da der Film aber nur ein TEXT-Ikon ist (hinsichtlich des Romans), ist auch der AUTOR nur ein Ikon (hinsichtlich des Romans)[143]. Ähnliche Differenzen bestehen zwischen verschiedenen Realisierungen von AUTOR-Indices: ein schreibendes 'Ich', ein Name (*el autor*), ein Eigenname (Edouard in *Les faux-monnayeurs*), der Autorname (als Vorname: Marcel in der *Recherche*, Carmen in *El cuarto de atrás*; als Vor- und Nachname 'Miguel de Unamuno' in *Niebla*).

Es versteht sich von selbst, daß weder die Fokussierung bestimmter Interpretanten und die davon abhängige Semiotizität verschiedener Realisierungen eines Typs noch die variable Nähe zur Romanaussage in irgendeiner Weise 'normativ' zu verstehen ist. Und dies nicht nur aus pragmatischen Gründen: schon allein dadurch, daß sich die Paratexte historisch stark gewandelt haben, kann bspw. die Nennung des Autornamens im Haupttext ein sehr unterschiedliches Gewicht haben. Referenzen auf die Materialität der Romanaussage (wie häufig im *Don Quijote*), Interferenzen zwischen paratextuellem Bereich und Haupttext (wie die beiden Prologe in *Niebla*) oder etwa TEXT-Repräsentationen in verschiedenen Medien (Filme, Photographien), die den Effekt eines Simulakrums erzeugen, erlangen so gerade als *énoncés* im Selbstrepräsentationsdiskurs ihren historischen Aussagewert. Vielmehr zielt der gegenwärtige Systematisierungsversuch der Selbstrepräsentationen darauf ab, ausgehend von einem einheitlichen Differenzkriterium verschiedene Typen so abzugrenzen, daß, wie in der folgenden Beispielreihe und später in den Einzelanalysen zu sehen sein wird, die verschiedenen Dimensionen erfaßt werden können, in denen Selbstrepräsentationen funktional im Text und symptomatisch für den Diskurs sind. Aufgrund u.U. feinster Spezifika bzw. Differenzen implizieren jeweilige Realisierungen von Selbstrepräsentation besondere Möglichkeiten und Grenzen sowohl darstellungstechnisch und erzählfunktional im Text als auch – in quer dazu liegender Sichtweise – historisch im Selbstrepräsentationsdiskurs.

---

[143] Vgl. dazu u. die Bemerkungen zu Ikonizität Kap. 1.2.3.2.

1.2.6 Beispielreihe

1.2.6.1 Ikonische Selbstrepräsentation

Sowohl in der Exemplarität als auch in der Nicht-Indexikalität liegt ein Großteil der darstellungstechnischen Möglichkeiten ikonischer Repräsentation, aber eben auch der diskurshistorischen Grenzen, da durch Ikonizität bestimmte epistemologische Paradoxien provoziert oder gerade vermieden werden können.

1.2.6.1.1 AUTOR-Ikons

AUTOR-Ikons besitzen allein die Interpretanten PRODUKTIVITÄT und Nicht-Indexikalität bzw. Exemplarität. Der AUTOR ist (i) 'am ikonischsten', wenn sein TEXT am wenigsten ein möglicher Index ist, d.h. in größter (u.U. medialer) Differenz zur Romanaussage steht; in ihm ist dann gewissermaßen PRODUKTIVITÄT an sich repräsentiert. Er steht (ii) dem Index näher, wenn sein TEXT im Medium des Romans PRODUZIERT wird bzw. (iii) er selbst in einer Beziehung zum Autornamen steht.

(i) Das einheitliche Merkmal dieser ersten Gruppe ist eine Thematisierung des PRODUZIERENS jenseits des Aussage-TEXTES, seiner Medialität und der PRODUKTION eines LESBAREN TEXTES überhaupt: Repräsentationen der schieren ungerichteten Zeichenproduktivität, des schöpferischen oder produktiven Prinzips, die ihren bildlichen Ausdruck als das, was alle Konkretionen als Möglichkeiten in sich enthält, finden: im stimmlosen Aleph in Borges' *El aleph* oder in Luis Goytisolos *Estela del fuego que se aleja* (1984), das gemäß der kabbalistischen Sprachtheorie (vgl. Scholem 1983:47–48) alle anderen Buchstaben in sich birgt (in diesem Fall ist der AUTOR, nämlich das Aleph, zugleich ein TEXT), im Pinsel, den der verharrende Maler in der Hand hält oder in der uneinsehbaren Leinwand in Velázquez' *Las Meninas*.

In Borges' Erzählung *Las ruinas circulares* (1941) unternimmt ein Magier den Versuch „de modelar la materia incoherente y vertiginosa de que se componen los sueños" (RC 64), um nach dem Vorbild der Demiurgen der gnostischen Kosmogonien einen Sohn zu erträumen: „El propósito que lo guiaba no era imposible, aunque sí sobrenatural. Quería soñar un hombre: quería soñarlo con integridad minuciosa e imponerlo a la realidad" (RC 62). Daß es sich bei der Erfindung überhaupt um einen TEXT handelt, wird auf verschiedene Weise signalisiert. In der Erzählung ist die Schöpfung eine bewußte, intentionale Tätigkeit des AUTORS. Diese ästhetische Anspruchshaltung ist allerdings keine zwingende Bedingung, denn ikonische AUTOREN können auch 'unschuldige' Figuren sein: in Pérez Galdós' Roman *Misericordia* (1897) bedient sich die Dienstmagd Benina in frommer Sünde einer Notlüge indem sie den Retter Don Romualdo erfindet, der sich später als wirklich existierend herausstellt[144]. Ebenso wird in Borges' Erzählung die 'Fiktion' 'real', aber auf unerwartete Weise: Das Attribut des erträumten Sohnes ist die Widerstandsfähigkeit gegen das Feuer. Als es in dessen Tempel ausbricht und der Magier fürchtet, dies müsse dem Sohn Bewußtsein über seine „condición de mero simulacro" (RC 68) bringen, haben bald die Flammen auch auf die Ruine des Magiers übergegriffen. Da er selbst unversehrt bleibt, erkennt er, „que él también era una apariencia, que otro estaba soñándolo" (RC 69). Daß diese Einsicht Benina verwehrt bleibt, verweist auf eine grundsätzlich andere poetologische Aussage. Die Ontogenese des Imaginierten, Bewahrheitung des Erdachten, die Fiktion erzeugende oder *performative Fiktion*, die man bisweilen als ein poetisches Bekenntnis lesen kann[145], ist eines der Potentiale der Repräsentation ikonisch PRODUZIERENDER, aber nicht Aussage-TEXT SCHREIBENDER AUTOREN[146]. Ein ähnlicher Fall liegt in Goethes Gedicht *Amor als Landschaftsmaler* vor, das hier ausnahmsweise erwähnt werden soll. Auch das lyrische Ich sitzt nicht vor einem Blatt Papier, sondern vielmehr in der Natur, genauer gesagt, früh morgens auf einer Felsenspitze und blickt

> [...] mit starren Augen in den Nebel;
> Wie ein grau grundiertes Tuch gespannet,
> Deckt' er alles in die Breit und Höhe.
>
> Stellt' ein Knabe sich mir an die Seite,
> Sagte: Lieber Freund, wie magst du starrend
> Auf das leere Tuch gelassen schauen?
> Hast du denn zum Malen und zum Bilden
> Alle Lust auf ewig wohl verloren?

Amor, der ikonische AUTOR, beginnt nun in das graue Tuch (den ikonischen TEXT, der noch nicht LESBAR ist) dem Ich (ikonischer LESER) eine bunte Landschaft zu malen; ein „vollkommnes Mädchen" darin darf nicht fehlen. Schließlich 'lernt das Bild laufen' und zieht den Betrachter mit sich fort:

> Da nun alles, alles sich bewegte,
> Bäume, Fluß und Blumen und der Schleier
> Und der zarte Fuß der Allerschönsten,
> Glaubt ihr wohl, ich sei auf meinem Felsen
> Wie ein Felsen still und fest geblieben? (ed. 1952: I 235,237)

---

[144] Die gleiche Figur 'Fiktion erzeugt Fiktion' findet sich in zahlreichen Romanen von Galdós, vgl. die Aufzählung bei Kronik (1977:73–74).
[145] In diesem Fall handelte es sich um eine symbolische AUTOR-Repräsentation (s. u. Kap. 1.2.6.3.1).
[146] Die performative Fiktion ist jedoch der Effekt mehrerer Repräsentationen und deshalb im strengen Sinne nicht Gegenstand des typologischen Teils.

In den drei Beispielen wird ununterschieden die 'Fiktion' 'real' – die Differenzen lassen sich jedoch noch exakter fassen: Bei Borges wird der AUTOR selbst zum TEXT, falls er nicht immer schon TEXT gewesen ist und als solcher überhaupt erst die PRODUKTION vornimmt[147]; diese Möglichkeit wird bei Galdós und Goethe nicht reflektiert; das Gedicht trennt von *Misericordia*, daß dort durch die Präsenz des ikonischen LESERS (lyrisches Ich) ein Bezug zum Rezipienten hergestellt wird, in dessen Vorstellung das diegetische Universum vermittels der Sprache in der Weise entsteht, wie für das lyrische Ich vermittels des Malens (das in Bewegung geratende Bild ist dann nur die konsequente Schlußpointe); bei Galdós steht die Realität des zuvor nur erfundenen, erlogenen TEXTES im Vordergrund.

(ii) Nebenfiguren, Protagonisten oder Erzähler, die auch Schriftsteller sind, sich aber nicht für den Roman selbst verantwortlich erklären, dem sie entstammen, sind unzählig und in ihren Funktionen als Übermittler auktorialer Informationen, als Vorwand für politische, ästhetische etc. Reflexion gut dokumentiert[148]. Doch die performative Fiktion tritt auch in der zweiten Gruppe auf, in der AUTOREN im Medium der Sprache PRODUZIEREN, deren TEXTE – das trennt sie von den indexikalischen AUTOREN – aber nicht in der Romanaussage zitiert sind. In Azoríns *Doña Inés* (1925) richtet sich Doña Inés' Leben nach der Erzählung des Dichters Diego el de Garcillán aus. In Juan Marsés *La muchacha de las bragas de oro* (1978) stellt sich die zu Legitimationszwecken nach dem Ende der Franco-Diktatur fingierte Autobiographie eines Falangisten als Medium für die Erkenntnis der wahren, aber verdrängten Lebensgeschichte heraus. Wo sich solche AUTOR-Ikons, häufig am Ende des Romans, in AUTOR-Indices verwandeln (Julio in *El desorden de tu nombre*, Raúl in *Recuento*, Jacinto Solana in Muñoz Molinas *Beatus ille* 1986) liegt das Modell der „self-begetting novel" vor: Kellman (1980:3) versteht darunter eine letztlich thematisch definierte Variante der *mise en abyme*: „Like an infinite recession of Chinese boxes, the self-begetting novel begins again where it ends. Once we have concluded the central protagonist's story of his own sentimental education, we must return to page one to commence in a novel way the product of that process". Auch hier handelt es sich um performative Fiktion, doch dadurch, daß die AUTOR-Ikons im Vergleich zu (i) bereits schreibende Protagonisten sind, kann durch die abschließende Indexikalisierung der Aussage-TEXT (letztlich: der Roman) selbst mit in den Repräsentationsraum eingezogen werden. Dieser Typ läßt sich in zahlreichen Varianten denken und realisieren, wobei die Pointe der Selbsteinschließung je nach Vorbereitung durch entsprechende Selbstrepräsentationen mehr oder weniger überraschend sein kann. In jedem Falle beruhen die spezifischen

---

[147] Er ist AUTOR-als-TEXT bzw. TEXT-als-AUTOR (s. u. Kap. 1.2.7.3.1, 1.2.7.2.1).
[148] Vgl. z.B. Dällenbach (1977:73), Herzberger (1983:109); für den französischen Roman Magny (1950: I 269–278), für den hispanoamerikanischen Ibsen (1993:1–11).

Darstellungsmöglichkeiten vor allem von prozeßhaften Vorgängen der Entstehung des Textes und der Dialektik von Prozeß und Produkt, darauf, daß die ikonische Repräsentation jenseits des Aussage-TEXTES bleiben.

(iii) Der Bezug zwischen AUTOR-Ikons und der biographischen bzw. bibliographischen Existenz des Autors ist formal eine Relation zwischen Ikon und einem in den meisten Romanen immer schon bestehenden potentiellen AUTOR-Index, nämlich dem Autornamen auf dem Buchdeckel. Derartige Bezugnahmen, etwa eine autobiographische Färbung des als AUTOR-Ikon auftretenden Protagonisten, sind nicht ohne die Aktivierung intertextuellen Rezipienten-Wissens realisierbar und in dem Maße symbolische Repräsentationen[149]. An der Grenze zu AUTOR- bzw. TEXT-Index stehen Repräsentationen, bei denen der AUTOR bibliographisch an den Autornamen erinnert. In Carmen Martín Gaites *El cuarto de atrás* nennt sich die Protagonistin nicht nur Carmen, sondern behauptet auch, einige Carmen Martín Gaite zuzurechnende Romane geschrieben zu haben. Da sie jedoch ausgerechnet *El cuarto de atrás* nicht GESCHRIEBEN hat (der Roman hat sich, wie sich am Ende herausstellt, von allein PRODUZIERT), bleibt die Protagonistin, trotz größter Nähe zum AUTOR-Index, nur ein Ikon.

1.2.6.1.2 TEXT-Ikons

TEXT-Ikons fokussieren per definitionem tendenziell PRODUZIERTHEIT, TEXTUALITÄT oder LESBARKEIT. TEXTE können in all den Hinsichten ikonisch sein, in denen es auch ihre AUTOREN sind. So könnten alle TEXTE in den unter Kap. 1.2.6.1.1 genannten Beispielen hier noch einmal als Illustrationen von TEXT-Ikons figurieren. Als TEXT-Repräsentation können sie allerdings gemäß der drei Interpretanten geordnet werden, d.h. der Fokussierung (i) der PRODUKTIONS-Seite (auch wenn der AUTOR nicht bekannt ist), (ii) der TEXTUALITÄT an sich in abgestufter Nähe zur Romanaussage, (iii) der LESBARKEIT (auch wenn der TEXT nicht in dem Moment GELESEN wird).

(i) Die PRODUKTIONS-Seite fokussieren TEXTE, die, wie in den Beispielen unter Kap. 1.2.6.1.1, als noch nicht existent, UNLESBAR repräsentiert sind, inchoative TEXTE, wie das Aleph oder die Nebelwand im Goethe-Gedicht. Dem AUTOR moderner Texte liegt keine Welt vor Augen, der er, sie aufschreibend, hinterhereilt, sondern nur die „Schneefeldern von leerem

---

[149] Nach Lejeune ist eine Bedingung des „pacte autobiographique", daß der Autor bereits Texte verfaßt hat (Lejeune 1975:23). Allerdings ist im Kontext der Selbstrepräsentationen der Autorname auf dem Buchdeckel ein verdichtetes Zeichen, in dem sich der „espace autobiographique" (l.c) in Form von Wissen oder Hypothesen über den Autor ausbreitet; er ist dann aber eben kein *hors-texte*, der eine gewisse vertragswertige Identität garantierte (vgl. dagegen Lejeune l.c.).

Papier", wie Botho Strauß in seinem „Romantische[n]ReflexionsRoman" *Der junge Mann* (ed. 1987:15) schreibt. TEXTE, die AUTOREN wie dem Prologschreiber im ersten Teil des *Don Quijote* vor Augen liegen: nachdem Cervantes sich in einer vorweggenommenen Wende von den *anciens* zu den *modernes* vom üblichen Ornat des Autoritätenzitats losgesagt hatte, womit er immerhin das weiße Blatt gefüllt hätte, ist er nun mit seiner eigenen, vielleicht leeren Genialität konfrontiert; in eine solche Schreibstarre angesichts der Weiße des Papiers verfällt auch Jahrhunderte später Jacinto Solana aus Muñoz Molinas *Beatus ille*:

> Tocaba la máquina, ponía en el rodillo una hoja de papel y me la quedaba mirando hipnotizado por su espacio vacío. Cargaba la pluma y escribía mi nombre o el título de mi libro y ya no había palabras que fluyeran de ella. [...] sólo fumaba y bebía y me quedaba inmóvil interminablemente, con la historia que no podía escribir agobiándome entera e intacta en mi imaginación como un tesoro junto al que yo me muriera de impotencia y de hambre. (BI 274)

Die nämliche Idee hört sich bei Calvino so an:

> Per un istante mi sembra di capire quale dev'essere stato il senso e il fascino d'una vocazione ormai inconcepibile: quella del copista. Il copista viveva contemporaneamente in due dimensioni temporali, quella della lettura e quella della scrittura; poteva scrivere senza l'angoscia del vuoto che s'apre davanti alla penna; leggere senza l'angoscia che il propio atto non si concreti in alcun oggetto materiale (NV 178)

In dieser Ikonizitätsstufe bleiben TEXTE und AUTOREN beinahe ununterschieden[150].

(ii) TEXT-Ikons, die den Interpretanten Textualität dominant setzen, d.h. das Objekt als realisiertes Zeichenereignis perspektivieren, sind in zahlreichen Aspekten möglich: materielle Eigenschaften (die Druckerei im *Don Quijote*), ontologische Statute (die Träume in *Las ruinas circulares*), mediale Eigenschaften (Bilder, wie im gesamten *Antagonía*-Zyklus von Luis Goytisolo) etc.[151]

(iii) In einem ebenfalls breiten Spektrum kann der Fokus auf die LESBARKEIT des TEXTES gerichtet sein. Auch hier sind Abstufungen denkbar: Bücher, über die gesprochen wird („contiene mucho más cosas que la Celestina", auf dem Frontispiz der *Lozana anadaluza*) oder die, wie in Butors *La modification*, gerade nicht GELESEN werden, Bibliotheken, in denen – wie im Fall der „biblioteca de Babel" – jenes Buch, in dem die Geschichte *La biblioteca de Babel* vorkommt, enthalten ist etc. Bereits in der Nähe zu symbolischen TEXT-Repräsentationen befinden sich sog. *Systemreferenzen* (vgl.

---

[150] Die Chiffrierung vom Weiß des Papiers als „Farbe des Möglichen" hat ausführlich M. Schmitz-Emans (1995: 41-54, 403-404 u. passim) untersucht.
[151] Vgl. die allgemeinen Bemerkungen zur ikonischen Selbstrepräsentation u. Kap. 1.2.3.2.

Pfister 1985:17), insofern sie den Text selbst unter einem allgemeinen Begriff als Referenzobjekt einschließen. Im einfachen Falle handelt es sich dabei um grammatikalische Begriffe, die als Metaphern eine lange Tradition haben (vgl. Curtius 1967:416–418), wie in García Hortelanos *Gramática parda* (1982). Die Kapitel sind in „Lecciones" eingeteilt und lauten etwa: „LAS CONDICIONES DEL SUJETO" (I), „DIALÉCTICA DE LA CONCORDANCIA" (II), „LA BUHARDILLA SEMIOLÓGICA o LA SEMIOLOGÍA" (III), „LA IMPORTANCIA DE LOS CIRCUNSTANCIALES DE MODO Y MANERA" (IV) etc. (s. ed. 1986:355–358). Literaturtheoretische Verweise reichen von Anspielungen, wie die mehrfache Erwähnung von Todorovs *Introduction à la littérature fantastique* in *El cuarto de atrás* bis hin zu eigenständigen Exkursen wie in *Juan sin tierra* (1975), wo Juan Goytisolo die Theoreme bzw. Glaubenssätze der *nouvelle critique* kreativ erweitert:

> autonomía del objeto literario : estructura verbal con sus propias relaciones internas, lenguaje percibido en sí mismo y no como intercesor transparente de un mundo ajeno, exterior : mediante el acto de liberar las palabras de su obediencia a un orden pragmático que las convierte en meros vehículos de la razón omnímoda : de un pensamiento lógico que desdeñosamente las utiliza sin tener en cuenta su peso específico y su valor : complementando las funciones de representación, expresión y llamada inherentes a una comunicación oral cuyos elementos (emisor, receptor, contexto, contacto) operan también (aunque de modo diverso) en el instante de la lectura con una cuarta función (erógena?) que centrará exclusivamente su atención en el signo lingüístico [...] (ed. 1985:296–297)

Zu TEXT-Symbolen werden die Varianten der Gruppe (iii), wenn die TEXT-Ikons auf den Text selbst angewendet werden können.

1.2.6.1.3 LESER-Ikons

Ein LESER zeichnet sich dadurch aus, daß er etwas anderes zum (deutungsbedürftigen) Zeichen erklärt. Figuren werden schon zu LESERN, wenn sie in einen Meinungsstreit über das Vorgefundene treten. Don Quijotes Weltsicht ist hier das Paradebeispiel. Sobald verschiedene Versionen über (letztlich ja nur fiktive) Sachverhalte wie den 'Helm des Mambrino' konkurrieren, wird zu Bewußtsein gebracht, daß jede Erzähler- oder Figurenrede, jedes Romanaussageelement mithin, potentiell immer schon die sprachliche Objektivation einer LESART ist. Als Rezipient muß man der Rede glauben, bis sie sich selbst als LEKTÜRE oder partikulare Version entlarvt, etwa indem die Erzählinstanz oder irgendeine Figur etwas anderes behauptet (das Sprektrum reicht hier vom „unreliable narrator" [Booth 1974: I 214] bis zum Polyperspektivismus).

Ikonische LESER können ikonische TEXTE oder von AUTOR-Ikons PRODUZIERTE TEXTE LESEN. Eine Abstufung ist folglich von dem TEXT abhängig, den sie LESEN oder durch die LEKTÜRE erzeugen. Sie ordnen sich dann konsequenterweise nach dem Verhältnis, in dem ihr TEXT zum TEXT des LESER-Index steht, d.h. danach, 'wie LESBAR' ihr TEXT für den LESER-Index bzw. Rezipienten als *narrataire principal* ist, zu dem sie sich ja ikonisch verhalten. So lassen sich unterscheiden (i) LESER der fiktiven oder diegetischen *Welt* 'hinter' der Sprache des Textes (sie ist für den Rezipienten der Romanaussage nicht als solche lesbar, weil sie ja erst durch die Romanaussage entsteht); hier bilden sich LESER nur, wenn es Konkurrenzen zwischen LESarten gibt oder explizit gedeutet wird; (ii) LESER, die ikonisch sind, weil ihre schon als solche ausgewiesenen TEXTE ikonisch sind; (iii) LESER von TEXTEN, die auch für den Rezipienten lesbar, nämlich in der Romanaussage zitiert sind.

(i) *Welt-LESER* LESEN die diegetische Welt als zu deutenden TEXT, wobei die Formulierung ihrer LEKTÜRE für den Rezipienten als *narrataire principal* allererst zur Romanaussage wird. Was *sie* LESEN, ist für den Rezipienten folglich nicht unabhängig davon lesbar (die erzählte Welt existiert ja nicht jenseits ihrer sprachlichen Darstellung). Die Frage nach einem möglichen AUTOR jener Welt-TEXTE stellt sich hier zunächst nicht, solange die GELESENE Welt sich dem LESER nicht als demiurgisches Machwerk entpuppt, wie dem LESER Augusto, dem seine Welt – ihn selbst eingeschlossen – letztlich als ein vom AUTOR 'Unamuno' GESCHRIEBENER TEXT offenbart wird.

(ii) Für ikonische LESER von *Schrift-TEXTEN* findet sich abermals ein sinnfälliges Beispiel in den *Meninas*: In seiner Eigenschaft als LESER ist der Hofmarshall Nieto, der aus dem Hintergrund die Malszene betrachtet, nichts weiter als eine (personalisierte) Perspektive, die etwas sieht, was man als Betrachter der *Meninas* nicht bzw. nur aus einer anderen Perspektive sehen kann: die gesamte Malszene von hinten, darunter auch die Vorderseite der großen, uneinsehbaren Leinwand im linken Bildbereich. Ihn zeichnet, im Unterschied zu den Hoffräulein um die Infantin herum, als *LESER* aus, daß er, wie der Rezipient, einen ikonischen TEXT betrachtet (die Leinwand). Zum *ikonischen* LESER wird er dadurch, daß er den TEXT, dessen Teil er ist (d.i. der Aussage-TEXT), nicht LESEN kann, anders gesagt: er ist kein LESER-Index, insofern er den von ihm GELESENEN TEXT nicht mit dem TEXT in Verbindung bringen kann, der den GELESENEN TEXT zitiert (letztlich: das Bild *Las Meninas*). Er schaut zwar dem Maler bei der Arbeit über die Schulter und mag sogar in dessen Gemälde, wenn es schon existiert, sich selbst dargestellt finden, doch hat er kein Bewußtsein seines immer schon vorgängigen Objektstatus (TEXT) in *Las meninas*. Zu dieser Gruppe ikonischer LESER zählen Flauberts Bouvard und Pécuchet ebenso wie die Romanleser in der Tradition Don Quijotes und Emma Bovarys (Tristana, Ana Ozores aus der *Regenta* etc.).

(iii) Mit LESERN von TEXTEN, die *in der Romanaussage zitiert* sind (Briefe, Geschichten, Novellen in einer Rahmenerzählung oder einem Lehrdialog, ganze eingelassene Romane), teilt der Rezipient die Perspektive der Lektüre, so daß er seine Deutungen mit denen der ikonischen LESER im Roman vergleichen kann. Von den indexikalischen LESERN unterscheidet auch die Realisierungen der LESER-Ikons in Gruppe (iii), daß sie keine Verbindung zur Romanaussageebene herstellen. Eines der berühmtesten Beispiele ist die Exegese der sog. 'Türhüterlegende' in Kafkas *Prozeß*, wo in der Unterhaltung zwischen Josef K. und dem Pfarrer der zuvor erzählte dunkle Text allererst erläutert wird; allerdings geht diese Auslegung schon in eine symbolische LESER-Repräsentation über, insoweit sie auf eine Deutungsdimension des Romans selbst verweist. Javier Tomeos *El castillo de la carta cifrada* (1977) ist ein 100seitiger Monolog eines Grafen, mit dem er seinem Bediensteten Bautista den Auftrag gibt, einen Brief an einen Freund zu überbringen. Eine einzige Anrede im ersten Satz zeugt von der Erzählperspektive und macht den Bediensteten zum ikonischen LESER: „No se preocupe, Bautista, y deje de temblar – me dijo aquella mañana el señor Marqués –", so beginnt der Roman. „Lo que voy a encargarle es fácil. No soy de los que piden peras al olmo. Vea usted esta carta [...]. Debe entregársela personalmente al señor Conde" (ed. 1988:9). Durch den hypothetischen Modus der Handlungsanweisung wird die Sprache, der gesprochene TEXT des Marqués, zum einzigen Existenzmodus der diegetischen Welt. In dieser doppelten Fiktionalisierung des Als-ob des Romans und des Als-ob der Rede selbst und in der Suspendierung der Schriftlichkeit des TEXTES gerät der ikonische LESER Bautista in größte Nähe zum indexikalischen LESER, d.h. zum Rezipienten.

Ebenso wie die PRODUKTION kann aber auch das LESEN als ein nichtpersonaler Akt repräsentiert sein und damit tendenziell bewußtlos und interesselos. Dies ist etwa der Fall bei maschineller Rezeption wie die laufenden Kameras in Truffauts *La nuit américaine*. Eine solche Lesemaschine ist auch das Tonbandgerät in *Teoría del conocimiento* von Luis Goytisolo, das die im Aussage-TEXT wiedergegebene Rede einer Figur aufzeichnet[152].

---

[152] Dadurch, daß die die Semiotizität das Ordnungskriterium ist, liegt auch die Unterteilung der LESER-Ikons quer zu den narratologischen Kategorien. LESER-Ikons sind insofern *narrataires intradiégétiques* (Genette 1972:265–266) bzw. *secondaires* (Prince 1973:189–190), als sie nicht den Aussage-TEXT in Relation zur Romanaussage bringen können; ihre Distanz zum Rezipienten bzw. dem *narrataire principal* bestimmt die drei Untertypen: der erste LIEST etwas für den Rezipienten Unlesbares, der zweite LIEST medial ähnliche Texte wie der Rezipient (Bücher), der dritte nimmt für die Dauer seiner LEKTÜRE die Position des Rezipienten ein und kann mit dessen Interpretationen interferieren. – Ein anschauliches Beispiel für alle drei Typen des ikonischen LESERS, ihre jeweilige Wertigkeit und die damit verbundenen Darstellungsfunktionen, die sich gerade in Abgrenzung gegen Indexikalität profiliert, findet sich in Pérez Galdós' Erzählung *La novela en el tranvía* (1871), s.u. Kap. 2.2.1.

1.2.6.2 Indexikalische Repräsentationen

1.2.6.2.1 AUTOR-Indices

Der AUTOR-Index besteht aus einer Bezugnahme auf den TEXT (den Aussage-TEXT), die er in der Eigenschaft als PRODUZENT vornimmt. Wenn der Akt der TEXT-PRODUKTION nicht weiter problematisiert wird, beschränkt sich der Selbstrepräsentationsgehalt gewissermaßen auf die Feststellung, *daß* PRODUZIERT wird, und die Erzählung kann mit den narratologischen Instrumenten beschrieben werden, z.B. als extradiegetische Erzählung. Wenn AUTOR-Indices laut Definition PRODUZENTEN des Aussage-TEXTES sind, so ist jedes Aussagesubjekt einer Erzählung ein potentieller AUTOR-Index. Dies kann sowohl der Erzähler sein als auch eine Figur, die einen TEXT schreibt, sofern dieser in der Romanaussage zitiert ist. Ein Briefschreiber beispielsweise ist dem Erzähler dann untergeordnet, wenn dieser seinerseits zu erkennen gibt, daß er als fiktiver Herausgeber den Brief zitiert. AUTOR-Indices können dabei fokussieren (i) PRODUKTIVITÄT an sich, (ii) das TEXT-Verhältnis, das den Index stärker an die Romanaussage bindet, (iii) die Totalität/Individualität von Autor und Text. Diese drei Möglichkeiten personal konzipierter AUTOR-Indices[153] können dem Personalpronomen ('yo'), dem Namen ('el autor') bzw. dem Eigenname des realen Autors zugeordnet werden.

(i) Abgesehen von bestimmten Ausnahmen, auf die noch einzugehen ist, gilt in der Regel, daß das mit dem Personalpronomen bezeichnete Aussagesubjekt erst zeigen (sagen) muß, daß es den TEXT PRODUZIERT, damit es als AUTOR-Index geltend gemacht werden kann. Als Beispiel sei hier abermals die Äußerung des 'yo' in *Niebla* genannt: „yo [...]" muß komplettiert werden mit „[...] el autor de esta nivola", damit der ersten Person Singular, die ja auch von einer Figur (Augusto) beansprucht wird, der AUTOR-Status zuwächst. Das Personalpronomen ist nicht nur an sich in seinem referentiellen Gehalt unbestimmt, es erlaubt auch wegen seiner Offenheit eine weite Spanne möglicher Selbstrepräsentationsgehalte und Realisierungen. Die extradiegetische Erzählinstanz des auktorialen Erzählers, der sein 'Ich' bisweilen nur indirekt in TEXT- oder LESER-Indexikalisierungen zu erkennen gibt, zeichnet sich in seiner klassischen Form vor allem dadurch aus, daß er der einzige ist, der das Personalpronomen als PRODUZENT für sich in Anspruch nimmt und damit alle anderen möglichen PRODUKTIONS-Perspektiven unterdrückt.

(ii) Gegenüber dem Personalpronomen haben Funktions- oder Berufsbezeichnungen wie 'el autor' schon von sich aus die Semantik des (einzigen)

---

[153] Zu nicht-personalen Varianten s.u. Kap 1.2.7 pass.

PRODUZENTEN. Ist mit 'autor' (zugleich) der Organisator oder Spielleiter gemeint[154], wird das Verhältnis PRODUKTION / TEXT ambiguisiert; aus diesem Grund müssen Auftritte des autor in der Diegese nicht notgedrungen narrative Metalepsen im modernen Sinne sein. In Diego de San Pedros *Arnalte y Lucenda*, *Cárcel de amor* und in Delicados *Lozana andaluza* ist mit *au(c)tor* kein reiner PRODUZENT gemeint, weil die Bezeichnung auf eine zusätzlich ordnende Funktion verweist oder sich mit der Bedeutung von 'actor' vermengt. Im *Gran teatro del mundo* wird der *autor*-Gott zum Spielleiter, wenn es um die konkrete Aufführung der *comedia* geht: „Si soy Autor y si la fiesta es mía / por fuerza la ha de hacer mi compañía" (TM v.49–50: 41).

(iii) Die Nennung des Eigennamens im Text, die fortan als *Autorsignatur* bezeichnet werden soll, hat eine ähnlich verwickelte Geschichte, wie die Semantik von 'autor'. Sofern das Personalpronomen bzw. die Bezeichnung *autor* nicht in Verbindung mit dem realen Autor steht, wie in manchen Prologen oder autobiographischen Texten, ist die Autorsignatur der stärkste AUTOR-Index von allen und bietet dadurch breiten Spielraum dekonstruktiver Praktiken[155]. Wenn der Autorname zugleich auf dem Buchdeckel figuriert, wie in den meisten Romanen, erhält die Autorsignatur ihre Semantik durch den Bezug auf eine privilegierte paratextuelle Ebene und impliziert deshalb u.a. auch eine LESER-Repräsentation.

Weitere allgemeine Charakterisierungen der AUTOR-Indices sind kaum möglich, weil sich Semantik und Verwendungsmöglichkeit historisch stark verändert haben und sie wegen ihrer Verbindung zum realistischen Erzählen in selbstrepräsentationalen Texten, vor allem modernen, beliebtes Objekt relativistischer und dekonstruktiver Techniken sind. Im Mittelalter können alle drei Formen identifizierenden als auch exemplarischen Charakter haben, abgesehen davon, daß die Autorsignatur im Text bisweilen durch das Bescheidenheitsgebot unterbunden ist. In vormodernen Texten ist die nicht vollzogene Trennung von empirischem und fiktionalem Ich ein Anzeichen dafür, daß die Vorstellung von Individualität auf der Seite des Autors nicht voll ausgebildet ist; selbst die Erwähnung des Autornamens muß nicht empirische Referenz bedeuten[156]. In modernen Texten wird das vermeintlich subjektive Ich, wie Beispiele weiter unten zeigen, bisweilen wieder als Diskurseffekt dekonstruiert.

Fernando de Rojas muß sich der unterschiedlichen Semantik dieser Formen bewußt gewesen sein, wenn er (oder das Aussagesubjekt) sich in den

---

[154] S. dazu und zu den folgenden Differenzierungen u. Kap. 2.1.0 mit Fn. 227.
[155] Vgl. o. die Bemerkungen zu *El cuarto de atrás* in Kap. 1.2.1.2 sowie die Analyse von *Estela del fuego que se aleja* Kap. 2.3.3.
[156] Vgl. Spitzer (1959); Curtius (1967:503–505) sowie u. Kap. 2.1.0.

Prologen und dem Akrostichon der *Celestina* (1499–1502) 'yo' nennt und als 'autor' bezeichnet, der die Vorlage von anderen übernommen hat –

> no fabricadas [estos papeles] en las grandes herrerías de Milán, mas en los claros ingenios de doctos varones castellanos formadas. [...] Vi que no tenía su firma del auctor, el cual, segun algunos dicen, fue Juan de Mena y segun otros, Rodrigo Cota [...]. Y, porque conozcays donde comiençan mis mal doladas razones, acorde que todo del antiguo auctor fuesse sin diuisión en vn acto o cena incluso, hasta el segundo acto, donde dize 'Hermanos mios...', etc. (*CE El auctor a un su amigo* : 3–5) –

aber, in „affektierter Bescheidenheit", seinen Eigennamen im Akrostichon des Gedichts eher ausspricht als versteckt (s. Bataillon 1961:201–225). In den erst für die Ausgabe von 1502 eingefügten Strophen des *corrector de la impression* nach dem 21. Akt („Declara vn secreto quel auctor en/cubrio en los metros que puso al prin/cipio del libro"; CE 306) lüftet Rojas das geheime Versteck seines Namens.

Die unterschiedliche Semiotizität dieser drei Formen und mithin ihre diskurshistorische Aussagekraft läßt sich nicht zuletzt an ihrer Vervielfältigbarkeit in einem Text ablesen: Das SCHREIBENDE Ich scheint ein einzelnes zu bleiben – als narrativer Faden, als Garant der Moral, schließlich als transzendentaler AUTOR –, solange die Konstruktion einer genialen PRODUKTIVITÄT nicht dekonstruiert wird: letzteres ist der Fall in Luis Goytisolos *Estela del fuego que se aleja*, wo ein Ich dem anderen die Feder reicht, das dem jeweiligen Vorgänger die Transzendentalität streitig macht; der *autor* bleibt auch im Singular, solange er an ein Ich gekoppelt bleibt, daß sich für den TEXT verantwortlich erklärt; mehrere *autores*, wie in der *Celestina*, können auf die Textüberlieferung verweisen und sind dann nicht unbedingt in einem Text konkurrierende AUTOREN; im *Don Quijote* hingegen tritt diese Konkurrenz schon zwischen segundo autor und Cide Hamete auf, nicht zuletzt deshalb, weil die Thematisierung von Autorschaft in den Text selbst hineingezogen ist, selbst wenn am Ende des Romans diese Inszenierung mittelalterlicher *mouvance*[157] in dem einzelnen sprechenden 'yo' der Schreibfeder Cide Hametes aufgehoben wird. Für eine Verdopplung der Autorsignatur muß man bereits auf die Erzählungen von Borges rekurrieren, z.B. *El otro*, wo sich 'Borges' und 'Borges' begegnen.

Wenn der Zwang des Index, auf ein identifizierbares Objekt zu verweisen, indexikalische AUTOR-Repräsentationen zum Markenzeichen eines subjektiven Autorkonzepts macht, so haben umgekehrt Dekontextualisierungen von AUTOR-Indices dekonstruktive Konsequenzen. In Muñoz Molinas *Beatus*

---

[157] Von Zumthor (1972:507); definiert als „caractère de l'œuvre que, comme telle, avant l'âge du livre, ressort d'une quasi-abstraction, les textes concrets qui la réalisent présentant, par le jeu des variantes et remaniements, comme une incessante vibration et une instabilité fondamentale". Vgl. u. Kap. 2.1.0. mit Fn. 209.

ille erscheint zwar sporadisch von Beginn an ein yo, doch wird das Ausmaß seiner PRODUKTIONS-Verantwortung für den Aussage-TEXT erst am Ende ersichtlich. In Luis Goytisolos *Los verdes de mayo hasta el mar* ist der AUTOR eine Figur aus dem ersten der Teil der *Antagonía*-Tetralogie[158]. In Torrente Ballesters *Fragmentos de apocalipsis* spricht das AUTOR-'yo' im vollen Bewußtsein, nicht mehr als ein „conjunto de palabras" zu sein.

Neben den genannten Fällen, denen noch zahlreiche Varianten anzufügen wären, sind als Sonderfall Pseudo-Indices zu erwähnen, bei denen die Autorsignatur keinen TEXT PRODUZIERT: Dies findet sich beispielsweise im *Don Quijote*, wo 'Cervantes' mehrfach genannt wird, aber nicht als indexikalischer AUTOR auftritt[159].

1.2.6.2.2 TEXT-Indices

Indexikalische TEXTE haben den Interpretanten PRODUZIERTHEIT, stehen in Relation zur Romanaussage und sind LESBAR. TEXT-Indices können fokussieren (i) den Äußerungskontext von AUTOR, TEXT und LESER, ohne diese weiter zu spezifizieren; (ii) TEXTUALITÄT / LESBARKEIT der Romanaussage und (iii) die Totalität der Romanaussage. Parallel zu den AUTOR-Indices können diesen drei Varianten Demonstrativpronomina, Selbstzitate und die Titelnennung im Text zugeordnet werden.

(i) Beispiele für einfache Indices, die etwa durch Personal- oder Demonstrativpronomina direkt auf den Aussage-TEXT zielen, wurden schon mehrfach beschrieben. Wenn, wie Benveniste (1966:253) bemerkt, das Referenzobjekt eines Demonstrativpronomens allein von dem Sprachhandlungssubjekt und seinem Äußerungskontext abhängig ist, kann sich umgekehrt ein AUTOR allein über das Privileg, als einziger einen TEXT- oder LESER-Index aussprechen zu können, eine extradiegetische bzw. transzendentale Position sichern oder auch 'erschleichen', wie in dem schon kommentierten dreifachen Index in Unamunos *Niebla*. In dieser Hinsicht würde der TEXT-Index auf die

---

[158] Eine ganze Migrationsbewegung der Autorsignatur, vom Titelblatt in den Text, durchzieht das Werk Luis Goytisolos: Rául, der am Ende von *Recuento* (*Antagonía I*, 1973) seine Initiation als Schriftsteller erfährt, wird AUTOR von *Los verdes de mayo hasta el mar* (*Antagonía II*, 1976) und steht (allerdings nur in der Erstausgabe bei Seix Barral) anstelle von Luis Goytisolo als Autor auf dem Schmutztitel von *Teoría del conocimiento* (*Antagonía IV*, 1981). Claudio Mendoza, Pseudonym Matilde Morets, der Protagonistin von *La cólera de Aquiles* (*Antagonía III*, 1979), erscheint im Titel von *Investigaciones y conjeturas de Claudio Mendoza* (1985); in *Teoría del conocimiento* (ed. 1988:127) wird der Schreibstil einer Figur mit dem 'Luis Goytisolos' verglichen, als Suil Yotgoilos erscheint der Autorname in *Estela del fuego que se aleja* (1984) und als 'Luis Goytisolo' in *Estatua con paloma* (1991).

[159] Vgl. u. Kap. 2.1.3.1 *Die Autorsignatur als ironischer Index*.

PRODUZENTEN-Seite verweisen, insofern der AUTOR als Sprachhandlungssubjekt impliziert ist.

(ii) Eine Fokussierung auf die Textualität, die ohne weitere symbolische Prädizierung auskommt, ist das *Selbstzitat*. In *El cuarto de atrás*, werden die ersten Zeilen des Romans am Ende wiederholt; drei Punkte am Ende verweisen auf die Wiederholung des gesamten Aussage-TEXTES:

> El sitio donde tenía el libro de Todorov está ocupado ahora por un bloque de folios numerados, ciento ochenta y dos. En el primero, en mayúsculas y con rotulador negro está escrito «El cuarto de atrás». Lo levanto y empiezo a leer:
> «... Y sin embargo, yo juraría que la postura era la misma, creo que siempre he dormido así, con el brazo derecho debajo de la almohada y el cuerpo levemente apoyado contra ese flanco, las piernas buscando la juntura por donde se remete la sábana...» (CU 210)

Im Selbstzitat werden zugleich zwei Aussagen (hier: zu Beginn und am Ende des Romans) zu Aussage-TEXT-Repräsentationen. Wie bei der Autorsignatur stellt sich hier die Frage, welcher der beiden identischen, nur durch die syntagmatische Position unterschiedenen Aussage-TEXTE der Zitierte und welche der Zitierende ist, welche Aussage welche als TEXT repräsentiert. In *El cuarto de atrás* handelt es sich um eine *mise en abyme aporistique*, der TEXT, den die Protagonistin am Ende in den Händen hält, scheint sein eigener AUTOR zu sein[160]. Die in der wörtlichen Entsprechung angelegte prinzipielle Möglichkeit, das hierarchische Denotationsverhältnis umzukehren, eröffnet eine dekonstruktive Lektüre. Dies gilt in besonderem Maße für die dritte Gruppe, die Titelsignatur, weil hier die Totalität und Individualität des Textes angesprochen ist.

(iii) Die verdichtete Form des Selbstzitats ist der im Text als Titel wiedergegebene Titel des Buches, fortan *Titelsignatur* genannt, für die auch die gerade zitierte Stelle aus dem Roman Martín Gaites ein Beispiel ist („con rotulador negro está escrito «El cuarto de atrás»."). In der Regel bezieht sich die Titelsignatur dann auf den Buchtitel, wenn sie, wie dieser, als Name eines TEXTES gekennzeichnet ist[161]. Wie die Autorsignatur eröffnet die Titelsi-

---

[160] Vgl. u. Kap. 1.2.7 pass.
[161] Vgl. a. zu den hier unter 'Titelsignatur' verhandelten Formen Ricardou (1975:196–204). Der Ausdruck „el cuarto de atrás" selbst kommt in dem gleichnamigen Text häufiger vor, nicht jedoch als TEXT-Name. – Bezüglich der Titelsignatur ist ein Vergleich mit Dällenbachs Behandlung der Figur als *mise en abyme* aufschlußreich. Für diese Form des *auto-enchâssement* gibt er zwei Realisierungsformen an: „Le premier consiste à injecter dans la diégèse le *titre* du livre même [...] ou une *expression équivalente* [...]; le second, à faire en sorte que le livre soit inclus par une séquence réflexive qui se substitue à lui [...]. Si celui-là (trés en vogue à l'époque symboliste et aujourd'hui éculé) apparaît narrativement moins dispendieux que celui-ci, c'est qu'il permet une plus grande marge de manœuvre tout en assurant la coïncidence de la manière la plus sûre et la plus rapide qui soit. En effet, le titre affirme *le même* avec une telle vigeur qu'il couvre d'avance toute tentative d'annexer *l'autre*; par ailleurs, grâce à son statut extradiégétique, il lui suffit de s'inscrire dans la

gnatur nicht nur eine *mise en abyme*, sondern bringt eine paratextuelle Hierarchie ins Spiel (Buchdeckel / Haupttext), die durch die offengehaltene Referenzrichtung dekonstruiert werden kann. Aber auch hier gibt es eine Reihe von formalen bzw. historischen Varianten, die sich letztlich daran unterscheiden, wie die anderen Objekte, v.a. der AUTOR, repräsentiert sind. Daß es bei der Titelsignatur nicht nur um Dekonstruktion oder eine Variante der *performativen Fiktion* geht, die als der genuin moderne Selbstbegründungsgestus von Kunst gelesen werden will (*nouveau roman*), sondern es zahlreiche diskurs- und darstellungsrelevante Abstufungen gibt, zeigen schon wenige Beispiele. So hat die 209. *Cantiga de Santa María* (~1257– ~1279) das Verfahren der Titelsignatur der modernen Literatur bereits vorweggenommen:

> [C]omo el Rey Don Affonso de Castela adoeçeu en Bitoria e ouv'hua door tan grande, que coidaron que morresse ende, e poseron-lle de suso o livro das Cantigas de Santa Maria, e foi guarido (ed. 1961:274)

In *El cuarto de atrás* wird mit der Titelsignatur durch logische Implikation (bzw. Synekdoche) die Gesamtheit des Textes in den Repräsentationsraum gezogen. In *El desorden de tu nombre* wird der Roman, den der Protagonist schreiben will, zwar ebenso genannt und ist auch von der Handlung her identisch, er SCHREIBT aber kein Wort. In *Beatus ille* ist 'Beatus ille' ein Rechenschaftsbericht, den der Ich-AUTOR tatsächlich GESCHRIEBEN hat, während er aber den gesamten Aussage-TEXT gerade ausdrücklich nicht SCHREIBT; 'Beatus ille' ist also nicht identisch mit dem gleichnamigen Gesamttext. Auch Edouard aus Gides *Les faux-monnayeurs* nennt seinen Roman zwar 'Les faux-monnayers', doch sind seine Tagebuchblätter nur ein Teil des Gesamttextes bzw. die Geschichte in einem anderen Prozeßmoment. *Don Quijote* stellt abermals eine Zwischenlösung dar: Zwar sprechen zu Beginn von Teil II die Figuren über die *primera parte*, doch als deren AUTOR wird eben nicht Cervantes, sondern Cide Hamete genannt[162].

---

diégèse pour amener le récit à «se mordre la queue»" (1977:146–147). Unter dem Blickpunkt der Selbstrepräsentation, der nicht schon von vornherein von der Identität zwischen Einschließendem und Eingeschlossenem ausgeht, sondern von der prinzipiellen Partialität des 'Spiegel'-Phänomens, kann indessen der eigentliche Repräsentationsgehalt der Titelsignatur, der sich zudem im Zusammenhang mit flankierenden Repräsentationen erst ergibt, präziser erfaßt werden. Die beiden von Dällenbach angeführten, letztlich äquivalenten Formen ergeben dann drei verschiedene Repräsentationen, mit sehr unterschiedlichem Wert. Zu einer exemplarischen Analyse der Titelsignatur vgl. u. Kap. 2.3.4.2.

[162] In den *Meninas* ist das Verfahren ähnlich: Das Selbstporträt Velázquez' entspricht der Nennung des Autornamens, wenn man davon ausgeht, daß der Maler als Velázquez erkennbar ist. Er stellt sich im Akt des Malens dar, nicht aber eindeutig als AUTOR gerade der *Meninas*. Das Äquivalent der Titelsignatur wird nur indirekt gegeben: man muß wissen, daß es das einzige Gemälde ist, daß Velázquez in diesem Format angefertigt hat.

Die Repräsentationsleistung von Selbstzitat, Autorsignatur und Titelsignatur setzt, entgegen den anderen Formen von AUTOR- und TEXT-Index, eine Perspektive voraus, die den Aussage-TEXT in seiner Totalität (u.U. inklusive Titelblatt) einschließt und damit einen impliziten Bezug auf den *narrataire principale* oder *extradiégétique* herstellt. Im Rahmen der Selbstrepräsentationen formuliert bedeutet dies, daß AUTOR- und TEXT-Indices eine indexikalische LESER-Repräsentation implizieren. In allen drei Fällen besteht kein Bezug auf ein reales Objekt, sondern eine Zitat-Beziehung zwischen zwei Aussage-TEXT-Elementen, wobei repräsentierender (zitierender) und repräsentierter (zitierter) Aussage-TEXT nicht von vorneherein unterscheidbar sind, weshalb diese Formen, ebenso wie die symbolische LESER-Repräsentation, potentiell dekonstruktiv sind.

1.2.6.2.3 LESER-Indices

Indexikalische LESER fokussieren (i) den Äußerungskontext von AUTOR, TEXT und LESER, ohne diese unbedingt zu spezifizieren (etwa durch Pronomina) oder (ii) LESEN an sich (Bezeichnungen wie z.B. „lector").

(i) Die Pronomina des LESER-Index (tu, usted, Vd. merced etc.) korrespondieren denen des AUTOR-Index': im Gegensatz zu der Bezeichnung „lector" (s. ii) sind es ebenso offene Formen, weil sie die Möglichkeit bereit halten, daß auch andere Adressaten gemeint sind, unter anderem das Ich, das den LESER-Index ausspricht. Während LESER-Ikons eine LESE-Tätigkeit in den Text hineinprojizieren, verhalten sich LESER-Indices – entsprechend der AUTOR- und TEXT-Indices – wie 'Spiegel', die nach 'außen' auf den Rezipienten gerichtet sind, der sich in ihnen als Gemeinter oder Angesprochener erkennen mag[163]. Diese 'sprachlichen Spiegel' funktionieren natürlich ebensowenig als wirkliche Spiegel wie der gemalte Spiegel an der Rückwand des Ateliers in den *Meninas*. In beiden Fällen ist die Leserapostrophe keine reine Leerstelle, sondern Teil des Bildes bzw. der Romanaussage, da die appellative Funktion nicht von der referentiellen getrennt werden kann und jede Leserapostrophe, als LESER-Index betrachtet, zugleich – partiell – *etwas darstellt*. Wenngleich der einfache LESER-Index im Zusammenhang mit der Erfindung des Buchdrucks auch eine phatische Funktion übernimmt, indem er der Einrichtung und Aufrechterhaltung von Kommunikation dient[164], wäre es diskurshistorisch gesehen naiv anzunehmen, daß sich darin sein Aussagewert erschöpft. Ähnlich wie die Titel- und Autorsignatur ist die Anrufung des

---

[163] Der LESER-Index entspricht also dem „narrataire extradiégétique, qui se confond [...] avec le lecteur virtuel, et auquel chaque lecteur réel peut s'identifier" (Genette 1972:266).
[164] Vgl. u. Kap. 2.1.5.

Lesers ein strategisches Moment im Stellungskrieg der Perspektiven: Es ist nicht nur allein der extradiegetische Erzähler, der den extradiegetischen *narrataire* ansprechen kann (Genette 1972:266) – der Erzähler, der es tut, beweist umgekehrt, daß er um die Sprachlichkeit des Romans weiß, oder er sichert sich, wie etwa der Erzähler in *Jacques le fataliste*, der sich im Verbund mit dem 'lecteur' über seinen eigenen Text lustig macht, mit der Leseradresse eine transzendentale Position[165].

1.2.6.3 Symbolische Selbstrepräsentation

Symbolische Repräsentationen können sich aus ikonischen ergeben oder an indexikalische anschließen. Doch in diesen Fällen, die schon mehrfach zur Sprache kamen, sind die symbolischen Bestimmungen nur Erweiterungen. Die folgenden Beispiele sind auf Realisierungen einer ausschließlich symbolischen Repräsentation beschränkt.

1.2.6.3.1 AUTOR-Symbole

Das Symbol stellt – wie ein sprachliches Zeichen – sein Objekt zugleich in seiner Abwesenheit dar und situiert dessen aufgeschobene Präsenz an anderer Stelle. Beim AUTOR-Symbol ist dann der AUTOR zugleich PRODUZENT und Objekt des Symbols. Er beherrscht aus seiner Abwesenheit heraus den durch das Symbol eröffneten Repräsentationsraum mittels einer Interpretationsanweisung, die auf ihn zurückführt. Aus dieser Eigenart der symbolischen Repräsentation ergeben sich verschiedene Möglichkeiten.

Der AUTOR kann sich als personale oder gegenständliche Instanz konstituieren wie der 'autor'-Gott in Calderóns *Gran teatro del mundo*. Entgegen den *autores*, die im *Libro de buen amor*, in Diego de San Pedros *Cárcel de amor*, in Delicados *Lozana Andaluza* oder im *Don Quijote* auftreten, betritt er seine Bühne nicht. Es ist gerade die transzendente Abwesenheit, von der aus er transzendental den Repräsentationsraum beherrscht, nur in seiner Abwesenheit ist er sich gegenwärtig. Die Interpretationsregel aber, durch die er als symbolischer AUTOR zum Objekt wird, spricht er direkt aus, es ist der klassische Repräsentationsgedanke selbst[166]:

> MUNDO. Pues ¿qué es lo que me mandas? ¿Qué me quieres?
> AUTOR. Pues soy tu Autor, y tú mi hechura eres, / hoy, de un concepto mío,
> la ejecución a tus aplausos fío. / Una fiesta hacer quiero
> a mi mismo poder, si considero / que sólo a ostentación de mi grandeza
> fiestas hará la gran naturaleza; / y como siempre ha sido

---

[165] Vgl. u. Kap. 1.2.7.3.2.
[166] Vgl. hier zum Repräsentationsbegriff im *Gran teatro del mundo* Mecke (1998).

lo que más ha alegrado y divertido / la representación bien aplaudida,
y es representación la humana vida, / una comedia sea
la que hoy el cielo en tu teatro vea. (TM v.35–48: 41)

Der *autor*-Gott stellt freilich nur bezüglich des *im auto sacramental* aufgeführten Spiels eine symbolische AUTOR-Repräsentation dar. Im Gegensatz etwa zu dem berühmten Theater-im-Theater im *Hamlet*, das als *mise en abyme simple* die äußere Handlung reflektiert, handelt es sich in Calderóns Welttheateraufführung um eine Figur (Gott), die sich als *autor* ausgibt, ein Theaterstück auf die Bühne bringt, von dem sie behauptet, es sei die Repräsentation ihrer selbst. Das Geschehen auf der Weltbühne ist als Repräsentation Gottes ein von Gott geschaffenes Symbol seiner selbst, und die Menschen müssen sich selbst bzw. Gott (in der Reue vor dem Tod) als Interpretanten dieses Symbols erkennen.

AUTOREN können auch symbolisch durch stilistische Eigenarten repräsentiert werden. Es macht die Modernität des *Don Quijote* aus, daß es im zweiten Teil letztlich der Sprachstil der beiden Helden ist, der sie von den apokryphen Varianten Avellanedas unterscheidet und sie als Kreaturen Cide Hamete Benengelis – hier könnte man auch sagen: Kreaturen von Cervantes – auszeichnet[167].

AUTOR-Symbole sind nicht nur personal repräsentierbar, sondern auch als Perspektive, als sprachliches Konstrukt, struktureller Effekt o.ä. In Texten mit komplexen PRODUKTIONS-Verhältnissen ist die symbolische AUTOR-Repräsentation bisweilen eine Antwort auf die *recherche de la paternité*: Wer spricht, wo ist der *récit premier*? – wenn es überhaupt eine privilegierte Ebene gibt[168]. In der letzten Handlungswende in Borges' *Las ruinas circulares* beherrscht jener „otro", der seinerseits jenen Magier erträumt hat, welcher mittels eines Traums einen Sohn erschaffen hatte, als AUTOR die ganze Erzählung, so wie ein Träumer seinen Traum beherrscht und zugleich der Traum nichts anderes als eine Repräsentation des Träumenden ist; die 'Traumarbeit' des Magiers verweist letztlich darauf, wie der Magier selbst PRODUZIERT WORDEN IST, so daß die ganze Erzählung „el otro" in seiner Tätigkeit des Träumens (PRODUZIERENS) zum Objekt hat. Der Titel der Erzählung legt nahe, daß nicht einmal „el otro" das letzte transzendentale träumende Subjekt (AUTOR) ist, sondern seinerseits der Traum (TEXT) eines anderen Anderen. In solcher Struktur der *mise en abyme à l'infini* bleibt der ultimative AUTOR je aufgeschoben, weil er, wie der Interpretant im Semiose-Modell, in seiner Bestimmtheit von je weiteren Interpretanten (AUTOREN) abhängig ist.

In ähnlicher Weise könnte auch der ebenfalls unter den ikonischen AUTOR-Repräsentationen angesprochene Roman *Misericordia* gelesen werden:

---

[167] Vgl. u. Kap. 2.1.3.3.
[168] Dies ist freilich im Rahmen der Typologie nicht mehr an einem kurzen Beispiel darstellbar. Vgl. ausführlich die Analyse von *Estela del fuego que se aleja* u. Kap. 2.3.3.

denn wodurch ließen sich Erfindungen oder Lügen seitens der Figuren – in diesem Fall Benina – von der Erfindung oder Lüge des ganzen Romans unterscheiden? Wenn die Notlüge Beninas sich nur deshalb als Wahrheit herausstellt, weil sie innerhalb der Diegese zur Realität wird, so könnte auch Benina selbst – d.h. die ganze diegetische Welt von *Misericordia* – als ein erfundener TEXT gelten, wodurch Beninas PRODUKTIVE Handlung symbolisch auf einen ultimativen, aber nicht in Erscheinung tretenden AUTOR verweisen würde. Durch Benina als Spur eines symbolischen AUTORS kann die künstlerische Schöpfung und sogar die Bewahrheitung des Erdachten zur Schau gestellt werden, was sicherlich im Sinne der realistischen Poetik wäre – und in poetologisch-epistemologischem Gegensatz zu Borges steht.

Mit der symbolischen AUTOR-Repräsentation zu Beginn von *El amigo Manso* (1882) rückt Galdós in die Nähe des Unamuno von *Niebla*, da hier vom Fiktionsraum aus auf die transzendentale Ebene bezuggenommen wird. Gleich zu Beginn des ersten Kapitels beteuert Máximo Manso, nicht zu existieren, niemandem zu gleichen, nichts und alles zugleich, eine Idee also, zu sein:

> Soy [...] una condenación artística, diabólica hechura del pensamiento humano *(ximia Dei)*, el cual, si coge entre sus dedos algo de estilo, se pone a imitar con él las obras que con la materia ha hecho Dios en el mundo físico; soy un ejemplar nuevo de estas falsificaciones del hombre que desde que el mundo es mundo andan por ahí vendidas en tabla por aquellos que yo llamo holgazanes, faltando a todo deber filial, y que el bondadoso vulgo denomina artistas, poetas o cosa así. (AM 1165)

Da er aber zugleich spricht und indexikalischer AUTOR ist – „no teniendo manos trazo estas lineas" (l.c.) – muß er seine eigene Entstehung erklären. Dies ist nicht nur die Erzählung der Genese Máximo Mansos sondern auch die Geburtsstunde des symbolischen AUTORS:

> Es que alguien me evoca [...]. Este tal vino a mí hace pocos días, hablóme de sus trabajos, y como me dijera que había escrito ya treinta volúmenes, tuve de él tanta lástima que no pude mostrarme insensible a sus acaloradas instancias. Reincidente en el feo delito de escribir, me pedía mi complicidad para añadir un volumen a los treinta desafueros consabidos. Díjome aquel buen presidiario, aquel inocente empedernido, que estaba encariñado con la idea de perpetrar un detenido crimen novelesco, sobre el gran asunto de la educación [...]. No sé qué garabatos trazó aquel perverso sin hiel delante de mí; no sé qué diabluras hechiceras hizo... Creo que me zambulló en una gota de tinta; que dio fuego a un papel; que después fuego, tinta y yo fuimos metidos y bien meneados en una redomita que olía detestablemente a pez, azufre y otras drogas infernales... Poco después salí de una llamarada rojo, convertido en carne mortal. El dolor me dijo que yo era un hombre. (AM 1165–1166)

Zwischenbemerkung:
Symbolische TEXT-Repräsentation vs. symbolische LESER-Repräsentation

TEXT-Indices haben häufig die Funktion, einen TEXT als Referenzobjekt zu fixieren, um daran, wie es in manchen Prologen der Fall ist, eine Interpretation (symbolische TEXT-Repräsentation) anzuschließen, es sei denn, sie sollen einer Figur zum Beweis ihres extradiegetischen oder transzendentalen Status dienen wie in *Niebla*. Sobald aber eine Interpretation dem TEXT-Index anhängig ist, wird eine mögliche LEKTÜRE thematisiert, womit potentiell nicht mehr der TEXT, sondern das LESEN (symbolische LESER-Repräsentation) zum Objekt wird. Wie können also beide Typen gegeneinander abgegrenzt werden? Ein erster Anhaltspunkt ist die Position hinsichtlich des repräsentierten TEXTES: sie beziehen sich auf ihr Objekt entweder als vom Rezipienten *noch nicht* gelesene oder als *schon* gelesene Aussage (in Prolog oder Kapitelüberschriften bzw. im Epilog oder einer Sentenz wie im *Conde Lucanor*) oder sind, wie im realistischen Roman, in autobiographischer Fiktion oder bei ästhetischen Reflexionen, über den Text verteilt bzw. interferieren mit dem Haupttext (so in *Niebla*).

Die vom Index begleiteten symbolischen Repräsentationen überlagern dabei in unterschiedlicher Weise das Signifikat der Romanaussage: Bezieht sich der Index auf einen *noch nicht* gelesenen Teil der Romanaussage, so wird bei der Lektüre des Romans die Vor-Interpretation schon *mit*gelesen; wenn der Rezipient den Romantext in Übereinstimmung mit den symbolischen Prädizierungen bringen kann, wird er den Romantext als Objekt einer symbolischen *TEXT*-Repräsentation identifizieren. Eine sehr einfache Aufgabe etwa bei den vielfach variierten ironischen Kapitelüberschriften wie „Que trata de lo que verá el que lo leyere, o lo oirá el que lo escuchare leer" (DQ II/66: 1086). Erscheint die Interpretation hingegen, wenn das Romanaussagesegment, auf das er sich bezieht, bereits gelesen *ist*, muß der Rezipient seine eigene Lesart und die Selbstinterpretation *gegen*lesen: d.h. er muß die eigene Lektüre – im neutralen Sinne des Wortes – revidieren und sich dabei selbst als Rezipient repräsentieren, sei es in moralischer Hinsicht (Lehrdialoge) oder in ästhetischer Hinsicht – in diesem Fall soll von symbolischen *LESER*-Repräsentationen die Rede sein. Nun scheint in beiden Positionsvarianten aber auch der umgekehrte Fall eintreten zu können: wenn die Apriori-Interpretation unvereinbar mit dem Signifikat der Romanaussage ist oder ihm widerspricht, ist der Rezipient auch auf sich und seine Lektüre zurückgeworfen; wenn die Aposteriori-Interpretation z.B. nur eine Paraphrase ist, fügt sie ihm nichts Neues hinzu und die bisherige Lesart muß nicht revidiert werden. Nun läßt sich weder klar das 'Signifikat' der Romanaussage bestimmen noch feststellen, ab wann eine Paraphrase zur Interpretation wird. Eine symbolische TEXT-Repräsentation soll deshalb von einer symbolischen LESER-Repräsentation unterscheiden, ob das Objekt der Repräsentation die Auslegung oder Erläuterung des TEXTES ist oder ob sie den Rezipienten auf die Bedingungen seiner Lektüre zurückverweist, etwa wenn ein Widerspruch zu vorherigen Aussagen ensteht und damit neue Perspektiven errichtet werden. Dieser 'pragmatische' Lösungsvorschlag geht davon aus, daß eine wirkliche Aufforderung zum Gegenlesen auch von weiteren (dekonstruktiven) Selbstrepräsentationen flankiert wird. Offensichtlich sind dann die modernen „textes scriptibles", die den Leser vom „consommateur" in den „producteur du texte" verwandeln (Barthes 1970:10)[169], die Apotheose der symbolischen LESER-Repräsentation[170].

1.2.6.3.2 TEXT-Symbole

Die Veranlassung zu einer Gegenlektüre ist gering, wenn TEXT-Interpretationen moralischen Charakter haben, umso mehr, wenn wie in der *cuaderna vía* (*Libro de buen amor*) der Text in Erwartung der Aufklärung des mehrfachen Schriftsinns rezipiert bzw. für diesen Rezeptionshorizont produziert wird. Ein Textkommentar, der ebenso normorientiert, aber eher poetologisch motiviert ist, stellt Don Iohans Reflexion auf den Sprachstil zu Beginn des zweiten Buches des *Conde Lucanor* dar, der, auf Anraten Don Jaymes, nun „más oscuro" sein solle: „Et porque don Jayme [...] me dixo que querría que los mis libros fablassen más oscuro, et me rogó que si algund libro feziesse, que non fuesse tan declarado" (CL 277). Doch dies ist ein Beispiel für symbolische TEXT-Repräsentation, die im Zusammenhang mit einem TEXT-Index steht („los mis libros"; „algund libro"), der schon einen Teil der Aufgabe übernimmt, das Objekt zu repräsentieren. Genuin symbolische Repräsentationen, die den TEXT erst aufgrund einer Interpretation zum Objekt haben, ohne daß ein Index die Referenz maßgeblich leistete, treten häufig in der Gestalt vordergründig ikonischer Repräsentationen auf. Wer mit den Texten Juan Benets vertraut ist, wird folgende Passage aus *Saúl ante Samuel* (1980) als durch ein TEXT-Symbol hervorgebrachte Selbstchatrakterisierung einstufen:

> al igual que esos oscuros párrafos que sólo entregan su contenido tras repetidas lecturas y sólo se leen realmente si no se han comprendido, siempre estamos viviendo lo que ya hemos vivido y en cada instante no nos queda más que nuestra pasada experiencia. (1980:81)

---

[169] Vgl. dazu die Interferenz LESER-als-AUTOR (s.u. Kap. 1.2.7.1.2) als eine Inszenierung dieser Disposition.

[170] Der Begriff würde sich damit erübrigen und müßte einer präziseren Rezeptionstheorie Platz machen. In dieser Untersuchung soll jedoch der Anwendungsbereich auf Texte begrenzt bleiben, in denen Selbstrepräsentation eigens thematisiert ist; dies zeichnet sich in einer Wechselbeziehung zwischen verschiedenen Repräsentationen aus, in der allein die einzelnen Typen ihren Ort haben.

Ähnlich verhält es sich in Luis Goytisolos *Teoría del conocimiento* (1981), wo eine Figur den Schreibstil eines gerade gelesenen Textes kommentiert, der in der Aussage zitiert ist und so auch im Wortlaut dem Rezipienten bekannt ist:

> en lo que se refiere al estilo, no es difícil descubrir la huella de Luis Goytisolo: esas largas series de períodos, por ejemplo, esas comparaciones que comienzan con un homérico así como, para acabar empalmando con un así, de modo semejante, no sin antes intercalar nuevas metáforas encabalgadas, metáforas secundarias que más que centrar y precisar la comparación inicial, la expanden y hasta la invierten en sus términos, no sin antes sentar las bases de nuevas asociaciones subordinadas, no sin antes establecer nuevas relaciones de concepto no más afines entre sí, y nuevas asociaciones de apariencia no menos coloidal, que el mercurio y el azufre que mezclan los alquimistas. (ed. 1988:127–128)

Abgesehen davon, daß dieses letzte Beispiel auch als symbolische AUTOR-Repräsentationen gelten könnte, zeigt sich hier die Symbolizität der Repräsentation besonders deutlich, weniger darin, daß der Name Goytisolo genannt wird (dies verweist eher auf einen AUTOR-Index ohne TEXT), sondern darin, daß der oben zitierte Kommentar selbst noch die stilistischen Eigenschaften aufweist, die er dem kommentierten Text zuschreibt.

1.2.6.3.3 LESER-Symbole

Die symbolische LESER-Repräsentation kann als das Merkmal moderner Literatur überhaupt gelten, insofern sie die Reflexion auf die Form zum immanenten Bestandteil des Ausdrucks macht[171]. Im Rahmen der Selbstrepräsentationen geht es indessen um den Stellenwert des LESER-Symbols in Relation zu den weiteren Selbstrepräsentationstypen. Ist das LESEN das eigentliche Objekt symbolischer Repräsentation, so wirft es den Rezipienten auf sich selbst zurück. In Luis Goytisolos *Recuento* wird diese Rolle des Rezipienten beschrieben. Raúl, Protagonist und späterer AUTOR dieses ersten Teils der *Antagonía*-Tetralogie, entdeckt in der Isolation des Gefängnisses seine Schriftstellerberufung und notiert erste Gedanken auf ein Stück Toilettenpapier; mittels dieser Notizen wird ihm die Schrift selbst zum Spiegel:

> era como si las palabras, una vez escritas, resultaran más precisas que su propósito previo y hasta le aclararan [a Raúl] lo que, con anterioridad, sólo de un modo vago intuía que iba a escribir. Un libro que fuera, no referencia de la realidad sino, como la realidad, objeto de posibles referencias, mundo autónomo sobre el cual, teóricamente, un lector con impulsos creadores, pudiera escribir a su vez una novela o un poema, liberador de temas y de formas, creación de creaciones. [...] El momento áureo, la sensación de que por medio de la palabra escrita, no sólo creaba algo autónomo, vivo por sí mismo, sino que en el curso de

---

[171] Vgl. Henrich (1966:29–31), dessen Thesen o. in Fn. 9 referiert wurden.

este proceso de objetivización por la escritura, conseguía al mismo tiempo comprender el mundo a través de sí mismo y conocerse a sí mismo a través del mundo.

Más allá entonces de las palabras, de su enunciado escueto. Algo que no está en ellas sino en nosotros, aunque sean ellas, a su vez, las que nos dan realidad a nosotros. (ed. 1987:661–662)

Indem der Rezipient sich selbst als Rezipient repräsentiert, kann er nach dieser Interpretationsanweisung den Roman (d.h. auch die drei folgenden Bände der Tetralogie) als Repräsentationen seines Leseaktes verstehen. In dem Maße, in dem der Roman selbst als reflexiv geschriebener ausgegeben wird, erlangt er eine Art reflektierender Oberfläche, so daß jedes Wort Medium für ein selbsterkennendes Lesen sein kann. Der sich im SCHREIBEN selbst-LESENDE AUTOR Raúl ist nicht nur ein Ikon des LESERS, sondern auch das eigentliche Objekt der Darstellung. Folgt der Rezipient dieser Anweisung, kann er sich selbst im Roman repräsentiert wiederfinden, wenn er sich bewußt wird, daß alle Deutungen des Romans in ihm zusammenlaufen und von ihm ausgehen. Der Text wäre „un libro como una de esas pinturas, Las Meninas, por ejemplo, donde la clave de la composición se encuentra, de hecho, fuera del cuadro" (l.c. 670). Freilich liegt in *Recuento* der Schlüssel zum Verständnisses des Textes im Moment dieser Äußerung gerade nicht außerhalb. Die zitierte ästhetische Reflexion richtet sich zwar an einen ikonischen LESER – „un lector [...]" –, dem die Stelle eines AUTORS angeboten wird – „[...] con impulsos creadores" –[172], doch erzeugt sie selbst nicht wirklich eine Lektüre von dessen Lektüre. Vielmehr gibt sie eine Verstehensdirektive bezüglich eines TEXT-Ikons aus – „un libro que fuera [...]" –, bei der zu prüfen wäre, ob sie in *Recuento* und den folgenden Romanen tatsächlich verwirklicht worden ist. Mit anderen Worten: ein Roman ist nicht schon deshalb bewußtseinsbildend und Anstoß für die Kreativität des Lesers, weil er *sagt*, daß er es sei, der formulierten Poetik entspricht nicht unbedingt die realisierte. Das (symbolische) Sagen ist noch keine Inszenierung eines symbolischen LESENS. Der Unterschied wird deutlich im Vergleich zu einem weiter unten gegebenen Beispiel, das ebenfalls aus dem *Antagonía*-Zyklus stammt.

Je nach Repräsentation der anderen Objekte, kann ein LESER-Symbol als Vollzugsorgan einer vorgegebenen Sinnbildung oder als Sinnproduzent realisiert sein. Das LESER-Symbol ist nicht nur in modernen, den Rezipienten zur Mitarbeit anhaltenden Romanen zu finden, sondern auch dort, wo der Leser, wie im *Libro de buen amor*, mit seiner Moralität die des Buches bestimmen soll:

[...] «non ha mala palabra si no es a mal tenida»;
verás qué bien es dicha si bien fuesse entendida:
entiende bien mi libro e avrás dueña garrida [...] (LB c.64bcd: 80)

---

[172] Vgl. u. Kap. 1.2.7.1.2 (LESER-als-AUTOR).

Wie in der Exempelliteratur ist der LESER im doppelten Sinne das angesonnene Objekt der Darstellung. Die Semiose der symbolischen LESER-Repräsentation läßt sich an diesem Beispiel aufzeigen. Der Rezipient-Interpretant muß sich selbst als Rezipienten repräsentieren, d.h. er muß sich seiner selbst als Instanz der Sinngebung bewußt werden, um dem Symbol überhaupt ein Objekt zu verschaffen: erst als der Rezipient sich als Rezipient erkennen konnte, bezog sich ja auch die letzte Zeile des Lope-Gedichts auf das Gedicht. Wenn nun das Objekt der symbolischen Selbstrepräsentation zugleich die Instanz sein soll, die die Repräsentation herstellt, also der LESER, bedeutet dies: Das LESEN des LESENS wird repräsentiert, indem sich der Rezipient als Rezipient repräsentiert. Er muß sich selbst die Regel geben, unter der er als LESER das repräsentierte Objekt ist. In der gerade zitierten *copla* ist der Rezipient aufgefordert, sich in jedem Lektüremoment seiner Moralität zu versichern, um auch dem *Libro* moralische Dignität angedeihen zu lassen, damit seinerseits der *Libro* ihm Führer, „dueña garrida", sein kann. Er muß seine eigene Lektüre bzw. Haltung bei der Lektüre stets reflektieren, d.h. er muß sich beständig beim Lesen zuhören. Die Lektüre wird so zu einem meditativen Akt der Selbstbestimmung durch das Lesen, die sich an einer moralischen Norm orientiert (eine inhaltlich offene, aber besonders zwingende Form der durch Selbstrepräsentation angesonnenen Didaxe).

In José María Guelbenzus *La noche en casa* (1977) findet sich ein Beispiel für eine symbolische LESER-Repräsentation, die zunächst von einem LESER-Ikon ausgeht. Es wird die Geschichte Chéspirs erzählt, der, eigentlich ein Dichter, im Auftrag einer antifrankistischen Aktionsgruppe unterwegs ist und seiner Jugendliebe Paula wiederbegegnet. Beide verbringen die Nacht in einer Wohnung. An privilegierter Stelle, in der Mitte des Romans (ed. 1990:84–86), findet sich Chéspirs Beschreibung eines Gemäldes. Hier kommt es vor allem auf den Kommentar an, den der Protagonist zu seiner eigenen Interpretation des Bildes gibt:

> Todo lo que aquel cuadro sugería estaba, de un modo u otro, presente en sus [i.e. las de Chéspir] sensaciones del día e incluso dudó si no estaría atribuyéndole interpretaciones que excediesen lo que en sí alcanzaba a expresar. Pero al fin y al cabo – se dijo – el arte pertenece a quien lo contempla y el pintor jamás podría evitar que Chéspir lo hubiese recreado con sus ojos esta noche en la forma que lo había hecho, pues en ser ésa la forma y el día y no otros, residía la singularidad de la pintura, del artista y del contemplador unidos momentáneamente, sí, que no por el azar sino por la inminencia de un encuentro que se fundamentaba en una llamada perfectamente dirigida al corazón de la conciencia desde siglos atrás.
> Paula. La sensación ante el cuadro es la misma que ante Paula. – No exactamente la misma – puntualiza Chéspir. (l.c. 86–87)

Mit der Einfügung des Bildes ermöglicht Guelbenzu eine Reflexion der diegetischen Situation durch Chéspir im Kontext einer spezifischen, persönlichen Rezeptionssituation. Damit wird ein TEXT-Ikon (das Bild zu Beginn der

Betrachtung) zu einem TEXT-Symbol ausgeweitet. Die Textstelle zeigt aber auch, wie parallel dazu ein LESER-Ikon (Chéspir zu Beginn der Betrachtung) zu einem LESER-Symbol tendiert, da auch der Sinnbildungsprozeß des Rezipienten hinsichtlich des Romans von der momentanen Befindlichkeit des empirischen Lesers abhängt.

LESER-Symbole können nicht nur von LESER-Ikons ausgehen wie im letzten Beispiel, sondern auch von TEXT-LESERN. Ein perfides Beispiel für die Konfrontation des Rezipienten mit seiner eigenen Lektüre bietet Luis Goytisolos *La cólera de Aquiles* (1979), wo in einen eingebetteten Roman u.a. hermeneutische Fallen eingebaut sind, die nach der Lektüre aufgedeckt werden und den Rezipienten seiner Unachtsamkeit überführen. Matilde Moret, die Ich-Erzählerin, gibt in den zentralen Kapiteln 4–6 (CO 83–169) ihren autobiographisch gefärbten Jugend-Roman *El edicto de Milán* wörtlich wieder – d.h. sie und der Rezipient mit ihr lesen ihn, wobei sie weniger als Autorin, sondern vielmehr als „privilegiada lectora" die Position eines ikonischen Aussage-TEXT-LESERS einnimmt. Einer pseudo-wissenschaftlichen Fußnote ist zu entnehmen (CO 81n1), daß der der Roman von ihr unter dem Pseudonym Claudio Mendoza veröffentlicht worden ist. Nach der Lektüre offenbart sie nicht nur einige grammatische und syntaktische Mißbildungen, die ihr unterlaufen sind: falsch gesetzte Präpositionen, unstimmige Subjekt-Verb-Kongruenz, schlecht konstruierte Sätze, Verwechslungen von Namen, sondern auch narrative Fehler:

> Así, por ejemplo, cuando la aventura con el revisor: en el capítulo primero el revisor con acento español es mencionado en relación al viaje a Sète, a la ida, mientras que en el segundo, que es cuando propiamente se relata la aventura, el revisor de acento español aparece a la vuelta, con lo que se crea una especie de duplicidad de versiones; de hecho dos variantes de una misma situación. [...] Un tipo de fallo completamente distinta es el que se comete – que yo cometo, quiero decir – por dos veces como mínimo, al comienzo de la obra. Primero, cuando la despedida en la estación, que es narrada como si fuera de día, mientras que, en la realidad, los expresos París-Barcelona salen, lo más pronto, a última hora de la tarde, y a última hora de la tarde, por estas fechas, a primeros de noviembre, es ya noche cerrada. [...] Pero estos errores lo son sólo en relación a la realidad, no a la obra en sí, y desde un punto de vista literario no cuentan. [...] Otra cosa que ningún crítico [lies: Rezipient] parece haber observado, pese a que igualmente opté por dejar tal cual, es el cambio de tono que se produce en el relato a partir de las primeras páginas; un tono narrativo más minucioso, más descriptivo, que luego se pierde. Pero es que me resultaba trabajoso y forzado, poco menos que reñido con mi modo de ser, y casi me sentí como liberada al dar con el tono que finalmente acaba predominando. Con todo y considerar un defecto tal discontinuidad narrativa, el arranque seguía pareciéndome bien escrito y acabé respetándolo. (CO 176–179)

In dieser Selbstkritik ist ein ganzes literarisches Programm enthalten, das zugleich eine Absage an die Möglichkeit einer normativen Literaturkritik darstellt. Die Grenzen zwischen objektiven grammatikalischen Fehlern, Inkohärenzen beim Schreibhandwerk und Unachtsamkeiten, die für den Kritiker nicht wahrnehmbar sind, können nicht mehr genau bestimmt werden. Am Ende gilt allein das konstruktivistische Fazit: „lo único que cambia con respecto a un problema es la forma de contarlo" (CO 182). Doch jeder einzelne dieser Fehler wird dem Rezipienten zum Maßstab seiner eigenen Lesesensibilität, und je mehr er überlesen hat, umso größer wird die Notwendigkeit, den eingeschlossenen Roman abermals zu lesen, d.h. die eigene Lektüre zu revidieren. Eine darüber hinaus gehende Forderung dieser symbolischen LESER-Repräsentation liegt darin, nun auch den ganzen Roman *La cólera de Aquiles* auf solche 'Fallen' hin abermals zu lesen. Schließlich wird sogar noch eine Differenz zwischen verschiedenen Lesarten des gesamten Romans durch einen Hinweis (CO 174) gegeben, der auf den Unterschied zwischen männlichem und weiblichem Schreiben anspielt: Bis dahin hat man einen Roman gelesen, den ein männlicher Autor – Luis Goytisolo bzw. Raúl aus *Recuento* – einer weiblichen Stimme in den Mund legt. Der eingeschlossene Roman ist umgekehrt von einer Frau geschrieben, als dessen Verfasser aber ein männliches Pseudonym, Claudio Mendoza, figuriert. Ein erfahrener und kluger Leser oder Kritiker, so schreibt Matilde, könne aus gewissen Inkohärenzen und „cabos sueltos" in *El edicto de Milán* schließen, daß sich hinter dem Pseudonym eine lesbische Frau verberge. Und sie fährt fort:

> De ahí que cualquier hipotético lector de las presentes líneas pueda concluir a su vez, no menos sagazmente y en virtud del mismo juego de compensaciones, en que mi nombre, Matilde Moret, encubre un varón; cosa, por otra parte, acaso más cierta de lo que a primera vista pueda suponerse. (CO 174)

In dieser Differenz zwischen der Lektüre „a primera vista" und einer zweiten, in der die Geschlechterdifferenz eingeführt ist, errichtet sich genau die symbolische LESER-Repräsentation, die den Rezipienten auf sein eigenes Geschlecht zurückverweisen mag, wenn er versucht den Autor von *La cólera de Aquiles* mittels seiner männlichen, weiblichen, homo- oder bisexuellen 'Sprache' zu ermitteln, so wie Matilde in *El edicto de Milán* „männliche Sprache" imitiert hat, um das männliche Pseudonym zu rechtfertigen.

Eine Konstellation wie in *La cólera de Aquiles* oder auch in *La noche en casa* ist gewissermaßen das Äquivalent zur Autor- und Titelsignatur auf der Rezipientenseite: denn der Rezipient wird auf seine individuelle Lektüre im kontingenten, situational gebundenen Lektürenmoment zurückgeworfen, die sein – unausgesprochener und in seiner Unvorhersehbarkeit auch unaussprechlicher – Eigenname ist.

1.2.7 Interferenzen

Wie in Kap. 1.2.4 bereits angedeutet wurde, ist es letztlich die Zeichenhandlung, die einem Objekttyp seine Identität verleiht: In Lope de Vegas Sonett ist

Chacón AUTOR, wenn er in der Position ist, eine bestimmte Zeichenhandlung auszuführen, nämlich ein LESBARES Zeichen, d.h. einen TEXT zu PRODUZIEREN oder zu SCHREIBEN; eine Darstellung wird LESER genannt, wenn sie in der Position ist, einen TEXT zu LESEN. Der TEXT wird damit in eine passive Rolle gedrängt: Der TEXT ist alles, was GELESEN bzw. GESCHRIEBEN WIRD oder PRODUZIERT / LESBAR ist. Seine Position ist abhängig von zwei Objekten, die sich ihrerseits durch eine aktive Handlung definieren. AUTOR und LESER hingegen scheinen davon abhängig, ihre aktive Rolle bezüglich des TEXTES zu behalten: wird sie in Frage gestellt, drohen sie ihr Proprium zu verlieren. In den Ausführungen des vorangegangenen Kapitels war nun an mehreren Beispielen zu sehen, daß konkrete Selbstrepräsentationen mitunter mehr als einem einzigen Typ zugeordnet werden konnten (oder hätten werden können) – sei es aus verschiedenen Fokussierungen heraus, sei es, weil bestimmte Repräsentationen in sich ambivalent sind – und daß sich in ein und derselben Repräsentation die Bestimmungsmomente von zwei Objekten überkreuzen oder überlagern. Beispielhaft wäre hier einmal mehr der porträtierte Maler in den *Meninas* als ein 'LESENDER AUTOR' anzuführen: Der Maß nehmende Blick auf das Modell, das ihn zum LESER macht, verhindert, daß er im gleichen Moment zeichnend als AUTOR tätig ist, wenngleich seine Pose gegenüber der Leinwand und die Haltung von Pinsel und Palette auf eine bloße Unterbrechung des Malens hindeuten[173]. Legitimiert sich der AUTOR einer Herausgeber-Fiktion (Teil I des *Don Quijote*) nicht auch damit, daß er den TEXT, den er vorfand, nur GELESEN und bestenfalls konjektiert hat und ebenfalls ein LESENDER AUTOR ist? Ist hingegen ein TEXT, wie der wachsende Blätterstapel, von dem in Carmen Martín Gaites Roman *El cuarto de atrás* die Rede ist, nicht zugleich AUTOR, wenn er sich am Ende als identisch mit dem Text von *El cuarto de atrás* herausstellt, ja AUTOR 'seiner selbst'? Und ist eine Figur, die ihren Autor in ein Gespräch verwickelt, wie es in *Niebla* der Fall ist, nicht ein TEXT, der das Proprium des AUTORS, nämlich genealogisch vor dem TEXT zu walten, grundsätzlich in Frage stellt und den AUTOR selbst in einen TEXT verwandelt, weil er LESBAR geworden ist?

Diese Fälle einer doppelten Repräsentation lassen sich als komplexe, aber dennoch elementare Typen unter dem Titel *Interferenzen* systematisieren. Interferenzen entstehen, wenn ein Objekt in seinen typspezifischen Interpretanten zugleich durch jene Interpretanten bestimmt ist, die einem anderen Typ korrespondieren.

---

[173] In Abb. 4 (S. 78) ließen sich Interferenzen darstellen als Verdopplung eines Objekts in einen zweiten Sektor, dessen relationale Wertigkeit es zugleich übernimmt. Ein 'AUTOR-als-TEXT' beispielsweise PRODUZIERT unter der Bedingung, selbst PRODUZIERT und LESBAR zu sein (s.u. Abb. 5, S.138).

Interferenzen im Roman bedeuten strukturell eine *radikale* Relativierung der Positionen AUTOR, TEXT und LESER. Diese Relativierung geht über die bloße Vervielfältigung von Objekten auf der paradigmatischen Achse (s. o. Kap. 1.2.2) hinaus, wo Objekte parallel konkurrieren (z.B. die Multiplizierung von AUTOREN in der polyperspektivischer Erzählung) oder in einem Verhältnis der gegenseitigen Interpretation stehen (z.B. Víctor Gotis Romanprojekt und 'Unamunos' Roman in *Niebla*). Durch die Zwiespältigkeit ihres Objekts vermitteln Interferenzen an sich schon komplexe Repräsentationsgehalte. Unabhängig davon, ob interferentielle Selbstrepräsentationen in einem gegebenen Text von vornherein vorliegen (z.B. der segundo autor, der im *Quijote* dadurch PRODUZIERT, daß er Cide Hametes Aufzeichnungen LIEST) oder Effekt mehrerer, u.U. dekonstruktiver Repräsentationen sind (etwa der AUTOR 'Unamuno', der dadurch zum TEXT wird, daß er sich auf die Ebene Augustos begibt und damit LESBAR wird), ob sie Ausdruck zeitgenössischer Poetik oder Infragestellungen ästhetischer und epistemologischer Diskurse sind: Wie alle anderen Repräsentationstypen haben die Interferenzen einerseits charakteristische erzähltechnische Funktionen, darüber hinaus rührt die formale Struktur der Interferenzen jedoch an die Essenz von Schreiben, Lesen und Textualität und verleiht ihnen so in besonderer Weise diskursarchäologischen Symptomwert.

Von der Systematik her gibt es bei 3 Objekten folglich 6 Interferenztypen. In vier Fällen entsteht dabei ein Konflikt von aktiven (PRODUZIEREN, LESEN) und passiven (PRODUZIERT und GELESEN WERDEN) Zeichenhandlungen, die für die jeweils in der Interferenz konnektierten Objekte konstitutiv sind. Da dieser 'Konflikttyp' jeweils in verschiedener Weise charakteristisch und bestimmend für die einzelnen Interferenzen ist, bietet er sich als als erstes sinnvolles Ordnungskriterium an. Von den sechs Interferenztypen
 - überschreiten zwei die aktiv/passiv-Grenze nicht:
  Gruppe I: (1) *AUTOR-als-LESER* und
  (2) *LESER-als-AUTOR*;
 - aktivieren zwei ein passives Objekt:
  Gruppe II: (3) *TEXT-als-AUTOR* und
  (4) *TEXT-als-LESER*;
 - und deaktivieren zwei ein aktives Objekt:
  Gruppe III: (5) *AUTOR-als-TEXT* und
  (6) *LESER-als-TEXT*.

An dieser Stelle sollte deutlich geworden sein, daß AUTOR und LESER nicht unbedingt als subjekthaft konzipierte Figuren auftreten müssen bzw. TEXT als unbelebtes oder abhängiges Objekt (bestimmte dekonstruktive Praktiken haben gerade darin ihre Pointe). Freilich entspricht die Entgegensetzung von aktiven Zeichenhandlungen (PRODUZIEREN, LESEN), die von personal konzipierten Figuren ausgeführt werden, und passiven (PRODUZIERT WERDEN und GELESEN WERDEN), die Dinge 'erleiden', dem Subjekt-Objekt-Paradigma, auch dann noch, wenn Sprache selbst die „subjectivité écrivante" (Foucault 1966b:313)[174] sein sollte; doch unter dem Blickwinkel der Inszenierung von SCHREIBEN und LESEN als Selbstrepräsentationen sind aktive und passive Handlungen nur Wertigkeiten in Relation zueinander, die sich auch ohne weiteres verschieben können.

Alle sechs Interferenz-Typen in einer Abbildung lassen sich folgendermaßen darstellen:

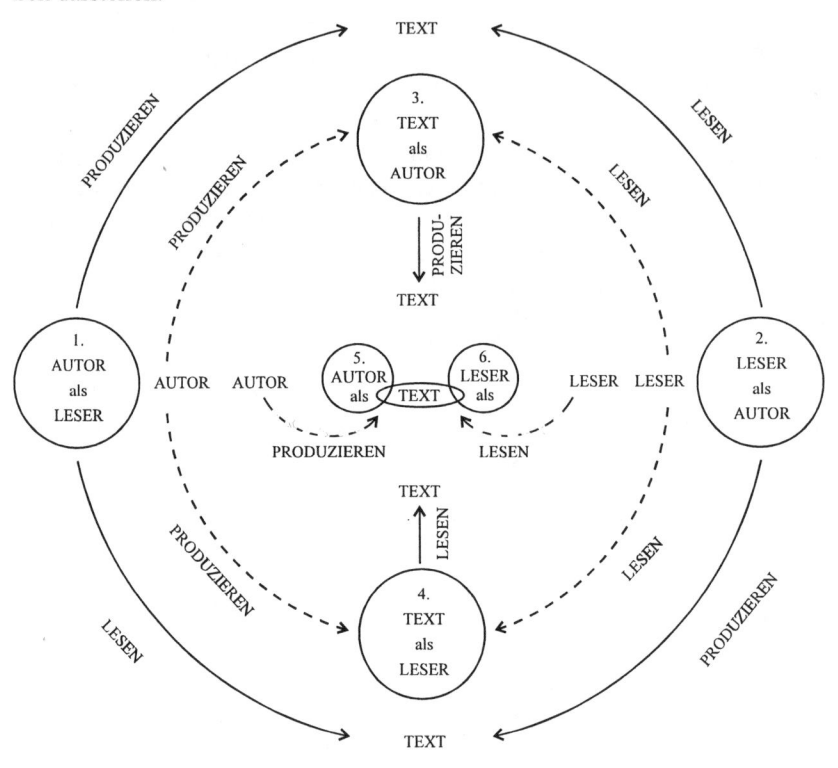

(Abb. 5: Interferenzen)

---

[174] So bekanntlich die *tel quel*-Theoretiker v.a. Derrida, Kristeva oder Ricardou.; vgl. dazu die Kritik von Hempfer (1976), Dällenbach (1977:200–211) oder Frank (1983, 1986, 1990, 1991), der sowohl die *différance* als 'Autor' als auch ein der Sprache zuerkanntes 'Selbstbewußtsein' allein als „diskursökonomische Metapher" (1986:12) zulassen möchte. Allerdings wird auch bei den Interferenzen, wie schon bei den Objekttypen, zu fragen sein, wie die radikalen Realisierungen des Skripturalismus (Ricardou 1967:54) im Rahmen des Modells zu integrieren wären; s. u. Kap. 1.2.7.2.1 sowie Kap. 1.2.7.4.

Die durchgezogenen Linien zeigen die konstitutiven Kontexte des jeweiligen Interferenztyps, die unterbrochenen Linien die Kontextualisierungsmöglichkeiten, die jeweils impliziert (häufig auch realisiert) sind. Es ist leicht ersichtlich, daß auch die Kombinationsmöglichkeiten zwischen den sechs Typen so vielfältig sind, wie die einzelnen Repräsentationsmöglichkeiten der beiden Bestandteile der Interferenz. Doch um noch von Typen sprechen zu können, soll, wie schon bei den einfachen Repräsentationstypen, im systematischen Teil das Augenmerk auf die strukturellen Besonderheiten gerichtet sein, d.h. auf den Interpretanten der Interferenz als elementaren Repräsentationstyp. Deshalb werden etwa Interferenzen *zwischen* Interferenzen (d.h. ein oder mehrere in eine Interferenz verwickelte Objekte sind selbst schon interferentielle Repräsentationen) oder in Kombination mit weiteren Objekten vorerst allein als Phänomene registriert[175]. Für die interferentiellen Selbstrepräsentationen gilt, daß jeder einzelnen aus verschiedenen Blickpunkten u.U. verschiedenen Typen zuzuordnen sind, weshalb sie erst im Gesamt eines Textes ihren Stellenwert erhält.

Die Verwendung der Konjunktion 'als' in allen sechs Typen, die auch in den aus stilistischen Gründen verwendeten alternativen Formulierungen wie LESENDER AUTOR, PRODUKTIVER LESER etc. mitgemeint ist, insinuiert eine größere Isomorphie zwischen den Interferenztypen, als sie gemäß der Wertigkeit der konnektierten Objekttypen durchgängig der Fall sein kann: mit 'als' ist gemeint, daß eine aktive Handlung unter der Bedingung eines anderen Objekttyps vorgenommen wird. Je nach Interferenztyp bieten sich verschiedene Möglichkeiten einer internen Ordnung an. Da die folgende Darstellung nicht erschöpfend sein soll, sondern sich darauf konzentriert, die charakteristischen Repräsentationsmöglichkeiten eines Typs herauszustellen, wird sich zeigen, daß nicht unbedingt die jeweils fokussierten Interpretanten oder die Repräsentationsart besonders distinktiv sind (wie es bei den einfachen Typen der Fall war), sondern auch je nach Gruppe:

(i) Beziehungen *intertextueller* (zwischen zwei verschiedenen Texten), *intratextueller* (im Werkkontext) und *autotextueller* (innerhalb eines Textes) Art[176] (Gruppe I und besonders II, weil dort Zeichenhandlungen im Spiel sind,

---

[175] Eine beliebig komplexe Vernetzung von Interferenzen und anderen Objekten stößt höchstens auf die kognitiven Grenzen des Rezipienten; analytisch läßt sie sich auf einfache Weise in Abb. 5 graphisch abbilden, indem Verbindungslinien zwischen den Objekten bzw. Interferenzen gezogen werden.

[176] Der Begriff '*Intra*textualität' wird in der vorliegenden Untersuchung nicht im Sinne von Pérez Firmat (1978:13) verwendet, der darunter eine Ironieform innerhalb eines Textes versteht. Eine von Dällenbach (1976:282) vorgeschlagene Alternative wäre „intertextualité restreinte". Im Zuge einer grundsätzlichen Ablehnung der Werkeinheit eines Autors verschwindet bei Ricardou (1971:162) 'Intratextualität' zwischen „intertextualité externe" und „interne" (Bezug auf einen anderen Text bzw. auf den Text selbst). Damit allerdings begibt man sich einer Differenzierungsmöglichkeit: ohne so-

die dem TEXT zustoßen). Entsprechend dem Analysefokus der vorliegenden Arbeit werden solche transtextuellen[177] Bezüge nur in Betracht gezogen, soweit in ihnen Transtextualität *thematisiert* ist, d.h. letztlich, soweit „intertextualité obligatoire"vorliegt[178].

(ii) Da die Aktivierung von TEXT bzw. die Deaktivierung von AUTOR und LESER im Mittelpunkt der Gruppen II und besonders III steht, ist hier ferner relevant, ob eine *personal-subjektive Konzeption* der Objekte vorliegt oder nicht.

(iii) Eine pointierte Variante von 'Selbstbezüglichkeit' schließlich, die man als *autogene* PRODUKTION bzw. *autotelische* LEKTÜRE bezeichnen kann, ist als Spezialfall aller Interferenztypen möglich. Sie führt häufig dazu, daß an einer Textstelle zwei benachbarte oder komplementäre Interferenztypen nicht mehr voneinander unterscheidbar sind. Auch in diesem Fall sind die Bezeichnungen 'Selbst(bezüglichkeit)' oder das in den 'auto'-Komposita implizierte 'selbst' (autotelisch) bzw. 'von selbst' (autogen) unter der Perspektive der Repräsentation allein als „diskursökonomische Metapher" (Frank 1986:12) zu verstehen. Eigentlich handelt es sich nur um eine extreme Engführung zweier Handlungen, die sich nur scheinbar auf ein identisches Objekt beziehen; häufig ist, wie man in einigen unten aufgeführten Beispielen sehen wird, diese Identität des Objekts, die allein den reflexiven Begriff legitimieren würde, nur dadurch insinuiert, daß das Objekt subjektiv-personal konzipiert ist. Selbst in der skripturalistischen Technik des *nouveau nouveau roman*, die den Text als Anagramm, Homonymie etc. vorgegebener Signifikanten entstehen läßt und damit eine „autoproductivité du texte" inszenieren will, kann analytisch jeweils zwischen GELESENEM TEXT und der LEKTÜRE, die

---

gleich eine 'Werkeinheit' unterstellen zu müssen, läßt sich nämlich das Proprium intratextueller Vernetzungen darin sehen, daß in ihr die Autor- oder Titelsignatur als Repräsentation impliziert ist, wie ernst, dekonstruktiv oder parodistisch auch immer die Repräsentation gestaltet sein mag; bei einer *inter*textuellen Spur hingegen nicht. – 'Autotextualität' bezeichnet Dällenbach (l.c. 282–283) gegenüber „intertextualité générale" und „restreinte" als „intertextualité autarcique", die bei ihm neben der *mise en abyme* auch Selbstzitate u.ä. umfaßt.

[177] Auch hier kann man es vorläufig bei dem Oberbegriff belassen, da es im Moment nicht auf eine Klassifizierung von Transtextualitätsformen in ihrem Eigenrecht ankommt.

[178] „Il s'agit d'une intertextualité que le lecteur ne peut pas ne pas percevoir, parce que l'intertexte laisse dans le texte une trace indélébile, une constante formelle qui joue le rôle d'un impératif de lecture, et gouverne le déchiffrement du message dans ce qu'il a de littéraire, c'est-à-dire son décodage selon la double référence. Cette trace de l'intertexte prend toujours la forme d'une aberration à un ou plusieurs niveaux de l'acte de communication: elle peut être lexicale, syntaxique, sémantique, mais toujours elle est sentie comme la déformation d'une norme ou une incompatibilité par rapport au contexte" (Riffaterre 1980:5). – Schwächere Markierungen von Intertextualität könnten auch kaum die spezifischen Repräsentationsgehalte dieser Interferenzen zur Geltung bringen, etwa daß ein Text mittels aufgezeigter intertextueller Spuren sich eben selbst als transtextuell bedingt darstellt.

ein weiterer TEXT ist, unterschieden werden. Aus diesem Grund werden 'autogen' oder 'autotelisch' hier als pragmatische, aber nicht kritische Begriffe verwendet.

Wie in der graphischen Darstellung von Abb.5 besonders deutlich sichtbar wird, sind Interferenzen allgemein dadurch gekennzeichnet, daß ein *weiterer TEXT* von verschiedenen Seiten einen (AUTOR)-TEXT-(LESER)-Kontext *konstitutiv erweitert*[179]. Die Repräsentationsgehalte der Interferenzen sind deshalb, mit unterschiedlichen Konsequenzen und Darstellungsabsichten freilich, semiotische Bedingungen von Literatur oder die Art und Weise, wie ein Werk in den „texte général" (Kristeva 1969:113, Derrida 1972c:82) eingebunden ist. Dies ist der Grund, weshalb Interferenzen für diskursiven Wandel so symptomatisch sein können: sei es, daß Sprachlichkeit (TEXT) das transzendentale Modell, wenn es sich denn behauptet, herausfordert, weil Texte dem Genieautor immer schon vorgängig ist, bevor ein vermeintlich autonom produziertes Werk durch ihn entsteht, und so der Autor mitunter auf eine intertextuelle Vermittlungsinstanz reduziert wird; oder sei es, daß die moderne Idee voraussetzungsloser Produktivität überhaupt noch nicht besteht und (mimetische) Produktion nicht anders denkbar ist denn als gleichzeitige Lektüre einer ihrerseits zum Text erklärten Welt, die dargestellt werden soll; oder sei es, daß der moderne 'Leser als Autor' eben selbst produktiv wird. In diskurshistorischer Perspektive zeigen gerade Interferenzen auf, wie sich die Positionen von Schreiben, Lesen und Textualität im Laufe der Literaturgeschichte verschieben.

1.2.7.1. AUTOR-als-LESER und LESER-als-AUTOR

Die Interferenzen in Gruppe I zeichnet aus, daß die aktive Handlung eines Objekts durch die eines anderen Objekts bestimmt ist: Der AUTOR PRODUZIERT LESEND bzw. der LESER LIEST PRODUKTIV. Beide Formen ergeben sich daraus, daß ein weiterer TEXT eine Rolle spielt, der sich von dem unterscheidet, demgegenüber AUTOR bzw. LESER sich als solche auszeichnen. Als internes Ordnungskriterium bietet sich deshalb das Verhältnis an, in dem sich der vom AUTOR GELESENE TEXT (Typ 1) bzw. der vom LESER PRODUZIERTE oder zu PRODUZIERENDE TEXT (Typ 2) zu

---

[179] Die zweite TEXT-Position ist für die Interferenzen jedoch nicht fakultativ, sondern konstitutiv. Dem dreigeteilten Kreis aus Abb. 4 (S.78) wird gewissermaßen ein vierter Sektor zugefügt, der abermals 'TEXT' heißt. 'AUTOR' und 'LESER' befinden sich nunmehr auf der linken bzw. rechten Hälfte der horizontalen Achse eines gedachten Fadenkreuzes in Abb. 5; auf der korrespondierenden vertikalen Achse befindet sich sowohl in der oberen als auch der unteren Hälfte die Position 'TEXT'.

dem TEXT befindet, den der AUTOR PRODUZIERT bzw. von dem ausgehend der LESER PRODUZIERT.

1.2.7.1.1. AUTOR-als-LESER: Entzifferung, Mimesis, Intertextualität

Da TEXT etwas PRODUZIERTES / LESBARES zwischen AUTOR und LESER ist, spaltet *AUTOR-als-LESER* die Position 'TEXT': TEXT erscheint sowohl als LEKTÜRE-Objekt als auch als PRODUKT. Aufspaltung der *Position* 'TEXT' bedeutet, daß der PRODUZIERTE TEXT gerade nicht identisch mit dem GELESENEN ist bzw. die LEKTÜRE zu einer weiteren PRODUKTION führt. Da aber der GELESENE TEXT und die LEKTÜRE selbst nicht von ein und demselben AUTOR stammen müssen, kann man allgemeiner sagen, daß der LESENDE AUTOR sich zwischen zwei TEXTEN befindet, von denen *der eine die LEKTÜRE des anderen* ist. Zwei Relationen werden deshalb relevant: das Verhältnis des AUTORS zum GELESENEN TEXT und das zum PRODUZIERTEN TEXT. Die spezifische Repräsentation des AUTORS ist durch das Verhältnis zwischen GELESENEM und PRODUZIERTEM TEXT bestimmt. Je nach Fokussierung lassen sich mindestens drei Operationen des AUTORS unterscheiden: Entzifferung, Mimesis, intertextuelle Produktion.

(i) Die *Entzifferung* stellt die AUTOR-Tätigkeit in den Dienst einer LEKTÜRE, die etwas – die Welt beispielsweise – zum TEXT erklärt, weil es chiffriert ist. Ein Beispiel hierfür ist der auctor in *Cárcel de amor*: er ist einerseits AUTOR-Index, weil er sich für den Aussage-TEXT verantwortlich erklärt (vgl. CA 93,117,118,176); nun besteht sein SCHREIBEN aber wesentlich darin, die Welt zu LESEN, etwa wenn er sich die Allegorie des Gefängnisses von Leriano, der darin wegen seiner unerfüllten Liebe zu Laureola schmachtet, erklären lassen muß und diese Erläuterungen selbst Teil der Geschichte werden. So unwirklich diese Burg auch sein mag, Leriano kann sie in der Tat zunächst nicht verlassen, weshalb el auctor sich anheischig macht, für ihn die Vermittlerrolle gegenüber seiner entfernt am Königshof lebenden Laureola zu übernehmen. Dieses LESENDE SCHREIBEN korrespondiert auch auf der Handlungsebene mit der Verstrickung des auctor in die Geschichte: als Freund und Ratgeber Lerianos auf Brautwerbung, wird el auctor zum Deuter von Laureolas Reden und Briefen, aus denen er ihre wahren Gefühle herauszulesen glaubt. Die PRODUKTION des gesamten TEXTES – eine Erzählung, die Lerianos Schicksal idealisiert der Nachwelt erhalten soll – wird weitgehend zur Objektivation der Welt-LEKTÜRE des AUTORS.

Die Konstellation AUTOR-als-Welt-LESER erscheint auch in zeitgenössischen Texten. In García Márquez' *Cien años de soledad* (1967) tritt Melquíades als Prophet, Exeget und Verfasser unlesbarer Schriften auf. Da sich am

Ende diese TEXTE als Antizipation des in *Cien años de soledad* erzählten Geschehens herausstellen, ist er AUTOR, insofern er LESER der zukünftigen Welt ist. Wenn der letzte Sproß der Buendía-Sippe Aureliano Babilonia am Ende die Manuskripte entziffert und darin die Geschichte seiner Familie bis zu ihm selbst niedergelegt findet, wird die Unlesbarkeit der Schriften zum bildhaften Ausdruck der Unlesbarkeit der Wirklichkeit für die Figuren. Gerade weil Melquíades aber kein AUTOR-Index ist, sondern AUTOR-Ikon – er schreibt nicht den Aussage-TEXT[180] – liegt seine AUTOR-Qualität vornehmlich in seiner seherischen LESE-Fähigkeit der zukünftigen Wirklichkeit begründet. Er ist AUTOR, weil er eine Wirklichkeit schreibt, die noch nicht existiert, aber er ist kein Urheber, weil er diese Wirklichkeit nur ihrer Zukunft ab-GELESEN hat. Die Interferenz repräsentiert PRODUKTION als eine besondere LESE-Gabe einer mehr oder weniger gegebenen Realität.

(ii) Auch der autor der *Lozana andaluza*, der im Unterschied zu Melquíades ein AUTOR-Index ist, versteht sich als Welt-LESER. Bei ihm steht *Mimesis* im Sinne einer (Optimierung der) Überführung des GELESENEN Welt-TEXTES (d.h. je nach Mimesis-Begriff die Essenz, Strukturen oder Handlung der Welt oder einer Idee[181]) in den PRODUZIERTEN TEXT seines *Retrato* als poetologische Aufgabe im Vordergrund:

> Y porque este rretrato es tan natural, que no ay persona que aya conocido la señora Lozana, en Roma o fuera de Roma, que no vea claro ser sacado de sus actos y meneos y palabras; y assimismo porque yo he trabajado de no escrevir cosa que primero no sacasse en mi dechado la lavor, mirando en ella o a ella. Y viendo, vi muncho mejor que yo ni otro podrá escrevir [...]. (LA *Argumento*: 74)

Der autor bekennt sich zu dieser Poetik nicht nur im Vorwort, vielmehr ist seine gesamte Präsenz innerhalb des TEXTES dadurch bestimmt[182].

(iii) Wo stärker als die LEKTÜRE-Arbeit das PRODUKT fokussiert wird, etwa weil der zu LESENDE TEXT bereits Sprache ist und nicht Welt, tritt der LESENDE AUTOR als Glied oder Vermittlungsinstanz einer *transtextuellen* Kette in Erscheinung, wie es häufig in und zwischen den Geschichten von Borges der Fall ist. So etwa am Ende von *Examen de la obra de Herbert Quain* (1941) (wenn man von weiteren Komplikationen der Selbstrepräsentation hier absieht):

> A fines de 1939 [Quain] publicó *Statements*: acaso el más original de sus libros, sin duda el menos alabado y el más secreto. Quain solía argumentar que los lectores eran una espe-

---

[180] Dies zeigt der im Roman zitierte Epigraph der Manuskripte (ed. 1987:490), der an keiner Stelle der Romanaussage wiederkehrt. Wäre Melquíades AUTOR-Index, müßte sich dieser Epigraph zu Beginn von *Cien años de soledad* wiederfinden.
[181] Vgl. Morawski (1970:36), der im aristotelischen Sinne auch von „transmutation" spricht (l.c. 54).
[182] S. dazu ausführlicher u. Kap. 2.1.2.

cie ya extinta. *No hay europeo* (razonaba) *que no sea un escritor, en potencia o en acto.* Afirmaba también que de las diversas felicidades que puede ministrar la literatura, la más alta era la invención. Ya que no todos son capaces de esa felicidad, muchos habrán de contentarse con simulacros. Para esos «imperfectos escritores», cuyo nombre es legión, Quain redactó los ocho relatos del libro *Statements*. Cada uno de ellos prefigura o promete un buen argumento, voluntariamente frustrado por el autor. Alguno – no el mejor – insinúa *dos* argumentos. El lector, distraído por la vanidad, cree haberlos inventado. Del tercero, *The rose of yesterday*, yo cometí la ingenuidad de extraer *Las ruinas circulares*, que es una de las narraciones del libro *El jardín de senderos que se bifurcan* (ed. 1980:87)

... in welchem sich auch *Examen de la obra de Herbert Quain* befindet. Borges spricht nicht nur den Gedanken eines AUTORS-als-LESER (und umgekehrt des LESERS-als-AUTOR) wörtlich aus, sondern inszeniert ihn auch intratextuell. Hier verläuft die Grenze zum LESER-als-AUTOR (s.u.) freilich fließend, da auch die PRODUKTION neuer TEXTE thematisiert wird[183].

Die PRODUKTION in ihrer geringstmöglichen kreativen Form steht bei Kopisten oder Chronisten wie dem segundo autor im *Don Quijote* oder Pierre Menard im Mittelpunkt[184]. Zwischen beiden Extremen ließe sich die sog. 'Herausgeber-Fiktion' ansiedeln. Im *Don Quijote* und der *Celestina* steht sie im Dienst, Autorschaft überhaupt zu problematisieren. Beide Werke unterscheiden sich aber in einem entscheidenden Punkt: Rojas diskutiert – wie in Kap 1.4.1.2 gezeigt – das Verhältnis zwischen Autorsignatur, el autor und Textvorlage im Prolog bzw. Epilog, während bei Cervantes das Spiel zwischen segundo autor und Cide Hamete zu einer eigenständigen Nebenhandlung aufgebaut wird. Auch die mehrfache Einrahmung des Haupttextes in Celas *Pascual Duarte* (1955) vermittelt nicht nur einen Realitätseffekt, sondern dient darüber hinaus zur symbolischen Repräsentation des TEXTES[185].

---

[183] Mimesis und Intertextualität können sich hier als Produktionsprinzipien bis zum Verwechseln aneinander annähern, sie sind gewissermaßen das historisch-epistemologische Vorher und Nachher der genialen Schöpfung; Mimesis produziert durch die LEKTÜRE einer Welt, um deren radikale Textualität das intertextuelle LESENDE SCHREIBEN weiß. Vgl. dazu Foucaults bekannte These: „A partir du xixe siècle, la littérature remet au jour le langage en son être: mais non pas tel qu'il apparaissait encore à la fin de la Renaissance. Car maintenant il n'y a plus cette parole première, absolument initiale par quoi se trouvait fondé et limité le mouvement infini du discours; désormais le langage va croître sans départ, sans terme et sans promesse. C'est le parcours de cet espace vain et fondamental qui trace de jour en jour le texte de la littérature" (Foucault 1966a:59).

[184] Cornejo-Parriego (1993) führt aus, daß eine wirksame Technik der hispanoamerikanischen *novela del dictador* darin besteht, den Machtdiskurs des Diktators dadurch aufzuzeigen und zu dekonstruieren, daß die Geschichte durch das Prisma eines Chronisten erzählt wird. So kann die Instrumentalisierung von Mythen und offizieller Geschichtsschreibung im Dienste einer Machtstabilisierung denunziert werden. Da eine offensichtliche Parallele zwischen transzendentalem Autor (als Erzähltechnik) und dem diktatorialen Machtdiskurs besteht, bedingt die Dekonstruktion des einen zugleich die des anderen.

[185] Vgl. die Analyse der Rahmeneffekte bei Picard (1983).

In Alejo Carpentiers Romanen *Los pasos perdidos* (1953) und *El siglo de las luces* (1962) tritt der AUTOR-Index in den Epilogen als autobiographisches Ich bzw. historiographischer Romancier auf. Im Epilog zu *El siglo de las luces*, der den Titel trägt „Acerca de la historicidad de Víctor Hugues" (ed. 1985:415–417), nennt der „autor de este libro" die Quellen, die zur Geschichte führen „tal como se narra en este libro" (l.c. 417). Allein der Name von Víctor Hugues Geliebten, Sofía, sei erfunden. In der einzigen Fußnote des Epilogs versichert er nun:

> Estaban publicadas ya estas páginas de la primera edición que de este libro se hizo en México, cuando, hallándome en París, tuve oportunidad de conocer a un descendiente directo de Víctor Hugues, poseedor de importantes documentos familiares acerca del personaje. Por él supe que la tumba de Víctor Hugues se encuentra en un lugar situado a alguna distancia de Cayena. Pero con esto encontré, en uno de los documentos examinados, una asombrosa revelación: Víctor Hugues fue amado fielmente, durante años, por una hermosa cubana que, por más asombrosa realidad, se llamaba Sofía. (l.c. 416n1)

Es ist gerade dieses im AUTOR-als-LESER in der Schwebe gehaltene Verhältnis von dokumentarischer Treue und autonomer Fiktion, das Carpentier eine unter dem Vorzeichen historiographischer Fiktion vorgenommene – freilich ironisch getönte, ihrerseits fiktive – ideale Verschmelzung von poetischer und historischer Wahrheit erlaubt, in der die Welt literarisch und die Literatur als Wahrheit nobiliert wird.

Besonders bei den mit Mimesis und Intertextualität in Zusammenhang gebrachten Interferenzformen ist deutlich zu sehen, daß der gemeinsame Nenner des Typs AUTOR-als-LESER, d.h. die durch das LESEN eines anderen TEXTES bedingte PRODUKTION, eine unter verschiedenen Zielsetzungen bewirkte Einschränkung reiner PRODUKTIVITÄT ex nihilo ist.

(iv) Eine *autotextuelle* Reflexion über das Schreiben – der AUTOR LIEST seinen eigenen TEXT, um weiterschreiben zu können, um sich selbst im TEXT zu realisieren, er LIEST sich selbst als TEXT, als „livre de signes inconnues" wie es in Prousts *Recherche* (ed. 1954: III 879) heißt – ist beinahe schon ein Topos zeitgenössischer Literatur(kritik)[186]. Geht es bei Prousts Selbstlektüre zunächst um Welt-LEKTÜRE (das Ich wird in einen TEXT verwandelt), so findet sich diese autotextuelle Variante der Interferenz unter dem Vorzeichen einer Schrift-TEXT-LEKTÜRE mehrfach in Torrente Ballesters *Fragmentos de apocalipsis*. Der GELESENE und fortzusetzende TEXT ist hier die Geschichte selbst, soweit sie schon GESCHRIEBEN ist. So über-

---

[186] Vgl. die Aufzählung bei Roloff (1984:13–14). Roloff untersucht dies unter dem anhand von Prousts Werken entwickelten Begriff der „Selbstlektüre" (l.c. 13 pass.), als dessen Produkt der Roman entsteht. Die aktive Leserrolle, die der Autor in bezug auf sich selbst einnimmt, steht im Dienst, die zukünftige Leserrolle des Rezipienten vorzustrukturieren (l.c. 223).

legt der indexikalische AUTOR etwa (das Zitat springt *in medias res* einer der zahlreichen Schreibreflexionen):

> Con lo pensado hay ya para un capítulo y es la hora del balance, y de ver qué hago ahora con esta escasa materia granjeada, y dicho queda en el mejor sentido, en el de los que creen que vale más lo poco diestramente administrado que lo mucho derrochado. Descarto, por supuesto, cualquier salida realista, de esas que conducen a ficciones sociológicas, necesitadas de apoyos algo más convincentes que los míos, porque puestos en esa tesitura, ¿hay quién se trague lo de un arzobispo que se escapa volando de su palacio para jugar al mus con una trinca de anarquistas? La verosimilitud de semejante situación sólo se adquiere si la insertamos en una gran estructura de ambiciosas significaciones, símbolo cósmico o alegoría moral de impresionante catadura. ¿Y qué mejor que un nuevo enfrentamiento entre las fuerzas eternas, jamás vencidas aunque nunca victoriosas, del Bien y del Mal? Sí, ya recuerdo que, páginas más arriba, rechacé una idea de tal guisa, pero fue porque esa dicotomía de isotopos y parámetros me parecía de alcance insuficiente. Dispongo ahora de otras figuras [...] (FA 78–79)

In beiden Varianten der Autotextualität besteht das gleiche Beschreibungsproblem: der GELESENE und der daraufhin PRODUZIERTE TEXT ist zwar am Ende des Romans formal als Aussage-TEXT identisch (und mit ihm identisch), nicht aber in seiner Eigenschaft als je PRODUZIERTER bzw. GELESENER, denn das würde ein transzendentales Signifikat unterstellen. Jede LESENDE Bezugnahme auf einen TEXT stellt den TEXT als etwas anderes dar, als er vor der LEKTÜRE war, weil die Bezugnahme selbst eine Repräsentation, im Grunde sogar Teil des fortan PRODUZIERTEN TEXTES ist, sei dieser GELESENE TEXT nun das immaterielle Ich oder der vorangehende Abschnitt im Buch[187]. Ist eine vollständige Auflösung des sich selbst LESENDEN AUTORS in seinen TEXT angesonnen, so bedarf dies letztlich einer symbolischen Repräsentation, in der dies mehr *gesagt* als *inszeniert* wird, wie z.B. in Luis Goytisolos *Los verdes de mayo hasta el mar* (1976), wo Raúl über das Schreiben reflektiert:

> la preocupación que suscitan en nosotros determinados problemas ajenos puede ser indicio de que tales problemas están ya en nosotros, de que al detectarlos en otros lo que

---

[187] Dieses Problem der Selbstvertextung besteht prinzipiell, vgl. dazu auch Roloff über Prousts Projekt der Selbstlektüre: „[...] die Verwandlung des inneren Buches zum literarischen Werk [ist] immer nur als ein prinzipiell unabgeschlossener Prozeß denkbar: einerseits, weil die Literatur als *écriture* nie vollkommen mit der inneren Lektüre des Schreibenden übereinstimmen kann, vor allem aber, weil die Differenz zwischen dem Text, den der Autor geschaffen hat, und dem Text, den der Leser immer wieder neu herstellen muß, grundsätzlich nicht aufhebbar ist" (Roloff 1984:228–229). Diese Überlegungen gelten nicht nur für *den* Autor und *den* Leser, sondern für alle AUTOREN und LESER. Ein Beispiel dazu wird anhand von *Estela del fuego que se aleja* ausführlich analysiert (Kap. 2.3.3), wo sich auch zeigen wird, daß noch der selbst-GESCHRIEBENE TEXT vom AUTOR entziffert werden muß.

hacemos es simplemente reconocerlos. El autor, al proyectarse en su obra, se crea a sí mismo al tiempo que crea la obra. (ed. 1987:206)[188]

1.2.7.1.2 LESER-als-AUTOR: *Mouvance*, dialogisches Prinzip, 'mort de l'auteur'

Wie der AUTOR-als-LESER befindet sich auch der *LESER-als-AUTOR* zwischen zwei TEXTEN. Vom Selbstverständnis des LESERS her muß aber gegenüber dem ersten Interferenztyp die Blickrichtung umgekehrt werden: LESER-als-AUTOR verweist über die Unabgeschlossenheit *eines* TEXTES auf die PRODUKTION eines *weiteren* TEXTES. Die Umkehrung der ersten Interferenz impliziert also potentiell die Umkehrung der Mimesis, bzw. der klassischen Rezeptionstheorie. Das PRODUKTIVE LESEN ist nicht zufällig das Markenzeichen moderner postmimetischer Literatur, die den Leser als eigentlichen Autor feiert[189]. Wie aber wird dies realisiert?

(i) In der Anweisung, die Cortázar dem Leser zu Beginn von *Rayuela* (1963) im „Tablero de dirección" gibt, ist das LESEN selbst schon als PRODUKTIVE Tätigkeit ausgewiesen:

A su manera este libro es muchos libros, pero sobre todo es dos libros. El lector queda invitado *a elegir* una de las dos posibilidades siguientes:
El primer libro se deja leer en la forma corriente, y termina en el capítulo 56, al pie del cual hay tres vistosas estrellitas que equivalen a la palabra *Fin*. Por consiguiente, el lector prescindirá sin remordimientos de lo que sigue.
El segundo libro se deja leer empezando por el capítulo 73 y siguiendo luego en el orden que se indica al pie de cada capítulo. (ed. 1986:[111]; Herv.i.Orig.)

Der LESER wird PRODUKTIV, indem er verschiedene Lesarten ein und desselben TEXTES realisiert und dabei dessen Polysemie entfaltet (eine ande-

---

[188] Die Frage danach, welcher Natur das Interpretandum (der vom AUTOR zu LESENDE TEXT) und folglich der Interpretant ist (der TEXT, den der AUTOR LESEND PRODUZIERT), muß zunächst eine von der Selbstrepräsentation unabhängige thematische Frage bleiben. Bei Goytisolo ist bspw. der TEXT Ausdruck einer psychischen Realität, des Unbewußten: „La novela, incluso – o acaso preferentemente – cuando pertenece al género fantástico es siempre expresión objetivada de la conciencia y, sobre todo, del inconsciente del autor." (l.c. 187).

[189] Die theoretischen Formulierungen sind geläufig: „[...] le véritable auteur du récit n'est pas seulement celui qui le raconte, mais aussi, et parfois bien davantage, celui qui l'écoute" (Genette 1972:267); Barthes (1984/1968:67) läßt den „auteur" zugunsten des „lecteur" ganz verschwinden, Eco (1987a:65) erklärt die Leserrolle zum Bestandteil des Produktionsmechanismus des Textes. Das 'dialogische Prinzip' einer Gleichwertigkeit von Produzent und Rezipient sah schon Montaigne: „La parole est moitié à celuy qui parle, moitié à celuy qui l'escoute" (*Les essais* III/13, ed. 1962: 1066b). Die Parallele seiner Lesetheorie zur modernen Rezeptionsästhetik endet indessen dort, wo bei Montaigne der didaktische Effekt im Mittelpunkt steht (vgl. Bauschatz 1980:289).

re Frage ist es, ob der empirische Leser tatsächlich diese Sinnmöglichkeiten realisiert). Hier ist jedoch notwendig der vom LESER tatsächlich PRODUZIERTE TEXT als solcher nicht mehr mitrepräsentiert. Vielmehr ergibt sich eine symbolische Repräsentation des LESENS als Überlagerung verschiedener Lesarten *eines* LESERS *eines* TEXTES.

(ii) Eine ähnliche Thematisierung der PRODUKTIVEN LEKTÜRE findet sich in mittelalterlicher und renaissancezeitlicher Literatur: Der Hinweis auf die Unabgeschlossenheit des Werks kann – wenn nicht als eine Bescheidenheitsfloskel[190] – als ein Reflex der *mouvance* [191] gesehen werden, bei deren Aufführungspraxis mit Lesern und Autoren gerechnet wird, die selbst Schaustellereigenschaften besitzen und zu Interpreten werden können, während der autor umgekehrt zugleich 'actor' ist. Eine solche Aufforderung, das Epos – intertextuell – fortzusetzen findet sich beispielsweise im *Libro de buen amor*,

> Qualquier omne que l'oya si bien trobar sopiere,
> puede i más añedir e emendar si quisiere:
> ande de mano en mano a quienquier que l'pedire
> como pella a las dueñas: tomelo quien podiere (LB c.1629: 424)

aber auch in der *Lozana andaluza* (LA 260) und noch in dem aus *Orlando furioso* geborgten „forsi altro canterá con miglior plectio" am Ende des ersten Teils des *Don Quijote* (DQ I/52:562).

(iii) Während in diesen Beispielen die Betonung auf der durch den LESER (als Index) zu unternehmenden Fortsetzung der PRODUKTION liegt, ist hingegen die *Fokussierung auf den* von ihm PRODUZIERTEN TEXT naturgemäß in intratextuellen oder autotextuellen Varianten der Fall. Die oben zitierte Passage aus Borges' *Examen de la obra de Herbert Quain* war dafür schon ein Beispiel. Eine komplexere autotextuelle Realisierung dieses Interferenztyps findet sich in der Figur Lénutchkas aus Torrente Ballesters *Fragmentos de apocalipsis*. Lénutchka hilft dem Ich-Autor beim Schreiben, kommentiert seine Entwürfe, die jeweils in der Romanaussage zitiert sind, und tritt so als ikonischer LESER auf; zugleich ist sie aber selbst eine Erfindung des Autors, d.h. ein Teil seines TEXTES[192]. An einer bestimmten Stelle hat der autor bereits mehrere Kapitel verfaßt und gibt sie Lénutchka zur kritischen Lektüre (sie wird damit zum ikonischen Aussage-TEXT-LESER); nun berät er sich mit ihr, wie die Geschichte weitergehen soll. Die moderne Komplementarität von SCHREIBEN und LESEN wird hier konkret aufgeführt:

---

[190] S. Curtius (1938:459).
[191] Zum Gebrauch des Begriffs *mouvance* in dieser Arbeit s. o. Fn. 157 sowie u. Fn. 209.
[192] Sie ist zugleich eine konkrete Umsetzung von W. Ongs These „the writer's audience is always a fiction"(so der Titel des Aufsatzes von Ong 1975) und insofern auch LESER-als-TEXT (vgl. u. Kap. 1.2.7.3.2).

> Lénutchka leyó lo escrito y no lo juzgó en seguida, sino que pidió algún tiempo para meditarlo, e incluso leyó dos veces algún que otro pasaje, y sólo después de haberlo hecho me dijo que escribir una sola de las ficciones le parecía un error, por cuanto cualquiera de ellas ofrecía una visión muy parcial del universo (FA 94–95)

Lénutchka hilft fortan als LESER bei der Erfindung neuer „ficciones" mit:

> Lo que ella hizo después fue hurgar de nuevo mis papeles con esa escrutadora parsimonia que pone en el examen de mis ojos cada vez que nos amamos. «Aquí, me dijo, encuentro algunas cosas que tienes que explicarme, y que una vez entendidas quizás nos sirven para un buen desarrollo narrativo. Por ejemplo: [...]». (FA 95)

Nun folgen die Vorschläge Lénutchkas, die direkt in den Aussage-TEXT eingehen und so – wenngleich ins Unreine gesprochen – den gleichen TEXT-Status beanspruchen dürfen, wie die „narraciones" des AUTORS: sowohl der TEXT des AUTORS als auch der des LESERS sind „visión parcial del universo", TEXTE eben, die weiter SCHREIBBAR und LESBAR sind. Torrente Ballester gelingt es damit, das moderne Theorem des 'Lesers als Autor' soweit zu realisieren, daß der stellvertretende Leser im Roman selbst noch einen konkreten Text produziert.

1.2.7.2   TEXT-als-AUTOR und TEXT-als-LESER

Die folgenden beiden Interferenzen inszenieren die zwei Seiten transtextueller Beziehungen, in denen jedes literarische Werk steht, und stellen sie als Repräsentationsgehalte dar: die Tatsache nämlich, daß jeder Text aufgrund seiner intertextuellen Einbindung selbst eine Lektüre anderer Texte und produktiv für andere Texte ist. Hier stehen jedoch nicht nur die transtextuellen Relationen im Vordergrund, die schon die erste Gruppe der Interferenztypen bestimmte. Da TEXT nun eine aktive Handlung übernimmt, können Konflikte mit transzendental-subjektiv konzipierten AUTOREN und LESERN auftreten.

1.2.7.2.1   TEXT-als-AUTOR: Transtextualität, Diskurseffekt, Skripturalismus

Beim *TEXT-als-AUTOR* wird ein TEXT von etwas PRODUZIERT, das selbst schon ein TEXT ist, oder ein TEXT stellt sich nach einer weiteren Selbstrepräsentation als Ursprung eines TEXTES heraus. Diese Disposition stellt jene Seite der transtextuellen Verfaßtheit literarischer Gebilde zur Schau, von der aus der Roman in seiner Beziehung zu „différents types d'énoncés antérieurs ou synchroniques" (Kristeva 1969:113–116, Zitat p.113) erscheint: Ein Intertext schreibt sich in den Roman ein, die Polyphonisierung löst beim Rezipienten eine Konkurrenz der Lektüren aus.

(i) Eine der berühmtesten spielerischen Thematisierungen der *intertextuellen Bedingtheit* von Literatur ist Borges Erzählung *Pierre Menard, autor del Quijote*, in der die Kapitel 22 und 38 des *Don Quijote* auch als AUTOR des Menardschen *Don Quijote* gelten könnten. Was hier zur Aufführung gebracht wird ist, daß der vermeintlich autonomen Produktion von Texten immer schon ein produktiver 'texte générale' an die Seite gestellt oder vorgängig ist.

(ii) Wenn diese Interferenz in einer *autotextuellen* Spielart durchgeführt wird, kann sich ihr Repräsentationsgehalt von der Fokussierung der (inter)textuellen Bedingtheit von Produktion zur *PRODUKTION*, d.h. zur Darstellung der schöpferischen Kraft der Sprache selbst verlagern, wobei die Sprache dann den Willen eines subjektiv konzipierten AUTORS untergräbt. In Torrente Ballesters *Fragmentos de apocalipsis* vollzieht sich dies in Form einer Metalepse. Samaniego ist eine jener 'revoltierenden Figuren', die der als AUTOR-Index auftretende autor erfunden hat, also ein TEXT. Obgleich das autor-Ich nicht müde wird darauf hinzuweisen, daß es selbst nichts anderes als ein „conjunto de palabras" umgeben von anderen Wörtern ist (FA 15,16,26 pass.), zeigt es sich doch sehr empört über Samaniegos Hoffärtigkeit, denn dieser schwingt sich selbst zum AUTOR auf, indem er seinerseits die anderen Figuren des ersten autors (seines autors) in seine eigene Geschichte einbaut und weiterentwickelt, selbst vor Lénutchka, der Geliebten des ersten 'autor', macht er nicht halt. Literarische Figuren und selbst vermeintliche Autor-Subjekte können kaum deutlicher als hier in ihrer Verfaßtheit als Diskurseffekte, Sprachkonstrukte[193] oder „starke Signifikanten" (Fluck 1988) denunziert werden. Wenn TEXTE (Samaniego) selbst zu PRODUZENTEN weiterer TEXTE werden können, ist die privilegierte Position des ersten AUTORS nur eine Täuschung, die damit spielt, daß er seitens des Rezipienten personal verstanden worden ist[194]. In dieser Hinsicht ist die Disposition in *Fragmentos de apocalipsis* an den komplementären Typ AUTOR-als-TEXT gekoppelt. Auch der AUTOR ist LESBAR und PRODUZIERT, das Subjekt wird von dem, was es zu begründen glaubte, seiner eigenen Sprachlichkeit, d.h. Heteronomie überführt.

(iii) Die radikale Variante der Interferenz TEXT-als-AUTOR zieht den Ort des PRODUKTIVEN TEXTES und den seines PRODUKTES *autogen* zusammen. Dies war bereits in Chacóns Sonett der Fall, wenngleich dort die autogene PRODUKTION des TEXTES noch durch die Stimme eines Subjekts erklang. In *Fragmentos de apocalipsis* ist sie an Figuren gekoppelt, die schon vorgängig als TEXTE repräsentiert sind, mit dem Effekt, das anthro-

---

[193] Vgl. Barthes (1966b:15–18, 1970:183–184); Genette (1983:93).
[194] Torrente Ballester ist darin vielleicht nicht ganz konsequent (oder es ist ironisch gemeint), wenn er dem vormaligen AUTOR und dem PRODUKTIVEN TEXT Samaniego dennoch die äußere Form einer Figur verleiht.

pomorphisierende Konstrukt eines 'autoproduktiven Textes' noch als telquelistische Kopfgeburt (ironisch) kommentieren zu können[195]. In dem schon mehrfach angesprochenen Roman Martín Gaites, *El cuarto de atrás*, ist das Subjekt – die Protagonistin, die sich selbst als Schriftstellerin ausgibt – von der inszenierten autogenen Produktivität des Romans ausgeschlossen: der Text hat sich selbst GESCHRIEBEN, wenn er am Ende als ein Manuskript vorliegt, das mit den gleichen Sätzen beginnt, wie schon der Aussage-TEXT von *El cuarto de atrás*[196]. Diese Repräsentation von 'Autoproduktivität' ist eine (leicht durchschaubare[197]) Variante des von Ricardou so benannten *Skripturalismus* (Ricardou 1967:54) bzw. der „auto-représentation verticale ascendante": „certains aspects de la dimension référentielle se modèlent sur certains caractères de la dimension littérale: les aventures sont soumises à l'écriture" (Ricardou 1975:211), wodurch der Text als „autoproductivité" d.h. autogener TEXT-als-AUTOR repräsentiert wird. Die sog. 'Selbstproduktion' läßt sich indessen in *El cuarto de atrás* ohne weiteres mit den Beschreibungsbegriffen fassen: der im Aussage-TEXT (CU 210) wiedergegebene Manuskriptbeginn ist eine *LEKTÜRE* des Aussage-TEXTES (Beginn des Romans, CU 9), weil die repräsentierende Aussage (CU 210) u.a. in syntagmatischer Differenz zur repräsentierten Aussage (CU 9) steht. Der TEXT kann nur deshalb und nur insofern 'sich selbst' PRODUZIEREN, weil bzw. als er eben TEXT (Signifikan-ten) *ist* und einen anderen *TEXT* (Signifikanten) LIEST.

Das zugrundeliegende Problem der 'Selbstproduktion' ist das gleiche wie bei der 'Selbstlektüre'. Eine der Aporien einer „autoproductivité" des Textes, in der der Text zugleich als Produktivität und Produkt (Kristeva 1969:216) erscheinen soll, besteht darin, wie Hempfer zu Recht bemerkt, daß zwar „kein vorgegebenes *signifié*" impliziert ist, über dem sich die fortschreitende Signifikantenkette modelliert – womit aus guten Gründen der in hermeneutischer Kritik allzu schnell herangezogene 'Autor' als Sinnhorizont bzw. die Repräsentation im klassischen Sinne ausgeblendet ist – „wohl aber ein vorgegebenes *signifiant*" (Hempfer 1976:36), aus dem heraus der Text seine weiteren Signifikanten ableitet (in dem unkomplizierteren Fall von *El cuarto de atrás* wiederholt sich der Anfang der Romanaussage in einem TEXT). Für das hier vorgeschlagene Beschreibungsmodell bedeutet dies, daß durchweg auf mindestens ein Aussageelement (ein Signifikant z.B.) rekurriert wird, das jeweils durch die weiteren Signifikanten GELESEN (qua Zitat, Anagrammatisierung,

---

[195] Vgl. u. Kap. 2.3.2.
[196] Vgl. dazu die Darstellung der Passage aus *El cuarto de atrás* als *Selbstzitat* o. in Kap. 1.2.6.2.2.
[197] Ein komplizierteres skripturalistisches Verfahren ist in *Estela del fuego que se aleja* realisiert, wo verschiedene TEXTE sich aufgrund kabbalistischer Sprachpermutationen entwickeln, z.B. sich am Alphabet reihende AUTOR-Namen. Der autogene TEXT wird dann durch die Parallelisierung mit kabbalistischer Schriftmystik als transzendentale PRODUKTIONS-Stätte repräsentiert (s. u. Kap. 2.3.3).

Homonymien o.ä.) und dadurch zum TEXT erklärt wird, während diese LEKTÜRE selbst PRODUKTIV sein kann, den vormaligen TEXT entsprechend verändert etc. – der Komplexität der Selbstrepräsentation sind keine Grenzen gesetzt. Wie schon im Zusammenhang der 'Selbstlektüre' festgestellt wurde, setzt die Beschreibung allein eine strikte methodische Trennung von (außersemiotischer) Aussage, die für keine Repräsentation einholbar ist, und semiotischer Ebene der Repräsentation (Aussage-TEXT, AUTOR, LESER etc.) voraus.

Es wurde schon anläßlich Selbstzitat, Autor- und Titelsignatur in Kap. 1.2.6.3.1 bemerkt, daß das Verhältnis zwischen Zitat und Zitiertem oder Repräsentation und Repräsentiertem im Einzelfall genauer analysiert werden muß; nicht zuletzt deshalb, weil – um auf das Beispiel von *El cuarto de atrás* zurückzukommen – auch das syntagmatisch erste Auftreten der später zitierten Passage immer selbst schon ein Zitat sein kann oder jederzeit als solches repräsentiert werden könnte; der analytischen Beschreibung sind so auch disseminative Selbstrepräsentationen zugänglich, bei denen nicht von vorneherein bestimmt werden kann, welches Referenzverhältnis zwischen beiden Okkurenzen identischer Signifikanten besteht[198].

1.2.7.2.2 TEXT-als-LESER: Transtextualität, Lesemaschinen

Im Unterschied zum TEXT-als-AUTOR repräsentiert sich der Roman im *TEXT-als-LESER* von der umgekehrten Seite her als intertextuell bedingt, d.h. in seinem „redistributiven" Charakter (Kristeva 1969:113) hinsichtlich anderer Texte. Wo nicht subjektiv-personale Figurenkonzeptionen im Spiel sind, thematisiert die Repräsentation von TEXT LESENDEN TEXTEN also Textualität (Sprache) als Verstehensbedingung von Texten (Sprache) im allgemeinen; im Roman bestehende intertextuelle Markierungen werden so zum Ausweis der Textualität des Romans selbst: der Aussage-TEXT des Romans wird als in sprachliche Form gebrachte LEKTÜRE eines Intertextes dargestellt, gewissermaßen als deren Interpretant[199]. Auch hier geht es bei der Selbstrepräsentationsanalyse nicht um die Beschreibung der transtextuellen

---

[198] In *La double séance* (1972a:253-254) führt Derrida anhand eines Mallarmé-Textes eine solche Lektüre letztlich mit den hier vorgeschlagenen Beschreibungsbegriffen durch, freilich um diese sodann zugunsten eines '(Sich-)Schreibens' der Zeichen*différance* zu verabschieden; s. dazu u. Kap. 1.2.7.4.

[199] Riffaterre (1979:132–146, 1980:9–18) bedient sich des Interpretanten-Begriffes um diese spezifische Funktion eines Textes hinsichtlich seiner Intertexte zu fokussieren. „L'interprétant, lien entre le déjà-dit de l'intertexte et la récriture qui est le texte, a donc por fonction d'engendrer la manière de cette récriture, et d'en dicter les règles de déchiffrement" (Riffaterre 1979:146). In der Interferenz TEXT-als-LESER kommt diese intertextuelle Vermittlung zunächst weniger als *surplus* an Sinn in Betracht, als vielmehr als zur Schau gestellte Verfaßtheit des Textes.

Bezüge an sich, sondern um den Selbstrepräsentationsgehalt der Interferenz, der darin besteht, die transtextuelle Bedingtheit des Romans (oder jedes Romans) aufzuzeigen[200]. Auch hier stellt sich die Frage, wie nun diese Disposition *inszeniert* werden kann.

(i) Eines der Grundmuster dieses Verfahrens wird im *Don Quijote* vorgestellt. Der Ritter ist Welt-LESER par excellence. Doch da seine Welt-LEKTÜRE sich allein in der verzerrten Optik der Ritterromane konstituiert, wird Quijote selbst zur Personifizierung eines LESENDEN TEXTES. Der Ritterroman ist der Interpretant, unter dem die Welt-LEKTÜRE 'quijotesk' wird[201].

(ii) Während Cervantes' Held die phantastische Vision der Ritterromane auf eine prosaische Welt anwendet und die fragliche Interferenz dadurch erzeugt, daß er sich selbst in einen Roman, einen Welt-LESENDEN TEXT verwandelt, so wird diese Disposition in *Fragmentos de apocalipsis* eine Windung weiter getrieben. Torrente Ballester läßt nämlich sowohl das Subjekt als auch das Objekt der LEKTÜRE einen TEXT sein, noch bevor das LESER-Subjekt überhaupt irgendetwas zum TEXT erklären kann. Der Ichautor beschließt, aufgrund eines Vorschlags von Lénutchka, Moriarty aus *Sherlock Holmes* in die Geschichte einzuführen. Dies ist schnell geschehen, man trifft sich:

> «¿Y para qué me han llamado? [preguntó Moriarty] El trabajo en que me ocupo es importante. Persigo a un impostor.» «Pero lo busca usted donde no está.» «¿Cómo lo sabe?» «El Supremo se ha refugiado aquí como en una ciudadela inexpugnable. Lo es. Si yo no le hubiera traído, usted, por sus medios, no entraría jamás.» «Qué ciudad es ésta, pues?» «Una que no existe más que en mi fantasía y en las palabras de un manuscrito.» «No entiendo bien.» «¿Cómo es posible? Su inteligencia es asombrosa.» «El mundo de la literatura no fue nunca mi fuerte.» «Sin embargo, usted es literatura.» Se encogió de hombros y no me respondió. (FA 269–270)

Ein TEXT (der Ich-Erzähler) kann einen anderen TEXT (Moriarty) LESEN, weil beide TEXTE sind; Moriarty, der kein TEXT-Bewußtsein hat, hingegen nicht[202].

---

[200] Pfister formuliert diesen Zusammenhang als sein drittes Intertextualitätskriterium, das er „Autoreflexivität" nennt: „Der Intensitätsgrad der Intertextualität [...] kann noch dadurch gesteigert werden, daß ein Autor in einem Text nicht nur bewußte und deutlich markierte intertextuelle Verweise setzt, sondern über die intertextuelle Bedingtheit und Bezogenheit seines Textes in diesem selbst reflektiert, d.h. die Intertextualität nicht nur markiert, sondern sie thematisiert, ihre Voraussetzungen und Leistungen rechtfertigt oder problematisiert" (Pfister 1985:27).

[201] S. u. Kap. 2.1.3.3.

[202] Eine Art der 'Selbstlektüre' des Textes, die nicht mit der Interferenz verwechselt werden sollte, faßt Prince (1980) ebenfalls unter dem Stichwort „the text as reader". Es handelt sich dabei um „reading interludes", worunter Aussagen im Text verstanden werden, die andere Aussagen in ihrer Bedeutung oder Funktion erklären (etwa ein Detektiv, der – für

1.2.7.3 AUTOR-als-TEXT und LESER-als-TEXT

Diese beiden Interferenztypen sind zunächst von AUTOR-Symbol bzw. LESER-Symbol zu unterscheiden, denn auch dort konstituieren sich die Objekte erst durch ein GELESENWERDEN, d.h. erst mittels einer Interpretation. Bei den Interferenzen hingegen sind die genuinen Handlungen von AUTOR bzw. LESER dadurch überlagert, daß ihre Agenten zugleich als TEXTE bestehen. Dies kann für jeden AUTOR eine Bedrohung seiner transzendentalen Position und für den LESER eine Einschränkung seiner Interpretationsfreiheit bedeuten. Entsprechend kommt in dieser Gruppe weniger der transtextuelle Horizont in den Blick, als vielmehr die Frage nach Subjektivitätskonzeptionen.

1.2.7.3.1 AUTOR-als-TEXT: 'Sprechendes Buch' und Dekonstruktion

Ein AUTOR PRODUZIERT unter der Bedingung, selbst etwas PRODUZIERTES /LESBARES zu sein: In der schon erwähnten Erzählung *Las ruinas circulars* von Borges war dies das Schicksal des träumend erschaffenden Magiers, und es ist das mögliche Schicksal eines jeden AUTORS. Gleiches gilt für indexikalische repräsentierte AUTOREN: insofern er durch ein Pronomen, einen Namen oder einen Eigennamen bezeichnet ist und wie die Figur zunächst nur ein Text- oder Diskurseffekt ist, kann er jederzeit auch seinerseits als TEXT repräsentiert bzw. denunziert werden. Ein transzendentaler AUTOR müßte seinen Anspruch, erster und einziger Urheber zu sein, an zwei Fronten geltend machen: zum einen gegenüber anderen TEXTEN, etwa indem er als grammatikalisches Sprachhandlungssubjekt (Ich) auftritt, das sich selbst als schreibend ausgibt oder diese Semantik durch Bezeichnungen (autor) oder Namen (realer Autorname) bekommt; zum anderen muß er als *einziger* PRODUZENT alle anderen möglichen PRODUKTIONS- und LESE-Perspektiven (AUTOREN, LESER) unterdrücken. Als auktorialer Erzähler kann er jederzeit auf seinen TEXT oder den LESER indexikalisch Bezug nehmen und selbst in die Diegese eintreten, solange er dort nicht, wie in *Niebla*, als AUTOR erkannt, als Epiphanie LESBAR wird. Der AUTOR mag auch seinen eigenen TEXT und sogar 'sich selbst' als TEXT LESEN, solange jedenfalls, wie er der einzige PRODUZENT bleibt und – frei nach Kant – sein „*Ich* schreibe alle seine Vorstellungen begleitet", das Schreiben selbst also

---

den Rezipienten – die zentrale hermeneutische Frage zur Aufklärung des Falls stellt oder die bisherige Handlung 'kombinierend' deutet etc.). „Reading interludes" sind „Texte im Text" (l.c. 237), die auch indirekt das Verhältnis von Erzähler/narrataire, bzw. Leser/Text bestimmen. Die Interferenz TEXT-als-LESER kann zwar u.U. auch als ein „reading interlude" auftreten, doch ist sie vollständig definiert im System der Selbstrepräsentationen.

nicht problematisch wird. Doch die in seiner letztlich ja nur sprachlich gegebenen Existenz anlegte prinzipielle Möglichkeit, daß er selbst als TEXT LESBAR wird, ist die Kehrseite seiner privilegierten Stellung als selbstmächtiger PRODUZENT. TEXT als Daseinsform des AUTORS wird dann problematisch, wenn sie mit der Selbstbeschreibung des AUTORS als transzendentalem Beherrscher des TEXTES in Konflikt gerät. Der *autor* des *Gran teatro del mundo* weiß dies zu verhindern, indem er seine Bühne nicht betritt und die Figuren sich folglich von ihm kein Bildnis machen können (ihn nicht LESEN können). Die potentielle TEXTUALITÄT wird dem AUTOR zum Verhängnis, wenn er von einem *anderen* PRODUZIERT WIRD, wie eben der Magier in *Las ruinas circulares* [203].

(i) Unter einer nur formalen Perspektive, kann man sehr ähnliche AUTOR-VerTEXTungen in historisch weit auseinanderliegenden Texten finden. Eine typische Variante dieser Interferenz, die im Zuge der Entfaltung des Buchwesens vor und nach der Erfindung der Druckerpresse das Vertrauen des Lesers fördern soll, ist das 'sprechende Buch'. So verwandelt sich der AUTOR des *Libro de buen amor* selbst kurzfristig in das Buch, nachdem er erklärt hat, daß die Nützlichkeit des *Libro* von einer adäquaten Lektüre abhängt:

De todos estrumentos   yo, libro, só pariente:
bien o mal, qual puntares,   tal diré, ciertamente;
quál tú dezir quesieres,   ý faz punto, ý tente;
si puntarme sopieres   siempre me abrás en miente. (LB c.70: 82).

In gleicher Weise repräsentiert sich der AUTOR-als-TEXT in den letzten Zeilen des *Don Quijote*, wenn die Schreibfeder (AUTOR-Index) Cide Hametes sagt: „Para mí sola nació Don Quijote, y yo para él; él supo obrar y yo escribir; solos los dos somos para en uno" (DQ II/74:1138).

(ii) Die Interferenz AUTOR-als-TEXT entbirgt erst dort ein dekonstruktives Potential, wo sie als Deaktivierung einer traditionell als handlungsmächtig semantisierten Instanz erscheint. Das Subjekt wird LESBAR und PRODUZIERBAR, es wird als Diskurseffekt zum Paradoxon einer 'fremdgeschriebenen Autobiographie', deren letzter Autor (als symbolischer AUTOR) unter Umständen das eigene Unbewußte ist, der „texto soñado", wie es in *El cuarto de atrás* (CU 40) heißt. Dekonstruktion des Subjektparadigmas (das Subjekt nicht als Urheber, sondern als von den anderen PRODUZIERTER bzw. LESBARER TEXT) muß freilich nicht in jedem Fall als Krise erfahren werden. Von einem glücklicheren Nominalismus als beispielsweise *Niebla* kündet *Fragmentos de apocalipsis*, wenn am Ende, nach einer symbolischen Apokalypse, in der alle Wörter zerstört worden sind, der AUTOR und all seine Figuren und TEXTE zu einer Art substantiellem Imaginärem erklärt

---

[203] Zum Begriff Transzendentalität s. u. Kap. 2.2.2.

wird: „los fantasmas", sagt der AUTOR, „somos de material invulnerable y la palabra con la que se nos nombra, un accidente" (FA 397).

1.2.7.3.2 LESER-als-TEXT: Sinnarretierung und Sinnentgrenzung

Wie der AUTOR impliziert auch der LESER die Möglichkeit, jederzeit als TEXT repräsentiert zu werden; beim LESER-als-TEXT ergeben sich daraus jedoch andere Konsequenzen und Möglichkeiten. Zwei Grundrichtungen selbstrepräsentationaler Techniken können hier extrapoliert werden. Wenn LESER und LESEN, die ja schon Interpretationspositionen sind, als anderweitig PRODUZIERT bzw. abermals interpretierbar, LESBAR dargestellt werden, so wird der LESER-als-TEXT zum strategischen Instrument, das entweder, in der Verfügungsgewalt eines transzendentalen AUTORS, die Deutungsmacht konsolidiert oder, durch den Rezipienten hindurch, die Interpretationskette entgrenzt.

(i) In zahllosen Romanen schließt der AUTOR als auktorialer Erzähler Bündnisse mit seinem 'geneigten Leser', dem extradiegetischen *narrataire*, und baut ihn zu einer Art Nebenfigur auf, die bisweilen durch die ganze Erzählung als Gesprächspartner mitgeführt wird. Berühmt sind das Spiel mit den Lesererwartungen in *Jacques le fataliste* (1796):

> En suivant cette dispute sur laquelle ils [Jacques et son maître] auraient pu faire le tour du globe sans déparler un moment et sans s'accorder, ils furent accueillis par un orage qui les contraignit de s'acheminer... – Où? – Où? lecteur, vous êtes d'une curiosité bien incommode! Et que diable cela vous fait-il? Quand je vous aurai dit que c'est à Pontoise ou à Saint-Germain, à Notre-Dame de Lorette ou à Saint-Jacques de Compostelle, en serez-vous plus avancé? Si vous insistez, je vous dirai qu'ils s'acheminèrent vers... oui; pourquoi pas?... vers un château immense [...] (ed. 1973:56)

oder die Zeilen aus Balzacs *Le père Goriot* (1835):

> Ainsi ferez-vous, vous qui tenez ce livre d'une maine blanche, vous qui vous enfoncez dans un moelleux fauteuil en vous disant: Peut-être ceci va-t-il m'amuser. Après avoir lu les secrètes infortunes du père Goriot, vous dînerez avec appétit en mettant votre insensibilité sur le compte de l'auteur, en le taxant d'exagération, en l'accusant de poésie. Ah! sachez-le: ce drame n'est ni une fiction ni un roman. *All is true*, il est si véritable, que chacun peut en reconnaître les elements chez soi, dans son cœur peut-être. (ed. 1963:6–7)

In diesen Fällen ist der LESER ein vom AUTOR PRODUZIERTER TEXT, mit dem er genauso umspringt wie mit seinen Figuren. Die Einschränkung der Interpretationsfreiheit des im LESER repräsentierten Rezipienten besteht darin, daß eine symbolische LEKTÜRE auf den passiven Nachvollzug dessen beschränkt bleibt, was der AUTOR dem LESER in den Mund legt. Der LESER ist in diesem Fall nicht nur ein vom AUTOR PRODUZIERTER TEXT – dies wird noch der Fall zu Beginn bei Calvinos *Se una notte d'inverno un viaggiatore* sein (s.u.) – sondern der AUTOR selbst ist es, der den LESER-TEXT LIEST, d.h. in diesem Fall, ihn semantisch auflädt, indem er wie Diderot mit den Erwartungen des Rezipienten spielt. Der AUTOR verwandelt den LESER in eine Reflexionsfläche für sein Selbstgespräch, indem er ihn die von seinem TEXT determinierten Erwartungen bzw. Möglichkeiten aussprechen läßt, die er selbst PRODUZIERT hat. (Dies wird im übrigen auch dadurch bestätigt, daß diese formulierten Erwartungen häufig direkt, wie das Beispiel von Diderot zeigt, in eine Reflexion über die weitere PRODUKTION und sodann in die PRODUKTION selbst übergehen.) In dem Moment, da der LESER zu einem TEXT – und als solcher wie jeder andere TEXT potentiell offen, LESBAR – wird, ist er immer schon GELESEN, der LESER-TEXT *ist* die TEXT gewordene LEKTÜRE, die der AUTOR von seinem eigenen TEXT erstellt. Der AUTOR wird zur obersten PRODUKTIONS- und Deutungsmacht sowohl des LESER-TEXTES als auch der eigenen Geschichte.

Diese Strategie der erpreßten Solidarität mit dem LESER (letztlich dem Rezipienten), die dessen Interpretationsfreiheit einschränkt und nebenbei dem AUTOR einen transzendentalen Posten sichert, wird offengelegt, wo etwa der LESER als Teil des Buches angesprochen wird. So ergeht im Klappentext von Julián Ríos' *Larva (Babel de una noche de San Juan)* (1983) an den „solapado lector" die Adresse:

> Nota supernumeraria (con la consigna «para adorno de solapas») del ubicuo Comentador larvícola: Solapado Lector: Por si ha de ser *Babel de una noche de San Juan* uno de tantos libros que conocerás sólo de solapas afuera, me precipito a brindarte [...] (ed. 1992: [solapa], 12)

(ii) In Carlos Fuentes' *Cristóbal Nonato* (1987) tritt der LESER als „elector" auf, der den im Mutterleib verbliebenen Cristóbal zur Sprache verhelfen muß; hier wird gewissermaßen der Spieß herumgedreht, wenn Cristóbal in der Schlußpassage sagt:

> Tú sabes que no he narrado nada solo, porque tú has venido ayudándome desde la primera página. Tu mediación es mi salud. [...] Tú sabes, elector, que sin ti no me habría salido con la mía, que es comunicarles a los vivos mis pesadillas y mis sueños: ahora ya son *sus* pesadillas y *sus* sueños [...] ENTIENDE ELECTOR POR QUÉ YO CRISTÓBAL LO SÉ TODO Y TEMO PERDERLO TODO: Ah, elector, mi pacto contigo no es desinteresado, qué va: Te voy a necesitar más que nunca *después* (habrá un *después*...?), al nacer [...] (ed. 1987:551)

Der LESER wird als (Ko-)AUTOR des vom AUTOR PRODUZIERTEN TEXTES benannt. Er gerät damit in das Paradox, Teil es eines TEXTES zu sein, den er selbst mit-PRODUZIERT, müßte sich also als der (Ko-)AUTOR seiner selbst gewärtigen. Der Rezipient, der diese Leseanweisung realisiert, zahlt für seine aktive, bewußte Beteiligung an der Sinnproduktion den Preis, sich selbst im Text nicht mehr an einem definierten (nämlich vom auktorialen

Erzähler vorgegebenen) Ort, sondern in der von seiner eigenen Sinnproduktion mit abhängigen und deshalb prinzipiell unabgeschlossenen *écriture* zu situieren. Es dürfte kaum einen Roman geben, in dem diese nominalistischen bzw. dekonstruktiven Konsequenzen der LESER-VerTEXTung in so effektvoller und beinahe lehrbuchhafter Weise in den Rang des Themas erhoben worden sind wie in Italo Calvinos *Se una notte d'inverno un viaggiatore*.

(iii) Die Einbindung des LESERS vollzieht sich zunächst traditionell im Stil von Balzac:

> Stai per cominciare a leggere il nuovo romanzo *Se una notte d'inverno un viaggiatore* di Italo Calvino. Rilassati. Raccogliti. Allontana da te ogni altro pensiero. Lascia che il mondo che ti circonda sfumi nell'indistinto. La porta è meglio chiuderla; di là c'è sempre la televisione accesa. (NV 3)

Doch während der LESER-als-TEXT in der zitierten Passage aus *Le père Goriot* noch vollständig vom AUTOR beherrscht und sein Interpretationspotential von ihm schon ausgedeutet wird, indem er den LESER-als-TEXT transzendental PRODUZIERT und LIEST, kündigt sich bei Calvino schon bald eine Öffnung jenes TEXTES an, der der LESER anfänglich gewesen ist. Sie wird, wie zu sehen ist, durch eine Kopplung an eine symbolische LESER-Repräsentation erreicht, die wiederum dadurch hervorgebracht wird, daß die zu Beginn aufgebauten Indices sukzessive dekontextualisiert und referentiell dekonstruiert werden. Das 'tu', der LESER-Index, beginnt zunächst den soeben erworbenen Roman zu lesen. Zu Beginn der Bahnhofsgeschichte, dem ersten der zehn Romananfänge, die in *Se una notte* erzählt werden, vermischt sich vor seinen Augen allmählich die fiktive Welt mit den geschriebenen Wörtern: „Il romanzo comincia in una stazione ferroviaria, sbuffa una locomotiva, uno sfiatare di stantuffo copre l'apertura del capitolo, una nuvola di fumo nasconde parte del primo capoverso." (NV 11). Wenig später stellt das 'tu' fest, daß sich in seinem Buch die immer gleichen dreißig Seiten wiederholen:

> proprio ora che cominciavi a interessarti davvero, ecco che l'autore si crede in dovere di sfoggiare uno dei soliti virtuosismi letterari moderni, ripetere un capoverso tal quale. Un capoverso, dici? Ma è una pagina intera, puoi fare il confronto, non cambia nemmeno una virgola. E andando avanti, cosa succede? Niente, la narrazione si ripete identica alle pagine che hai già letto! (NV 25)

Der Leser-Held geht empört in die Buchhandlung zurück. Zwei Seiten später (NV 27–28) stellt sich heraus, daß selbst die Bahnhofsgeschichte nicht von 'Calvino', sondern von einem gewissen Tazio Bazakbal stammt, und auch einen anderen Titel trägt, nämlich nicht '*Se una notte d'inverno un viaggiatore*', sondern '*Fuori dell'abitato di Malbork*'. Parallel zu der Dekontextualisierung der Indices LESER, Autorsignatur und Titelsignatur wird auch die Identität eines abgeleiteten AUTOR-Index, nämlich des erzählenden 'io', erschüttert. Das AUTOR-Ich, so heißt es, sei selbst eine der anonymen Personen der Geschichte, d.h. explizit, ein TEXT. Hier tritt der im Kapitel AUTOR-als-TEXT beschriebene Fall ein: der zunächst unverfängliche Ich-Erzähler wird unversehens als ein Sprachkonstrukt entlarvt. Das an sich leere Personalpronomen, so ist weiter zu lesen, erlaube gleichermaßen dem Autor wie dem Leser, einen Teil des eigenen Ich in die Romanperson namens 'io' zu investieren; da dies zunächst nur *gesagt* wird,

> Sono una persona che non dà affatto nell'occhio, una presenza anonima su uno sfondo ancora piú anonimo, se tu lettore non hai potuto fare a meno di distinguermi tra la gente che scendeva dal treno e di continuare a seguirmi nei miei andirivieni tra il bar e il telefono è solo perché io mi chiamo «io» e questa è l'unica cosa che tu sai di me, ma già basta perché tu ti senta spinto a investire una parte di te stesso in questo io sconosciuto. Cosí come l'autore [...] pure per il solo fatto di scrivere «io» egli si sente spinto a mettere in questo «io» un po' di se stesso (NV 15–16)

stellt sich die Frage, ob der Inhalt dieser vorderhand nur symbolische Repräsentation des AUTORS ('io')-als-TEXT auch eine Entsprechung im weiteren Verlauf findet. Calvino bleibt in der Tat nicht dabei stehen. „La tua attenzione di lettore ora è tutta rivolta alla donna, è già da qualche pagina che le giri intorno, che io, no, che l'autore gira intorno a questa presenza femminile" (NV 20). Die Dekontextualisierung der Indices bewirkt nun zweierlei: sie treibt zum einen eine symbolische LESER-Repräsentation hervor, weil sie zur Neulektüre des Romans zwingt; zum anderen hat sie schließlich auch Konsequenzen für den LESER-Index 'tu', der dem Rezipienten nunmehr keine eindeutige Identifizierung mehr bietet, schon allein deshalb, weil seitens AUTOR und TEXT der vormalige Kontext: 'tu'-als-LESER des TEXTES-'*Se una notte d'inverno un viaggiatore*'-von-'Italo Calvino' (AUTOR) aufgelöst ist. Der im 'tu' repräsentierte LESER wird dem Rezipienten zum LESBAR *bleibenden* TEXT. Ein paradoxaler Zustand: der LESER ist ein vom AUTOR PRODUZIERTER TEXT – nämlich die Geschichte, in der das 'tu' der Held ist –, und der Rezipient ist mittels einer LESER-Symbolisierung aufgefordert, diesen verTEXTeten LESER als LESBAREN TEXT immer wieder neu zu aktualisieren. Die Selbstreflexion des Romans gibt zwar Interpretationen vor, fordert aber den Rezipienten stets zu weiteren auf (symbolische LESER-Repräsentation). In dem Maße, in dem der LESER-als-TEXT nicht mehr erschöpfend vom AUTOR 'ausGELESEN' und nicht mehr von ihm allein PRODUZIERT ist (wie bei Balzac), sondern für den Rezipienten weiterhin interpretationsfähig und interpretationsbedürftig bleibt, besteht er als vom Kontext der PRODUKTION gelöste *écriture*, wodurch eine fixierbare Bedeutung verhindert ist. Das Wort 'lettore' oder 'leggere' ist damit, wie Paul de Man es ausdrücken würde, „deprived of any referential meaning whatsoever"

(De Man 1979:77)[204]. Diese Spannung zwischen LESER als PRODUZIERTEM TEXT und dem symbolischen LESER (dem Rezipienten), für den der TEXT, dessen PRODUKT er selbst ist, abermals LESBAR wird, repräsentiert den LESER tatsächlich als (Ko-)AUTOR. Solche Kreativität gelingt dem LESER umso leichter, als der AUTOR, der sich zuvor in dem 'io' verborgen hatte, dem LESER im Personalpronomen 'io' Platz macht, um ihn an der PRODUKTION partizipieren zu lassen[205].

---

[204] De Man hat, in umgekehrter Richtung, diesen Sachverhalt an einer Leseszene in Prousts *Recherche* analysiert: Die allemal unaufhebbare Spannung des Textes zwischen wörtlicher und figurativer Bedeutung betrifft auch noch die Leseszenen; „it is forever impossible to read Reading" (l.c.). Diese Unlesbarkeit oder „Allegorie des Lesens", entspräche im hier verhandelten Rahmen selbstrepräsentational inszenierten LESENS natürlich der schlechthinnigen *LESBARKEIT* des LESERS als-TEXT.

[205] H.R. Jauß möchte die hier dargestellte Disposition in Calvinos Roman hingegen in Verbindung mit zwei weiteren LESER-Repräsentationen als Realisierung einer „postmodernen Ästhetik" verstanden wissen, indem er gegen die von Nietzsches Fiktionalisierung der Subjektivität ausgehende poststrukturalistische Subjekt-Dekonstruktion einen Fiktionalitäts-Begriff ins Feld führt, für den Fiktionalisierung „operatives Prinzip" einer Subjektivität als „Selbstinszenierung für den oder die anderen" (Jauss 1989:269) ist. Jauß sieht solche Fiktionalisierung in einer dreifaltigen Form in Calvinos Roman am Werk, von der im folgenden nur die eine – „Interaktion von Autor, lesendem und gelesenem Leser" (l.c. 270) – referiert werden soll, weil sie das Pendant zum LESER-als-TEXT ist. – Eine Sinnproduktion jenseits solipsistischer Selbstpräsenz des Subjekts bleibe, so Jauß, dann noch möglich, wenn der Produktionsakt vom Autor in den Leser verlegt wird. Dadurch, daß das Leser-'Du' zum Helden des anonymen Autor-'Ich' wird, ist „der Leser von Anbeginn in jedem Akt des Schreibens mit gegenwärtig und fortschreitend in die Rolle des Subjekts einer geschriebenen Welt einbezogen [= LESER-als-AUTOR *und* als-TEXT] [...]. Der geneigte Leser, dem es als realem Leser (*lettore che legge*) freisteht, ein Buch zu wählen und über seine Lektüre zu verfügen [= Rezipient bzw. LESER-Symbol], kann seine Distanz zum Gelesenen in dem Maße nicht mehr aufrecht erhalten, wie er als lesender Leser zum gelesenen Leser [= LESER-als-TEXT] wird, das heißt: als fiktiver Leser (*lettore che è letto*) in die inszenierten Rollen des anonymen Ich eintritt. [...] Das fiktive Du löst das Programm [von Calvinos Roman], aus einer Rede in der zweiten Person den Roman selbst hervorgehen zu lassen, in der Weise ein, daß dieses lesende Du [= LESER-als-TEXT] ineins ständig das Lesen des Lesens repräsentiert [= LESER-Symbol]. [...] Das lesende Du kann sich auf das angebotene Ich einlassen und gleichwohl – dank der Dopplung von lesendem und gelesenem Ich – die Freiheit des reflektierenden Bewußtseins bewahren [= LESER-als-TEXT und LESER-Symbol] [...] Die Fiktionalität des Ich-Du-Verhältnisses in Calvinos Roman der zweiten Person erlaubt dem Leser den Lektüregenuß, die Leerstelle des anonymen Ich zu besetzen [LESER-als-AUTOR] und spielerisch in seine immer wieder andere Rolle einzugehen, bei Strafe, mit ihm unterzugehen, wenn das lesende Du seine ästhetische Distanz preisgibt und der Faszination des fremden Schicksals eines andern Ichs erliegt." (l.c. 280–285). Die Differenz zum LESER-als-TEXT (des AUTORS) erschließt sich entsprechend für Jauß in der Dreipoligkeit der Beziehung: Wäre das Verhältnis Autor-lesender Leser-gelesener Leser „nur zweipolig, so würde das Du des Lesers, wenn es sich mit dem »scheinheiligen Ich« der zehn Romananfänge identifiziert, unweigerlich zur Romanperson, die als Geschöpf des Autors [= LESER-als-TEXT des AUTORS] nur ausführen kann, was ihr die jeweilige Rolle des impli-

1.2.7.4 'Auto-Biographie' des Romans?

An mehreren Stellen war zu sehen, daß sich einzelne Interferenzen einander annähern und dort, wo sie autogen / autotelisch werden, voneinander nur noch durch die Blickrichtung, in der man sie betrachtet, unterscheiden. Wie der AUTOR-als-LESER befindet sich auch der LESER-als-AUTOR zwischen zwei TEXTEN, und es scheint wenig Sinn zu machen, auf Unterschiede zwischen diesen beiden Interferenzen zu bestehen, wenn – wie in dem Beispiel von Borges' *Examen de la obra de Herbert Quain* – der/ein AUTOR der/ein LESER *ist*. Ähnlich verhält es sich bei den Interferenzen, die eine autogene PRODUKTION inszenieren: *Un soneto me manda hacer Violante*, *El cuarto de atrás*, *Fragmentos de apocalipsis* waren Beispiele für TEXTE, die 'sich selbst' PRODUZIEREN, indem sie 'sich selbst' LESEN (oder umgekehrt): in solcher Konstellation ist der Text gewissermaßen 'auto-biographisch' tätig[206]. Die Sprache wäre dort das eigentliche semiotische Subjekt, das sich in einer Bewegung selbst liest und produziert, also eine 'produktive Selbstlektüre', 'lesende Selbstproduktion', selbstlesende Produktion' o.ä. durchführt, wie es in der Texttheorie der *tel queliens* als „autogénération" oder „auto-productivité" beschrieben wird. In diesem Fall wäre das repräsentierte Objekt die Semiose selbst, bei der aktive und passive Zeichenhandlungen in ständigem Wechselspiel den Text vorantreiben. Es liegt nahe, einen Selbstrepräsentationstyp, bei dem die Differenzen zwischen den Objekten und zwischen Passivität / Aktivität ihrer Handlungen allein noch für die analytische Beschreibungssprache relevant zu sein scheinen, unter zeichentheoretischer Sicht mit Derridas Begriff der *dissémination* zu belegen. Damit wäre eine extreme Komplexitätsreduktion erreicht, die nur im Sinne der Analyse sein kann, zumal, wenn komplexe Vernetzungen von Interferenzen wie in dem Roman von Calvino eine umständlich wirkende Analyse fordern. Das 'Selbst' als identisches Bezugsobjekt wäre unter dem Blickpunkt der *dissémination* dann nur noch die entbehrlich gewordene Metapher des immer schon aufgeschobenen Ortes der doppelten *marque* bzw. der in ihr waltenden *différance* des Zeichensinns (Derrida 1972b:1–29). Ein anderes 'Selbst', im Sinne eines 'von-selbst'-sich-Ereignens der *différance*-Bewegung (vgl. Derrida 1972a: 220, 235, 289, 299 pass.) nähme seinen Platz ein.
Am Beispiel von Mallarmés *Mimique* (1897) hat Derrida in *La double séance* (1972a:199–318) eine ästhetische Inszenierung dieses Funktionierens der

---

zierten Lesers vorzeichnet. [...] der klassische Dialog zwischen Autor und Leser (das Spiel der durchkreuzten Erwartungen à la Diderot) [wird] in ein Selbstgespräch zwischen lesendem und gelesenem Leser [= symbolischer LESER und LESER-als-TEXT] verlagert, mit dem Autor als vergeblich befragtem, abwesendem Dritten [= LESER-als-AUTOR] [...]." (l.c. 284).

[206] So eine von Thibaudeau (1968) verwendete Metapher für die 'Autoproduktivität' des Textes.

marques aufgezeigt. Die *dissémination* ist auch an dem hier interessierenden Paradigma und oberhalb der Kontext-Schwelle am Werk, nämlich an einer Stelle, an der die Objekte SCHREIBEN und LESEN eigens thematisiert sind. Es handelt sich um den vorletzten Satz aus *Mimique*, in dem Derrida anhand des Syntagmas „le lit" die disseminative Strategie der *marque* illustriert:

> «[...] Tel opère le Mime, dont le jeu se borne à une allusion perpétuelle sans briser la glace: il installe, ainsi, un milieu, pur de fiction.» Moins qu'un millier de lignes, le rôle, qui le lit, tout de suite comprend les règles comme placé devant un tréteau, leur dépositaire humble. (ed. 1943:195)

Einen „effet de flottaison indéfinie" zwischen Subjekt und Objekt in „le lit" macht Derrida dafür geltend, daß aktive und passive Zeichenhandlungen (wer liest und wer wird gelesen?) überhaupt nicht mehr voneinander getrennt werden können[207].

---

[207] Derridas Argumentation muß, soweit sie diese Textstelle betrifft, in einem längeren Zitat wiedergegeben werden:
„Mallarmé *lit*. Il écrit en lisant. En lisant le texte écrit par le Mime; qui lui-même lit pour écrire: il lit par exemple le *Pierrot posthume* pour écrire de ses gestes une mimique qui ne lui doit rien, puis il lit la mimique ainsi faite pour écrire après coup le livret que lit Mallarmé.
Mais le Mime lit-it son rôle pour écrire sa mimique ou son livret? A-t-il l'initiative de la lecture? Est-il ce sujet agissant qui sait lire ce qu'il doit écrire? On pourrait en effet penser que s'il est passif en lisant, du moins a-t-il la liberté active de commencer à lire; et que Mallarmé est dans la même situation; ou encore que vous-même, lecteur quelconque, gardez l'initiative de lire tous ces textes, y compris celui de Mallarmé, et dans cette mesure, à cette place, y assistez, en décidez, le maîtrisez.
Rien n'est moins sûr. La syntaxe de *Mimique* imprime un mouvement de simulacre (non platonicien) où «*le lit*» se complique dans sa fonction jusqu'à admettre une multiplicité de sujets dans lesquels vous ne vous retrouvez pas forcément. Le paradigme clinique de Platon ne fonctionne plus.
La question du texte est – pour qui le lit.
Parmi les possibilités, celle-ci: le Mime ne lit pas son rôle, il est aussi lu par lui. Du moins est-il à la fois lu et lisant, écrit et écrivant, entre les deux, dans le suspens de l'hymen, écran et miroir. Dès qu'on interpose un miroir quelque part, l'opposition simple de l'activité et de la passivité, comme du produire et du produit, ou encore de tous les participes présents et de tous les participes passés (imitant / imité, signifiant / signifié, structurant / structuré, etc.) devient impraticable et formellement trop faible pour dominer le graphique de l'hymen, sa toile d'araignée et le jeu de ses paupières.
Cette impossibilité de reconnaître un trajet *propre* à la lettre d'un texte, d'assigner une place unique au sujet et de localiser une origine simple, la voici, consignée, machinée par celui qui se dit «profondément et scrupuleusement syntaxier». Dans la phrase suivante, la syntaxe – et le calcul de la ponctuation – nous interdit de décider si le sujet du «*lit*» est le rôle («*moins qu'un millier de lignes, le rôle, qui le lit...*») ou un lecteur quelconque («*le rôle, qui le lit, tout de suite comprend les règles, comme placé devant un tréteau...*»). Qui est «qui»? «Qui» peut être le pronom indéfini *quiconque*, ici dans la fonction de sujet. C'est la lecture la plus facile: le rôle, quiconque le lit, tout de suite comprend les règles.

Nun ist es offensichtlich, daß ein „effet de flottaison indéfinie entre deux possibles" – in diesem Fall: zwischen Subjekt und Objekt, zwischen Lesen und Gelesenwerden, Schreiben und Geschriebenwerden etc. – nur dann nicht in diesen Begriffen („lire", „écrire", „produire" etc. [vgl. Fn. 207]) adäquat beschrieben werden kann, wenn sie transzendentale Aktivitäten ausdrücken sollen, wohl aber, wenn sie wie die hier entwickelten Selbstrepräsentationsobjekte als de- und rekontextualisierbare Marken definiert sind.

Die Kritik an der hier durch Derrida repräsentierten poststrukturalistischen Zeichentheorie bezieht sich allein auf die unterschlagene Metaphorizität des 'sich von selbst Ereignens' der Sprachbewegung[208], die zwar darstellungsöko-

---

Des statistiques empiriques montreraient que le prétendu «sentiment linguistique» commande le plus souvent cette lecture.
Mais rien, dans le code grammatical, ne rend la phrase incorrecte si, sans y changer quoi que ce soit, on lit le «qui» (sujet de ce «lit») comme un pronom relatif dont l'antecédent serait «*rôle*». Dès lors se produisent en chaîne une série de transformations syntaxiques et sémantiques, dans la fonction des mots «*rôle*», «le», «placé» et dans le sens du mot «comprend». Ainsi: «*Moins qu'un millier de lignes, le rôle* (sujet et non plus objet), *qui* (pronom relatif pour «*rôle*») *le* (pronom pour «Mime», sujet de la phrase précédente, trés proche), *lit, tout de suite comprend* (embrasse, contient, règle, organise: lit) *les règles comme placé devant un tréteau* (le rôle est placé face à la scène, soit comme auteur-compositeur, soit comme spectateur-lecteur, dans la position du «quiconque» de la première hypothèse), *leur dépositaire humble*.»
Cette lecture est possible, elle est «normale» du point de vue syntaxique et du point de vue sémantique. Mais quel artifice laborieux! Croyez-vous donc, dira-t-on, que Mallarmé a consciemment aménagé sa phrase pour qu'elle puisse être lue dans les deux sens, chaque objet pouvant devenir sujet et réciproquement, sans qu'on puisse jamais arrêter le mouvement? Sans que dans cette «*voile alternative*» on puisse décider si le texte est «*penché de l'un ou l'autre bord*» (*Un coup de dés*). Les deux pôles de la lecture ne sont pas également actuels: du moins la syntaxe a-t-elle ménagé un effet de flottaison indéfinie entre deux pôles. " (Derrida 1972a:253–254).

[208] Auch bei der *dissémination* wäre dann ein 'Autor' am Werk zu sehen, es wäre die *différance* oder Dislozierung selbst, die 'sich' schreibt – „[la] dislocation (est ce qui s') écrit" (l.c. 220). So jedenfalls Franks Kritik an der poststrukturalistischen Zeichentheorie, die auch eine Kritik an der Metaphorizität ihrer Begriffe ist: „Derrida (er mag wollen oder nicht) [muß] die differentielle Tätigkeit als *Autor* der Bedeutungsbildung und ihrer Transformation ansetzen [...]. Gut: nicht ein Urheber handelt, alles vollbringt *sich selbst*. Doch hat der Gebrauch des Reflexivpronomens hier wie andernorts im Schrifttum des Neostrukturalismus eine rechte Signalfunktion: die Rede vom 'Selbst' hat ohne die Interpretation aus der Vertrautheit mit sich keinen Sinn. Überträgt man die Vertrautheit mit sich auf den Automatismus des Sprachgeschehens, so denkt man dieses unweigerlich als (analog zum) Subjekt. Es hilft nichts zu beteuern (wie Gadamer es tut), daß man dieses Super-Subjekt der Sprache »als Substanz denke« (im Hegelschen Sinne); das anonyme »Es«, welches nun an der Stelle des aufgehobenen Subjekts handelt, hat listigerweise alle seine Merkmale in sich absorbiert: Spontaneität, Einheitlichkeit/Kontinuität, Vertrautheit mit sich. Es vermag Traditionen zu erhalten, ein »Sinnkontinuum« zu stiften; es ist ebenso »spekulativ« strukturiert wie der Hegelsche Geist, und es vermag jederzeit Innovationen im Repertoire der Sprache durchzuführen. Es ist, mit einem Wort, selbsthaft organisiert

nomisch gerechtfertigt sein mag, sich dafür aber differenzierterer Beschreibungsmöglichkeiten begibt. Der vorgebrachte Einwand zielt damit in die gleiche Richtung, wie jener schon in Kap. 1.2.7.2.1 formulierte gegen den Begriff der 'Autoproduktivität'. Der Aufwand der Beschreibung in selbstrepräsentationalen Begriffen kann dann nämlich gerade feine (historische) Differenzen zwischen verschiedenen Repräsentationsstrukturen herausarbeiten. So erscheint etwa das Eigentümliche, und damit auch Historische, der signifikantenzentrierten skripturalistischen Produktionspraxis in der ins Extrem getriebenen Autotextualität, die die indexikalische Differenz von Romanaussage und Aussage-TEXT minimiert, d.h. die Differenz zwischen dem vorgegebenem Signifikanten, der eine Permutationsreihe in Gang setzt, und dem Roman selbst als Signifikantenkette. Im Gegensatz zum *Conde Lucanor* steht diese (durchaus vergleichbare) Praxis dann nicht mehr im Dienste einer *Ausblendung* der *écriture* durch die den realen Kommunikationsinstanzen ein und derselbe Kommunikationskontext gewährt wird, sondern gerade umgekehrt, in der Inszenierung *von écriture*. Die dekonstruktive Dekontextualisierung der Indices im Beispiel von Calvinos Roman ist hingegen der Versuch, die indexikalische Differenz genau von der gegenüberliegenden Flanke aus aufzuheben, nämlich vom Repräsentationsraum her: während im Skripturalismus die Romanaussage als Signifikantenstruktur die einzige Realität ist, zielt bei Calvino die Dekonstruktion auf den vermeintlich referentiellen Modus der Indices auf Romanaussage, Autor- und Titelsignatur, wodurch die Aussagebene gerade aus dem Blick heraus geraten und fixierter Text und transzendentaler Autor allmählich in der Abwesenheit verschwinden sollen. In den unter Kap. 2.3.3–5 behandelten Romanen der Postmoderne ist der Aussage-TEXT bereits bewußt nicht mehr repräsentiert. Diese letzten Überlegungen leiten bereits zur historischen Analyse über, für die gerade die Position des Aussage-TEXTES zentrales Paradigma sein wird.

---

und kommt als Alternative zum klassischen Transzendentalsubjekt nicht in Frage." (Frank 1990:538; vgl. auch 1991:194–205).

2. Selbstrepräsentation in historischer Praxis

2.0 Analyse der historischen Möglichkeiten und Grenzen selbstrepräsentationaler Darstellung im Roman

Im ersten Teil der Untersuchung wurde ein allgemeines Beschreibungsmodell von Selbstrepräsentation in seiner elementaren Ebene entwickelt. Mit Allgemeinheit war gemeint, daß die Parameter auf beliebige schriftliche Erzähltexte anwendbar sein sollen und daß mit ihnen sowohl das Zusammenspiel vielfältiger Selbstrepräsentationsmomente innerhalb eines Textes als auch – diachron – historischer Wandel analysiert und dargestellt werden kann. Ob das Modell zumindest den letzten beiden Vorgaben gerecht wird, muß der folgende historische Teil erweisen. Der Wert einer einzelnen, isolierten Selbstrepräsentation, aber ebenso eines bestimmten Komplexes, einer Konstellation, läßt sich erst in der Gesamtanalyse eines Textes bzw. in der diachronen Perspektive bestimmen; so ist – prinzipiell – nicht schon das Auftauchen eines einzelnen Typs für sich genommen einzeltext- oder epochenspezifisch, wohl aber sind es bestimmte Kombinationen oder Selbstrepräsentationsfiguren: den historischen Wandel macht gerade eine beständige Verschiebung von je historischen *Möglichkeiten* und *Grenzen* selbstrepräsentationaler Darstellung aus. Je differenzierter die Einzeltextanalyse gestaltet wird bzw. die Beschreibungsparameter angewendet werden können, um so klarer profilieren sich die Besonderheiten des Einzeltextes, aber auch *historische apriori*s, die als Möglichkeitsbedingungen selbstrepräsentationaler Gestaltung als Makroraster dienen. Je nach Ausrichtung können solche Makroraster *episteme* sein (*episteme* der Analogie, der *représentation*, der Geschichte [Foucault 1966]), Epochenbegriffe oder auch abgeleitete epistemologisch-kommunikative Modelle, die sich während der Analysen als sinnvoll und aussagekräftig erwiesen haben (*mouvance*,[209] transzendentales Modell, Dekonstruktion/Nominalismus). Besonderes Interesse verdienen dabei gerade

---

[209] An dieser und an allen anderen Stellen der Untersuchung kommt *mouvance* selbstverständlich nicht als die mittelalterlichen Texten gemeine Instabilität der Gestalt, d.h. als Charakterisierung der konkrete Existenz- und Aufführungsbedingung der Texte zur Geltung (s.o. Fn. 157), sondern als ein Ensemble von Selbstrepräsentationen, die sich als Reflex dieser pragmatischen Umstände in den untersuchten Romanen verstehen lassen; darunter fällt beispielsweise die Aufforderung, den Text fortzusetzen u.ä.

Momente des Abweichens, der Substitution, des Übergangs. Die Analyse ist dabei bemüht, individuelle Realisierungen von Texten gegenüber Typisierungen geltend zu machen. Wenn auch übergreifende Zusammenhänge zwischen den selbstrepräsentationalen Darstellungen einzelner Romanen nicht aus den Augen verloren werden sollen, beschränkt sich die Analyse jedoch auf die vom Beschreibungsmodell vorgegebenen semiotischen Darstellungsgehalte der Selbstrepräsentation.

Zur Praxis der Textanalyse

(i) Sicherlich ist die literarische Reflexion von Schreiben, Textualität und Lesen nicht das einzige, bisweilen sogar nicht einmal das vorrangige Darstellungsinteresse selbstrepräsentationaler Thematisierungen der untersuchten Romane. Das Modell hat im Gegenteil aber gerade das Ziel, Selbstrepräsentation möglichst themenneutral zu definieren, um eine einheitliche Beschreibungsbasis zu bieten, von der aus auch darüber hinaus gehende Bedeutungsdimensionen perspektiviert werden können[210]. Nur können und sollen diese nicht in allen Verzweigungen ausgelotet werden – dies würde den Rahmen der Untersuchung sprengen, zumal das Textkorpus dazu auch modifiziert bzw. erweitert werden müßte.Vielmehr läßt sich die Untersuchung hier in einem gewissen Spielraum von den Texten selbst leiten, die in den Selbstrepräsentationen philosophische, ästhetische, subjektkritische, mediale u.ä. Themen abhandeln. Maßgeblich werden diese Zusammenhänge für die Analyse, insoweit sie für die Selbstrepräsentation relevant sind. Das gleiche gilt für hier nur ansatzweise miteinbezogene, im engeren Sinne literarhistorische Hinsichten (Intertextualität, Formgeschichte etc.). Berücksichtigt und in die Analyseergebnisse einbezogen werden jedoch weitgehend vom einzelnen Roman unabhängige Kontexte, die sich, wie noch im einzelnen zu zeigen sein wird, auf epistemologische oder literarästhetische Bedingungen zurückführen lassen: z.B. die Uneinheitlichkeit und flottierende Semantik selbstrepräsentationaler Begriffe wie autor-auctor-actor, leer-ver-oír, novela-historia etc. im 15.– 17. Jahrhundert.

(ii) Der letztgenannte Punkt verweist schon auf eine zweite, pragmatische bzw. interdiskursive Ebene der Einbettung selbstrepräsentationaler Darstellungen im Roman. Wie jedes andere kulturelle Phänomen – und vielleicht in besonderem Maße – ist Selbstrepräsentation in der Literatur an sich natürlich keine rein formale oder ästhetische Gegebenheit; sie steht im Kontext sich rasch verändernder sozialer und kultureller Rahmenbedingungen. Dies kommt für die Studie umso mehr zum Tragen, als die zu kontrastierenden Zeiträume mehrere Jahrhunderte auseinanderliegen und selbst je ein langes Jahrhundert umgreifen. Vor allem die

---

[210] Bisweilen stellen Texte, wie die im Umkreis des *nouveau roman* entstandenen, gerade diese semiotische Dimension selbst in den Vordergrund, die – in freilich litertur*analytischer* Absicht – die Typen definierte; doch ebenso, wie das Beschreibungsmodell auf den Erkenntnissen des 20. Jahrhunderts aufbaut, müssen dann natürlich auch die Darstellungsverfahren dieser Primärtexte vor allem als epistemologische Symptome gesehen werden.

im 18. Jahrhundert beginnende gesellschaftliche und ästhetische Autonomisierung der Kunst und die Entstehung des *literarischen Feldes* ist in diesem Zusammenhang zu nennen. Die gattungspoetische, ästhetische, soziale und sozioökonomische Einbindung von Literatur, ihre Poetik, Legitimation, Produktion, Rezeption und Vermarktung unterscheidet sich in beiden Zeiträumen bekanntlich erheblich. Dies bleibt nicht ohne Auswirkungen auf die Selbstrepräsentation: eine ökonomisch unabhängige Stellung des Autors, Zunahme und Anonymisierung des Lesepublikums, eine urheberrechtliche Verankerung des geistigen Eigentums, die standardisierte Buchgestaltung einerseits, ästhetische Entbindung der Kunst aus der Sozialpflicht und der Originalitätsgedanke andererseits sind für den zweiten Zeitraum selbstverständlich. Die Romane des ersten Zeitraums weisen je nach Text eine verschieden starke pragmatische Komponente auf (Vorredentopik, poetologische Diskussionen und Autorinterventionen aus Legitimationsgründen, aus Mangel an normativen Vorgaben oder zu narrativen und kommunikativen Zwecken, Berücksichtigung verschiedenster Leserschichten etc.), Semantik und Lexik selbstrepräsentationaler Begriffe sind, wie gesagt, instabil, schließlich wirkt die Erfindung des Buchdrucks unmittelbar auf die Materialität des Mediums, d.h. das 'Selbst' des Textes, ein. Auch diese Bereiche können nicht in eigener Sache und nur insofern berücksichtigt werden, als sie direkt mit dem hier verhandelten Problem zusammenhängen. Die wirkmächtige Erfindung der Druckerpresse bietet jedoch die Möglichkeit, paradigmatisch einen außerdiskursiven Faktor zu berücksichtigen und abschließend Hypothesen über seine Auswirkungen auf die Selbstrepräsentationen zu formulieren[211].

Position und Status des Aussage-TEXTES
als Paradigma historischen Wandels und Fluchtpunkt der Textanalyse

Um den synchronen textinternen Kontext mit dem diachronen Aspekt zu verbinden, soll durch die verschiedenen Texte hindurch eine Selbstrepräsentationsposition als Paradigma verfolgt werden, die beide Hinsichten miteinander in Verbindung bringen kann, nämlich *Position, Funktion und Status des Aussage-TEXTES*. Wie in Kap. 1.2.3.1 gesagt, ist der Aussage-TEXT das diegetische Pendant zur realen, dem Rezipienten vorliegenden Romanaussage, d.h. die Materialisierung der erzählten Welt als Sprachzeichen aus der Perspektive der erzählten Welt heraus gesehen. Wie alle anderen Beschreibungsbegriffe ist auch 'Aussage-TEXT' ein abstrakter Terminus. Er ließe sich bestenfalls mit 'Signifikantenkette', 'Erzählung in ihrer sprachlichen Artikulation' (jeweils natürlich als *diegetische* Elemente verstanden, d.h. als fiktionale Repräsentationen, nicht als Realitäten) o.ä. übersetzen. Eine solche Konkretisierung kann an dieser Stelle jedoch nicht vorgenommen werden, weil sich ja eben erst aus der Position,

---

[211] Paradigmatisch bedeutet in diesem Zusammenhang, daß natürlich auch spezifischere Gesichtspunkte der Kunst im 20. Jahrhundert – wie in jedem anderen – verfolgt werden könnten, doch dazu fehlt, wie für zahlreiche weitere Faktoren oder Hinsichtnahmen, in der Studie der nötige Raum.

die ihm durch verschiedene Selbstrepräsentationsmomente direkt oder indirekt zugewiesen wird, ergibt, welchen Begriff ein bestimmter Roman von der Signifikantenebene hat[212].

Die *Position* Aussage-TEXT bietet sich als Paradigma historischen Wandels nicht nur deshalb an, weil sie im Zentrum der Semiotizitäten der einzelnen Selbstrepräsentationen steht; es wird sich zeigen, daß die Verschiebung seiner Position, sein argumentativer oder Orientierungsstatus etc. historisch äußerst aussagekräftig ist und mit seiner Position, seiner Funktion und seinem Status sich auch die umlagernden Selbstrepräsentationen verändern. Aus dem gleichen Grund, der Zentralstellung des Aussage-TEXTES, liegt es aus darstellungsökonomischen Gründen nahe, seine Position auch als Fluchtpunkt für die Analyse der Romane zu nehmen. Mit Ausnahme mancher nur zu Kontrastzwecken skizzierter Textanalysen, heißt dies im konkreten: Die Repräsentationen der drei Objekte AUTOR, LESER, TEXT werden zunächst gesondert analysiert, wobei die einzelnen Repräsentationsmomente geordnet nach der Nähe zum Aussage-TEXT behandelt werden. Der Aussage-TEXT als *Objekt* selbst ergibt sich dabei, wie die anderen Positionen auch, als Ort, der durch direkte Repräsentationen oder indirekt durch die umlagernden Objekt-Repräsentationen definiert wird. In der Synthese der einzelnen Momente rekonstruiert die Gesamtanalyse schließlich damit eine komplexe Aussage des Romans im Kontext des Selbstrepräsentationsdiskurses.

---

[212] Vgl. u. Kap. 3. – Diese Überlegung mag zudem die Hartnäckigkeit erklären, mit der in den folgenden Analysen zunächst mit den Beschreibungsbegriffen gearbeitet wird, selbst dort bisweilen, wo eine anschaulichere Begrifflichkeit näherliegen würde.

2.1   15. – 17. Jahrhundert

2.1.0   Einleitende Bemerkungen

Die Romane des ersten Zeitraums in engerem Zusammenhang zu analysieren wird der Tatsache gerecht, daß sie im Abschluß einer literarischen Konstituierungsphase situiert sind, die im *Don Quijote* im übrigen nicht nur dokumentiert ist, sondern auch ihren Höhepunkt zu finden scheint. Aus dem *auctor/actor* der vergangenen Jahrhunderte wird der selbstbewußte Romanschriftsteller; aus dem mündlich vorgetragenen Text, dem die *mouvance* die Spuren jeder Aufführung eingraviert, weil jeder Zuhörer den Text weitertragen kann, wird der philologisch identifizierbare Text als Korpus und geistiges Eigentum des Verfassers. Aus Geschichtsschreibung und Epos entsteht der moderne Roman, der sich, wie das Theater im Theater, seiner Fiktionalität bewußt wird und bei dem die Fiktion nicht nur gewußt ist, sondern, mit Rücksichtnahme auf poetologische Normen, als kreative Leistung des Autors anerkannt wird[213]. Der *Don Quijote* setzt diesem neuen Literaturbewußtsein, das sich im Laufe des 16. Jahrhunderts herausgebildet hat, ein Denkmal. Eine neue Hochkonjunktur des Fiktionalen beginnt mit Cervantes' Roman, der die „ontologisierte Fiktion" des Mittelalters umwandelt in Fiktion als Beschreibungshorizont einer kontingent gewordenen Wirklichkeit (Jauss 1983:430). Eine zum Autor parallele Wandlung erfährt schließlich auch der Leser: vom Hörer einer Aufführung verwandelt er sich in den einsamen stillen Leser (Don Quijote selbst), Ende des 16. Jahrhunderts verschwindet der gebildete Leser im „vulgo", wie es schon bei Mateo Alemán heißt. Seit der Mitte des 16. Jahrhunderts wird eine Zunahme und soziale Verbreiterung des Leser-

---

[213] Vgl. Jauss (1983:430). Maßgeblich an dieser Entwicklung beteiligt ist bekanntlich die Rezeption der aristotelischen *Poetik*, die seit 1498 wieder in lateinischer Übersetzung zugänglich ist (Heitmann 1970:245) und in Spanien 1596 in El Pincianos *Philosophia antigua poetica* interpretiert wird. Die neuen Vorgaben – Mimesis-Postulat im Rahmen einer Wahrscheinlichkeitspoetik, die die Horazische Forderung nach *prodesse* und *delectare* (Horaz 1984: 24, v.331–332) verbinden mußte (vgl. Canavaggio 1958 zum Einfluß des Pinciano auf Cervantes, bes. 32–38) – haben unter dem Blickpunkt der Selbstrepräsentation einen doppelten Effekt auf die Gestaltung der Texte. Einerseits ermöglicht die aristotelische Aufwertung der poetischen gegenüber der historischen Wahrheit dem Dichter, der seit der Renaissance im Rufe des *secundus deus* steht (Rüfner 1955), sich nicht mehr allein über den *furor poeticus* als göttlicher Sprecher (Zumthor 1972:66 u. 1983:212) oder durch moralische Zwecksetzungen, sondern qua Amt (der Dichter ist dem Geschichtsschreiber überlegen) und Person (Kreativität, Talent) zu legitimieren (s. zu dem neuen Autorenbewußtsein ausführlich Assmann 1980, Riley 1962:57–61). Andererseits geht mit den poetologischen Imperativen auch eine Einschränkung der Autorenherrschaft einher. Die Kopplung der Darstellung an das Wahrscheinlichkeitspostulat schließlich funktioniert als Kontrollinstrument gegenüber einer uneingeschränkten Imagination (Costa Lima 1990:24–78).

spektrums registriert[214]. In diesem Zuge gewinnen bestimmte LESER-Repräsentationen allmählich einen neuen Stellenwert, der ebenfalls im *Don Quijote* dokumentiert ist: nicht nur der Held des Romans selbst ist ein Leser; der Leser ist mittlerweile Leser fiktionaler Texte, dem darin im gleichen Zuge Freiräume subjektiven Sinns und – vor allem im Theater des *Siglo de Oro* – neue Evasionsmöglichkeiten vom Alltag eingeräumt werden[215]. Die zunehmende Einbeziehung des Lesers, die vor allem die spanische Literatur kennzeichnet (Riley 1962:81) zeugt von der angesonnenen Wirkungsmacht der Texte, die sich auch in den Poetiken widerspiegelt.

Vor dem Hintergrund eines durchaus elastischen Begriffshorizontes von 'Moderne' wird Cervantes' *Quijote* gemeinhin als deren romanesker Beginn gefeiert, und dies nicht zuletzt aufgrund seiner Selbstrepräsentationen[216]. „Erstmalig", so heißt es immer wieder, würden Literatur selbst, ihre Produktionsbedingungen und ihre Wirkungen auf die Leser in den Rang eines Themas erhoben, werde eine Theorie des Schreibens und Lesens mitgeliefert; Selbstkritik und der gesamte Produktions- und Kommunikationszusammenhang des Romans seien als Strukturmoment in *seine eigene* fiktive Welt eingelassen, die Figuren erführen nicht nur davon, daß sie besungen werden, sondern lernten ihren eigenen Roman kennen[217]. Den Beginn des modernen Romans kennzeichne jene Souveränität, mit der sich das Werk selbst zum Gegenstand seiner Reflexion erhebe und diese zum essentiellen Bestandteil des Ausdrucks mache. Im Lichte vorgängiger Texte des 16. Jahrhunderts zeigt sich freilich, daß hier nicht von einem Bruch die Rede sein kann. Die Erstmaligkeit der erwähnten Rekurse wird fraglich, und die Einmaligkeit des *Don Quijote* muß in einem nicht-mystifizierenden Sinne konkretisiert werden, zumindest wenn man Cervantes' selbstrepräsentationale 'Erfindungen' isoliert betrachtet. Auch Francisco Delicado exemplifiziert in und mit der *Lozana andaluza* (1528) eine Theorie des Schreibens; Leriano, der unglücklich Verliebte in der *Cárcel de amor* (1492), weiß wie Lozana und Don Quijote, daß er als Erzählung 'geschrieben wird'; nicht nur Cervantes, auch Fernando de Rojas erzählt die Entstehungsgeschichte seiner *Celestina*; zahlreich sind die Texte (*Libro de buen amor* und die schon genannten), an deren Ende sich in anderer Formulierung jene Aufforderung zum 'Bessermachen' und Fortschreiben findet („Forsi altro canterá con miglior

---

[214] Vgl. Chevalier (1976); Frenk (1982:117).
[215] S. ausführlich Gumbrecht (1990:294–465).
[216] Foucault (1966a:62) nennt ihn „la première des œuvres modernes", weil Don Quijotes Realität sich erst im Spiel zwischen den beiden Romanteilen ergibt: „Réalité qu'il ne doit qu'au langage, et qui reste entièrement intérieure aux mots"; Castro (1972:80) sieht die historische Sonderstellung des Romans hingegen im ironischen Umgang mit den Ritterromanen begründet. Auch für M. Robert macht die Modernität des Textes aus, daß er den Platz des Buchs im Leben verorte (Robert 1967:3) und eine „présence camouflée de l'auteur dans son propre ouvrage" (l.c. 20) stattfinde.
[217] Diese Erstmaligkeit postulieren bspw. (in der Reihenfolge der Aufzählung) Riley (1962:81–115), Castro (1957:268,286), Riley (l.c. 221), Gerhardt (1955:48).

plectio"), die im *Don Quijote* Avellaneda wörtlich nahm; für die Verwandlung des Plagiats in ein originelles Abenteuer – Cervantes läßt Álvaro Tarfe aus Avellanedas apokrypher Fassung auftreten – findet sich ein Vorbild allerdings wohl erst im *Guzmán de Alfarache* (1599–1604): Mateo Alemán läßt bekanntlich einen zweiten Guzmán im Meer ertrinken.

Wenn dem *Quijote* nicht zuletzt wegen der Komplexität seiner Selbstrepräsentationen und der Tatsache, daß er kein homogenes, sondern ein 'gewachsenes' Werk ist, eine ausführliche Analyse gewidmet werden muß, sollen die beiden Vorgängerromane – *Cárcel de amor* und *Lozana andaluza* – zentriert um einen spezifischen Aspekt zu Wort kommen, nämlich der sog. *'Intervention des Autors'*, die sich im Rahmen einer *Inszenierung von mündlicher Kommunikationssituation* vollzieht.

Die 'Intervention des Autors'

Im Lichte von Bachtins (freilich nicht unproblematischem) Romanbegriff betrachtet, ist es wenig verwunderlich, daß diese Erzähltechnik der zentrale Ausgangspunkt der Selbstrepräsentationen in den Romanen des verhandelten Zeitraums ist (und zahlreicher Werke davor und danach, die in dieser offenbar typisch spanischen Tradition stehen[218]). Für Bachtin ist die „verbal-semantische Dezentralisierung" der monophonen, auf ihren Sinn hin transparenten Sprache des „mythischen Realismus" (Bakhtine 1978:183–186) durch die Polyphonie des Textes das entscheidende Merkmal, das den Roman vom Epos trennt. In einer „radikalen Wende" hebe der Roman die „epische Distanz" als absolute Diskontinuität, in der sich Sänger und Zuhörer des Epos zum vorgetragenen Ereignis befinden, in ein und dieselbe „Wert-Zeit-Ebene" auf, in der nunmehr der Autor, seine Hörer/Leser und das Objekt der Darstellung gleichzeitig auftreten (l.c. 450); die Intervention des Autors und das Nebeneinander der Stimmen sind damit auf den Plan gerufen. Die Handlung hat im Moment einer unabgeschlossenen Gegenwart statt,

> [le] romancier gravite autour de tout ce qui n'est pas encore fini. Il peut paraître dans le champ de l'imagination dans n'importe quelle attitude d'écrivain, évoquer les moments réels de son existence ou y faire allusion, se mêler aux conversations de ses personnages, polémiquer ouvertement avec ses ennemis littéraires, etc. Ce n'est pas seulement l'apparition du personnage de l'auteur dans le champ de la représentation qui compte, mais aussi, ce fait que l'auteur véritable, formel, premier (l'auteur de l'image de l'auteur) se trou-

---

[218] Für die spanische Literatur macht Castro (1954:378–439, 1957:270) unter dem Titel der Arabeske die Einflüsse des arabischen Substrats und der Schriftgelehrsamkeit geltend; Gumbrecht (1990:104) erinnert bezüglich der Autor-Einmischungen im *Libro de buen amor* an den Autoritätsverweis der Rabbis; subjektive Äußerungen im Text stehen in Spanien im Kontext eines früh einsetzenden Subjektivitätsbewußtsein, das den eigenen Erfahrungsbereich als legitimes Feld poetisierbaren Materials auffaßt und so auch den Körper als Wahrnehmungsgegenstand einführt, wie in den Texten Juan Manuels (Gumbrecht 1990:91–97; s. auch Riley 1962:205–212 bes. 210).

ve en relations nouvelles avec la représentation du monde qu'il a élaborée [...]. (l.c. 461–462)

Zahlreiche dieser Phänomene werden sich bei den zu analysierenden Texten auffinden lassen. Bataillon faßt im Zusammenhang des Prologs der *Celestina* einige Aspekte und Funktionen der Autorintervention zusammen:

> Quand l'*autor* va et vient entre ses personnages, dans les romans de Diego de San Pedro, il contribue à donner plus de réalité à leur histoire pour les lecteurs les plus naïfs, et à rappeler son existence de créateur aux plus avertis. On sait que ce genre d'intervention contient en germe les fantaisies de Cervantès et toutes les innovations modernes en matière de libération ou de révolte des personnages à l'égard de *leur auteur*, tous les innombrables caractères pris par le «je» narrateur. Si la forme de comédie humanistique adoptée par Rojas ne comporte pas l'intervention de l'auteur parmi ses personnages (l'auteur de la *Lozana Andaluza*, plus vériste, l'osera dans son mamotreto XVII), il a assumé avec une insistance rare son rôle d'*Autor* de ce temps, personnage par certains côtés apparenté au *Prologus* introducteur et explicateur de la comédie romaine, ou à l'«orateur de la troupe» du théâtre de la foire, par d'autres, identifié à l'écrivain qui a tenu la plume. (Bataillon 1961:208–209)[219]

Der Realitätseindruck, die Selbstbestätigung des Autors (von Bataillon freilich in bezug auf die Moderne gesehen und im Zuge der in den 50er und 60er Jahren beliebten existentialistisch gefärbten Rede von der 'revoltierenden Figur' gehalten), die Verbindung verschiedener Publikumserwartungen werden hier genannt – hinzuzufügen wäre die 'Autorintervention' in poetologisch-ideologischer Absicht aus Mangel an Romantheorie (Wardropper 1965:4), als Epiphänomen in Zweifel geratener Normen (Jüttner 1973:202–203), als Authentizitätsausweis und Legitimationsdiskurs, narrative Einheitsstiftung oder gar als Ausdruck eines subversiven Potentials (Goytisolo 1977:58–59).

Einige der genannten Gründe thematisieren indirekt aber auch schon die von dialogischen Techniken flankierte Funktion der Autorintervention, die im übrigen trotz ihrer unwiderlegbaren pragmatischen und narrativen Vorteile im Kontext der Mimesis-Poetik nicht unumstritten ist, wenn der Autor selbst Objekt der Darstellung werden soll[220], den Text mit einer Stimme zu versehen, die ihm aus der oralen Tradition her zukommt. Diese Inszenierung von Mündlichkeit hat freilich auch seit langem einen Eigenwert. Schon die frühen volkssprachlich

---

[219] Vgl. ähnliche Feststellungen für das französische Theater bei Lancaster (1929–42 I: 653–654) und Adam (1948–1955 I: 502).

[220] In einigen zeitgenössisch verfaßten bzw. rezipierten Poetiken ist nicht eindeutig geregelt, was für den Autor seit der Romantik selbstverständlich ist, nämlich ob er selbst Gegenstand der Mimesis werden darf. Aristoteles ist bekanntlich ein Gegner der Selbstdarstellung: „Homer verdient in vielen Dingen Lob, insbesondere auch darin, daß er als einziger Dichter nicht verkennt, wie er zu verfahren hat. Der Dichter soll nämlich möglichst wenig in eigener Person reden; denn insoweit ist er nicht Nachahmer. Die anderen Dichter setzen sich fortwährend selbst in Szene und ahmen nur weniges und nur selten nach" (Aristoteles 1460a = 1989:83); vgl. dazu die Interpretation von López Pinciano (1953: III 208–209). Einige italienische Theoretiker sehen dagegen den Dichter als legitimes Objekt der Nachahmung (vgl. die anonyme, von Weinberg (1961:63) zitierte Passage und Piccolominis Äußerung zit. in Riley 1962:206).

verfaßten Texte (*Chansons de Gestes*) sind, wie Gumbrecht (1983:168) zu bedenken gibt, im Bewußtsein von der Schriftlichkeit niedergeschrieben, um dem eigentümlichen und nostalgischen Reiz zu entfalten, der davon ausgehe, *Imitation* der Abschrift ursprünglich mündlich vorgetragener Aufführungen zu sein. Für die Texte seit der Wende zum 16. Jahrhundert gilt indessen, daß sie nicht nur in dieser Erzähltradition stehen, sondern auch unter den kommunikativen Wandlungen, die die Erfindung des Buchdrucks darstellt[221], die schwierige Rekuperation oder Konservation der Stimme gewährleisten müssen[222].

Was bietet die inszenierte Mündlichkeit unter diesem Aspekt? Unter Oralität kann man mit Paul Zumthor (1983:27–40, 211–232) ein Ensemble von Funktionen verstehen, die auf die Kommunikationspartner verteilt sind, die in direkter Konfrontation miteinander an der Aufführung (*performance*) beteiligt sind. Im gedruckten Text müssen die Funktionsträger dann durch adäquate Formen der Selbstrepräsentation ersetzt werden. Die Notwendigkeit dazu besteht nicht nur deshalb, weil zu Cervantes Zeiten und darüber hinaus – zahlreiche Kapitelüberschriften und das Personal des *Don Quijote* legen davon Zeugnis ab – literarische Werke auch mündlich verbreitet wurden. Der moralische Effekt der Stimme des Interpreten – „l'impression, sur l'auditeur, d'une loyauté moins contestable que dans la communication écrite ou différée, d'une véracité plus probable et plus persuasive" (l.c. 31) – und die spezifische Kommunikationssituation, in der das Ich depersonalisiert wird –

> la fonction spectaculaire de la performance ambiguïse assez ce pronom pour que se dilue, dans la conscience de l'auditeur, sa valeur référentielle. [...] Pour l'auditeur, la voix de ce *personnage*, qui s'adresse à lui n'appartient pas tout à fait à la bouche dont elle emane: elle provient pour une part, d'en deçà (l.c. 231) –

lassen den Zuhörer in einer „mouvance créatrice" (l.c. 230)[223] zum Ko-Autor und den Text abhängig von seiner jeweiligen Aufführung werden. Die Rezeption ist

> action de l'auditeur, recréant à son propre usage, et selon ses propres configurations intérieurs, l'univers signifiant qui lui est transmis. Les traces qu'imprime en lui cette re-création appartiennent à sa vie intime et n'apparaissent pas nécessairement et immédiatement au dehors. Mais il peut arriver qu'elles s'extériorisent en une performance nouvelle: l'auditeur devient à son tour interprète, et sur ses lèvres, dans son geste, le poème se modifie de façon, qui sait? radicale. (l.c. 229)

Die Inszenierung von Mündlichkeit kann also auch dazu dienen, in der mündlichen Kommunikationssituation garantierte Präsenzen (des Autors, des Sinns, der Kopräsenz der Kommunikationspartner) als Effekte auszunutzen, um eine grö-

---

[221] S. u. Kap. 2.1.5.
[222] Viele Romane sind auf Inszenierbarkeit hin geschrieben; vgl. Harvey (1975) über die Ritterromane und die Studie von Imperiale (1991) über *Lozana andaluza*. Gilman (1972:326) weist darauf hin, daß eine der besonderen Qualitäten des *Amadís* gerade sei, daß er auch leise gelesen werden könne.
[223] Zum Begriff *mouvance* s.o. Fn. 157 u. 209.

ßere Wirkkraft zu erzielen. Die Selbstrepräsentationen – das wird sich in den Texten in verschiedenem Maße zeigen – sind so in einem hybriden Status, zwischen einer durch Verschriftlichung und Buchdruck vorangetriebenen Reflexion auf die Textualität einerseits und der Inszenierung eines mündlichen Erzähl- und Rezeptionsgestus andererseits[224].

Es dürfte sich von selbst verstehen, daß Mündlichkeitsmomente im vorliegenden Kontext nicht in all ihren Dimensionen zum Tragen kommen (Syntax, Stil, Sprachregister etc.), sondern nur insofern sie im Rahmen thematisierter Selbstrepräsentation zu fassen und dafür relevant sind. Bevor diese nur einleitend genannten Charakterisierungen präziser durch die Selbstrepräsentationsanalyse erfaßt werden können, ist noch auf ein allgemeines Beschreibungsproblem hinzuweisen.

Die als Ausgangspunkt der Selbstrepräsentationen gewählte typische 'Intervention des Autors', die zumeist unter dem Namen 'autor' oder 'auctor' oder auch 'yo' stattfindet, muß sich nach dem bisher Gesagten zumindest als Interferenz AUTOR-als-TEXT niederschlagen. In einigen Fällen gekoppelt an einen AUTOR-als-LESER (etwa ein Herausgeber von alten Schriften) und einen nicht-interferentiellen AUTOR, wie beispielsweise in der *Celestina*. Fernando de Rojas hat nicht nur, wie schon gezeigt, deutlich zwischen differenten AUTOR-Indices ('au[c]tor', 'yo', Eigennamen) unterschieden; er markiert auch in der Vorrede (*El auctor a un su amigo*) exakt die Trennlinie, die durch einen einzigen Signifikanten ('el autor') verläuft, nämlich die, an der der AUTOR-als-LESER (Herausgeber) endet und der AUTOR beginnt: 'el autor' findet ein Manuskript mit ungeklärter Autorschaft („vi que no tenia firma del auctor"); er liest es mehrfach (AUTOR-als-LESER), um sich von dessen didaktischem Wert zu überzeugen: „Y tantas quantas mas lo leia, tanta mas necessidad me ponia de leerlo, y tanto mas me agradaua y en su processo nueuas sentençias sentia"; ab dem zweiten Akt beginne nun die *continuatio*, deren Urheber 'el autor' ist: „Y, porque conozcays donde comiençan mis mal doladas razones, acorde que todo lo del antiguo auctor fuesse sin diuision en vn acto o cena incluso, hasta el segundo acto, donde dize «Hermanos mios...», etc." (CE 5).

Solche Mehrfachbesetzungen der AUTOR-Position entsprechen nun durchaus einer bestimmten zeitgenössischen Semantik des 'autor'-Begriffs und anderer Bezeichnungen indexikalischer AUTOR-Positionen, wie 'yo' und der Eigenname. Das prinzipielle Beschreibungsproblem, auf das hier hingewiesen werden muß, ist die Verschiebung bzw. Inkongruenz von Signifikant (Bezeichnung) und faktischer selbstrepräsentationaler Wertigkeit, die sowohl eine textinterne als

---

[224] Als ein berühmtes Beispiel einer solchen Inszenierung kann im *Quijote* der Ich-Erzähler zu Beginn erwähnt werden. Doch abermals im Vergleich zu den Vorgängern werden diese Verfahren dort beständig ironisch gebrochen, etwa durch den Verweis auf die Erzählsituation in der Unterbrechung der Puerto-Lápice-Episode in Kap. 8/9 des ersten Teils, die zugleich der Übergang des anonymen 'Ich' des Romanbeginns zum segundo autor und zu Cide Hamete darstellt; die *performance* hat sogar selbst schon vollständig *innerhalb* des Textes als eine Art der *mise en abyme* Platz (die Maese-Pedro-Episode); schließlich sind auch der Buchdruck und der gedruckte *Don Quijote* Teil der erzählten Welt.

auch eine diachrone Dimension besitzt. So faßt beispielsweise in *Cárcel de amor* (wie in der Vorrede der *Celestina*) die Bezeichnung *el auctor* auf den ersten Blick gleichzeitig einen AUTOR-als-Welt-LESER, einen AUTOR-als-TEXT und einen AUTOR; im Laufe der erzählten Geschichte werden die einzelnen Aspekte unterschiedlich betont und bestehen in einem System wechselseitigen Ausgleichs, in dem einzelne Positionen sich zu widersprechen scheinen – doch dies nur aus der modernen Perspektive, für die *autor* traditionell Urheber bedeutet. Die bis ins 17. Jahrhundert hinein flottierende Semantik der selbstrepräsentationalen Ausdrücke bzw. ihrer Wertigkeiten, die auch ein Indiz der noch unausgereiften Poetik und des beständigen Legitimationsdrucks des fiktionalen Schreibens ist, betrifft ebenso die Signifikanten des PRODUZIERENS (fingir, componer, escribir etc.), des TEXTES (historia, crónica, libro, vida etc.[225]), aber auch des LESENS (leer, ver, oír[226]). Für Letzteres bietet abermals die *Celestina* ein Beispiel. Die Lektüre, die der autor von dem vorgefundenen Manuskript durchführt, ist *Rezeption* (AUTOR-als-LESER); die Lektüreanweisung, die Alonso de Proaza für die *Celestina* nach dem Ende des 21. Aktes gibt (*Al lector*), zielt auf *Rezitation*, und richtet sich an den Schausteller-Leser der *performance* / *mouvance*, während die Rezipienten-Leser „oyentes" genannt werden:

Dize el modo que se ha de tener leyendo esta tragicomedia.

Si amas y quieres a mucha atencion / leyendo a Calisto mouer los oyentes,
cumple que sepas hablar entre dientes, / a vezes con gozo, esperança y passion,
a veces ayrado, con gran turbacion. / Finge leyendo mil artes y modos,
pregunta y responde por boca de todos, / llorando y riendo en tiempo y sazon. (CE 306)

Besonders Funktion und Semantik der verschiedenen AUTOR-Indices, die für die hier eingenommene Perspektive der 'Autorintervention' bzw. auch der Ich-Erzählung interessant sind, blicken, wie gelegentlich schon angedeutet, auf eine lange und verwickelte Geschichte zurück[227].

---

[225] Die Praxis, seit dem 13. Jahrhundert einzelne *quaterni* zur Abschrift zu verleihen, führt, wie Nepaulsingh (1978) am *Libro de buen amor* zeigt, zu einer offenen Struktur: „Juan Ruiz's *Libro de buen amor* can be said to begin and to end at several places, and the author openly admits a reluctance to end his work definitively: «E con tanto fare / punto a mi librete, mas non lo cerrare»" (c.1626cd, Nepaulsingh 1978:140). Die große Flexibilität des Begriffes Buch, bewirkt durch die Aufteilung in *quaterni* (l.c. 139), führt im Falle des *Libro de buen amor* dazu, daß an verschiedenen Stellen der *Libro* als Bezugsobjekt sowohl in der metaphorischen Bedeutung, in der eher technischen und in der der Parodie eines religiösen Lehrbuchs (l.c. 148) auftritt. Der *Libro* zeigt eine ausgeprägte Instabilität der TEXT-Repräsentationen im lexikalische und semantischen Bereich. Dies korrespondiert mit der Tatsache, daß der Text sich selbst im Zeitalter der *mouvance* in ständiger Bewegung befindet

[226] Zur Semantik bzw. Verwendung von „leer", „escuchar", „oír" etc. und den korrespondierenden Ausdrücken des PRODUZIERENS („hablar", „escribir" etc.) in der Narrativik des *siglo de oro* s. etwa Frenk (1982: bes. 101–112).

[227] 'Auctor'. – Die Bezeichnung au(c)tor war zunächst nur den Antiken vorbehalten, während sich die lateinischen Schriftsteller des Mittelalters *lector* nannten (Oostendorp 1966:338). Bis ins 14. und 15.Jh. herrscht Verwirrung zwischen den Begriffen *au(c)tor* und *actor*

175

Es ist offensichtlich, daß der Wandel der Bedeutung (d.h. des Verwendungskontextes) der Bezeichnungen Verschiebungen in den semiotischen Positionen entspricht. Die Ergebnisse der Analyse tragen deshalb indirekt zur Klärung bestimmter semantischer Aspekte der Bezeichnungen bei, die ihrerseits auf das Bild von Schreiben, Text und Lesen verweisen.

2.1.1 Diego de San Pedro *Cárcel de amor* (1492): Vergangenheit der Handlung, Gegenwart der Erzählung und Zukunft der Schrift

Die Interventionen eines *au(c)tor* in der *Lozana andaluza* und später im *Quijote* haben einen mehr oder minder direkten Vorläufer in der 1492 in Sevilla erschie-

---

(Zumthor 1972:41; Oostendorp 1966:344) und den Bedeutungen Produzent, Rezitierender, Setzer, Herausgeber, Kopist, Übersetzer u.ä. (Zumthor 1972:65); seit dem 13. Jahrhundert konnotiert 'auctor' die Authentizität des Urhebers (Illich 1991:112–113 mit n308). Im *siglo de oro* schließlich umfaßt die Bezeichnung bekanntlich auch den Theateragenten.
Autorsignatur. – Der *Autorsignatur* schreibt Zumthor zwei Funktionen zu: eine *publizitäre*, die den Dialog mit dem Leser ermöglicht – dazu reicht, wie beim Verweis auf das Buch als Wahrheitsquelle, der bloße Index: „Le nom en effet, quand l'auteur le déclare, s'intègre au texte, y remplissant une fonction en quelque sorte publicitaire, créant entre l'auditeur et ce qu'on lui fait entendre la fiction d'une connivence personnelle. C'est pourquoi toute information est superflue: le nom suffit qui permet de répondre *tu*, situe le discours sur un plan de dialogue virtuel. Cette fonction est manifeste dans les envois de chansons courtoises où le poète livre son nom." (Zumthor 1972:65); die *nominale* Funktion bindet den Namen an den Text und seine unterstellte Beständigkeit (Zumthor 1972:66). Die Autorsignatur hat unter diesen Bedingungen nicht den Individualitätscharakter bzw. die Fähigkeit, auf die Totalität des Textes oder gar einen Werkkontext zu verweisen (vgl. zu Autorsignatur im Kontext des Bescheidenheitsgebots Curtius 1967: 503–505).
Personalpronomen. – Die Verwendung des Personalpronomens, die sowohl dem *autor* als auch der Autorsignatur möglich ist, übernimmt eine Reihe von Funktionen – vor allem die, eine Einheit des Textes herzustellen und moralische Autorität zu garantieren (Zumthor 1972:66–67; Weimann 1991:39) –, durchläuft aber auch einen semantischen Wandel. In den mittelalterlichen Texten ist, wie Spitzer (1959) zeigt, der Gebrauch auch poetisch-didaktisch: Das Ich vermittelt zwischen Individualität und Exemplarität, ohne sich definitiv auf eine der beiden Seiten schlagen zu können. So hält das 'yo' im *Libro de buen amor* als roter Faden die einzelnen Teile zusammen, gleitet zwischen den allegorischen Rollen (Don Carnal, Don Melón etc.), ohne dabei aber in Vergessenheit zu geraten; in autobiographischen Passagen – sei es durch Selbstbeschreibungen oder eine explizite bzw. implizite Namensnennung – bringt der Arcipreste sich selbst immer wieder als mögliches Bezugsobjekt ein, wobei die Verwendung des 'yo' jedoch auf didaktische Zwecke beschränkt ist. So in der *copla* 1069, die Spitzer (1959:108) zitiert: Doña Cuaresma, die Allegorie der Fastenzeit, schickt einen Brief an ihre Widersacher, adressiert an „todo peccador, a todos los arçiprestes e clerigos con amor". Selbst bei einer Erwähnung des Autornamens, wie 'Dante' in der *Divina commedia*, kann die exemplarische Funktion bzw. rhetorische Strategie die empirische Referenz überlagern (l.c. 105 mit n1).

nenen *Cárcel de amor* des Diego de San Pedro (1437–1498)[228]. Der Roman beginnt mit einem Prolog, gefolgt vom Incipit („*Comiença la obra*"), das in den Haupttext überleitet; dieser wiederum setzt sich aus zahlreichen kurzen 'Kapiteln' zusammen, die in unregelmäßiger Abfolge die Erzählung des auctor, Personenrede und Briefe wiedergeben. Auf der Heimkehr vom Krieg nach Peñafiel – so erzählt die Geschichte – trifft el auctor in der Sierra Morena auf den macedonischen Herzogssohn Leriano, der sich in Gefangenschaft des allegorischen Wächters Deseo befindet, von welchem er in das nicht weniger allegorische Liebesgefängnis gebracht wird. Für den auctor ist es Ehrensache, sich für Leriano zu verwenden, dem die Verpflichtung gegenüber seinem König Gaulo verbietet, um die Hand von dessen Tochter Laureola anzuhalten. Bald als Vertrauter Lerianos, bald als Kuppler[229] gelingt es ihm, Briefe zwischen beiden zu vermitteln. Als er mit den Helfern Esperanza, Placer u.a. Leriano befreit und beide an den Königshof reisen, wird Laureola Opfer einer Verleumdung des Nebenbuhlers Persio und von ihrem Vater in ein wirkliches Gefängnis geworfen. Leriano kann sie zwar in einem dramatischen Feldzug befreien, doch nun ist es Laureola, die um ihre Ehre fürchtet und ihren Freier endgültig abweist. Dieser beschließt, nach Art der Helden der *novela sentimental*, den Hungertod zu sterben, nachdem er die Briefe seiner Angebeteten in Wasser aufgelöst und getrunken hat.

Unter 'el auctor' versammeln sich vor allem drei Funktionen oder Identitäten: Erzähler/Beobachter, sprechende und handelnde Figur und Verfasser der Geschichte. Ausgehend von dem Verhältnis, das 'el auctor' als AUTOR zu seinem TEXT unterhält, den er als Aussage-TEXT PRODUZIERT, erscheinen die anderen beiden Funktionen als Interferenzen: als Erzähler ist er AUTOR-als-Welt-LESER, als sprechende und handelnde Figur AUTOR-als-TEXT[230]. Unter 'el auctor' soll also fortan der Komplex dieser drei Repräsentationen gefaßt sein, die in dem Roman in unterschiedlicher Weise vorherrschend sind. Das Verhältnis des auctor zum Prolog, das allein durch die Verwendung der ersten Person Singular besteht, kann zunächst außer acht gelassen werden.

---

[228] San Pedros Werk gilt als Höhepunkt der sog. *novela sentimental*; von seinem Erfolg zeugen die *continuatio* von Nicolás Núñez (Burgos, 1496) sowie zahlreiche Auflagen und Übersetzungen bis in die Mitte des 16. Jahrhunderts (vgl. Whinnom 1971:68–70).
[229] So Langbehn-Rohland (1970:186,189).
[230] Vgl. dagegen Wardropper (1952:40–41), der die beiden ersten Funktionen von der dritten unterscheidet, aber auch „el auctor" von dem „author" Diego de San Pedro. Da der auctor sich selbst aber auch als PRODUZENT des Aussage-TEXTES ausgibt, braucht eine Trennung zwischen fiktivem und realem Autor in dieser Weise nicht aufrechterhalten zu werden. Vielmehr lassen sich diese Differenzen durch Interferenzen ausdrücken.

LESEN: Handlungsbeteiligung, Rezeptionslenkung und Kontrollverlust

Aus den Rubriken gehen nur die beiden interferentiellen Positionen des auctor eindeutig hervor, z.B. „El auctor" (AUTOR-als-Welt-LESER) vs. „El auctor a Leriano" (AUTOR-als-TEXT). Von Beginn an ist er Entziffernder, Lernender – LESENDER. Bei seinem ersten Besuch im Liebesgefängnis versteht er die Bedeutung der allegorisch verschlüsselten Architektur nicht: „vi cerca de mí, en lo más alto de la sierra, vna torre de altura tan grande, que me parecía llegar al cielo; era hecha por tal artificio, que de la estrañeza della comencé a marauillarme" (CA 90). Als er Eintritt begehrt, zeigt sich, daß ihm selbst die Sprachregelung an diesem Ort fremd ist:

Allegado pues a la puerta, hallé en ella vn portero, al cual pedí licencia para la entrada; y respondióme que lo haría, pero que me conuenía dexar las armas primero que entrasse, y como le daua las que leuaua segund costunbre de caminantes, díxome: «Amigo, bien paresce que de la vsança desta casa sabes poco. Las armas que te pido y te conuiene dexar son aquellas con que el coraçon se suele defender de tristeza [...]» (CA 90–91)

Schließlich unterlaufen dem auctor Fehlinterpretationen, die zu dem tragischen Ende beitragen: Trotz seiner scharfsichtigen Charakterstudie Laureolas, unterschätzt er ihren unerbittlichen Ehrbegriff, als er im Dienste Lerianos dessen Chancen bei seiner Geliebten auskundschaften will. So beschreibt er seine Audienz bei ihr mit den Worten:

[...] miraua en ella [Laureola] algunas cosas, en que se conosce el coraçón enamorado: quando estaua sola veýala pensatiua; quando estaua aconpañada, no muy alegre; érale la conpañía aborrecible y la soledad agradable. Más vezes se quexaua que estaua mal por huyr los plazeres; quando era vista, fengía algund dolor; quando la dexauan, dava grandes sospiros; si Leriano se nonbraua en su presencia, desatinaua de lo que dezía, boluíase súpito colorada y después amarilla, tornáuase ronca su boz, secáuasele la boca; por mucho que encobría sus mudanças, forçáuala [la] passión piadosa a la disimulación discreta. Digo piadosa porque sin dubda, segund lo que después mostró, ella recebía estas alteraciones más de piedad, que de amor; pero como yo pensaua otra cosa, viendo en ella tales señales, tenía en mi despacho alguna esperança [...] (CA 106–107)

Zwar begeht der AUTOR eine Fehl-LEKTÜRE, doch andererseits wäre ohne seine Intervention überhaupt keine Handlung in Gang gekommen. Seine Rolle als LESER ist demnach konstitutiv für die Intrige, an der er als Figur (AUTOR-als-TEXT) teilnimmt, wenngleich sein Unternehmen erfolglos bleibt und sein eigenes Schicksal nicht betroffen ist. Eben dadurch aber, daß der auctor selbst nicht der *enamorado* ist, nicht handlungsunfähig, sondern nur unwissend (wie der Rezipient hinsichtlich des wundersamen diegetischen Universums), kann er als Welt-LESER umso bewußter die Seelenzustände der Protagonisten wahrnehmen und damit dem auctor als PRODUZENTEN zuarbeiten; die Erzählung erhält so eine 'psychologische Tiefe'. Allein sein Mitleid mit Leriano, dem auf Leben und Tod zu helfen er sich vornimmt (CA 104), führt ihn bisweilen zu „over-optimistic conclusions" (Wardropper 1952:40). Der AUTOR-als-LESER, der unbefangen genug ist, um als subtiler Beobachter Leriano diplomatisch dienstbar zu sein, und teilnahmsvoll genug, um als Figur das sentimentale Potential der Geschichte zu transportieren, hat also auch die Funktion eines Prismas. Dadurch wird der Aussage-TEXT von dieser Seite aus als Resultat einer LEKTÜRE ausgewiesen. Leriano tröstet sich mit der Vorstellung, wenn er Laureola schon nicht bekommt, wenigstens als Vorbild an Standhaftigkeit zu Nachruhm zu gelangen: „por tu libertad haré tanto, que será mi memoria, en quanto el mundo durare, en exenplo de fortaleza" (CA 141), schreibt er einmal an seine Geliebte. Wardropper (1952:41) belegt mit dieser Stelle seine These, daß die Niederschrift der Geschichte nicht nur Lerianos Wunsch entspricht, sondern auch das einzige geglückte Unterfangen des auctor ist. Nun gibt es dafür keinen anderen Beweis, als die Tatsache, daß die Geschichte geschrieben *ist*. El auctor tritt indessen in seiner diegetischen Existenz als Figur (TEXT) nicht schon als AUTOR des Aussage-TEXTES auf. Im Gegensatz zur Lozana andaluza und zu Don Quijote kann Leriano im Moment seines Handelns nicht wissen, daß er einmal wirklich zum Exempel gereicht, da der auctor als Figur, der AUTOR-als-TEXT, der mit Leriano in Kontakt steht, nicht der SCHREIBENDE AUTOR ist. Leriano ist insofern keine 'revoltierende Figur': sein Status als ein sich-selbst-LESENDER TEXT – er LIEST sich als potentiellen, zukünftigen TEXT – gerät nicht mit dem des auctor als alleinigem AUTOR des TEXTES in Konflikt.

So spielt der auctor von Beginn an eine untergeordnete Rolle als Welt-LESER und Helfer; der letzte Gefallen aber, den er Leriano erweist, nämlich seine Geschichte aufzuschreiben, erlaubt ihm zugleich, sich SCHREIBEND des TEXTES zu bemächtigen. Sein unkundiges LESEN wäre damit weniger Ausdruck der anfänglichen Machtlosigkeit eines vermeintlich transzendentalen AUTORS, aus der heraus er sich erst allmählich im Laufe der Geschichte zum allwissenden Erzähler entwickelt[231], sondern vielmehr eine Hilfestellung, die dem Rezipienten den Einstieg in die diegetische Welt erleichtert. Denn es ist allein die Spannung zwischen Figur und Erzähler, erlebendem und erzählendem Ich, AUTOR-als-LESER und AUTOR-als-TEXT, die sich im Fortgang des Geschehens wandelt und dem auctor am Ende jenen Status des Allwissenden einräumt, der dem anfänglichen überlegen ist; als nicht-interferentieller AUTOR aber hat das auctor-'yo' schon von Beginn an die Kontrolle über seinen TEXT[232].

---

[231] Diesen Weg von der Unwissenheit zur Allwissenheit zeichnet Mandrell (1984:113–114) nach: der auctor verwandle sich vom subalternen Helfer, vom Unkundigen der Umgangscodes im Liebesgefängnis und an Gaulos Hof sowie vom Interpreten der Figuren nach und nach in einen allwissenden Erzähler, wenn er Seelenzustände der Figuren beschreibt und schließlich auch nicht mehr physisch anwesend zu sein braucht, um die sich nun mehr selbst entwickelnde Geschichte in Gang zu halten – er entwickle sich so allmählich zur obersten Autorität der Erzählung.

[232] Nach Mandrell (1984:118–119) befehdet der auctor sogar indirekt, diesmal in der Gestalt San Pedros selbst, noch die Autorität des Adressaten des Prologs „vuestra merced" (d.i. Don Diego Hernándes), indem nämlich das Ende des Romans mit der gleichen Anrede und im Präsens wieder auf den Prolog zurückführt, wo abermals die Identität des Autors aufgebrochen sei. Da sich aber die Stellung des PRODUZENTEN nicht ändert, wird auch der Schluß anders bewertet werden müssen.

179

Die Sachverhalte, an denen der auctor seine LESE-Fähigkeit übt, sind, wenn nicht epistemologische, so doch wenigstens hermeneutische Rätsel: die Allegorie des Liebesgefängnisses und der dortigen Umgangsformen, vor allem aber die Seelenwelt Laureolas, nichts anderes also als das, was eigentlich von San Pedro oder dem Urheber-AUTOR erfunden worden ist – genauer gesagt: *in dem Maße*, in dem es erfunden (PRODUZIERT) ist, muß er es entziffern, denn die Allegorie und die höfische Sitte sind letztlich kulturelles Wissen, das als bekannt vorausgesetzt werden kann oder erlernbar ist. Gerade das auktoriale LESEN der höfischen Codes kann dann auch als eine implizite Kritik an den höfischen Normen interpretiert werden[233]. Die fiktionalen Anteile als zugleich PRODUZIERTES und zu LESENDES (zu Entzifferndes) haben dabei nicht nur die Schutzfunktion vor einer potentiellen Identifizierung mit zeitgenössischen Verhältnissen, sondern ermöglichen auch ein unschuldiges, unvoreingenommenes LESEN, das notwendig ist, um die Verhaltenscodes überhaupt durchschauen zu können; ein LESEN, so unbefangen wie die Lektüre des Rezipienten selbst, wenn er den fiktionalen Text liest.

LESEN und PRODUZIEREN: Praxis des Erzählens

Nun tritt das yo von el auctor auch als AUTOR eines schon GESCHRIEBENEN TEXTES auf. Dies geschieht aber allein aus der Erzählerposition AUTOR-als-LESER heraus und dabei mittels Bezugnahmen auf den Schreibakt, der jeweils in einem Präsens stattfindet und so auch eine Nachzeitigkeit hinsichtlich der Geschichte etabliert: „E como acabé de responder a Leriano en la manera que *es escrita*, informéme del camino de Suria" (CA 99; diese und die folgenden Hervorh. U.W). So wenig der AUTOR-als-*LESER* sich dem Pathos der Geschichte verschließen konnte, so sehr kontrolliert der *AUTOR*-als-LESER im Gegenzug Vergabe und Gestaltung der narrativen Information. So etwa wenn er schreibt, ebenfalls im Präsens: „No *quiero dezir* lo que Laureola en todo esto sentía porque la passión no turbe el sentido para acabar lo començado, porque no tengo agora menos nueuo su dolor, que quando estaua presente" (CA 132). Und nach dem tragischen Ende Lerianos bemerkt er: „Lo que yo sentý y hize, ligero está de iuzgar; los lloros que por él [i.e. Leriano] se hizieron son de tanta lástima, que me *parece crueldad escriuillos*" (CA 204–205). Mag man gegen diese Beispiele einwenden, daß hier ein nur dispositorisches narratives Kalkül oder das *decorum* den Schreibprozeß eines Verfassers bestimmen, der die Reaktionen des Publikums im Blick hat, so sind es anderweitig jedoch poetologische Überlegungen, die deutlich den Interpretanten PRODUKTION im AUTOR-als-LESER in den Vordergrund rücken. So begründet der auctor seinen Verzicht,

---

[233] So Mandrell (1984:115): „the textual development of El Auctor's inquiry implicitly demonstrates the inadequacy of those notions of authority that are based on rank, virtue and wisdom. More to the point, such ideas of the nature of authority hold the other characters hostage to values perceived as essential and not learned, as something inherent and not acquired."

die Schlacht zwischen Leriano und Laureolas Verleumder Persio in allen Einzelheiten zu schildern, mit den Worten: „Finalmente, *por no detenerme en esto que parece cuento de ystorias vieias*, Leriano le cortó a Persio la mano derecha" (CA 131; Hervorh. U.W.). An dieser Stelle hat sich der auctor am weitesten der Position des selbstbewußten PRODUZENTEN angenähert. Schon zu früherer Gelegenheit ist der auctor als AUTOR-Index so nah am Urheber-AUTOR, nämlich als er sich über die Kunst des Briefschreibens ausläßt. So begründet der Erzähler die Kürze eines Briefes Lerianos mit der Bemerkung:

> Avnque Leriano, segund su graue sentimiento, se quisiera más estender, vsando de la discreción y no de la pena, no escriuió más largamente, porque, para hazer saber a Laureola su mal, bastaua lo dicho; que quando las cartas deuen alargarse es quando se cree que ay tal voluntad para leellas quien las recibe, como para escriuillas quien las enbía. (CA 109)

Gerade weil der auctor-AUTOR hier über den Umweg der Stilkritik nicht nur, wie in den zuvor zitierten Beispielen, die ihn in die Nähe vom AUTOR des Aussage-TEXTES brachten, die Transformation des Erlebten in Sprache, sondern letztlich sein eigenes Schreiben kommentiert, rückt er hier am deutlichsten dem AUTOR-'yo' des Prologs an die Seite. Erst in der letzten Zeile, die auf den Prolog zurückführt, kommt es noch einmal dazu.

Die unbeteiligt-beteiligte Erzähler-Figur, die als LESER-Ikon rezeptionslenkende Funktion hat, und der selbstbewußte, professionelle AUTOR treten zwar unter dem Namen „auctor" zusammen, überschneiden sich aber nicht. Ist el auctor Figur (TEXT), so ist er nicht zugleich AUTOR; LIEST er seinen eigenen TEXT, so nur in bezug auf die Präsentation des GELESENEN mit Rücksicht auf sein Publikum. Der AUTOR-als-TEXT gerät nicht in Widerspruch mit dem AUTOR, weil die Übertragung der Erlebten in Sprache nicht als prinzipielles Problem – etwa: Übersetzung des Wahrnehmungscodes in den Sprachcode – empfunden wird. Auch für Leriano bedeutet seine Verwandlung in ein Buch kein ontologisches Paradox wie später für Augusto Pérez in Unamunos *Niebla*. In beiden Fällen kommen entsprechende Reflexionen deshalb nicht zustande, weil der TEXT als bereits abgeschlossener, GESCHRIEBENER Aussage-TEXT jenseits der Welt des interferentiellen AUTORS und Lerianos situiert ist. So wie der auctor zwischen dem realen, als gegenwärtig inszenierten Schauplatz Spanien („Después de hecha la guerra del año pasado, [...] en la Sierra Morena", CA 86–87) und dem fiktiven Königreich Macedonia mit seinen Lerianos, Laureolas und Gaulos, zwischen dem allegorischen Gefängnis des Liebeskranken und dem realen der Geliebten als Botschafter vermittelt, hält er die die Handlung erlebende Figur und den bewußten Schriftsteller der Gegenwart zusammen[234].

---

[234] Nur zu Beginn der Geschichte, als er noch am wenigsten AUTOR und vorrangig LESER ist, befindet er sich auch auf einer Ebene mit dem allegorischen, aber dennoch unentrinnbaren Gefängnis Lerianos. Langbehn-Rohland (1970:156) hat dies als Besonderheit dieser *novela sentimental* herausgestellt.

PRODUZIEREN: Allegorie des Autors und Einheit des Ich

Nun muß allerdings die Schlußpassage, die den Kreis zum Prolog schließt, genauer betrachtet werden. Nach Lerianos Tod setzt der auctor seine unterbrochene Heimkehr nach Peñafiel fort, das auch der Ort des SCHREIBENS ist: „con sospiros caminé; con lágrimas party; con gemidos hablé; y con tales passatienpos llegué aquí a Peñafiel, donde quedo besando las manos de vuestra merced" (CA 205). Das hier verwendete Tempus des Präsens („quedo besando") stellt zunächst eine Verbindung zu dem Präsens her, das dem AUTOR-Index schon als Kommentator seines Redestils während der ganzen Erzählung zur Verfügung stand. Der LESER-Index „vuestra merced" und der Orts-Index „aquí" verweisen auf den Äußerungskontext des Prologs zurück, in dem das Prologus-'yo' berichtete, daß „vuestra merced" ihn aufgefordert habe, eine Geschichte zu schreiben:

[...] porque de vuestra merced me fue dicho que deuía hazer alguna obra de estilo de vna oración que enbié a la señora doña [Marina] Manuel, por[que le parescía menos] malo que el que puse en otro [tractado que vid]o mío. (CA 85–86)

Wenn mit dem „otro tratado" ein früheres Werk San Pedros gemeint ist (möglicherweise der *Tractado de amores de Arnalte y Lucenda* [1491]) und mit „vuestra merced" ein konkreter Leser, nämlich San Pedros Gönner Don Diego Hernándes, so bezeichnet das 'yo' des Prologus einen ultimativen AUTOR, der im Prolog als *Urheber* der ganzen Geschichte ausgezeichnet wurde („me fue dicho que deuía hazer alguna obra") und sich so von dem AUTOR-als-LESER (el auctor) unterscheidet; dieser nämlich ist selbst nocheinmal der TEXT des Ich-AUTORS[235]. Mit Dunn (1979:198) kann man sagen, daß San Pedro eine Art „allegory of authorship" entwirft; in ihr fächern sich die konkurrierenden AUTOR-Positionen auf, die unter den Namen 'el auctor' und 'yo' versammelt sind. Hervorzuheben ist aber, daß dieses Arrangement – vom Prolog über den AUTOR-als-LESER, den AUTOR-als-TEXT und den genuinen AUTOR – und das gesamte Funktionieren des intervenierenden AUTOR in der *Einheit des 'yo'* geschieht. Gerade diese Kontinuität des 'yo' garantiert den Einstieg in die Geschichte und die Mündlichkeitsfiktion („del estilo de una oración") des LESENDEN AUTORS, und das 'yo' ist es auch, das über einen LESER-Index („vuestra merced") den Bezug zum Prolog wiederherstellt. Denn unter der Bezeichnung 'el auctor' existiert das 'yo' nur als Bündel der drei AUTOR-Funktionen und auch allein im Haupttext; es wird erst dann 'el auctor' genannt (und einzig in den Rubriken), wenn es die Kontinuität zwischen Prolog und Haupttext bereits gestiftet hat. So spricht im *Incipit* („Comiença la obra") ein 'yo' – „Después de hecha la guerra del año pasado, viniendo a tener el inuierno a

---

[235] Es tut hier nichts zur Sache, ob man diesen Urheber-AUTOR, der nunmehr eigentlicher AUTOR des Aussage-TEXTES ist und noch den auctor in allen Funktionen in *seinen* TEXT verwandelt, 'Prologus' nennt oder gar mit San Pedro identifiziert. Maßgeblich ist allein, daß durch das Satzglied „deuía hazer alguna obra" und die intratextuelle TEXT-Repräsentation „otro tratado mío" dem Rezipienten kenntlich gemacht wurde, daß das Prolog-Ich die Geschichte erfunden hat.

mi pobre reposo [...]" (CA 86) –, welches erst *rückwirkend* in der nächsten Rubrik – „El preso al autor" (CA 93) – mit 'el auctor' indirekt identifiziert wird.

AUTOR und Aussage-TEXT: Handeln, Sprechen, Schreiben

Die Ergebnisse lassen sich nun zusammenstellen. Insofern 'el auctor' *AUTOR-als-LESER* ist, LIEST er die Welt, ebenso wie der Rezipient *Cárcel de amor* liest; el auctor ist aber zugleich als *AUTOR* verantwortlich für die narrative Organisation der Geschichte (d.h. des Aussage-TEXTES). Die Position, von der aus ein Bezug auf die erzählte Geschichte als bereits *geschriebener* möglich ist, heißt nicht mehr 'auctor', sondern 'yo'. Dieses yo beherrscht dann sowohl den Prolog als auch den Haupttext, d.h. den gesamten Aussage-TEXT. Das 'yo' ist die kontinuierliche Instanz der verlangten „oración", sie stülpt sich auch über den AUTOR-als-LESER und den AUTOR-als-TEXT. Weil der auctor in der *Cárcel de amor* seine Geschichte im doppelten, erzähltechnischen und didaktischen Sinne[236] 'vor-liest' (vorliest und vorinterpretiert) – auch der verwendete Ausdruck „oración" verweist darauf[237] –, ist gerade der Erhalt des 'yo' jenes zentrale Moment der Autorintervention, welches es ermöglicht, daß von ein und derselben Subjektposition aus zu einem LESER-Index („vuestra merced") in inszenierter Mündlichkeit *gesprochen* (erzählt) und zugleich als Urheber *geschrieben* werden kann. Dieses 'yo' kann sich als ultimativer AUTOR allerdings überhaupt erst im Horizont des LESER-Index „vuestra merced" etablieren, da dieser am Ende wiederholte LESER-Index überhaupt erst die Kontinuität des 'yo' zwischen Prolog und Haupttext ermöglicht[238].

---

[236] Die Allegorie übernimmt hier die Funktion, das Reale zu irrealisieren und das Figurative unmittelbarer zu gestalten (Whinnom 1971:52).

[237] Samuel Gili y Gaya gibt in seiner kritischen Ausgabe der *Cárcel de amor* (Madrid: Espasa Calpe, 1950) „oración" mit „discurso" wieder (p. 114 Anm. zu Z. 5). Diese Bedeutung von 'mündlich' bestätigen Corominas (1981: IV 288) und der *Diccionario de autoridades* (1969: V 45–47).

[238] Wie San Pedro erst unter dem Schutz Don Diegos im Schloß Peñafiel Schriftsteller sein kann. Dies wäre die Umkehrung zu Mandrells Interpretation. Mandrell deutet die Schlußpassage als Subvertierung der Autorität von Don Diego Hernándes, der angesprochenen „vuestra merced", die San Pedro den Auftrag gegeben hat, die Geschichte zu schreiben. Die Entwicklung der Erzählerfigur, so Mandrell, beschreibe eine Entbindung aus den Aufgaben, die Autoritätsfiguren im Text ihm auferlegen und parallel dazu, in der Dopplung von „vuestra merced" in Prolog und Haupttext, eine Infragestellung noch des Auftraggebers selbst seitens San Pedros: „The symmetrical frame of the encounters of the two authors (El Auctor and San Pedro) with figures of authority (Leriano, El Rey, and Don Diego) implies, in the final words of the text, that «vuestra merced» himself can be subverted by the narrative authority of San Pedro" (Mandrell 1984:120–121). So könne am Ende die Spannung zwischen Erzähler und Autor nicht aufgelöst werden: „Insofar as he [El Auctor] is the narrator and presumed to be an author, there is an unbridgeable gap, since the one who narrates and becomes an author engenders the possibility of his own representation, foregoing his final authority as narrator. In this way, San Pedro's text anticipates the reinterpretation of its own discourse, a possibility realized by the considerably less subtle and sophisticated sequel by Nicolás Núñez" (l.c. 121). Diese Interpretation indessen unterstellt die Trennung von Er-

Die Position des Aussage-TEXTES ist also zwischen den beiden AUTOR-Repräsentationen 'auctor'/ 'yo' und dem LESER-Index anzusetzen. Der vortragende, vorinterpretierende und selbst in die Handlung verstrickte auctor steht in seinen Interferenzen (AUTOR-als-TEXT, AUTOR-als-LESER) in der Funktion der inszenierten Mündlichkeit; an dem auctor, der als genuiner AUTOR auftritt, hat er nur insofern teil, als er ihm durch Welt-LEKTÜRE übermittelt, was dieser schreiben soll. Durch die Personalunion von AUTOR-auctor und in die Handlung verstricktem auctor (AUTOR-als-LESER, AUTOR-als-TEXT) ist es dem SCHREIBENDEN auctor allerdings nicht möglich, gleichzeitig das, was er SCHREIBT und GESCHRIEBEN hat, als eine von ihm unabhängige Geschichte zu sehen; dies kann er allein als 'yo', das auch in keine Interferenzen mehr verwickelt ist, d.h. als ein 'yo', das nicht zugleich 'el auctor' ist. Der Aussage-TEXT ist also zwischen dem interferentiellen AUTOR-auctor und einem nicht-interferentiellen AUTOR-yo positioniert, welches sich allerdings erst, samt seinem TEXT, im Horizont des LESER-Index konstituiert, d.h. in der als zeitlicher Prozeß inszenierten Vortragssituation. Aus diesem Grund kann San Pedro die Geschichte (d.h. den Aussage-TEXT) als zugleich zukünftig, gegenwärtig prozeßhaft-entstehend, und bereits abgeschlossen vorstellen. Für Leriano und den in die Handlung verstrickten auctor (AUTOR-als-TEXT) ist der Aussage-TEXT zukünftig; für den AUTOR-als-LESER besteht er im Moment des Erzählens; für das Ich ist der Aussage-TEXT abgeschlossen. Widersprüchlich wirkt dieses narrative Verfahren offenbar nur aus moderner Sicht.

2.1.2 Francisco Delicado *Retrato de la Lozana andaluza* (1528?): Poetik inszenierter Mündlichkeit

Francisco Delicado (Córdoba 1475/1489? – 1534?) gelangt aufgrund der Judenvertreibung nach Italien und siedelt sich in Rom an. Dort verfaßt er wohl im Jahre 1524 den *Retrato* zunächst als Manuskript, möglicherweise zum Zeitvertreib während der Rekonvaleszenz von der Französischen Krankheit. Nach der Plünderung Roms durch die Söldnertruppen Karls V. im *Sacco di Roma* 1527 flieht Delicado nach Venedig, wo er sein Werk aus Geldnot in Druck gibt, vermutlich ist er selbst an der Drucklegung beteiligt[239]. Es wird zwischen 1528 und

---

zähler und Schreiber, auctor und San Pedro, interferentiellem AUTOR und AUTOR in einer Schärfe, die wegen der zahlreichen Einlassungen über das Schreiben nicht gerechtfertigt erscheint. Gerade der Erhalt der ersten Person Singular, die beide verbindet, ist das zentrale Moment der Autor-Intervention.

[239] Das bis heute einzige erhaltene Exemplar des Werks wurde erst 1845 von Ferdinand Wolf in der Wiener Reichsbibliothek entdeckt. Die Wirkungsgeschichte dieses einzigen literarischen Werkes Delicados bleibt im Dunkeln, bis auf wenige Ausnahmen kam es überhaupt erst seit den 70er Jahren zu einer ernsthaften kritischen Auseinandersetzung mit diesem Dialogroman (s. Damiani 1969b, 1980, 1990). Das bis dato waltende Desinteresse dürfte sich auf Menéndez y Pelayos (1910: clxxxviii–ccii) vorschnelle Verurteilung des Werks als „inmundo y feo" (l.c. cxciv) und einer ernsthaften Beschäftigung als nicht würdig zurück-

1530 anonym und ohne Erscheinungsort- und Jahr publiziert[240]. Der Dialogroman besteht aus 66 „mamotretos" genannten Kapiteln bzw. Szenen, – in ihnen treten nach Delicados eigenen Angaben nicht weniger als 125 Personen auf – die mit zahlreichen vermutlich von Delicado selbst hergestellten Bildtafeln illustriert und von sieben teils 1524, teils erst später geschriebenen oder überarbeiteten Rahmentexten eingefaßt sind: Eine [*Dedicatoria*] und ein *Argumento en el cual se contienen todas las particularidades que a de haver en la presente obra* gehen ihnen voraus, den Abschluß bilden [*Apología*], [*Explicación*], [*Epílogo*], *Carta de excomunión contra una cruel doncella de sanidad, Epístola de la Loçana a todas las que determinavan venir a ver Canpo de Flor en Roma* und *Digressión que cuenta el autor en Venecia*[241].

Wie aus Delicados Prolog hervorgeht, möchte der *Retrato* ein authentisches Sittenbild des dekadenten Rom sein. Die Geschichte seiner Heldin Lozanas weist zahlreiche Parallelen zur Biographie ihres Dichters auf. Noch vorrangig durch die Erzählung des autor, aber auch teils schon in Dialogszenen umgesetzt, wird zunächst die Vorgeschichte von Delicados Landsmännin berichtet: vom Vater ihres versprochenen Ehemanns wird sie aus Spanien vertrieben und flieht nach Rom. Dank ihres *ingenio* gelangt sie im judenspanischen Viertel schnell als Prostituierte und 'Schönheitschirurgin' zu Ansehen und einem guten Auskommen. In mamotreto 17 sieht man den autor, der seine anfängliche Erzählung allmählich ganz an die Dialogszenen abgegeben hatte, mit der Niederschrift des gerade vorangegangenen Kapitels befaßt. Eine seiner Figuren, Rampín, römischer Lebensgefährte der Lozana, tritt in das Zimmer und sucht ihn zu überreden, sich in Lozanas Haus von seiner „enfermedad", der Syphilis, heilen zu lassen. Der autor winkt zunächst ab. Sieben mamotretos später (m.24) kommt er der Einladung nach und lernt 'seine' Heldin persönlich kennen. Bis zum Ende verläßt er die Welt seiner Figuren nicht mehr. In der Geschichte finden sich zahlreiche – freilich von Delicado nachträglich eingesetzte – Hinweise auf das apokalyptische Jahr der Plünderung 1527, das dem dekanten Treiben in Rom ein Ende setzen soll. Der tatsächlich unvorhersehbare Überfall wird von Delicado als Jüngstes Gericht interpretiert, das ihm zu einer nachträglichen heilsgeschichtlichen Überhöhung der Geschichte dient. Lozana, Rampín und Delicado (bzw. el autor) können sich jedoch in ein Jenseits retten: Das Paar flieht in den letzten Kapiteln auf eine Insel, die den sinnreichen Namen Lípari trägt, der Autor Delicado gelangt nach Vene-

---

führen lassen: „[El análisis de la obra] no es tarea para ningún crítico decente. [...] Por lo demás, el *Retrato de la Lozana* es una producción aislada, que ninguna influencia ejerció en nuestra literatura ni en la italiana" (l.c. cxciv, ccii). Noch Newberry (1973) läßt in ihrem Überblick über den 'Pirandellismus' in der spanischen Literatur Delicados Dialogroman unberücksichtigt.

[240] Vgl. Bubnova (1987:56).
[241] Die in eckigen Klammern stehenden Bezeichnungen stammen von den Herausgebern Damiani und Allegra in der hier zugrundegelegten Ausgabe. Mindestens die letzten drei Zusätze hat Delicado dem 1524 verfaßten Text nachträglich angefügt, nachdem die Truppen Karls V. im Jahre 1527 Rom geplündert hatten.

dig, wo er das Buch in Druck gibt (*Digresión*). Da auch einer der abschließenden Rahmentexte von Lozana stammt (*Epístola*), finden sich sowohl die Heldin als auch ihr Dichter in einer jenseitigen Welt.

Wie die knappe Inhaltsangabe schon vermuten läßt, sind Dynamik und Mehrfachbesetzung der Position AUTOR, und damit auch TEXT, in der *Lozana andaluza* nun weitaus 'dramatischer' als bei Diego de San Pedro, die Selbstrepräsentation erreicht einen ungleich höheren, selbst für moderne Leser noch atemberaubenden Komplexitätsgrad. Die Verführung ist groß, den mehrfachen Erzählebenenwechsel des autor als moderne Metalepse in der Art Pirandellos zu betrachten[242]; doch unterstellt eine solche hastige Interpretation einen transzendentalen AUTOR, der einen fiktionalen TEXT beherrscht und durch seine VerTEXTung dekonstruiert wird, weil er selbst damit zur Fiktion erklärt wird. Es wird im folgenden u.a. zu sehen sein, daß eine solche Deutung allzu generalisierend, ja unzutreffend ist.

Die im *Retrato* vorfindliche mediale Überlagerung von Manuskript / Druck ist nicht nur der Zufall pragmatischer Umstände. Ebenso wie Delicado schon die Plünderung Roms und selbst die Differenz von Haupttext (mamotretos) und Rahmentexten in die Sinnstruktur seines Romans integriert hat, wird auch der historische Medienwechsel, dessen Schnittpunkt im Text selbst wiederzufinden ist, von Delicado reflektiert und darüber hinaus poetologisch instrumentalisiert, d.h. zur praktischen Umsetzung seiner in den Rahmentexten dargelegten Poetik. Das gleiche gilt für die Inszenierung von Mündlichkeit, die er kreativ geradezu zu einer Poetik renaissancezeitlichen Realismus' ausbaut. Als Herausgeber einer Ausgabe der *Celestina* und des *Amadis* sowie einer „edición rarísima" der *Cárcel de amor* (Menéndez y Pelayo 1910: III cxciv) dürften Delicado im übrigen auch wichtige selbstrepräsentationale darstellungstechnische Rekurse bekannt gewesen sein. Es geht nun in der Analyse darum, ausgehend von den Selbstrepräsentationen den diskurshistorischen Ort des *Retrato* zwischen poetologischer Mündlichkeitsfiktion und einer neuen, durch die wahrnehmbare Präsenz des Gedruckten ermöglichten Reflexion zu bestimmen, welche bereits auf Cervantes' Annäherung an das transzendentale Modell vorausweist, das sich ebenfalls an der Massivität des Drucktextes ausbildet. Die für das transzendentale Modell charakteristische Ausbildung diskreter Räume der Transzendenz und der Immanenz, in denen AUTOR, TEXT und LESER je angesiedelt sind, schlägt sich im *Retrato* in Form einer dynamischen Überlagerung dreier 'Räume' nieder: (a) der Raum der erzählten Welt, (b) der Schriftraum des Manuskripts (das der autor, wie man sehen wird, *innerhalb* der erzählten Welt anfertigt, indem er sie 'abmalt', wobei er aber immer auch wieder ironisch auf die Materialität des Textes verweist und Bewußtsein von der Textualität zur Schau stellt). In der Überlagerung dieser beiden Räume ist der autor nicht nur Chronist der Lozana, er trifft auch mit ihr zusammen, ißt, trinkt, steckt sich an der Syphilis an. (c) Schließlich der Raum des Typoskripts, zu dem unter anderem die nachträglich angefügten Textteile

---

[242] So etwa Imperiale (1991:128,139–140 u. pass.).

wie das Titelblatt, die Illustrationen, Rahmentexte sowie im Text verstreute Vorausdeutungen auf das Jahr 1527 und Hinweise auf das erwartete Publikum gehören. Hier geht es jedoch nicht um eine textkritische oder linguistische Analyse, sondern vielmehr um die Frage, wie diese Raumtrennungen durch Selbstrepäsentationen erzeugt sind und dadurch symptomatisch werden. Die Konstellation bei Delicado führt dazu, daß die Geschichte aus zwei ineinanderverschobenen Perspektiven erzählt wird (die auffällige Unterbrechung der Chronologie ab m.17 und die vermeintlichen Metalepsen haben hierin ihre Ursache), wobei sich AUTOR und TEXT 'aufeinanderzubewegen' und überlagern – eine Annäherung, die, nebenbei gesagt, sicherlich auch im Rahmen der gegenseitigen Spiegelung von autor und Lozana, ja vielleicht sogar als äußerst sublimierte Variante der im Text häufig angespielten sexuellen Metaphorik gesehen werden könnte. Daß es ausgerechnet sieben Phasen sind, die die Analyse unterscheiden kann, ist hingegen gewiß zufällig.

AUTOR und TEXT: Avancen

(i) In der *Dedicatoria* sieht sich el au(c)tor als AUTOR der Totalität seines Aussage-TEXTES gegenüber: „he derigido este retrato a vuestra señoría para que su muy virtuoso senblante me dé favor para publicar el retrato de la señora Loçana" (LA *Dedicatoria* :70). Auch im prologischen *Argumento* gibt der autor poetologische Stellungnahmen und verteidigt die Ganzheit und Autonomie seines Textes: „Protesta el autor que ninguno quite ni añada palabra ni rrazón ni lenguaje, porq[ue] aquí no conpuse modo de hermoso dezir, ni saqué de otros libros" (LA *Argumento* :73).

(ii) Mit dem ersten mamotreto beginnt die Exposition der Vorgeschichte Lozanas, die bald szenisch gestaltet ist, bald wieder in die Erzählung zurückfällt. Dieses Wechselspiel zwischen narrativer und dramatischer Darstellung, die den autor in der Rolle eines Interpreten oder Spielleiters zeigt, wiederholt sich mehrmals. In mamotreto 6 hat er seine Heldin nach Italien begleitet und überläßt fortan dem Dialog das Erzählen; er selbst zieht sich mit seiner Erzählung – bis auf wenige, aber wichtige Ausnahmen – in die Überschriften der einzelnen mamotretos zurück. Da die Überschriften selbst in der Regel aus dem *inquit* im Präsens und Zusammenfassungen der Ereignisse im Vergangenheitstempus bestehen: z.B. „Cómo *llamó* la a Loçana la Napolitana que ella *buscava*, y *dize* a su marido que la llame" (LA 11:113; Hervorh. U.W.), bleibt der autor stets sowohl als Erzähler als auch als Vermittler präsent. Im Unterschied zu *Cárcel de amor* tritt der AUTOR im Haupttext und im Prolog als „el autor" auf. Diese nominale Identität von Schriftsteller (AUTOR des Aussage-TEXTES) und Erzähler, der auch später zur Figur wird (AUTOR-als-TEXT), zeigt, daß die Kontinuität nicht, wie bei San Pedro, allein über das 'yo' verläuft, sondern über eine Funktionsbezeichnung, el autor, der von den Prologen her die Bedeutung 'Schriftsteller' (AUTOR) zuwächst.

(iii) In mamotreto 14 hat er inmitten einer 'Bett-Szene' zwischen Lozana und Rampín zum ersten Mal selbst einen Auftritt im dramatischen Text. Denn als die Heldin und ihr Geliebter in der ersten Liebesnacht in einer Kammer schlafen, mischt sich der autor aus der Perspektive des SCHREIBENDEN ein, behält aber zugleich, gewissermaßen als Kompensation für seine halbvollzogene VerTEX-Tung, den Erzählton bei, der ihn als AUTOR ausweist; er ist AUTOR-als-TEXT – doch steht er nur 'mit einem Bein' im TEXT, weil er für die Figuren nicht anwesend (d.h. als AUTOR LESBAR) ist:

> [LOÇANA]. ¡Mirá qué sueño tiene [Rampín], que no puede ser mejor! Quiérome yo dormir.
> AUCTOR. Quisiera saber escrivir un par de rronquidos, a los cuales despertó él y queriéndola besar, despertó ella, y dixo:
> – ¡Ay, señor!, ¿es de día? (LA 14:145)

(iv) Für heutige Leser noch geradezu verwirrend ist Mamotreto 17. Es wird im *argumentum* angekündigt als „Informaçión que interpone el autor para que se entienda lo que adelante ha de seguir" (LA 17:165). El autor wird kurzfristig selbst zum Protagonisten der Szene: nachdem er seine anfängliche Erzählung allmählich ganz an die Dialogszenen abgegeben hatte, ist er zu Beginn des Kapitels in seiner Schreibstube bei der Niederschrift des letzten Kapitels (m.16) zu sehen. Rampín, römischer Lebensgefährte der Lozana, kommt die Treppe hoch, tritt in das Zimmer, sieht auf das Manuskript, das er für ein Testament hält, und sucht den autor zu überreden, sich in Lozanas Schönheitssalon von der Syphilis heilen zu lassen. Rampín schildert ihm ausführlich das Treiben in Lozanas Haus. In der Antwort des autor auf die Einladung stellt sich heraus, daß ebendiese Szene einige Jahre später als die bisherige Handlung spielt:

> AUTOR. 'El que siembra alguna virtud coje fama; quien dize la verdá cobra odio'. Por esso *notad*: estando escriviendo el pasado capítulo, del dolor del pie dexé este cuaderno sobre la tabla, y entró Rampín y dixo: «¿Qué testamento es éste?» Púsolo a enxugar y dixo:
> [RAMPÍN.] Yo venía a que fuéssedes a casa [de Lozana], y veréys más de diez putas [...] Tanbién la otra vuestra muy querida [i.e. Lozana] dize che ella os sanará. [...] ¿Queréys venir? Que todo el mal se os quitará si las veys.
> AUCTOR. No quiero yr, que el tiempo me da pena; pero dezí a la Loçana que *un tiempo fue que no me hiziera ella essos harrumacos*, que ya veo que os enbía ella, y no quiero yr porque dizen después que no hago sino mirar y notar lo que passa, para screvir después, y que saco dechados. ¿Piensan que si quisiesse dezir todas las cossas que he visto, que no sé mejor rreplicallas que vos, que *ha tantos años que estáys en su compañía*? (LA 17:165–166; Hervorh. U.W.)

In der Geschichte hatte Lozana Rampín gerade erst kennengelernt und ihre erste Nacht mit ihm verbracht. Einerseits scheint el autor TEXT und so von Rampín LESBAR geworden zu sein, andererseits beherrscht er aber noch stilistisch durch den Erzählton und perspektivisch durch einen LESER-Index („notad") extradiegetisch die Szene. Der autor *berichtet* also nur vom SCHREIBEN, die so modern anmutende Metalepse bleibt durch eine Verdopplung des autor in Figur und Erzähler/Interpret abgeschwächt.

Der Autor verabschiedet seinen Helden aus der Schreibstube, in der sich der Manuskriptraum im wörtlichen Sinne und anschaulich materialisiert hat, mit der Warnung vor der schadhaften Treppe, die Rampín prompt hinunterfällt. In der ganzen Szene ist sehr auffällig die Kompensation des stark evozierten Schriftraums durch dargestellte Körperlichkeit: Die Betonung des *hic et nunc*, der Einbezug des körperlichen autor, der an der Syphillis erkrankt, die Schilderung von Lozanas Bordell, Rampíns Treppensturz, aber auch das Schreiben des Manuskripts, das ein Teil der Welt ist.

(v) Erst zu Beginn der *parte secunda* lernt der autor *in personam* Lozana kennen. Sein Eintritt in die von ihm erzählte Geschichte (AUTOR-als-TEXT) wird dadurch begleitet, daß er nunmehr in der Überschrift von sich selbst in der Vergangenheitsform und in der dritten Person spricht: „Como [la Lozana] comenzó ha conversar con todos, y *cómo el autor la conosçió* por ynterçesión de un su compañero [...]" (LA 24:205; Hervorh. U.W.). Hier wird der autor als AUTOR LESBAR, TEXT – doch liegt hier, wie schon im soeben zitierten mamotreto 17, keine Dekonstruktion transzendentaler AUTOR-Schaft vor. Jener vollständige TEXT, von dem der autor in den Prologen spricht, ist in beiden mamotretos (17 u. 24) noch nicht GESCHRIEBEN, Aussage-TEXT, jedenfalls noch nicht vollständig. Ferner sieht weder eine Figur, wie später Augusto in *Niebla*, Selbstbestimmtheit darin, ausgerechnet von einem Schriftsteller unabhängig zu sein, noch ist in der *Lozana andaluza* je eine Figur in der Lage, sich selbst als schon geschriebenen Roman vor Augen zu haben, und in der Verlegenheit, darin ihre einzige Existenz zu sehen. Allein auf jenen Freund des autor namens Silvio, durch dessen Vermittlung dieser die Lozana kennenlernt, scheint der autor 'abgefärbt' zu haben, wenn er zuerst aufgrund einer sonst nur dem autor eigenen Neugierde auf Lozana aufmerksam wird:

> SILVIO. ¡Quién me tuviera agora, que a quella muger que va muy cubierta no le dixera qualque rremoquete por ver qué me rrespondiera, y supiera quién es! ¡Voto a mí, que es andaluza! En el andar y meneo se conosçe. ¡O, qué pierna! En vella se me desperezó la complissión. ¡Por vida del rrei, que no está virgen! ¡Ay, qué meneos que tiene! ¡Qué boltar acá! Siempre que me vienen estos lances, vengo solo. Ella se para allí con aquella pastelera; quiero yr a ver cómo habla y qué compra. (LA 24:206)

Silvio ist also – für einen Moment – eine Art ikonischer AUTOR, mit dem die entscheidende Autoreigenschaft der Neugierde (AUTOR-als-LESER) repräsentiert wird.

Der vormalige autor-AUTOR verwandelt sich bald auch in einen AUTOR-als-LESER. In mamotreto 42 (*parte tercera*) hört er Lozana zufällig bei einem langen Selbstgespräch zu. Er ist seit mamotreto 24 zu einer Figur unter anderen geworden und gibt deutlich zu erkennen, daß er den transzenden(tal)en Posten des autor bzw. Spielleiter verlassen hat, wenn er sich zunächst über die Umstände von Lozanas Rede täuscht:

> Cómo *estando la Loçana sola*, diziendo lo que le convenía hazer para tratar y platicar en esta tierra sin servir a nadie, entró el autor callando, y disputaron los dos; y dize el autor:

– *Si está en casa la Loçana*, quiero vella y demandalle un poco de algalia para mi huéspeda qu'está sorda. *En casa está. ¡Dame! ¿Con quién habla? ¡Voto a mí, que deve de estar enojada con cualque puta!* (LA 42:303; Hervorh. U.W.)

Die Differenz zwischen Überschrift und den ersten Zeilen des mamotreto zeigt hier zum ersten Mal deutlich die Aufspaltung des autor in einen allwissenden AUTOR (der weiß, daß Lozana alleine ist) und einen AUTOR-als-LESER, der glaubt, sie schimpfe mit „cualque puta", und die 'wirkliche' Lozana belauscht, um Stoff für sein *Retrato* zu sammeln. In dem Maße aber, in dem der AUTOR-als-LESER Omniszienz und AUTOR-Position preisgibt und sich gewissermaßen von der Lozana den weiteren TEXT diktieren läßt, verwandelt sie sich selbst in ihren eigenen AUTOR. Ab mamotreto 24, da der autor auf die Suche nach seiner Figur geht, die er dem wirklichen Leben abschauen will, hat sich das AUTOR/TEXT-Verhältnis, wie es in den Prologen bestand, verkehrt: der AUTOR ist LESER und der vormalige TEXT (Lozana) sein eigener AUTOR. Nun beginnt der autor allmählich, die Geschichte der Lozana aufzuschreiben.

(vi) Denn wenig später hat sich der autor zur Lozana gesellt und beauftragt Rampín, ihm nicht nur Wein, sondern auch Schreibzeug zu besorgen: „Toma, tráeme un poco de papel y tinta, que quiero notar aquí una cosa que se me rrecordó agora" (LA 42:306). Im übernächsten mamotreto schließlich ist von Lozana selbst zu erfahren, daß der autor damit beschäftigt ist, sie zu porträtieren – wie Don Quijote, weiß auch sie, daß sie literarisiert wird, ohne darüber mehr als eine beiläufige Bemerkung zu Silvano, einem ihrer zahlreichen Bekannten, zu machen:

[LOÇANA.] Dezíme, por mi vida, ¿quién es esse vuestro amigo que dezís que ayer hablava de mí? ¿Conóscolo yo? ¿Reýssos? Quiérolo yo muncho, porque me contrahaze tan natural mis meneos y autos, y cómo quito las çejas, y cómo hablo con mi criado, y cómo lo echo de casa, y cómo le dezía, cuando estava mala, „anda por essas estaçiones, y mirá essas putas cómo llevan las çejas", y cómo bravea él, por mis duelos, y cómo hago yo que le ayan todos miedo, y cómo lo hago moler todo el día solimán. (LA 46:322–23)[243]

Aussagekräftig für das Verhältnis Welt/Manuskript ist, daß der autor offenbar von der Objektseite her in seiner Präsenz in der Welt bestätigt werden will. Der Maler ist auf das Lob seines Modells angewiesen[244]. Der noch unfertige, vielleicht erst teilweise redigierte Text kursiert in der erzählten Welt (als Manuskript), Lozana selbst scheint sogar schon einige Skizzen ihres *Retrato* gelesen zu haben – wie Leriano rechnet sie jedenfalls mit einem Porträt, bevor es tatsächlich als *Retrato de la Loçana andaluza* existiert: „y esto se dirá de mí, si alguno me querrá poner en fábula" (LA 39:291). Leriano hingegen hätte seine Legende als Aussage-TEXT gar nicht mehr LESEN können – er muß sterben, damit *Cárcel de amor* überhaupt geschrieben werden kann –, Don Quijote würdigt sein eigenes Buch bekanntlich keines Blickes.

---

[243] Vgl. a. LA 47:329.
[244] So Jüttner (1973:197).

(vii) Wenn nach 66 mamotretos das Porträt der Lozana beendet ist, so ist es der Aussage-TEXT hingegen noch nicht. Unter den erst 1527 entstandenen Nachworten befindet sich auch ein Brief der Lozana (*Epístola de la Loçana [...]*), die damit zeigt, daß sie nicht nur den *Sacco di Roma* überlebt hat, sondern auch eine von den mamotretos unabhängige Existenz führt. Im *Epílogo* betont Delicado nun überraschend, nämlich im Widerspruch zum Prolog, den offenen Charakter seines Romans: „Ruego a quien tomare este rretrato que lo enmiende antes que vaya en público, porque yo lo escreví para enmendallo [...]" (LA *Epílogo* :430).

SCHREIBEN: Poetik inszenierter Mündlichkeit

Die kontinuierliche Bewegung zeigt, daß die Instanz 'autor' zwei Pole verklammert: den Erzähler (AUTOR), der in den Überschriften stets präsent bleibt und erzählend den Kontakt zum Leser (LESER-Index) aufrechterhält, sowie den Handlungsbeteiligten (AUTOR-als-TEXT) und den Neugierigen (AUTOR-als-LESER). Seine Auftritte zeugen also nicht von einer pirandellianischen Metalepse, einem avantgardistischen Wandern zwischen 'Realität' und 'Fiktion'. Die Funktionen des autor und die Implikationen für die Selbstrepräsentationsstruktur lassen sich genauer beschreiben mit Blick auf die poetologischen Ansprüche, die Delicado in den Prologen und Epilogen an sich stellt. Sein Vorhaben „mezclar natura con bemol" (LA *Dedicatoria* :34) besteht aus zwei Teilen. Zum einen („natura") so natürlich wie möglich 'abmalen' und die eigene Individualität in den Hintergrund stellen:

> [...] solamente diré lo que oý y vi [...] (*LA Dedicatoria* :70)
>
> Y porque este rretrato es tan natural, que no ay persona que aya conocido la señora Loçana en Roma o fuera de Roma, que no vea claro ser sacado de sus actos y meneos y palabras; y assimismo porque yo he trabajado de no escrevir cosa que primero no sacasse en mi dechado la lavor, mirando en ella o a ella. Y viendo, vi muncho mejor que yo ni otro podrá escrevir [...] (LA *Argumento* :74)
>
> Si me dizen cómo alcançé a saber tantas particularidades, buenas o malas, digo que no es muncho escrevir una vez lo que vi hazer y dezir tantas veces. [...] Si me dezís por qué en todo este rretrato no puse mi nombre, digo que mi offiçio me hizo noble, siendo de los mínimos de mis conterráneos, y por esto callé el nombre, por no vituperar el offiçio escriviendo vanidades con menos culpa que otros que compusieron y no vieron como yo. (LA *Apología* : 423–424)

Gleichzeitig besteht der Maler selbstbewußt auf Totalität und artistische Perfektion seines Werkes („bemol") und darauf, daß ihm kein anderer seinen AUTOR-Posten streitig machen kann, wenn das Werk denn einmal vollendet ist:

> Todos los artífices que en este mundo trabajan dessean que sus obras sean más perfectas que ningunas otras que jamás fuessen. Y véese mejor esto en los pintores que no en otros artífices, porque cuando hacen un rretrato procuran sacallo del natural, e a esto se esfuerçan, y no solamente se contentan de mirarlo y cotejarlo, mas quieren que sea mirado por los transeúntes e çircunstantes, y cada uno dize su parecer, mas ninguno toma el pinzel e emienda,

> salvo el pintor que oye y vee la rrazón de cada uno, y assí emienda, cotejando tam[bi]én lo que vee más que lo que oye; [...] y porque no le pude dar mejor matiz, no quiero que ninguno añada ni quite; que si miran en ello, lo que al principio falta se hallará al fin [...] (LA *Argumento* :74–76)

Damit aber beide Ansprüche, vor allem der erste, nicht selbst nur „modo de hermoso dezir" bleiben, muß Delicado, will er die theoretisch gestellten Ansprüche erzähltechnisch angesichts der zwingenden Linearität des Textes verwirklichen, seine Geschichte *zweimal* erzählen: Einmal als AUTOR der *Loçana andaluza* (des Aussage-TEXTES) und ein anderes Mal als LESER der 'wirklichen' Lozana. Der autor befindet sich damit zwischen zwei TEXTEN. Als allwissender AUTOR tritt er in den Prologen auf, als AUTOR-Interpret erzählt er die Geschichte im Vergangenheitstempus, wendet sich an seine LESER, und als Welt-LESER sammelt er Eindrücke. Innerhalb des Manuskriptraums gibt es eine *inventio*-Phase, in der SCHREIBEN als ein in Wechselwirkung mit Wirklichkeitswahrnehmung und stilistischer Überarbeitung dynamischer und interaktiver Prozeß begriffen ist. Der unaufhebbare Hiatus zwischen Welt und Wort, Wahrnehmungscode und Sprachcode wird freilich eingeebnet in der *ut-pictura-poesis*-Metapher. Dieser Topos, der gerade die existentielle Beziehung zwischen Maler und Modell betont, verdeckt damit nominalistische Konsequenzen, die erst ansatzweise im *Don Quijote* reflektiert werden (im späteren transzendentalen Modell wird es die nicht durchschaute oder nicht zur Schau gestellte Metaphorizität des AUTOR-Ich sein, die die Reflexion von dessen eigentlicher Sprachlichkeit verdeckt).

Das Problem, zugleich AUTOR und LESER zu sein, wird im mamotreto 17 thematisiert: el autor SCHREIBT gerade, möchte aber nicht, daß die, die vielleicht später seine Leser sind, ihn bezichtigen, er schriebe nur: „no quiero yr [a casa de Loçana] porque dizen después que no hago sino mirar y notar lo que passa, para screvir después, y que saco dechados"); er behauptet, die Lozana ebenso gut zu kennen, wie Rampín: „¿Piensan que si quisiesse dezir todas las cossas que he visto, que no sé mejor rreplicallas que vos, que ha tantos años que estáys en su compañía?" (LA 17:166). Als LESENDER AUTOR muß er selbst TEXT werden und der Lozana zugestehen, ihr eigener AUTOR zu sein. Nach 66 mamotretos aber hat er gezeigt, wie ein Porträt aus persönlicher Erfahrung, aus den Erzählungen der anderen und aus dem dichterischen Können entstanden ist. Im Gegensatz zur *Cárcel de amor*, wo das yo den eigentlichen AUTOR-Part übernimmt, begründet sich der AUTOR in der genuinen Interferenz des AUTOR-als-LESER, die durch die Kontinuität des Titels 'autor' zusammengehalten wird.

Dennoch trennt den *Retrato* vieles von seinen modernen Nachfolgern. Einsames SCHREIBEN (*dispositio*) und Sammeln (*inventio*, Welt-LESEN) ergänzen sich, anstatt einander zu widersprechen; der AUTOR wird durch seinen Eintritt in den TEXT nicht als Transzendentalität dekonstruiert, indem entweder ein anderer AUTOR seine Stelle einnähme oder er selbst *als-TEXT LESBAR* würde: weder Rampín (m. 17) noch Lozana fühlt sich 'fiktionalisiert' – die Mimesis-Poetik verhindert dies gerade. Wo kommt aber hier noch der selbstbewußte

AUTOR zu seinem Recht, als der der autor sich ja auch empfahl? Zunächst einmal muß er sich nicht gegen seine Figuren abgrenzen und befürchten, von deren 'Fiktivität' angesteckt zu werden; da sie selbst nicht nur seine Kreaturen, sondern auch seine Informanten sind, läßt er sie an der AUTOR-Position gewissermaßen teilhaben. Er grenzt sich allein gegen *andere Autoren* ab, nämlich die, die seinen Text verändern, d.h. die *mouvance* über die Phase des SCHREIB-Prozesses *hinaus* in Gang bringen könnten. Auch dies ist eine Konsequenz daraus, daß der Titel 'autor' vom Prolog bis in die mamotretos reicht – vom AUTOR bis zum AUTOR-als-TEXT und AUTOR-als-LESER – und damit umgekehrt auch den Figuren (TEXT) den gleichen Status einräumt (eben nicht nur fingiert, fiktiv zu sein); und nicht nur sie, sondern auch der Rezipient, der in Form des LESER-Index präsent gehalten wird, nimmt damit die Stelle eines Ko-AUTORS ein, wenn er – und dies ist ein weiterer Effekt der poetologischen Instrumentalisierung der Oralitätsinszenierung – mit den Augen des Schriftstellers die Welt sehen soll. SCHREIBEN, TEXT und LESEN konstituieren sich entsprechend des *mouvance*-Modells als eine Einheit. Unter diesem Aspekt konturieren sich nun zwei den gesamten Text durchziehende Trennlinien deutlich, die an keiner Stelle überschritten werden und mitten durch die Materialität der Schrift verlaufen; eine erste (i) zwischen SCHREIB-*Prozeß* und *GE-SCHRIEBENEM* Aussage-TEXT und eine zweite (ii) – sie ist nur angedeutet und ergibt sich daraus, daß der *autor* am Ende den potentiellen LESER seines *Retrato* im Gegensatz zum Prolog zum „enmendar" aufruft – zwischen Aussage-TEXT als Manuskript und als Typoskript.

SCHREIBEN als Prozeß: Zwischen Manuskript und Buchdruck

(i) SCHREIBEN ist – wie zu sehen war – in der *Lozana auch* ein geselliger Akt. Gerade das *ut pictura poesis*-Theorem, der Vergleich mit dem Malen, betont die gewollte existentielle Beziehung zwischen Produzierendem und zu beschreibender Wirklichkeit, zwischen LEKTÜRE und PRODUKTIONS-Akt. Die Bezeichnung *Retrato* anstelle etwa von *historia* – wenngleich beides in der Überschrift des ersten *mamotreto* nebeneinander genannt wird („Comiença la historia o rretrato [...]") –, hebt den mimetischen Anteil und den prozeßhaften Aspekt am SCHREIBEN hervor: „mas no siendo obra, syno rretrato, cada día queda facultad para borrar y tornar a perfilarlo, segund lo que cada uno mejor verá [...]" (LA *Epílogo*: 430). Es ist offensichtlich, daß in Delicados *Retrato* das SCHREIBEN, solange es als *Prozeß* oder *Tätigkeit* repräsentiert ist, zur Phase der *inventio* gehört, die für den AUTOR auch die Phase des LESENS ist. So kann der AUTOR, unbehelligt von epistemologischen Zweifeln, sich inmitten jener Welt aufhalten, die erst zukünftig der Aussage-TEXT sein wird – die Welt ist solange noch nicht ganz der TEXT, den er SCHREIBT, wie er noch im Prozeß, veränderbar ist. Auch diese Grenze ist im übrigen konkret im *Retrato* eingezeichnet: die Prozeßphase währt solange, wie die Tinte gewissermaßen noch feucht ist[245]. Selbst der LESER-Index („Por esso notad, estando escriviendo el pasado capítulo [...]"; LA 17:87) wird im Moment eines SCHREIB-*Prozesses* geäußert. In den Rahmentexten aber, und noch in mamotreto 14, als der autor einwirft, er würde gerne „un par de rronquidos" schreiben, von denen Rampín aufwachte, ist der TEXT schon fixiert, und Delicado verflüssigt ihn fortan rückwirkend, um den Prozeß der Entstehung aufzuzeigen.

Im *Retrato* ist das problematische Verhältnis Sprache/Welt nicht nominalistisch 'zur Sprache gebracht', sondern stellt sich als poetologische Aufgabe. Die nämliche Trennlinie (ähnlich wird man sie im *Don Quijote* finden) begrenzt aber noch die inszenierte Mündlichkeit, die im *Cárcel de amor* weitgehend ungebrochen von Reflexionen über das Schreiben stattfinden konnte. Der autor richtet sich an ein Publikum, seine ganze Erzählung ist aufführbar[246], aber der Geschichte wird die poetische Praxis als gleichwertiges Thema zur Seite gestellt: der *Retrato* ist ein Lehrstück nicht nur über das dekadente Rom, sondern auch über das Schreiben. Der Maler – solange er malt im gleichen Raum wie seine Modelle (die die zukünftigen Betrachter oder Rezipienten sein könnten) – entspricht dem im Schreiben begriffenen Autor. Die in mamotreto 17 auffällig unterbrochene Chronologie markiert den Schnittpunkt beider Bewegungen. Daß das Schreiben (wie das Malen) noch zur Phase der *inventio* gehört, zeigt sich daran, daß es selbst auch dramatisiert werden kann. Doch Delicado scheint zu wissen, wo dennoch der Unterschied liegt: Der schon zitierte Einwurf des autor „Quisiera saber escrivir un par de rronquidos" zeigt ein Bewußtsein von der Schriftlichkeit seines *Retrato*. Die Buchstaben geben im Gegensatz zur Stimme keine Laute von sich, und angesichts dieser Stummheit, in die alles Geschriebene verfällt, wird der Autor ironisch, weil er sich unvermittels *jenseits* seines Textes, nämlich im Manuskriptraum oder gar im Typoskriptraum sieht[247]. So sind es eigentlich drei Geschichten, die miteinander verflochten werden: (a) Der autor situiert sich in der 'Wirklichkeit' und bildet sie nach (m. 24–46: AUTOR-als-LESER); (c) das

---

[245] Als Rampín den autor in mamotreto 17 besucht, ist er ihm behilflich, indem er das gerade geschriebene *mamotreto* mit Staub bestreut, um die Tinte zu trocknen („estando escribiendo el pasado capítulo, del dolor del pie dejé este cuaderno sobre la tabla, y entró Rampín y dijo: «¿Qué testamento es éste?» Púsolo a enjugar y dijo: [...]" LA 17:87), und er läßt sich von ihm Papier bringen (LA 42:176), allein um flüchtige Einfälle festzuhalten.

[246] Darauf verweisen zahlreiche Deiktika, deren Häufung Goytisolo (1977:53–55) als einer der ersten bemerkt hat. Rampín führt Lozana Rom:
„RAMPÍN. Por esta calle hallaremos tantas cortesanas juntas como colmenas.
LOÇANA. ¿Y quales son?
RAMPÍN. Ya las veremos a las gelosías. Aquí se dice el Urso, más arriba veréys munchas más.
LOÇANA. ¿Quién es éste? ¿Es el Obispo de Córdova? (LA 12:121)
LOÇANA. ¿Qué predica aquél? Vamos allá. [...] ¿Qué's aquello, que están allí tantos en torno [a] aquél?
RAMPÍN. Son moços que buscan amos.
LOÇANA. ¿Y aquí vienen?" (LA 15:153–155).
Eine detaillierte Studie zur Aufführbarkeit der *Lozana andaluza* führt Imperiale (1991) durch.

[247] Vgl. zu dieser Form von Ironie Kap. 2.1.3.1 *Die Autorsignatur* mit Fn. 305.

Ergebnis ist der abgeschlossene, autonome Aussage-TEXT, der autor ist selbstbewußt in der AUTOR-Position; (b) der Diskurs der Oralitätsinszenierung vermittelt zwischen beiden.
Der autor erzählt einem Publikum die Geschichte (m. 1–6 und die Überschriften der weiteren mamotretos). Er inszeniert sich dabei sowohl als Spielleiter, der das Wort immer wieder an die Schauspieler abgibt, zugleich aber läßt er keinen Zweifel daran aufkommen, daß die Geschichte auch immer schon GESCHRIEBEN ist (m. 14, 17, 42). Diese drei Ebenen der AUTOR-Repräsention lassen sich recht genau historisch-semantischen Wandlungen des Begriffs 'autor' zuordnen:

> Au niveau *actor*, en premier lieu, l'auteur est actant (lat. *ago*); c'est à ce titre qu'il se dépeint dans sa tâche d'écrire (prenant des notes, des croquis, rédigeant, etc...) et aussi comme client et ami de Loçana. Mais toujours, en tant qu'*actor* il en est aussi accusateur, ce qui nous fait remontre le cours de l'histoire du lexème, mais ce qui est aussi l'acception juridique du vocable (*actor, acción*). [...] En second lieu, il est l'*autor* 'narrateur', simple chroniqueur, mais talentueux, des hauts faits de Loçana. Il présente alors, presque systématiquement, la version des faits favorable à l'héroïne; à un certain niveau cependant car, le jeu du *cazurrismo* aidant, sans parler du point de vue des autres personnages, il entreprend de saper lui-même le piédestal sur lequel il la hisse. Il est payé en retour, faut-il le dire, de cette attitude bienveillante, car la première à clamer son talent d'écrivain et de chroniqueur est Loçana elle-même qui dit son admiration à Silvano. Enfin, en troisième lieu, se trouve pour assumer le tout (c'est-à-dire l'*actor* et le *cronista*) el *auctor*, niveau lui-même complexe, fruit de l'héritage de diverses traditions de la littérature sacrée. (Allaigre 1980:285–286)

Im Unterschied zur inszenierten Mündlichkeit der *Cárcel de amor* bedient sich Delicado des *Präsenz-Effektes* der Stimme als Argument für die *Wahrhaftigkeit* seiner Darstellung. Er instrumentalisiert sie poetologisch. Der autor nimmt nicht mehr (nur) als Handelnder, sondern immer schon als Dichter an der Welt (seiner Figuren) teil[248].

(ii) In dieser Sichtweise scheint Delicados Verzicht auf seine Namensnennung – die schon allein deshalb auffällig ist, weil er sie eigens begründet[249] –, ebenso wie die am Ende eingeräumte und in merkwürdigem Gegensatz zur

---

[248] In thematischer Hinsicht zeigen die Betonung des *hic et nunc*, der Einbezug des körperlichen *autor*, der mit den Figuren trinkt und an der Syphillis erkrankt, die individualisierende Figurenzeichnung, unter die auch der autor zu rechnen ist, das allmähliche „Schwinden eines auch religiös legitimierten Mißtrauens gegen das Ich", das „zugleich den Boden [...] für die Rezeption der antiken Mimesistheorie auf Kosten einer einseitigen Vorherrschaft allegorischer und exemplarisch-didaktischer Formen der Darstellung [vorbereitete]" (Jüttner 1973:194), wie noch in *Cárcel de amor*.

[249] „Si me dezís por qué en todo este rretrato no puse mi nombre, digo que mi offiçio me hizo noble, siendo de los mínimos de mis conterráneos, y por esto callé el nombre, por no vituperar el offiçio escriviendo vanidades con menos culpa que otros que compusieron y no vieron como yo." (LA *Apología* :424). Delicado bezeugt seine Autorschaft der *Lozana* in der Einleitung zum dritten Buch seiner *Primaleón*-Ausgabe 1534 (vgl. Menéndez y Pelayo 1910: III clxxxi).

anfangs behaupteten Autonomie stehende Aufforderung, den Text zu verbessern:

> Ruego a quien tomare este rretrato que lo enmiende antes que vaya en público, porque yo lo escreví para enmendallo [...] (LA *Epílogo* :430)
>
> [...] que de otra manera no lo publicara hasta de[s]pués de mi días, y hasta que otrie que más supiera lo emendara (LA *Digressión* :442) [250]

als nur noch fortgeschriebene topische Wendung[251]. Doch dieser Richtungswechsel in den erst drei Jahre später verfaßten Epilogen, ebenso wie im Text versteckte Verweise auf das apokalyptische Jahr 1527[252] skizzieren eine zweite Trennlinie, nämlich die zwischen abgeschlossenem, aber unveröffentlichtem Aussage-TEXT als Manuskript und dem Text, der in Druck gegeben wird[253]. Vollends abgeschlossen wird der TEXT inklusive der drei später verfaßten Nachworte erst mit der Drucklegung, als auch der von Delicado als jüngstes Gericht symbolisch überhöhte *Sacco di Roma* schon stattgefunden hat und der autor sich mittellos in Venedig befindet:

> Salimos de Roma [...] por no sperar las crueldades vindicativas de naturales, avisándome que de los que con el felicíssimo exército salimos, ombres paçificos, no se halla salvo yo, en Venecia esperando la Paz, que me acompañe a visitar nuestro santíssimo protetor [...]. Y esta neçessidad yo me compelió a dar este rretrato a un estampador por rremediar mi no tener ni poder, el cual rretrato me valió más que otros cartapacios que yo tenía por mis legítimas obras, y éste, que no era legítimo, por ser cosas ridiculosas, me valió a tiempo, que de otra manera no lo publicara hasta de[s]pués de mis días, y hasta que otrie que más supiera lo emendara. (LA *Digresión* :442)

Dieser letztinstanzliche Aussage-TEXT, das gedruckte Buch, umfaßt dann auch noch die *Epístola de la Loçana [...]*, mit der Lozana eine unabhängige Existenz vom Aussage-TEXT als handgeschriebener Geschichte bewiesen hatte.

---

[250] Ob sich „emendar" in diesem Zitat auf den Gehalt der Geschichte oder die sprachliche Form bezieht, ist nicht ganz klar.

[251] Allaigre interpretiert diese Inkohärenz im Rahmen einer „volonté burlesque" (1980:10) seitens Delicados, die auch in anderen Semantisierungen (etwa von mamotreto oder retrato) zu finden sei (zur Etymologie des TEXT-Index „mamotreto" und der Verwendung des Ausdrucks an Stelle von 'capítulo' o.ä. s. l.c. 19–33).

[252] Z.B.:
„RAMPÍN. [Aquél predica] cómo se tiene de perder Roma y destruirse el año del XXVII, mas dízelo burlando." (LA 15:154);
„AUTOR. Pues «año de veynte e siete, dexa a Roma y vete».
COMPAÑERO ¿Por qué?
AUTOR. Porque será confusión y castigo de lo pasado." (LA 24:216).

[253] Bubnova (1987:128–150) gibt zu bedenken, daß die offensichtlich mehrfache Redaktion des Textes durch Delicado auf zwei Fassungen schließen läßt: neben der für den Druck bestimmten (Version von 1527) eine als Manuskript gedachte (Version von 1524), die auf mündliche Verbreitung zielte. Bubnova führt dazu u.a. als Beleg den Einstellungswandel gegenüber den Lesern an, der sich im jeweils anvisierten Zielpublikum manifestiere.

Dieser Verräumlichung korrespondiert nun eine geographische und eine heilsgeschichtlich-transzendente: Der Autor flieht vor bzw. während der Verwüstung Roms durch die kaiserlichen Söldnertruppen nach Venedig, um dort das Manuskript für den Druck zu redigieren. Die zweite Verräumlichung ist direkt an diese gekoppelt, zumindest in Delicados 'geschichtsphilosophischer' Interpretation der Plünderung Roms: Im Epilog (LA 427–431) von 1527 deutet er den *Sacco di Roma* als Jüngstes Gericht, das dem babylonischen, sündigen Treiben in Rom ein Ende setzt. Delicado scheint so drei Raumdissoziierungen ineinander zu projizieren: Die Drucklegung (physisches Verschwinden des Autors aus dem Buch), die geographische Distanz Venedig-Rom und die heilsgeschichtlich-transzendente Veräumlichung. Der autor schreibt aus dem dreifachen, heilsgeschichtlichen, geographischen und kommunikationssituativen Jenseits. Dieses Jenseits ist zugleich der Ort auktorialen Selbstbewußtseins. Wenn Delicado so, im Unterschied zu *Cárcel de amor*, den Aussage-TEXT vollständig unter die Instanz bringt, die zugleich selbstbewußter AUTOR und interferentieller AUTOR ist, AUTOR, der sowohl die Welt als auch seinen Aussage-TEXT LIEST; und wenn er der Metamorphose von der GELESENEN Welt in den GESCHRIEBENEN TEXT noch die in den gedruckten anfügt – so grenzt ihn gegenüber Cervantes u.a. ab, daß im *Don Quijote* selbst noch der gedruckte Aussage-TEXT für die Figuren LESBAR wird, wenn auch mit Einschränkungen. Es wird sich dabei zeigen, daß die *Lozana andaluza* einen wichtigen Schritt in der Konstituierung des Selbstrepräsentations-Diskurses bedeutet, denn auch bei Cervantes wird, aus freilich anders gelagerten Gründen, die durch den Buchdruck bewirkte existentielle Auflösung des Bandes von Autor und Text zum entscheidenden Moment der Etablierung eines auktorialen Selbstbewußtseins.

2.1.3 Miguel de Cervantes *Don Quijote* (1605/15): Die Welt als Buch und das Buch in der Welt

Im *Don Quijote* ist die Präsenz von schreibenden und lesenden Figuren, von Erzählungen, Berichten und Romanen so vordringlich geworden, daß das Schreiben, die Bücher, das Lesen, die Literaturkritik oder überhaupt die Literatur als das 'eigentliche Thema' des Romans angesehen wurde[254]. Cervantes erzählt nicht einfachhin die Geschichte der Irrfahrten des Ritters und seines Schildknappen, in der Dramatisierung der Infrastruktur dieser Erzählung werden die zahlreichen Besetzungen der AUTOR-, TEXT- und LESER-Position auch zu Protagonisten eines philologischen Abenteuers. Aus der 'Autorintervention' der *Cárcel de amor* oder der *Lozana andaluza* ist eine eigene „supplementary story" (Haley 1965:146) entstanden, den „récit d'une aventure" begleitet eine „aventure du récit" (Ricardou 1967:111). Sie läßt sich wie folgt zusammenfassen.

---

[254] Vgl. respektive El Saffar (1975:35), Moner (1989a:90), Riley (1962:vi), Gerhardt (1955:17) und Haley (1965:146).

Der Prologautor erklärt, ein Buch geschrieben zu haben, das allein seinem *ingenio* entsprungen sei, wenig später versichert er, nur alte Archivschriften herausgeben zu wollen, er sei nicht der Vater, sondern vielmehr der Stiefvater der Geschichte. In den folgenden Zueignungsgedichten erweist die Bevölkerung der Ritterromane den cervantinischen Helden ihre Reverenz. Der Roman beginnt mit der Rede eines nicht näher charakterisierten Ich-Erzählers (I/1–8), der sich auf angebliche „anales de la Mancha" stützt, in denen er Unklarheiten und Widersprüche aufdeckt, mit seiner Geschichte aber fortfährt bis unvermittelt diese anonyme Stimme, die sich bald „segundo autor" nennt, inmitten eines brisanten Abenteuers des Ritters ihrem Leser eingestehen muß, daß weitere Quellen fehlen (DQ I/8:97). Der Erzähler findet neues Material im Alcaná de Toledo, es sind die in arabischer Sprache verfaßten Schriften des Geschichtsschreibers Cide Hamete Benengeli, einer aufgrund seiner maurischen Herkunft unzuverlässigen Autorität. Des Arabischen nicht mächtig, läßt der segundo autor die Manuskripte von dem nächstbesten Morisken übersetzen (I/9). Cide Hamete erweist sich als unglaubwürdiger Chronist, aber auch als Dichter, hat als Freund und Verwandter einer Nebenfigur teil an Ort und Zeit seiner eigenen Geschichte. Als „historiador" konjektiert er die Fakten und gibt Ungenauigkeiten zu, als Erzähler ist er bald allwissend, bald unsicher in der Bezeichnung der Gegenstände. Auch diese Quellen versiegen nach 400 Seiten. Mit der Ankündigung, die zerfressenen und verwitterten Manuskripte aus einer soeben aufgestöberten Bleikassette demnächst herauszugeben, endet der erste Teil. Einen Monat später ist ein erster Teil des *Ingenioso Hidalgo don Quijote de la Mancha*, verfaßt von einem arabischen Autor namens Cide Hamete und übersetzt von einem Christen, in Druck gegangen und wird im Dorf Don Quijotes zum Anlaß allerlei Kommentare (II/2–4). Wie Leriano es erhoffte und Lozana es wußte, war auch Don Quijote immer schon davon überzeugt, daß jemand, bösartige Zauberer in diesem Fall, seine Abenteuer aufzeichnen würden. Doch im *Don Quijote* ist das Buch seiner Irrfahrten schon geschrieben, zumindest der erste Teil, und zu Recht gibt dem Helden die Schnelligkeit zu denken, mit der die Zauberer zu Werke gegangen sein mußten. Da er das Buch, dessen Held er ist, nicht lesen wird, kann er glauben, daß es sich um eine dem *Amadís* ebenbürtige Rittergeschichte handelt. Sancho hingegen wirft die Frage auf – die die Lozana nicht zu stellen braucht, weil sie ihren Autor kennt –, wie der Autor all die Geschehnisse habe wissen können, da er doch nicht dabei gewesen sei. Beide lassen sich durch diese Zweifel jedoch nicht davon abhalten, sich fortan als die Helden des Hameteschen '*Don Quijote*' zu betrachten und in ihren weiteren Abenteuern auf die Leser dieses Werks zu treffen. Zur gleichen Zeit ist auch eine apokryphe Fortsetzung des Romans erschienen, zum Ärgernis des Prologus im zweiten Teil. Don Quijote wird damit nicht nur in Form eines Buch-Exemplars konfrontiert (II/59) – das er ebenfalls nur durchblättert, aber nicht liest –, sondern in Form einer leibhaftigen Figur, die er zur schriftlichen Anerkenntnis zwingt, daß er mit seinem gefälschten Doppel nichts zu tun habe (II/72). Ferner mischen sich allmählich unter die Blätter Cide Hametes, die der segundo autor herausgibt, falsche Kapitel. Der Leser wird zu einem philologischen Urteil aufgerufen, um das Corpus des echten

Don Quijote zu identifizieren. Als der sterbende Held schließlich Ritterrüstung und Ritternamen ablegt, überläßt Cide Hamete die letzten Worte seiner Schreibfeder, der gleichen vielleicht, die sich zu Beginn des ersten Prologs noch geweigert hatte, zu schreiben: „Para mí sola nació Don Quijote, y yo para él". Der Roman schließt mit einer Absichtserklärung, die bereits mehrfach ausgedrückt war: „poner en aborrecimiento de los hombres los libros de caballería" (DQ II/74:1138–1139).

Anders als in der *Lozana*, gibt es im *Don Quijote* keine erzählte Welt mehr, die letztlich nicht immer schon ein Text wäre. Da der 2. Teil zusätzlich einen – eben auch innerhalb des erzählten Universums erschienenen – ersten Teil berücksichtigt, durch den die folgenden Abenteuer in verschiedener Weise bedingt sind, verdoppelt sich die Vorgängigkeit einer Schrift vor der erzählten Welt. Der fiktive Herausgeber-Autor nimmt zwar noch die Funktion des Organisators und Spielleiters wahr, doch zu vermitteln gilt es nun nicht mehr zwischen Figuren, sondern zwischen Texten. War in der *Cárcel de amor* die Figur (Leriano) auf der Suche nach ihrem Autor (wie erst wieder bei Pirandello und Unamuno) und in der *Lozana* der Autor seinen Figuren auf der Spur, so sind im *Don Quijote* die Autoren hinter ihren Texten her. Das Bewußtsein der Textualität des Buches ist – mentalitätsgeschichtlich – zu Beginn des 17. Jahrhunderts offenbar auch schon so verfestigt, daß im *Don Quijote* konkrete Aufführungssituationen wie die berühmte Episode von Maese Pedros Puppentheater selbst als *mise en abyme* in die Haupthandlung eingelassen werden können. Die Inszenierung von Mündlichkeit mittels einer 'Intervention des Autors' in *Cárcel de amor* und *Lozana andaluza* ist durch die Komplexität der Selbstrepräsentationen im *Don Quijote* in einen neuen Horizont gestellt, in dem sie beinahe nur noch ironisch scheinen will.

Repräsentationen von AUTOREN und TEXTEN sind dabei jedoch zugleich von einer Instabilität gezeichnet, die typischer für das *mouvance*-Modell ist, einer *mouvance* jedoch, die, paradox formuliert, unter den Bedingungen von Textualität stattfindet: Geschichtsschreiber, Geschichtenschreiber und Herausgeber reichen sich die Schreibfeder; autobiographische Berichte verwandeln sich zwischen Teil I und Teil II in Novellen, Manuskripte in gedruckte Bücher. Während die Figuren ihre eigene vervielfältigte Geschichte LESEN, berichtet der AUTOR-Erzähler, wie er selbst von seinen Figuren GELESEN WIRD. Gleichzeitig läßt sich allerdings auch eine Stimme vernehmen, die im Fluß der Verwandlungen mit auffälliger Insistenz die Verdammung der Ritterromane zur erklärten Absicht des Romans macht. Im Zentrum der Bewegung, durch die AUTOREN zu TEXTEN werden, verTEXTete Figuren sich selbst als TEXT LESEN bevor sie wiederum als gedruckte TEXTE vervielfältigt werden, scheint ein archimedischer Punkt zu ruhen, von dem eine sichere Realität zu erwarten ist, aus der heraus sich die Wechselspiele organisieren[255].

---

[255] Besonders die Frage nach der Existenz eines 'archimedischen Punktes' im *Quijote* hat sich als Katalysator der – nicht selten – ideologisch geprägten Forschungsbeiträge erwiesen. Drei Grundpositionen ließen sich, stellvertretend, hier unterscheiden. Der von Leo Spitzer be-

Durch die beständige Problematisierung von SCHREIBEN und LESEN und die teilweise damit einhergehende Pluralität von AUTOREN, TEXTEN und LESERN im *Quijote,* die in einer partiellen Selbsteinschließung des Romans gipfelt, ist nunmehr auch konkret der Aussage-TEXT ins Zentrum des Interesses gerückt. Zugleich ist mit der erstarkenden Position 'TEXT' (durch seine vielfachen LESER und AUTOREN) die Frage nach der AUTORschaft und damit die Interferenz AUTOR-als-TEXT, die als Intervention des Autors das Signum der inszenierten Mündlichkeit war, problematisch geworden. Wird der AUTOR als Instanz repräsentiert, die unabhängig von seinem TEXT besteht und ihn deshalb als sein PRODUKT betrachten kann, oder stellt der AUTOR keine transzendentalen Ansprüche seinem TEXT gegenüber? Welche Rolle spielen dabei die im *Don Quijote* zunehmenden LESER-Repräsentationen, die ihrerseits, im Vergleich zu den Vorgängern, die TEXTE – von der Welt bis zum Roman selbst – in den Mittelpunkt rücken? Inwiefern lassen sich die verschiedenartigen LESER-Repräsentationen als eine dem Rezipienten anempfohlene Lektüre des *Don Quijote* verstehen? Soll er nur am schlechten Vorbild Don Quijotes lernen oder kann er sich noch an die relativistischen Welt-LESER halten, was bedeuten würde: den Roman in seiner Sinnvielfalt als fiktionalen verstehen und sodann akzeptieren, daß auch jede Erzählung, wie der berühmte Helm des Mambrino, für jeden etwas anderes bedeutet? etc.

Die soeben formulierten Gesichtspunkte sind jedoch nur Einzelaspekte, die von der Beschreibung der Gesamtheit der Selbstrepräsentationen zu einer Situierung des Romans im Horizont der leitenden Fragestellung in Zusammenhang zu bringen sind. Die Analyse soll im folgenden die These plausibel machen, daß der *Don Quijote* – mit entsprechenden epistemologischen Konsequenzen – den Übergang vom *mouvance*-Modell zum transzendentalen Modell markiert, dabei aber an beiden teilhat. Die für das transzendentale Modell charakteristische Dis-

---

merkte „sprachliche Perspektivismus", der „Cervantes' Umgang mit der Handlung und mit ideologischen Themen ebenso wie in seiner Distanz zum Leser" kennzeichnet, wird durch die „Gegenwart eines Wesens, das dem Schwanken nicht unterworfen ist" relativiert (Spitzer 1969:54). El Saffar findet im *Don Quijote* einen selbstgenügsamen Roman, der für Cervantes jedoch mit einem in ihm „eingebauten" Autor denkbar war, der dann den Gesetzen seiner eigenen Fiktion unterliegen muß: „Clearly, for Cervantes, a work can appear to be a self-enclosed, self-sufficient entity only if it has an author built into it. But equally clearly, any built-in author must also be a character, and therefore fallible" (El Saffar 1975:139; s. auch Haley 1965:162). Spires radikalisiert in seiner poststrukturalistischen Lesart des Romans diese Tendenz zu einer 'panfiktionalistischen' Interpretation und kann nur noch – erwartungsgemäß – unendlich aufgeschobene Bedeutung feststellen. Alle Autoren sind „textual extensions of this narration. [...] conflicts of authority, created when subordinate speakers violate the boundary seperating them from the primary speaker, function as a textual strategy for directing attention to the arbitrary conventions of all fictional authority. [...] The fictionality of fiction is thus foregrounded [...]. For every apparent creative source there is a prior creative source. Final meaning, therefore, is always deferred to an infinite future of yet another reading" (Spires 1984:20,23). Die „fluyente realidad del estarse dando cuenta del propio existir, incluyendo en ello el estar escribiendo" im *Don Quijote* sieht, in freilich anderer Perspektive, Castro (1957:267-299, Zitat 270) als Zeichen der Verwandtschaft mit der arabischen Schrifttradition.

soziation der Räume PRODUKTION, TEXT, LEKTÜRE wird vor allem dadurch hervorgetrieben, daß TEXTE in ihrer Materialität in Erscheinung treten und sich zu einer Grenze verdichten, an der sich eine neue Raumstruktur gegenüber dem typischen *mouvance*-Modell ausdifferenziert. Es ist jedoch die gleiche an TEXTEN hervorgehobene Materialität, die Cervantes zu Darstellungsformen bringt, welche der analogistischen *episteme* zuzuordnen sind. Der Roman erscheint deshalb im Paradox einer 'inszenierten *mouvance* unter den Bedingungen reflektierter Textualität'. Drei zunächst außerliterarischen Faktoren, die bei Cervantes jedoch Eingang in den Roman gefunden haben, kommt dabei im komplexen Zusammenspiel eine entscheidende Bedeutung für den diskurshistorischen und den kommunikativen Wandel zu: die Erfindung des Buchdrucks, die weite Verbreitung der *primera parte* sowie die apokryphe Fortsetzung Avellanedas. Der Medienwechsel lenkt die Aufmerksamkeit auf die Materialität des Textes, dem gegenüber Produzent und Leser eine distanzierte Position einnehmen; verstärkt wird diese Bewegung durch Cervantes' Bemühen, seine Autorschaft gegen die von Avellaneda ausgehende Herausforderung zu behaupten; in den Selbstrepräsentationen äußert sich dies darin, daß sich ein symbolischer, jedoch nicht personal-konzipierter AUTOR allmählich 'hinter' dem Aussage-TEXT konturiert, dem auf der gegenüberliegenden Seite ein symbolischer LESER korrespondiert[256].

2.1.3.1 AUTOR-Position

Die Welt des *Don Quijote* ist eine der Dichter und Leser: Allenthalben schreiben oder erzählen Figuren nach allen Regeln der Poetik ihr Leben. Schon diese metadiegetischen AUTOREN, die Dirscherl (1982) als „Figuren mit auktorialer Funktion" beschreibt, sind Merkmale inszenierter Oralität, die die Selbstrepräsentationen im Umkreis der 'Autorintervention' flankieren, von der hier auszugehen ist. Auch Don Quijote müßte in der Selbstbestimmtheit seines Lebensentwurfs unter die ikonischen AUTOREN gerechnet werden[257], und Maese Pedros Puppenspiel wiederholt im *abyme* in einigen Aspekten die gesamte Anlage des Romans[258]. Allein fünf AUTOREN erklären sich für den Aussage-TEXT verantwortlich[259]. Sie illustrieren das Bedeutungsspektrum des Begriffs *autor* im späten

---

[256] Da unter der Perspektive der Selbstrepräsentation die ersten Kapitel des zweiten Teils noch zum ersten zu zählen sind und für die AUTOR-, TEXT- bzw. LESER-Repräsentationen die Werkgrenze zwischen beiden Teilen in unterschiedlichem Maße relevant ist, wird die Analyse im folgenden nicht generell in Teil I und II unterteilt.
[257] Vgl. Avalle-Arce/Riley (1973:47–59).
[258] S. u. Kap. 2.1.3.4.
[259] So Fernández Mosquera, der in seinem Aufsatz die wichtigsten bis dahin erschienenen Beiträge zur Erzählperspektive im *Don Quijote* aufarbeitet und zu folgender Einteilung kommt: „El autor de los 8 primeros capítulos, el Editor, el Traductor, Cide Hamete Benengeli y el Autor Definitivo" (1986:55). Ausgerechnet die Autorsignatur 'Cervantes' wurde nicht mitgezählt, vermutlich, weil sie nicht in das Schema der „autores ficticios" paßt; für den „Autor Definitivo", der „escondido en las páginas" (l.c. 62–65) den ganzen Text kon-

Mittelalter und in der frühen spanischen Neuzeit: Sie stellen sich als *scriptor*, *compilator*, *commentator* und *auctor*[260], als Erzähler, Chronisten, Kopisten, Schriftgelehrte und Schriftsteller dar, die Texte eher vorfinden als verfassen[261], wenngleich Cide Hametes Schreibfeder am Ende des Romans behauptet, daß alles nur eine Erfindung gewesen sei.

AUTOR-Indices: Prologus / 'yo' / segundo autor

Dem Verfasser des Prologs gelingt es in wenigen Zeilen, sich ins Zwielicht zweier Repräsentationstypen zu setzen. Zunächst gibt er sich als Urheber der Geschichte aus, *Don Quijote* sei seines Geistes ebenbürtiger Sohn: „seco, avellanado, antojadizo y lleno de pensamientos varios y nunca imaginados de otro alguno" (DQ I/*Prólogo*:11)[262]. Bald aber verbessert er sich und räumt ein, daß er nur sein Stiefvater sein könne (DQ I/*Prólogo*: 12). Denn als er einem Freund darüber klagt, daß er nicht in der Lage sei, das erhabene Thema des Ritterromans im angemessenen Stil zu behandeln, gibt er nebenbei zu erkennen, daß er das Sujet seiner Geschichte schon vorgefunden hat:

> yo determino que el señor don Quijote se quede sepultado en sus archivos en la Mancha, hasta que el cielo depare quien le adorne de tantas cosas como le faltan; porque yo me hallo incapaz de remediarlas, por mi insuficiencia y pocas letras (DQ I/*Prólogo*: 13–14)

Der Prologus verwandelt sich in eine Doppelgestalt von Schöpfer und Herausgeber (AUTOR-als-LESER)[263]. Der anfängliche Entwurf einer in sich selbst begründeten Imagination wird sofort aufgegeben, um PRODUKTIVEN TEXTEN, den „Archiven der Mancha", Platz zu machen (TEXT-als-AUTOR), die bereits von fremder Hand verfaßt sind. Mit dieser Konstellation, die signifikant von *Cárcel de amor* und *Lozana andaluza* abweicht, wo der AUTOR ja die Welt in einen TEXT verwandelt, ist ein Grundmuster vorgegeben, das in viel-

---

trolliert, wird hingegen in Rechnung zu stellen sein, daß er als symbolischer AUTOR gerade nicht individualisiert ist.

[260] Der *scriptor* schreibt nur Fremdes ab, ohne etwas hinzuzufügen (segundo autor im *Quijote*), während der *compilator* einem fremden Text fremde Texte an die Seite stellt (der Ich-Erzähler, der zu Beginn von den Archiven der Mancha berichtet); der *commentator* fügt dem Fremden Eigenes zur Erklärung bei (segundo autor), der *auctor* hingegen bedient sich des Fremden höchstens, um das Eigene zu bekräftigen (Schreibfeder Cide Hametes am Ende des Romans) (nach Bonaventura, zit. bei Illich 1991:112–113).

[261] Einer der Ansatzpunkte von El Saffars Studie (1975) ist die wechselnde Identität der Figuren zwischen Autoren und Lesern; Raible (1973) stellt für den *Quijote* eine kombinierte Leser-Autor-Typologie auf.

[262] Das 'Buch als Sohn' ist ein seit dem ausgehenden Mittelalter bekannter Topos (s. Cerquiglini-Toulet 1993:690–693 u. Moner 1989a:90). Er stellt sich in eine Reihe der Personalisierungen des Buches, die sich durch den ganzen Roman ziehen und auf die noch zu sprechen zu kommen ist.

[263] AUTOR-als-LESER entspricht weitgehend den sonst in der Forschung als „fiktive Autoren" bezeichneten Figuren (El Saffar 1975, Raible 1973:133–142); allerdings findet sich diese Interferenz, wie man sieht, schon im Prolog.

fältigen Variationen die AUTOR-Repräsentation des ersten Teils bestimmt. Die gleiche Relativierung voraussetzungsloser Kreativität kennzeichnet nämlich bereits das Verhältnis des 'yo' zum Prolog selbst. Im *double-bind* zwischen freiem Imaginationslauf und Pflichtgefühl gegenüber poetologischen Vorgaben verweigert sich die Schreibfeder und verfällt in eine Art katatonischer Starre:

> aunque me costó algún trabajo componerla [la novela], ninguno tuve por mayor que hacer esta prefación que vas leyendo. Muchas veces tomé la pluma para escribille, y muchas la dejé, por no saber lo que escribiría (DQ I/*Prólogo*:12)

Soll die Feder der Vorredentopik folgen oder darf sie frei schreiben? Der *horror vacui* des weißen Blattes entspringt noch nicht jener Angst des modernen Schriftstellers, der sich allein seiner Imagination ausgesetzt sieht[264] – der Prologus hat ja schon seine Geschichte –, sondern dem Widerstreit zwischen freiem Schreiben und den als sinnentleert empfundenen Stil-Imperativen der Gattung. Schließlich nimmt der Prologus Zuflucht zu einer dialogisierten Rede *über* das Schreiben[265]. Transzendentaler AUTOR und AUTOR-als-LESER befinden sich hier nicht im Widerstreit miteinander, denn die Autonomie des Dichters, die das eigentliche, ironisch hinter den Bescheidenheitsklauseln versteckte Thema des Prologs ist, wird nicht in der Gestalt eines transzendentalen PRODUZIERENS, sondern in der Befreiung von der Gattungspoetik eingeklagt. Aus diesem Grund ist für die ins Stocken geratene Schreibfeder das einfache (Weiter-)Schreiben, das doch von der Selbstmächtigkeit des AUTORS künden würde, keine Lösung. Dies wäre sozusagen der moderne Ausweg aus der Aporie. Nicht PRODUKTION an sich steht nämlich in Frage, sondern deren Form; AUTOR-Sein bedeutet, Material zu gestalten, das ohne weiteres auch aufgefunden (GELESEN) worden sein kann: in vorautonomer Epoche macht die Individualität des Autors seine Lesart der Welt aus.

Die gleiche Repräsentationsfigur (AUTOR wird AUTOR-als-LESER anderer TEXTE) beherrscht den Beginn der Geschichte. In Kap. I/1 hebt eine anonyme Stimme in einem mündlich anmutenden Erzählgestus an („En un lugar de la Mancha, de cuyo nombre no quiero acordarme [...]", DQ I/1:31), um sich bald, wie der Prologschreiber, auf vorgängige TEXTE zu berufen, an die es die eigentliche TEXTPRODUKTION delegiert („Autores hay que dicen", „lo que he hallado escrito en los anales de la Mancha", DQ I/2:42). Der Redner blickt nicht auf einen von ihm PRODUZIERTEN TEXT zurück, sondern macht sich zum Herausgeber (LESER) anderer TEXTE. Diese Position konsolidiert sich in der berühmten Puerto-Lápice-Episode, die Don Quijote im Ritterkampf mit dem Vizcaíno zeigt (Kap. I/8–9). Hier wird die gesamte bisherige Erzählung überra-

---

[264] Vgl. o. Kap.1.2.6.1.2.
[265] Cervantes ist nicht der erste Autor, der derart den Prolog für eine Stilkritik instrumentalisiert. In der Vorrede des *Conde Lucanor* findet sich eine ähnliche Passage: „Pero Dios sabe que [este libro] lo fizo [Juan Manuel] por entençión que se aprovechassen de lo que él diría las gentes que no fuessen muy letrados nin muy sabidores. Et por ende, fizo todos los sus libros en romançe, et esto es señal çierto que los fizo para los legos et de non muy grand saber commo lo él es" (CL 47).

schend als transkribiertes Manuskript ausgegeben: „Pero está el daño de todo esto" – räumt der Erzähler ein, als die Geschichte kurz vor dem Höhepunkt abbricht – „ que en este punto y termino deja pendiente el autor desta historia esta batalla, disculpándose que no halló más escrito, destas hazañas de don Quijote, de las que deja referidas" (DQ I/8:97). Ab Kap. I/9 bis zum Ende von Teil I sind es die Manuskripte des Cide Hamete, auf die sich der segundo autor beruft. In beiden Fällen wird die Position des PRODUZIERENS durch TEXTE besetzt – das Vor-Schriftliche, Imaginäre, dem TEXT Vorausgehende ist immer selbst schon als TEXT repräsentiert, und dessen Grenzen sind auch die des AUTORS, da er LESENDER ist: in Kap. I/8 bricht die Geschichte mit dem Ende des Manuskriptes ab und kann erst wieder aufgenommen werden, weitere Schriften gefunden werden. Gleiches gilt für das Ende von Teil I (DQ I/52:557).

Diese Figur der AUTOR- und TEXT-Repräsentation entspricht der dem *Don Quijote* gewöhnlich attestierten Absicht der Ritterroman-Parodie. Die Entzauberung der Quelle, in der Symbolik des Buches einst Garant der Wahrheit[266], findet jedoch nicht nur auf der Inhaltsebene statt, wenn der unzuverlässige Cide Hamete als Verfasser genannt wird, sie vollzieht sich auch in der unvermittelt hervorscheinenden *physis* des Zeichens: der Urtext ist fragmentarisch, er wird nicht vom Ende des Lebens, das er erzählt, begrenzt, sondern von den Zufällen der Überlieferung[267]. Die Profanisierung des Urtextes wird durch eine Repräsentationsverschiebung des Aussage-TEXTES hervorgebracht: was zunächst (Kap. I/1) freie, vielleicht mündliche Rede hätte sein können, ist plötzlich zum GESCHRIEBENEN TEXT, zur Schrift geronnen. Cervantes reflektiert also zugleich den Übergang von der oralen zur Schriftkultur[268] und gibt in diesem Zuge auch dem indexikalischen AUTOR einen neuen Namen: das 'yo' der womöglich mündlichen Rede des Romanbeginns verwandelt sich im Moment der aufgedeckten Schriftlichkeit in die Berufsbezeichnung „autor". Genauer gesagt, Cervantes reflektiert diesen Wandel nicht nur, sondern gibt in einer Art von Ironie, auf die noch zu sprechen zu kommen ist[269], zu erkennen, daß die mündliche Rede zu Beginn des Romans nur imitierte, d.h. *inszenierte* Oralität war. Im Buch ist die Erzählung immer schon schriftlich, und wenn sie dem Rezipienten als solche bisher nicht zu Bewußtsein kam, so kann er sich dieser Evidenz hier nicht mehr verschließen. Wie könnte der plötzliche Umschwung am Ende von Kap. I/8, wo die Erzählung in eine Art 'Forschungsbericht' der Textkritik umschlägt, noch unter Ausnutzung der Effekte der Mündlichkeit vorgetragen werden? Doch mehr noch: auch die sogenannten 'Archive', auf die sich der Erzähler

---

[266] Vgl. u. Kap. 2.1.5. – Rodríguez de Montalvos nutzt bekanntlich in seinem Prolog zum *Amadís* im Verweis auf die Quellenlage die wahrheitsbegründende Buchmetapher zur Legitimation seines Romans.
[267] Es ist bezeichnend, daß das Ende von Teil II hingegen eine *diegetische* Begründung hat: Don Quijote stirbt. Die Einheit und Ganzheit des Textes wird hier wieder hergestellt.
[268] Vgl. u. Kap. 2.1.5.
[269] S. hier und zu allen weiteren Verwendungen des Begriffs Ironie als Charakterisierung einer Sonderform indexikalischer Repräsentation u. Kap. 2.1.3.1 *Die Autorsignatur als ironischer Index* mit Fn. 305.

beruft, erscheinen spätestens in diesem Moment als nur fingierte, sie sind immer schon Teil des Romans. Kein Urtext verbürgt Wahrheit, und keine Welt wird mehr, wie in der *Lozana andaluza*, 'abgemalt'. Das Spiel mit der Vorstellung einer verbürgenden Schrift wird durch eine Reflexion auf die *Materialität* des TEXTES hervorgebracht und leistet unter diskursepistemologischem Gesichtspunkt im Gegenzug die Selbstverortung des Cervantesschen Romans diesseits des vorklassischen Analogiedenkens[270]. Doch eben diese repräsentierte Materialität des TEXTES ist es auch, die zugleich auf das Analogie-Denken der Renaissance zurückverweist. Die besagte Repräsentationsfigur muß deshalb weiter verfolgt werden, nicht nur mit Blick auf eine schon epistemologische Einordnung, sondern auf die Konsequenzen, die sich daraus für die Selbstrepräsentationen ergeben.

Wenn sich Prologus und stärker noch segundo autor in LESER von TEXTEN verwandeln, von denen sie selbst de-terminiert, d.h. begrenzt werden, stellt sich die Frage, ob diese Interferenzen in ihrem Negativ auf einen Raum verweisen, in dem die AUTOREN an sich noch nicht durch vorgängige TEXTE bestimmt waren, wo sie mehr hätten sein können als Herausgeber, wo sie ihre Imagination hätten frei entfalten können. Diesen Raum füllen Prologus und segundo autor durch Tätigkeiten aus, die sie gerade nicht als PRODUZENTEN auszeichnen: Der eine eröffnet mit seinem Freund einen Lehrdialog über das Dichten, der andere erzählt – anstatt zu fabulieren, nachdem die Quellen schon versiegt waren – die Suche nach weiteren Vorlagen. Zweimal bewegt sich der Erzähler: zwischen beiden Manuskriptteilen (DQ I/8:97–I/9:103) und zur Auffindung der Bleikassette (DQ I/52:557–558), die die Manuskripte für Teil II enthält. In diesen Interims-Phasen, den einzigen Passagen, die nicht durch vorgängige 'Quellen' abgesichert sind, sondern originäre Erzählung darstellen, ist der Erzähler aber gerade kein AUTOR, sondern eine Figur (TEXT) unter anderen. Andererseits schafft das willkürliche Zerreißen der erzählten Geschichte in Kap. I/8–9 einen Freiraum zwischen den TEXTEN, in dem sich in der Suche nach neuem Material die rhetorische und die produktionsästhetische Bedeutung von *inventio* verbindet[271]. Der segundo autor nimmt jedoch auch hier bestenfalls die Funktion des Organisators und Spielleiters wahr, wie der autor der *Cárcel de amor* oder – an manchen Stellen – der *Lozana andaluza*. Freilich vermittelt er nicht mehr zwischen Figuren (*Cárcel de amor*) oder zwischen Figuren und TEXT (*Lozana*), sondern allein zwischen TEXTEN. Während der autor der *Cárcel de amor* die *Welt* als TEXT LIEST (die Gefängnis-Allegorie, die Seelenwelt Laureolas) und

---

[270] „Il n'y a commentaire que si, au-dessous du langage qu'on lit et déchiffre, court la souveraineté d'un Texte primitif" – so charakterisiert Foucault (1966a:56) u.a. die Renaissance-*episteme*.

[271] Der Abbruch der Geschichte ist unter anderem auch deshalb willkürlich, weil der segundo autor seine Verlegenheit um weitere Texte nur vortäuscht. Er hatte sie schon gefunden: „[El segundo autor] no se desesperó de hallar el fin desta apacible historia, el cual, siéndole el cielo favorable, le *halló* del modo que se contará en la segunda parte" (DQ I/8:97; Hervorh. U.W.).

dem Helden beim Verfassen von Briefen hilft, wird in der *Lozana andaluza* die Welt schon unter der Hinsicht, daß sie ein TEXT werden soll, GELESEN und bereits der TEXT als PRODUKT des AUTORS eingeklagt. Die Vorrangstellung dieser AUTOREN gegenüber ihren TEXTEN rechtfertigt sich vor allem aus ihrer vorherigen Kenntnis der Geschichte im Moment des Erzählens. Wenn der segundo autor im *Don Quijote* nun ausschließlich schriftliche TEXTE verwaltet, Wirklichkeit also in einer sekundären Repräsentationsstufe, hat sich zwischen die Welt und ihren Erzähler unwiderruflich ein Blatt Papier geschoben, das in der *Cárcel* noch nicht existierte, in der *Lozana* transparent war und sich allmählich erst verdichtete. Noch sind die Figuren (TEXT) nicht auf der Suche nach ihrem Autor (AUTOR) wie in *Niebla* oder bei Pirandello, aber der AUTOR eilt auch nicht mehr schreibend den Figuren hinterher. Im *Quijote* ist der Erzählgegenstand je schon TEXT. Dem AUTOR-als-LESER, wie er bei San Pedro und Delicado konzipiert war, entsprechen im *Don Quijote* bisher nicht-personal konzipierte PRODUKTIVE TEXTE. Ursprüngliches PRODUZIEREN bleibt ein ironisches Versprechen. Wie ordnet sich nun der nächste AUTOR-Index, Cide Hamete, dessen Manuskripte ab Kap. I/9 die Funktion der PRODUKTIVEN Quellen übernehmen, in dieses Verhältnis ein?

Segundo autor / Cide Hamete in Teil I

Die Schriften, die der segundo autor in Toledo findet, sind in arabischer Sprache verfaßt und deshalb übersetzungsbedürftig; sie entstammen der Feder eines namentlich genannten AUTORS, der als Autorität des Geschichtsschreibers auftritt, wegen seiner Herkunft als „arábigo-manchego" aber zugleich als lügenhaft zu gelten hat (DQ I/9:101–102). Es bleibt ungeklärt, in welchem intertextuellen Verhältnis der segundo autor, der als Herausgeber letztlich die Verantwortung für die Gestaltung des Aussage-TEXTES trägt, zu diesen Vorlagen steht: Kopiert er, paraphrasiert er, oder ist kein einziges Wort der angeblich originalgetreu wiedergegebenen Geschichte verbürgt, da der zwischengeschaltete Übersetzer den ursprünglichen Text verändert haben könnte? In jedem Fall ist der Aussage-TEXT nicht mit den aufgefundenen Manuskripten identisch. Für den Rezipienten bleiben die Blätter also trotz Übersetzung in ihrer Gesamtheit *unlesbar*. Dies hat übrigens auch zur Konsequenz, daß die von Cide Hamete verfaßte '*Historia del ingenioso hidalgo Don Quijote de la Mancha*', die zu Beginn der *segunda parte* auf dem Markt ist, ein anderer TEXT ist, als der Aussage-TEXT, der für den Rezipienten der erste Teil des *Don Quijote* von Cervantes ist: genaugenommen ist sie nur ein TEXT-Ikon, weshalb sie fortan in Anführungsstriche gesetzt wird, um sie vom Aussage-TEXT zu unterscheiden.

Daß Cide Hamete als unwahrhaftiger Geschichtsschreiber den Typus des Dichters verkörpert, hat M. Gerhardt (1955:33–34) bereits zu bedenken gegeben[272]: Einerseits wird ihm Lügenhaftigkeit vorgeworfen (seit Hesiod, Pindar

---

[272] Vgl. a. Riley (1962:205–212).

und Platon[273]), andererseits ist er in aristotelischer Tradition dem Geschichtsschreiber überlegen, wenn er gemäß dem Wahrscheinlichkeitspostulat mögliche Wirklichkeit darstellt. Wenn die Schriften im öffentlichen Raum des Alcaná de Toledo aufgefunden, gewissermaßen 'von der Straße' aufgelesen werden, hat darüber hinaus auch das kollektive Gedächtnis an der PRODUKTION teil. Das Manuskript Cide Hametes ersetzt deshalb nicht nur einfachhin die Quellen, die dem bisherigen AUTOR als Legitimation eines Erzählens gedient haben, das sich nicht aus sich selbst heraus begründen konnte oder wollte. Mit der Ersetzung des anfänglichen Duos Ich-Erzähler / Archive der Mancha durch segundo autor / Cide Hamete verlagert sich die Gewichtung bei der TEXT-PRODUKTION vom AUTOR (segundo autor) hin zum nunmehr personalisierten PRODUKTIVEN TEXT, denn fortan wird das erzählende yo nichts Eigenes mehr berichten, d.h. nichts mehr PRODUZIEREN. Die Multiplizität der AUTOREN – Chronisten, kollektives Gedächtnis, das in den häufigen Wendungen wie „dicen que" zu Worte kommt – in Cide Hamete zusammenfließen zu lassen, wäre somit ein origineller Kommentar zur Methode der Ritterromanautoren, durch die der *Don Quijote* zu einem „kollektiven Werk" (Robert 1967:116) würde, das nicht im poetisch Idealen, sondern im historisch Möglichen (Riley 1962:223) wurzelte. Das Symbol des Buches als Wahrheitsgarant wäre so nicht nur säkularisiert, sondern hätte einen durchaus modernen, intertextuellen Verweisungshorizont.

Ein transzendentaler, nicht-interferentieller AUTOR aber existiert, wie es scheint, bislang nicht. Im zweiten Teil wird Cide Hamete allerdings 'mit einem Bein' aus seinem TEXT heraustreten müssen, um seine Kontrolle über ihn zu beweisen.

Prologus und Cide Hamete in Teil II: Entbindung aus der Interferenz

Bereits zu Beginn des zweiten Teils verschiebt sich die bisherige Konstellation. Der Prolog-AUTOR löst sich aus der Schreibstarre, in der er im ersten Teil befangen war, denn er hat sein Thema gefunden – den apokryphen *segundo tomo* Avellanedas:

> ¡Válame Dios, y con cuánta gana debes de estar esperando ahora, lector ilustre o quier plebeyo, este prólogo, creyendo hallar en él venganzas, riñas y vituperios del autor del segundo *Don Quijote*, digo, de aquel que dicen que se engendró en Tordesillas y nació en Tarragona!
> (DQ II/*Prólogo*: 573)

Nicht mehr poetologische Vorschriften sind es, die seiner Einbildungskraft Zügel anlegen, sondern deren Erfindungen selbst werden ihm gestohlen und entfremdet. Indem Cervantes im ersten Teil Cide Hamete zur Chiffre ursprünglicher dichterischer Produktion gemacht hat, war PRODUKTION zugleich an die Position TEXT delegiert. Mag dies auch als Parodie der wahrheitsbegründenden Buchmetapher geschehen sein, so hat dennoch die konkrete Verfahrensweise

---

[273] S. dazu Rösler (1983).

gemäß der vom diskursiven Feld vorgegebenen Möglichkeiten stattgefunden. Durch das Erscheinen Avellanedas hat nun die TEXT-Position in Gestalt jener Ur-Schrift, welcher der Prologus und die anderen Autoren ihre Schöpfung noch hatten anvertrauen können, ihre 'Unschuld' verloren und sich in Gestalt der apokryphen Version gegen den letzten Autor (Cervantes) gewendet. Mit der (Rück-)Besinnung des Prologschreibers auf Eigentum und Eigentümlichkeit seines *Quijote* ist das Thema des zweiten Teils vorgegeben. Die Interferenzen des AUTORS-als-LESER (Cide Hamete und segundo autor, im intertextuellen Spiel der aufgefundenen Quellen die *mouvance* inszenierend) und des PRODUKTIVEN TEXTES, die ein zwiespältiges Verhältnis zwischen AUTOR und TEXT im labilen Gleichgewicht aufrecht erhielten und hinter denen der 'wahre' AUTOR sich verstecken konnte, sind ein Luxus, den sich Cervantes nicht mehr leisten kann. Um *seinen* Quijote gegenüber Avellanedas *segundo tomo* zu behaupten, bedient sich Cervantes mehrerer Strategien, die, wie noch zu sehen ist, in ihrer Gesamtheit auf das transzendentale Modell bzw. die *episteme* der Repräsentation vorausweisen.

Im Zuge dieser Solidarisierung können zwei eng miteinander verbundene Umdisponierungen gesehen werden. Zum einen die Konstruktion des symbolischen AUTORS; sie ist, wie zu sehen sein wird, auf die Mithilfe eines symbolischen LESERS angewiesen, der dazu dient, Cide Hamete Avellaneda gegenüber zu identifizieren[274]. Zum anderen die Stärkung und Legitimierung Cide Hametes als Sinnhorizont und Vertreter des symbolischen AUTORS. Da die erste Bewegung in den Bereich der LESER-Repräsentationen gehört, soll an dieser Stelle vor allem die Konsolidierung Cide Hametes nachgezeichnet werden. Die stärkere Akzentuierung von AUTOR und LESER im zweiten Teil geht zwangsläufig auf Kosten der Position des TEXTES; umgekehrt führt die Symbolisierung des AUTORS dazu, daß diese Position allmählich aus ihren Interferenzen entbunden wird.

Die besagte Verschiebung beginnt bereits mit dem Prologschreiber. Er rückt als Autor aus der Mittelstellung zwischen SCHREIBEND und LESEND, die er im ersten Teil noch einnahm, heraus und betont seine Urheberschaft hinsichtlich Teil I und II, indem er, wie das o. S. 207 gegebene Zitat zeigt, dem angesprochenen Leser eine Reaktion auf die Existenz des Avellanedaschen *Quijote* unterstellt, die jener nur aufgrund eines bereits bestehenden Bildes des 'echten' AUTORS zeigen kann: „con cuánta gana debes de estar esperando ahora, lector ilustre o quier plebeyo, este prólogo, creyendo hallar en él venganzas, riñas y vituperios del autor del segundo *Don Quijote* [...]".

Cide Hamete nimmt im zweiten Teil zunächst nach wie vor seine Funktion als AUTOR-Index wahr[275]. Mit der Bekanntmachung der Publikation seines '*Don Quijote*' wird er, parallel zum Prolog-AUTOR, auch als AUTOR seines ersten

---

[274] S.u. Kap. 2.1.3.3 *Symbolische LESER-Repräsentation*.
[275] Z.B. „Cuenta Cide Hamete en la segunda parte desta historia [...]" (DQ II/1:579).

Teils ausgewiesen[276]. Nun ist jedoch die 'Historia del Ingenioso Caballero' Cide Hametes, die Sansón zu Beginn des zweiten Teils in Don Quijotes Dorf bringt, nicht identisch mit dem ersten Teil *Don Quijote*, von dem der Prolog-AUTOR spricht. Nicht, weil das eine ein reales und das andere ein fiktives Buch wäre, sondern weil zwei verschiedene AUTOREN angegeben werden. Der Prolog-AUTOR mag mit dem 'Cervantes' identifizierbar sein, dessen *Galatea* in Don Quijotes Bibliothek steht und der am Ende des Prologs seinen Lesern verspricht: „Olvídaseme decirte que esperes el *Persiles*, que ya estoy acabando, y la segunda parte de *Galatea*" (DQ II/*Prólogo*:577) – eine intimere Nähe zum realen Autor ist kaum möglich. Formal sind aber Prolog-AUTOR und Cide Hamete im zweiten Teil intratextuell repräsentierte AUTOREN ihres jeweiligen ersten Teils.

Es kann deshalb ohne weiteres im Prolog *und* im Haupttext (in der Diegese) der Einzug eines ersten Teils in einen zweiten stattfinden, nicht aber der diegetische Einzug des *zweiten* Teils in den zweiten. Sowenig wie die Lozana weiß sich Don Quijote – abermals im Gegensatz zu Augusto Pérez in *Niebla* – in dem Moment, da er sich als TEXT LESEN könnte, gleichzeitig als TEXT; beide sind nicht LESER ihrer selbst als TEXT, sie wissen nicht, daß ihre *einzige* Existenz ein Roman ist: TEXT ist kein ontologischer Status der Figur, sondern nur ein Aggregatzustand des Lebens, den man 'Lesbarkeit' nennen kann. Bei Cervantes wird die Möglichkeit, daß die Figuren in Wahrheit nur sprachliche Existenz haben, freilich angedeutet, jedoch nur indirekt, negativ, ironisch, etwa wenn Sansón auf Don Quijotes Frage, ob Cide Hamete einen zweiten Teil zu verfassen beabsichtige, antwortet: „Sí promete [...] pero dice que no la hallado ni sabe quién la tiene, y así, estamos en duda si saldrá o no" (DQ II/4:607) oder wenn Sancho zu bedenken gibt, daß der Autor der Geschichte doch gar nicht an ihren Abenteuern teilgenommen habe und es deshalb unerklärlich sei, wie er alles habe schreiben können (DQ II/2:595). Zwei Unwahrscheinlichkeiten weicht Cervantes also aus. So wenig wie Cide Hamete AUTOR eines bereits publizierten zweiten Teils ist, so wenig LESEN Don Quijote und Sancho den TEXT, in dem sie in diesem Moment auftreten, den TEXT, der sie in diesem Moment *sind*. Don Quijote ist sich niemals seiner gegenwärtigen Existenz als Buch bewußt (er LIEST sich nicht als TEXT), sondern nur seiner romanesken Zukunft (er weiß, daß Zauberer seine Geschichte aufschreiben) oder Vergangenheit (nachdem der erste Teil publiziert ist). Der Roman projiziert sich nicht diegetisch in sich selbst[277]. Die Frage, was dem Prologschreiber gegenüber Cide Hamete das Privi-

---

[276] Dies geschieht durch die Namensnennung (z.B. DQ II/2:595) oder indirekt in Don Quijotes Bedenken über die Wahrhaftigkeit der soeben erschienenen Geschichte: „[...] pero desconsolóle [a Don Quijote] pensar que su autor era moro [...] y de los moros no se podía esperar verdad alguna" (DQ II/3:597).

[277] Auch hier ist es gerade aus diskurshistorischer Sicht aufschlußreich, daß diese Disposition einer verhinderten Selbsteinschließung sich nicht nur dort vorfinden läßt, wo explizit Autorschaft thematisiert wird, sondern auch bei ikonischen AUTOR-Repräsentationen. Ginés de Pasamonte antwortet auf Don Quijotes Frage, ob die Biographie, die er schreibe, schon abgeschlossen sei: „– ¿Cómo puede estar acabado – respondió él –, si aún no está acabada mi vida?". Cervantes reflektiert hier zwar die unmögliche Synchronie von Leben und Schreiben, die Koextension beider wird jedoch nicht zum Paradoxon zugespitzt, denn Ginés hat

leg gestattet, ohne weiteres sowohl über den ersten als auch über den zweiten Teil zu sprechen, ist banal, wenn man den Prologus mit Cervantes selbst identifiziert, nicht aber, wenn er als AUTOR-Repräsentation betrachtet wird. In diesem Fall ist er in doppelter Hinsicht extradiegetisch: er nimmt nicht an der Geschichte teil, und der Prolog ist selbst als Paratext gekennzeichnet. Eben deshalb wird nicht reflektiert, daß auch er selbst eigentlich ein TEXT ist[278]. Cide Hamete ist die Erkenntnis, ein TEXT zu sein, versperrt, weil er selbst bisher abhängig von seinem TEXT repräsentiert war: der privilegierte Ort des Prologs steht ihm nicht zur Verfügung. Der Prolog behält damit zugleich eine hierarchische Vorrangstellung gegenüber dem Haupttext.

Wenn der Einzug des ersten Teils in den zweiten – auch – eine intratextuale Strategie war, die beiden Romanteile zusammenzuziehen[279], Cide Hamete diese Bewegung aber nicht nachvollziehen kann, muß er auf andere Weise zum Gravitationszentrum werden. Dies geschieht zunächst in einigen eigentümlichen Umwidmungen, die eher untergeschoben als in die Handlung integriert werden. Zunächst übernimmt er Funktion und PRODUKTIONS-Verantwortung einiger ikonischer AUTOREN aus Teil I: namentlich der „magos encantados", die Don Quijote für die Verfasser seiner Taten hielt, denn hinter ihnen verbirgt sich niemand anderes als Cide Hamete[280]; aber auch der anonyme Verfasser von *El curioso impertinente* oder der Erzähler der Geschichte des *Cautivo* werden – *en passant* – mit Cide Hamete identifiziert, einem Cide Hamete zumal, der sich als beredter Erzählstratege zu erkennen gibt[281]. Schließlich übernimmt Cide Hamete sogar rückwirkend den anonymen Ich-Erzähler aus Kap. I/1–8, der sich an den Ort in La Mancha nicht erinnern wollte[282]: „Este fin tuvo el Ingenioso Hidalgo

---

den Teil seines Lebens, der an dieser Stelle des *Don Quijote* stattfindet, noch gar nicht geschrieben: „Lo que está escrito de desde mi nacimiento hasta el punto que esta última vez me han echado en galeras" (DQ I/22:227). Auch Ginés ist also nicht zugleich der TEXT dessen AUTOR er ist.

[278] Vgl. im Gegensatz dazu etwa *Niebla*: Da beide Prolog-AUTOREN, Víctor Goti und 'Unamuno', auch im Haupttext auftreten, sind sie bereits im Prolog interferentiell als-TEXT repräsentiert.

[279] Die zweite Funktion ist natürlich eine Selbstkritik, die Sansón, Don Quijote und Sancho in den ersten Kapiteln des zweiten Teils in den Mund gelegt wird.

[280] Die Zauberer werden dadurch rückwirkend in AUTOR-Symbole verwandelt.

[281] „– Una de las tachas que ponen a la tal historia [i.e. el '*Don Quijote*' de Cide Hamete] – dijo el bachiller – es que su autor puso en ella una novela intitulada *El Curioso impertinente*" (DQ II/3:601). Später beklagt sich Hamete, daß er im ersten Teil habe eng an der Geschichte der beiden Helden bleiben müssen, „sin osar estenderse a otras digresiones y episodios más graves y más entretenidos", und fährt fort: „el si siempre atenido el entendimiento, la mano y la pluma a escribir de un solo sujeto y hablar por las bocas de pocas personas [es] un trabajo incomportable, cuyo fruto no [redunda] en el de su autor, y [...] por huir deste inconveniente había usado en la primera parte del artificio de algunas novelas, como fueron la del *Curioso impertinente* y la del *Capitán cautivo*" (DQ II/44:906–907).

[282] Cide Hamete wäre demnach schon der Verfasser von Teil I gewesen, bevor er überhaupt zum ersten Mal in Kap. I/8 erwähnt wird. Er würde dann sich selbst von dem fingierten 'yo' auf dem Alcaná de Toledo finden lassen. In einer solchen Deutung wäre aber nicht plausibel, wieso Cervantes nicht schon im ersten Teil aus dieser so kunstvollen Verwirrung mehr Kapital geschlagen hat. Für die Analyse bedeutet diese 'Inkongruenz', wie sie sich allein

de la Mancha, cuyo lugar no quiso poner Cide Hamete puntualmente [...]" (DQ II/74:1137). AUTOREN des ersten Teils solidarisieren sich in Cide Hamete zu einer Art indexikalischem AUTOR-Kartell. Doch dies ist noch nicht alles: auch die TEXTE des zweiten Teils gruppieren sich um ihn und verwandeln ihn in einen Deutungshorizont.

Seit der Veröffentlichung des 'Don Quijote' haben sich nämlich mindestens drei fragwürdige Fragmente unter seine Manuskripte gemischt: Sanchos Unterhaltung mit seiner Frau (Kap. II/5), die Montesinos-Episode, die segundo autor bzw. Cide Hamete für apokryph halten (Kap. II/24), schließlich ein ganzer apokrypher *Don Quijote*, der zunächst als Buchexemplar (Kap. II/59) erscheint und sich wenig später in der Figur Álvaro Tarfes materialisiert (Kap. II/72). In diesem Fall melden aber weder Cide Hamete noch der segundo autor Zweifel an, vielmehr machen die Figuren den Identitätsstreit unter sich aus. Die Einheit des Manuskriptes von Cide Hamete, die der kompilierende segundo autor als Rekonstruktion eines Ur-'*Don Quijote*' im ersten Teil noch erstellen konnte, ist gesprengt, und es kann nur noch aufgrund von Wahrscheinlichkeitsannahmen über die Authentizität der Schriften und die Identität der Helden geurteilt werden. Cide Hamete wird aus seinen Schriften allmählich herausgetrieben, die Einheit AUTOR-als-TEXT löst sich auf. Er kann nicht mehr mit seinem Namen für die Integrität des TEXTES einstehen, weil er mit ihm nicht mehr identisch ist. Es wird der Rezipient sein, der den AUTOR aus dem TEXT herauslesen muß.

Angesichts dieser komplexen 'Editionslage' geraten segundo autor und Cide Hamete zu Philologen. Hier wird ein typischer, durch den Buchdruck beförderter Einstellungswandel gegenüber Texten reflektiert: von der Schriftgelehrsamkeit, die noch die Rolle des segundo autor in Teil I bestimmte, zur Textkritik[283]. Durch seinen Sprachstil definiert[284] rückt Cide Hamete damit in die Nähe des symbolisch repräsentierten Prolog-AUTORS ('Cervantes'), bleibt aber eine Funktion dessen, weil er selbst bisweilen textkritische Einlassungen äußert, etwa seine Diskussion über die Montesinos-Episode. Cide Hamete muß dabei allerdings eine nachgerade akrobatische Figur einnehmen: Er ist koextensiv mit seiner Geschichte, aber gezwungen, Unwahrscheinlichkeiten in seiner eigenen Geschichte zuzugeben: „[...] y si esta aventura [de la cueva de Montesinos] parece apócrifa, yo no tengo la culpa; [...] puesto que se tiene por cierto que al tiempo de su [i.e. de Don Quijote] fin y muerte dicen que se retrató della [i.e. de la aventura]" (DQ II/24:762). Es ist bezeichnend für seinen allmählichen Austritt

---

aus moderner Sicht darstellt, kein *Problem*. Wie alle anderen Selbstrepräsentationen ist die Möglichkeit dieser Verschiebung selbst schon aussagekräftig. Die Inkongruenz erscheint allein, wenn eine genetische gegen eine strukturell argumentierende Interpretation ausgespielt wird. Diesem Widerstreit kann man sich entziehen, wenn man die Übernahme des 'yo' aus Kap. I/1–8 durch Cide Hamete in die allgemeine Verschiebung integriert, die hier beschreiben wird, nämlich vom indexikalischen zum symbolischen AUTOR. Zu dem dabei offenbar zugrundeliegenden flexiblen TEXT-Begriff vgl. Kap. 2.1.3.2 *TEXT-Ikons und Indices*.

[283] Vgl. Müller (1988:214–215).
[284] Das Zuschreibungskriterium des 'echten' (Cervantesschen) *Don Quijote* ist letztlich allein der Sprachstil der Figuren; vgl. u. Kap. 2.1.3.3. *Symbolische LESER-Repräsentation*.

aus der Interferenz mit dem TEXT, daß Cide Hamete seinen Zweifel an der Montesinos-Episode nicht in den Schrifttext selbst integriert, sondern in einer Glosse am Rande formuliert[285]. Der Text verselbständigt sich[286], wie schon der erste Teil, der einen apokryphen Nachfolger gefunden hatte. Aus der Interferenz AUTOR-als-TEXT sich lösend, nähert sich Cide Hamete zugleich der genuinen AUTOR-Position an: Er kontrolliert im zweiten Teil zunehmend den Lauf der Ereignisse, wird allwissend und deckt Inszenierungen auf, die der Rezipient aus seiner Position selbst nicht überblickt. Er macht sich sowohl als Deutungshorizont, an dem apokryphe und echte Schrift unterscheidbar werden, als auch als narrative Organisationsinstanz unentbehrlich[287]. Als AUTOR-Index wird er, wie Don Quijote und Sancho, zum Zeichen eines symbolischen AUTORS (letztlich Cervantes bzw., im Repräsentationsraum, 'Cervantes'). Cide Hamete wird sein Stellvertreter innerhalb der fiktiven Welt, und der segundo autor öffnet dem Rezipienten eine Perspektive, diesen aus der Erzählung herauszulesen[288]. Eine abschließende Verdichtung erfährt der symbolische AUTOR in der berühmten Schlußkadenz in dem Bild der Schreibfeder, wo er – beinahe – als transzendentaler AUTOR repräsentiert wird:

> Para mí [i.e. la pluma de Cide Hamete] sola nació Don Quijote, y yo para él; él supo obrar y yo escribir; solos los dos somos para en uno, a despecho y pesar del escritor fingido y tordesillesco que se atrevió, o se ha de atrever, a escribir con pluma de avestruz grosera y mal deliñada las hazañas de mi valeroso caballero, porque no es carga de sus hombros ni asunto de su resfriado ingenio (DQ II/74:1138)

Die häufig zitierte Passage wurde in der Kritik als Ausdruck künstlerischer Autonomie herausgestellt[289]. Doch ist zu bedenken, daß hier erstens die Schreibfeder spricht, und auch nur die Cide Hametes, und daß zweitens die Einheit („solos los dos somos para en uno") sich nicht auf den Zusammenzug von SCHREIBEN und TEXT oder Schriftsteller und Imagination bezieht. Beide Bereiche werden ja gerade getrennt: Don Quijote handelt („el supo obrar [...]") und die Feder

---

[285] „Dice el que tradujo esta grande historia del original, de la que escribió su primer autor Cide Hamete Benengeli, que llegando al capítulo de la aventura de la cueva de Montesinos, en el margen dél estaban escritas de mano del mesmo Hamete estas mismas razones: [...]" (DQ II/24:761).

[286] In Kap. II/44 wird das Manuskript, das bisher nur dem segundo autor vorgelegen hatte, als allgemein bekannt ausgegeben: „*Dicen que* en el propio original desta historia se lee que llegando Cide Hamete a escribir este capítulo [...]" (DQ II/44:906, Hervorh. U.W.).

[287] S. dazu ausführlich El Saffar (1975); wie sie in ihrer Studie zeigt, behält Cide Hamete selbst bei scheinbaren Kontrollverlusten stets die Oberhand über das Geschehen: Er läßt Figuren – wie Maese Pedro, die Herzöge, den sprechenden Kopf in Barcelona – ihre Inszenierungen aufführen, erweist aber seine Herrschaft über das Geschehen im Aufdecken der Täuschungen, die den Spielen unterliegen. Delicado wendet in der *Lozana andaluza* ein ähnliches Verfahren an: das eingeschaltete mamotreto 17 soll zwar angeblich zum besseren Verständnis dienen („Información que interpone el autor para que se entienda mejor lo que adelante ha de seguir" heißt es im *argumento*), doch bringt es eher die Chronologie in Unordnung und präsentiert dabei den autor als Ordnungsinstanz der Geschichte.

[288] S. dazu Kap. 2.1.3.3 *Symbolische LESER-Repräsentation*.

[289] S. stellvertretend Spitzer (1969:80).

schreibt („[...] y yo escribir"). Vielmehr repräsentiert sich der AUTOR in der Szene formal als LESER von Quijotes Taten und nicht als transzendentaler AUTOR. Die Solidarität zwischen der Schreibfeder und dem Helden schafft vielmehr eine Abgrenzung gegen Avelleneda, denn sogleich heißt es: „[...] a despecho y pesar del escritor fingido y tordesillesco que [...]"[290]. Der Originalität beanspruchende, transzendentale, symbolische AUTOR bleibt in der Interferenz als-LESER versteckt; der Autorenstolz manifestiert sich nicht im Genie, sondern im Anspruch, der beste Panegyriker seines – freilich erfundenen – Helden zu sein. So ist es nicht nur die erneut in Figuren-Rang erhobene Schreibfeder, die an die allerersten Sätze des *Don Quijote* erinnert, sondern auch das Thema: zwischen selbstmächtigem SCHREIBEN und Zwang der Poetik war sie in Starre verfallen; nun hat sie GESCHRIEBEN, aber „colgada desta espetera y deste hilo de alambre" (DQ II/74:1138) pendelt sie zwischen selbstgenügsamer Intransitivität und Mimesis.

Die Autorsignatur als ironischer Index

Daß die letzte zu analysierende Form der AUTOR-Indices, nämlich die sporadisch auftretende Autorsignatur 'Cervantes', nicht wie in *Niebla* als Epiphanie in Erscheinung tritt, läßt sich auf die Kluft zwischen ihrer nominellen Bedeutung und ihrer funktionalen Position zurückführen. 'Cervantes' wird zwar als AUTOR der *Galatea* (DQ I/6:80) und der *Numancia* (DQ I/48:523) und vielleicht im Soldaten Saavedra genannt (DQ I/40:437), nicht aber als AUTOR eines '*Don Quijote*' bezeichneten TEXTES, zumal nicht jenes '*Don Quijote*', der im zweiten Teil in Druck gegangen ist. Der stärkste AUTOR-Index ist also nur ein AUTOR ikonischer TEXTE. Nachdem 'Cervantes' schon ferne Nebenfigur der Geschichte ist, muß man sich fragen, wieso nicht er, sondern Cide Hamete und ein „cristiano" (DQ II/3:598) als AUTOREN des im zweiten Teil erscheinenden '*Don Quijote*' auftreten. Man erkennt hier die sorgsame Trennung des Außersemiotischen vom Semiotischen, des Realen (Autor, Werk) von seinen Repräsentationen im Text: eine weitere verhinderte Selbsteinschließung. So wenig irgendein personaler AUTOR für den ganzen Aussage-TEXT aufkommt, so wenig auch gerade 'Cervantes'. An der Position der Autorsignatur, die vom Titelblatt her mit dem Aussage-TEXT in engster Verbindung steht, zeigt sich besonders deutlich, welche Paradoxien einzuführen Cervantes offensichtlich bereit war und welche nicht mehr.

Ein paralleler Fall im *Quijote* mag dies kontrastiv verdeutlichen. Auch der apokryphe *Don Quijote* wird mitsamt seinem Autor *genannt*, und zudem tritt in Álvaro Tarfe eine seiner Figuren in Cervantes' *Don Quijote* auf. Gewiß: Avellanedas Fortsetzung ist selbst ein Roman, Álvaro Tarfes Versetzung von einem abgeschlossenen Text in einen anderen gleicht deshalb formal dem Erscheinen von Teil I in Teil II. Gerade hier erweist sich aber die Tatsache, daß Cide Hame-

---

[290] Vgl. Kap. 2.1.3.3.

te und nicht 'Cervantes' als AUTOR des *'Quijote'* apostrophiert wird, als bedeutsam: 'Realität' und 'Fiktion' gehen eben nicht bis zur Unkenntlichkeit ineinander über – die Fiktivierung des realen Avellaneda mittels einer Figur aus dessen Roman kann immer noch Ausdruck von poetischer Verachtung und Verdikt der Verbannung sein[291]. 'Cervantes' ist als guter Bekannter des Pfarrers und Kriegskamerad (TEXT), als bio-bibliographischer AUTOR Zeitgenosse und -zeuge seiner Geschichte – oder umgekehrt: er schließt die Geschichte mit seiner Gegenwart kurz; den 'Joker' einer absoluten Vormachtstellung als AUTOR des Aussage-TEXTES spielt er nicht aus. Indem die Autorsignatur 'Cervantes' so auf der figurativen Ebene negiert, was sie auf literaler Ebene affirmiert – 'Cervantes' ist der Name des realen Autors, seine diegetische Präsenz ist aber nicht die des Aussage-TEXT-AUTORS – kann sie auch *ironischer* Index genannt werden[292]. Die Autorsignatur ist ebensowenig AUTOR des Aussage-TEXTES, wie die Titelsignatur (Cide Hametes *'Don Quijote'*) den Aussage-TEXT meint. Dieser Aussparung einer direkten Aussage-TEXT-Repräsentation korrespondieren weitere ironische Indices und eine Allegorisierung der Materialität des TEXTES, die nun beide ausgehend von der Analyse der TEXT-Repräsentationen dargestellt werden können.

2.1.3.2 TEXT-Position

Schon von der AUTOR-Perspektive aus konnte nicht unbemerkt bleiben, daß nicht nur AUTOREN, sondern auch TEXTE im Überfluß das Geschehen bevölkern: verwitterte Manuskripte und frisch gedruckte Bücher, Annalen, Chroniken, authentische Biographien und fiktionale Erzählungen. Die Engführung von AUTOR und TEXT im *Don Quijote* brachte es vielmehr mit sich, daß TEXT-Repräsentationen – und dies ist schon signifikant für das Maß an Interferentialität in diesem Roman – in nicht unerheblichem Maße bei der Analyse der AUTOR-Repräsentationen mitberücksichtigt werden mußten. Aus der Perspektive der TEXT-Position betrachtet, erscheinen freilich andere Dispositionen des Selbstrepräsentationsdiskurses als relevant: die Allegorisierung der Materialität des Zeichens, die Schrift (TEXT) als 'proteisches Wesen' und als Aggregatzustand 'Lesbarkeit' von Biographie und Welt, mit der auch das Kosubstantialitätsprinzip von Figur und Buch sowie umgekehrt die Anthropomorphisierung des Buches einhergeht.

---

[291] Riley (1962:219) führt die im Zuge der Polemik unterstellte ontologische Differenz zwischen Cervantes' und Avellanedas Figuren darauf zurück, daß die einen 'mehr existieren' als die anderen, weil sie poetisch 'wahrer' sind.
[292] S. zu dieser Definition von Ironie u. Fn. 305.

TEXT-Ikons und Indices: Aggregatzustände der lesbaren Welt

Die Analyse der AUTOR-Repräsentationen zeigte, daß TEXTE ihre Erscheinungsweisen und Existenzformen als Objekte der Repräsentation offenbar ohne weiteres verändern können: ein Ereignisbericht in Teil I wird in Teil II als eingeschobene Novelle deklariert, die Erzählung eines anonymen Ich wird zur *Historia* Cide Hametes etc. Im Laufe der knapp 1150 Seiten des *Don Quijote* wechseln AUTOREN und TEXTE Namen, Status oder Identität und offenbaren eine fundamentale Instablität als Repräsentationsobjekte. Aus diskurshistorischer Sicht drängt sich nun die Frage nach möglichen Gesetzmäßigkeiten oder Wandlungsfiguren auf.

Kap. I/1–8 ist eine Erzählung in der Tradition oraler Darbietung, die sich unbestimmt auf gewisse „Archive der Mancha" (TEXT-Ikons) stützt. Der Erzähler hat Quellen konsultiert, hält es aber nicht für nötig zu klären, in welchem 'intertextuellen' Verhältnis seine anfänglichen Rede zu ihnen steht. Inmitten der Vizcaíno-Episode wird der unendliche Erzähltext durch abrupten Verweis auf seine endliche Materialiät (die Quellen versiegen) unversehens zum Fragment und zugleich als schriftlicher TEXT ausgegeben. Auf die Funktion des Materialitätsverweises wird noch einzugehen sein. Zunächst kann dieses Verwandlungsmuster weiter verfolgt werden. Die Veröffentlichung des '*Don Quijote*' zu Beginn des zweiten Teils folgt dem gleichen Verfahren: im ersten Teil hat er noch nicht als bereits abgeschlossenes Buch existiert, nach der Drucklegung wird er im zweiten Teil unversehens zu einer LESBAREN Ganzheit. Es bleibt jedoch fraglich, ob der Aussage-TEXT von Teil I mit dem gerade gedruckten Buch Cide Hametes identisch ist: für Don Quijote ist letzteres ein Ritterroman (DQ II/3:597), für Sansón Carrasco ein Roman Cide Hametes, für manchen Rezipienten des zweiten Teils vielleicht der erste Teil von Cervantes. Genau genommen, ist es jedoch unmöglich, die Beteiligungsverhältnisse der jeweiligen AUTOREN an der PRODUKTION dessen zu bestimmen, was mit einem Mal als Cide Hametes Roman gehandelt wird. Diese Unmöglichkeit korrespondiert der Auslassung der Repräsentation der konkreten PRODUKTIONS-Phase von Teil I überhaupt. Man sieht die AUTOREN nicht wirklich bei der Arbeit. TEXTE – so lassen diese Beispiele vermuten – scheinen wie die AUTOREN proteische Wesen zu sein, die ihre Verwandlung selbst betreiben[293].

Diese Auslassungsfigur bleibt nicht beschränkt auf die Fälle, in denen das gespannte Verhältnis zwischen segundo autor und Cide Hamete reflektiert wird. In der Tat findet sie sich ebenfalls in den eingeschobenen Novellen. So ist in Teil I die Erzählung des *cautivo* (Kap. I/39–41) ein TEXT, der zwar poetisch durchgestaltet ist, jedoch als erzählter und authentischer Lebensbericht sich bruchlos in die Handlung fügt: Pérez de Viedma ist nur eine Figur, die ein autobiographisches Ereignis berichtet. Ähnliches gilt für den *Curioso impertinente* (Kap. I/33–

---

[293] Dirscherl (1982:36) sieht diese Verwandlungsfreudigkeit (hier vor allem der AUTOREN) im *Quijote* in Zusammenhang mit der barocken Beliebtheit des Proteus-Mythos.

35), der zwar in Teil I immerhin schon als handschriftliche Erzählung in der *venta* aufgefunden und als Schrift-TEXT repräsentiert wird („ocho pliegos escritos de mano", DQ I/32:352), nicht aber unter der AUTORschaft von Cide Hamete. In Teil II werden beide, wie gesagt, als Novellen des Cide Hamete ausgegeben (DQ II/3:601; II/44:906). Der besondere diskurshistorische Aussagewert des letzten Beispiels liegt darin, daß die Verwandlung nach dem gleichen Prinzip vor sich geht, obwohl sie vorrangig wohl eine pragmatische Funktion hat, nämlich eine Entschuldigung für den Überschuß an Novellen im ersten Teil bzw., wie sich aus dem letzten Abschnitt ergab, eine Konsolidierung der AUTOR-Position Cide Hametes.

Angedeutet ist die beschriebene Auslassungsfigur schließlich bei ikonischen TEXTEN, wie die Episode mit Ginés de Pasamonte zeigt: Er tritt als Verfasser einer bisher unabgeschlossenen Autobiographie auf, die es gewissermaßen im Lebensvollzug zu vollenden gilt:

– ¿Y cómo se intitula el libro? – preguntó don Quijote.
– La vida de Ginés de Pasamonte – respondió el mismo.
– ¿Y está acabado? – preguntó don Quijote.
– ¿Cómo puede estar acabado – respondió él –, si aún no está acabada mi vida? Lo que está escrito es desde mi nacimiento hasta el punto que esta última vez me han echado en galeras.
(DQ I/22:227)

Das nämliche Prinzip beherrscht noch Don Quijotes Überzeugung, Zauberer zeichneten sein Leben auf, denn in der Tat liegt bald sein Leben als Buch vor. TEXTE, die entweder für den Rezipienten unlesbar bleiben (Cide Hametes Manuskripte), als mündlicher Bericht bestehen (der Erzähler in Kap. I/1–8, die Geschichte des *cautivo*) oder als *vita* der Figuren erscheinen, nehmen rückwirkend unterschiedslos die Gestalt LESBARER TEXTE an. Der Einzug von Teil I in die fiktive Welt des zweiten Teils scheint dann eher eine weitere Variante dieses Prinzips zu sein als eine *mise en abyme paradoxale*[294]. Den Raum *zwischen* TEXT-Versionen, d.h. zwischen jenen, die als Vorlagen für weitere TEXTE repräsentiert werden (den „Archiven der Mancha", den Manuskripten des Cide Hamete, Pasamontes Leben) und ihrer erneuten Repräsentation als bereits bearbeitete, abgeschlossene TEXTE (Kap. I/1–8, der ganze '*Don Quijote*', Pasamontes Autobiographie) – dieser Raum bleibt in einer Grauzone, in der AUTOREN arbeiten, ohne daß zu erfahren wäre, wie sie PRODUZIEREN: Die Verwandlung der Welt, des nur Erzählten oder GELESENEN in LESBARE TEXTE, die die angeblichen AUTOREN eigentlich erst zu AUTOREN macht, wird – mit signifikanten Ausnahmen, auf die noch einzugehen ist – vielmehr einem der Schrift (dem TEXT mithin) offenbar selbst innewohnenden Vermögen überlassen.

---

[294] So die schon genannten Bewertungen von Dällenbach (1977:218), Foucault (1966:62) oder auch Scarano (1986:132) u.a.; ebenso wenig treten deshalb die Figuren, wenn sie zu Beginn des zweiten Teils über den ersten sprechen, direkt in die „Kontaktebene zum Rezipienten" (Bubnova 1990:571) ein. Auf einen weiteren Grund dafür, daß es sich beim Einzug von Teil I in Teil II nicht um eine solche *mise en abyme* handelt, wird weiter unten eingegangen.

Man kann noch einen Schritt weitergehen. Denn es bleibt nicht nur der jeweilige Raum *zwischen* Vorlage-TEXT und abgeschlossenem TEXT dunkel, diese TEXTE selbst werden in den seltensten Fällen zu dem, was der Rezipient als Romanaussage lesen könnte. Dieser kann zwar *Don Quijote* Teil I lesen, aber weder die Hameteschen Schriften, aus denen Teil I angeblich hervorgegangen ist, noch das, was in Teil II als '*Historia de Don Quijote*' gehandelt wird. Er kennt weder das 'Leben' Ginés de Pasamontes noch dessen Formulierung in seiner Autobiographie: Der einzige LESBARE Lebensabschnitt ist ausgerechnet der Auftritt Pasamontes im *Don Quijote* – den aber SCHREIBT Ginés gerade nicht bzw. hat ihn noch nicht GESCHRIEBEN. Mit Ausnahme derjenigen TEXTE, die explizit als solche dem Rezipienten vorgelegt werden (die eingefügten Erzählungen, Kap. II/5) gelangen repräsentierte TEXTE merkwürdigerweise nicht, jedenfalls nicht eindeutig oder vollständig, an die Oberfläche der Romanaussage, womit sie für den Rezipienten unlesbar bleiben. Es besteht eine strikte Trennung zwischen Aussage-TEXT und (ikonischen) TEXTEN, die in der Diegese für die Figuren LESBAR sind. Von der Autobiographie Ginés de Pasamontes bis zu Hametes '*Don Quijote*' handelt es sich deshalb genaugenommen um TEXT-*Ikons*. Es ist hier wichtig festzuhalten, daß der äußerste Rahmen, nämlich der Aussage-TEXT, dabei weitgehend von der Repräsentation – und d.h. auch der Reflexion – ausgeschlossen bleibt.

Welches Konzept von 'Buch' läßt sich nun daraus ablesen? Die Bedingung dafür, daß das 'schiere Leben' oder das mündliche Erzählen unvermittelt als eine lesbare Geschichte repräsentiert werden können, ist die mediale Kompatibilität bzw. die unterstellte Übersetzbarkeit von Wirklichkeit und Sprache: In der Aussage des Romans ist die Welt ja immer schon Sprache, weshalb auch alles Gesagte ohne weiteres *als* Schrift-TEXT repräsentiert werden kann. Umgekehrt bleiben bei dieser Metamorphose aber bestimmte Aspekte der Textualität des TEXTES beinahe notwendigerweise unrepräsentiert, d.h. in diesem Falle außerhalb des metaliterarischen Reflexionshorizontes: Die nominalistische Frage, ob die zu Schrift erstarrte erzählte Welt wirklich restlos in der Erzählung, zu der sie geworden ist, aufgeht, ob Sprache das Leben einfangen kann, oder umgekehrt, ob nicht das Erzählte oder Gelebte 'in Wahrheit nur ein Text ist' (nämlich der Aussage-TEXT), der einem anderen Code gehorcht und auch ganz anders sein könnte, weil er poetisch-gemacht ist – diese Frage wird nicht aufgeworfen.

Gleiches läßt sich von den Bezeichnungsaporien behaupten, in die der Erzähler im zweiten Teil zunehmend gerät, wenn er unschlüssig ist, ob der adäquate Ausdruck „carro o carreta" (DQ II/11:653), „castillo o casa" (DQ II/18:707) ist. Diese Zweifelsfälle zeugen nicht von einer erzählerischen Darstellungskrise, die angesichts einer prinzipiellen Undarstellbarkeit einer jenseits der Sprache bestehenden Welt durch Sprache ausbricht, sondern von verschiedenen Auffassungen einer Wirklichkeit, die selbst aber einen adäquaten Ausdruck in der Sprache finden kann. Die genannten Begriffsalternativen werden ja nicht als mögliche Alternativen einer *auktorialen dispositio* reflektiert, durch die die diegetische Welt überhaupt erst sprachlich erschaffen wird. Es mag zwar Unklarheit über den jeweiligen Referenten bestehen, den die verschiedenen Ausdrücke bezeichnen sollen, nicht jedoch darüber, daß überhaupt über 'etwas' gesprochen wird, eine Entität, die nicht erst mit dem Nennen zur (sprachlichen) Existenz gebracht wird. Die Erkenntniskritik des „Perspektivismus" ist deshalb weniger nominalistisch geprägt, als vielmehr eine Wahrnehmungskrise, d.h. sie entspringt weniger der AUTOR- als vielmehr der LESE-Perspektive[295].

Im Gegensatz zu seinen Vorgängern stellt Cervantes sozusagen eine moderne Frage, beantwortet sie aber nicht modern. Das Erzählte wandelt sich in seiner physischen Erscheinungsweise auf der Signifikantenebene, bleibt aber auf der Signifikatsebene immer eine Ganzheit. TEXT wird eher als Einheit in seiner wandelbaren Materialität als in seiner radikalen Poetizität oder Sprachlichkeit repräsentiert, weniger als *poesis* eines Urheber-AUTORS als vielmehr in seiner Substantialität. Wo das Erzählte als Aggregatzustand der LESBAREN und GESCHRIEBENEN Welt reflektiert wird, wird es selbst nicht als TEXT repräsentiert. Auch von dieser Seite aus gesehen kann deshalb nur mit Einschränkung gesagt werden, daß der Roman nach Art der *mise en abyme paradoxale* 'sich selbst 'enthält'. Vielmehr reiht sich Cide Hametes *'Don Quijote'* in den Anfangskapiteln des zweiten Teils zwanglos in die Galerie der Bücher ein, die sich in des Ritters Hausbibliothek befunden haben, überspitzt gesagt: er ist ein Roman mehr, über den gesprochen wird.

Es fällt nicht schwer, die Repräsentation des TEXTES als eine Art Wesen, das seine Gestalt verändert oder als ein zwischenzeitlicher Aggregatzustand, in dem die Welt zur Schrift geronnen ist, in einem noch weiteren Rahmen zu fassen, wenn man die einzelnen Repräsentationen in einen Interpretationszusammenhang stellt. Aus der mündlichen Ich-Erzählung (Kap. I/1) wird durch die Intervention des segundo autor (Kap. I/8–9) ein schriftlicher TEXT, der selbst wiederum zwischenzeitlich auf die erzählte Welt hin transparent gewesen ist, wenn er in Kap. II/2–4 abermals zur LESBAREN Schrift erstarrt ist. Dies gilt noch für das Heldengespann: Ihre Taten stehen auf dem Boden von TEXTEN (in Teil I die Ritterbücher, in Teil II Cide Hametes Werk) und geraten unter den Händen der „sabios encantados" (Teil I) bzw. Cide Hametes (Teil II) wieder zu TEXTEN. Ginés de Pasamonte lebt nicht nur auf die Vollendung seiner Autobiographie hin, sondern *zwischen* zwei TEXTEN, dem schon verfaßten und dem noch nicht verfaßten Teil. Der nämlichen Dramaturgie ist noch die Einführung der apokryphen Schrift Avellanedas im *Don Quijote* unterworfen: Don Quijote hört im Nachbarzimmer aus ihm vorlesen (Kap. II/59; ikonischer TEXT), sieht ihn in der Druckerei (Kap. II/62), dann erst trifft er den seinem Roman entflohenen Álvaro Tarfes (Kap. II/72), in dessen Gestalt dieser Roman zur greifbaren Wirklichkeit wird; Álvaro Tarfe kann freilich nicht mehr in seinen angestammten Roman zurückkehren, sondern bleibt ein für alle Mal in des *Don Quijote* zweiten Teil

---

[295] Es geht hier noch nicht um das 'creation-description-paradox'. Vgl. dazu kontrastiv den radikal nominalistischen Roman *Fragmentos de apocalipsis*: „he nombrado la torre, y ahí está. Ahora, si nombro la ciudad, ahí estará también." (FA 15), sagt dort der autor; vgl. dazu noch einmal Kap. 2.1.3.3.

begraben. Das Leben der Figuren ist eine potentielle Erzählung (TEXT), die lesbar wird, ohne je explizit geschrieben zu werden.

Die Dominanz dieses Prinzips übersteigt den nur parodistischen Charakter, den man vermuten könnte. Wenn all die erwähnten Schriften, Erzählungen und Bücher die Regale einer virtuellen Bibliothek füllen, aber keiner von ihnen den Anspruch erhebt, mit dem Aussage-TEXT identisch zu sein, konstituiert sich dessen Totalität vielmehr als die *summa* dieser Gerinnungen erzählter Welt, deren Gesamtheit von der Reflexion nicht eingezogen wird. Bevor ein AUTOR den TEXT als den von ihm PRODUZIERTEN ausgeben kann, ist er bereits zum LESBAREN TEXT geworden. Die mögliche Differenz zwischen Welt und Sprache erscheint eingeebnet, weil beides sich unterschiedslos 'unter der Hand' zu Schriftzeichen anordnet. Die Instabilität der TEXT-Repräsentationen kann so auf das pragmatische *mouvance*-Prinzip bezogen werden, dessen Inszenierung aber im *Quijote* gleichzeitig überwunden wird. Andererseits könnte die Fähigkeit des Erzählten, Schrift/TEXT zu werden, sich seiner eigentlichen Gestalt zu erinnern, als Ausdruck einer Art 'Autoproduktivität' des TEXTES (TEXT-als-AUTOR seiner Metamorphosen) gesehen werden. Das auktoriale Prinzip der Erfindung einer Welt und Konstitution dieser durch eine Erzählung ist in die TEXT-Position verlagert. AUTOR und TEXT im *Don Quijote* sind mindestens im gleichen Maße, in dem sie Repräsentationen semiotischer Instanzen sind, erzählerische *Gestaltmittel.*

Allegorie der Materialität der Schrift

An mehreren Stellen war bisher zu sehen, daß die Entzauberung des Buch-Symbols durch die Fokussierung auf die 'prosaische' Materialität der Schrift vorgenommen wurde: die Erzählung von Don Quijotes Heldentaten findet sich in fragmentarischen Quellen, in arabischen Schriftzeichen, als Handschrift, als gedrucktes Buch etc. Diese Säkularisierung entbarg zugleich einen versteckten Verweis auf einen ursprünglich fabulierenden AUTOR. Über diesen Zug, der den *Quijote* auf den Weg zum transzendentalen Modell bringt, wird noch in Zusammenhang mit dem Buchdruck zu reden sein. Kaum eine andere Disposition in diesem Roman macht nun aber seine Stellung zwischen Analogie- und Repräsentations-*episteme* so sinnfällig wie Cervantes Umgang mit der *physis* der Zeichen. Denn es ist ebendiese ins Blickfeld gerückte Materialität der Schrift, die auf das renaissancezeitliche Modell der Wissensrepräsentation zurückverweist, wenn sie zur Signatur der Bedeutung wird.

Bereits die enge interferentielle Kopplung von AUTOR und TEXT, wie sie in Kap. beschrieben wurde, legt diesen Zusammenhang nahe. Wie 'Cervantes' als Autorsignatur, dessen Novellen in der Bibliothek Don Quijotes stehen, jedoch noch entfernter, gehört Cide Hamete als Figur zu jener Welt, von der seine

Schriften erzählen[296]. Durch seine Handschrift und in gelegentlichen Glossen am Rande hat er seine persönlichen Spuren im TEXT hinterlassen. Cide Hametes Existenz ist deshalb auf doppelte Weise an die materielle Existenzform seines Manuskriptes gekoppelt: als AUTOR ist er koextensiv mit dem TEXT, teilt aber als Figur (TEXT) auch dessen diegetisches Universum. Das verbindende Moment zwischen der semiotischen Interferenz AUTOR-als-TEXT und der physischen Kopräsenz ist die Handschrift, abermals also eine materielle Qualität des TEXTES. Indem nun diese materielle Beziehung im *Don Quijote* in vielfältiger Weise semantisiert wird, gerät die Form des Inhalts zu dessen materieller Schrift. Die Eigenschaften, die Cide Hamete und mehr noch Don Quijote einerseits und dem jeweiligen TEXT, in dem die Geschichte erzählt wird, andererseits zugesprochen werden, gelten deshalb bedingt für beide gleichermaßen.

Der erste Anhaltspunkt für ein analogistisches Verweisungsverhältnis zwischen Erscheinungsweise und Inhalt der jeweiligen Schriften ist die Unlesbarkeit von Cide Hametes Manuskripten. Die Quellen sind für den segundo autor, der des Arabischen nicht mächtig ist, überhaupt noch kein Schrifttext[297], für ihn müssen sie erst in die symbolische Ordnung übersetzt werden. Cide Hamete als AUTOR und die UNLESBARKEIT seines TEXTES werden dadurch zum Ausdruck ursprünglicher, vorsprachlicher Imagination, für die Cide Hamete selbst als Verkörperung des Dichters steht[298]. Dieser analogistische Zusammenhang, in dem in alter Form moderne Inhalte ausgedrückt werden, läßt sich weiterverfolgen. Die Verankerung in der Renaissance-*episteme* wird noch deutlicher, wenn die *physis* der Schriften auf ihren Inhalt 'Don Quijote' bezogen wird. Die Manuskripte sind durch eine Reihe zusätzlicher materieller Eigenschaften gekennzeichnet: sie sind alt, unvollständig (DQ I/9:100), jene in der Bleikassette, die man in den zerfallenen Grundmauern einer ehemaligen Einsiedelei gefunden hat, schadhaft, nicht alle Blätter sind noch lesbar, „los que se pudieron leer y sacar en limpio fueron los que aquí pone el fidedigno autor" (DQ I/52:558). Der gleiche Anachronismus, der für Cide Hamete besteht – seine Handschrift ist in den verwitterten Quellen, während er selbst Zeitgenosse seiner potentiellen Leser ist – gilt nun für Don Quijote in seiner Existenz als diegetische Figur und Sujet der Schriften. Auch er gehört einer 'grauen Vorzeit' an und ist zugleich Zeitgenosse. Seine Geschichte steht in alten Quellen, in seiner Bibliothek aber befindet sich die *Galatea* des Cervantes. Quijotes mentaler Anachronismus materialisiert sich in dem zeitlichen Anachronismus. Diese Versinnbildlichung wird ermöglicht,

---

[296] Eine versteckte Bemerkung zeugt davon: „[Este arriero] era uno de los ricos arrieros de Arévalo, según lo dice el autor [i.e. Cide Hamete] desta historia que deste arriero hace particular mención, porque le conocía muy bien, y aun quieren decir que era algo pariente suyo" (DQ I/16:158).

[297] Das Manuskript trägt sogar pikturale Züge: auf den Blättern ist ein Bild Don Quijotes im Kampf mit dem Vizcaíno zu sehen (DQ I/9:102).

[298] M. Robert scheint etwas Ähnliches anzudeuten, wenn sie Cide Hamete die Funktion des göttlichen Gedächtnisses zuschreibt bzw. eines Sinnbildes jener „circonstances hasardeuses et un peu troubles qui, à la fin de l'Âge d'or, président à la naissance de l'œuvre d'art" (Robert 1967:111,116).

indem Cervantes einmal mehr die Buchmetapher ausnutzt, doch diesmal in analogistischer Weise. Bei Cide Hamete wie bei Quijote ist die Zeitlichkeit als Figur an die Zeitlichkeit ihrer materiellen Existenz als Schrift gekoppelt. Mit anderen Worten: *weil* und insofern Cide Hamete und der Ritter Schrifttexte sind, kann ihre Zeitgenossenschaft mit der Gegenwart der Handlung und zugleich ihre Antiquität dargestellt werden. Die Gleichzeitigkeit des Ungleichzeitigen ermöglicht die Doppelgestalt des TEXTES als Signifikant und Signifikat: der Inhalt ist zeitlos (also auch immer präsentisch), die Materialität aber die Signatur der Vergänglichkeit und des Vergangenen im allgemeinen und des Anachronismus im besonderen. Don Quijote und Cide Hamete begleiten das Schicksal der Schriften, in denen sie vorkommen. Die materielle Wandlungen, die dieser TEXT durchlaufen wird, erzählen – analogistisch – die Wandlungen der Figuren nach. Dies hat vor allem für die Einschätzung Don Quijotes als sog. „revoltierender Figur" Relevanz: Cervantes' Rekurs auf die altehrwürdigen Schriften ist nicht nur eine Parodie der Ritterromane und ihrer *episteme*, die noch ein letztes Mal in der Figur Don Quijotes, in seiner Weltwahrnehmung, zu Leben erweckt und in ihrer Inadäquation zur Schau gestellt werden[299]. Die Repräsentationen des TEXTES in seiner Materialität wird zum Analogon der Charakterisierung Don Quijotes. Der zeitkritische Inhalt der Erzählung materialisiert sich in ihrer Existenzformen, die sie als Schrift durchläuft, diese sind umgekehrt Verweis auf ihren Inhalt. Auch hier liegt der besondere diskurshistorische Aussagewert darin, daß sich dieses Verhältnis allegorisch durch den ganzen Roman und durch all die Gestaltveränderungen zieht, die die Geschichte Quijotes durchläuft; im gleichen Verfahren wird nicht nur die Ritterroman-Parodie durchgeführt, sondern auch der Zwist mit Avellaneda ausgetragen.

Daß sich Don Quijotes Geschichte in alten Quellen findet, verweist auf seinen zeiträumlichen und geistigen Anachronismus: Don Quijote ist verwittert, verblichen und unzeitgemäß, mit dem Staub der Archive bedeckt, der auch auf den Schriften liegt, die von ihm handeln. Da er in diesen Schriften seine *Existenz* hat – wie Hamete selbst – sind alle Veränderungen, denen sie als TEXTE unterworfen sind, Veränderungen Don Quijotes. Erst mit der Drucklegung der Geschichte im zweiten Teil wird deshalb auch der Ritter zeitgemäß, geht in das Gedächtnis seiner Zeitgenossen ein und gibt allmählich seine antiquierte Weltsicht auf. Die nunmehrige Zeitgenossenschaft ist durch einen TEXT versinnbildlicht, der neu ist, sowohl was sein Erscheinungsdatum als auch was seine Publikationsform als gdruckter Text anbelangt. Don Quijote und Sancho nebst Rocinante und dem Esel sind tatsächlich die einzigen Figuren, die von der 'Fiktionalisierung' durch Drucklegung wirklich betroffen sind. Niemand außer ihnen spricht zugleich über diesen TEXT und weiß sich durch ihn als Erzählgegenstand. Sansón Carrasco, der Teil I kennt, erscheint nicht im ersten Teil, ebenso werden alle anderen Figuren, die im zweiten Teil den ersten lesen, nicht in ihrer Doppelexistenz als Buch und Figur erwähnt. Dies korrespondiert der Tatsache, daß als Verfasser jenes

---

[299] So die Interpretation Foucaults (1966b:60–64).

'*Don Quijote*', der im zweiten Teil erscheint, eben nicht Cervantes, sondern Cide Hamete genannt wird. Auch die Existenzweise des Gedrucktseins der Schriften ist in mehrfacher Weise dem analogistischen Denken verpflichtet. Gleichzeitig werden im zweiten Teil Don Quijote *und* sein Roman reproduzierbar: der Roman, indem er gedruckt ist, Don Quijote, indem alle ihn nachahmen. Mit der Reproduzierbarkeit geht zugleich die Fälschbarkeit einher. Diese Fälschbarkeit setzt ein, als sich auch der Verfasser, der zuvor in seiner einmaligen Handschrift präsent war, zwischen den Bleilettern verliert: der zweite '*Don Quijote*' von Avellaneda taucht auf, ebenfalls als Figur (Álvaro Tarfe) *und* als Roman. Der *Don Quijote* des Cervantes wird sich gegen den Avellanedas deshalb fortan an einem Kriterium unterscheiden lassen müssen, das sowenig im Namen des Romans selbst mehr zu finden ist, wie die Spuren des Autors oder Schreibers im gedruckten Text. Don Quijote und Cide Hamete werden gleichzeitig und in dem Moment fälschbar, da das einzige Glied, das sie verbunden hatte, die Handschrift Cide Hamete, die Feder, die am Ende des Romans behaupten wird, „Para mi sola nació Don Quijote y yo para el [...] solos los dos somos para en uno" (DQ II/74:1138), aus der Schrift verschwunden ist, weil sie kein Manuskript mehr, sondern gedruckt ist. Auch aus diesem Grund wird, wie zu sehen war, Cide Hamete im zweiten Teil als AUTOR eine Existenz außerhalb des TEXTES beanspruchen.

In seinem Umgang mit den Materialitätsweisen der Schrift überschreitet Cervantes demnach die parodistische Verfremdung des Buchsymbols, indem er den verschiedenen Zuständen von TEXTEN, vom alten Manuskript bis zum gedruckten Buch, eine figurative Dimension verleiht. Damit erschließt er sowohl neue Bildbereiche, die der Buchdruck selbst bzw. die durch ihn verlagerte Aufmerksamkeit auf die Materialität von Texten bereitstellte, äußert aber auch sein eigenes Mißtrauen gegen den Buchdruck, weil die Reproduzierbarkeit letztlich dafür verantwortlich ist, daß er seine Individualität mit einem beträchtlichen narrativen Aufwand gegen Avellaneda behaupten muß. Cervantes kämpft an zwei Fronten für die Hinwendung zu einer Modernität, der er zugleich skeptisch gegenüber steht, wenn sie mit dem Buchdruck das geistige Eigentum des Romanciers in Gefahr bringt. Da er beide Schlachten mit denselben Mitteln, aber unterschiedlichen Zielen ausficht, bleibt sein Umgang mit den Metaphern des Buches widersprüchlich: Das Buch hat seinen Kontakt zur Wahrheit verloren, Quellen können fingiert werden, jedes gedruckte Exemplar zeugt von seiner Vervielfältigbarkeit; andererseits vertraut Cervantes seine Stimme aber noch einer Schreibfeder an und läßt – gemäß der Renaissance-*episteme* – die Dinge (Materialität des Buches) zur Signatur ihrer Bedeutung werden.

Die figurative Überhöhung von Materialität und raumzeitlicher Existenz des TEXTES führt ferner dazu, daß die 'Fiktivität' des im Buch erzählten Helden weniger ein ontologisches Verdikt über die Figur ist, als vielmehr Charakterisierung seiner Weltsicht. Aus diesem Grund ist auch die zeitliche Paradoxie zwischen den verwitterten Quellen, die von Don Quijote handeln, und der Gegenwart seiner Person noch keine Überlagerung von Zeichenproduktion und Zeichenrealität. Unter diesen Bedingungen ist die zu Beginn des zweiten Teils sich einstellende Disposition: TEXT (Don Quijote), der sich selbst als-TEXT (*'Don Quijote'*) LIEST, auch keine Infragestellung der transzendentalen AUTOR-Position und Don Quijote auch keine „revoltierende", „autonome" oder sich gegenüber ihrem Autor „verselbständigende" literarische Gestalt[300]. Wenn der AUTOR zudem nicht als Möglichkeitsbedingung des TEXTES repräsentiert wird – was sich u.a. dadurch ausdrücken müßte, daß der TEXT die von ihm verfaßte Fiktion ist wie etwa bei *Jacques le fataliste* –, stellt eine Figur, die sich selbst als TEXT LIEST oder LESEN könnte, den AUTOR sowenig in Frage wie in der *Lozana Andaluza*. In dem Maße also, in dem die reflektierte Gleichzeitigkeit des Ungleichzeitigen der Figur Don Quijotes und seines Romans und damit die Existenz des Romans im Roman von einer figurativen Sinndimensionen überlagert ist, ist die Selbsteinschließung des Romans noch nicht das entscheidende Merkmal für die Zuordnung zur *episteme* der Repräsentation, wie Foucault (1966:62) meint. Hierin liegt der historische Aussagewert der Tatsache, daß die Paradoxie des *autoenchâssement*, wie mehrfach schon gezeigt worden ist, in minimalen, aber entscheidenden Punkten von modernen Realisierungen abweicht.

In diesem Sinne läßt sich die bisher 'figurativ' genannte Semantisierung der materiellen Erscheinungsweisen des TEXTES auch als *Allegorisierung* bezeichnen. Das Inventar der Materialisierungsweisen der verschiedenen '*Don Quijote*'- Versionen ist ein Bildvorrat, der dieser Allegorie des TEXTES einen symbolischen Mehrwert verleiht. Was bedeutet dieses Vorgehen nun für die Repräsentation des Aussage-TEXTES? Die Allegorisierung besteht hier in einer Verschiebung von der wörtlichen Bedeutung, aufgrund der der chronologische Widerspruch eine Paradoxie und die *historia* Cide Hametes identisch mit Cervantes' Roman ist, zu einer figurativen als der eigentlichen Bedeutung: die Ungleichzeitigkeit und Textualität Don Quijotes ist Zeichen seiner antiquierten Weltsicht. Die Präferenz der figurativen vor der wörtlichen Bedeutung ist ein entscheidendes Merkmal für die diskurshistorische Verortung des Romans, wenn es zutrifft, daß für den Roman des 20. Jahrhunderts die figurativ-wörtliche Doppelkodierung der Selbstrepräsentationen prinzipiell unentscheidbar ist[301]. Im *Don Quijote* steht die Allegorisierung der TEXT-Repräsentationen vielmehr im

---

[300] So Lebois (1949), Gillet (1956), Leube (1969), De Toro (1981) u.a. Wenn ein AUTOR, der in seinem eigenen TEXT aufgeht, wie die Tinte seiner Schreibfeder, einer seiner Figuren begegnete, deren einzige Fiktivität die ihrer Welteinstellung ist, könnte nicht jene Epiphanie stattfinden, wie man sie aus *Niebla* kennt, wo sich Augusto (TEXT) und 'Unamuno' (AUTOR) in der gleichen diegetischen Ebene treffen. In Cervantes' Roman ist die Ritterwelt allein für Don Quijote real. Doch sein Trauma ist, wie gesagt, kein ontologisches, sondern ein epistemologisches. Der parallele Fall zu *Niebla* müßte demnach so aussehen: Don Quijote tritt nicht nur in die Welt des Cide Hamete ein, sondern dieser auch in die Welt der Ritterromane. Cervantes läßt es nicht so weit kommen. Wenn Figuren hier von einer fiktionalen Welt (Don Quijotes eigener TEXT: die Ritterwelt) in eine andere migrieren (Don Quijote wird LESER seines Buches), so aus der 'schlechteren' in die 'bessere'. Das gilt auch noch für den Avellanedaschen Álvaro Tarfe, der dem *Don Quijote* von Cervantes einen Besuch abstattet.

[301] Vgl. u. Kap. 2.3.0.

Kontext einer strategischen *Ausblendung der Aussage-TEXT-Ebene*, die zur Verhinderung des *autoenchâssement* führt. Diese Ausblendung wird von weiteren Dispositionen flankiert, die bereits analysiert worden sind, sich jetzt aber in einen Zusammenhang bringen lassen. Im AUTOR-Bereich betrifft dies z.B. die Position der Autorsignatur 'Cervantes', die ja gerade nicht als AUTOR des *'Don Quijote'* aufgetreten ist. Im Bereich der TEXT-Repräsentationen ist es der Befund, daß keiner der als Quellen, Schriften, Buch etc. erscheinenden *'Don Qujiote'*-Varianten wirklich mit dem Aussage-TEXT identisch ist, d.h. mit der Signifikantenkette, die der Rezipient liest.

Trotz allem ist die Voraussetzung einer solchen Allegorisierung das hohe Bewußtsein der Textualität des Geschriebenen, welches den *Quijote* selbst von zeitlich nicht weit entfernten Texten wie etwa dem *Guzmán de Alfarache* unterscheidet. Bei Mateo Alemán bleibt die Verdopplung des Helden, die aus der gleichen Erfahrung des Plagiats hervorgegangen ist, anekdotisch, der zweite Guzmán erscheint nicht als Buch, sondern als geistig verwirrte Figur[302].

In enger Verbindung mit der Allegorisierung der Materialität steht ein weiteres Merkmal der TEXT-Positon, das ebenfalls auf die Analogie-*episteme* zurückverweist, nämlich die Anthropomorphisierung des Buches.

Anthropomorphisierung des 'Buches'

Bereits in den Zueignungsgedichten (DQ I/*Al libro* :[21]–29) werden nicht nur die Helden, sondern das Buch selbst als Person angesprochen. Urganda la desconocida richtet sich an den „LIBRO DE DON QUIJOTE DE LA MANCHA" mit den Worten: „Si de llegarte a los bue[nos], / libro, fueres con letu[ra], / no te dirá el boquirru[bio] / que no pones bien los de[dos]" (DQ I/*Al libro*: [21]). In der Revision von Don Quijotes Hausbibliothek (Kap. I/6) werden die Bücher selbst wie Personen behandelt:

– Es –dijo el barbero– las Sergas de Esplandián, hijo legítimo de Amadís de Gaula.
– Pues en verdad –dijo el cura– que no le ha de valer al hijo la bondad del padre. Tomad, señora ama; abrid esa ventana y echadle al corral, y dé principio al montón de la hoguera que se ha de hacer.
Hízolo así el ama con mucho contento, y el bueno de Esplandián fue volando al corral, esperando con toda paciencia el fuego que le amenazaba. [...]

---

[302] Alemán verarbeitet das Plagiat, indem er zunächst Guzmáns Reisebegleiter Sayavedra im zweiten Teil sich selbst 'Guzmán de Alfarache' nennen läßt. Bevor Sayavedra ein für alle Mal im Meer verschwindet, erleidet er auf der Überfahrt von Italien nach Spanien im Fieber eine Identitätskrise: „«¡Yo soy la sombra de Guzmán de Alfarache! ¡Su sombra soy yo, que voy por el mundo!» Con que me hacía reír y le temí muchas veces. Mas, aunque algo decía, ya lo veían estar loco y lo dejaban para tal. Pero no las llevaba comigo todas, porque iba repitiendo mi vida, lo que della yo le había contado, componiendo de allí mil romerías. En oyendo a el otro prometerse a Monserrate, allá me llevaba. No dejó estación o boda, que comigo no anduvo. Guisábame de mil maneras y lo más galano, aunque con lástima de verlo de aquella manera, de lo que más yo gustaba era que todo lo decía de sí mismo, como realmente lo hubiera pasado" (GA II/2/9: IV 141).

– Este que se sigue es *Florismarte de Hircancia* –dijo el barbero.
– ¿Ahí está ral (DQ I/6:71–72)el señor Florismarte? –replicó el cura–. Pues a fe que ha de parar presto en el cor

Wie schon erwähnt, folgt auch die Einführung von Álvaro Tarfe diesem Kosubstantialitätsprinzip von Buch und Person, ebenso zeigt Ginés de Pasamontes Autobiographie diese Vorstellung in aller Kürze[303], die schon bei Montaigne zu finden ist[304].

Die Anthropomorphisierung des Buches verhindert ebenso wie die Allegorisierung von dessen Materialität, TEXT als Signifikantenstruktur zu reflektieren und radikalere nominalistische Konsequenzen einer nur noch als Text erfahrbaren Welt zu ziehen.

Zwei Ausnahmen konturieren dieses Repräsentationsmuster: symbolische und ironisch-indexikalische TEXT-Repräsentationen. Das Auftreten dieser Formen verweist darauf, daß für Cervantes TEXTE nicht nur in dem Sinne instabil sind, daß sie ihre Erscheinungsweisen im Laufe des Romans ändern können, sondern auch in dem Sinne, daß sie gleichzeitig unter verschiedenen Gesichtspunkten betrachtet werden können, ohne daß dies notwendig als Widerspruch aufgefaßt werden würde.

Symbolische TEXT-Repräsentationen:
Reflexionen auf sprachliche Konstruiertheit

So erscheinen mitunter die gleichen TEXTE, die als das lesbare Leben der Figuren in Erscheinung treten, mittels symbolischer Repräsentationen durchaus als poetische, d.h. sprachliche Konstrukte. Im Autodafé (Kap. I/6) wird über Romane gerichtet, der *Curioso impertinente* wird ebenso einer poetologischen Kritik

---

[303] Castro erinnert hier an die christlich-jüdisch-arabischen Traditionen der Schriftmystik: „Los libros aparecen aquí [en el *Quijote*] no como realidades fríamente objetivadas con tales o cuales relatos o ideas; son vistos como expresión de la vivencia valorativa de una persona que se individualiza al hacer patente su vivencia. [...] Los libros por consiguiente, son lo que de ellos es vivido por cada lector. La literatura se personaliza y el vivir individual hace sentir su posible dimensión poética.[...] Libros, personas o cosas carecen de realidad esencial, fijamente determinable. En el *Quijote* (y en general acontece lo mismo en la vida española) no es real lo racional, sino lo dado en contextura con el vivir personalizado. [...] La razón está, o no está, en las personas, no en la realidad objetivada de los pensamientos. [...] El contenido del libro se multiplica por la experiencia de los afectados por él, o rebota sobre ella. Supuesto esencial de tan extraño fenómeno es que la palabra escrita sea sentida como realidad animada, vitalizada, y no como simple expresión de fantasías o conocimientos distanciados del lector. [...] Sentir los libros como realidad viva, animada, comunicable e incitante es un fenómeno humano de tradición oriental, estrechamente ligado con la creencia de ser la palabra contenido y transmisor de una revelación. [...] De la conjunción del espíritu hebreo y del pensar neoplatónico en Filón Hebreo surgió la creencia en el logos-palabra como espíritu emanado y creante" (Castro 1957:281–285; vgl. auch Castro 1954:416,439 sowie Colie 1966:355–395).

[304] „Je n'ay pas plus faict mon livre que mon livre m'a faict, livre consubstantiel à son autheur, d'une occupation propre, membre de ma vie" (Montaigne, *Les essais* II/18, ed. 1962:648c).

unterzogen (DQ I/35:400) wie Cide Hametes 'Don Quijote' (Kap. II/2–4) und der apokryphe Don Quijote. TEXTE sind also auch poetische Artefakte, offensichtlich spielt dann die allegorische Dimension, die oben herausgestellt wurde, keine Rolle: die zugleich literarische und wirkliche Existenz der Helden und Álvaro Tarfes ist in den Fällen, wo die literarische Qualität zur Debatte steht, nicht problematisch. Das Zwitterwesen des TEXTES manifestiert sich hier deutlich: Wird über ihn als sprachliches Kunstwerk gesprochen (symbolisch), bleibt die Wandelbarkeit seiner Materialität (ikonisch) unberücksichtigt: die Interpretation des *Curioso impertinente* behält ihre Gültigkeit unabhängig davon, ob dessen AUTOR anonym ist oder Cide Hamete heißt.

Ironischer TEXT-Index als indirekter Verweis auf transzendentale Autorschaft

TEXT ist erzählte, LESBARE Welt, aber zugleich auch reflektierte Sprachlichkeit der Welt. Dort, wo diese beiden Dimensionen aufeinanderprallen, eröffnet sich indessen sogleich eine ironisch zu nennende Perspektive, unter der allein, wie es scheint, auf transzendentale Autorschaft verwiesen werden kann. Ein Beispiel dafür liefert Don Quijotes Erstaunen darüber, wie schnell seine Geschichte hat gedruckt werden können:

> Pensativo además quedó don Quijote, esperando al bachiller Carrasco, de quien esperaba oír las nuevas de sí mismo puestas en libro, como había dicho Sancho, y no se podía persuadir a que tal historia hubiese, pues aún no estaba enjuta en la cuchilla de su espada la sangre de los enemigos que había muerto, y ya querían que anduviesen en estampa sus altas caballerías. (DQ II/3:596)

Sancho, der am Herzogshof leibhaftig auftritt und von seinen Gesprächspartnern als literarische Figur angesprochen wird, pocht auf seine Individualität, sofern man ihn nicht in seiner Wiege, der Druckerpresse, verwechselt hat:

> – Decidme, hermano escudero: este vuestro señor, ¿no es uno de quien anda impresa una *historia* que se llama del *Ingenioso Hidalgo don Quijote de la Mancha* [...]?
> – El mesmo es, señora –respondió Sancho–; y aquel escudero suyo que anda, o debe de andar, en la tal historia, a quien llaman Sancho Panza, soy yo, si no es que me trocaron en la cuna; quiero decir, que me trocaron en la estampa. (DQ II/30:809)

Die überraschenden Repräsentationseffekte resultieren jeweils daraus, daß die Figuren aus ihrem Leben (Welt) heraus kurzfristig 'neben das Buch treten', das sie aber *in diesem Moment* erzählt. Zu anderen Gelegenheiten wissen sie zwar auch, daß aus ihrer Geschichte der *'Don Quijote'* Cide Hametes geworden ist, womit sie auf ihr buchgewordenes Leben reflektieren; jedoch betrifft dies, wie bei Ginés de Pasamontes Autobiographie, nur eine bereits abgeschlossene Phase, die in einem abgeschlossenen Buch erzählt wird, und nicht den gegenwärtigen Moment selbst, in dem sie ja – für den Rezipienten – ebenso Figuren eines Buches sind. Dieses Bewußtsein wird nur indirekt evoziert, es besteht allein punktuell und bleibt isoliert von weiteren Selbstrepräsentationen. Während die Präsenz eines abgeschlossenen ersten Teils die Handlungsweise der Figuren im zweiten Teil maßgeblich bestimmt, bleibt die an den zitierten Stellen nur angespielte Existenz eines zweiten Teils *im* zweiten Teil, der nichts anderes sein kann als der Aussage-TEXT bzw. der Roman in den Händen des empirischen Lesers, folgenlos: ihre rein sprachliche Existenz ist gewissermaßen kein positives Wissen der Figuren. Diese nur isoliert geltende, temporäre, völlig an einen bestimmten Kontext gebundene und den Aussage-TEXT nur indirekt bzw. im Negativ des Ausgesagten evozierende Repräsentation, die ihr Objekt zwischen Ikon und Index hält, läßt sich aufgrund dieser Charakteristika ebenso wie die Autorsignatur als *ironischer Index* bezeichnen[305]. Wie bei der Autorsignatur spielt der ironische TEXT-Index die literale Ebene (Sanchos Wiege *ist* die Druckerpresse) gegen die figurative zugunsten der letzteren aus (Sanchos Bemerkung bringt zum Ausdruck, daß er *auch* oder sogar vorgängig und hauptsächlich den Weggenossen als Buch bekannt ist) bzw. spricht die eigentliche Bedeutung (die Helden sind nur, wie man heute sagen würde, Diskurseffekte) allein negativ oder indirekt aus. Anthropomorphisierung des Buches, Allegorisierung der Materialität, verhinderte Selbsteinschließung und ironischer Index sind allesamt Verfahren, den Aussage-TEXT nicht konsequent nominalistisch als sprachliches Konstrukt zu denunzieren. Durch die Vielzahl dieser Ablenkungsmanöver wird tendenziell eine figurative gegenüber einer wörtlichen Bedeutung in den Referenzen auf TEXTE stabilisiert; dadurch kommt bei Cervantes jene im Sinne de Mans verstandene Unentscheidbarkeit von figurativer vs. literalen Referenz als Doppelkodierung der Aussage-TEXT-Repräsentationen nicht zum Tragen, wie sie für die Romane des 20. Jahrhunderts typisch sein wird.

---

[305] Die Differenzierung der entwickelten Selbstrepräsentationstypen durch Anwendung rhetorischer Epitheta sollte nicht in ihrem systematischen Status mißverstanden werden, der nicht der der Typen ist; gleichwohl ist Ironie in dem eingeschränkten Sinne, den die bisherigen Ausführungen verdeutlichen sollten, zunächst mit der Beschreibungssprache kompatibel. Unter Anwendung der Peirceschen Kategorien beschreibt Shapiro Ironie als indexikalisches Zeichen, ein Index indessen „«[...] which forces something to be an icon» and in so doing «does make an assertion, and forms a proposition»" (Shapiro 1985:25, Zit.: Ch.S. Peirce, *The New Elements of Mathematics*, ed. Carolyn Eisele, The Hague: Mouton, 1976, vol.4, p.242). Unter Ironie wird hier keine erzählerische Grundhaltung verstanden, wie sie die Romantik (v.a. Fr. Schlegel) bei Cervantes in der Distanz des Autors zu seiner Erzählung detektierte, selbst theoretisierte und praktizierte, und wie sie als „Ironie der Ironie" oder „permanente Parekbasis" den Ironie-Begriff de Mans prägte (De Man 1983:187–228 bes. 218–223). Eine Inszenierung von Ironie im romantischen Sinne (etwa: „Was ist, ist nur durch das Ich, und was durch mich ist, kann ich ebenso auch wieder vernichten" [Hegel 1986: I 93–94]) findet sich eher in *Fragmentos de apocalipsis* (s. Kap. 2.3.2) mit den von de Man aufgezeigten Konsequenzen der „permanenten Parekbase": „The moment when this difference [between the persona of the author and the persona of the fictional narrator] is [ironically] asserted is precisely the moment when the author does not return to the world. He asserts instead the ironic necessity of not becoming the dupe of his own irony and discovers that there is no way back from his fictional self to his actual self" (De Man 1983:219). Allgemein wird sich zeigen, daß auch die möglichen Formen der Ironie ein Indikator des Selbstrepräsentations-Diskurses sind und die historische Verschiebung des Aussage-TEXTES begleiten.

Allein durch die Ironie aber, die den TEXT in jener konkreten Vorfindlichkeit repräsentiert, wie sie für den Rezipienten besteht, nämlich als abgeschlossenes Buch, kann offenbar auf jenen Raum bezuggenommen werden, der dem TEXT transzendent ist und der AUTOR-Position zuzuschlagen ist; auf den gleichen Raum verweist, ebenso negativ-ironisch, die Autorsignatur. Zugleich sind die Passagen, in denen auf den Aussage-TEXT im Moment des Erzählens reflektiert wird, exakt jene Stellen, die einen rein sprachlich evozierten symbolischen AUTOR und – wie zu sehen sein wird – LESER aufrufen[306]. Ironie und symbolische Repräsentation von AUTOR und LESER errichten den Raum der Transzendentalität, in dem ein AUTOR sich außerhalb seines TEXTES befindet, ein AUTOR, der aber nicht personalisiert in Erscheinung tritt. Wie die Analyse noch zeigen wird, ist es für den Zusammenhang von Diskurswandel und Medienwandel von höchstem Interesse, daß die Konstituierung dieses Raums – seitens der ironischen Autorsignatur und, wie die beiden oben gegebenen Zitate von Quijote und Sancho zeigten, auch seitens des ironischen TEXT-Index – jeweils aus der Perspektive des *gedruckten* Buches geschieht[307].

Ebenso wie die AUTOR-Position ist also die TEXT-Position äußerst komplex und – aus heutiger Sicht – widersprüchlich. Beide Positionen sind in einer Doppelgestalt gefangen und verharren ironisch in der Geste ihrer gegenseitigen Dissoziation als Schöpfer / sprachliches Produkt: der AUTOR ist eine Doublette von Herausgeber und Schreiber, der TEXT ist dessen PRODUKT, zugleich aber als Schrift Lebensform der Figuren; der AUTOR ist nie zugleich PRODUZENT und über diese Tätigkeit reflektierendes Subjekt (sich selbst als SCHREIBEND LESENDER AUTOR), der TEXT nicht zugleich auktoriales PRODUKT und in ihrer Sprachlichkeit reflektierte Existenzbedingung der Figuren. In der TEXT-Position werden Elemente der Buchsymbolik tradiert, wenn die materielle Schrift zur Signatur ihres Inhalts wird und das 'Buch' im Kosubstantialitätsprinzip von Buch und Figur anthropomorphisiert wird; zugleich ist TEXT aber reflektiertes konstitutives Prinzip der Gestaltung selbst, aber auch Gegenstand und Thema poetologischer Auseinandersetzungen; gleichzeitig wird er im Ansatz als sprachliches Konstrukt reflektiert.

2.1.3.3 LESE-Position

Mit dem gleichen Recht, mit dem *Don Quijote* als Roman über das Schreiben von Romanen bezeichnet wurde, konnte er als Roman über das Lesen gelten, manche Figuren leiten nach Meinung Américo Castros (1957:267) ihr literarisches Existenzrecht überhaupt daraus ab, daß sie Leser sind. In der Tat stehen sie den AUTOREN und TEXTEN quantitativ (auf der paradigmatischen Achse) in nichts nach, und die zahlreichen offengebliebenen Verweise aus den ersten bei-

---

[306] S.u. Kap. 2.1.3.3 *Symbolische LESER-Repräsentation*.
[307] S.u. Kap. 2.1.5.

den Perspektiven (die LESENDEN AUTOREN und die symbolischen AUTOR- und TEXT-Repräsentationen) weisen auf das LESEN als Fluchtpunkt der Selbstrepräsentationen hin. Auch die LESER-Ikons sollen nach ihrem Verhältnis zum Aussage-TEXT bzw. nach ihrer Nähe zum Rezipienten geordnet werden. Im Anschluß daran ist zu untersuchen, wie sich die LESER-Indices zu den Ikons verhalten: Geben die *im* Don *Quijote* repräsentierten LESER *des 'Don Quijote'* dem im LESER-Index angesprochenen Rezipienten eine Leseanweisung des Romans vor? Und wie verhalten sich dazu die anderen Literatur- oder TEXT-LESER und die Welt-LESER? Besteht ein Unterschied zwischen Welt-LEKTÜRE, Literatur-LEKTÜRE und LEKTÜRE des *'Quijote'*? Welche Rolle spielen schließlich symbolische LESER für die Konstruktion eines transzendentalen AUTORS?

LESER-Indices: Der Leser des Romans –
„Tú, letor, pues eres prudente, juzga lo que te pareciere"

Eine LESER-Repräsentation im ersten Prolog kann als Ausgangsbasis dienen, weil sie sich ausführlich mit den Aufgaben des vorgestellten Lesers auseinandersetzt:

> Pero yo [...] no quiero irme con la corriente del uso, ni suplicarte casi con las lágrimas en los ojos, como otros hacen, lector carísimo, que perdones o disimules las faltas que en este mi hijo vieres, y ni eres su pariente ni su amigo, y tienes tu alma en tu cuerpo y tu libre albedrío como el más pintado, y estás en tu casa, donde eres señor della, como el rey de sus alcabalas, y sabes lo que commúnmente se dice, que debajo de mi manto, al rey mato. Todo lo cual te esenta y hace libre de todo respecto y obligación, y así, puedes decir de la historia todo aquello que te pareciere, sin temor que te calunien por el mal ni te premien por el bien que dijeres della. (DQ I/*prólogo* :12)

Der projektierte „lector carísimo", scheint vollständig in sein Recht als LESER gesetzt: ihm ist die Beurteilung und die Kontrolle über die Sinndimension des Romans überlassen. Cide Hamete wiederholt das Verdikt anläßlich der unglaublichen Montesinos-Episode: „Tú, letor, pues eres prudente, juzga lo que te pareciere" (DQ II/24:762). Hier wird ein durchaus moderner Leser angesprochen, weil unter seinen Augen der Roman zu einem polysemischen Zeichen wird, offenbar ähnlich, wie der berühmte Helm des Mambrino, der für jeden etwas anderes darstellt: „eso que a ti te parece bacía de barbero, me parece a mí yelmo de Mambrino, y a otro le parecerá otra cosa" (DQ I/25:260). Wenn nämlich der Autor vom üblichen rhetorischen Ornat befreit ist, soll es auch der Leser sein: beide haben ein gemeinsames Feindbild, an dem sich ihre jeweilige Qualität und Kompetenz beweisen muß. Der Prologus sieht sich einem unabhängigen, selbstbewußten, literaturerfahrenen Kommunikationspartner gegenüber, dem er als Autor gerecht werden will, denn dies war ja der eigentliche Grund jener anfänglichen Schreibstarre, die er erst durch die Ratschläge des Freundes überwinden konnte. Freilich befindet sich die zitierte Passage an der privilegierten Stelle des Prologs, der Rezipient hat in diesem Moment noch keine Gelegenheit, die unterstellte Freiheit im Urteil zu erproben. Wie verhalten sich nun die ikonischen LESER dazu? Geordnet nach ihrer Distanz zum Aussage-TEXT, das als Maßstab für das Verhältnis zum Rezipienten (d.h. zu dessen Repräsentation als LESER-Index im Prolog) dient, kann man zu einer vierfachen Gruppierung kommen[308].

LESER-Ikons: Leser und Entzifferer im Roman

(i) *Die LESER/Leser des 'Don Quijote'*. – Zu ihnen gehören zu allererst seine AUTOREN: Prologus, Cide Hamete und segundo autor. Sie begnügen sich nicht damit, als Herausgeber aufzutreten; zahlreiche vorausweisende Kapitelüberschriften und auktoriale Einwürfe implizieren, daß sie – im Gegensatz zum Rezipienten – die Schriften zum zweiten Mal lesen (Haley 1965:148) sind. Dies gilt auch, wie schon zu bemerken war, für die abrupte Unterbrechung in Kap. I/8. Da diese LESER-Repräsentationen hauptsächlich zur Etablierung eines auktorialen Standpunktes dienen, bleibt die Tatsache, daß sie eine Zweitlektüre durchführen, für die LESE-Repräsentationen weitgehend folgenlos.

Alle weiteren Repräsentationen von LESERN des *Don Quijote* verhalten sich dazu bereits als Abstufungen. Genau besehen, gibt es keine *Don Quijote*-LESER, also LESER, die den Aussage-TEXT LESEN, wie er dem Rezipienten vorliegt. Sansón Carrasco und all die anderen Liebhaber dieser Geschichte im zweiten Teil kennen nur dessen ersten Teil und auch allein die Version Cide Hametes, eben den *'Don Quijote'*. Trotz allem sprechen Carrasco, Sancho und Don Quijote in ihrem Meinungsaustausch über die gerade erschienene *primera parte* freilich (auch) über den vom Rezipienten gelesenen ersten Teil[309]. Sansón Carrasco legt u.a. poetologische Kriterien an, Don Quijote sucht nach der poetischen Wahrheit (DQ II/3:599–600). Interessant ist dabei Sanchos Position. Er LIEST gewissermaßen additiv, wenn er die Nachlässigkeiten der AUTOREN (des Aussage-TEXTES!), nämlich die ausgelassene Erklärung des Eselsraubs und den Verbleib der *escudos*, ohne weiteres dem eigentlich ja schon abgeschlossenen *'Quijote'* hinzufügt: „A lo que el señor Sansón dijo que se deseaba saber quién o cómo, o cuándo se me hurtó el jumento, respondiendo digo, que la noche misma que huyendo de la Santa Hermandad [...]" (DQ II/4:605). Indem

---

[308] Unter alternativen Lesertypologien für den *Don Quijote* ist Weinrichs (1985) Entwurf hervorzuheben, weil seine fünf Lesertypen, die er in Cervantes' Roman isoliert, zugleich eine soziohistorische Dimension aufweisen. Cervantes hätte dann nicht nur, wie schon bemerkt, historische Autor-Bilder, sondern auch historische Leser-Bilder aufgearbeitet. Weinrich unterscheidet „Nicht-Leser", „intensive Leser", „Avellaneda-Leser", „gelehrte" und „extensive" (letztere kommen nach der Erfindung des Buchdrucks auf). Allerdings stellt Weinrich dabei verschiedene Leser-Konzepte nebeneinander (*narrataires*, implizite Leser, aber auch den realen Autor als Leser), weshalb seine Aufteilung hier nicht berücksichtigt werden kann.

[309] Da die drei Kommentatoren zwar faktisch über Cide Hametes *Historia* sprechen (also einen ikonischen TEXT), gleichwohl aber auch der erste Teil das Objekt ihrer Repräsentationen ist, handelt es sich bei ihren Einlassungen um symbolische TEXT-Repräsentationen.

Sancho die Geschichte komplettiert, wird er in einer längeren Passage selbst zum AUTOR. Da jedes einzelne seiner Worte fortan legitimer Teil des Romantextes von Teil II ist, wird er sogar zum AUTOR des Aussage-TEXTES. Er verkörpert damit den typischen Hörer einer oralen Aufführung, der selbst Schaustellereigenschaften besitzt und auf den 'Vortrag' (seinen eigenen Roman freilich) antwortet. Sancho, der LESER- bzw. personifizierte TEXT-als-AUTOR, setzt die *mouvance* des TEXTES fort. Sansón übernimmt währenddessen die Rolle des Zuhörers, der weiterhin im Auftrag der anderen LESER, vielleicht der empirischen zeitgenössischen Leser von Cervantes' Roman, handelt, wenn er Sanchos Konjekturen kritisiert: „– No está en esto el yerro", erwidert Sansón auf Sanchos Erklärungsversuche, „sino en que antes de haber parecido el jumento, dice el autor que iba a caballo Sancho en el mesmo rucio" (DQ II/4:606). Im Unterschied zum traditionellen Hörer-Interpreten jedoch besitzt Sancho das Privileg, alles selbst erlebt zu haben, d.h. die Berechtigung, ein *referentielles* 'yo' zu benutzen. Doch die Fehlerquellen haben mit der Erfindung des Drucks zugenommen: „A eso", beantwortet Sancho den Einwand, „no sé qué responder, sino que el historiador se engañó, o ya sería descuido del impresor" (DQ II/4:606). Auch der Drucker ist also ein AUTOR (und zugleich ein LESER), weil die letztliche Gestalt des Aussage-TEXTES in seinen Händen liegt[310].

Zweierlei läßt sich daran ablesen. Zum einen bestätigt das Kolloquium der LESER (Sansón) und AUTOR-LESER (Sancho, aber auch Don Quijote) ein Ergebnis der Analyse der TEXT-Repräsentationen: der TEXT kommt vor allem als materiell-inhaltliche *Totalität* in Betracht. Dies gilt nunmehr nicht nur für die TEXT-Gestalt selbst (die materiellen Eigenschaften sind so bedeutsam wie der Inhalt), sondern auch für PRODUKTION (an ihr sind die Figuren, die eigentlichen autores und schließlich der Buchdrucker als AUTOREN beteiligt) und die LEKTÜRE: die LESER gehen selbstverständlich von der Unabgeschlossenheit einer Geschichte aus, die durch einfache Zusätze zu vervollständigen ist – gerade dies macht sie zu Hörern/Hörer-Interpreten nach dem *mouvance*-Modell.

Zum anderen affiziert die gesamte Unterhaltung zu Beginn des zweiten Teils nicht im geringsten die übrigen Repräsentationen von AUTOR, TEXT und LESER. Die Vormachtstellung etwa Cide Hametes als AUTOR wird nicht dadurch in Frage gestellt, daß eine Figur wie Sancho als Ko-AUTOR auftritt. Ganz im Gegensatz etwa zu Víctor Goti in Unamunos *Niebla* sind Sancho und der Buchdrucker nur sekundär AUTOREN, letztlich auch deshalb, weil die beigebrachten Korrekturen in der zweiten Ausgabe des *Don Quijote* in Kap. I/23 eingefügt worden sind[311]. Auch die an sich ja paradoxe Konfiguration des sich als Held wissenden Helden (des sich als-TEXT LESENDEN TEXTES) ist wie bei der *Lozana andaluza* weniger eine Metalepse im Stile Unamunos oder Pirandellos, die die Fiktionalität von AUTOR und TEXT (Figur) in den Vordergrund

---

[310] Cervantes kann hier unter Ausnutzung des seinerzeit gängigen Einwandes, daß mit dem Buchdruck die Fehlerquellen in den Schriften zunähmen (vgl. Giesecke 1991:170), durchaus plausibel der Druckerwerkstatt die narrative Inkohärenz in die Schuhe schieben.

[311] Vgl. M. de Riquers Anm. 1 zu DQ I/23:233 und Anm. 2 zu DQ II/4:606 in der zitierten Ausgabe. Die *mouvance* wird also noch auf der Ebene der definitiven Textgestalt reflektiert.

stellt, als vielmehr umgekehrt der Versuch, den Leser so nah wie möglich an die Geschichte heranzuführen. Wie Delicado rechnet Cervantes mit zeitgenössischen Lesern, die den Autor persönlich kennen und wissen, daß er die Geschichte, in der sie selbst 'poetisch überhöht' auftreten (oder aufgetreten sein könnten), geschrieben hat. Auch dies ist also eine Strategie der inszenierten Oralität: Der Text befindet sich in der *mouvance*, die Zuhörer verändern ihn. Da es sich jedoch um den eigenen Roman handelt – den eigenen der Helden und den eigenen von Cervantes – besteht hier die Unabgeschlossenheit nicht mehr prinzipiell, sondern ist als Aufforderung zum Abschluß zu verstehen, damit die – für Cervantes poetische – Wahrheit ans Licht treten kann.

Don Quijote unterscheidet zwar hier abermals vom *Guzmán de Alfarache*, daß die Inkorporation des Leserechos im Haupttext Platz hat und nicht von einer Figur vorgetragen wird, deren Rede im paratextuellen Bereich unter der Rubrik *Elogios* bleibt[312]. Andererseits hat das gesamte Gespräch zu Beginn des 2. Teils nicht nur keinen Einfluß auf die übrigen Selbstrepräsentationen und bleibt deshalb ein Prologsplitter oder eine Parabase im Haupttext; es wird wenig später auch indirekt als Parenthese ausgegeben[313]. Die Anfangskapitel des zweiten Teils gehören so eigentlich noch zum ersten Teil. Weder die poetische Wahrheit noch die Erzählbarkeit der Geschichte wird durch die Konjekturen in Frage gestellt.

Aus der Perspektive der LESER-Repräsentationen rückt jedoch noch eine andere Disposition in den Blickpunkt: niemand LIEST den *'Quijote'* Cide Hametes selbst nämlich als polysemischen TEXT, d.h. so, wie es der auf den *Quijote* im Prolog angesprochene LESER-Index tun sollte. Die vielfältigen LESER des *'Don Quijote'*, denen der Ritter im zweiten Teil begegnet (die Herzöge, die LESER der apokryphen Fortsetzung), erkennen den Helden aufgrund des Gelesenen spontan wieder. Da sie nicht im geringsten daran zweifeln, daß es sich bei dem Ritter um die bekannte Romangestalt handelt[314], haben sie den Roman nicht relativistisch, als polysemischen TEXT GELESEN[315].

Die (ikonischen) LESER des *'Don Quijote'* sind auf den ersten Blick zwar zugleich LESER-Symbole, da ihre Einlassungen den Rezipienten zur Überprüfung seiner eigenen Lektüre zwingen: sollte er die Nachlässigkeiten Cide Hame-

---

[312] S. GA II/*Elogios*: III 56–62. El Alférez Luis de Valdés, der die Lobrede hält, verkörpert zudem einen getäuschten Leser des apokryphen zweiten Teils (s. GA II/*Elogios* : III 57–58).

[313] „[Dice Cide Hamete] que tiene ya en campaña a don Quijote y a Sancho, y que los letores de su agradable historia pueden hacer cuenta que desde este punto comienzan las hazañas y donaires de don Quijote y de su escudero; persuádeles que se les olviden las pasadas caballerías del Ingenioso Hidalgo, y pongan los ojos en las que están por venir, que desde agora en el camino del Toboso comienzan, como las otras comenzaron en los campos de Montiel" (DQ II/8:630).

[314] Darauf macht auch Riley (1962:216) aufmerksam. Ein solches Wiedererkennen hat indessen seine Parallelen: immerhin erkennt Don Quijote auch Álvaro Tarfe sofort als Figur aus dem Avellaneda (DQ II/72:1122), obwohl er diesen Roman bekanntlich nicht gelesen hat. Dies bestätigt einmal mehr die Ko-Substantialität von Buch und Person.

[315] Don Quijote selbst schließlich liest kein einziges Wort, denn für ihn ist der *'Don Quijote'* sowieso ein ganz anderes Buch, nämlich ein klassischer Ritterroman; er gehört deshalb als LESER nicht in die Gruppe (i).

tes, von denen in Kap. II/3–4 die Rede ist (der Eselsraub, die Geldstücke), während seiner Lektüre nicht bemerkt haben, wird er ihrer jetzt gewahr. Er muß sich selbst in einer Relektüre als Leser repräsentieren. Doch ist auch diese Symbolizität keineswegs dekonstruktiv, der Roman wird ja nur konjektiert. Der *im* Roman repräsentierte ikonische LESER *des* Romans ist ein anderer als der indexikalische, der im Prolog angerufen wurde. Der '*Don Quijote*' ist also kein Helm des Mambrino. Der universelle Erkenntniszweifel und Perspektivismus des Cervantesschen Romans, für den u.a. der Streit um den Helm in Anspruch genommen wurde[316], scheint suspendiert, wenn der Roman selbst das Interpretandum ist. Das in den '*Don Quijote*'-LESERN ruhende Potential einer symbolischen LESER-Repräsentation kommt nicht zur Entfaltung; die LEKTÜRE durch die Figuren führt zu keiner Gegenlektüre des Rezipienten; die Interpretanten des TEXTES werden durch die inszenierte LEKTÜRE nicht rekontextualisiert, sondern stabilisiert. Daß die so modern anmutende Paradoxie der *mise en abyme* zwischen Teil I und Teil II hier 'unschuldig' einem pragmatischen Zweck in den Dienst gestellt werden kann, ist wie in ähnlichen Fällen äußerst aussagekräftig. Diskursepistemologisch befragt, präsentiert sich der *Don Quijote* abermals hinsichtlich seines Begriffs vom TEXT als der episteme der Ähnlichkeit verpflichtet, die u.a. ein solches akkumulatives Schriftmodell favorisiert[317].

(ii) *Aussage-TEXT-LESER*. – Die Hörer/Leser von wörtlich zitierten Geschichten (die Novellen und Erzählungen in Teil I), stehen Gruppe (i) nahe, weil sie für die Dauer ihrer Rezeption die Perspektive des Rezipienten teilen. Genaugenommen sind diese LESER sogar näher am Aussage-TEXT als jene von Cide Hametes '*Don Quijote*', der ja nicht in der Romanaussage zitiert ist. Aber auch für sie sind die vernommenen Geschichten in sich geschlossene Einheiten, die als fiktionaler oder als autobiographischer Bericht aus erster Hand markiert sind (*Curioso impertinente* bzw. die Erzählung des *cautivo*). Für die LESER dieser Erzählungen ist der Held oder Erzähler nicht gleichzeitig 'fiktiv' und 'real'. Die eventuelle mediale Differenz zwischen bisweilen nur mündlichem Vortrag und seinem (schriftlichen) Zitat im Aussage-TEXT ist eingeebnet – jedenfalls nicht problematisiert –, denn selbst die direkt erzählten Geschichten aus Teil I werden, wie gesagt, in Teil II Cide Hametes '*Quijote*' zugeschlagen. Auch hier stellen die Kommentare zu den gehörten Novellen, sofern sie nicht autobiographisch sind und sich in die Haupthandlung auflösen, eher symbolische TEXT-Repräsen-

---

[316] S. Spitzer (1969:63, 71–72).

[317] „[L'épistémè du XVIe siècle, c'est] donc un savoir qui pourra, qui devra procéder par entassement infini de confirmations s'appelant les unes les autres. Et par là, dès ses fondations, ce savoir sera sablonneux. La seule forme de liaison possible entre les éléments du savoir, c'est l'addition. En posant comme lien entre le signe et ce qu'il indique la ressemblance (à la fois tierce puissance et pouvoir unique puisqu'elle habite de la même façon la marque et le contenu), le savoir du XVIe siècle s'est condamné à ne connaître toujours que la même chose, mais à ne la connaître qu'au terme jamais atteint d'un parcours indéfini" (Foucault 1966a:45).

tationen dar, weniger symbolischer LESER-Repräsentationen. Nach der gemeinsamen Lektüre des *Curioso impertinente* urteilt bespielsweise der Pfarrer:

– Bien [...] me parece esta novela; pero no me puedo persuadir que esto sea verdad; y si es fingido, fingió mal el autor, porque no se puede imaginar que haya marido tan necio, que quiera hacer tan costosa experiencia como Anselmo. Si este caso se pusiera entre un galán y una dama, pudiérase llevar; pero entre marido y mujer, algo tiene del imposible; y en lo que toca al modo de contarle, no me descontenta. (DQ I/35:400)

Die LEKTÜRE schriftlicher TEXTE, so zeigt die Passage, ist zwar an normativen Kriterien orientiert, nicht aber relativistisch, denn keine divergierende Meinung wird darüber vorgetragen.

(iii) *Weitere Buchleser.* – LESER von Büchern, die nicht von Don Quijote handeln, unterscheiden sich von den Gruppen (i) und (ii) hinsichtlich ihres Verhältnisses zum Rezipienten hauptsächlich dadurch, daß die von ihnen GELESENEN TEXTE – Bücher, die nur genannt werden, wie etwa beim Autodafé – nur noch ikonisch repräsentiert sind. Man könnte diese LESER grob, wie Mia Gerhardt (1955:22,24) vorschlägt, in die „liseurs éperdus" (Don Quijote, ventero u.a.) und die „lecteurs critiques" (cura, canónigo, Don Lorenzo, Primo, Sansón Carrasco) einteilen. Sie dienen so, wie auch die LESER des *'Don Quijote'*, letztlich zur Moralisierung und sind insoweit zugleich (schwache) LESER-Symbole, als sie Bücher kommentieren, die den zeitgenössischen Rezipienten des *Don Quijote* geläufig sind. Wie die Inquisition in Don Quijotes Hausbibliothek zeigt, ist ihr Urteil mehr an poetischen und moralischen Normen orientiert als relativistisch[318].

(iv) *LESER (inszenierter) Welt-TEXTE.* – Unter Welt-TEXTEN lassen sich im weitesten Sinne Inszenierungen verstehen, die zumeist von Figuren für andere Figuren und häufig in Täuschungsabsicht aufgeführt werden: Ginés de Pasamontes verkleidet als Maese Pedro, die Spiele am Herzogshof, der im Ritterkostüm auftretende Sansón Carrasco (Kap. II/12–15, II/64–65), die „cabeza encantada" (Kap. II/62) etc. Der *engaño* wird bisweilen noch dadurch überlagert, daß die AUTOREN des Aussage-TEXTES das gleiche Spiel mit dem Rezipienten treiben: Der Rezipient hat in den genannten Beispielen einen variierenden Informationsvorsprung gegenüber den Figuren (ikonischen LESERN), die den Spielen zum Opfer fallen, kennt selbst aber auch nicht immer die ganze Wahrheit und wird seinerseits von der Informationspolitik der AUTOREN des Aussage-TEXTES hintergangen. Er wird über die doppelten Böden der Inszenierung – die wahre Identität von Maese Pedro und dem Spiegelritter, der Trick mit dem sprechenden Kopf etc. – erst im Nachhinein aufgeklärt. Der jeweilige *desengaño* entspricht einer symbolischen LESER-Repräsentation: der Rezipient muß feststellen, daß seine bisherige Lektüre unvollständig war. Er weiß von dieser Welt nur, was ihm durch die Romanaussage vermittelt wird. Hat er einmal die Erfah-

---

[318] Vgl. die zitierte Passage aus dem Autodafé s. o. S.224-225.

rung gemacht, daß ihm relevante Informationen vorenthalten wurden, kann er nie mehr sicher sein, die 'ganze Welt' vor sich zu haben.

Die Erfahrung einer solchen unvollständigen Lektüre hatte der Rezipient bereits zu Beginn von Teil II gemacht: die Nachträge zur Geschichte offenbarten ebenfalls die 'Defizienz' der Romanaussage. Der Rezipient muß seine eigene Deutung nicht wirklich in Frage stellen und erfährt deshalb nicht die Abhängigkeit seines Wissens von den AUTOREN[319]. In den Inszenierungen des zweiten Teils spielen die AUTOREN ihre Macht, die in ihrer Verfügungsgewalt über die Gestalt des Aussage-TEXTES begründet liegt, gegenüber dem Rezipienten bewußt aus. Diese Informationsstrategie der AUTOREN (sie weisen sich darin ebenfalls als Welt-LESER aus), steht in einer Entwicklungslinie, die sich, wie Avalle-Arce/Riley (1973:65–71) aufgezeigt haben, durch den ganzen Roman zieht und die sukzessiven Welt-LEKTÜRE-Haltungen Don Quijotes begleitet. In einer ersten Phase (Kap. I/1–17) wird zunächst erzählt, was dem Ritter 'real' begegnet, sodann wird seine quijoteske LEKTÜRE dagegen gehalten (die venta erscheint ihm als Schloß, Kap. I/2); in einer zweiten Phase (Kap. I/18–52) wird der Rezipient vorderhand im Ungewissen über die eigentliche 'Wahrheit' gelassen (das Abenteuer mit den Hammelherden, Kap. I/18); in der dritten Phase (Teil II), da Don Quijote den Ritterroman-Schleier allmählich ablegt, durch den er die Welt GELESEN hat, nimmt der Erzähler die Perspektive der Helden ein und läßt so auch den Rezipienten Opfer der Täuschungen werden (Sansón Carrasco y Tomé Cecial, die sich als Ritter und Knappe verkleidet haben, Kap. II/12–15). In dieser Kontraktionsbewegung der Perspektiven verdichtet sich der Aussage-TEXT gegenüber seiner anfänglichen Transparenz für die erzählte Welt. Die strategische Informationsvergabe der AUTOREN läßt den Aussage-TEXTE selbst als das Ergebnis einer Welt-LEKTÜRE erscheinen: der Aussage-TEXT präsentiert sich dem Rezipienten von vornherein als bereits gedeutete Welt.

Eine weitere Variante dieser Strategie, die Spitzer als „sprachlichen Perspektivismus" bezeichnet, sind die zahlreichen Polyonomasien und Polyetymologien, die im Laufe des Romans auf bestimmte Objekte angewendet werden, etwa die verschiedenen Namen für den Ritter oder Sanchos Frau[320]. Im Unterschied zu den oben behandelten Inszenierungen laufen hier die sukzessiven Bezeichnungsvarianten ein und desselben Gegenstands nicht auf die Bestimmung des bezeichneten Objeks hinaus, d.h. ordnen sich nicht in einer sinnstabilisierenden Interpretantenkette an; vielmehr stehen die alternativen Bezeichnungen als LEKTÜREN ein und desselben Objekts paradigmatisch *neben*einander: jede Bezeichnung ist formal eine weitere, die alternativen Bezeichnungen je rekontextualisierende LEKTÜRE. Im Aussage-TEXT selbst sind die verschiedenen Bezeichnungsalternativen aufgeführt – der eine nennt 'Helm des Mambrino', was der andere als 'Rasierschüssel' bezeichnet –, so daß der Rezipient zwar in Spannung gehalten,

---

[319] Vgl. dazu im Gegensatz das in Kap. 1.2.6.3.3 dargestellte Verfahren in *La cólera de Aquiles*; dort kommt es sehr wohl durch die Nachträge zu einer symbolischen LESER-Repräsentation, die sich jenseits poetologischer Normen und damit eben auch jenseits jener Mimesis-Poetik positioniert, die im *Quijote* noch vorherrscht.

[320] S. Spitzer (1969), dort auch weitere Beispiele.

nicht aber zu einer Neulektüre des Textes aufgefordert wird. Wenn mehrere im Aussage-TEXT vorgeschlagene Bezeichnungsvarianten für ein und denselben Gegenstand der Welt sich erst im Hinblick auf ein bestimmtes zu benennendes Objekt als Varianten ergeben, ist der Perspektivismus zwar durch Sprache erzeugt, bezieht sich aber nicht auf die je verschiedene Deutbarkeit des verwendeten Ausdrucks selbst. Eine symbolische LEKTÜRE der Welt leisten die Welt-LESER, nicht aber der Rezipient. Anders gesagt: Sobald Bezeichnungsvarianten auftreten, offenbart der vermeintlich verläßliche Aussage-TEXT zwar, daß er selbst bereits eine LEKTÜRE ist, nicht jedoch, daß er selbst ein interpretationsbedürftiger TEXT ist; das Objekt des Perspektivismus (d.h. der symbolischen Repräsentation) ist die Welt der Dinge, nicht der TEXT oder die Sprache. Die Aussageebene wird also selbst nicht in die relativistische Weltsicht miteinbezogen. Abermals bleibt der definitive Aussage-TEXT außerhalb des Reflexionshorizontes.

Auch der Ritter gehört zu den Welt-LESERN. In den Anfangskapiteln des *Don Quijote* gibt es eine Reihe von Hinweisen darauf, daß Quijote nicht nur Held von Cervantes' Roman ist, sondern selbst nichts anderes als die personifizierte Aufführung eines Ritterromans, der die Welt nach den Gesetzen dieser Gattung versteht. Nach der Lektüre des *Don Belianís* will er zunächst eigenhändig diesen Roman fortschreiben; tatsächlich PRODUZIERT er im folgenden etwas, wenngleich kein Buch daraus entsteht: er erfindet einen Namen für seinen Klepper, schließlich für sich selbst und sein Ritterfräulein (DQ I/1:34–37). Bei seiner ersten Ausfahrt spricht er seinen Roman, von dem er glaubt, daß Zauberer ihn notierten, schließlich aus – „disparates, todos al modo de los que sus libros le habían enseñado" (DQ I/1:42): „«Apenas había el rubicundo Apolo tendido por la faz de la ancha y espaciosa tierra las doradas hebras de sus hermosos caballos [...]»" (DQ I/1:41). Quijote PRODUZIERT also selbst jenen TEXT, durch den er die Welt LIEST und als den er die Welt LIEST. Die Besonderheit seiner LEKTÜRE macht aus, daß er, im Gegensatz zu den anderen Figuren, die Welt gerade nicht anders als die Literatur LIEST. Deshalb kann er auch im zweiten Teil den Inszenierungen aufsitzen, die man 'ihm zuliebe' aufgrund der Lektüre des '*Don Quijote*' aufführt. In dem Maße, in dem der Held sich fortan von dem trügerischen Modell des Ritterromans löst, verwandelt er sich in einen Welt-LESER. Freilich ist es allein er selbst, dem er in den Inszenierungen am Herzogshof begegnet.

Zwischen der Repräsentation von Literatur-LEKTÜRE (Gruppe i – iii) und von Welt-LEKTÜRE (Gruppe iv) besteht, wie zu sehen war, ein qualitativer Unterschied. Der Aussage-TEXT ist nicht mehr verläßlich. Jedoch nicht, weil es 'nur ein Roman' wäre, sondern weil sich hinter seiner Gestalt die Unzulänglichkeit oder das ironische Spiel der verschiedenen Autoren mit dem Rezipienten verbirgt. Doch keine Polysemie des TEXTES ist es, die hier inszeniert wird, sondern nur die letztlich *quantitative* Defizienz des Aussage-TEXTES hinsichtlich dessen, was er erzählen will.

Nachdem nun der Parcours durch die LESER-Ikons abgeschlossen ist, kann man den eingangs zitierten LESER-Index dagegen halten. Es ist offensichtlich, daß beide Repräsentationen in deutlicher Differenz, um nicht zu sagen im Widerspruch zueinander stehen: die Vorstellung eines selbstbetimmten LESERS wird nur von den relativistischen Welt-LESERN weitergetragen, nicht von den Literatur-LESERN. Selbst die Ritterromane werden zwar als trügerische, aus ersichtlichen Gründen aber nicht als polysemische TEXTE GELESEN. Allein die Welt-LESER transportieren in Form des Perspektivismus die Freiheit, die dem „desocupado lector" des *Don Quijote* im Prolog zugestanden wurde. Die LEKTÜRE der Welt ist relativistisch, nicht aber die der Literatur, d.h. auch nicht die des Aussage-TEXTES, des Romans.

Der Aussage-TEXT als PRODUKT multipler LEKTÜREN

Im *Don Quijote* werden nicht nur zahlreiche LEKTÜREN verschiedenartiger TEXTE von einsamen, doppelten oder kollektiven LESERN vorgenommen; auch die AUTOREN, die sich für den Aussage-TEXT verantwortlich erklären, gaben sich ja als LESER zu erkennen. Ordnet man nun die vielfachen LEKTÜREN, die im *Don Quijote* von den Figuren und den AUTOREN vorgenommen werden, so an, daß sie eine vertikale Linie hin zum Aussage-TEXT bilden, wie er dem Rezipienten als Aussage vorliegt, so ergibt sich auf den ersten Blick ein undurchdringliches Muster von Verdichtungen und Überlagerungen, ein Palimpsest, das dem *Patchwork* ähnelt, zu dem der Aussage-TEXT wird, wenn man ihn horizontal unter der Perspektive der Beteiligung der AUTOREN betrachtet, die vom Drucker, über Sancho bis hin zum segundo autor reichen. Der Aussage-TEXT entsteht als Epiphänomen, als finaler Interpretant verschiedener LEKTÜREN. Wie verhalten sich aber die LEKTÜREN zueinander, in welcher Weise sind sie miteinander vernetzt oder kontextualisiert?

Zunächst fällt auf, daß Don Quijotes Welt-LEKTÜRE der TEXT-LEKTÜRE des segundo autor ähnelt. Dieser LIEST die Manuskripte Cide Hametes, aber der erstellte Aussage-TEXT ist nicht mit ihnen identisch, weil er das Resultat einer Übersetzung und möglicherweise einer Manipulierung ist; Zweifel sind deshalb selbst dort anzumelden, wo angeblich Hametes Schriften wörtlich wiedergegebenen werden. Da sich die Unzuverlässigkeit des Chronisten Cide Hamete im segundo autor fortpflanzt, weiß der Rezipient zu keinem Moment, welchen Authenzitätsgrad der Aussage-TEXT hinsichtlich der Manuskripte hat. In beiden Fällen ist das Erzählte *Resultat* (TEXT) einer LEKTÜRE (der Welt, der Manuskripte): die zwischengeschalteten Autorinstanzen (Übersetzer, Kopist etc.), aber auch die häufig durch den Erzähler selbst relativierte Wirklichkeitssicht Don Quijotes funktionieren dabei als Brechungen[321]. Dies zeigt sich deut-

---

[321] Es ist bei dieser Überlegung offensichtlich unerheblich, ob der Erkenntniszweifel zu einem von den Bewußtseinszuständen abhängigen Wahrheitsbegriff führt (Castro 1972), ob – wie Parker (1968) dagegen argumentiert – widersprüchliche Urteile über ein und dieselbe Sache (der Helm des Mambrino) aus den unterschiedlichen Partikularinteressen resultieren, die die

lich, wenn man die verschiedenen Ebenen der Relativierung nebeneinanderstellt. Don Quijotes Welt-LEKTÜRE ist ebenso unzuverlässig wie Cide Hametes Bericht und dessen Wiedergabe durch den segundo autor. Was an die Oberfläche der Romanaussage gelangt, ist also doppelter, wenn nicht dreifacher Relativität ausgesetzt: Wahrnehmungsstörung Don Quijotes, berichtet von einem lügenhaften Chronisten, dessen Schriften durch allzuviele Hände gegangen sind, um noch glaubwürdig zu sein. Es wäre absurd, daraus schließen zu wollen, daß der anhand von Don Quijotes Weltverstehen entwickelte epistemologische Diskurs all seinen möglicherweise gegen die Ritterromane gerichteten didaktischen Wert schon allein deshalb einbüßt, weil nicht die geringste der Taten des Ritters, geschweige denn seiner Welt-LEKTÜRE, überhaupt als 'gesichert überliefert' gelten kann. Tatsächlich aber wird das Verhältnis *zwischen* den einzelnen verfremdenden LEKTÜREN – Don Quijote LIEST die Welt, Cide Hamete LIEST Don Quijote, segundo autor (traductor) LIEST Cide Hamete – im Roman selbst nicht mehr reflektiert bzw. hergestellt. Die drei Relativierungen sind voneinander unabhängig, die LEKTÜREN ergeben keine Interpretantenkette. Das LESE-Problem innerhalb der Rahmenerzählung Cide Hamete/segundo autor spiegelt Don Quijotes LESE-Problem der Welt nicht *als* Rahmenerzählung, sondern parallelisiert es vielmehr. Die Korruptheit und dadurch fragwürdige Authentizität des Hameteschen Manuskriptes darf offenbar den epistemologischen Diskurs, der *in* der Erzählung über Don Quijote entwickelt wird, nicht überlagern. Der Aussage-TEXT, und damit auch das geschriebene Wort der Romanaussage, muß sowohl vom Erkenntniszweifel als auch von den Anfechtungen der Überlieferung (der *mouvance*) frei bleiben, um legitimer Ausdruck von Don Quijotes kontaminierter Weltsicht zu sein. So wie die materiellen Zustände und Verwandlungen der TEXTE etwas über Don Quijote aussagten, sind die LESE-Relativierungen, vom Verhältnis Don Quijote/Welt bis hin zum Verhältnis Cide Hametes Manuskript/Übersetzung des segundo autor, nur Darstellungsvarianten ein und desselben, vielleicht parodistischen Interesses.

Symbolischer LESER und symbolischer AUTOR
als Verweis auf transzendentale Autorschaft

Im zweiten Teil dient die Thematisierung vom LESEN des LESENS dazu, die authentischen Schriften von den apokryphen zu unterscheiden, den wahren vom falschen *Don Quijote* und schließlich den rechtmäßigen Urheber von seinem matten Abglanz Avellaneda. Der Rezipient muß sich in Teil II dazu einerseits jenes Urteilsvermögens bedienen, das ihm im LESER-Index des ersten Prologs bescheinigt wurde, zum anderen aber ist die Richtung der Interpretation vorgegeben. Diese Verschiebung im zweiten Teil läßt sich schon an einem leicht abgewandelten Bild des LESER-Index im Prolog festmachen. War er zuvor der

---

Urteilenden an die Wirklichkeit herantragen (womit das Wahrheitsproblem letztlich eines der Moral ist), oder ob, wie Spitzer herausstellt, die Benennung der Dinge durch die Welt-LESER zur Täuschung führt (Spitzer 1969:62).

Adressat eines so modern anmutenden Leserbildes, wird er nun Komplize des Prologus im Dichterstreit mit Avellaneda („Válame Dios, y con cuánta gana debes de estar esperando [...] este prólogo, creyendo hallar en él venganzas, riñas, vituperios [...]"; DQ II/*prólogo*: 573). Das Ziel, auf das hin der „lector ilustre o quier plebeyo" seine Lektüre prüfen soll, ist eindeutig: es ist nicht mehr die Freiheit der Sinngebung oder des Urteils, sondern die Aufforderung zu stilistischer Kritik, anhand der beide *Don Quijote*-Versionen zu unterscheiden sind.

Drei Stellen im zweiten Teil sind hier zu betrachten. Zum ersten Mal kann der Rezipient an dem von segundo autor/traductor für apokryph gehaltenen Kap. 5, einer Unterhaltung zwischen Sancho und seiner Frau, seine Urteilskraft erproben, wenn er aufgefordert wird, Sancho zu identifizieren. Diese Aufgabe kann er nur bewältigen, wenn er das ihm zur Prüfung vorgelegte Kapitel mit den schon gelesenen vergleicht, sein bisheriges Bild von Sancho gegen das trügerische hält, kurz: seine eigene Lektüre reflektiert. Er wird damit als symbolischer LESER angesprochen. Die zweite Stelle findet sich in Kap. 59. Hier betritt der apokryphe *Don Quijote* zum ersten Mal die Bühne in Form eines Buchexemplars: seine beiden Leser – LESER-Ikons aller Leser, die den ersten '*Quijote*' Hametes und den zweiten Avellanedas kennen – lassen sich schnell durch Evidenzbeweis des echten Ritters davon überzeugen, daß sie einer Fälschung aufgesessen sind. Ebenso wird es der ihrem Buch entsprungenen Figur Álvaro Tarfe in Kap. II/72 ergehen.

Diesen drei Episoden ist gemeinsam, daß die Symbolizität auf einer regelgeleiteten Interpretation der je vorgelegten TEXTE beruht, in allen drei Fällen des Aussage-TEXTES. In Kap. II/5 ist es ein TEXT, der, außer den beiden AUTOREN, allein dem Rezipienten vorliegt, und im zweiten und dritten Fall ein TEXT sowie eine leibhaftige Figur, die auch den anderen Figuren bekannt sind. Aber aufgrund welcher Regel urteilen Rezipient und Figuren über den echten Don Quijote? In allen Fällen steht die letztlich *sprachlich*[322] definierte Identität der Figuren, vor allem Sanchos, zur Disposition, ihr Wesen ist eine Frage des Stils. So begründet der segundo autor seinen Zweifel am fünften Kapitel (Kap. II/5) mit den Worten:

> Llegando a escribir el traductor desta historia este quinto capítulo, dice que le tiene por apócrifo, porque en él habla Sancho Panza con otro estilo del que se podía prometer de su corto ingenio, y dice cosas tan sutiles, que no tiene por posible que él las supiese (DQ II/5:611; Hervorh. U.W.)

Auch Don Jerónimo und Don Juan, die LESER des Avellanedaschen Romans, erkennen die echten Protagonisten an ihrer Sprache und Wesensart:

> – Por lo que he oído *hablar*, amigo –dijo don Jerónimo–, sin duda debéis de ser Sancho Panza, el escudero del señor don Quijote.
> – Sí soy –respondió Sancho–, y me precio dello.
> – Pues a fe –dijo el caballero– que no os trata este autor moderno con la limpieza que en vuestra persona se muestra: píntaos comedor, y simple, *y no nada gracioso, y muy otro* del

---

[322] Dies hat schon Gerhardt (1955:38) herausgestellt.

Sancho que en la primera parte de la historia de vuestro amo se describe. (DQ II/59:1033; Hervorh. U.W.)

Schließlich akzeptiert auch Álvaro Tarfe den echten Sancho und ruft aus:

– ¡Por Dios que lo creo [...], porque más gracias habéis dicho vos, amigo, en cuatro razones que habéis hablado que el otro Sancho Panza en cuantas yo le oí hablar, que fueron muchas! (DQ II/72:1123; Hervorh. U.W.)

Miguel de Cervantes' Name auf dem Frontispiz des zweiten Teils reicht für eine eindeutig abgrenzende Identifizierung offenbar noch nicht hin. Der AUTOR (sei es Cide Hamete, segundo autor, Prologautor oder 'Cervantes') kann seinen *Don Quijote* – und sich selbst – nur gegen die ansonsten üblichen *continuationes* behaupten, wenn er dessen Schicksal mit der Frage nach seiner eigenen Originalität verknüpft. Der AUTOR muß also nicht nur indexikalisch als Erzähler präsent werden können, sondern auch als symbolischer AUTOR identifizierbar sein.

Erkenntniszweifel, sprachlichen Perspektivismus und einen unabhängig sinngebenden LESER will oder kann Cervantes sich hier freilich nicht mehr leisten. Der angesprochene LESER, der die Identifizierung des echten Don Quijote leisten soll, kann sich nicht weiterhin für frei in seinen Interpretationen halten. Das Leserlob des ersten Prologs entpuppt sich so auch als subtile *captatio*. Der produktive Erkenntniszweifel der Welt-LESER wäre hier gerade kontraproduktiv. Dem symbolischen AUTOR muß ein symbolischer LESER entsprechen, der sich nicht als LESER überhaupt, sondern als LESER des cervantinischen (oder Hameteschen) *Don Quijote* repräsentieren muß, um den 'wahren' vom 'falschen' *Don Quijote* unterscheiden zu können.

Cervantes hatte zu Beginn des Romans den im Index angesprochenen Rezipienten in sein modernes Recht als freien Leser gesetzt. Die ikonischen Welt-LESER, die den *Don Quijote* bevölkern, entsprechen ihm: sie sind im Meinungsstreit über das Vorgefundene – der Helm des Mambrino ebenso wie die Manuskripte – relativistisch, wenngleich es niemanden gibt, der alles Erzählte, inklusive des Autors, als „solo palabras" erkennt, wie es bei Torrente Ballester 350 Jahre später heißen wird[323]. Aber schon die Leser von abgeschlossenen Erzählungen einigen sich verdächtig schnell auf normative Wertungen. Der Rezipient ist im Urteil über die ihm vorgelegten Schriften zwar frei – „Tú, letor, pues eres prudente, juzga lo que te pareciere" (DQ II/24:706) –, doch dies bleibt eine rhetorische Geste, denn der angesprochene Leser der apokryphen Kapitel soll ja den Urheber erkennen. Der Spitzersche Perspektivismus als relativistische Welt-LEKTÜRE endet, wo das Interpretandum literarische Schrift-TEXTE sind: sie können falsch oder wahrheitsgetreu, poetisch normgerecht und nützlich oder schlechtes Handwerk und gefährlich sein, aber sie werden nicht als Ganzheit in Frage gestellt, nicht einmal die Ritterromane; während die Polyonomasien auf ein identisches Ding in der Welt bezogen bleiben, das substantiell gedacht ist,

---

[323] S. Kap. 2.3.2.

und nur verschiedene *Namen* haben kann, sind die TEXTE selbst die Substanzen, die im Ganzen akzeptiert oder verworfen werden können. Zwischen den Dingen und den Worten zieht sich nicht die unüberwindliche Grenze von Welt und Sprache; wie die Figuren und Dinge werden die TEXTE nur indirekt, nicht radikal als 'gemachte' oder erdachte reflektiert. Die schon getroffene Feststellung, daß der *im* Roman repräsentierte LESER ein anderer als der angesonnene LESER *des* Romans sei, kann nun verallgemeinert werden: Je regelgesteuerter die LESER-Repräsentationen sind (bis hin zu den symbolischen) oder anders gesagt: je semiotischer, sprachlicher die je zu LESENDEN Interpretanda sind – vom Ding in der Welt ('der Helm des Mambrino'), über Novellen bis hin zum *'Don Quijote'* selbst – umso enger wird der dem LESER belassene Interpretationsspielraum, d.h. umso kontrollierter wird die Bedeutungsebene des Textes. Die symbolischen LESER-Repräsentationen, die über den Aussage-TEXT selbst richten sollen, und die Literatur-LESER erscheinen also eher als in den Roman eingebautes Kontrolldispositiv, denn als Öffnung der Sinnebene, wie es der erste Prolog noch wollte[324].

Andererseits manifestieren aber die zuletzt analysierten symbolischen LESER-Repräsentationen bereits den Übergang zur *episteme* der *représentation*. In dem Maße, in dem nämlich der Sprachstil der Figuren auf ihren wahren Urheber zurückverweist, sind die Figuren selbst als sprachliche Konstrukte ausgewiesen – und in den Figuren auch der AUTOR. Auch aus der LESE-Perspektive gesehen zeigt sich demnach, daß der Aussage-TEXT zwar als sprachliches Konstrukt eines nicht namentlich als solcher auftretenden ultimativen AUTORS repräsentiert ist; die Poetizität des Aussage-TEXTES kommt jedoch nicht als Leistung eines PRODUKTIONS-Aktes in den Blickpunkt, sondern nur indirekt durch die LEKTÜRE. Die fokussierte Sprachlichkeit im Rededuktus der Figuren eröffnet eine eigenständige, von Welt-Darstellung unabhängige Dimension der erzählten Welt, in der Sprache in ihrem Eigenrecht thematisiert ist; damit sind die Weichen für das nominalistische Modell gestellt, aber auch für den transzendentalen AUTOR. Paradoxerweise ist bei Cervantes der ultimative AUTOR letztlich ein Diskurseffekt – so wie drei Jahrhunderte später bei Unamuno und Torrente Ballester –, ohne daß er jedoch transzendental gewesen wäre. Das Paradoxon löst sich auf, wenn man in Rechnung stellt, daß bei Cervantes gerade wegen der umgangenen Konstruktion transzendentaler Autorschaft die nominalistische Konzeption des AUTORS nicht zu einer Dekonstruktion transzendentaler Autorschaft führt; diese Auslassungsfigur erklärt sich wiederum, wie zu sehen war, aus einer diskurshistorisch symptomatischen Reserve Cervantes', für den transzendentale Autorschaft offenbar nur ironisch oder indirekt darstellbar war. Der entscheidende Anhaltspunkt dafür, Don Quijote zur *episteme* der *représentation*

---

[324] Dies mag einer der Gründe sein, weshalb man verschiedentlich gerade das Autodafé (Kap. I/6) uninteressant gefunden hat. Selbst Unamuno schreibt in seiner *Vida de don Quijote y Sancho* : „Aqui inserta Cervantes aquel capítulo VI en que nos cuenta «el donoso y grande escrutinio que el cura y el barbero hicieron en la librería de nuestro ingenioso hidalgo» todo lo cual es crítica literaria que debe importarnos muy poco. Trata de libros y no de vida. Pasémoslo por alto." (Unamuno 1968:83)

zu rechnen, liegt demnach weniger darin, daß, wie Foucault[325] meint, die Figur Don Quijotes allein im Zwischenraum von Teil I und II als sprachliches Artefakt besteht, sondern vielmehr darin, daß unter dem Selbstidentifizierungsdruck, den der apokryphe Avellaneda-Roman darstellt, 'Cervantes' als Autor aus der Sprachlichkeit seiner Helden heraus konstruiert werden muß, wodurch umgekehrt die Sprachlichkeit des Romans reflektiert wird.

2.1.3.4 Maese Pedros Puppentheater und die Materialität der Zeichen

Der Auftritt des als Maese Pedro verkleideten Ginés de Pasamonte (DQ II/25–27:772–790) in der venta wurde bisher ausgespart, weil sich hier AUTOR-, TEXT und LESER-Repräsentationen in konzentrierter Weise finden. Die Tatsache, daß in der Aufführung der Geschichte von Don Gaiferos und Melisendra durch den *retablo* die Kommunikationssituation der oralen Performanz im *Quijote* zur erzählten Episode werden kann, letztlich zur *mise en abyme*, läßt einerseits auf die Distanz schließen, in der Cervantes selbst seinen Roman zu dieser Erzählpraxis gesehen haben mochte[326]. Das Theaterspiel kommt nicht nur vollständig in der Erzählung selbst unter, diese Einbettung wird noch dadurch betont, daß auch der Rezipient des Romans erst im Nachhinein über die wahre Identität Maese Pedros aufgeklärt wird (das Puppenspiel ist also einer der schon besprochenen, doppelt, sowohl für die Figuren als auch den Rezipienten inszenierten Welt-TEXTE). Andererseits stellt die Aufführung des Puppentheaters, so hat George Haley (1965) in einem bekannten Aufsatz gezeigt, eine *mise en abyme* der verschiedenen Autoren des gesamten Romans dar: die Reihe der fiktiven Autoren – Cervantes > Cide Hamete > traductor > segundo autor – entspreche der Interaktion von Ginés > Maese Pedro > Interpret des Puppenspiels. Wenn sie ihre Texte (die Quellen bzw. die Aufführung) kommentieren, stellten sie in der Rahmenerzählung wie im Puppenspiel zugleich intervenierende Autoren und dramatisierte Leser dar (Haley 1965:162); unter die letzteren ist auch der Ritter selbst zu rechnen. Dies würde indessen von der Nähe des *Don Quijote* zu oralen Diskurspraktiken zeugen. Doch darf hier nicht übersehen werden, daß die Aufführung selbst – in den gewalttätigen LESE-Reaktionen des Ritters und in dem trügerischen Ginés de Pasamonte – deutlich noch einmal als

---

[325] Beleg in Fn. 216.

[326] Haley (1965:150) sieht in der Maeso Pedro-Episode die Differenz zwischen Mündlichkeit und Schriftlichkeit, zwischen den Zuschauern des retablo und dem Rezipienten darin ironisch markiert, daß der Erzähler die Aufführung des Puppenspiels mit folgenden Worten einleitet: „Puestos, pues, todos cuantos había en la venta, y algunos en pie, frontero del retablo, y acomodados don Quijote, Sancho, el paje y el primo en los mejores lugares, el trujamán comenzó a decir lo que *oirá y verá* el que le *oyere o viere* el capítulo siguiente." (DQ II/25:778; Hervorh. U.W.). Dies mag von einem ironischen Bewußtsein der Schriftlichkeit des Textes zeugen. 'Oír' und 'ver' könnten aber auch meinen 'Lesen' und dem Vorgelesenen 'zuhören', wie die parallele Kapitelüberschrift von II/66 nahelegt: „Que trata de lo que verá el que lo leyere, o lo oirá el que lo escuchare leer" (vgl. zur teilweise synonymen Verwendung der Ausdrücke in diesem Sinne Frenk 1982 pass.).

Satire auf die Illusionsstiftung der Ritterromane ausgewiesen ist. Daraus ließen sich teilweise auch die Übereinstimmungen mit der Erzählstruktur des Romans erklären, insofern diese ebenfalls parodistische Zwecke erfüllt.

An dieser Stelle soll es jedoch um die Analyse der Theateraufführung als eines sprachlichen und nicht-sprachlichen TEXTES gehen. Cervantes kann durch die *mise en abyme* das Räderwerk jener „máquina malfundada de los libros de caballería" für den Rezipienten in seinem schieren mechanischen Funktionieren aufzeigen. Die einzelnen Elemente der Illusion werden den Figuren und dem Rezipienten explizit zur Schau gestellt:

> estaba el retablo puesto y descubierto, lleno por todas partes de candelillas de cera encendidas, que le hacían vistoso y resplandeciente. En llegando, se metió maese Pedro dentro dél, que era el que había de manejar las figuras del artificio, y fuera se puso un muchacho, criado del maese Pedro, para servir de intérprete y de declarador de los misterios del retablo (DQ II/25:777–778)

Maese Pedro baut seine Bühne auf, nimmt hinter ihr Platz, und die in der Erzählung des Assistenten aufgebaute Illusion wird mit jeder Einmischung seitens Don Quijotes oder Maese Pedros selbst immer wieder zerstört. Der Vortrag des Erklärers zerfällt unter den kritischen Kommentaren in entzauberte Worte. Für Don Quijote indessen sind sie magisch genug, um die erwartete Reaktion auszulösen; wenn er sich schließlich doch der Fiktion erlegen zeigt und sein Schwert unter Schlachtrufen zur Rettung Don Gaiferos' erhebt, entbergen die tanzenden Puppen in der Verstümmelung ihre eigentliche Materialität:

> con acelerada y nunca vista furia [don Quijote] comenzó a llover cuchilladas sobre la titerera morisma, derribando a unos, descabezando a otros, estropeando a éste, destrozando aquél, y, entre otros muchos, tiró un altibajo tal que si maese Pedro no se abaja, se encoge a agazapa, le cercenara la cabeza con más facilidad *que si fuera hecha de masa de mazapán*. Daba voces maese Pedro, diciendo:
> – Deténgase vuesa merced, señor don Quijote, y advierta que estos que derriba, destroza y mata non son verdaderos moros, *sino unas figurillas de pasta*. (DQ II/26:783; Hervorh. U.W.)

In den Worten des *intérprete* und den Puppen des *retablo* wird inszenierter TEXT in äußerster Weise in seiner Materialität und Inszeniertheit dargestellt. Selten, vielleicht nirgendwo im *Quijote*[327], wird das gesprochene Wort derart unmittelbar und wirkungsvoll seiner Illusionsstiftung überführt wie in den Interventionen von Maese Pedro und dem Ritter, an kaum einer anderen Stelle werden unmißverständlich als TEXT eingesetzte, LESBARE Signifikanten so radikal jeglicher Referenzmöglichkeit beraubt wie in der Zerstörung der Puppen. An der Maese Pedro Episode zeigt sich deshalb vor allem Funktion und Möglichkeit der *ikonischen*, vom indexikalischen Aussage-TEXT gelösten Repräsentation.

---

[327] Freilich sind auch die Windmühlenflügel, an denen Don Quijote sein Kriegshandwerk erprobt, TEXTE, weil Don Quijote sie (falsch) LIEST. Doch sie sind kein von AUTOREN *inszenierter* TEXT (höchstens der des Romanciers Cervantes, der in der Geschichte von den Zauberern vertreten wird).

Eine solche 'dekonstruktive' Dekomposition von Signifikanten des TEXTES konnte Cervantes, nach den bisherigen Ergebnissen, freilich nicht auf der Ebene des Aussage-TEXTES selbst durchführen, weil dieser noch die Wirklichkeit erzählen können muß, vor deren Hintergrund sich des Ritters Welt-LEKTÜRE als durch die Ritterromane kontaminiert abzeichnet.

2.1.3.5 Selbstrepräsentation im *Don Quijote*

Schon der Blick auf das Ausmaß der Analyse zeigt, daß im *Don Quijote* der Komplexitätsgrad der Selbstrepräsentationen erheblich gestiegen ist[328]. Die

---

[328] Die Komplexität der Erzählungen überhaupt ist von verschiedener Seite als ein typisch barockes Element hervorgehoben worden (für den *Quijote* vgl. Díaz Plaja 1968). Mit Einschränkungen gegenüber dem Epochenbegriff zählt Genette u.a. folgende Züge des „récit baroque" auf: „amplification, prolifération des épisodes et des ornements descriptifs, multiplication des niveaux narratifs et jeu sur cette multiplicité, ambiguïté et interférences ménagées entre le represené et sa représentation, entre le narrateur et sa narration, effets de syncope, affectation d'inachèvement, recherche simultanée de la «forme ouverte» et de la symétrie". Der Barock steht im Zeichen des „syncrétisme, son ordre est ouverture, son propre est de n'avoir rien en propre et de pousser à leur extrême des caractères qui sont, erratiquement, de tous les lieux et de tous les temps" (Genette 1969:222). – Die möglichen pragmatischen Gründe für diese Zunahme sollen hier keineswegs geleugnet werden. Der Wandel der Repräsentationen ist doppelt in den konkreten Umständen eines Romans mitverzeichnet, der in einer Zeit entstand, in der sich das Autor-, Text- und Leser-Bild mit und durch ihn veränderte, und dessen zwei Jahrzehnte der Produktion, die Cervantes unter anderem einen Usurpator seiner Idee bescherten, offenbar eine Reihe von Umdisponierungen mit sich brachten. Es kann sich hier natürlich nicht die oft diskutierte philologische Frage stellen, ob Cervantes zunächst nur eine kurze Ritterromanparodie schreiben wollte und dann an seinem Thema Gefallen fand, ob der zweite Teil wesentlich anders ausgefallen wäre, wenn kein Avellaneda sich an dem Erfolg hätte beteiligen wollen usw. Es war zu sehen, daß bestimmte Selbstrepräsentationstypen sich erst allmählich entwickelt haben (wie der symbolische AUTOR und LESER im zweiten Teil), andere 'umbenannt' wurden (die Erzählungen des ersten Teils und das Erzähler-Ich wurden Cide Hamete überantwortet) und wieder andere 'eingeklammert' oder neutralisiert (wie das Kolloquium in Kap. II/2–4). Nicht einmal die Trennung von Teil I und Teil II stellte sich in jeder Hinsicht gleichermaßen als sinnvolle Zäsur in der Analyse heraus: zum einen, weil die ersten Kapitel der *segunda parte* als ausgelagerte Parabase gewissermaßen noch zur *primera parte* gehören (*mouvance* zwischen den Texten), zum anderen aber, weil der Einschnitt für die AUTOR-, TEXT- und LESER-Repräsentationen nicht die gleiche Bedeutung hatte. Vor allem die symbolischen AUTOR- und die indexikalischen und symbolischen LESER-Repräsentationen haben sich im zweiten Teil verändert bzw. gebildet oder sich – zuungunsten der im ersten Teil aufgewerteten TEXT-Position – gegenseitig in Dienst genommen. Nicht zuletzt mag auch ein Grund für die Polymorphie der Selbstrepräsentationen das breite Leserspektrum sein, dem Genüge getan sein will. Im ersten Prolog rät der Freund dem Autor: „Procurad también que, leyendo vuestra historia, el melancólico se mueva a risa, el risueño la acreciente, el simple no se enfade, el discreto se admire de la invención, el grave no la desprecie, ni el prudente deje de alabarla" (DQ I/*prológo*:18); zu Beginn des zweiten Teils muß Cervantes eingestehen, daß dies schlechterdings nicht möglich ist: „siendo de toda imposibilidad imposible componer [un libro] tal, que satisfaga y contente a todos los que le leyeren" (DQ II/3:604). Andererseits ist die Aufzählung der verschiedenen Lesertypen, die zugleich die Zwecksetz-

Analyse ergab, daß eines der eigentümlichsten Charakteristika des *Don Quijote* die zentrale, polyfunktionale und – wenn man das aus der modernen Auffassung von Sprache als Zeichensystem sagen darf – inkohärente Position 'TEXT' ist. Umso mehr, wenn man die Position von 'TEXT' poetologisch und epistemologisch als diskurshistorisches *énoncé* über das Verhältnis von Sprache und Welt und von Literatur als Fiktion liest. Das Objekt TEXT hat mehrere Positionen besetzt: Nicht die Wirklichkeit, sondern Schriften liest der segundo autor; durch die Brille eines Romans liest auch Don Quijote seine Welt; er selbst wird in doppelter Weise als Buch wahrgenommen (sein Roman und seine körperliche Gestalt selbst), wer über ihn spricht, spricht weitenteils über einen Roman. Bücher sind in mancher Hinsicht selbst wie Figuren – und wie die Figuren Entitäten der Welt. Die Bücher und die anderen TEXTE sind in ihrer Materialität weder von der Welt, die sie erzählen, noch von der Welt, in der sie existieren, abgeschnitten, sie sind materiell-inhaltliche Totalitäten. Wo Erzählungen, Bücher, Schriften etc. als TEXTE erscheinen, haben sie nicht nur eine zweiseitige Existenz als physisches Ding und als sprachliches Artefakt, sondern stets auch einen doppelten Ort: ein und derselbe TEXT ist als PRODUZIERTER etwas anderes denn als GELESENER. Wie es die Biographie Ginés de Pasamontes exemplarisch vor Augen führt, sind TEXTE in beiden Dimensionen ständiger Veränderung unterworfen: Die verschiedenen '*Don Quijote*'-Versionen werden durch das LESEN ebenso verändert wie durch das SCHREIBEN. Deshalb ist auch der Gesamtroman, der Aussage-TEXT, nirgendwo in seiner Totalität und nie als ein identischer TEXT repräsentiert. Die Autoren (als Welt-LESER, Geschichtsschreiber, Textkritiker) verwandelt die vorgefundenen Schriften und geben sie der Welt zurück. Wie die Autoren gehören deshalb auch die Leser zum Roman, beide sind im *Don Quijote* selbst mit zu Wort gekommen und bleiben nicht, wie noch im *Guzmán*, außerhalb. Die ständige Verwandlung, die die '*Don Quijote*'-Versionen durchlaufen und die das Lesen und Schreiben an ihnen verursachen, verhindert, daß sich alle auf den gleichen oder einer auf den ganzen Text beziehen kann. Daß dies auch noch für eingeschachtelte Erzählungen gilt – man denke an die Umwidmungen der Novellen, die Autobiographie Ginés de Pasamontes –, zeugt von der Dominanz jener *episteme*, die das Ermöglichungsgesetz dieser Wandlungsfähigkeit ist. Im Gegensatz zur *Cárcel de amor* und zur *Lozana andaluza* besteht im *Don Quijote* die erzählte Welt selbst schon maßgeblich aus TEXTEN, und umgekehrt hat jeder TEXT, der eine Welt erzählt, seinen Ort

---

zungen des Romans preisgeben (insofern sind sie symbolische TEXT-Repräsentationen), durchaus topisch, weshalb sie nicht schon der Hinweis auf einen möglichen Grund für die *Komplexität* der Selbstrepräsentationen sein muß. Eine ähnliche Aufzählung findet sich bspw. im Guzmán, wenngleich hier die bewundernswerte „invención", die Cervantes nennt, noch keinen Eigenwert hat: das Buch mögen dienen „a los malos de freno, a los buenos de espuelas, a los doctos de estudio, a los que no lo son de entretenimiento" (GA II/*Elogios* : III 61). – Solche historischen, pragmatischen oder außerdiskursiven Faktoren für die auffällige Komplexität der Selbstrepräsentationen im *Don Quijote* mögen einer eigenen Untersuchung wert sein; doch ist, um es noch einmal anzumerken, aus diskursepistemologischer Sicht für die hier gebotene Analyse allein interessant, in welcher Weise diese Faktoren sich offenbar allein in den Selbstrepräsentationen haben niederschlagen können oder müssen.

in der Welt und in seiner Materialität seine ontologische Zugehörigkeit zu ihr. Die Schriften erzählen die Wandlungen und Anachronismen ihres Helden in ihren eigenen substantiellen und materiellen Wandlungen nach, ja das Buch selbst ist wie sein Held, beinahe ein selbständiges Wesen, dem das Geschriebenwerden und Gelesenwerden zustößt wie dem Ritter selbst. In diesen Transformationen der TEXT-Position inszeniert der Roman offenbar seine eigene *mouvance*, das Gleiten der vielen Versionen ein und derselben Erzählung, der Novellen ebenso wie der zahlreichen 'Don Quijote'-Versionen, solange jedenfalls, bis der symbolische AUTOR schließlich seinen Eigentumsanspruch einklagt.

Diese merkwürdige Kopräsenz von AUTOR, LESER und TEXT im *Quijote* unterscheidet sich strukturell auf den ersten Blick in der Tat nicht wesentlich von der Kommunikationssituation mündlicher Aufführung. Doch da bei dem für die *mouvance* charakteristischen „jeu des variantes et remaniements", das zu einer „incessante vibration" und einer „instabilité fondamentale" des Textes führt[329], die Bewegung dieser Vibration im *Don Quijote* nicht von einem unendlich transformierten mündlichen 'Text' absorbiert wird, sondern jedes einzelne Transformationsmoment dieses Spiels der Varianten immer neue AUTOR-, LESER- und TEXT-Repräsentationen erzeugt, handelt es sich im *Quijote*, paradox gesagt, um *performance* unter den Bedingungen der Textualität. Die explosionsartige Komplexitätssteigerung der Selbstrepräsentationen ist damit vorgezeichnet. Und so vielfältig die Aspekte sind, unter denen TEXT dabei als LESBAR und PRODUZIERT repräsentiert ist, so vielfältig müssen entsprechend die Repräsentationen von AUTOR und LESER sein: Vom Drucker über den Kopisten, den Geschichtsschreiber, den Dichter bis hin zu den Figuren und zum zeitgenössischen Leser reicht nun die Spanne seiner AUTOREN. Und die seiner LESER ist nicht weniger differenziert: Cide Hametes Schriften sind nur durch die Augen des segundo autor dem Rezipienten zugänglich, aber was er als Cide Hametes '*Don Quijote*' herausgibt, ist wiederum allein durch die Kommentare seiner LESER zu erschließen; noch dann, wenn der TEXT abgeschlossen scheint (die *primera parte* in der *segunda parte*), kann er, wie Sanchos Konjekturen zu Beginn von Teil II zeigten, durch eine weitere PRODUKTIVE LEKTÜRE fort-GESCHRIEBEN werden. Die Totalität des Romans ist eine Überlagerung fragmentarischer Versionen, eine Überlagerung die bis zum Ende nicht abgeschlossen ist, Versionen, die bis zum Ende nicht miteinander identisch sind.

SCHREIBEN heißt im *Don Quijote* nicht mehr LESEN der Welt, aber das dichterische Schaffen versteckt sich hinter der Lektüre angeblich vorgefundener Schriften, so wie der Autor hinter seinen Hypostasierungen und Patronymen verschwindet. Der transzendente Raum für transzendentale Autorschaft hat sich noch nicht konstituiert, denn zwischen Autor, Leser und Text ist das Band, das Welt mit Sprache verbindet, noch nicht durchtrennt. Der Raum der Sprache bzw. des sprachschöpferischen Autors ist nur indirekt durch Ironie und Sprachstil der

---

[329] S. u. Fn. 157.

Helden evoziert; das Lesen ist im modernen Relativismus verankert, wenn es sich um die Dinge der Welt, nicht aber wenn es sich um Literatur handelt.

2.1.4 Selbstrepräsentation 1492 – 1615

Im *Don Quijote* werden die im 16. Jahrhundert wichtigsten Themen verhandelt, für die die Selbstrepräsentationen stehen: der Oralitätsdiskurs, der Medienwandel – auf den noch einzugehen ist – und das Selbstbewußtsein des Schriftstellers. Cervantes, so sah man, dokumentiert die eingangs skizzierten langangelegten Wandlungen in den Vorstellungen von Autor, Text, Leser und von Literatur überhaupt, die Selbstrepräsentationen in der Literatur bestimmen und radikal verändern mußten. Die zu Beginn von Kap. 2.1.0 getroffene literarhistorische Feststellung, daß eine Reihe auffälliger selbstrepräsentationaler Rekurse ('Intervention des Autors', Einbezug der Leserreaktionen, Bewußtsein des Helden, literarisiert zu werden) schon zur Erscheinungszeit des Romans vorweggenommen waren, in ihm aber offenbar nicht nur quantitativ, sondern auch qualitativ eine neue Dimension erreichen, kann nun im Vergleich zu beiden Vorgängern *Cárcel de amor* und *Lozana andaluza* in einigen Punkten konkretisiert werden. Der Funktions- und Positionswandel des Aussage-TEXTES erweist sich dabei aus mehreren Perspektiven als Katalysator der Entwicklung.

(i) *Die 'Intervention des Autors' (AUTOR-als-TEXT und -LESER)*. – In der *Cárcel de amor* steht der auctor in seiner doppelten Funktion als Spielleiter (Interpret) und Vertrauter des Helden im Zeichen der Intrige; wenn er selbst zum Gegenstand der Erzählung wird, dann vor allem insofern er als *Handelnder* Objekt der Nachahmung ist. Dann aber ist er gerade kein *AUTOR*. Der autor der *Lozana andaluza* hingegen betont einerseits sogar noch stärker die orale bzw. dramaturgische Interpreten- und Organisatorenrolle; doch dies scheint nur der Ausgleich für den eigentlichen Grund seiner nur peripheren Verstrickung in die Handlung zu sein: er glaubt sich als Welt-LESER empfehlen zu müssen, um als Autor eines poetischen Textes legitimiert zu sein. Gegenüber dem auctor der *Cárcel de amor* tritt er nicht nur auf, sondern *stellt* sich selbst *dar*, sowohl als dichtende (AUTOR) als auch als handelnde Figur (TEXT). Die Dramatisierung des *SCHREIBENDEN* Erzählers als–LESER ist in der *Lozana* gegenüber *Cárcel de amor* eine nicht nur kommunikative, testimoniale oder narrative Strategie, sondern sie hat auch eine poetologische Begründung. Delicado münzt den Kredit, den die Präsenz des Sprechers im Oralitätsdiskurs gewährt, in die Glaubwürdigkeit des Poeten als eines anwesend die Welt LESENDEN AUTORS um. Er LIEST gewissermaßen mit seinem ganzen Körper, in den sich die Welt, die er beschreibt, eingraviert, und die gleiche Präsenz des Autor-Körpers im *Retrato* ist es, die es ihm erlaubt, im Moment des LESENS zugleich zu SCHREIBEN, ohne daß sein SCHREIBEN die durch seine physische Präsenz legitimierte Wahrheit beeinträchtigte. Neugierde und Interesse, die dem zeitweiligen Verzicht des autor auf Allwissenheit korrespondiert, ist weniger Spiel als vielmehr Ausweis

247

des guten Poeten. In der Positionsverschiebung der Repräsentationen AUTOR und AUTOR-als-LESER manifestiert sich der funktionale und poetologische Wandel von Schreiben und Mimesis deutlich.

Im *Don Quijote* entfalten die AUTOREN das Spektrum der an der Produktion des materiell-sprachlichen Buches beteiligten Instanzen, keiner von ihnen kann aber die Gesamtverantwortung für den TEXT übernehmen. Mit dieser Pluralisierung und Relativierung der AUTOREN verliert die 'Intervention des Autors' ihre testimoniale Funktion. Wenn im *Don Quijote* die Welt selbst schon ein TEXT ist, wird alles Erzählte a priori von Dritten (AUTOREN) abhängig; wo Autoren intervenieren, kommentieren sie dann nicht mehr allein die erzählte Handlung, sondern häufig poetologische und 'philologische' Aspekte des Buches als Text, seine Intertextualität und Polyphonie[330]. Die Interventionen nehmen umgekehrt zwar keinen Einfluß mehr auf den Verlauf der Handlung, dafür können sie den Text, der die Geschichte erzählt, radikal verändern. Dies führt, wie schon ansatzweise in der *Lozana* dazu, daß Handlungselemente überhaupt suspendiert oder gänzlich in Frage gestellt werden (inmitten des Puerto-Lápice-Abenteuers bzw. die Montesinos-Episode); alles Erzählte wird dadurch potentiell zu einer Version unter anderen – im Zweifelsfalle gibt es gleichzeitig soviele Versionen wie AUTOREN. Entsprechend gestaltet sich auch das Bild des interferentiellen AUTORS: vermittelte er in der *Cárcel de amor* zwischen Figuren und in der *Lozana* zwischen Figuren (Welt) und Buch, so sind es im Don Quijote nunmehr Schriften, die es zu finden, zu sichten und zu kompilieren gilt.

Im *Don Quijote* haben sich die AUTOREN vom Posten des Wirklichkeit und Sprache vermittelnden Welt-LESERS weit entfernt. In dem Maße, in dem sie Information strategisch preisgeben, manifestieren sie ein narratives Kakül, das sie aus ihrer Interferenz AUTOR-als-LESER entbindet und einen auktorialen Gestaltwillen freisetzt. Ihr immer nur partielles Wissen, das sich in der prinzipiellen Unvollständigkeit und Widersprüchlichkeit der Quellen ausdrückt, verweist auf die Unmöglichkeit einer vollständigen Darstellung. Es ist offensichtlich, wie weit diese Selbstrepräsentationen von den früheren Oralitätsinszenierungen entfernt sind, in denen der AUTOR-'Interpret' als ein Organ des TEXTES dargestellt wurde. Die Vergegenwärtigung der Aussage-TEXT-Ebene im *Quijote* manifestiert sich auch darin, daß durch Mündlichkeitsmomente geprägte Selbstrepräsentationsstrukturen im *Don Quijote* entweder sofort neutralisiert (der beginnende Ich-Erzähler durch die Puerto-Lápice-Episode), als *mise en abyme* integriert (Maese Pedros Puppentheater) oder vom Textfluß absorbiert werden (Sanchos Konjekturen zu Beginn des zweiten Teils).

---

[330] Diese durch die Intervention Cide Hametes als Dichtertypus hervorgebrachte Verschiebung im Vergleich zu *Cárcel de amor* und *Lozana andaluza* läßt sich als allmähliche Dissoziationsbewegung (Jüttner 1973:193–196) von Roman und Geschichtsschreibung interpretieren, die – so Jüttner – in der *Lozana* deshalb fehle, weil die Rezeption der aristotelischen *Poetik* noch nicht ihre Spuren hinterlassen habe. Während Delicado die Banalität der Rhetorik aufzeige, aber noch ein historisch-wahrheitsgetreues Bild vermitteln wolle, gelte im *Don Quijote* allein die poetische Wahrheit (Bubnova 1990:573).

(ii) *Literaritätsbewußtsein der Figur und Präsenz des Buches in der erzählten Welt (TEXT-als-LESER seiner selbst).* – Nicht nur der intervenierende Autor, sondern auch das Literaritätsbewußtsein der Figur wandelt sich mit der Präsenz des Buches in der erzählten Welt. Diese Bewegung schlägt sich unmittelbar in der historischen Verschiebung der Aussage-TEXT-Ebene nieder. Wie in den Vorgängerromanen ist auch im *Don Quijote* die 'Intervention des Autors', insofern er mehr ist als Interpret, durch seine LESE-Haltung gegenüber der von ihm erzählten Welt motiviert. Die Kehrseite dieser Intervention ist die Präsenz des Buches in der erzählten Welt. Diese Präsenz ermöglicht die Zeitgenossenschaft des Romans mit seinen Figuren und seinen Lesern. Beide Dispositionen, die 'Intervention des Autors' und die Gegenwart seines Buches in der erzählten Welt, die ihrerseits dazu führen, daß der Protagonist ein Bewußtsein seiner möglichen oder wirklichen Literarisierung gewinnt, verändern sich reziprok zueinander und bestimmen sich gegenseitig. Sie stellen die zwei Seiten der gleichen Vergegenwärtigung des Aussage-TEXTES dar: Je stärker der Autor als solcher interveniert, umso präsenter ist sein Buch und umso höher das Fiktionsbewußtsein der Figur. In der *Cárcel de amor* wünscht sich Leriano noch eine Existenz in einer zukünftigen, posthumen Exempelgeschichte, entsprechend tritt der auctor auch noch nicht als ursprünglicher PRODUZENT auf. In der *Lozana andaluza* hat die Position 'TEXT', ebenso wie im *Quijote* einen doppelten Ort als erzählte Welt und Erzählung in der Welt, denn wie die cervantinischen Helden weiß sich auch die Lozana als literarisiertes Objekt. Der autor redigiert bereits den *Retrato*, in dem die Protagonistin sich porträtiert weiß. Die Lozana kann sich als Heldin eines gegenwärtigen, aber noch nicht abgeschlossenen, gedruckten Buches erfahren. Sie ist sich ihrer Existenz als Gegenstand der Literatur dort bewußt, wo der *Retrato* noch im Entstehensprozeß begriffen ist, weil der auctor nicht verheimlichen kann, daß er sie porträtiert. Dieses Wissen bezeugt indessen nur abermals, nun von der Seite des porträtierten Objekts her, die Anwesenheit des auctor in seinem eigenen Roman. Weit davon entfernt, jenen in ein ontologisches Trauma zu stürzen, ist das 'Fiktionsbewußtsein' der Lozana noch die Bestätigung für die Wahrhaftigkeit des auctor. Wenn das Portrait aber einmal abgeschlossen ist und die Kunstfertigkeit des auctor Rom in einen Roman verwandelt hat, könnten Lozana und ihre Nachbarn zwar ohne weiteres ihr Porträt anschauen – gerade die von Delicado nachträglich angefügten Epilog-Teile zeugen von der gewollten Zeitgenossenschaft seiner Erzählung; doch als mögliche zukünftige Leser des abgeschlossenen *Retrato* gehören sie, anders als im *Quijote*, nicht mehr zur erzählten Welt. Die Präsenz des gedruckten und veröffentlichten Buches in der Welt des *Don Quijote* geht damit einher, daß der segundo autor von vornherein schriftliche Texte zur Produktion des Romans verarbeitet; aber auch der gesamte Roman, Cide Hametes *'Don Quijote'*, kann nun ebenfalls von Figuren innerhalb der erzählten Welt rezipiert werden, was tatsächlich geschieht. Die LESER des *'Quijote'* rücken damit, hinsichtlich des TEXTES, in die Position des vormaligen AUTORS. Die im Vergleich zu *Cárcel de amor* und *Lozana andaluza* auffällige Pluralität der AUTOREN im *Quijote* ist tatsächlich von einer Ablösung des vormaligen einzigen AUTORS und der Übertragung von Ko-AUTORschaft an die *'Don Quijote'*-LESER begleitet – mit dem Vorbehalt freilich, daß sowohl die AUTOREN als auch die LESER nicht den Text vor Augen haben, in dem sie ihre Existenz in diesem Moment haben. Die LESER-Ikons sind nicht mehr auf die Funktion verpflichtet, wie der auctor in *Cárcel de amor* etwa, die Welt für das Verständnis des Rezipienten zu deuten; wenn die Darstellung eines Sachverhalts, wie Don Quijotes Taten, vom Berichterstatter selbst abhängt, kann auch jeder Welt-LESER die Welt nach seinen Gesetzen interpretieren. Der Perspektivismus der Welt-LESER findet eine Parallele im Skeptizismus des Philologen.

(iii) *Prozeß und Produkt.* – Mit der zunehmenden Vergegenwärtigung des Aussage-TEXTES in der Diegese wird zwingend auch die Dialektik von Prozeß und Produkt neu reflektiert. Die *Cárcel de amor* thematisiert diese Dialektik noch nicht eigens. Bei Delicado spielt sie, wie schon angedeutet, eine unübersehbare Rolle bei der Entwicklung seiner Poetik. Die Grenzlinie zwischen *inventio* und *dispositio*, zwischen dem Sammeln und der poetischen Ausarbeitung, die zugleich die zwischen Faktizitätsanspruch des Chronisten und dem Wahrscheinlichkeits- und Poetizitätsanspruch des Dichters ist, verläuft zwischen Prozeß und Produkt, d.h. in der vertikalen Ontogenese ein und desselben TEXTES, nämlich dem, der zum Aussage-TEXT wird[331]. Im *Quijote* findet eine schon in Richtung Horizontale verlagerte Pluralität voneinander abweichender Versionen statt, die nicht mit dem Aussage-TEXT zusammenfallen. Der Aussage-TEXT ergibt sich als Epiphänomen verschiedener TEXT-Versionen, LEKTÜREN, PRODUKTIONEN. Da in der Erzählung in der Regel schriftlich fixierte TEXTE erscheinen, ist es auch konsequent, daß Don Quijote im zweiten Teil nicht wie die Lozana einem *work in progress* gegenübersteht, sondern einem vorläufig abgeschlossenen Roman. Dennoch ist die Prozessualität von Text im Quijote radikaler inszeniert. Gerade weil die Welt aus Texten besteht, stellt sich im *Quijote* die Frage nach dem faktisch Wahren schon allein deshalb nicht mehr, weil nicht mehr Welt Objekt der Mimesis ist, sondern Sprache, TEXT. Und TEXT bedeutet substantielle Abhängigkeit von denen, die ihn SCHREIBEN und von denen die ihn LESEN. Der Text ist, solange nicht der abschließende Aussage-TEXT gemeint ist, instabil und radikal prozeßhaft.

Die frühmoderne „mimesis of process" als poetische Umsetzung des *natura naturans*-Prinzips läßt sich bei Delicado, trotz kunstvoller syntagmatischer Verschränkung der beiden in der Analyse nachgezeichneten gegenläufigen Bewegungen, vertikal, teleologisch anordnen: LESEN und SCHREIBEN in verschiedenen Prozeßmomenten, fertiges Manuskript, gedruckter Text. Dies impliziert die Vorstellung einer stabilen Bedeutung, eine Idee, die noch bei Cervantes in der Wandelbarkeit der Materialität und der raumzeitlichen Fixierung der Schriften transportiert wird; doch hier ist, im Gesamtrahmen betrachtet, die Entstehung

---

[331] Die jeweils verschiedenen TEXT-Zustände bzw. Prozeßmomente der Ontogenese des TEXTES sind, formal ausgedrückt, sich reihende Repräsentationen eines gleichen Objekts, die eine Interpretantenkette auf der genealogischen Achse bilden.

des Aussage-TEXTES durch verschiedene Versionen auf die horizontale, syntagmatische Ebene hin verschoben. Im modernen 'sich-selbst-erzeugenden' Roman wird jedes einzelne Wort und jede neue Lektüre die je vorgängige Referenz verändern. *Don Quijote* markiert den Übergang vom platonisch-vertikalen Modell der Mimesis zum modernen horizontalen Modell der Selbstbegründung des Werks.

(iv) *Sprachlichkeit und Körperlichkeit*. – Im Zuge der Vergegenwärtigung von und Reflexion auf den Aussage-TEXT, die nicht nur, wie schon festgestellt, im Zusammenhang mit der Entstehung eines neuzeitlichen Literaturbegriffs steht, sondern auch im Kontext der Säkularisierung des Buchsymbols, der Verwandlung des Buches in einen abstrakten Text als Objekt der Beobachtung zu sehen ist, wandelt sich auch das Verhältnis von Sprachlichkeit und Körperlichkeit in den Instanzen der ästhetischen Kommunikation[332]. In der *Cárcel de amor* ist die Körperlichkeit des auctor eingebunden in seine testimoniale und handlungsmächtige Präsenz in der Geschichte. Sie wird selbst nicht als Widerspruch zur Sprachgestalt der geschriebenen Geschichte gesehen, zumal der auctor sich in inszenierter Mündlichkeit zur Schau stellt. Aus diesem Grund wird die Körperlichkeit von AUTOR- und TEXT-Repräsentationen auch nicht intentional zum Träger poetologischer Aussagen. In der *Lozana andaluza* verhält es sich schon anders. Gerade die betonte Zurschaustellung des Körperlich-Materiellen in den Momenten des Schreibens (die Schreibstube, die Syphilis) wirkt hier als Kompensation der Entmaterialisierung durch Manuskript und Buchdruck. Dieses SCHREIBEN wird, aus der Perspektive des abgeschlossenen Werks, zwar als ein Gestalten reflektiert, im Prozeß selbst jedoch ist es die Seismographie einer Welt, die auf den Körper des autor und seine Schreibfeder nachgerade physisch einwirkt.

Die Dualität von inhaltlicher und materieller Seite des Zeichens im *Quijote* wurde ausführlich kommentiert. Der Ritter ist nicht nur deshalb ein wandelndes Buch, weil er in Form von Büchern in Erscheinung tritt, sondern auch deshalb, weil die materielle Existenzform der Schriften, die von ihm handeln, den Anachronismus seines Wesens sinnfällig macht. Der Nominalismus einer durch Sprache geordneten Welt ist an seiner schwächsten Stelle, nämlich dort, wo Sprache auch körperlich ist, in der Materialität des TEXTES, noch dem renaissancezeitlichen, analogistischen Denken verpflichtet und vertraut auf den Signaturen-Charakter seiner fühlbaren Oberfläche. Die Welt ist zum Text geworden, aber in ihrer körperlichen Gestalt ist Sprache noch ein Teil der Welt. So ist zwar in beiden Romanen Körperlichkeit/Materialität wesentliches Ausdrucksmittel: bei der *Lozana* im malenden Schreiben und in der physisch anwesenden Figur des autor selbst, beim *Quijote* in den materiellen Wandlungen der TEXT-Repräsentationen; in jenem ist der Körper des Dichters Seismogramm der *physis* der Welt, in diesem der materielle Körper des Buches; dort liegt der Sinngarant in der AUTOR-Position, hier in einem Aspekt der TEXT-Position.

---

[332] S. zu diesem Problem etwa Gumbrecht (1985).

(v) *Symbolischer AUTOR und symbolischer LESER*. – Im *Quijote* gibt es jedoch auch die andere Seite, denn im symbolischen AUTOR und symbolischen LESER werden TEXT und AUTOR auch als sprachliche Entitäten evoziert. Wenngleich Cervantes nicht auf jede sozialdidaktische Verpflichtung seines Romans verzichtet, so ist es doch gerade nicht die Aufforderung an den Rezipienten, seine eigene Lektüre des *Don Quijote* kritisch zu begleiten, die dieses Ziel verfolgt. Vielmehr ist der Rezipient im zweiten Teil zu einem ästhetischen Urteil aufgerufen, nämlich aus Don Quijotes und Sanchos Sprachgebaren die Handschrift Cervantes' herauszulesen. In der *Cárcel* und in der *Lozana* hätte es zu einer solchen Instrumentalisierung des symbolischen LESERS schon deshalb wenig Veranlassung gegeben, weil sich der eine AUTOR ohne Verwechslungsmöglichkeit zu erkennen gegeben hatte. Die Vielzahl der sich für den Roman gleichermaßen verantwortlich erklärenden AUTOREN im *Don Quijote* verlangt vom Rezipienten jedoch philologisches Interesse und stilistisches Feingefühl. Der zu ermittelnde symbolische (transzendentale) AUTOR aber präsentiert sich nicht als Figur, sondern konstituiert sich als Verweisungshorizont, auf den die Sprache der Helden und die ironischen Indices zielen. Als solcher ist nicht mehr, wie in der *Lozana*, der beste Panegyriker seines Helden. Wenn am Ende des Romans Cide Hametes Schreibfeder ins Soliloquium verfällt, um diesen Gedanken auszusprechen, ist dies gewissermaßen die Umkehrung des Oralitätsdiskurses, mit dem der Roman begonnen hatte.

Die Wandlungen der Selbstrepräsentationen manifestieren sich – auf einen Nenner gebracht – an einer semantischen und semiotischen Verschiebung der Position des Aussage-TEXTES. Zwischen *Cárcel de amor* und *Lozana andaluza* rückt diese Ebene allmählich in die Erzählung ein, d.h. wird LESBAR, nicht zuletzt für die Figuren, von denen er handelt. Im *Don Quijote* scheint der Roman in dem Maße für die Figuren LESBAR zu werden, wie er nur dem ultimativen AUTOR LESBAR ist – in seiner Gesamtheit, Abgeschlossenheit, ja noch Gedrucktheit. Doch eigentlich wird der Aussage-TEXT nur scheinbar als vom AUTOR gelöster, vollständiger TEXT in der Welt LESBAR. Denn das *autoenchâssement* ist so realisiert, daß die Figuren nur eine abweichende Version LESEN können, der Aussage-TEXT ist in der Regel ebenso indirekt repräsentiert wie sein symbolischer AUTOR. Das Ausbleiben der Konstruktion eines transzendentalen Erzählers geht offenbar Hand in Hand mit dem Ausbleiben einer *mise en abyme* im modernen Sinne, die nach Dällenbachs Definition ja ihrerseits die Totalität einer Aussage-TEXT-Repräsentation voraussetzt. Aussage-TEXT-Repräsentationen kommen überhaupt nur dort vor, wo eine TEXT-Repräsentation gerade nicht mehr weiterhin LESBAR bleiben darf, d.h. dort, wo es Cervantes darum zu tun ist, ein Signifikat zu vermitteln, das nicht offen sein darf: weil die Identität von AUTOR und Figuren oder die narrative Kohärenz der Geschichte auf dem Spiel steht oder ein Bewußtsein der Materialität des TEXTES (und damit letztlich seiner Fiktionalität) zur Schau getragen wird. Sprachliche Konstruiertheit – das nominalistische Modell – wird nur über den

Umweg aufgezeigter Materialität reflektiert, die im *Quijote* zugleich Fragmentarität, Parodie und ironisch verbrämtes Bekenntnis zur Literarizität ist. Gerade dadurch aber, daß selbst am Ende des Romans in der Rede von Cide Hametes Schreibfeder nur ein *ikonischer* TEXT – eben der *'Quijote'* des Cide Hamete – zum Abschluß gebracht wird, hält der Roman noch eine überraschende Pointe bereit. Julia Kristeva (1969:141–142) sieht den abschließenden Verweis im Roman auf die „écriture", d.h. die Materialität (Endlichkeit) der Schrift, mit dem der Erzählung ein willkürlicher, subjektiver Abschluß gesetzt werden soll, als Residuum der metaphysischen „conscience phonétique" (im Sinne Derridas), weil dadurch die Kategorien von Werk und Autor aufgewertet würden, denen gegenüber – „de la Renaissance jusqu'à aujourd'hui" – die „écriture" als „une limite artificielle, une loi arbitraire, une finition subjective" erscheine:

> L'écriture se révèle être, pour celui qui se pense comme 'auteur', une fonction qui ossifie, pétrifie, arrête. [...] L'intervention de l'instance de l'écriture dans le texte est souvent l'excuse que l'auteur se donne pour justifier la fin arbitraire de son récit. (l.c.)

Wenn im *Don Quijote* dieser Verweis auf die abgeschlossene Schrift in der Schreibfederszene am Ende des Romans besteht, wird nicht der Aussage-TEXT, sondern nur der TEXT Cide Hametes abgeschlossen, d.h. eine der verschiedenen *'Don Quijote'*-Versionen. Es schließen sich ein für alle Mal allein die Seiten von Cide Hametes *'Quijote'*, nur ein ikonischer TEXT wird abgeschlossen, nicht aber der Aussage-TEXT. Auch von dieser Seite aus verschließt sich der Roman nicht über sich selbst.

Die Proliferation von AUTOREN TEXTEN und LESERN, die Inkohärenz der TEXT-Position, die Unentschiedenheit zwischen *mouvance*-Modell und transzendentalem Erzähler, zwischen *episteme* der Analogie und *episteme* der *représentation*, das unsichere Selbstbewußtsein des Schriftstellers – all diese Phänomene werfen als Merkmale des *Quijote* und als 'Fortschritt' gegenüber der *Lozana* die Frage auf, inwiefern ein Zusammenhang zwischen Diskurs- und Medienwandel bestehen könnte, zumal der Buchdruck direkt die TEXT-Position betrifft, d.h. die Position, über die sich im *Quijote* nicht nur die Selbstrepräsentationen organisieren, sondern die auch als Symptom diskursiven Wandels verfolgt wurde.

2.1.5 Schrift und Buchdruck

Es dürfte angesichts des Themas dieser Untersuchung selbstverständlich sein, daß in den folgenden Bemerkungen eine umfassende Darstellung der revolutionären Folgen der neuen Kommunikationstechnologie weder geleistet werden kann noch soll[333]. Vielmehr ist der mögliche Zusammenhang zu bedenken, der

---

[333] Das Schrifttum über den Wandel der Kommunikationstechnologie in der frühen Neuzeit ist mittlerweile unübersehbar. Besonders aufschlußreich für die folgenden Überlegungen waren: McLuhan (1968), Eisenstein (1979), Ong (1977, 1982) sowie die umfassende sy-

zwischen der Verschiebung des Aussage-TEXTES und den Erfindung des Buchdrucks besteht, zwischen einem diskursiven *énoncé* und einem außerdiskursiven Faktor mithin. Die Konsequenzen des Medienwandels haben sich im diskursiven Feld nicht nur nicht mit der Plötzlichkeit ausgewirkt, die die konkrete Erfindung der Druckerpresse selbst kennzeichnet; die Erfindung beweglicher Lettern ist, nach Illich (1991: 123), ohnehin nur als das „auffälligste Ereignis *innerhalb* einer übergreifenden Epoche" der Verschriftlichung anzusehen[334]. Auch aus diesem Grund kann der Zuwachs an Manuskripten und schließlich die Verbreitung von Schrifttexten durch den Druck zusammen gesehen werden[335]. Der Buchdruck – in Spanien seit 1472 – setzt der Ausbreitung der Manuskriptkultur mit dem Entstehen der Universitäten seit dem 13. Jahrhundert einen Höhepunkt. Da *Cárcel de amor* und *Lozana andaluza* zwar zu einer Zeit entstehen, als die erste und zweite Generation der Buchdrucker in Spanien die Präsenz von Büchern gegenüber den bucharmen Jahrzehnten davor vervielfachen, das geschriebene Wort aber nur langsam die Macht des gesprochenen ablöst (Gilman 1972:311–315) und die Auswirkungen des Buchdrucks in der Vollgewalt ihrer Konsequenzen erst im *Don Quijote* zum Tragen kommen, zeigt sich vor allem dort eine allmähliche Bewußtwerdung der Materialität des Textes in den Selbstrepräsentationen. Der Buchdruck ermöglicht zum ersten Mal das Phänomen der Massenliteratur[336], wenngleich die Leserschaft sich zunächst nur aus einem begrenzten sozialen Spektrum zusammensetzt. Die damit allmählich einhergehende Kommerzialisierung des Buches, auf die es im *Quijote* zahlreiche Hinweise gibt, ist mit dafür verantwortlich, daß Autoren wie Mateo Alemán oder Cervantes entrüstete Opfer von Fortsetzungen und Plagiat werden konnten.

---

stemtheoretisch basierte Studie von Giesecke (1991). Zu einigen politischen Dimensionen, soziohistorischen und -literarischen Auswirkungen des Buchdrucks in Spanien s. Gumbrecht (1985, 1990:175–221).

[334] Vgl. Illich (1991: 85–123). – Die wichtigsten Voraussetzungen dafür, daß der Buchdruck zum Epiphänomen einer Verschriftlichungsrevolution werden konnte, wurden, so Illich, bereits seit der Generation Hugos von St. Viktor (also ab der Mitte des 12. Jahrhundert) geschaffen; das Ergebnis der Wandlungen in bezug auf Mentalität, Symbol und Ökonomie des Buches war der vom *Buch* gelöste *Text* als Gegenstand des Wissens und Erkennens. Mit dem Verfall der Vorherrschaft des Latein über die Buchstaben konnte das Alphabet für volkssprachliche und juristische Texte, aber auch etwa als Index für die bessere Zugänglichkeit der Bücher genutzt werden. Zugleich wird das laute, soziale Lesen im Kloster durch das leise, individuelle Lesen in den allmählich entstehenden Universitäten abgelöst. Die Konsolidierung eines abstrakten *Textes* als selbständiger, von der physischen Realität des *Buches* gelöster Gegenstand der Betrachtung verlief Hand in Hand mit dem Aufkommen der Scholastik, der Textkritik und dem sozialen Wandel. Die Entwicklung kulminiert in einer allgemeinen Wandlung des Buchsymbols: Unter der Materialisierung des *Textes* trübt sich die Transparenz des *Buches* als Fenster zu Gott und der Welt ein: das *Buch* verweist nicht mehr auf die *Welt als Buch*, vielmehr ersetzt der *Text* die Welt als Objekt der Hermeneutik und Kritik. Die Druckkunst stellt sich unter dieser Perspektive nur noch als letzte Stufe einer Materialisierung dieses neuen Text-Begriffes dar.

[335] Ein weiterer Grund für dieses Vorgehen ist, daß die folgenden Bemerkungen keinen Beitrag zu McLuhans oder Ongs Theorem einer Differenz zwischen oralen und skripturalen Gesellschaften, die sich an der Druckerpresse trennten, leisten sollen.

[336] Vgl. die Auflagenzahlen bei Chevalier (1976:67–72).

Vor allem zwei Komplexe lassen sich isolieren, die mittelbare Folgen für Selbstrepräsentationen erwarten lassen: (i) durch Buchdruck bzw. allgemeiner die Schriftkultur wird Kommunikation „ent-ereignet", (ii) kulturelle Äußerungen lassen sich in fixierter Form „beobachten" (Luhmann 1986:631).

(i) Die Erfindung des Buchdrucks zerreißt die sich an der oralen Aufführung bzw. am handgeschriebenen Manuskript konstituierende Verbindung von Autor, Text und Leser. Autor und Leser müssen durch inszenierte Kommunikationssituationen (Rahmenerzählung, Dialoge, Autorstimmen) stärker als bisher fiktionalisiert werden, um den fehlenden sinnstiftenden Kontext zu ersetzen[337]. Deshalb werden zunehmend AUTOR, TEXT und LESER als ikonische (z.B. Rahmenhandlungen als inszenierte Rezeptionssituationen) und indexikalische Repräsentationen (Leseransprachen, Vorworte) im Roman selbst notwendig. Sinnpräzisierungen dienen nicht nur der Übertragung moralischer Botschaften, sondern sind auch vonnöten, um den fehlenden Autor in Form der Intention des Textes widerherzustellen. „Der *Körper des Buches* – eigentlich eine Metapher – war in der Manuskriptkultur Garant für die Dauer des Wortes und die Präsenz von Autor und Sinn"; im Zuge der Verbreitung des Buchdrucks werden in der Textkritik der „*Autor* und der von ihm vermeinte *Sinn* [...] als Größen *hinter* dem schriftlich Überlieferten gesucht" (Müller 1988:215). Dies kann die beobachtete Zunahme von symbolischen AUTOR- und LESER-Repräsentationen erklären.

Die Semantisierung von TEXT-Repräsentationen ist so eine doppelte: auf der Signifikatsebene muß der TEXT die Kommunikationsinstanzen repräsentieren und den Sinn des Geschriebenen beherbergen, als materielles Zeichenmittel muß er für die Überlieferungsqualität, Reichweite und Dauerhaftigkeit bürgen, die nunmehr, im Druckzeitalter, „in das Übertragungsmedium selbst investiert" worden ist (Ehlich 1983:38).

Mit der Reproduzierbarkeit entsteht schließlich auch die Idee des Privatbesitzes an Wörtern. Autornamen und Titel werden zu relevanten Größen. So erwähnt bspw. Fernando de Rojas seinen Namen im Zusammenhang mit dem Buchdruck und erst in der *Celestina*-Ausgabe von 1502 (in der schon mehrfach erwähnten Einlassung des *corrector de la impression*); auch Delicado entdeckt seine Autorschaft der *Lozana andaluza* erst in einem späteren Werk[338].

(ii) Schrift und radikaler der Druck halten den Kommunikationsstrom an und lassen die kulturellen Äußerungen „beobachtbar" werden. Das einheitliche Druckbild suggeriert eine Substantialität der Wörter, die sie zu abgeschlossenen, unveränderlichen und unangreifbaren Dingen werden läßt (Ong 1982:125–126,132)[339]. Die Entkopplung des Textes von seinem ursprünglichen Produkti-

---

[337] S. Ong (1975; 1982:103–104).

[338] Vgl. o. Fn. 249.

[339] Hier entsteht auch ein neuer Aberglaube an das Gedruckte, der auf der Homogenität der Druckseite beruht. Dies trägt besonders für die Bibel-Ausgaben zur Glaubwürdigkeit des Textes selbst bei und ersetzt die mündliche Autorität (vgl. McLuhan 1968: 197–198).

onskontext lenkt unter dieser Perspektive die Aufmerksamkeit auf die Textualität der Sprache (l.c.130) und ihre materiellen Erscheinungsformen[340].

Die ins Bewußtsein tretende Textualität bringt auch auf der Produktions- und Rezeptionsseite Einstellungswandlungen gegenüber dem im Text aufbewahrten Wissen mit sich. Die dem Leser aufgegebene Rekonstruktion des Sinns fordert eine reflektierte Lektüre (symbolische LESER-Repräsentation). Das passive Lesen – so die Vorschriften seit Platon – wird in aktives verwandelt. Distanznahme zum eigenständigen Text und allmähliche Internalisierung der Trennung von Autor, Text und Leser führt nicht nur zu einem bewußten Schreiben und Lesen, sondern eben dadurch auch zum Ausweis fiktionaler Wirklichkeit im Roman (Ong 1985:5) (dafür fanden sich zahlreiche Beispiele im *Don Quijote*). Die Trennung des wissenden Subjekts von der Repräsentation dieses Wissens im Text (das nach der Erfindung des Buchdrucks die Gedächtniskapazität weit überschreitet [Müller 1988:205]), eröffnet u.a. Freiräume für die Darstellung subjektiven inneren Erlebens (Ong 1982:105,131–132).

Ein Katalysator für die durch den Buchdruck betriebenenen Umwälzungen ist die Verwandlung wahrheitsbegründender Buch- und Schriftmetaphern in den säkularen Text. Das seit dem *Phaidros* der Idee des Buches innewohnende Moment der Wahrheit (Derrida 1972a:213–214) oder Offenbarung (Curtius 1967:330) garantiert auch, daß die Erwähnung eines Buches als Quelle – also eine einfache TEXT-Repräsentation ohne weitere symbolische Repräsentationen – ausreicht, um dem eigenen Text Wahrhaftigkeit und Autorität zukommen zu lassen (Spitzer 1959:100–103, bes. 102n3). Ein Bruch in der Geschichte der Metapher vollzieht sich, so Derrida, erst „au moment, où se constitue, en même temps que la science de la nature, la détermination de la présence absolue comme présence à soi, comme subjectivité. C'est le moment des grands rationalismes du xviie siècle" (Derrida 1967a:29). Aus der grundsätzlich hermeneutischen Vorstellung des Buches, in dem der zu entschlüsselnde Text der Welt aufbewahrt ist, entsteht eine schöpferischen Einstellung gegenüber der Welt (Curtius 1967: 329ff).

Die entscheidende Rolle, die der Buchdruck für das Ende der Buchmetaphern (Curtius 1967:331) durch die Dekontextualisierung der Schrift von ihrem metaphysischen Ursprung spielt, d.h. letztlich durch eine semantischen Verschiebung der Schrift (Zumthor 1972:42) (der TEXT-Repräsentationen), ist evident. Kristeva (1970:139) bringt es auf die Formel: „En 1455, Gutenberg imprima la Grande Bible Latine. A cette date, l'âge du livre sacré prend fin. A travers la technique, l'écriture se confondra définitivement avec la parole, et le roman sera

---

[340] Dies läßt sich schon bei *cuaderna vía*-Dichtungen wie dem *Libro de buen amor* beobachten (s. Nepaulsingh 1978). Die Zunahme von Manuskripten im alltäglichen Leben wirkt direkt auf die Versifikation ein. Der üblicherweise vierfach gefaltete Papierbogen – cuaderno – gibt den *cuaderna vía*-Dichtungen das Strukturprinzip für die Strophenaufteilung und den darin verborgenen vierfachen bzw. doppelten Schriftsinn (*sensus literalis* und *sensus spiritualis*) vor. Weitere Beispiele für die ins Bewußtsein tretende Materialität des Textes sind der Quellenverweis im *Amadís* oder die zahlreichen Briefe im sentimentalen Roman (z.B. *Cárcel de amor*).

le symptôme de cette confusion". Freilich vollzieht sich dieser Übergang nicht so plötzlich[341], bruchlos und vor allem nicht ohne Kompensationen. Der starke Reiz des Buchs, „Totalität von Widerstrebendem" in einem Raum „zwischen Enzyklopädie und Bibel" (Blumenberg 1981:16–17, 305) bildlich zu umfassen, erlaubt neben dem *Buch der Bibel* und dem *Buch der Natur* auch säkulare Bildbereiche (Curtius 1967:327). Noch im *Don Quijote*, der für die Entzauberung des Buches viele Beispiele geliefert hat, werden, wie schon bemerkt, Bücher als eigenständige Wesen betrachtet und bisweilen personifiziert. Als „idée d´une totalité, finie ou infinie, du signifiant" (Derrida 1967a:30) wird die Buch-Metapher noch dort zu finden sein, wo nichts anderes als der Aussage-TEXT gemeint ist[342].

Schrift und Buchdruck im *Don Quijote*

Wo im *Quijote* thematisch die neue Medientechnik erscheint, ist sie durchgängig direkt oder indirekt mit dem Problem der Autorschaft verbunden. Es ist auffällig, daß der Buchdruck ambivalent konnotiert ist. Einerseits wird er als etwas Negatives und Bedrohliches empfunden. Daß gerade die Schreibfeder Cide Hametes zum Träger einer unverbrüchlichen, gegen Avellaneda definierten Identität wird, gibt eine verbreitete Erfahrung mit der Vergänglichkeit der Manuskripte angesichts des soliden Buchdrucks wieder. Noch dauerhafter als die Feder wären jedoch die Bleilettern gewesen (Müller 1988:206). Doch denen scheint Cervantes eben nicht zu trauen. Die Schreibfeder ist genuiner Ausdruck der *physischen, existentiellen* Verbundenheit des Autors (Cide Hamete in diesem Fall) mit seinem Text. Die abschließende Schreibfeder-Rede scheint den Autor, der aus dem Drucktext getrieben war, wieder in den materiellen Text einführen zu wollen. Stellte sich zu Beginn des ersten Prologs noch die Frage, *was* sie angesichts der Stilverpflichtungen der Poetik schreiben soll, sagt sie am Ende, *wer* schreibt, und in Abgrenzung gegen wen. Während der wahre Autor also mit dem Manuskript identifiziert wird, erscheint die technische Reproduzierbarkeit als Keimzelle für Fälschung. Beide Don Quijotes „andan impresos en el mundo", und die Verdopplung des Ritters geht einher mit dem Plagiat gegenüber Cide Hamete, nachdem dessen Schriften gedruckt sind. In Barcelona findet Don Quijote in der Druckerwerkstatt ausgerechnet Exemplare der Avellanedaschen Fortsetzung, und Cervantes läßt sich diese Gelegenheit zu einer weiteren Polemisierung gegen Avellaneda nicht nehmen (DQ II/62:1065–1066). Im Kolloquium mit Sansón Carrasco und Sancho gibt Don Quijote schließlich zu bedenken, daß der Buchdruck eine Gefahr für den Ruhm des Autors ist: „muchas veces acontece que los que tenían méritamente granjeada y alcanzada gran fama por sus escritos, en dándolos a la estampa la perdieron del todo, o la menoscabaron en algo" (DQ II/3:604)[343].

---

[341] Vgl. Fn. 334.
[342] So bei Luis Goytisolo s. Kap. 2.3.3.
[343] Diese Polemik gegen die Leser (und Bücher), die andernorts noch stärker ausgeprägt ist (vgl. die bei Frenk 1982 in anderer Absicht zitierten Einlassungen Quevedos über den

Andererseits sind alle Hinweise auf einen 'hinter' der Geschichte stehenden, gegen Avellaneda identifizierbaren und gegenüber der Geschichte transzendentalen Autor ebenfalls mit dem Buchdruck verbunden. Dies wurde schon herausgestellt und soll hier nur noch einmal in Erinnerung gebracht werden. Zunächst die ironischen Indices in Sanchos Bemerkung „aquel escudero [...] a quien llaman Sancho Panza, soy yo, si no es que me trocaron [...] en la estampa" (DQ II/30:809) oder in Don Quijotes Verwunderung über die Schnelligkeit, in der der erste Teil hat gedruckt werden können (DQ II/3:596). Auch die Autorsignatur 'Cervantes' steht als *Name* in enger Verbindung mit dem Titelblatt und insofern mit dem Text als Druckerzeugnis[344]. Schließlich die Konstruktion eines stilistisch definierten symbolischen AUTORS: Da die Figuren und der ganze Roman plagiiert und der ursprüngliche Autor nicht mehr mittels Handschrift identifiziert werden kann, ist aus der materiellen Handschrift die stilistische 'Handschrift', der Stil, geworden. Im *Conde Lucanor* konnte noch die Handschrift allein diese Zuschreibung leisten. So macht Don Juan Manuel im Prolog, ähnlich wie Sancho, der dem Drucker die Schuld an Fehlern im Text gab, den Kopisten verantwortlich:

> Et porque don Iohan vio et sabe que en los libros contesçe muchos yerros en los trasladar, porque las letras semejan unas a otras, cuydando por la una letra que es otra, en escriviéndolo, múdasse toda la razón et por aventura confóndesse, et los que después fallan aquello escripto, ponen la culpa al que fizo el libro; et porque don Iohan se reçeló desto, ruega a los que leyeren qualquier libro que fuere trasladado del que él compuso, o de los libros que él fizo, que si fallaren alguna palabra mal puesta, que non pongan la culpa a él, fasta que bean el libro mismo que don Iohan fizo, que es emendado, en muchos lugares, de su letra. Et los libros que él fizo son éstos, que él a fecho fasta aquí: [...]. Et estos libros están en l' monasterio de los frayres predicadores que él fizo en Peñafiel. (CL 45–46)

Wenn Juan Manuel die Identität seiner Texte mit dem Aufbewahrungsort und den quasi rechtsverbindlichen Zusätzen in seiner Handschrift verbindet, so entspricht bei Cervantes der Stil einem nicht mehr materiellen, sondern semiotischen, ästhetischen Kriterium, das zwar keine Rechtsverbindlichkeit hat, dafür aber umso mehr der Individualität des Autors Ausdruck verleiht. Im Stil und der hier allgemein als auktoriale Distanz verstandenen Ironie manifestiert sich das vom Buchdruck hervorgebrachte Wissen des Autors, keine physische Verbin-

---

„vulgo") finden sich im *Don Quijote* zuhauf. Erstes Opfer ist natürlich Avellaneda und sein Buch (s. dazu Herrero 1982, Moner 1989a). Moner kommt gar zum Schluß: „la única literatura posible es, precisamente, la que hace burla de la literatura" (Moner 1989a:92). Walter Ong betont hingegen, daß solche Polemik Residuum einer oralen Diskurspraxis ist, die mit dem Typoskript allmählich verschwindet (Ong 1981:192–286).

[344] Autoritätszuweisungen werden auch durch nicht-fiktionale Elemente des gedruckten Buches erzeugt: der Hinweis auf dem Frontispiz des II. Teils „Por Miguel de Ceruantes Saauedra, autor de su primera parte", das Imprimatur von Juan de Cuesta, die Angabe des Buchhändlers „Francisco de Robles, librero del Rey N.S." sowie *Tasa, Fee de erratas*, die *Aprobaciones* und das *privilegio* (s. Parr 1984: 24-25).

dung mehr zu seinem Text zu haben, ist dieser erst einmal in die Welt entlassen[345].

Inwiefern trägt nun aber der Buchdruck zu den – im *Quijote* eben noch ironischen – Projektionen auf einen ultimativen, symbolischen, transzendentalen AUTOR (um nicht zu sagen, auf den realen Autor Cervantes) und zur Etablierung eines transzendenten Raumes der Autorschaft bei? Es scheint vor allem die durch den Buchdruck eröffnete *Perspektive* auf ein vollständiges, von Menschenhand hergestelltes Buch zu sein[346]. Der Buchdruck selbst, in Form einer Repräsentation der technischen Produktion des Buches, scheint eine – wenn auch ironische – Versinnbildlichung der künstlerischen Produktion zu erlauben, weil der Buchdruck eine Perspektive *vor* dem Text erlaubt, ohne dadurch gleich die mittelalterliche und renaissancezeitliche Idee der *auctoritas* der Antiken, alter Quellen oder Gottes als Urpoet durch die Inszenierung eines sich selbst als Schöpfer vorstellenden Subjekts zu befehden. Unter dem 'Druck' der Presse dürfte deshalb auch die Konsolidierung dieses künstlerischen Selbstbewußtseins gefördert worden sein. Daß der Text dadurch umgekehrt zu einer rein *sprachlichen* Manifestation des Autors werden kann, wird auch begünstigt, indem durch den Buchdruck die Textualität der Schrift, ihre Lösung von der Welt, ins Bewußtsein tritt. Bereits in der *Lozana andaluza* gab es diese Überblendung einer konkret räumlichen und einer symbolischen Trennung: Hier war der transzendente Raum im dreifachen geographischen, heilsgeschichtlichen und medialen Jenseits. Im *Quijote* treffen sich in der symbolischen AUTOR-Repräsentation der ironisch evozierte und der stilistisch definierte AUTOR, die so beide außerhalb des materiellen Textes stehen. Cide Hametes originärer Sprachstil identifiziert ihn, und der gleiche Stil ist es, der Cervantes gegen Avellaneda abgrenzt. Mit dem Buchdruck gehen also drei Bewegungen einher: die Trennung von Schrift und Welt als Dissoziierung von Wort und Ding, von Realität und semiotischem System und damit die Trennung von Autor / Text und Leser / Text. Vom Raum des Buchdrucks aus wird eine Repräsentation des Aussage-TEXTES möglich, in der sich die Autorsignatur mit dem realen Autor trifft und die die Bezugnahme auf einen Raum ermöglicht, der dem TEXT vorausliegt und dem Bereich genuiner PRODUKTIVITÄT zukommt. In der Tat entspricht die räumliche Struktur von gedrucktem Buch und dem von ihm transzendenten Autor (und Leser), gegenüber Manuskript und dem Kommunikationszusammenhang der *mouvance*, der Konfiguration transzendentaler AUTOR zu TEXT. Ein Wandel vollzieht sich epistemologisch (Übergang vom Analogie-Modell zur Repräsentation), poetologisch (vom AUTOR-als-LESER zum transzendentalen AUTOR) und

---

[345] Vgl. Ong (1977:49,287).
[346] Sofern sie nicht vor mißlichen Konsequenzen warnen, begrüßen im 15. und 16. Jahrhundert geäußerten Kommentare zum neuen Medium den Buchdruck u.a. deshalb, weil sie darin die Verlagerung des *Wortes* als Quell und Instrument der Erkenntnis in die Hände des Menschen sehen, in denen es zudem wirksamere Waffe gegen das Vergessen ist als das Manuskript (Giesecke 1991:150–152; s. die dort angeführten Belege). In anderen Stellungnahmen wird der Buchdruck als göttliches Wunder aufgefaßt, welches aber durch Menschenhand vollbracht wurde (Vgl. McLuhan 1968: 275).

kommunikationshistorisch bzw. erzähltechnisch (vom *mouvance*-Modell zum transzendentalen Modell). Insofern ist also von einem medien-, mentalitäts- und diskurshistorischen Zusammenhang zwischen dem Buchdruck, der Austreibung des Autors aus seinem Text, der textkritischen Rekonstruktion eines Autors 'hinter' dem Text und der erzähltechnisch-diskurshistorischen Ausbildung des Modells transzendentaler Autorschaft auszugehen, der eine Entwicklung über zahlreiche Übergangsstufen nimmt.

2.1.6 Ausblick

Die Analyse der drei Romane hat gezeigt, daß sich im Laufe des 16. Jahrhunderts der Status des TEXTES und damit der von AUTOR und LESER fundamental gewandelt hat. AUTOR-, LESER- und TEXT-Repräsentationen sind zunächst einer phatischen, beglaubigenden, sinnstiftenden, die Kommunikation erst herstellenden und sie stabilisierenden Funktion verpflichtet. Als Kompensation jener Immaterialisierung, die die Verschriftlichungsrevolution bis hin zum Buchdruck mit sich bringt, findet Selbstrepräsentation hier als ontosemiotische Selbst-Konstitution des Romans im Roman ihre konkreteste Gestalt. In diesem Kontext tritt ein AUTOR als Wahrheitsgarant, als einheitsstiftende Funktion des Textes auf, als *actor*, der selbst in die Handlung verstrickt ist; auch TEXT-Repräsentationen wie die Buch-Metapher können hier eine solche Rolle spielen; erst allmählich kann über diese Selbstrepräsentations-Objekte als souverän gehandhabtes Instrument der Darstellung und der kritischen Reflexion verfügt werden. Aus dem Ausgleich eines Mangels – sei es an Präsenz des sinnverbürgenden Autors, an Sinnreservoirs im Text, an der Legitimität von Fiktion oder an einem Rollenangebot für den Leser – wird produktive Neuorientierung. Solange sich der Roman in Verteidigungshaltung, unter Rechtfertigungsdruck der Fiktionalität befindet und Selbstrepräsentationen die Kommunikation erst herstellen müssen, können sie nicht ihr gesamtes subversives Potential ausspielen, sondern müssen sich affirmativ verhalten. Sie müssen konstruktiv sein, bevor sie zum kritischen oder dekonstruktiven Instrument werden können[347].

Indem Cervantes die epistemologischen Fallstricke eines literarisierten Lebens aufzeigt, arbeitet er umfassend den Horizont auf, in den Literatur, Lesen, und Schreiben sich im Verlauf des ausgehenden Mittelalters und der Renaissance gestellt haben. *Don Quijote* kann möglicherweise deshalb einen epistemologischen Übergangsmoment darstellen und den Medienwandel bewußt als Strukturelement und Thema verwenden, weil er zur Entstehungszeit des Romans bereits weitgehend abgeschlossen war und deshalb überhaupt erst literaturfähig werden konnte. Die gedruckte Schrift hat die Ko-Präsenz von Autor-Leser-Text in der oralen Aufführung gesprengt und sie als Träger einer neuen, freilich nur insze-

---

[347] Auch für die Selbstrepräsentationen scheint Colies Bemerkung über die Paradoxien in der Kunst der Renaissance zu gelten: „Art must be sufficiently developed to exploit the possibilities of a form so vulnerable to wounds from its own misuse" (Colie 1966:520).

nierten Ko-Präsenz zunächst kompensiert: Der AUTOR thematisiert sich beim SCHREIBEN des TEXTES, den die Figur LIEST – Autor, Leser und Text sind aber unwiderruflich voneinander getrennt und entfernen sich weiter voneinander: Der AUTOR in Richtung Transzendentalität, dem LESER wird bewußt werden, daß er im Roman ein sprachliches und poetisches Konstrukt vor sich hat. Daß mit dem steigenden Fiktionalitätsbewußtsein der Figur in den drei untersuchten Romanen eine positionale Angleichung einer LESER-Perspektive (die Figur LIEST – potentiell – sich selbst als TEXT) an die genuine AUTOR-Perspektive stattfindet, d.h. die Protagonisten als Leser-Stellvertreter innerhalb des Romans zunehmend den ganzen Roman vor Augen haben (u.a. weil er eben gedruckt ist und so als abgeschlossene Einheit erscheint), könnte als Übergangsstufe zu den später sich etablierenden Adressen des allwissenden Erzählers an den 'geneigten Leser' aufgefaßt werden. Der angesprochene Leser darf – oder soll – vergessen, daß er gewissermaßen eine Figur *ist*; für diese These spricht im übrigen auch, daß in dem Moment, da der Figur zu schmerzlichem Bewußtsein gebracht wird, nichts weiter als eine Figur zu sein, auch der Leser sich überlegen möge, ob er nicht das gleiche Schicksal habe[348]. Der Prozeß, in dem sich seit dem 13. Jahrhundert das Buch zum Text und seit dem ausgehenden 15. Jahrhundert zur gedruckte Schrift allmählich verdichtet und zwischen die Partner der Kommunikation tritt, gesteht dem Medium die Dignität eines problematischen Objekts zu. Die Stimme des Erzählers beginnt auf ihr durch Wort und Sprache fremd gewordenes Echo zu hören, das von der Materialität des gedruckten Textes zurückgeworfen wird, der Leser findet sich damit ab, reproduzierte Schriftzeichen zwischen zwei Buchdeckeln zu halten, durch die die Sinnproduktion an ihn selbst verwiesen wird. Autor und Leser werden als Produzenten und Interpretierendem Orte jenseits des Textes zugewiesen. Diese Ausdifferenzierung schlägt sich auch im Text als Dissoziierung von AUTOR, TEXT und LESER nieder, die dadurch zugleich als Repräsentationsobjekte stabil werden. Sie lösen sich aus dem mythischen Kontext der Mündlichkeit und rücken als Objekte der alltäglichen Welt, über die gesprochen werden kann, in ein Bewußtsein, das nicht selten genau diesen metaphysischen Kontext dann ironisiert[349].

---

[348] Vgl. u. die Analyse von *Niebla* Kap. 2.3.1.
[349] Auch hier gibt es natürlich Ausnahmen, wie z.B. Calderón. Im Rahmen seiner theologischen Kunstkonzeption – das Kunstwerk setzt das Werk Gottes fort und offenbart es (vgl. Curtius 1967:541–551) – findet sich wie bei der Doppelkodierung des *autor*, der im *Gran teatro del mundo* zugleich Gott und den Theaterleiter, den Schöpfer der Welt und den Schöpfer des Theaterstücks verbindet, in den Buchmetaphern in Calderóns *autos sacramentales* die Rückbindung des Offenbarungstextes an den Text des Dramas selbst. Der „groß[e] allegorisch[e] Aufwand [der calderonianischen *autos*] ist letztlich eine Lesehilfe, eine Zeigegeste für das Verständnis biblischer Texte, das immer wieder aus der ständigen Spannung zwischen Literal- und Figuralbedeutung erarbeitet werden muß. So gesehen, ist jedes Auto ein sakrales Spiel mit dem Buch der Bücher schlechthin, von daher erfährt die subtile Buchmetaphorik ihre volle Bestätigung: dramatischer und biblischer Text, Schauen und Hören stehen zueinander in tiefer Beziehung. Leben des Gläubigen und Geschehen auf der Bühne gehen im Buch auf. Das Buch ist immer etwas Mittleres und Verbindendes; es rührt von einem 'Autor' her, der mittels des Buches auf verständige Leser zielt. Diese wiederum

Im *Don Quijote* hingegen bleibt vieles ambivalent: Der Roman wird nicht allein als das vom Autor gesetzte und für den Leser poetische Zeichen reflektiert, weil die Materialität repräsentierter TEXTE Ähnlichkeit zum Inhalt aufweist und Bücher anthropomorph und Totalitäten sein können. Der AUTOR bleibt, wo er personal ist, noch im letzten Absatz ein LESER und steigt nur ironisch zum transzendentalen AUTOR auf. Die Wahrheit der Figur, in der die Originalität ihres Autors begründet liegt, verleiht der poetischen Wahrheit einen individuellen Anstrich. Da aus TEXTEN das Repertoire eines tropischen Bildbereiches gewonnen wird, kann Cervantes in der anachronistischen Gestalt Don Quijotes die Ritterromane treffen und in dessen Reproduzierbarkeit (als gedrucktes Buch) seine eigene Originalität einklagen. Gerade deshalb ist aber Fiktionalität und Existenz als Figur eines Romans kein vorrangig ontologischer Status. Fiktionalität des Textes ist nicht, wie später bei *Niebla* zu sehen ist, das ontologische Argument für die Vormachtstellung eines absoluten Urhebers, das dieser *gegen* seine Figuren wendet. Im *Don Quijote* ist erwartungsgemäß nur ein vorläufiges Maximum erreicht: Der AUTOR befindet sich in einer Welt von TEXTEN; und die Figur LIEST sich als abgeschlossenen, vergangenen, schon PRODUZIERTEN und sogar gedruckten TEXT – aber nicht als gegenwärtigen Aussage-TEXT. Diese nominalistische, das selbstmächtige Subjekt in die Krise stürzende Konsequenz wird noch nicht gezogen: Keine der Figuren muß mit dem Wissen umgehen, daß ihre einzige Existenz der TEXT ist, d.h. die Sprache, die die Sprache der Anderen ist; denn nirgends im *Quijote* wird der Aussage-TEXT in dem Moment reflektiert, da er sich selbst repräsentiert. So weit wie Unamuno läßt Cervantes es nicht kommen. Zwar ist Don Quijotes Verhalten und das der anderen Figuren im zweiten Teil dadurch bestimmt, daß die Geschichte des Ritters als Buch vorliegt; doch dies meint nicht ausschließlich die sprachliche Konstruiertheit der Figur[350]. Der AUTOR wird nicht wirklich aus seiner transzendentalen Position durch die Figuren verdrängt, diese geraten nicht in eine Position, in der sie feststellen könnten, daß sie nichts anderes als „un ente de ficción" sind, wie es in *Niebla* heißt. Der von den Figuren LESBARE TEXT (der für den TEXT selbst LESBARE TEXT) ist nicht der Aussage-TEXT. Dieser Ausschluß ergibt sich aus einer strikten Trennung: der für den Rezipienten lesbare *Quijote* ist nicht für die Figuren lesbar, und der in der Diegese erscheinende, für die Figuren lesbare '*Quijote*' ist nicht für den Rezipienten lesbar. Der ultimative AUTOR definiert sich im *Don Quijote* noch über seine zur Schau gestellte Unabhängigkeit vom poetischen System und seine normative Differenz zu anderen 'Originalitäten' wie

---

werden über das Buch an den 'Autor' selbst zurückverwiesen" (Briesemeister 1981:114–115). Calderón würde also beides, den metaphysischen Kontext und die Fixierung des Aussage-TEXTES, koppeln.

[350] Dies ist wohl der Unterschied zu Delicado und nicht, wie Riley meint: „[Delicado] does not exploit the possibilities of [making a character aware that he or she had a literary existence], however, for Lozana's conduct is not influenced by knowing herself (as she does) to be the subject of Delicado's «portrait»" (1962:45). Als in seinem Handeln beeinflußt von der (freilich erst zukünftigen) Existenz als Buch könnte auch Leriano in seinem Streben gelten, ein möglichst ruhmreiches Nachleben zu genießen.

Avellaneda. Er definiert sich nicht als transzendentale, einzige Realität gegen die Fiktionalität der erzählten Welt. Die LESER schließlich sind nur dort relativistisch, wo sie mit Don Quijote lernen, daß die vorgefundene Welt nicht mehr auf einen einzigen zugrundeliegenden Urtext zurückführbar ist.

Wenn sich in der Symbolizität der Selbstrepräsentationen im *Don Quijote*, die auf die Identität des Verfassers zielen, die diskurshistorischen Entwicklungen in ihrer vielleicht deutlichsten Form manifestierten, werden umgekehrt an dieser Stelle offenbar auch die Grenzen deutlich, an die das ironische Bewußtsein in seiner Toleranz stößt: sie sind dort gezogen, wo sich die eigene Schöpfung, das Autorenbewußtsein in seinem Stolz gekränkt sieht, wenn ein Schriftsteller wie Avellaneda eigentlich nur der üblichen Praxis folgt und einen Fortsetzung zum *Don Quijote* schreibt[351].

Teleologisch gesehen kommt Cervantes das historische Verdienst zu, mit dem *Don Quijote* anhand der TEXT-Repräsentationen die Textualität der Literatur in den Diskurs der Selbsrepräsentation eingeführt haben. Dies mag zudem erklären, weshalb und inwiefern *Don Quijote auch* einmalig war: die in dieser Form stattgefundene Sprachreflexion brauchte vielleicht nur einmal vorgenommen zu werden, um Wissensobjekt der Literatur zu werden. Freilich markiert Cervantes Roman aber auch nur die Etappe eines Weges, auf dem schon die *Lozana andaluza* weit vorangeschritten war. Seien es die aus der dramatischen Präsentation übernommenen und für den entstehenden Roman fruchtbar gemachten Rekurse, der Buchdruck oder das wachsende Autorenbewußtsein, die die von Bachtin als Kennzeichen des Romans bestimmte Simultanisierung von Schreibakt und Handlungszeit zu einem gesteigerten Bewußtsein der Textualität weitergeführt haben, die Selbstrepräsentationen sind ein Symptom dafür, inwiefern und inwieweit die Literatur über sich selbst als Objekt verfügt. Andererseits aber zeigen die folgenden Etappen der Romangeschichte welche Konsequenzen Cervantes für die AUTOR-, TEXT- und LESER-Repräsentationen noch nicht gezogen hat und in welchen Aspekten der TEXT offenbar noch nicht zum Wissensobjekt hat werden können. Auch dafür wird die semantische, semiotische und funktionale Verschiebung der Aussage-Ebene Katalysator sein. Da die weiteren um den Aussage-TEXT gelagerten AUTOR-, TEXT- und LESER-Repräsentationen sich mit der Position des Aussage-TEXTES verändern, wird es auch für sie nicht ohne Konsequenzen bleiben, wenn über den Umweg des transzendentalen Modells im 20. Jahrhundert aus Allegorisierung und Ironisierung zunächst die literal/figurative Doppelkodierung der Aussage-TEXT-Repräsentation wird, sodann sich der Aussage-TEXT zum archimedischen Punkt wandelt und schließlich aus dem Repräsentationsraum wieder verschwindet.

---

[351] Hier ist Riley (1962:213–214) und Gerhardt (1955:55) beizupflichten, die beide die Meinung geäußert haben, daß Cervantes' Auseinandersetzung mit Avellaneda im zweiten Teil des *Don Quijote* nicht mehr von der gewohnten souveränen Ironie getragen ist.

2.2 Station 1871:
Ver-Dichtung des transzendentalen Modells

2.2.1 Benito Pérez Galdós *La novela en el tranvía* (1871): Apotheose des bürgerlichen Subjekts

Der Erzähler berichtet aus der Retrospektive, wie er auf einer Straßenbahnfahrt durch Madrid einem befreundeten Arzt begegnet, der ihm die Geschichte einer von ihrem Gatten vernachlässigten Gräfin zu erzählen beginnt, welche sich den Erpressungsversuchen des Hausverwalters ausgesetzt sieht. Nachdem der Arzt die Straßenbahn verlassen hat, ohne die Geschichte beendet zu haben, spinnt der Protagonist die Geschichte in seiner Phantasie weiter. Der Erzähler ist ein ausgewiesener Vielleser, ein mitgeführtes Bündel Bücher ist gewissermaßen sein Attribut. Auf dem Zeitungspapier, in das die Bücher eingewickelt sind, findet er sogleich eine halbe Seite aus einem Feuilletonroman, die er umso begieriger liest, als dort ebenfalls von einer Gräfin und einem düsteren Hausverwalter namens Mudarra die Rede ist. Nachsinnend über die mögliche Beziehung, die zwischen dem gelesenen Romanausschnitt und der von seinem Freund erzählten Geschichte bestehen könnte, fällt ihm ein gerade in die Straßenbahn eintretender Mann auf, dessen äußeres Erscheinungsbild exakt auf die Beschreibung zutrifft, die von Mudarra in dem Roman gegeben wurde. Die zunehmende Verwirrung des Helden nimmt nun ihren Lauf. Zunächst schläft er ein und träumt die Geschichte weiter: Die Gräfin läßt sich nicht von Mudarra erpressen, dieser bestellt daraufhin mittels eines fingierten Briefes einen gutaussehenden Jüngling namens Rafael in das Haus und provoziert so eine Eifersuchtsszene mit dem Ehemann. Der Traum endet, als der Gräfin, von ihrem Mann zum Klavierspiel genötigt, ein plötzlicher Schrei entfährt. Möglicherweise wurden sie und der vermeintliche Liebhaber vom Hausherrn vergiftet. Aufgeweckt von diesem geträumten Schrei, schreckt der Held hoch und glaubt Rafael in der Straßenbahn zu erkennen. Begierig, den möglichen Mordfall zu lösen, mischt sich der Protagonist in der Folge mehrfach in Gespräche der Mitreisenden ein, die seiner Meinung nach von dem mysteriösen Fall handeln. Der Höhepunkt ist erreicht, als er, längst von den anderen Fahrgästen für verrückt erklärt, auf der Rückfahrt den vermeintlichen Mudarra auf dem Bürgersteig sieht, aus der Straßenbahn springt, ihn verhaften läßt und selbst im Gefängnis landet, weil es sich bei dem Verfolgten in Wirklichkeit um einen unbescholtenen Kaufmann handelt.

Der Protagonist ist ein wiederauferstandener Don Quijote, der seine epistemologischen Abenteuer im Madrid der 1870er Jahre erlebt. Es gibt mehrere Ebenen und Erscheinungsformen von Fiktion in Galdós' Erzählung: der Feuilletonroman, der Traum, die Phantasien des erlebenden Ich, die sich ausgehend von aufgeschnappten *faits divers* entspinnen und die bürgerliche Welt in das Melodram aristokratischen Intrigenspiels verwandeln. Realität oder Faktizität gibt es hingegen nur eine: Innerhalb der Diegese ist es die erzählte Welt, wie sie unabhängig von der Wahrnehmung durch das erlebende Ich besteht; da das erzählende Ich mit dem Helden personal identisch ist, besteht Realität aber auch in der Extradiegese, in dem Raum, von dem aus das erzählende Ich als auktorialer Erzähler in Erscheinung tritt und buchstäblich vom Schreibtisch aus den Leser (extradiegetischer *narrataire*) immer wieder zum Urteil über das Unerhörte auffordert, während es selbst beteuert, im Moment der Niederschrift bei klarem Verstand zu sein. Die Erzählung ist so angelegt, daß der Leser diese epistemologisch-ontologische Differenz von Wirklichkeit und Phantasie gegen scheinbare perspektivisch und darstellungstechnisch provozierte Entgrenzungen immer wieder bestätigen muß.

Die erste dieser Dissoziierungsaufgaben betrifft das Verhältnis des erlebenden Ich zum erzählenden Ich, aber auch zum Rezipienten. Denn wenn die Erzählung glaubhaft und unterhaltsam sein soll, muß sich das erzählende Ich gegen das erlebende in aller Deutlichkeit abgrenzen können. Das gleiche gilt auch für den apostrophierten Leser, der im erlebenden Ich die Karikatur seiner selbst sieht, der Held gerät ja gerade durch Literaturlektüre in seine peinlichen Situationen. So liegt sowohl bei Erzähler (AUTOR-Index) als auch bei dem Rezipienten (LESER-Index) zwischen dem intradiegetischen und dem extradiegetischen Kontext eine auf den ersten Blick widersprüchliche Konstellation vor. Für das erlebende/erzählende Ich gilt: Aufgrund schlechter Lektüregewohnheiten verkennt es die Wirklichkeit, ist aber in dem Moment, da es die Geschichte seiner Halluzinationen literarisch erzählt, wieder bei klarem Bewußtsein und erscheint seinem Leser glaubwürdig. Das Ich ist als Welt-LESER verrückt, aber als AUTOR vernünftig. Für den Rezipienten gilt: er liest einen literarischen Text, in dem vorgeführt wird, wie durch die Lektüre literarischer Texte die Lektüre der Welt kontaminiert wird. Um nicht ebenfalls ein schlechter (verrückter) Welt-LESER zu werden, muß er ein vernünftiger Literaturleser sein. Der Rezipient hat zudem – als zweite Dissoziierungsaufgabe – mehrfach die Gelegenheit, sich auf spielerische Distanz dem kontaminierten Welt-Leser anzunähern, kann aber unter Mithilfe des erzählenden Ich am Ende wieder den Standpunkt der Vernunft beziehen. Die Ausgrenzung des Verrückten – für die AUTOR und LESER-Position verkörpert im erlebenden Ich – und die Möglichkeit, die eigene Vernunft (im Schreiben, im lesenden Verstehenden) auszuüben, ist dabei in doppelter Weise an die konkrete Erzählung selbst gebunden; für den AUTOR ist sie zudem an die zeitliche Differenz zwischen Erleben und Erzählen gekoppelt, für den LESER daran, sich seiner eigenen Vernunft zu versichern, indem er den zur Vernunft gekommenen AUTOR anerkennt. In jedem Falle aber ist Abgrenzung zwischen Vernunft und Verrücktheit gekennzeichnet durch die von Indexikalität (AUTOR, LESER) und Ikoniziät (erlebendes Ich als Welt-LESER).

Die folgende Analyse konzentriert sich darauf, zu zeigen, wie Galdós all diese kalkulierten Überschneidungen, die in der Konstellation Welt-LESER (erlebendes Ich) – AUTOR-Index (erzählendes Ich) – LESER-Index (Rezipient) angelegt sind, strategisch ausnutzt, um eine umso stärkere Akzentuierung der Trennung von Realität und Phantasie, Vernunft und Wahn, indexikalischem und ikonischem Kontext zu bewirken. Gegenüber *Don Quijote*, mit dem Galdós' Erzählung zahlreiche Gemeinsamkeiten hat, geht es bei den Selbstrepräsentationen in *La novela en el tranvía* jedoch nicht mehr vorrangig darum, noch einmal den Trivialroman und seine schädlichen Auswirkungen auf das Subjekt anzuprangern. Vielmehr soll dem Autor und dem Leser *durch* und *in* der Literatur Vernunft und eine transzendentale Position zugewiesen werden. Es ist genauer gesagt die bürgerliche Idee des einzelnen, für seine Schöpfungen und Weltdeutungen verantwortlichen Subjekts, das sich dabei in seinen Weltkonstitutions- und Weltdeutungsakten bestätigt (nicht zufällig ist ja auch die Wahrheit des angeblichen Mudarra in Galdós' Erzählung die eines ehrenhaften Bürgers, und es sind die im Adelsmilieu angesiedelten Feuilletonromane, deren Lektüre das erlebende Ich die Sicht auf seine Wirklichkeit verstellen und ihn gewissermaßen daran hindern, seine 'Klasseninteressen' wahrzunehmen). Galdós errichtet dazu die Positionen transzendentalen SCHREIBENS und LESENS, die ihre Realität für sich selbst und in bezug auf die erzählte Geschichte aus der Realität des Aussage-TEXTES ableiten. Die inszenierte Transzendentalität beruht so letztlich darauf, daß der Rezipient die Indices referentiell fehldeutet.

LESEN: Erziehung zur Vernunft

Das erlebende Ich ist ein Literaturkonsument und bietet dem im LESER-Index angesprochenen Rezipienten einfache Identifikationsmöglichkeiten. Durch einige erzähltechnische 'Tricks' wird dem Rezipienten zunächst die Zuverlässigkeit der Wahrnehmungen des Protagonisten nahegelegt. Das Fragment aus dem Feuilletonroman, mit dessen Lektüre die Verwirrungen des Helden akut werden, ist nämlich in der Romanaussage zitiert, der Rezipient kann es mitlesen, während umgekehrt das erlebende Ich für die Dauer dieser Lektüre Aussage-TEXT-LESER ist. Rezipienten- und Figurenperspektive nähern sich hier maximal einander an (NT 488-489). Nach der Lektüre des Fragments fällt dem Protagonisten – nunmehr Welt-LESER – ein soeben eingetretener Fahrgast auf, den er sofort mit Mudarra identifiziert. Auch hier bleibt der Rezipient an die Wahrnehmung des erlebenden Ich gebunden und seiner Welt-LEKTÜRE ausgeliefert:

> ¡horror!, vi una persona que me hizo estremecer de espanto. [...] Era él, Mudarra, el mayordomo en persona, que estaba sentado frente a mí, con sus rodillas tocando las mías. En un segundo le examiné de pies a cabeza y reconocí las facciones cuya descripción había leído. No podía ser otro; hasta las más insignificantes detalles de su vestido indicaban claramente que era él. (NT 489)

Der Rezipient muß der Deutung und den Wahrheitsbeteuerungen des Protagonisten in diesem Moment noch vertrauen; erst im Verlauf folgender Verwirrungen, in die der Held gerät, wird sich der Leser zunehmend mit der bürgerlichen Normalität der Fahrgäste identifizieren, die den merkwürdigen Mitreisenden allmählich für verrückt zu halten beginnen. Die zweite Phase der Verwirrung, die nach dem Traum einsetzt, wird in ähnlicher Weise umgesetzt: zunächst präsentiert Galdós die verrückte Welt-LEKTÜRE des Protagonisten, dann erst die Aufklärung. Da der Rezipient nun aber schon etwas erfahrener ist und der Traum eindeutig einer anderen ontologischen Ebene angehört, hat er gute Gründe, an der Wahrnehmung des Welt-LESERS zu zweifeln. Ein Spannungsmoment bleibt jedoch in der Möglichkeit bestehen, daß aller Unwahrscheinlichkeit einer Koinzidenz von Traum und Wirklichkeit zum Trotz das Phantastische in die erzählte Welt eingebrochen sein könnte. Der Rezipient wird hier strategisch vor allem durch den direkten LESER-Index „Figúrate [...]" verunsichert, der die neuerliche Welt-LEKTÜRE des erlebenden Ich einleitet:

> Figúrate, ¡oh cachazudo y benévolo lector!, cual sería mi sorpresa cuando vi, frente a mí, ¿a quién creerás?: al joven de la escena soñada, al mismo don Rafael en persona. Me restregué los ojos para convencerme de que no dormía, y, en efecto, despierto estaba, y tan despierto como ahora. (NT 492–493)

Wie andernorts in der Erzählung[352] fordern die LESER-Indices hier den Rezipienten zur eigenen Urteilsbildung auf. Das Angebot einer Urteilsmöglichkeit dient vor allem dem Leser dazu, sich seiner eigenen Erkenntnisfähigkeit zu versichern – auch er ist ja gegenwärtig ein Literaturleser – und sich mit dem nunmehr klarsichtigen Verfasser (AUTOR-Index) zu solidarisieren.

Eine ähnliche Funktion übernehmen mehrere, in der kurzen Erzählung auffallend häufige Vergleiche zwischen 'vida' und 'novela', die der Protagonist in den Momenten seiner Verwirrung anstellt, als sei die ganze Geschichte nicht selbst eine 'novela'. Hier geht es jedoch um die Unterscheidung zwi-

---

[352] So etwa: „Considera, lector, lo que es el humano pensamiento" (NT 487); oder am Ende, wenn der Held lauthals die Passanten auffordert, den vermeintlichen Mudarra festzuhalten: „Júzgese cuál sería el efecto producido por estas [mís] voces en aquel pacífico vecindario" (NT 496).

schen 'guter' Literatur (die Erzählung von Galdós) und schlechter Literatur (die Feuilletonromane). Bei den Vergleichen zwischen 'romanhaften' und 'real-wahrscheinlichen' Zusammenhängen werden die ersteren mit der verzerrt erlebten, für den Protagonisten aber wahren Realität identifiziert: „Esto que en la vida tiene su pro y su contra, en una novela viene como anillo al dedo" (NT 490); „¡Trágica y espeluznante escena!, pensaba yo, cada vez más convencido de la realidad de aquel suceso; ¡y luego dirán que estas cosas sólo se ven en las novelas!" (NT 493); „Tengo mucho interés por conocer el fin de esa horrorosa tragedia. ¿No es verdad que parece cosa de novela?" (NT 495). Gerade dadurch, daß die vom Helden als konstruiert und im negativen Sinne als 'romanhaft' erlebten Ereigniszusammenhänge mit dem verbunden werden, was für ihn im Moment der Wahrnehmung als Wirklichkeit erscheint, wird der Realitätseffekt der Geschichte noch akzentuiert und der Leser davon abgelenkt, daß er selbst einen literarischen Text liest. Wenn der Protagonist durch die Reflexionen über Wirklichkeit und Romanhaftes den Eindruck erweckt, zwischen literarischen und realen Handlungszusammenhängen besonders gut unterscheiden zu können, und deshalb umso erstaunter ist, wie literarisch die Wirklichkeit werden kann – und in Folge gerade diese Übereinstimmung für ihn zum untrüglichen Kennzeichen für die Wahrheit des Erlebten wird – so erlaubt eben diese doppelte Verwechslung umgekehrt dem Rezipienten, sich seiner besonderen Urteilskraft zu versichern, und Galdós, noch einmal den Mimesisanspruch an seine eigene Geschichte zu stellen: Eine Nachahmung der Kunst durch das Leben – wie es Oscar Wilde 20 Jahre später behaupten wird[353] – ist nur scheinbar gegeben; in Wirklichkeit soll noch einmal der Kunst die Nachahmung der Natur zugestanden sein.

Die bisher kommentierten Techniken ordnen sich also alle der Funktion unter, durch nur scheinbare Überlagerung von Phantastisch-Romanhaftem und Wirklichem deren Differenz gerade zu akzentuieren und die Dissoziation selbst als Erkenntnisleistung des lesenden Subjekts zu präsentieren. Es ist für die epistemologische Argumentation von Galdós entscheidend, daß diese Unterscheidung nun auch genau jener zwischen dem ikonischen Kontext Welt-LESER / Romanlektüre / 'vida'-'novela'-Vergleich und dem indexikalischen Kontext LESER-Index / AUTOR-Index entspricht. Letztlich wird jeder Erkenntniszweifel dadurch beseitigt, daß beide Bereiche, der ikonische und der indexikalische, an keiner Stelle wirklich zweideutig miteinander kontextualisiert sind.

Das lesende Subjekt versichert sich seiner Vernunft; genau besehen ist die *discreción* des LESERS jedoch von der des AUTORS abhängig, der die ganze Geschichte ja präsentiert. Wie gelingt also dem schreibenden Subjekt, das immerhin in Personalunion mit dem quijotesken Welt-LESER auftritt, eine für den Leser glaubhafte Zurechtrückung des Ver-Rückten? Wo ist der archi-

---

[353] Vgl. Wildes Essay 'The Decay of Lying' von 1891 (ed. Wilde 1970: 307ff).

medische Punkt der Realität, der für beide gleichermaßen akzeptabel ist? Der Ort, der die quasi ontologische Trennung und die Realität des lesenden und schreibenden Subjekts in ihrer ganzen Tragweite begründet, ist – so wird zu sehen sein – der Aussage-TEXT und seine Position. An diesem Ort beweist sich die 'Gesundung' des vom erlebenden zum erzählenden, vom Welt-LESER zum Aussage-TEXT-AUTOR gewordenen Ich, die Wahrheit der Geschichte, die Urteilskraft des LESERS, ja hier liegt die gesamte transzendentale, einzige Realität in dem quijotesken Universum, von der auch die des indexikalischen AUTORS und LESERS abhängen.

SCHREIBEN UND TEXT: Die Realität des Buches

TEXT-Indices haben einen zentralen argumentativen Stellenwert in der Erzählung. Der erste Bezug auf den Aussage-TEXT wird ins Spiel gebracht, als der Held in der Straßenbahn die Geschichte weiterträumt: Die Gräfin habe er gesehen „tan claramente como *estoy viendo en este instante el papel en que escribo*" (NT 491; Hervorh.U.W.). Sodann heißt es auf dem Höhepunkt der Verwirrung: „A tal extremo había llegado mi obcecación, qui concluí por penetrarme de aquel suceso, mitad soñado, mitad leído, y lo creí como *ahora creo que es pluma esto con que escribo*" (NT 496; Hervorh. U.W.). Mit den TEXT-Indices wird zugleich eine Jetztzeit fixiert („en este instante", „como ahora"), der gegenüber die Geschichte einige Monate zurückliegt (s. NT 497). Deshalb kann die oben schon zitierte Stelle: „Me restregué los ojos para convencerme de que no dormía, y, en efecto, despierto estaba, y tan despierto *como ahora*" (NT 492–493; Hervorh. U.W.) ebenfalls zu den TEXT-Indices gezählt werden, denn es gibt in der Erzählung kein anderes „ahora" als das Präsens des SCHREIBENS und das der LEKTÜRE der Geschichte. Im Falle der TEXT-Indices sind die Selbstrepräsentationen also nicht, wie zuvor, Strategien, eine gezielte Verwirrung beim Leser anzustiften, sie verfolgen nunmehr das Ziel, der Position des AUTOR-Index Wirklichkeitsstatus und Wahrheit zuzusichern, ihre Funktion ist ontogenetisch, erkenntnis- und wahrheitsbegründend. Der AUTOR wird den eigenen Realitätsstatus aus der Realität des vorgeblich präsentischen und präsenten TEXTES beziehen, während der Anhaltspunkt für die Realität des LESERS und der Transzendentalität seiner Deutung wiederum die des AUTORS sein wird.

Es ist nun in diesem Zusammenhang bezeichnend, daß die angeführten TEXT-Indices durchweg beiläufig geäußert werden und den Aussage-TEXT nur als ein beliebig scheinendes Wahrnehmungs- und Vergleichsobjekt evozieren; wenn sich der Geisteszustand des AUTORS an der Wahrnehmung erweisen soll, wäre jeder andere Gegenstand ebensogut geeignet gewesen, um zu zeigen, daß die verrückte Wirklichkeitswahrnehmung zurechtgerückt ist. Kein anderer Gegenstand wäre aber für den Rezipienten anschaulicher, beweiskräftiger, unmittelbar evidenter und überzeugender gewesen als ausgerechnet der Aussage-TEXT, den ja auch – so will es die Geschichte – der Leser 'als Buch in der Hand hält'. Es ist die Realität des Geschriebenen selbst, die Autor und Leser gegenüber dem trügerischen *alter ego*, das das erlebende Ich darstellt, Präsenz und eine transzendent(al)e Position in bezug auf das diegetische Universum ermöglicht; der gleiche – ja *materiell* gleiche – Schrift-TEXT muß gemeint sein, den der AUTOR vor Augen hat, auf den er mit seiner Feder schreibt und an dem er seinen klaren Blick dem LESER im Moment von dessen Lektüre beweist. Der Aussage-TEXT wird hier zum Wahrnehmungsobjekt und Wahrheitsgaranten. Um also die 'schlechte' Literatur der Feuilletonromane nicht wie Don Quijote mit der Realität zu verwechseln, muß er der 'guten' Literatur den Charakter des bloß 'Romanhaften' absprechen und ihr genau genommen eine noch höhere Realität zusprechen als der Wirklichkeit und ihren epistemologischen Fallen. Mit dieser poetologischen geht auch eine semiotische Umdeutung einher. Der Leser muß auch die Realität des Schreibens und des Blatt Papiers, auf das geschrieben wird und das er substantiell identisch als Buch in der Hand hält, in dem Moment für eine Realität halten, da er diese Sätze im Buch selbst liest – für eine Realität, die in einem Seinskontinuum mit seiner eigenen steht. Der TEXT ist wie ein Spiegel, in dem sich die Blicke aus der AUTOR- und der LESER-Position treffen, ein Spiegel jedoch, der die Wirklichkeit beherbergt, und Blicke, die am Spiegel (an der Sprache) nur die existentielle Verbindung von Bild und Objekt, nicht aber dessen Virtualität sehen wollen, um sich darin noch bestätigt zu finden. Galdós' Argumentation basiert also auf einer referentiellen (Fehl-)Deutung der indexikalischen Differenz. Für den Leser wird das gelesene Zeichen auf dem Papier selbst in doppelter Hinsicht zu einem *Ding*, welches sein eigenes Signifikat ist: Da er das Buch klar sieht, glaubt er dem Autor, daß auch er es beim Schreiben deutlich vor Augen gehabt hat; um diesen Übertrag zu leisten, muß er den Zeichen, in denen ebendies ausgedrückt ist, einen realen Referenten zugestehen, so daß sich beides durch den – vermeintlich – realen und selben Text verbindet, der, der dem Erzähler im Moment des Schreibens und der, der dem Leser im Moment des Lesens vorliegt. Der letzte Argumentationsschritt bei Galdós ist also nicht mehr semiotisch, sondern außersemiotisch. Für die Selbstrepräsentationen des transzendentalen (traditionell realistischen) Erzählmodells wird die Ebene des Aussage-TEXTES archimedischer Punkt, an der sich nicht nur (narratologisch) Diegese von Extradiegese scheidet, sondern auch die Raumtrennung von Transzendenz und Immanenz begründet wird.

Transzendentaler Autor und Mündlichkeitsfiktion

Die transzendentale Position ist also nur um den Preis einer Entsemiotisierung des Zeichens zu haben, d.h. um den Preis einer Reduktion auf seine Materialität als reales Buch und Papier, auf das geschrieben bzw. das gelesen wird, um den Preis einer Einebnung von außersemiotischem und semiotischem Objekt – als hätten die Schriftzeichen im Übergang vom Autor (Galdós) zum Leser ihre materielle Identität bewahrt und als läge in ihr der Zeichensinn. Die real bestehende räumliche Trennung von Produzent, Text und Leser wird aufgehoben, um in Form einer ideellen, nunmehr transzendentalen Trennung von AUTOR / LESER / TEXT-Index einerseits und erzählter Welt andererseits restituiert zu werden. Der geleugneten Textualität der Erzählung entspricht die Inszenierung einer mündlichen oder skripturalen Kommunikationssituation, in der die Schrift Träger der materiellen Präsenz des Autors (Stimme, Handschrift) für den Leser ist. Nicht zufällig geht mit dieser Einebnung des Äußerungskontextes, vergleichbar mit dem *Conde Lucanor*[354], ein ausgeprägter Mündlichkeitsgestus einher, bei dem sich 'der Leser' im Stile Diderots oder Sternes direkt angesprochen findet – am augenfälligsten vielleicht am Ende der Geschichte, wenn der Erzähler an den Leser die Frage richtet, welcher Person er wohl die Erzählung widme: „la dedico ahora, ¿a quién creeréis?, a mi compañera de viaje de aquella angustiosa expedición [...]" (NT 497). Als Äquivalent zu Mündlichkeitsgestus und Referentialität bekommt nun auch das präsentische Erzähltempus der indexikalischen Selbstrepräsentationen seinen Sinn, da das Schreiben der Geschichte als Instantaneität ohne Zeiterstreckung, als ewiger Präsens dargestellt werden kann, so als würde die Geschichte in dem Moment gelesen, in dem sie Wort für Wort geschrieben wird, d.h. als würde sie mündlich erzählt. Da diese Jetztzeit in der Zeit des präsentischen Schreibaktes verankert wird, ist sie die Begründung des transzendentalen Ortes, dem einzig Realität zukommt; AUTOR und LESER versichern sich im Moment des LESENS, der auch der Moment des SCHREIBENS ist, ihrer selbst.

2.2.2 Das Modell transzendentaler PRODUKTION

Die bisherige Analyse zeigte, daß das von Robert Alter (1975: 84–137) in die Welt gesetzte Vorurteil, realistisches Erzählen zeichne sich durch Abwesenheit 'selbstbewußter' Techniken aus, nicht aufrechtzuerhalten ist; die Illusions- und Transzendentalitätseffekte werden gerade durch Selbstrepräsentatio-

---

[354] S. o. Kap. 1.1.3.

nen hervorgebracht[355]. Selbstrepräsentationen lassen sich natürlich, wie in allen anderen untersuchten Romanen, unterschiedlich bewerten. Poetikgeschichtlich ist der auktoriale, allwissende oder „transzendentale Erzähler" (Zmegac 1990:51) bekanntlich eine Entwicklung des 18. Jahrhunderts, die vor, neben und nach der Flaubertschen *impartialité* auch im 19. und beginnenden 20. Jahrhundert eingesetzt wird. Die Verfestigung zu der Form, wie sie Stendhal, Balzac oder eben Galdós' verwenden, ist der vorläufige Endpunkt einer Exploration der Autorintervention, die im Anschluß an Cervantes etwa von Fielding (*Tom Jones* 1749), Sterne (*Tristram Shandy* 1759–67), Wieland (*Agathon* 1766-94) oder Diderot (*Jacques le fataliste* 1796) und der Literatur der Romantik auf den Weg gebracht worden ist. Schon mit einer Ausrichtung auf die epistemologische Fundierung dieser Erzählweise, die sozialhistorisch an die Subjektivitätspostulate der bürgerlichen Vernunft und sozioliterarisch an die Autonomie- bzw. Originalitätsästhetik gekoppelt ist – Autor und Leser versichern sich ihrer Vernunft anhand des Textes –, sieht Viktor Zmegac den 'transzendentalen Erzähler' als literarische Umsetzung der Subjektphilosophie Kants auf der einen Seite und Lockes Theorem eines die Wahrnehmung begleitenden und sie reflektierenden Bewußtseins auf der anderen[356].

Für den gegenwärtigen Argumentationszusammenhang der Untersuchung ist das transzendentale Modell jedoch vor allem insofern relevant, als es – in freilich makroskopischer Perspektive gesehen – einen Kondensationspunkt bzw. ein Scharnier zwischen den Selbstrepräsentationen der frühen Neuzeit und denen des 20. Jahrhunderts darstellt, in seiner diskurshistorischen Position und seiner Verdichtung vergleichbar etwa dem Aufkommen und Verschwinden des 'Menschen' in Foucaults Archäologie *Les mots et les choses*[357]. Der Erzählung von Galdós soll hier – um es noch einmal zu betonen – vor allem paradigmatischer Wert für eine bewußt als 'Modell' bezeichnete Disposition von Selbstrepräsentation beigemessen werden, die als 'transzendentales Modell' noch genauer bestimmt wird. Gegenüber den horizontalen Überlagerungen von Produktions- und Leseakten im *Quijote* ist bei Galdós nur noch die Trennung von Realität und Fiktion/Phantasie maßgeblich. Die Raumtrennung von Autor und Text lag im *Quijote* jenseits des gedruckten Buches – hier befindet sie sich innerhalb des Textes, ja die Trennungsmarke ist Teil der Erzählung selbst. Sinnfällig wird die Position des transzendentalen Autors übrigens darin, daß der AUTOR sich im Gegensatz zu den Romanen von Diego de San Pedro, Delicado, und Cervantes nicht mehr *bewegen* muß, um Deutungs- und Beobachtungsstandpunkte einzunehmen die Welt ist ja nun-

---

[355] Zu Strategien der Selbstreflexion im Realismus s. auch Waugh (1984:24–28); zu *La novela en el tranvía* Spires (1984: 27-32).
[356] S. Zmegac (1990:51-55).
[357] Vgl. Foucault (1966: 341ff.).

mehr aus dem Subjekt selbst heraus entstanden. Umgekehrt wird mit der an verschiedenen Flanken vorgenommenen Dekonstruktion des transzendentalen Modells in den später untersuchten Romanen des 20. Jahrhunderts auch der Standortwechsel des Autors, des Lesers und des Textes (bzw. Positionswechsel von AUTOR, TEXT und LESER) einhergehen[358]. Wie dies geschieht, wird in den folgenden Romanen zu beobachten sein. Zunächst scheint es jedoch sinnvoll, das transzendentale Modell in seinen verschiedenen Dimensionen, die nicht alle bei Galdós realisiert waren, theoretisch zu konstruieren, um einen Vergleichspunkt für die Literatur während und nach dem *linguistic turn* zu haben.

Wenn man, wie in dieser Untersuchung vorgeschlagen, unter 'transzendental' „Bedingung der Möglichkeit der Seinsweise eines anderen, aber nicht selbst unter die Seinsweise des Begründeten fallend" versteht[359], so schlägt sich diese Disposition im Bereich selbstrepräsentationaler Inszenierungen in einer bestimmten Position eines Objekts in bezug auf die anderen nieder[360]. Der idealtypische transzendentale AUTOR ist erster, unhintergangener und einziger Urheber des TEXTES und selbst kein TEXT oder LESER. Er muß seinen Anspruch also an zwei Fronten geltend machen: Bei der AUTOR-Position beruht Transzendentalität auf (i) Hegemonie und Ausgrenzung hinsichtlich konkurrierender AUTOREN; er muß als einziger PRODUZENT alle anderen Positionen ausschalten, die seine PRODUKTIONS- bisweilen auch LESE- oder Deutungsmacht in Frage stellen oder hintergehen könnten: konkurrierende AUTOREN (Polyperspektivismus), intertextuelle PRODUKTION etc. (ii) Er darf selbst kein TEXT sein. Die epistemologischen Implikationen des transzendentalen AUTORS liegen darin, daß das (Genie-)Subjekt ignoriert, selbst von der Seinsweise des durch es Begründeten zu sein, nämlich TEXT, Sprache: nicht zufällig setzt an dieser Flanke die Subjekt-Dekonstruktion in den Romanen von Unamuno, Torrente Ballester und Luis Goytisolo an[361]). TEXT zu sein, bedeutete für die AUTOR-Position Fremdbedingtheit, die dadurch zustandekommt, selbst anderweitig PRODUZIERT worden und unkontrollierbar fremder Interpretation unterworfen zu sein. Bei Galdós war deshalb die Abgrenzung gegen das erlebende Ich wichtig, das TEXT, aber

---

[358] Diese Bewegung mag als literarisch-räumliche Umsetzung von Unschärferelation, Beobachterparadox und *linguistic turn* gesehen werden. Parallelen dieser Art zwischen Ästhetik, Poetik, (Sprach-)Philosophie und Wissenschaftsgeschichte sind bekanntlich häufiger hergestellt worden; vgl. für die spanische Literatur zuletzt Spires (1996).
[359] Vgl. o. Kap. 1.2.7.
[360] Für die drei Objekte AUTOR, TEXT, LESER hat Transzendentalität je verschiedene literar- bzw. diskurshistorische Voraussetzungen, Konsequenzen und Symptomwerte. Aus pragmatischen Gründen soll hier vom Modell transzendentaler PRODUKTION ausgegangen werden.
[361] S. o. Kap 2.3.1–3.

auch LESER war; das erzählende Ich ist als transzendentaler AUTOR weder LESER noch selbst LESBAR (etwa, weil es TEXT wäre), insofern mit LESEN Partialität / Relativität der Deutung und mit LESBARKEIT Fremdbestimmtheit einhergeht.

Der transzendentale AUTOR tritt als grammatikalisches Sprachhandlungssubjekt (Ich) auf, das sich selbst als schreibend oder erzählend ausgibt oder diese Semantik durch Bezeichnungen (autor) bzw. Namen (realer Autorname) bekommt, wenn es sich nicht als AUTOR symbolisch konstituiert (vgl. *Don Quijote*). Er hat ontologischen und epistemologischen Vorrang vor dem TEXT, zu dem er transzendent ist. Er kann jederzeit auf seinen TEXT oder den LESER indexikalisch Bezug nehmen und selbst in die Diegese eintreten, solange er nicht, wie in *Niebla*, als AUTOR erkannt und als Epiphanie LESBAR wird. Der AUTOR mag auch seinen eigenen TEXT und sogar 'sich selbst' als-TEXT LESEN (etwa in der fiktionalen Autobiographie), solange jedenfalls, wie er der einzige PRODUZENT bleibt und – frei nach Kant – sein „'Ich schreibe' alle seine Vorstellungen begleitet", d.h. solange das Schreiben selbst nicht zum Problem wird. Doch die in seiner letztlich nur sprachlich gegebenen Existenz angelegte prinzipielle Möglichkeit, daß er selbst als TEXT LESBAR wird, d.h. unter die Seinsweise des Begründeten fällt, ist die Kehrseite seiner privilegierten Stellung als selbstmächtiger PRODUZENT. TEXT als Daseinsform des AUTORS wird erst dann problematisch, wenn sie mit der Selbstbeschreibung des AUTORS als transzendentalem Beherrscher des TEXTES in Konflikt gerät. Der *autor* des *Gran teatro del mundo* weiß dies zu verhindern, indem er seine Bühne nicht betritt und die Figuren sich folglich von ihm kein Bildnis machen können (ihn nicht LESEN können). Die potentielle TEXTUALITÄT wird dem AUTOR erst dann zum Verhängnis, wenn er von einem *anderen* PRODUZIERT WIRD, wie es der Fall ist bei Borges' Magier in *Las ruinas circulares*[362]. Transzendentalität beruht also wesentlich auf Ausgrenzung oder 'Blindheit', die entweder dadurch zustandekommen, daß mögliche Konkurrenzen weiterer PRODUKTIONS-Instanzen oder dekonstruktive Dispositionen entweder gar nicht erst durch Selbstrepräsentationen ins Spiel gebracht werden oder andere AUTOREN und LESER 'auf die Plätze verwiesen' werden. Relativierungen des transzendentalen Modells sind deshalb – prinzipiell – Interferenzen des AUTOR-als-TEXT oder AUTOR-als-LESER, TEXT-als-AUTOR oder LESER-als-AUTOR, selbst wenn mit ihnen keine explizite Autor- oder Subjektdekonstruktion angesonnen sein sollte, etwa weil in einem bestimmten historischen Moment das Modell transzendentaler Autorschaft noch gar nicht realisiert ist.

---

[362] Vgl. o. Kap. 1.2.6.1.1.

2.3 20. Jahrhundert: Moderne und Postmoderne

2.3.0 Einleitende Bemerkungen

Selbstrepräsentation gerade der literarischen Moderne und Postmoderne zu untersuchen und sie als ästhetische Äußerungen zu betrachten, die kulturelle Paradigmenwechsel begleiten, reflektieren oder kommentieren, scheint wohl am wenigsten der Rechtfertigung zu bedürfen. Bekanntlich wird spätestens mit der Autonomieästhetik im Ausgang von Kants *Kritik der Urteilskraft* und mit der romantischen Moderne die Selbstreflexion des Kunstwerks zum immanenten Bestandteil seines Ausdrucks. Die „transzendentale Obdachlosigkeit" des Subjekts (Lukács 1965:55) schlägt sich in einer Kunst nieder, die u.a deshalb 'modern' genannt wird, weil sie Selbstvergewisserung aus sich selbst schöpfen muß, einer Kunst, die nicht mehr die Welt, wie sie ist oder sein könnte, sondern nur noch die Undarstellbarkeit ihrer Totalität darstellen kann[363]. Mit dem in verschiedenen Hinsichten durch Nietzsche, Peirce, Bachtin und Saussure vorangetriebenen Übergang der Erkenntnis- zur Sprachphilosophie wird Sprache selbst zum transzendentalen Ort von Sinn, Bedeutung und Referenz; das Subjekt sieht sich damit konfrontiert, daß Körper, Verhalten, Handlung und Sprache schon konditioniert sind, bevor es überhaupt auf etwas bezugnehmen kann; im Zuge des *linguistic turn* dringt die Sprachlichkeit jeder Weltkonstitution – und damit auch der Subjektkonstitution – ins Bewußtsein und beginnt das Subjekt/Objekt-Paradigma durch das neue von Sprache/Welt zu ersetzen (Frank 1983:282; Habermas 1988:14–15, 52–57, 242–247). Das „Ich spreche" und das „Ich schreibe" des sich schöpferisch wähnenden Subjekts sind zum Problem geworden (Foucault 1994/1966b:518). Ist freilich erst einmal aus dem (modern) als „nostalgisch" erfahrenen Wissen darum, daß „das Nicht-Darstellbare nur als abwesende[r] Inhalt anzuführen [ist]", das (postmoderne) Wissen hervorgegangen, daß die „guten Formen", „der Konsens des Geschmacks" keinen „Trost" mehr in der Sehnsucht nach dem „Unmöglichen" einer Darstellung gewähren, kann das „[geschärfte] Gefühl" dafür, „daß es ein Undarstellbares gibt", zur Chance neuer Ausdrucksmöglichkeiten werden (Lyotard 1988:202)[364].

So ließe sich, schon mit Blick auf die zu untersuchenden Romane, der für Selbstrepräsentation im 20. Jahrhundert bestehende Horizont in einem epochalen Rahmen skizzieren, schematisch freilich, ohne einen schon argumentativen Stellenwert und ohne den Anspruch, literarische (Post-)Modernität umfassend zu beschreiben. Mag nun zwar die Beschäftigung mit romanesker

---

[363] Vgl. Habermas (1985:9–33) sowie Henrich (1966).
[364] So Lyotards bekannte ästhetisch definierte Epochenunterscheidung 'modern' / 'postmodern'; vgl. auch u. Kap. 2.3.6.

Selbstbezüglichkeit bei der Literatur des 20. Jahrhunderts unumgänglich sein, weil ebendiese Selbstreflexion eines der tragenden Epochenmerkmale ist, so kann die selbstrepräsentationale Praxis vorgängiger Epochen in ihrem Eigenwert doch nur gewürdigt werden, wenn auch Moderne und Postmoderne im Kontext historischen Wandels und historischer Kontinuität gesehen werden. Die Historizität der Selbstrepräsentation aufzuzeigen, ist ja eines der Anliegen dieses Teils der Studie. Im direkten historischen Bezug werden Moderne und Postmoderne – hier vor allem im Sinne von Lyotards oben eingeblendeter Unterscheidung[365] – deshalb als verschiedene Formen der Auseinandersetzung mit dem transzendentalen Modell bzw. deren Überwindungsversuchen hin zu radikal nominalistischen Konzeptionen betrachtet; im makrohistorischen Rahmen wird das Paradigma 'Repräsentation, Funktion, Status und Position des Aussage-TEXTES' weiterhin Indikator und Katalysator des literarischen Wandels sein. Diente Selbstrepräsentation, wie zu sehen war, in der frühen Neuzeit, im Umfeld von Medienwandel, Legitimation und Konsolidierung von Erzählliteratur vorwiegend dazu, einen Kommunikationskontext *aufzubauen* und *konstruktiv* die Semiotik von Schreiben, Lesen und Textualität zu reflektieren, so werden nun Prämissen und Implikate des Funktionierens dieses Kommunikationskontextes nicht nur dekonstruiert; selbstrepräsentationale Darstellungen können auch – in einer weiteren, figurativen Bedeutungsebene – dazu instrumentalisiert werden, philosophische oder im allgemeinen kultursemiotische Zusammenhänge auszudrücken[366].

Auflösung des transzendentalen Modells:
Doppelkodierung, Dekonstruktion, Fragmentierung und Verschwinden
des Aussage-TEXTES und seiner Repräsentationen

Wie bereits in den eingangs skizzierten Bemerkungen deutlich wurde, ist die gesteigerte Reflexion von Sprachlichkeit einer der wichtigsten Impulse moderner Selbstrepräsentation; insofern ist sie – prinzipiell – eine Auseinandersetzung mit dem auf Ausschluß beruhenden transzendentalen Automodell und seinen Prämissen und Implikationen. Besonders die Interferenzen sind Symptome, die auf die Positionen verweisen, an denen Sprachlichkeit oder

---

[365] Die makrohistorische Eingliederung, die sich zunächst vorrangig auf Lyotards ästhetisch begründete Epochenkonzepte stützt, versteht sich vorläufig als eine Bequemlichkeit des Begriffs. Die eigentliche Differenzqualität soll aus den Repräsentationsformen selbst begründet werden, die sich darüber hinaus besser den beiden Epochen zuschreiben lassen, als die einzelnen Romane.

[366] Unter dieser Perspektive liegt im übrigen ein Aspekt der Modernität des *Don Quijote* darin, daß Selbstrepräsentationen einerseits zwar konstruktiv eingesetzt werden, andererseits aber auch Ausdrucksbestandteil der diskurskritischen Aussage des Romans sind: Selbstreflexion ist nicht nur Vehikel der Bedeutung, indem sie den Kommunikationskontext vereindeutigt, sondern selbst Teil der Bedeutung.

Textualität den autonomen, transzendentalen Akt der vom Subjekt vorgenommenen Schöpfung aufbrechen. Die Ausschlußfiguren des transzendentalen Modells sind zugleich Möglichkeiten seiner Dekonstruktion, durch die philosophische, literarästhetische oder semiotische Bedingungen von Literatur und Subjektivität, Schreiben, Textualität und Lesen explizit gemacht werden, deren Reflexion von den vorgängigen Wissensmodellen verdeckt worden ist. So mag dem sich transzendental wähnenden Autor zu Bewußtsein kommen, daß sein Schreiben von fremder (intertextueller) Seite bedingt ist, womöglich, wie später in den *Fragmentos de apocalipsis*, daß er selbst nichts anderes als ein Spracheffekt, ein nur grammatikalisches Subjekt ist.

Die literarische Auseinandersetzung mit genuin poetologischen oder ästhetischen Zusammenhängen muß dabei nicht das einzige Anliegen selbstrepräsentationaler Romane sein, ja nicht einmal ihr vornehmstes. Auch andere, häufig davon abgeleitete Themen werden mittels Selbstrepräsentationen figurativ abgehandelt: Existenzkrise (*Niebla*), Diskurskritik (*Estela del fuego que se aleja*), psychosoziale Traumatisierung (*El desorden de tu nombre*) oder die Textualität der geschichtlichen Welt (*Beatus ille*). Im Zuge der Ausbildung eines autonomen *literarischen Feldes*[367] werden dadurch zunehmend philosophische oder ästhetische Probleme im literarischen Text mit den der Literatur eigenen Kategorien, Werten und Argumenten angegangen. So kann es geschehen, daß die Prägnanz philosophischer 'Argumentation', wie in *Niebla* zu sehen sein wird, sich weniger aus einer rigurosen 'Arbeit am Begriff' ableitet, als vielmehr aus dem ästhetischen Funktionieren des Mediums selbst (Fiktionalität, Autorschaftskonzepte etc.), in dem und anhand dessen das philosophische Thema dargestellt bzw. abgehandelt wird[368]. Gerade die an sich schon poetischen Konzepte von *engaño* und *desengaño*, von Fiktionalisierung des Alltags und Ontologisierung der Fiktion ist in der spanischen Mentalitätsgeschichte in vielfältiger Weise tragendes Deutungs- und Erfahrungsmuster[369].

Ob der durch ästhetisch-semiotische Gesetze bestimmte Raum der Literatur als Experimentierfeld oder als Bühne für subjektphilosophische oder kulturkritische Auseinandersetzung dient oder umgekehrt die thematische Durchführung von nicht im engeren Sinne literarisch-ästhetischen Anliegen im Roman einem metafiktionalen Experiment verpflichtet sind – diese Frage braucht im Zeitalter der „Einebnung der Gattungsunterschiede" von Philosophie und Literatur und ihrer gegenseitigen Indienstnahme als Experimentierfelder nicht im voraus entschieden zu werden. Aus diskurshistorischer Sicht interessieren vielmehr die aus ihrer konkreten Realisierung ableitbaren Mög-

---

[367] Vgl. Bourdieu (1992).
[368] Zum Zusammenhang von ästhetischer Erfahrung und philosophischem Argument s. Habermas (1988:244ff.).
[369] Gumbrecht (1990) hebt diesen Aspekt in seiner Literaturgeschichte besonders hervor.

lichkeiten und Grenzen (die epistemologischen Bedingungen letztlich) der Selbstrepräsentationen. Es ist festzuhalten, daß die Möglichkeitsbedingung bzw. Folge dieses Zusammenhangs von Selbstrepräsentation und subjektkritischer, sprachphilosophischer, kultursemiotischer o.ä. Reflexion im Roman ein weiterer Statuswandel des Aussage-TEXTES ist, der mit der Auflösung des transzendentalen Modells und sicherlich auch mit dem Funktionswandel nachautonomer Literatur einhergeht und, wie in den Epochen zuvor auch, ein gewandeltes Bild von Literatur, Sprache, Fiktion etc. zu Bewußtsein bringt.

Bei der Analyse der folgenden Romane hat sich ergeben, daß sich für die Auflösung des transzendentalen Modells zwei Formen bzw. Stufen der Transformation des Aussage-TEXTES und damit zwei verschiedene Strategien unterscheiden lassen, die eine epochale Zuordnung zu Moderne und Postmoderne nahelegen.

(i) Die erste Disposition ist die *Doppelkodierung der Selbstrepräsentationen*. Damit ist der Sachverhalt gemeint, daß verschiedenen Selbstrepräsentationen ein zugleich literaler und figurativer Sinn zukommt. In der romanesken Dramatisierung selbstrepräsentationaler Handlungen kann so ein philosophisch-epistemologischer Diskurs geführt werden. Das Prinzip und die Möglichkeit dieser Doppelkodierung als Indikator des veränderten Stellenwerts des Aussage-TEXTES liegt seinerseits in der Zurschaustellung einer immer schon für fiktionale Texte gültigen Bedingung, die P. Waugh als „creation / description paradox" prägnant formuliert hat:

> All literary fiction has to construct a 'context' at the same time that it constructs a 'text', through entirely *verbal* processes. *Descriptions* of objects in fiction are simultaneously *creations* of that object. *(Descriptions* of objects in the context of the material world are determined by the existence of the object outside the description.) Thus the ontological status of fictional objects is determined by the fact that they exist by virtue of, whilst also forming, the fictional context which is finally the words on the page. (Waugh 1984:88)

Sterne und Diderot haben diesem Paradox meisterhaft Pointen abgewonnen, Torrente Ballester bringt in den *Fragmentos de apocalipsis* zahlreiche Beispiel dafür, etwa: „He nombrado la torre, y ahí está. Ahora, si nombro la ciudad, ahí estará también. [...] si escribo: «Estalló la bomba y derribó la torre», pues se acabó: adiós torre, y capitel, y todo lo que está en él. Por eso no lo escribo" (FA 16; 15). In diesem Prozeß verschiebt sich nicht nur einfachhin die Semantisierung von Schreiben, Geschriebenwerden, Lesen und Gelesenwerden, Fremdbestimmtheit und Selbsterkenntnis als *erzählte* Handlungen oder erkenntnis- bzw. sprachphilosophisches *Thema* des Romans; vielmehr findet die Subjekt- und Darstellungskrise als problematisch gewordenes Welt- und Selbstverhältnis dann sowohl ihren Ausdruck im philosophischen oder epistemologischen Diskurs, den der Roman führt, als auch sein Beispiel je am konkreten Text selbst. In den selbstrepräsentationalen Handlungen wird das philosophisch-literarische Abenteuer erzählt, und das Erzählte findet seine

Geltung in der Evidenz seiner *Faktizität* als existente Geschichte – seine Geltung, wenn nicht gar sein Argument. Unamuno *Niebla* gibt ein anschauliches Beispiel ab: welcher Leser, der das 'Buch in der Hand' hält, wie es dort heißt, würde leugnen, daß Augusto 'tatsächlich' „ente de ficción" 'ist'? Die Figur ist dann, um bei dem Beispiel zu bleiben, nicht mehr *auch* ein Buch – wie Leriano, Lozana, Don Quijote – und der Roman nur ihre Verewigung für die Nachwelt, sondern das Buch wird im Extremfall zu ihrer *einzigen* Existenz. Gleiches gilt für die AUTOR-Position: Ging bei Galdós die Vergegenwärtigung des Aussage-TEXTES mit dessen Entfiktionalisierung bzw. Entsemiotisierung einher, um dem AUTOR gegenüber der erzählten Welt (TEXT) einen transzendentalen Hier-Jetzt-Ich-Ursprung zu gewähren, so gerät dieses Modell dort in die Krise, wo sich der Autor bewußt wird, daß Sprache vielleicht überhaupt seine einzige Existenz für die Anderen ist[370]. Wenn das Subjekt sich, wie in *Niebla*, durch Sprache determiniert sieht und dies sich in den Selbstrepräsentationen dadurch ausdrückt, daß der TEXT (die Sprache) zum angestammten oder bedrohlichen Ort des Subjekts (der Figur, des AUTORS) wird, bedeutet die Verwandlung in TEXT ein gegenwärtiges Determiniertsein; in dem Maße, in dem der TEXT bzw. die Sprache nicht nur dem Ich, sondern auch dem Anderen gehört, ist das Subjekt, das sich in der Sprache konstituiert, fremdbestimmt. Aus der Figur, die im Buch ihre zukünftige ideale Seinsweise findet, wird das dezentrierte Subjekt: TEXT ist dann die Erfahrung, GESCHRIEBEN zu WERDEN. Der Konflikt zwischen AUTOR und TEXT, 'Unamuno' und Augusto beispielsweise, die sich gegenseitig zu Objekten machen, um sich ihre Existenz und Vormachtstellung zu beweisen, wird sich also auch daran austragen und bemessen lassen, inwiefern sie in der Lage sind, sich selbst, d.h. den Aussage-TEXT, zu LESEN.

Der erste (moderne) Schritt der Auflösung des transzendentalen Modells, die literal-figurative Doppelkodierung von Aussage-TEXT-Repräsentationen bzw. Indices, läßt sich unschwer auf Paul de Mans Entgegensetzung von figurativer und wörtlicher Bedeutung oder grammatischer und rhetorischer projizieren[371]. Für die Analyse der Aussage-TEXT-Repräsentationen stellt sich dann die Leitfrage, welcher – auch argumentative – Status dieser Position je zugestanden wird, da Aussage-TEXT-Repräsentation in der literalen Be-

---

[370] In dieser Weise ließen sich auch verschiedene Realisierungsformen der narrativen Metalepse grundsätzlich unterscheiden, die Genette nur als „*banales et innocentes*" bzw. „*un peu plus hardis*, c'est-à-dire *un peu plus littéraux*" bezeichnet. Die ersten „jouent sur la double temporalité de l'histoire et de la narration; ainsi Balzac, dans un passage déjà cité d'*Illusions perdues*: «Pendant que le vénérable ecclésiastique monte les rampes d'Angoulême, il n'est pas inutile d'expliquer...»" – sie gehören zu dem bei Galdós analysierten Modell; „les jeux temporels de Sterne" „comme lorsque les digressions de Tristram narrateur (extradiégétique) obligent son père (dans la diégèse) 'prolonger sa sieste de plus d'une heure'" hingegen zur Doppelkodierung (s.o. Fn. 114).
[371] S. dazu De Man (1979:3–19).

deutung der Selbstrepräsentationen und in seiner Nähe zur realen Romanaussage prinzipiell unter Verdacht steht, ein außersemiotisches (und damit metaphysisches) Argument einzuführen. Mit der Doppelkodierung verschiebt sich die Position des Aussage-TEXTES ein weiteres Mal: er ist nicht mehr Epiphänomen der Erzählung, wie es noch weitgehend im *Don Quijote* der Fall war, oder archimedischer Punkt (Galdós); weil er nunmehr selbst Bestandteil der Reflexion geworden ist, können seine Position und seine Repräsentationen zum bewußten eingesetzten Darstellungsmittel und Argument werden.

(ii) Der zweite (postmoderne) Schritt der Auseinandersetzung mit dem transzendentalen Modell bzw. seinen Überwindungsversuchen besteht in Formen der *Dekonstruktion der Indices*, der *Fragmentierung, Verzukünftigung des Aussage-TEXTES*, letztlich in seinem *Verschwinden* als Repräsentation[372]. Die Differenz beider Auflösungsstrategien des transzendentalen Modells besteht darin, daß bei der Doppelkodierung die Aussage-TEXT-Repräsentationen bzw. Indices in ihrem literalen Verständnis noch einen argumentativen Stellenwert in der Selbstrepräsentationsstruktur des Textes behalten und der Aussage-TEXT oder einzelne Signifikanten dabei als Einheiten betrachtet werden können – die TEXT-Position übernimmt dabei mitunter die transzendentale Funktion des vormals in der AUTOR-Position beheimateten Subjekts[373] –, während im zweiten Fall das metaphysische, referentielle, sich im Außersemiotischen abstützende Argument einer wie auch immer gearteten Realität des Textes nur noch im Leser besteht, dessen Erwartungen dekonstruiert werden; anstatt als Einheit zu erscheinen, zerfällt die narrative Konstruktion in Produktionsakte, Leseakte, Intertexte und bleibt somit nur noch fragmentarisch oder virtuell als ganze repräsentiert. Mit der Auflösung dieser Einheit kann in einem bestimmten Sinne nicht mehr von *Selbst*bezüglichkeit oder auch *mise en abyme* gesprochen werden: denn wo sich der Text nur noch als Fragment, Code, Virtualität repräsentiert, gibt es keine Entsprechung zu seinem materiellen Selbst als Buch oder fixierte Signifikantenkette mehr.

2.3.1 Miguel de Unamuno *Niebla* (1914): Das G/geschriebene S/sein

Niebla erzählt die Geschichte von Augusto Pérez, einer von ständigen Existenzzweifeln geplagten Figur, die von der Vorstellung umgetrieben ist, nichts weiter als ein fiktives Wesen zu sein. An der Unfähigkeit, aus der Immateria-

---

[372] Vgl. dazu die Analysen von *Fragmentos de apocalipsis*, *El desorden de tu nombre* und *Beatus ille* (Kap. 2.3.2, 2.3.4–5).
[373] Frank bezieht daraus einen seiner Hauptkritikpunkte an der literarischen Theorie und Praxis der *tel quel*-Gruppe; vgl. u. Kap. 1.2.7.4.

lität seines Dasein herauszutreten, scheitert schließlich auch die Liebe des Helden zu Eugenia. Augustos Ratgeber und Vertrauter Víctor Goti kann ihn deshalb leicht glauben machen, in der Tat ein fiktives Wesen zu sein, und ihm das Credo des „sentimiento trágico de la vida" vermitteln: „hacemos comedia ante nosotros mismos". Augusto will Víctors Unterstellungen nicht wahrhaben und sucht 'Miguel de Unamuno' auf, bevor er sich als letzten, trotzigen Beweis seiner realen Existenz das Leben zu nehmen versucht. Von 'Unamuno', der sich als sein Schöpfer herausstellt, wird er indessen nach einem längeren Disput, in dem er 'Unamuno' vorhält, selbst fiktiv und als Autor-Erzähler Vorwand für die Erzählung der Geschichte zu sein, zum Tode verurteilt. Dieser Tod ist die Schrift, der Roman, der Augusto als „ente de ficción" immer schon war und bleiben wird. Doch 'Unamunos' Schreib- und Deutungsmacht bleibt auch von einer anderen Seite her nicht unwidersprochen. Er steht im Meinungsstreit mit seiner Figur Goti, die den Prolog zu *Niebla* schreibt und dort auf den freien Willen Augustos pocht, der ihm den Suizid erlaubt habe. Die Frage danach, in welchem Sinne Augusto 'fiktiv' ist, stellt sich nun auch deshalb, weil, wie schon im *Don Quijote*, alle anderen Figuren, Eugenia und ihr Liebhaber Maurico, die Hausangestellten Liduvina und Domingo etc. von dieser Tragik der Fiktionalisierung nicht betroffen scheinen. Sie leben 'unterhalb' oder 'außerhalb' jenes Romans, dessen Autor 'Unamuno' heißt und der für Augusto die Bedingung seiner Existenz als Figur und Negation seiner Selbstbestimmtheit als Subjekt bedeutet. Augustos Hund Orfeo, der im Epilog die Sprache als Ort der Lüge und Selbstverkennung denunziert, scheint gar jenseits der Sprache zu existieren. Ein apostrophierter Leser schließlich wird als letzter Sinngeber und eigentlicher Schöpfer der Figuren bezeichnet und läuft doch selbst Gefahr, ebenfalls nur ein Diskurseffekt zu sein.

Daß sich die Handlung ohne weiteres auch direkt in den Begriffen der Beschreibungssprache nacherzählen ließe, verweist darauf, wie diskret die Räume konzeptionell ausgebildet sind, denen AUTOR, TEXT und LESER angehören. Dies ist das Erbe des transzendentalen Modells und eines stabilen Begriffs von Fiktion. AUTOR, TEXT und LESER treten selbst schon als Protagonisten oder Aktanten auf, und deren selbstrepräsentationale Handlungen entsprechen weitgehend den korrespondierenden Zeichenhandlungen. Die Konflikte, in die die Akteure geraten, schlagen sich als Interferenzen nieder und sind zugleich Krisensymptom des transzendentalen Modells. Der transzendentale AUTOR gerät in Interferenz mit dem TEXT; und das Subjekt ist in der Krise, wenn es seine Sprachlichkeit erfahren muß: Augusto ist PRODUZIERT und LESBAR, und sein existentielles Problem, „ente de ficción" zu sein, besteht unter anderem darin, fremdgeschrieben und fremdgelesen zu sein. 'Unamuno' wird LESBAR, wenn er sich mit seinen Figuren unterhält. Es steht also zu erwarten, daß mögliche Hierarchien zwischen den

Figuren sich an ihrer SCHREIB-Macht und ihrem LESE-Horizont ablesen lassen. Weiß Víctor ebensoviel über die fiktive Existenz seines Freundes Augusto wie 'Unamuno', da er ihm einredet, „ente de ficción" zu sein? (LIEST er ihn also als Aussage-TEXT?) Immerhin wäre als Argument dafür anzuführen, daß Goti, wenn er den Prolog zu 'Unamunos' Roman schreibt, auch den Aussage-TEXT als solchen kennen muß. Hat er den Aussage-TEXT aber schon in dem Moment GELESEN, als er mit Augusto spricht? Weiß Augusto wenigstens nach seinem Gespräch mit 'Unamuno', daß er dessen TEXT ist, kann er also den Aussage-TEXT LESEN, oder bleibt sein Wissen auf die Welt, in der er lebt, beschränkt? Ist also auch seine LESE-Fähigkeit Maß der Selbsterkenntnis? Oder zielen all diese Wirrungen darauf ab, einen undurchdringlichen „confusionismo" von 'realidad' und 'ficción', Schein und Sein etc. zu erzeugen, von dem im Roman mehrfach die Rede ist?

Die Doppelkodierung der Selbstrepräsentationsobjekte und ihrer Handlungen ist hier offensichtlich. Augusto ist als Figur eine Art Diskurseffekt, weil sie zugleich als TEXT von 'Unamuno' GESCHRIEBEN bzw. GELESEN WIRD, aber dies ist auch die Fabel seines Subjektverlustes: Augusto, der ein selbstmächtiges Subjekt zu sein glaubt, findet seinen Tod in der Schrift (TEXT), in der Determination (GESCHRIEBEN und GELESEN WERDEN) durch den Anderen[374]. AUTOR, TEXT, LESER, sowie deren aktive und vor allem passive Handlungen werden einerseits wörtlich genommen: dann ist 'Unamuno' Autor von *Niebla* und Augusto seine Figur. Andererseits sind sie auch in einem philosophischen Diskurs figurativ semantisiert: dann fühlt sich Augusto als „ente de ficción", zieht aber selbst keine ontologischen Konsequenzen daraus. Zwischen beiden Möglichkeiten changieren die Selbstrepräsentationen[375].

Die Aufgabe, die sich für die Analyse von *Niebla* stellt, ist nicht die, Unamunianische Philosopheme in dem Roman dingfest zu machen, sondern dessen zeichentheoretisch-epistemologische Stellungnahme zu bestimmen; diese Stellungnahme läßt sich in daran ablesen, wie 'Sprachlichkeit' und 'Fiktivität'

---

[374] In dieser konsequent durchgeführten Doppelkodierung liegt wohl einer der entscheidenden Unterschiede zu Pérez Galdós' *El amigo Manso*. Auch Máximo Manso wird als Geschöpf eines Autors dargestellt, und auch seine Insubstantialität hindert ihn daran, Irene mehr als ein väterlicher Freund zu sein. S. Berkowitz (1940) und Kronik (1977) über das Verhältnis von Unamuno zu Galdós, besonders zur Filiation von *El amigo Manso* und *Niebla*.

[375] Blanco Aguinaga hat auf diese Doppelkodierung figurativ/literal in ihrer extremen Variante – nämlich im Erscheinen der Autorsignatur – bereits als eine Art von Verwechslung hingewiesen: „By making Augusto appear before him (e.g., by appearing before Augusto) [...] he [Unamuno] made the mistake of taking the metaphorical name of the role seriously, when it is really a name that functions only analogically" (Blanco Aguinaga 1964:197).

metaphorisch-figurativ oder literal semantisiert sind; letztlich ist also der
philosophische Diskurs als ein zeichentheoretischer zu lesen[376].

---

[376] Ausgehend von Unamunos Philosophie gestaltet etwa de Toro (1981) seine ansonsten
eigentlich narratologisch orientierte Studie. Hier wird in der Autorsignatur 'Unamuno' ein
historischer und ein impliziter Autor voneinander unterschieden. Wenngleich de Toros
These, daß „personaje autónomo" und „personaje ficticio-autor-implícito" komplementär
aus Unamunos Lebensthema „ansia de imortalidad" entstehen (1981:361), nicht von der
Hand zu weisen sein mag, unterstellt dennoch die Rede von einem „personaje autónomo"
bereits eine Autor/Text-Hierarchie in personalistischen Begriffen, die für filiationsge-
schichtlicher Abrisse sinnvoll ist (vgl. Lebois 1949, der den *pobre* im *Gran teatro del
mundo* als erste 'revoltierende Figur' bezeichnet; vgl. weiter für die spanische und europäische Literatur Gillet 1956, Leube 1969 und Livingstone 1958), jedoch nicht Ausgangspunkt der hier angestrebten Analyse sein kann. Das eigentliche Problem des Terminus
'personaje autónomo' aber ist, daß er feinere Differenzierungen zwischen verschiedenen
Romanen und möglicherweise auch innerhalb eines Textes unterschlägt. Eine „autonome
Figur" wäre eher, wie schon gesehen, in der hier vorgeschlagenen Terminologie ein sich
selbst als TEXT LESENDER TEXT, der u.U. auch den AUTOR als TEXT LIEST. Robert Spires zieht in seiner strikt narratologischen Studie (Spires 1984:33–44) indessen
ähnliche Schlüsse wie de Toro. Figuren, impliziter Autor und Leser seien in *Niebla* nur
noch Instanzen, die sich gegenseitig als rein sprachliche Artefakte denunzierten; dahinter
komme die „language and its incredible creative capacity" (1984:38) zum Vorschein. Spires kommt hier beinahe zum gleichen Ergebnis, wie bei seiner *Don Quijote* Analyse (vgl.
Fn. 234). Auch bezüglich Unamunos Roman wird indessen eine differenzierte Beschreibung der Selbstrepräsentation nötig sein. – Wenngleich (oder weil) sie nicht auf den Terminus der „autonomen Figur" rekurriert bzw. von Unamunos philosophischen Essays
ausgeht, ist die Studie von Weber (1973) eine der wenigen, die skeptisch gegenüber dem
gegenseitigen Selbsterschaffungsmythos von „autonomer Figur" und Autor, entsprechend
auch gegenüber der Vermischung von Fiktion und Realität, bleiben kann. Webers Aufsatz
verdient hier Erwähnung, weil er so auch eine unaufgelöste Doppelkodierung der
Selbstrepräsentationen in *Niebla* feststellen kann, unter anderem extrapoliert in den Ter-
mini „philosophy" vs. „comedy": „When Unamuno [gemeint ist der fiktive Autor!] and
Augusto share so many attitudes, how can we keep philosophy and comedy apart? Or
fiction and reality? The device of leveling the barriers between the real world and the
ficticious one is invariably a vehicle for a commentary on the artist's craft. It is also a kind
of philosophical image, but one *that can have several different meanings*. The world as
theatre or novel may refer to the brevity of life, the vanity of earthly glory, and man's su-
bordination to God. Or it may be a reminder of the limits of human knowledge, showing
either the multiplicity of error or the multiplicity of truth. The writer may playfully subvert
categories like «real» and «ficticious» and demonstrate the deceptiveness of all ideas.
(Borges is an example.) Sometimes the emphasis falls on the relation between literary character and real person. In contemporary criticism it is common to draw an analogy betwe-
en individual freedom and the supposed freedom of the character. The latter may be said
to be as real or more real than the man of flesh and blood because he is capable of
«creating himself». Or all men are likened to novelistic characters because life is a
«novel», a poetic and imaginative fiction. Literary creation and individual biography are
presented as strictly synonymous. *But this view, which certainly was Unamuno's, has some peculiar consequences. As a critical concept it confounds literature and life by taking
a metaphor – the «free character» – for reality (as if Don Quijote really did not have an
author), and as a comment about life, it also gives a literal reading to a figure of speech.*

Die im folgenden vertretene These lautet, daß die figurativen Besetzungen selbstrepräsentationaler Objekte und Zeichenhandlungen, mit denen der subjektphilosophische Diskurs geführt wird und die jenes Weltbild des „confusionismo" als Verwischung von 'Realität' und 'Fiktion' erzeugen wollen, als erkenntniskritischer Diskurs gestaltet wird, der aber mit der wörtlichen Bedeutung der Selbstrepräsentationsobjekte ontologisch argumentiert; die Erkenntnis eines romanhaften Lebenszusammenhangs (figurative Lesart) wird vorrangig in ikonischen bzw. symbolischen Repräsentationen dargestellt und die ontologische Ebene (literale Lesart) in indexikalischen. Unamuno gelangt so zwar zu einer dem Realismus gegenüber kritischen Subjektdekonstruktion am Paradigma des transzendentalen Autors 'Unamuno'; doch der Aussage-TEXT als die Ebene, die dem AUTOR Transzendentalität zuspricht, aber auch abspricht, wenn er in die Interferenz AUTOR-als-TEXT tretend für die Figuren LESBAR ist, wird nicht als *écriture* repräsentiert, sondern als metaphysische Schrift. Dies bleibt auch nicht ohne Konsequenzen für die LESER-Position, zumal es der Rezipient ist, der die ontologische Differenz der Indices festlegt und die daraus entstehenden Folgen zu tragen hat.

2.3.1.1 AUTOR-Position

Die erste Konsequenz aus der doppelten Kodierung der Objekte und ihrer Handlungen besteht darin, daß SCHREIBEN (und, wie zu sehen sein wird, auch LESEN und die Passiva) in *Niebla* nicht nur an AUTOREN, sondern auch in erheblichem Maße interferentiell an die beiden anderen Objektpositionen gebunden ist. Schriftstellerfiguren wie 'Miguel de Unamuno' und Víctor Goti treten an, deren Romane sich – wie es mehrfach heißt – in der Eigendynamik des Lebens 'von selbst schreiben' (TEXT-als-AUTOR seiner selbst), und schließlich wird dem LESER die alleinige Macht zugesprochen, mit seiner Imagination die fiktive Welt zum Leben zu erwecken (LESER-als-AUTOR). Zugleich sind die Objekthandlungen aber auch strategische Momente im Kampf um Machtpositionen und Gesten der puren Selbsterhaltung. Dies gilt es im Auge zu behalten, wenn sich nun die Frage danach stellt, mit welcher AUTOR-Repräsentation die Analyse zu beginnen hat.

'Unamuno' und Víctor Goti fechten nicht mit ihren Schreibfedern, wie Cide Hamete und der segundo autor im *Don Quijote*, sondern sie befehden sich zu

---

Unamuno was very fond of such transpositions. But the characters of *Niebla* are not really free subjects. Although Augusto keeps saying he has been awakened to real life, the reader has learned to smile at the claim. Why should we believe, when he speakes of suicide, that he has, as Carlos Aguinaga says [...], «passed from being an Object ... to being a Subject»? *Behind his own assertions, there is no evidence whatsoever of his «well-earned acquisition of consciousness».*" (Weber 1973:214; Hervorh. U.W.).

Beginn, indem sie in den beiden Prologen LEKTÜRE-Weisen von *'Niebla'* gegeneinanderhalten: Goti hält Augustos Tod für Selbstmord, der den freien Willen zum Ausdruck bringe, Unamuno behauptet, er selbst habe den Helden, per göttlich-auktorialem Dekret, sterben lassen. Eine LEKTÜRE also ist es, die dem AUTOR, der über die Autorsignatur verfügt, seinen Posten als transzendentaler LESER des Aussage-TEXTES streitig macht. Víctor beherrscht aufgrund der gleichen LESE-Macht Augusto, wenn er ihn als „ente de ficción" LIEST; Augusto aber kann auf den letzten Seiten, wie es scheint, gegen 'Unamuno' aufbegehren, weil dieser sich zum TEXT hat machen lassen und so für ebendie Figur LESBAR geworden ist, die bisher – als TEXT – in seiner Abhängigkeit geblieben war. Wer wen SCHREIBEN oder LESEN kann, bemißt sich also auch daran, in welchen hierarchisch geordneten Ebenen, die zugleich als paratextuelle Ebenen benannt sind, die Figuren erscheinen. Titelblatt, Prolog, zweiter Prolog und den Haupttext – er wird fortan mit *'Niebla'* bezeichnet[377] – scheinen Positionen vorzudefinieren, von denen aus bestimmte LESE- und SCHREIB-Handlungen möglich sind. So hat Víctor, noch bevor der Haupttext beginnt und er sich als Romanfigur zu erkennen, als Prolog-AUTOR zwar das erste Wort im Roman, doch kann sich 'Miguel de Unamuno' ihm überlegen wissen, nicht etwa schon deshalb, weil er die Autorsignatur wäre und als einziger zitierten Aussage-TEXT PRODUZIERTE, sondern weil sein Prolog von vornherein den weiteren *LESE*-Horizont hat (nicht zufällig heißt er *Post-Prólogo*). Da 'Unamuno' Gotis Prolog LESEN kann, Goti aber nicht den zweiten Prolog, muß der Parcours durch die AUTOR-Repräsentationen mit der Autorsignatur beginnen.

Die Autorsignatur: Immanenz und Transzendenz

Die Autorsignatur ist durch einen Dualismus gekennzeichnet, der in der Bezeichnung 'Unamuno' zum Tragen kommt: ihre Machtposition leitet sich aus dem nominalen Bezug zum realen Autor Unamuno ab, aus dem gleichen Grund ist diese hegemoniale Stellung aber eben auch nur 'nominal' begründet. Der Eintritt 'Unamunos' in die von ihm erzählte Welt ist ein sukzessiver Abstieg auf der paratextuellen Stufenleiter: Vom Buchdeckel wandert 'Unamuno' in den Prologbereich, wo er beinahe auf gleicher Ebene mit Víctor erscheint, der eigentlich 'Unamunos' TEXT ist, insofern er eine Figur aus *'Niebla'* ist; später kommentiert er 'von oben', als Gott, das diegetische Geschehen: „*Mientras Augusto y Víctor sostenían esta conversación* nivolesca,

---

[377] In Unamunos Roman müssen methodisch die verschiedenen Paratexte (v.a. Titelblatt, erster und zweiter Prolog) untereinander und dem Haupttext (in Kapitelzählung) gegenüber abgegrenzt werden, weil in ihnen jeweils verschiedene Gesetze der Repräsentation gelten. Mit *'Niebla'* (in Anführungsstrichen) ist fortan der Haupttext als Aussage-TEXT gemeint, als dessen AUTOR sich 'Unamuno' ausgibt.

yo, el autor de esta nivola, *que tienes, lector, en la mano, y estás leyendo, me sonreía enigmáticamente"* (NI 25:252). Bleibt diese Stellungnahme durch Kursive noch typographisch vom Haupttext abgehoben, ist 'Unamuno' schließlich persönlich in die Handlung involviert, wenn er Augusto gegenübersteht und ihn in Kap. 31 zum Tode verurteilt. Sodann tritt er den Rückzug an: er träumt den bereits verblichenen Augusto (Kap. 33) – oder wird von ihm geträumt –, schließlich präsentiert er sich als Herausgeber der Geschichte: „Y aquí está la historia de Augusto Pérez" (NI 33:296).

Die Autorsignatur legt eine Spur von der obersten Ebene (Buchdeckel) bis in die erzählte Welt von *'Niebla'* hinein. Damit ist jenes *ironische* Erscheinen nach Art 'Cervantes' formal ausgeschlossen, weil 'Unamuno' – entgegen der Autorsignatur im *Don Quijote* – keine der paratextuell definierten Ebenen überspringt. Auch 'Unamuno' ist ein sich bewegender Autor, allerdings verläuft die Migration nicht mehr horizontal zwischen Figuren (der auctor in *Cárcel de amor*), Figuren und Buch (der autor in *Lozana andaluza*) oder zwischen Schriften (der segundo autor im *Don Quijote*), sondern vertikal zwischen hierarchisch geordneten Textebenen: Buchdeckel – Prolog – Glosse zum Haupttext – Haupttext. Wenn die Bewegtheit des Autors Zeichen seiner mangelnden Transzendentalität ist – um Zentrum der Perspektiven zu sein, dürfte er nicht gezwungen sein sich zu bewegen – so verweist nunmehr der Ortswechsel zwischen Paratexten darauf, daß der variierende Standpunkt nicht mehr, wie im 16. und 17. Jahrhundert, Ausdruck eines Darstellungsproblems ist. In jedem der von ihm GESCHRIEBENEN Aussage-TEXT-Segmente ist 'Unamuno' immer auch selbst anwesend, als könnte er die transzendentale SCHREIB-Kontrolle nur mittels gleichzeitiger immanente Kontrolle ausüben. Gerade diese Redundanz aber ist verdächtig: einerseits sind alle Differenzen zwischen den paratextuellen Ebenen, als Differenzen betrachtet, auch Demonstrationen jener ordnenden und hierarchisierenden SCHREIB-Macht, die sie eingerichtet hat, andererseits macht das Erscheinen des Namens 'Unamuno' ihn selbst je LESBAR. Schon in der Glosse zum Haupttext (NI 25:252, s. Zitat o. S.289) ist dies der Fall, weil Goti, wenn er erster Prologus ist, sie gelesen haben müßte; im Haupttext ist 'Unamuno' gar für Augusto LESBAR (Kap. 31). Hinter 'Unamunos' Herrschaftsgesten verbirgt sich deshalb weniger die reale Macht des transzendentalen Autors, als vielmehr ein unaufhebbarer Mangel an ihr. Der Eintritt des AUTORS in den TEXT, den er selbst GESCHRIEBEN hat, die Aufgabe seiner Urheber-Position und die Selbstauslieferung an eine paradoxale Existenz schaffen die Interferenz immer wieder neu, die 'Unamuno' durch redundante Präsenz im TEXT zu beheben versucht. Durch die Interferenz AUTOR-als-TEXT werden alle von 'Unamuno' gestellten Urheberansprüche und Differenzen zwischen transzendentalem SCHREIBEN und TEXT, sofern sie von ihm eingerichtet sind, bis hin zum Titelblatt dekonstruiert. Der AUTOR denunziert somit selbst sein sprachliches Sein, d.h. seine TEXT-Existenz. Sogar Augusto kann

'Unamuno' deshalb im Verdacht haben, „mero pretexto para que [la] historia llegue al mundo" (NI 31:279) zu sein. Auf diesen Moment intuitiver Hellsicht ist allerdings noch zurückzukommen. Wenn jede Repräsentation der Autorsignatur als Urheber oder transzendentaler Autor zugleich Behebung und Erzeugung eines Mangels ist, Etablierung transzendentaler Autorschaft und Dekonstruktion in der Interferenz, wird rückwirkend auch die erste Nennung des Namens auf dem Buchdeckel schon *als* Interferenz *repräsentiert*; dem Roman geht der Mangel an Transzendentalität schon voraus. Damit wäre der ursprüngliche Impuls des SCHREIBENS des gesamten Aussage-TEXTES in all seinen Ebenen – vom Titelblatt bis zum Haupttext – die Erzeugung einer 'Realität', während die hier in ihrer Sprachlichkeit als Fiktion denunzierte, bloß nominelle Autorsignatur 'Fiktivierung' von Realität bedeutet. Im Vergleich zu den schon analysierten Romanen ist die Autorintervention, der AUTOR-als-TEXT, eine dekonstruktive Interferenz, weil AUTOR und TEXT in einem transzendentalen Verhältnis definiert waren. Die Dekonstruktion des genuinen AUTORS (in Gestalt der Autorsignatur) besteht dann darin, daß er in die Position LESBARKEIT gerät, die ja transzendentale PRODUKTION ausschließt: SCHREIBEN ist die Chiffre für Subjektivität; transzendentales Subjekt ist, wer SCHREIBEN kann, ohne GELESEN zu WERDEN.

Auf dem Titelblatt hat 'Unamunos' also seinen ersten Auftritt. Der darin verbriefte Hegemonieanspruch ist es, auf den Víctor Goti als Prologus abzielt. Víctor, der das tragische Ende Augustos aus zwei Perspektiven kennt – er hat es selbst als Vertrauter miterlebt, und er hat '*Niebla*' von 'Unamuno' gelesen – bestreitet diesem, Augustos Tod wahrheitsgemäß wiedergegeben zu haben:

> Mucho se me ocurre atañedero al inesperado final de este relato y a la versión que en él da don Miguel de la muerte de mi desgraciado amigo Augusto, versión que estimo errónea; [...] estoy profundamente convencido de que Augusto Pérez, cumpliendo el propósito de suicidarse, que me comunicó en la última entrevista que con él tuve, se suicidó realmente y de hecho, y no sólo idealmente y de deseo. (NI *Prólogo*:106)

'Unamuno' kann über Gotis Behauptung, Augusto Pérez habe sich aus freiem Willen das Leben genommen und sei nicht, wie er, 'Unamuno', es erzählt und gewollt habe – „por mi libérrimo albedrío y decisión" (NI *Post-Prólogo*:107) –, gestorben, nur lächeln. An der Frage des freien Willens entscheidet sich, ob überhaupt jemand, und wenn, wer Autor und wer Figur ist, wer SCHREIBT und wer GESCHRIEBEN WIRD. Víctor gesteht 'Unamuno' zwar Souveränität als PRODUZENT einer – fiktionalen – Geschichte zu („de este relato"); der Streit, in den sie geraten, entzündet sich aber an der Art und Weise der Darstellung von Augustos Tod. Zwei *Lesarten* (LEKTÜREN) eines 'Ereignisses' konkurrieren in den Prologen miteinander und stellen den Rezipienten vor eine Deutungsalternative, noch bevor er die Geschichte selbst hat zur Kenntnis nehmen können. (Formal handelt es sich deshalb um zwei konkurrierende symbolische TEXT-Repräsentationen.) Sollte Víctor eine von Unamuno erdachte Figur sein, ist die Empörung des Autors über das angemaßte Urteil Víctors so verräterisch, wie die Tatsache, daß 'Unamuno' überhaupt unter seinem Namen in die Geschichte eintritt. In der Dopplung der Prologe wird transzendentale Autorschaft dekonstruiert, jedoch nur insofern der Autor oberste Deutungsmacht eines offensichtlich aber unabhängigen, substantiell gedachten Ereignisses ist, nämlich Augustos Tod. Der AUTOR wird dekonstruiert, indem ihm als einzigem LESER ein zweiter zur Seite gestellt wird. Der TEXT wird auf der LESER-Seite doppelt kontextualisiert und hat zwei Interpretanten. Es ist also die Souveränität des Erzählens als Welt-Interpretation, die Macht der Deutung und nicht des Schreibens an sich, die Víctor 'Unamuno' hier abstreitet. Ein konstruktivistisches Wirklichkeitsmodell verbirgt sich hinter der Kritik des Autorkonzeptes, die selbst die Erzählung des Autors als nur eine „versión" von Augustos Tod akzeptieren will. Dieser Tod aber wird behandelt, als sei er nicht ebenfalls das Produkt auktorialer Imagination. 'Unamuno' kann sich auch gegenüber Víctor nur dadurch behaupten, daß er sich auf die Rolle des Scharfrichters (d.h. die des AUTORS) beruft: „Y debe andarse mi amigo y prologuista Goti con mucho tiento en discutir así mis decisiones, porque si me fastidia mucho acabaré por hacer con él lo que con su amigo Pérez hice, y es que lo dejaré morir" (NI *Prólogo*: 107–108).

Sterbenlassen scheint das letzte Attribut des strafenden Autor-Gottes zu sein, und man wird sich fragen müssen, um welche Todesart es sich dabei eigentlich handelt. Die an Goti gerichtete Drohung ist in doppelter Weise ironisch. Zunächst, weil Goti sie gar nicht wird hören (LESEN) können, denn 'Unamunos' Prolog ist ja später geschrieben als der Víctors; in dem Maße, in dem 'Unamuno' seiner Figur Befehle erteilt, anstatt die Figur einfachhin zu schreiben, zeigt sich ferner, wie sehr sein angemaßter AUTOR-Status, er selbst mithin, nichts anderes als verfaßter TEXT ist[378]. Wenn – wie 'Unamuno' Augusto später eröffnet – „alles schon geschrieben ist", kann er Goti nicht noch im nachhinein absichtlich 'sterben' lassen; dazu ist 'Unamuno' selbst zu sehr in seine Interferenz AUTOR-als-TEXT verstrickt. Im Gegensatz zum *Quijote* errichtet sich die Ironie hier nicht über der Abwesenheit einer Repräsentation transzendentaler Autorschaft, sondern diese selbst ist Gegenstand der Ironie.

Doch aus der Perspektive Víctors gesehen, hat 'Unamuno' sehr wohl eine Vormachtstellung, weil er sich ihm gegenüber als AUTOR des Aussage-TEXTES erweist, wie das gerade gegebene Zitat zeigt. Seine Stellung bleibt

---

[378] Dies ist eine der zahlreichen Aufführungen des „creation/description"-Paradoxes in *Niebla*. Unamuno spielt mit der Performativität der fiktionalen Äußerung für die Konstituierung des fiktiven Universums: Goti sterben zu lassen, bräuchte nicht mehr, als ebendiesen Sachverhalt auszusprechen.

ambivalent. Einerseits verteidigt er seine Version von Augustos Tod, andererseits behandelt er Víctor aufgrund seiner Einlassung im Prolog als seine Schöpfung (seinen TEXT), über die er frei verfügen kann. Gegenüber dem Haupttext tritt der Zweit-Prologus 'Unamuno' als transzendentaler LESER an, gegenüber dem Prolog Gotis als transzendentaler AUTOR. Deshalb erscheint gerade Gotis Prolog als ein von 'Unamuno' im Bewußtsein seiner Transzendentalität verfaßter TEXT, nicht aber *'Niebla'*, demgegenüber 'Unamuno' sich als privilegierter LESER ausgibt. Das Verhältnis 'Unamuno'/Víctor in den Prologen wird so zu einem von 'Unamuno' selbst inszenierten und beherrschten Dialog. Der weitere LESE-Horizont bestätigt sich als Legitimation der Vormachtstellung. Damit tritt aber ein ontologischer Ordnungsfaktor in kraft, der für das realistische Modell transzendentaler Autorschaft charakteristisch war: Der Aussage-TEXT wird als Horizont aufgebaut, vor dem sich interne Hierarchien abzeichnen. Dies wird weiter zu verfolgen sein.

Wie stellt sich nun die Autorsignatur in *'Niebla'* dar? Mit einer Ausnahme (NI 23:238) schweigt das 'Unamunianische' Ich bis Kap. 25. Víctor hat bereits einen eigenen Roman zu schreiben begonnen und diskutiert mit Augusto die Gestaltung der Figuren. Unversehens zerreißt eine extradiegetische Stimme in Kursiven das gelehrte Gespräch der beiden:

Mientras Augusto y Víctor sostenían esta conversación nivolesca, yo, el autor de esta nivola, que tienes, lector, en la mano, y estás leyendo, me sonreía enigmáticamente al ver que mis nivolescos personajes estaban abogando por mí y justificando mis procedimientos, y me decía a mí mismo: «¡Cuán lejos estarán estos infelices de pensar que no están haciendo otra cosa que tratar de justificar lo que yo estoy haciendo con ellos! Así, cuando uno busca razones para justificarse no hace en rigor otra cosa que justificar a Dios. Y yo soy el Dios de estos dos pobres diablos nivolescos.» (NI 25:252)

Die indexikalische Repräsentation aller drei Objekte – „*yo, el autor de esta nivola, que tienes, lector, en la mano y estas leyendo*" – wirkt auch hier als Überkodierung: jeder einzelne Index würde bereits die anderen Objekte implizieren, denn jedes von ihnen ist schon singularisiert: es gibt keinen anderen „autor", keine andere „*nivola*" und keinen anderen „lector" mit dem Buch in der Hand, die sich um den Aussage-TEXT zentrierten[379]. Die Redundanz steigert sich zudem durch begriffliche bzw. deiktische Verdopplung: „yo" / "autor", „esta"/"nivola", „lector"/ "leyendo". Parallel dazu geht 'Unamuno' mit den Äußerungen „me sonreía enigmáticamente", „me decía a mí mismo" ein Selbstverhältnis ein, in dem abermals die drei Objekte aufgerufen werden

---

[379] Letzteres mit Ausnahme von Víctor Goti. Da er in seinem Prolog zeigt, daß er *'Niebla'* gelesen hat, ist mit „lector" theoretisch auch Víctor angesprochen. Die Tatsache, daß Unamuno diese Konsequenz jedoch nirgends praktisch narrativ ausnützt, indiziert, ex negativo, die Sonderstellung der Aussage-TEXT-Ebene.

und er sich selbst zum TEXT wird. In 'Unamuno' schließt sich ein innerer Kommunikationskreislauf ab, er scheint bei sich zu sein, als AUTOR-TEXT-LESER seiner selbst, in der Selbstgenügsamkeit eines Gottes. Weshalb muß er sich dann aber überhaupt an die Sprache entäußern? In gleicher Weise verdächtig ist eine dritte Stelle. Víctor und Augusto – so will es 'Unamuno' haben – rechtfertigen ihn, ihren Gott. Tatsächlich aber ist es der AUTOR, der sich von seinem TEXT (hier Víctor und Augusto) legitimieren läßt, und also ist er es, der Gott rechtfertigt, und nicht (nur) seine Figuren, wenn er nach Gründen der Selbstbestätigung sucht: „dios" ist dann nicht 'Unamuno', wie er selbst meint („*yo soy el dios*"), sondern ein symbolischer AUTOR, dessen Repräsentationsregel in den Worten „*cuando uno busca razones para justificarse no hace en rigor otra cosa que justificar a Dios*" niedergelegt ist. Schließlich faßt 'Unamuno' den von ihm PRODUZIERTEN TEXT selbst – Augustos und Víctors Gespräch in diesem Fall – als etwas Substantielles auf, *über* das gesprochen werden kann, als wäre es nicht ein von ihm selbst erschaffenes sprachliches Konstrukt (TEXT).

In den genannten Fällen ist die TEXT-Position – namentlich die des Aussage-TEXTES – für 'Unamuno' der Reflexionshintergrund, vor dem er sich überhaupt als AUTOR bestätigen kann. Doch TEXT ist nicht mehr der archimedische Punkt, der er für Galdós noch war. Von „dios" (als AUTOR-Symbol) unterscheidet 'Unamuno', daß jener sich nicht in der Interferenz befindet, 'Unamuno' aber nur ein Gott ist, dessen Sprechen oder Schreiben ihn überhaupt erst zur Existenz, d.h. zur Sprache bringt. Der Aussage-TEXT dient 'Unamuno' hier also zur Selbstvergewisserung und Existenzgründung.

Im berühmten Kap. 31 des Romans treffen Augusto und 'Unamuno' aufeinander, beide sind nunmehr als Figuren in die Handlung verstrickt. Das Bewußtsein eines Verhältnisses von Autor und Figur besteht zunächst nur auf seiten 'Unamunos'. Augusto sucht ihn nicht als seinen Schöpfer, sondern als philosophische Autorität zu Fragen des Selbstmordes auf (NI 31:277). 'Unamuno' aber, der vom Beginn des Kapitels an in der ersten Person spricht, gibt Augusto seine Vormachtstellung durch das Wissen um dessen „más íntimos pormenores" schnell zu erkennen. Augusto ist entsetzt:

[Augusto me] miró con ojos de verdadero terror y como quien mira a un ser increíble; creí notar que se le alteraba el color y traza del semblante y que hasta temblaba. Le tenía yo fascinado. (NI 31:277–278)

In dieser kurzen Passage ist die Disposition des folgenden Kapitels bereits enthalten. Hier deutet das Bedürfnis 'Unamunos', von jemandem bewundert zu werden (d.h. legitimiert zu werden) und sich emotional verstricken zu lassen, dem er doch überlegen sein müßte, auf seine mangelnde Autarkie. Noch bemerkenswerter aber ist während des ganzen Gesprächs 'Unamunos' Verzicht auf Allwissenheit und Introspektion in die Figur. Der Erzähler-Autor begibt sich mit seiner Begrenzung auf die externe Fokalisierung gerade der

Mittel, die Augusto kurz zuvor noch davon überzeugt hatten, daß 'Unamuno' ihn im Griff habe. Wenn Omniszienz als Beweis transzendentaler Autorschaft galt, so muß dieser Perspektivenverlust in Kap. 31 auch deren Schwächung bedeuten. Augusto wird daraus aber kein Kapital schlagen können, weil sich eine weitere Differenz errichtet hat. 'Unamuno' behauptet seine AUTOR-Position zunächst erfolgreich gegenüber Augusto, indem er ihn als Aussage-TEXT LIEST: auch der Rezipient könnte ja behaupten, Augustos „más íntimos pormenores" zu kennen. 'Unamuno' kann damit zwar über Augusto triumphieren, bleibt aber gegenüber dem Rezipienten noch in der Interferenz AUTOR-als-TEXT, weil er sich nicht auch *selbst* als-TEXT LIEST, d.h. als Teil der Geschichte weiß. Die affektgeladene Haltung 'Unamunos' Augusto gegenüber, den er als seine Figur eigentlich beherrschen sollte, wenn er sie denn wirklich schriebe, macht dies deutlich: er bräuchte Augusto nicht zu befehlen „¡No te muevas!" (NI 31:278). Da Augusto zunächst von seiner Abhängigkeit von 'Unamuno' durch Argumente überzeugt werden kann, die aus der Perspektive des Rezipienten dieses Kapitels fadenscheinig sind, gehört die Figur trotz ihrer scheinbaren Gleichordnung mit ihrem Autor einer anderen Ebene an. Nun fehlt aber Augusto jene LESE-Perspektive des Rezipienten auf den Aussage-TEXT, die ihm sofort klarmachen würde, daß auch 'Unamuno' TEXT ist. Aus diesem Grund kann er sich zwar gegen ihn nicht wirklich zur Wehr setzen; da aber auch 'Unamuno' sich selbst nicht als TEXT LIEST (weiß), kann Augusto seinen Schöpfer umgekehrt in einen heiklen Relativismus stürzen, nachdem dieser ihm eröffnet hat, er sei nur „ente de ficción", „producto de mi fantasía": „[...] no sea, mi querido don Miguel [...], que sea usted y no yo el ente de ficción, el que no existe en realidad, ni vivo ni muerto... No sea que usted no pase de ser un pretexto para que mi historia llegue al mundo..." (NI 31:279). Und schließlich:

– [...] Cuando un hombre dormido e inerte en la cama sueña algo, ¿qué es lo que más existe: él como conciencia que sueña, o su sueño?
- ¿Y si sueña que existe él mismo, el soñador? – le repliqué a mi vez.
- En este caso, amigo don Miguel, le preguntó a mi vez: ¿de qué manera existe él, como soñador que se sueña, o como soñado por sí mismo? Y fíjese además, en que al admitir esta discusión conmigo me reconoce ya existencia independiente de sí. (NI 31:280)

Man kann den Disput, der sich über mehrere Seiten erstreckt, hier abkürzen: Für Augusto ist die Frage der Fiktivität, d.h. des TEXT-Seins, gesprächsweise zu klären; wer von beiden der 'Fiktive(re)' ist, bleibt eine Frage des besseren Arguments, letztlich der Vereinbarung: „– Pero ¿no quedamos en que [*yo* soy el ente de ficción]?", sagt Augusto an einer Stelle (NI 31:284; Herv. U.W.). Fiktivität bzw. TEXT-Status ist ihm keine ontologische Bestimmung, sondern eine epistemologische, d.h. eine Frage der Lesart – der LESART der Welt, nicht des Aussage-TEXTES. Dem SCHREIBEN wird in diesem Kapitel deshalb auch nicht vorrangig als transzendentalem Akt, sondern abermals als einer privilegierten Deutung (LEKTÜRE) widersprochen. Sind also Autor und Figur doch gleichermaßen als Diskurseffekte repräsentiert, aufgelöst in der Schrift, der AUTOR somit heillos in seine dekonstruktive Interferenz verstrickt oder gibt es eine andere Lösung? 'Unamuno' hat letztlich noch ein besseres Argument. Es besteht in einem neuerlichen Rekurs auf den Sonderstatus des Aussage-TEXTES, da ja 'Unamuno' Augusto nicht glaubhaft machen kann, daß er selbst nichts anderes als eine Romanfigur ist. Das fragliche Argument wird bereits ins Spiel gebracht, als 'Unamuno' über Augusto das Verdikt spricht, nichts anderes als das fiktive Wesen einer Geschichte zu sein, die er geschrieben habe, „[de un] relato que [...] he escrito yo" (NI 31:279). 'Unamunos' Schreiben und Augustos Geschriebensein werden an dieser Stelle aber noch nicht auf eine abgeschlossene Erzählung bezogen, die Auseinandersetzung zwischen Autor und Figur findet erst in der Folge statt. Sie würde sich ins Unendliche fortsetzen, weil 'Unamuno' dem von Augusto ins Feld geführten Relativismus-Argument nichts entgegenzusetzen weiß, solange er nicht als transzendentaler AUTOR und Augusto noch nicht als dessen TEXT repräsentiert ist. Zum Abschluß gebracht wird der Disput erst, als 'Unamuno' eine neue Perspektive ins Spiel bringt, nämlich die Abgeschlossenheit der Schrift:

> - ¡Don Miguel, por Dios, quiero vivir, quiero ser yo!
> - ¡No puede ser, pobre Augusto – le dije, cojiéndole de una mano y levantándole –, no puede ser! *Lo tengo ya escrito y es irrevocable*; [...] Ha llegado tu hora. *Está ya escrito y no puedo volverme atrás.* (NI 31:284; Herv. U.W.)

Erst die Perspektive auf das *schon* GESCHRIEBEN-Sein *im Moment* der Repräsentation des Aussage-TEXTES als solchem verwandelt die philosophisch-figurative Bedeutung von 'TEXT-Sein' in die wörtliche und verkehrt im Handumdrehen die erzählte Welt in die Totenstarre der Schrift[380], in der beide begraben liegen – Augusto, aber auch 'Unamuno' und selbst die „lectores":

> ¿Conque he de morir ente de ficción? Pues bien, mi señor creador don Miguel, también usted se morirá, también usted, y se volverá a la nada de que salió... ¡Dios dejará de soñarle! ¡Se morirá usted, sí, se morirá, aunque no lo quiera; se morirá usted y se morirán todos los que lean mi historia, todos, todos, sin quedar uno! ¡Entes de ficción como yo! ¡Lo mismo que yo! Se morirán todos, todos, todos. Os lo digo yo, Augusto Pérez, ente ficticio como vosotros, *nivolesco*, lo mismo que vosotros. Porque usted, mi creador, mi don Miguel, no es usted más que otro ente *nivolesco*, y entes *nivolescos* sus lectores, lo mismo que yo, que Augusto Pérez (NI 31:284).

---

[380] In den Worten Webers: „*Niebla* oscillates between irony and dead serious exhortation" (1973:209).

Die Schlagkraft des Arguments aber, das den Disput zum Abschluß bringt, hat einen Preis: es ist die Metaphysik der Schrift, die geschlossene Welt des Buches, die von einem symbolischen AUTOR („Dios") kündet, der sie als TEXT träumend beherrscht. Das schlagende Argument – ob es wirklich ein besseres Argument ist, bleibt dahingestellt – ist also kein epistemologisches, sondern ein ontologisches. Es bringt abermals eine referentielle Deutung der Aussage-TEXT-Repräsentation ins Spiel und räumt abermals dem AUTOR Superiorität allein aufgrund seines weiteren LESE-Horizontes ein. Letztlich aber – und darauf ist noch zurückzukommen – gilt das Argument dann auch nur für den, der die Geschichte als Roman lesen kann, d.h. für den Rezipienten, der als empirischer Leser die Aussage-TEXT-Repräsentation „está ya escrito" leichthin mit dem realen Buch identifizieren mag. Augusto jedenfalls weiß auch nach dieser Szene nicht, daß er eine Ansammlung von Wörtern im Aussage-TEXT ist.

Víctor Goti als AUTOR-Ikon

Víctor Goti hat als AUTOR-Repräsentation eine Doppelexistenz, aus der heraus er '*Niebla*' gewissermaßen von zwei Seiten umgreift: er ist AUTOR-Index des Prologs und ikonischer AUTOR eines Romans, den er spätestens ab Kap. 17 zu schreiben beginnt. Dieser Roman ist seinerseits Ikon von *Niebla*. Dafür sprechen zahlreiche erzähltechnische Bemerkungen Víctors über seinen Roman, die auch auf *Niebla* zutreffen: die dialogische Anlage, eine Figur, der ein Hund den Gesprächspartner ersetzt etc.[381] Da Víctors Roman nicht in der Aussage zitiert ist – im Unterschied etwa zu *Les faux-monnayeurs*, wo die Tagebuchaufzeichnungen Edouards in den Aussage-TEXT eingehen – tritt Víctor auch nicht direkt in die Interferenz AUTOR-als-Aussage-TEXT ein. Er ist zwar AUTOR-Index des Prologs, im Haupttextes aber ist er allein *ikonischer* AUTOR. Seine Doppelexistenz als Verfasser des Prologs (AUTOR) einerseits und als Figur (TEXT) 'Unamunos' andererseits dekonstruiert also transzendentale Autorschaft nur insofern indirekt, als die Hierarchie zwischen Prolog und Haupttext in Frage gestellt wird.

Wie ist es aber mit Víctors Fähigkeiten als AUTOR-Ikon bestellt? Der Roman, den er zu schreiben beginnt, wurzelt in seinem eigenen Leben: Schreiben soll die Erfahrung der Vaterschaft kompensieren (NI 25:249). Die makro- und diskursstrukturelle Ähnlichkeit seines Romans mit '*Niebla*' ist bald so groß, daß Augusto sich auf Víctors Äußerungen über seinen Roman hin selbst als fiktive Figur mutmaßt: „¿Sabes, Víctor, que se me antoja que me

---

[381] „– [...] Lo que hay es diálogo; sobre todo diálogo. [...] – ¿Y cuando un personaje se queda solo? – Entonces... un monólogo. Y para que parezca algo así como un diálogo invento un perro a quien el personaje se dirige." (NI 17:199,201).

están inventando?..." (NI 17:201). Da Víctor sich auch von Augustos Leben in *'Niebla'* inspirieren läßt, wird mit seinem Roman die Genese von *'Niebla'* selbst noch einmal ikonisch in den Roman eingetragen. Letztlich verwandelt Víctor in Literatur, was immer schon Literatur gewesen ist; allerdings wird sich bei der Analyse von Víctor als ikonischem LESER von *'Niebla'* noch die Frage stellen, welches Wissen er in die Haupttexthandlung vom Prolog aus wirklich hineinträgt. Trotz der großen Ähnlichkeit zwischen Víctors Roman und *'Niebla'* bleibt aber diese eine fundamentale Differenz bestehen: Víctor nimmt zwar für die Gestaltung seines Romanhelden an Augusto Maß, doch verwandelt er seinen Freund damit eben nicht schon in Aussage-TEXT. Augusto liest zwar einige Seiten aus diesem Roman – ohne sich darin zu erkennen (NI 25:249) –, doch braucht er diesen Roman nicht für seine einzige Existenz zu halten. Solange dies nicht der Fall ist, bereitet es Augusto keine Schwierigkeiten, Figur eines Romans zu sein. Im Rahmen ikonischer TEXT-Repräsentationen kann Augusto – wie zuvor Leriano, Lozana, Don Quijote – sich schon als Figur wissen, ohne diesem Wissen existentiell Rechnung tragen zu müssen. Víctor stellt seinerseits ebenso wenig einen Bezug zwischen seinem Roman und *'Niebla'* her. Nirgends zeigt er, daß er ein ontologisches Wissen über die Existenz als TEXT, das er aus seiner Präsenz im Prolog bezogen haben könnte, in der Diegese – schon oder noch – besäße. Die Kluft, die sich zwischen *'Niebla'* als Aussage-TEXT und Gotis Roman als *mise en abyme* auftut, schließt sich nicht, beide stehen in keinem gemeinsamen Seinskontinuum.

Zusammenfassend läßt sich über die AUTOR-Repräsentationen folgendes sagen. Die Autorsignatur tritt mit dem Anspruch auf, TEXTE zu PRODUZIEREN, und erzeugt dabei paratextuelle Ebenen, die zugleich Fiktions-Ebenen sind: Titelblatt – Prologe – Haupttext. Durch die gleichzeitige LESBARE Präsenz in diesen TEXTEN gerät sie in Interferenzen. Die Hierarchie AUTOR / TEXT und das Gefälle zwischen den diegetischen Ebenen scheinen damit zunächst eingeebnet. Daß dem jedoch nicht so ist, zeigen die Differenzen dessen, was den beiden AUTOREN innerhalb der Ebenen je möglich ist: Die Autorsignatur, die noch über das *Titelblatt* hinausweist, ist ein sich unendlich in seiner Behebung regenerierender Mangel an Selbstpräsenz. Die Autorsignatur im *Prolog* verfügt zwar nur über eine Interpretations- oder LESE-Version der Geschichte, kann aber für sich verbuchen, AUTOR des Aussage-TEXTES zu sein. Die Autorsignatur im *Haupttext* erzeugt einen symbolischen AUTOR („dios"), dem sie Rechenschaft schuldig ist. Wo sie in die *Handlung* des Haupttextes verstrickt ist (im Gespräch mit Augusto) impliziert sie einen symbolischen AUTOR, der für die unentrinnbare Schrift verantwortlich ist, die allen, die darin ihre Existenz finden, der Tod des GESCHRIEBEN SEINS ist. Verschiedene Gesetze gelten also auf den einzelnen

Ebenen, und was sie voneinander trennt, unterscheidet auch die Autorsignatur, die alle Ebenen LIEST außer ihren eigenen Namen, von Víctor, der Prolog und Haupttext, nicht aber den Post-Prolog beherrscht, und beide von Augusto, der trotz seiner hellsichtigen Momente, wie man noch sehen wird, dem Haupttext nicht entrinnt, weil er ihn nicht LESEN kann. Die Differenzen zwischen den Figuren bestehen also darin, daß sie aufgrund der jeweiligen TEXTE, die sie LESEN können, je verschiedene LESE-Positionen einnehmen. Mit der Dekonstruktion transzendentaler Autorschaft anhand des interferentiellen 'Unamuno' und der davon abhängigen Dekonstruktion der Differenzen zwischen paratextuell-diegetischen Ebenen (besonders jener zwischen Prolog und Haupttext anhand der Position Víctor Gotis) wird sowohl die absolute kategoriale Hierarchie AUTOR / TEXT als auch die relative zwischen den Ebenen Titelblatt / Prologe / Haupttext restituiert. Die Dynamik dieser Dekonstruktion betrifft in radikaler Weise das Konzept transzendentaler Autorschaft. Die dekonstruktive Bewegung scheint aber immer wieder dort an ihre Grenzen zu stoßen, wo der Bereich des Aussage-TEXTES beginnt und auf seine Rechte als transzendentale Schrift pocht. Daß der Aussage-TEXT das alle Hierarchien organisierende Zentrum ist, und deshalb einen Sonderstatus genießt, zeigt sich auch an den weiteren TEXT- und LESER-Indices.

2.3.1.2 TEXT-Position

TEXT-Indices als Bestätigung der Sonderstellung des Aussage-TEXTES

Indices bauen von zwei Seiten aus die TEXT-Repräsentation von *Niebla* auf. Neben pronominalen Formen im Haupttext wie z.B. „esta *nivola*" errichten die paratextuellen Bezeichnungen „Prólogo", „Post-Prólogo", Kapitelzählung von *'Niebla'*, „Epílogo" eine Struktur, die in die Ökonomie der Selbstrepräsentationen eingeht[382]. Die Demonstrativpronomina erweisen sich aber als Strategie, die paratextuell-diegetischen Ebenenhierarchie letztlich zu bestätigen, denn sie werden umso schwächer, je tiefer die Ebene liegt, auf der sie geäußert werden.

(i) Ebene des *Buches*. – Das Buch, zu dem Goti seinen Prolog zu schreiben vorgibt („Se empeña don Miguel de Unamuno en que ponga yo un prólogo a este su libro"; NI *Prólogo*:97), ist nicht jenes, das dem Rezipienten vorliegt, weil Goti nicht den zweiten Prolog und auch nicht das Titelblatt kennt

---

[382] Es handelt sich bei den paratextuellen Bezeichnungen um indexikalisch-symbolische Repräsentationen, weil in ihnen Systemreferenzen impliziert sind. In dem Maße, in dem in *Niebla* die traditionelle Ordnung dieser Ebenen erschüttert wird, kommentiert und verändert der Roman auch das literarische Begriffssystem.

(LESEN kann), wenngleich er sich ausführlich mit dem Namen 'Unamuno' auseinandersetzt, „ventajosamente conocido en [la república de las letras españolas]" (NI *Prólogo*:97). Allein 'Unamuno' hätte im zweiten Prolog, von dem aus er auch den ersten Prolog LIEST, ein Recht, den gesamten Aussage-TEXT zu referentialisieren, doch davon macht er erst bei seinem Auftritt im Haupttext („esta nívola que tienes, lector, en la mano"; NI 25:252) Gebrauch. Der gemeinsame Referenz- oder LESE-Bereich beider Prologautoren ist also nur der erste Prolog und der Haupttext. Von diesen beiden ist allein der Haupttext Objekt einer doppelten, eine Deutungsalternative aufspannenden symbolischen Repräsentation (die beiden Versionen von Augustos Tod). Für beide Prologschreiber ist der Haupttext der einzige Horizont, vor dem sich die in den Prologen inszenierte philosophische Reflexion über den freien Willen abspielt. Was den Prologen zumindest an TEXT-Repräsentationen möglich ist, entspricht also letztlich den Funktionen des traditionellen Prologs.

(ii) Extradiegetische Ebene der *Autorintervention*. – In der Autorintervention („*Mientras Augusto y Víctor sostenían esta conversación* [...]"; NI 25:252), die sich, nach Titelblatt und den Prologen, auf einer tieferen Ebene befindet, wird der Haupttext aus dem Haupttext heraus mittels einer graphisch abgesetzten Glosse erneut repräsentiert. 'Unamuno' benutzt den TEXT-Index „*esta* nivola, *que tienes lector, en la mano*" nunmehr allein dazu, seine zweifelhafte transzendentale Position durch eine Referentialisierung des 'Buches' (und seiner Leser) in seiner Gesamtheit zu behaupten. Der TEXT-Index ist inhaltlich leer, er hat nur eine perspektivische Bedeutung, nämlich die transzendente Position des AUTORS zu behaupten.

(iii) Intradiegetische Ebene. – In dem programmatischen Dialog zwischen Augusto und Víctor (Kap. 30), der in der dritten Ebene stattfindet, kommt es nur noch zu einem Index im Potentialis, der den TEXT schon nicht mehr als schriftlichen repräsentiert: „Si ahora, por ejemplo", so stellt Víctor sich vor, „algún... *nivolista* oculto ahí, tras ese armario, tomase nota taquigráfica de cuanto estamos aquí diciendo y lo reprodujese [...]" (NI 30:274).

Auf der gleichen Ebene befindet sich die Unterredung Augusto/'Unamuno' (Kap. 31). Augusto scheint hier selbstbewußt den Aussage-TEXT durch seine Rede zu PRODUZIEREN, im Sprechen AUTOR seines eigenen TEXTES zu sein, wie seinerzeit Lozana und Sancho. Der Aussage-TEXT scheint sich zu verflüssigen, Augusto bewegt oder erzeugt die Worte und die Worte ihn, bis die Tragikomik in die ontologisch begründete Tragik der alleinigen Existenz im Wort umschlägt, in eine Existenz, deren Fluß Illusion war, weil sie immer schon ein Geschriebenes war, die Worte, die Augusto konstituieren, sind weniger seine Existenz als vielmehr sein Testament. Es braucht nur einen Satz 'Unamunos' damit die die trügerische erzählte Welt in der Schrift erstarrt: „todo está escrito".

Auch das Auftreten der TEXT-Indices bestätigt also die Hierarchie der paratextuellen Ebenen und damit die zentrale Stellung des Aussage-TEXTES, dessen Ordnung sie entspringen.

TEXT-Ikons: Verzeitlichung der Schrift
und „confusionistische" Metaphern des Lebens

(i) Am nächsten zu *'Niebla'* steht Víctor Gotis Romanprojekt, das wegen der zahlreichen Ähnlichkeiten zu *'Niebla'* ein starkes TEXT-Ikon darstellt. Die meisten Angaben, die er zu seinem Roman macht – die dialogische Anlage, ein Hund als stummer Gesprächspartner etc. – treffen auch auf *'Niebla'* zu (symbolische TEXT-Repräsentationen). Indem Víctor seinen Roman beschreibt, macht er Strukturen von *Niebla* explizit; dem exemplifizierten Objekt *'Niebla'* wird durch diese indirekte Charakterisierung jedoch keine neuen Eigenschaften zugeschrieben, es wird nicht weiter interpretiert. Die Offenlegung seiner Strukturen hat deshalb hauptsächlich den Zweck, Víctors Roman und *'Niebla'* durch symbolische TEXT-Repräsentationen miteinander identifikationsfähig zu machen. Über die Makrostrukturen heißt es weiter:

> - Mi novela no tiene argumento, o mejor dicho, será el que vaya saliendo. [...] Mis personajes se irán haciendo según obren y hablen, sobre todo según hablen; su carácter se irá formando poco a poco. Y a las veces su carácter será el de no tenerlo.
> [...] el caso es que en esta novela pienso meter todo lo que se me ocurra, sea como fuere.
> - Pues acabará no siendo novela.
> - No, será..., será... *nivola*. (NI 17:199,200)

In Kap. 25 wird die mögliche Wirkung auf die Leser angeschnitten:

> Estas crudezas [de cinismo y realismo en mi novela, dijo Víctor] son un modo de excitar la imaginación para conducirla a un examen más penetrante de la realidad de las cosas; esas crudezas son crudezas... pedagógicas. [...]
> Y yo las escribo [...] porque me divierte escribirlas, y si diverten a los que las lean me doy por pagado. Pero si a la vez logro con ellas poner en camino de curación a algún solitario como tú [...] (NI 25:249–250)

Víctors Roman und dessen Charakterisierung hat als TEXT-Ikon zu *Niebla* also die Funktion, *Niebla* symbolisch Eigenschaften zuzueignen, die der Roman von sich selbst aus nicht darstellt bzw. darstellen kann: die Prozeßhaftigkeit der Entstehung (in NI 25:249 liegen bereits einige geschriebene Seiten vor), aber auch die Verwurzelung im lebensweltlichen Kontext etc[383]. Solche

---

[383] Andere Eigenschaften, die auf diese Weise über *'Niebla'* ausgesagt werden, sind nur mit Rekurs auf den bio-bibliographischen 'Unamuno' verständlich. So etwa, wenn Víctor behauptet, daß der Anlaß seines Roman die Geburt seines eigenen Sohnes war. Ein zweiter

Zuschreibungen sind eine der genuinen Funktionen ikonischer Repräsentation. Es ist jedoch keineswegs zwingend, die kulturelle Einheit 'Prozeßhaftigkeit der Entstehung', deren direkte Repräsentation im Text die Abgeschlossenheit und Linearität des Romantextes verhindert, entweder in einem letztlich externen Text wie dem Prolog zu *erzählen* (d.h. nicht zu inszenieren) oder sie eben nur in einer ikonischen *mise en abyme* darzustellen[384]. Unamunos Lösung ist offenbar einmal mehr dazu angetan, die Aussage-TEXT-Ebene stabil zu halten, möglicherweise abermals, um dem Aussage-TEXT jenen Sonderstatus zu erlauben, der bereits in der Analyse herausgearbeitet worden ist, nämlich einen ultimativen Abschluß zu gewährleisten.

(ii) Repräsentationen in einem schwächeren Ikonizitätsgrad, d.h. solche, die sich sowohl zu '*Niebla*' als auch zu Gotis Roman ikonisch verhalten, sind medial-differente Text-Metaphern. Ein Beispiel wäre Augustos etymologisch mit 'Text' verwandtes Gewebe-Bild, in dem jenes Motiv der 'Selbsterschaffung' aufgenommen wird, welches schon Víctor für seinen Roman reklamierte:

> Mira, Orfeo, las lizas, mira la urdimbre, mira cómo la trama va y viene con la lanzadera, mira cómo juegan las primideras; pero, dime, ¿dónde está el enjullo a que se arolla la tela de nuestra existencia, dónde? (NI 7:142)

Víctor Gotis Philosophem des „confusionismo", das er Augusto als Allheilmittel anempfiehlt, um die Kontingenzerfahrung, nur ein fiktives Wesen zu sein, in ein sinnstiftendes Weltbild zu integrieren, operiert in aussagekräftiger Weise ebenfalls mit ikonischen TEXT-Repräsentationen. Selbst das Titelwort des Romans wird dadurch zum TEXT-Ikon:

> - Y hay que confundir. Confundir sobre todo, confundirlo todo. Confundir el *sueño* con la vela, la *ficción* con la realidad, lo verdadero con lo falso; confundirlo todo en una sola *niebla*. [...] Es la *comedia*, Augusto, es la *comedia* que *representamos* ante nosotros mismos, en lo que se llama *foro interno*, en el *tablado de la conciencia*, haciendo a la vez de cómicos y de espectadores. Y en la *escena* del dolor representamos el dolor y nos parece un desentono el que de repente nos entre ganas de reír entonces. Y es cuando más ganas nos da de ello. ¡Comedia, comedia el dolor!
> - ¿Y si la comedia del dolor le lleva a uno a suicidarse?
> - ¡Comedia de suicidio!
> - ¡Es que se muere de veras!
> - ¡Comedia también!
> - Pues ¿qué es lo real, lo verdadero, lo sentido?
> - Y ¿quién te ha dicho que la comedia no es real y verdadera y sentida?
> - ¿Entonces?

Anlaß ist das Geschehen in einer der in *Niebla* eingefügten Novellen, womit gesagt ist, daß Gotis Roman – und vielleicht auch *Niebla* – 'im Leben' wurzelt.

[384] Ein Roman wie Luis Goytisolos *Los verdes de mayo hasta el mar*, der von Beginn an als Notizbuch des AUTORS ausgelegt ist, wäre eine unter zahlreichen Alternativen.

- Que todo es uno y lo mismo; que hay que confundir, Augusto, hay que confundir. Y el que no confunde, se confunde. (NI 30:272–274; Herv. U.W.)

Die „confusión" von Wirklichkeit und Fiktion ist auch jene von AUTOR, TEXT und LESER in der Ebene der Ikonizität („conciencia", „haciendo a la vez de cómicos y de espectadores") und ihrer im Roman aufgebauten figurativen Bedeutung. Diese Entgrenzung wird allein an einem ikonischen TEXT sinnfällig gemacht, an den Begriffen „comedia", „el foro interno", „niebla". Abermals bleibt damit der Aussage-TEXT in der Position des ontologischen Vorrangs der abgeschlossene Schrift. Deutlich zeigt sich hier eine grundlegende Differenz zwischen ikonischer und indexikalischer Repräsentation.

Auch der Traum, in dem Augusto 'Unamuno' am Ende des Romans erscheint, übernimmt diese Funktion der ikonischen TEXTE. Die „confusíon" zwischen Leben und Fiktion, Gotis Forderung „invirtiendo términos", wird hier zum Programm. Die Figur sucht den Autor auf, befiehlt ihm zu schreiben, was schon geschrieben ist. Der Traum ist also ein TEXT, der eigentlich ontologisch noch hinter den Aussage-TEXT zurückgeht; deshalb ist es dem AUTOR dort auch erlaubt, sich selbst sterbend zu imaginieren:

- ¡Aquí estoy otra vez!
- ¿A qué vienes?
- A despedirme de usted, don Miguel, a despedirme de usted hasta la eternidad y mandarle, así, a mandarle, no a rogarle, a mandarle que escriba usted la *nivola* de mis aventuras...
- ¡Está ya escrita!
- Lo sé, todo está escrito. Y vengo también a decirle que eso que usted ha pensado de resucitarme para que luego me quite yo a mí mismo mi vida es un disparate, más aún, es una imposibilidad.
[...] no hay quien haya resucitado de veras a un ente de ficción que de veras se hubiese muerto. ¿Cree usted posible resucitar a Don Quijote? – me preguntó.
- ¡Imposible! – contesté.
- Pues en el mismo caso estamos todos los demás entes de ficción.
- ¿Y si te vuelvo a soñar?
- No se sueña dos veces el mismo sueño. Ese que usted vuelva a soñar y crea soy yo será otro. Y ahora, ahora que está usted dormido y soñando y que reconoce usted estarlo y que yo soy un sueño y reconozco serlo, ahora vuelvo a decirle a usted lo que tanto le excitó cuando la otra vez se lo dije: mire usted, mi querido don Miguel, no vaya a ser que sea usted el ente de ficción, el que no existe en realidad, ni vivo ni muerto; no vaya a ser que no pase usted de un pretexto para que mi historia, y otras historias como la mía corran por el mundo. Y luego, cuando usted se muera del todo, llevemos su alma nosotros. No, no, no se altere usted, que aunque dormido y soñando aún vive. Y ahora, ¡adiós!
Y se disipó en la niebla negra.
Yo soñé que me moría, y en el momento mismo en que soñaba dar el último respiro me desperté con cierta opresión en el pecho. (NI 33:294–296)

„Confusión" ist also doch nur jenseits der Ebene des Aussage-TEXTES möglich[385]. Mit Ausnahme von Gotis Roman, der als TEXT-Ikon die Funktion hat, *'Niebla'* als Prozeß zu verzeitlichen, können die TEXT-Ikons den philosophischen, existentialistischen Diskurs führen und den Selbstrepräsentationen eine figurative Bedeutung geben, weil sie jenseits des Aussage-TEXTES bleiben.

Die ikonischen TEXTE vereint indessen noch eine weitere Eigenschaft mit dem Aussage-TEXT. Wie der Aussage-TEXT haben auch sie eine Tendenz zum endgültigen Abschluß und zur Substantialisierung. Die TEXT-Ikons verraten am Ende ihre eigentliche, definitive Gestalt: Víctors Roman wurzelt zwar 'im Leben', seine Figuren sind zu Beginn eigenschaftslos, er schreibt, was ihm gerade einfällt, aber am Ende gibt es doch etwas, „lo que en verdad les corresponde [a los personajes]" (NI 25:252); selbst aus Träumen kann man aufwachen, wenn auch mit „cierta opresión en el pecho" (NI 33:296); und schließlich endet *Niebla* in der definitiven Gestalt der Schrift, die über Augusto das eigentliche Todesurteil fällt und ihm jenen „enjullo a que se arolla la tela de nuestra existencia" gibt, den er suchte.

2.3.1.3 LESER-Position

Symbolische LESER-Repräsentation: Deutungsalternative für den Rezipienten

Die beiden Prologe sind insofern symbolische LESER-Repräsentationen, als sie eine Deutungsalternative für die Geschichte vorgeben, die der Rezipient bei der Lektüre berücksichtigen muß. Víctor Gotis Prolog kommt jedoch zu seiner Interpretationsvorgabe über einen Umweg, der aber ebenfalls ein LESE-Symbol darstellt. Goti richtet unter dem Motto „invirtiendo términos", „confundirlo todo" eine Warnung an die Leser, die Vertreter der spanischen „ingenuidad pública", die nicht in der Lage seien, zu verstehen, „que una cosa está dicha en serio y en broma a la vez, de veras y de burlas, y bajo el mismo respecto" (NI *Prólogo*:101). Das erste Beispiel jener „confusión", die unter dem Eindruck des Wissens um die Sterblichkeit der Seele alle Metaphysik – Gott, die Vernunft, die Wissenschaft und die Wahrheit (NI *Prólogo*:103) – zu entweihen auffordert, ohne sie freilich vollständig preiszugeben, ist der Prolog selbst: verfaßt von einer literarischen Figur, wie aus dem *Post-Prólogo* nachträglich hervorgeht, die ihrerseits Romanfiguren Unamunos wie Don Fulgencio aus *Amor y Pedagogía* zu Zeugen aufruft. Bevor die eigentliche Ge-

---

[385] So etwa auch, wenn Augusto – als Welt-LESER – sich fragt, ob er Geschöpf (TEXT) Eugenias (AUTOR) ist, oder umgekehrt: „¿De dónde ha brotado Eugenia? ¿Es ella una creación mía o soy creación suya? ¿O somos los dos creaciones mutuas, ella de mí y yo de ella? ¿No es acaso todo creación de cada cosa y cada cosa creación de todo?" (NI 7:140).

schichte beginnt, ist die Adresse an den Leser als schon selbst Literatur und der Roman in seiner Literarizität denunziert. Wie die Autorsignatur, die den TEXT über das Titelblatt hinaus entgrenzte, öffnet der Prolog den Repräsentationsbereich über das Buch hinaus auf das gesamte Werkuniversum Unamunos. Der Leser, der von Goti angesprochen und auf seine bisherige Lektüreerfahrung verwiesen wird, ist vor allem der Rezipient des unamunianischen Werks, *Niebla* inbegriffen.

Die eigentliche LESER-Symbolisierung konkretisiert sich in der Frage nach Augustos Tod. Gotis erster und 'Unamunos' zweiter Prolog spannen eine Deutungsalternative für den Haupttext auf, in der das Verhältnis zwischen AUTOR und PRODUKT, gekleidet in die Frage des freien Willens Augustos, thematisiert wird. Víctor Gotis Prolog bietet eine kritische Interpretation von '*Niebla*', d.h. von einem TEXT, der seinerseits als 'Unamunos' Interpretation von Augustos Tod vorgestellt wird. Da der Rezipient den Roman ja gerade erst zu lesen begonnen hat, fordert ihn die Deutungsalternative weniger auf, seine eigene Lektüre zu revidieren, als vielmehr die Selbstinterpretation des Romans zu bewerten[386]. Das Urteil des Rezipienten bleibt suspendiert, bis er die Geschichte zu Ende gelesen hat. Dieses Verfahren wurde ähnlich im *Quijote* angewendet: So wie die interpolierten autores nicht des Ritters Welt-LEKTÜRE relativierten, beeinflußt die spätere Denunziation Víctors als eine der Figur des Romans nicht die von ihm mitgestaltete Interpretationsalternative für '*Niebla*'. Anders gesagt: Der im zweiten Prolog von 'Unamuno' *ex post* gegebene Hinweis auf den fiktiven Status des ersten Prologautors Goti („yo soy capaz de matar a Goti") veranlaßt nur zu einer Neulektüre seines ontologischen Status, nicht seines Urteils über Augustos Tod.

LESER-Indices: Machtstrategie, Ordnungsmaß, Fallstrick

Nach den Prologen wird ein LESER-Index erst wieder in 'Unamunos' überpointiertem Einwurf (NI 25:252) ausgesprochen. Die Stelle wurde bereits kommentiert. Der „lector" wird dort zunächst in eine Position gerückt, die ihn als Souverän ausweist und in der er – wie in Pérez Galdós' Erzählung *Novela en el tranvía* – all jenen Anfechtungen von Fiktivität gegenüber immun zu bleiben scheint, denen Víctor und Augusto ausgesetzt sind, weil er das *ganze Buch* förmlich 'in der Hand hält': „esta nivola, que tienes, lector, en la mano y estás leyendo". Gerade der LESER soll also nicht immer schon TEXT sein. Doch die Apostrophe ist leer, der Leser wird nur *genannt*. Die Reprä-

---

[386] Diese Form der symbolischen LESER-Repräsentation ist ein typisches Verfahren des „Lektüreromans": „der Leser [wird] dazu angeregt, die im Roman beschriebene Lektüre kritisch mit der Lektüre zu vergleichen, die der Autor selbst mit seinem Buch intendiert, mit anderen Worten: den im Text dargestellten Leser mit dem impliziten Leser in Beziehung zu bringen" (Roloff 1985:194).

sentation hat deshalb vorrangig die Funktion, dem AUTOR, der wegen seiner interferentiellen Existenz als-TEXT unter Legitimationsdruck steht, Superiorität gegenüber Víctor und Augusto zu gestatten. Was könnte ihm da gelegener kommen als eine LESER-Position außerhalb des Spielfeldes, ein „lector", mit dem er 'per du' ist? Gerade durch eine solche Referentialisierung einer externen LESE-Position, die 'Unamuno' rückwirkend als AUTOR des Aussage-TEXTES impliziert, kann dieser für sich selbst jenen Platz erschleichen, der ihm diese Perspektive überhaupt erlaubt und ihm somit selbst Souveränität zugesteht. Sein Ort wird damit ebenso transzendental, wie der dieses LESERS. Der empirische Leser mag sich durch solche Komplizenschaft geschmeichelt fühlen, erhält er doch, wenn er die vom Index aufgebaute Differenz als Subjekt vs. Objekt interpretiert, selbst einen ausgezeichneten Ort; tritt er aber in den von 'Unamuno' gelegten Fallstrick (eine Reminiszenz an die realistische Literatur), bleibt es dem, der sich mit dieser LESE-Position identifiziert, nicht erspart, gebunden an die AUTOR-Position, selbst in die Interferenz LESER-als-TEXT hineingezogen zu werden.

Denn beide, AUTOR und LESER, werden schon wenige Kapitel später auch von Víctor Goti referentialisiert. Nachdem er zuerst noch dem Leser im allgemeinen die eigentliche Erschaffung des Romans zum Leidwesen des komparsenhaft degenerierten Autors überantwortet (LESER-als-AUTOR),

- El alma de un personaje de drama, de novela o de *nivola* no tiene más interior que el que le da...
- Sí, su autor.
- No, el lector. (NI 30:274)

zieht er den indexikalischen LESER selbst, gekettet an den AUTOR aus Kap. 25:252, der im näheren Kontext dieses Zitats als „*nivolista* oculto" wiedererscheint, von der transzendenten Position, die ihm unbeteiligt die LEKTÜRE des Aussage-TEXTES erlaubte, in den TEXT hinein, wo ihm fiktive Existenz, d.h. Existenz als-TEXT droht. Víctor fährt fort:

Y además, que si, como te decía, un *nivolista* oculto que nos esté oyendo toma nota de nuestras palabras para reproducirlas un día, el lector de la *nivola* llegue a dudar, siquiera fuese un fugitivo momento, de su propia realidad de bulto y se crea a su vez no más que un personaje *nivolesco*, como nosotros. (NI 30:275) [387]

Nun ist es Víctor Goti allerdings nicht gegeben, wie 'Unamuno' aus der Diegese heraus einen wirklichen LESER-Index zu erzeugen. Der LESER, auf den er im letzten Zitat anspielt, ist ebenso wie der AUTOR ikonisch, insofern er abstrakt, exemplarisch und potentiell bleibt. Der LESER-Index bleibt also eine Repräsentation, die entweder nur von 'Unamuno' oder von den Prologen

---

[387] Auch diese Verwicklung des Rezipienten ist ein typischer Rekurs des *fin de siècle*–Romans (vgl. Roloff 1985:191).

aus erzeugt wird / werden kann, nicht aber von Víctor aus der Geschichte heraus[388]. Wie in Galdós Erzählung *La novela en el tranvía* bleibt die Trennung von indexikalischem und ikonischem Bereich bestehen. Dem korrespondiert die Tatsache, daß es im ganzen Roman auch zu keiner direkten Gegenüberstellung zwischen indexikalischem und ikonischem AUTOR, zwischen 'Unamuno' und seinem gefährlichsten AUTORschafts-Rivalen Goti in der gleichen Fiktionsebene kommt – ganz im Gegensatz zum Zusammentreffen von Augusto und 'Unamuno' oder Augusto und Víctor. (Die Kopräsenz der beiden AUTOREN in den beiden Prologen impliziert ja keinen anderen gemeinsamen Raum als den des 'weißen Blattes', wo zudem 'Unamuno' das letzte Wort behält, da er von Víctor nicht LESBAR ist.)

Um so überraschender wirkt auf den ersten Blick Augustos Anrufung eines „lector", die stattfindet, nachdem er im vollen Bewußtsein literarischer Existenz vom Gespräch mit 'Unamuno' nach Hause zurückgekehrt ist. Überraschend ist Augustos Leseradresse, weil er den potentiellen LESER, den Víctor ins Spiel gebracht hatte, in den indexikalischen zurückzuverwandeln scheint:

> Supongamos que es verdad que ese hombre [i.e. 'Unamuno'] me ha fingido, me ha soñado, me ha producido en su imaginación; pero ¿no vivo ya en las de otros, en las de *aquellos que lean el relato* [= LESER-Ikon] de mi vida? [...] Y ¿por qué surgiendo de las páginas del libro en que se deposite el relato de mi ficticia vida, o más bien de *las mentes de aquellos que la lean* [=LESER-Ikon] – de *vosotros, los que ahora la leéis* [=LESER-Index?] [...] ? (NI 32:286–287; Hervorh. U.W.)

Doch die Apostrophe „vosostros, los que ahora la leéis" verhallt im leeren Raum als apokalyptische Geisterstimme nach der Offenbarung von Augustos Wesen – nicht nur, weil 'Unamunos' auktoriale Erzählstimme ihn noch von der Aussageebene und damit von der Kontaktebene zum LESER-Index trennen könnte; der Aufstieg aus einem Buch bleibt auch deshalb für Augusto nur ein bildhafter Ausdruck seiner Existenz, weil er selbst nach dieser Szene noch glaubt, sich in einer verzweifelten Rettungstat (übermäßiges Essen) seine Existenz beweisen zu können. Augustos Leseradresse prallt gewissermaßen von der Unterseite des Aussage-TEXTES ab und durchstößt ihn nur in Form von Ironie, aus der dann die tragikomische Situation erst erwächst.

Auch die LESER-Indices bestätigen somit die Hierarchie der paratextuellen Ebenen und der Fiktionsebenen sowie den Status des Aussage-TEXTES als Ordnungsmaß dieser Hierarchie: Der LESER-Index ist – zusammengefaßt – 'Unamuno' vom *Postprologo* und vom Haupttext aus möglich, Víctor nur

---

[388] Der empirische Leser hat an dieser Stelle freilich einen Interpretationsspielraum, denn nichts kann ihn hindern, sich mit dem „lector de la *nivola*", von dem Víctor im obengegebenen Zitat spricht, genau so zu identifizieren, wie mit dem „lector", der von 'Unamuno' erwähnt wird.

vom Prolog aus, Augusto vom Haupttext aus nur in unfreiwilliger Ironie. Diese Ordnung wird noch dadurch verstärkt, daß die LESER-Indices im Haupttext weniger einen an den Rezipienten gerichteten Informationsgehalt haben, der etwa Deutungsangebote enthielte, sondern vielmehr dazu dienen, einen transzendentalen Raum zu etablieren. Im Widerschein der Apostrophe (Indices) werden die Subjekte, die den Leser anrufen, aus ihrer Sprachbedingung (TEXT) erlöst. Die Apostrophe dient den Figuren in subtiler Weise zur Errichtung interner Hierarchien: Wer einen „lector" benennen kann, verfügt über das Wissen der Sprachlichkeit der Welt, er ist in der Lage, den Aussage-TEXT und damit sich selbst in seiner Existenz als-TEXT zu LESEN. Diese Instrumentalisierung steht noch insofern im Kontext der realistischen Poetik, als sie den LESER aus seiner Position der Interpretationsinstanz verdrängt. Einerseits kann also das schöpferische Subjekt seine souveräne Urheber-Position (AUTOR) gegenüber der Sprache (TEXT) allein mittels Verweis auf ein Außerhalb (LESER) begründen; andererseits ist es aber auch die LESE-Position, von der aus das Subjekt allererst bestimmbar sein soll: „El alma de un personaje" sagt Víctor, „no tiene más interior que el que le da [...] el lector" (NI 30:274). Wie der autor in der *Lozana andaluza* die Bestätigung seiner Figur braucht und Cide Hamete nur durch Don Quijote er selbst wurde, so ist auch hier der Autor auf die Bestätigung durch seine Figuren angewiesen; doch da die Figuren (TEXT) nicht mehr zugleich die Leser des Romans sind – wären sie es, bliebe der Autor nicht mehr in der transzendentalen Position, die er beansprucht – , muß der Autor sich in *Niebla* eines externen Lesers versichern. Damit aber bleibt Víctors Behauptung, daß der Leser die eigentliche Sinninstanz sei, weil in ihm und durch ihn die Figuren mit jeder neuen Lektüre wiederauferstehen, ohne Entsprechung in den faktischen LESER-Repräsentationen.

LESER-Ikons: Wissen um die Existenz

(i) *'Unamuno'*. – 'Unamuno' hat den weitesten LESE-Horizont und ist deshalb das stärkste LESER-Ikon. Er hat eine doppelte Perspektive: wie schon gesagt, zeichnet ihn seine Präsenz im zweiten Prolog als LESER des ersten Prologs und des Haupttextes aus. Bei seinen Auftritten im Haupttext selbst büßt er von dem Privileg, den Haupttext LESEN zu können, nichts ein. Seine Grenzen als Deutungsmacht (LESER) – gegenüber dem Rezipienten – sind da gezogen, wo ihm das Bewußtsein fehlt, selbst sprachlich (TEXT) zu sein. Dieser Mangel an Selbsterkenntnis (Selbst-LEKTÜRE) nimmt parallel zu seinem Abstieg auf der Stufenleiter der paratextuellen und diegetischen Ebenen zu. In NI 25:252 hat er die Rezipienten-Perspektive („*Mientras Augusto y Víctor sostenían esta conversación*"); zugleich aber ist seine Souveränität durch seinen Status AUTOR-als-TEXT bedroht. Dies äußert sich in seiner

Unfähigkeit, sich selbst als-TEXT zu LESEN (in seinem sprachlichen Wesen zu erkennen). Noch in der Äußerung „me sonreía enigmáticamente" gibt er sich zwar als Selbstbeobachter zu erkennen, weiß aber nicht, daß er Teil des Aussage-TEXTES ist. Es ist stets der als Fiktivität gedeutete TEXT-Status der Anderen, der dem Subjekt 'Unamuno' als Horizont der Selbstreflexion dient, einem Subjekt jedoch, das sich seiner eigenen Sprachlichkeit nicht bewußt ist und deren Reflexion in dieser Hinsicht leer bleibt. Allein in der Traumszene (Kap. 33) stellt 'Unamuno' dieses Bewußtsein zur Schau. Selbsterkenntnis gelingt ihm nur in einem ikonischen TEXT, nicht aber im Aussage-TEXT, der den Figuren Sein und Nichtsein ist.

(ii) *Augusto*. – Augusto erreicht durch LESE-Akte nur Selbsterkenntnis als Wesen in der Welt. Unter Anleitung Víctors wird er sich seiner fiktiven Existenz bewußt, jedoch nicht – so ist zu erinnern – im ontologisch-literalen Sinne, sondern epistemologisch-figurativ: er sucht 'Unamuno' nicht als seinen Schöpfer, sondern als moralisch-philosophische Autorität auf. Selbst nach der Aussprache glaubt er, sich durch Essen Gewißheit über seine physische Existenz verschaffen zu können. Mit 'Unamuno' und Víctor teilt er die Tendenz, Selbstvergewisserung und Erkenntnis anhand von TEXTEN zu erlangen. In seinem Fall vollzieht sich Erkenntnis an Víctors Roman, der sich seinerseits am 'wirklichen' Leben in '*Niebla*' inspiriert hatte. Doch hier bleibt Selbsterkenntnis nur ein flüchtiger Moment, wenn Augusto zugibt: „¿Sabes, Víctor, que se me antoja que me están inventando?" (NI 17:201) Als Augusto aber seinem Schöpfer gegenübertritt, kann er die Lehren, die er von Goti empfangen hat (Kap. 30), nicht anwenden. Augusto bleibt also Welt-LESER.

(iii) *Víctor*. – Besonderes Interesse als LESER-Ikon verdient Víctor. Er LIEST, wie schon gezeigt, nicht den gesamten Aussage-TEXT. Was ihn ermächtigt, im Prolog seine persönliche Erfahrung mit Augusto 'Unamunos' Version der Geschichte entgegenzuhalten[389], ist seine Doppelperspektive als LESER-Ikon: Vom Prolog aus LIEST er '*Niebla*', innerhalb dieser Geschichte LIEST er – in welchem Sinne ist noch fraglich – Augusto als 'leibhaftige' Figur. Wenn er sich selbst und Augusto als „ente de ficción", als eine Art TEXT also, bezeichnet, scheint er auf den ersten Blick seine privilegierte LESER-Perspektive aus dem Prolog, die hinsichtlich '*Niebla*' mit der Perspektive des Rezipienten *auf* die Geschichte zusammenfällt, in Form eines Wissens über sich selbst und Augusto *in* die Geschichte mit hineingetragen zu haben. Augusto läßt sich von Víctors barockem Theorem über die Fiktivität der Welt an sich zwar überzeugen, doch bleibt ihm dieses Wissen als ontologisches unzugänglich, wie in der Analyse seines Gesprächs mit 'Unamuno' zu sehen war: Víctors Äußerungen – „Y si me apuro te digo que eres no más que un ente de ficción" – kann Augusto nur figurativ-erkenntnisorientiert verstanden haben, sonst hätte ihn das Zusammentreffen mit 'Miguel de Unamuno'

---

[389] S. die o. S. 287 zitierte Stelle aus N *Prólogo*:106.

als seinem Schöpfer nicht mehr überraschen können. Augusto hat niemals die Perspektive *auf* den Aussage-TEXT kennengelernt. Nun steht aber keineswegs fest, daß Víctors Einsicht, „ente de ficción" zu sein, von ihm literalontologisch verstanden wird. Hat er das Bewußtsein, letztlich eine etwa von 'Unamuno' erdachte Figur zu sein? Die Frage nach Víctors Wissen ist entscheidend für das Verhältnis zwischen Goti als LESER-Ikon im Prolog und dem Rezipienten, für das Verhältnis von Prolog und Haupttext und für den Grad der Figurativität der Selbstrepräsentationen in diesem Roman. Abermals steht der Status Víctors in Frage, dessen Ambivalenz als Figur dem Rezipienten ja schon von den Prologen her zur Auflösung aufgegeben ist.

Indem Víctor Augusto einredet, „ente de ficción" zu sein, nimmt er die Perspektive des Rezipienten ein – er LIEST insofern Augusto (und sich selbst) als TEXT. Er könnte diese gegenüber Augusto privilegierte Perspektive aus seiner Prolog-Präsenz beziehen. Vom Prolog her ist die Geschichte aber eine bereits abgeschlossene, nur für den Rezipienten besteht die umgekehrte Reihenfolge. Die Ambivalenz Víctors ergibt sich dann aus folgender Alternative. Entweder gilt die syntagmatische Ordnung des *discours*, d.h. die Reihenfolge, in der der Rezipient die einzelnen Teile liest – dann wäre die von Víctor zu bedenken gegebene Fiktivität *ontologisch* (literal, Aussage-TEXT-bezogen) gemeint und begründet, weil er das Wissen um die sprachliche Existenz, das ihm durch seine Präsenz im Prolog zukommt, in die Geschichte mithineinträgt; oder es gilt die Ordnung der *histoire*, dergemäß der Prolog nachgeordnet ist – in diesem Falle wäre Víctors Verdikt über Augusto, „ente de ficción" zu sein, *epistemologisch* und figurativ gemeint. An dieser Stelle kommt nun der Rezipient zu seinem eigentlichen Recht als Sinngeber – seine Interpretation hat allerdings Konsequenzen für ihn selbst.

2.3.1.4 Die Metaphysik der Schrift in den Aussage-TEXT-Repräsentationen

Wie auch immer der Rezipient sich zwischen zumindest diesen beiden Möglichkeiten, die die Analyse zuletzt extrapolieren konnte, entscheiden mag – ob er, ontologisch, die Tragik der Figur (und eben auch des Autors), immer schon Schrift oder Diskurseffekt gewesen zu sein, als metaphysikkritische Einlassung gegen den realistischen Roman liest, oder ob er das ontologische Argument ausblendet und die Fiktivität der Romanfigur als bloße Metapher der Fremdbestimmtheit des eigenen Lebens liest: spätestens in Kap. 30 fällt das ontologische Argument und mit ihm eine Entscheidung. Die *metaphora continuata* des Buches und seiner inneren Kräfteverhältnisse als Bild der „confusionistischen" Philosophie bezieht ihre Überzeugungskraft aus dem unter der Schrift abgeschlossenen Kosmos der fiktiven Welt, und auch nur dann, wenn der Rezipient das ontologische Argument als die wahre Tragik Augustos akzeptiert. Soll der Rezipient bzw. LESER des Aussage-TEXTES

aber, wie es Víctor will, das gleiche lernen wie Augusto, d.h. sich selbst als
„ente de ficción" erkennen – und zwar ausdrücklich anhand der Lektüre des
Romans –

> que si, como te decía, un *nivolista* oculto que nos esté oyendo toma nota de nuestras
> palabras para reproducirlas un día, el lector de la *nivola* llegue a dudar, siquiera fuese un
> fugitivo momento, de su propia realidad e bulto y se crea a su vez no más que un perso-
> naje *nivolesco*, como nosotros (NI 30:275)

dann wird ihm nichts anderes übrigbleiben, als das ontologische Argument
einer göttlichen Schrift auch für sich selbst zu akzeptieren. Tauscht er seine
privilegierte Erkenntnisperspektive also gegen das Wissen um ein konkretes
'Gelesenwerden' ein – muß er dann nicht auch die Unterwerfung der Figuren
unter die Schrift 'aufheben' und sich selbst in den Bann einer Schrift stellen,
in der alles geschrieben steht, deren Metaphysik totenstill und göttlich ist? Die
Erfahrung von „Selbstlosigkeit des Selbst und Selbsthaftigkeit des Seins"
(Henrich 1966:30), die Augusto und 'Unamuno' als Objekt und Subjekt aneinander machen (jener sieht sich GESCHRIEBEN und GELESEN, gegen
diesen „revoltiert" seine Figur), mag dem lebensweltlichen, modernen Horizont empirisch, epistemologisch, als Wissen sublimiert, abzugewinnen sein –
die Ontologie einer Existenz in der transzendentalen Schrift aber ist beinahe
eine Glaubensfrage, jedenfalls reicht diese Vorstellung zurück auf die metaphysischen Buchmetaphern; daß die Idee der göttlichen Schrift selbst einer
vermittelten, bereits literarisierten Weltsicht entspringt, scheint jenseits des
Reflexionshorizontes des Romans zu liegen. Der empirische Leser entscheidet
über die Art der Differenz, die der Index erzeugt, indem er sich selbst an die
Stelle des Objekts setzt[390]. Wenn er dem Index eine ontologische Differenz
zugesteht und das Schrift-Argument für sich akzeptiert, muß er umgekehrt
aber auch der Aussageebene und ihren Repräsentationen Realitätsstatus zuer-
kennen[391].

2.3.1.5 Selbstrepräsentation in *Niebla*

Aufgrund der Doppel- oder Mehrfachkodierung der Selbstrepräsentationen
läßt sich *Niebla* als philosophischer und als zeichentheoretischer
(literaturtheoretischer, realismuskritischer) Traktat lesen. In der Analyse

---

[390] Vgl. o. Kap. 1.2.3.1.
[391] Eine solche Lektüre scheint bspw. Blanco-Aguinaga, nicht zufällig im Kontext einer existentialistischen Interpretation, nahezulegen: Augustos Begegnung mit 'Unamuno' „is literally the end of him [Augusto], for it is precisely the apparition of the Other in the Uni-verse that brings about the falling to pieces of my monopolized world. Above all, if the Other is the Subject that can never become Object: our Creator. Were we to see him loo-king at us we would be erased" (Blanco Aguinaga 1964:195).

stellte sich der Roman deshalb als das Drama von SCHREIBEN und LESEN, GESCHRIEBEN WERDEN und GELESEN WERDEN dar, welches im philosophischen Dialekt der figurativen Lesart als das Drama von Selbstbestimmung und Fremdbestimmung, Wissen und Nicht-Wissen, Erkenntnis und Verkennen etc. aufgeführt wird. Man könnte auch sagen: Unamuno probiert – spielerisch, denn *Niebla* ist ein 'Roman' und kein Essay – die existentielle Problematik an den semiotischen und ästhetischen Kategorien von Literatur und ihren Kommunikationsinstanzen aus; die erzählte Geschichte von Augusto Pérez wird zur philosophischen Metapher, die nach der Logik zeichentheoretischer Zusammenhänge funktioniert (oder umgekehrt – das *tertium comparationis* beider wäre der sprachphilosophische *linguistic turn*). Wenn aber diese Doppelkodierung es gerechtfertigt und sogar notwendig erscheinen läßt, zwischen der literalen und figurativen Bedeutung den Übertrag zu leisten und in der zwangsläufig dekonstruktiven Analyse beide gegeneinander auszuspielen, so ergibt sich folgendes Bild: Es werden mindestens zwei Geschichten gleichzeitig erzählt, die philosophische und die zeichentheoretische, die aber ihre Argumente an entscheidenden Stellen aus der jeweils anderen Erzählung beziehen. Als Bühne oder Spielfeld für das philosophische 'Ballett der Begriffe' mag der zeichentheoretische Kontext erkenntnisfördernd sein – das wurde hier nicht untersucht; zu sehen aber war, daß gerade die figurative Überlagerung (etwa durch das nicht zuletzt religiös inspirierte Buchsymbol) eine letzte Radikalität der Zeichentheorie verhinderte; worin sie hätte bestehen können, wird man noch an den später zu analysierenden Roman sehen (zunächst an *Fragmentos de apocalipsis*). Im einzelnen stellte sich diese Konstellation in *Niebla* dabei folgendermaßen dar.

Die Ökonomie der Selbstrepräsentationen hat einen zentralen Angelpunkt: den materiellen, abgeschlossenen Aussage-TEXT. Er ist das ontologische Argument, das Gravitationszentrum das allen Hierarchien des SCHREIBENS und GESCHRIEBEN WERDENS, des LESENS und GELESEN WERDENS auf den verschiedenen paratextuellen oder diegetischen Ebenen ihre Ordnung gibt. Letztlich ist so auch in *Niebla*, wie im *Don Quijote*, die Materialität des TEXTES (in diesem Fall: des Aussage-TEXTES) ein zentraler Selbstrepräsentations-Fokus – allerdings wird hier TEXT-Existenz *gegen* die Figuren gewendet. Diese zentrale und ordnungsstiftende Stellung des Aussage-TEXTES bestätigte sich aus mehreren Hinsichten.

Der LESER-Index wird im Machtkampf der konkurrierenden Perspektiven instrumentalisiert. Unamuno scheint so in den Leseradressen, wie schon in der Gestalt des allwissenden Erzählers, realistische Technik mit ihrem eigenen Instrumentarium zu entlarven, indem er sie als Machtstrategien des transzendentalen Autors herausstellt. Selbst Figuren, Víctor und Augusto, fassen die LESER-Indices in den Blick, dies wäre bei Delicado und Cervantes nicht möglich gewesen. Sie haben sowohl eine Eigen- als auch eine Fremdperspektive, sie LESEN sich und ihren Kontext. Doch ihre Horizonte sind gestaffelt und begrenzt. Die Orte, an denen sie Präsenz beanspruchen dürfen, korrespondieren exakt der Ausdehnung ihres LESE-Horizonts. Am LESEN, sich selbst LESEN und GELESEN WERDEN, an der Position auf der paratextuellen Stufenleiter, und an der Fähigkeit, *'Niebla'* als Aussage-TEXT zu LESEN, ist das Maß ihres Bewußtseins und Selbstbewußtseins ablesbar. Die mit der Autorsignatur dekonstruierte Hierarchie dieser Ebenen wird so in doppelter Weise wieder zu einer gültigen Ordnung: keine Präsenz außerhalb des Aussage-TEXTES von *'Niebla'* zu haben bedeutet dann, wie bei Augusto, Tod durch Verschriftlichung. TEXT ist den Figuren Reflexionshintergrund für Selbsterkenntnis.

Flankiert von substantialistischen Totalitätsmetaphern der Schrift – vom *Buch* ist mehrfach die Rede, Augusto glaubt aus dessen Seiten aufzusteigen –, korrespondiert die Ontologisierung der abgeschlossenen Schrift mit der Tendenz aller in *'Niebla'* begonnenen TEXTE, zum Abschluß zu kommen; die Handlung des Romans mag sich, wie Víctor es will, von selbst ergeben, am Ende haben die Figuren von Víctors Roman allerdings doch eine unverwechselbare Individualität.

Tod und – im philosophischen Sinne – Selbsterkenntnis sind die figurativen Lesarten von Aussage-TEXT-Repräsentation und Selbst-LEKTÜRE. Auf ihrer jeweiligen Rückseite befindet sich das Leben in der Fiktivität bzw. in der erzählten Welt. Fiktivität ist für Augusto die Abhängigkeit von Gott und den Anderen, das konkrete Geschriebenwerden und Gelesenwerden. 'Fiktivität' ist am deutlichsten figurativ besetzt. Allein Augusto fristet sein Dasein im Gefängnis der abgeschlossenen Schrift, nur er wird wirklich fiktionalisiert, ausschließlich zu seinen Gedanken hat der auktoriale Erzähler Zugang, niemand anderes als er wird mit seinem Schöpfer konfrontiert. Wie Don Quijote und Sancho trägt allein Augusto an den Konsequenzen, ein Buch, fiktiv zu sein, während die anderen Figuren (Domingo und Liduvina, Eugenia und Mauricio etc.) diesem Verkleidungsschauspiel unbetroffen zusehen.

Das Subjekt ist im Gefängnis der Schrift, nicht aber im Gefängnis der Sprache. Sprache und Logos mögen nicht mehr die Wahrheit des Subjekts beherbergen, doch ein wahres Subjekt lebt noch jenseits vergesellschafteter Subjektivität, im Hund Orfeo, Augustos Seele, und in all den Figuren, die von dem Fiktionalisierungsgeschehen nicht betroffen sind und im *lumen naturale* lebenspraktisch handeln. In der 'Lesbarkeit' ist das moderne Subjekt auf seine Unverfügbarkeit für sich selbst und auf die Fremdbestimmtheit durch den Anderen verwiesen, d.h. auf seine Sprachlichkeit, von der es konstituiert wird. Dennoch von einem Subjekt zu sprechen rechtfertigt sich daraus, daß es versucht, sich selbst zu kennen (LESEN): Augustos ist nicht mehr wie Don Quijote ein schlechter Selbst-LESER, weil er ein schlechter Welt-LESER ist, sondern weil er die Tragik seiner Existenz in der Schrift nicht durchschaut. Hier bleibt Sprache als grundsätzliche *Verfaßtheit* des Subjekts – die Erkenntnis des *linguistic turn* – außer Reichweite der Reflexion von *Niebla*, so wie für Augusto die Aussage-TEXT-Ebene. 'Unamuno' allein ist in die Sprache verstrickt, aber der Autorname bleibt der einzige mit diesem Schicksal, und der ist an die Ich-Identität gekoppelt.

Die Autorsignatur, die bei Cervantes aus den hinteren Reihen der Figuren nur selten hervorschaute und ironisch mit ihrem Namen am unteren Rand das Bild mit einem *pinxit* firmierte, wirft drei Jahrhunderte später das ganze Gewic' t ihres Namens in die Waagschale, dafür verschwindet sie noch als unverbrüchlicher Autorname von einem Titelblatt, das zum Bestandteil der Erzählung geworden ist. Die Autorsignatur selbst ist es, die, wie einst der segundo autor und Cide Hamete, mit anderen Anwärtern der AUTOR-Position um die Hegemonie kämpft. Die Differenzen zwischen den Autoren sind freilich nicht mehr 'berufsständisch' motiviert, d.h. an einem außerliterarischen Maß orientiert, an dem sich das kollektive Gedächtnis, der dichtende Chronist, der Herausgeber, der Kopist und der Drucker unterscheiden, sondern die Hierarchien – hauptsächlich zwischen 'Unamuno' und Víctor Goti – sind bestimmt vom jeweiligen Verhältnis, das sie als AUTOR zum TEXT haben.

Wie im *Quijote* herrscht in *Niebla* die Vorstellung einer proteischen Schrift, die sich mit Leben füllt und wieder in ihre ursprüngliche Gestalt zurückfällt. War die Schrift im *Don Quijote* Darstellungsmittel oder Metapher, so ist sie in *Niebla* Argument. Der fundamentale Widerspruch in *Niebla* besteht dann in der Gleichzeitigkeit eines dekonstruierten transzendentalen Autors und einer rekonstruierten Schrift: der differentielle Aufschub der Autorsignatur reicht über das Titelblatt hinaus, aber die abgeschlossene Schrift umfaßt doch alles. Die metaphysisch-figurative Besetzung der Aussage-TEXT-Position, die Kopplung von Tod und Schrift, scheint zu verhindern, das Objekt TEXT selbst zum Paradigma inszenierter *différance* werden zu lassen. Dieser Widerspruch spiegelt sich in der Gegenläufigkeit indexikalischer und ikonischer Repräsentationen – die Indices stellen Kräfteverhältnisse wieder her (z.B. über den indexikalischen LESER und die Repräsentation der Aussageebene), die die Ikons in den Nebel der „confusión" tauchen – oder in der Gegenläufigkeit von epistemologischer Gewißheit, die in ontologischer Währung bezahlt wird, von figurativen Kodierung der Selbstrepräsentation, die durch ihre literale Bedeutung abgesichert sind[392].

---

[392] Dieses Ergebnis bestätigen teilweise jüngere Forschungen, die Unamunos Werk, v.a. *Niebla*, im Licht der gleichzeitig entstandenen Theoreme der kultursemiotischen Studien von Bachtin/Voloshinov, aber auch dem „Tod des Autors" lesen (Zavala 1988 u. v.a. Wyers 1990). Bekanntlich ist die schwer durchschaubare und von Unamuno nicht widerspruchsfrei gehaltene Überblendung von realer Autorschaft mit Ich-Bestimmung, von Fiktionalität des literarischen Textes mit einer trügerischen Subjektivität, die durch den Anderen bestimmt ist, von Sprache als Bedrohung und auch als Ermöglichungsbedingung subjektiver Selbstbestimmung, nicht nur in *Niebla* der Fall (s. z.B. *Cómo se hace una novela*). Unamunos Frage nach der Möglichkeit eines beständigen Ich, dessen Souveränität

Am deutlichsten zeigen sich diese Dispositionen im Vergleich mit Torrente Ballesters *Fragmentos de apocalipsis*.

2.3.2 Gonzalo Torrente Ballester *Fragmentos de apocalipsis* (1977/82): Allegorie und Ironie der *écriture*

In *Fragmentos de apocalipsis* erzählt ein Schriftsteller die Genese seines Romans in mehreren „narraciones" und parallel dazu in einem Arbeitsjournal. Die neugeschriebenen Passagen legt er seiner Geliebten und Assistentin Lénutchka vor, die sich im Nachhinein jedoch als eines der von ihm erfundenen fiktiven Wesen herausstellt. Lénutchka hilft ihm trotzdem mehrfach durch kritische Lektüre beim Imaginieren und Verfassen. Eine andere seiner Figuren, Samaniego, ist Verfasser von „secuencias proféticas", die neben den Erzählungen und dem Arbeitsjounal des Autors als drittes Element die Romanaussage konstituieren. In bester Tradition der 'revoltierenden Figur' läßt sich Samaniego von seinem Figuren-Status nicht daran hindern, die anderen Figuren seines Autors in seine eigenen „secuencias" einzubauen und dabei nach Belieben zu gestalten. Diese Verkehrung von Autor und Figur gedeiht soweit, daß der vormalige Autor bald auf die neuen „profecias" Samaniegos warten muß, um für die Fortsetzung des Romans wieder Zugang zu seinen eigenen Figuren zu bekommen. Nachdem schließlich auch die getreue Komplizin Lénutchka, mit der der Autor ein erotisches Verhältnis hatte, von Samaniego 'gestohlen' wird, läßt er sie schweren Herzens aus dem fiktiven Universum

---

als Subjekt den Anfechtungen einer Überfremdung durch den Diskurs widerstehen will, eines Ich, das in der sozialen Praxis von Sprache, Vernunft und Rollenspiel vor der Auslöschung seiner Individualität steht, und das Pathos einer Seelenwelt, die sich als substantiell weiß, und, nach Unsterblichkeit dürstend, dem Identitätsverlust zunehmend vergesellschafteter Subjektivität sich zu erwehren sucht, läßt Unamuno in einen durchgängigen Widerspruch geraten. Das trotz aller Sprachkritik in materiellen Begriffen (so Wyers 1990:338) als Seelensubstanz konzipierte Ich zeugt, wie Wyers schreibt, von einem romantischen Denken, das immer wieder auf ein inneres, von allen Anfechtungen bewahrtes Selbst besteht, in dem sich die durch Sprache bedrohte Subjektivität retten soll. *Niebla* – so Wyers – habe nur den Anschein einer Autordekonstruktion, denn „the Author seems to have the final say when he declares [...] that [...] eternal life [is] the "creative dreaming word"" (Wyers 1990:330n6). – Jenseits der Schwelle thematisierter Selbstrepräsentation betrachtet Mecke (1997) den Einsatz der romanesken Erzählkategorien (v.a. Konstruktion der Geschichte und der Figuren) und die Autor-Funktion selbst als metafiktionale Strategien Unamunos; in dieser Sichtweise läßt sich die Modernität von *Niebla* vor dem Hintergrund spanischer Traditionalität und europäischer Moderne als ein Verharren im historisch-ästhetischen Spannungsfeld von klassischer Repräsentation, moderner Selbstpräsenz und postmodern gebrochener Selbstpräsenz begreifen, das in einem als „Agonie der Moderne" verstandenen, destruktiven Bezogenbleiben auf traditionelle Romankategorien besteht.

verschwinden und bleibt ohne Roman und ohne Geliebte zurück. In einer globalen Apokalypse fällt am Ende das gesamte Universum in einem Schutthaufen von Wörtern in sich zusammen.

Unter den zahlreichen intertextuellen Verweisen in *Fragmentos de apocalisis*[393] sind im Moment vor allem diejenigen interessant, mit denen selbstrepräsentationale Rekurse der Prätexte aufgenommen werden. So überbietet Torrente Ballester Cervantes' Verarbeitung von Avellanedas 'Figurenklau' dadurch, daß er die AUTOR-TEXT-Relation umkehrt: nun ist es eine Figur des Romans, die ihrem eigenen Autor die Erfindungen stiehlt. Auch das Kap. 31 aus *Niebla*, der Disput zwischen Augusto und 'Unamuno' wird parodiert und durch Verkehrung auf die Spitze getrieben. Nun ist es der Autor, der sich zum Wohnort einer seiner Figuren, padre Almanzora, Zugang verschafft. Almanzora versucht ihn zunächst mit den Worten: „«¡Salga inmediatamente!»" hinauszuwerfen. „«Pruebe a expulsarme" – antwortet der Autor – „[le] prometo que no haré resistencia.» ¡Qué fácil es desafiar a un personaje que se está inventando! Le hice moverse hacia mí y detenerse luego" (FA 303–304). Der Verweis auf Unamuno und speziell *Niebla* wird kurz darauf explizit gemacht, umso mehr, als die Art und Weise der intertextuellen Bezugnahme selbst als produktionsästhetisches Problem reflektiert wird. Der Autor wendet sich an Almanzora mit den Worten:

> «Aquí tienen que pronunciarse ciertas palabras, lo mismo da que las diga usted o que las diga yo. A usted le servirán para entenderse mejor; a mí para entenderle.» «¿Para qué quiere entenderme?» «Lo comprendería si hubiese leído a Unamuno.» Hizo una cruz con los dedos, espantado, y extendió el brazo. «¡*Vade retro*, Satanás! ¡No me nombre a ese hereje!» «Lamentándolo, no me queda otro remedio. Si pusiera mis cartas boca arriba, las escenas se parecerían como un huevo a otro huevo, salvo una pequeña diferencia, y le sería lícito acusarme de plagio. Manteniendo mis cartas en secreto, se queda en simple imitación y si lo juzgamos de otro modo, en mera parodia. Yo me quedo con ella: es más legítima que la imitación y revela al menos un propósito íntimo de originalidad.» «¡Me desespera usted y no lo entiendo!» «¡Si hubiera leído a Unamuno...!» (FA 306)

Als die Szene wenig später beendet ist, legt der Autor die Episode als Erzählfragment seiner Geliebten, Gehilfin und Figur Lénutchka zur Begutachtung vor. Sie reagiert mit verhaltener Begeisterung und wenig ermutigend:

> [Lénutchka] me dijo que [la escena] estaba montada sobre un sistema de trucos: el primero, la referencia a Unamuno; el segundo, el hecho de que fuese yo inventor de las dos partes del diálogo. «Al ser de tu invención el personaje, responde lo que quieres y lo que

---

[393] Als intertextuelle Bezugspunkte wären neben Cervantes und Unamuno noch etwa Borges und Pessoa zu nennen sowie intratextuelle Verweise und parodistische Systemreferenzen vom *nouveau roman* über die psychoanalytische Literaturkritik bis hin zur Tradition der apokalyptischen Literatur (Pérez 1988). In der kurzen Skizze kann dieser Horizont allerdings nicht eigens berücksichtigt werden.

te conviene. Augusto Pérez es independiente de su autor; el padre Almanzora, no. Reconozco, sin embargo, que lo de Augusto Pérez es irrepetible, al menos dignamente. Has hecho lo que has podido.» (FA 308–309)

Doch worin besteht nun der Unterschied zwischen Vorlage und Parodie des *rencontre* von Autor und Figur in den Selbstrepräsentationen? Wenn bei Torrente Ballester der Autor seine Karten verdeckt hält und Almanzora nicht entgegenhält, was 'Unamuno' Augusto eröffnet, nämlich ein bereits geschriebenes Buch zu sein, so vermutlich, weil er weiß, daß er selbst nichts anderes als jene „Ansammlung von Wörtern", aus denen der Roman letztlich besteht.

Zwei Spielregeln für die Allegorie der écriture

Auf den ersten Blick scheint es, als sei durch die restlose Angleichung von Autor und Figur (AUTOR und TEXT) in *Fragmentos de apocalipsis* dem ästhetischen Spiel von Subversion, Entdifferenzierung semiotischer Instanzen und Panfiktionalisierung keine Grenzen mehr gesetzt. In der Tat gelten jedoch auf der Ebene 'Aussage-TEXT' bestimmte Spielregeln, die Existenzform und Handlungsmöglichkeiten der Objekte AUTOR, LESER, TEXT festlegen und damit den Repräsentationen ebendieser Ebene auch noch figurative Sinndimensionen zuschreiben.

Torrente Ballester stellt zunächst in verschiedenen Varianten das „creation/description"-Paradox[394] zur Schau, um jeden Zweifel daran zu beseitigen, daß die Dinge der erzählten Welt etwas anderes als Wörter sind:

si escribo: «Estalló la bomba y derribó la torre», pues se acabó: adiós torre, y capitel, y todo lo que está en él. Por eso no lo escribo. Entre otras razones, porque la torre me es necesaria. Si asciendo hasta el campanario, puedo, desde sus cuatro ventanas, contemplar la ciudad hacia los cuatro puntos cardinales: la ciudad entera. Será cosa de hacerlo, a falta de otra mejor. (FA 15–16)

Gleiches gilt aber auch für die Figuren –

[...] empezaron a abrirse las aristas de la piñata y a descender de ella, con cautela, algunos personajes. No personas, entiéndaseme bien, sino precisamente personajes, los que andaba buscando, conjuntos de palabras más o menos como yo, y como todo lo que hay aquí (FA 26) –

ja selbst für den Autor, der sich in nichts von den Wortdingen unterscheidet:

[...] Pero la torre y yo no somos más que palabras. Sús, y arriba. Voy repitiendo: piedra, escaleras, yo. Es como una operación mágica, y de ella resulta que subo las escaleras. [...] He nombrado la torre, y ahí está. Ahora, si nombro la ciudad, ahí estará también. [...] No te olvides de que eres un conjunto de palabras, lo mismo da tu que yo, si te desdoblas so-

---

[394] S. o. S. 278.

mos tú y yo, pero puedes también, a voluntad, ser tú o yo, sin otros límites que los gramaticales (FA 15–16)³⁹⁵.

Diese „operación mágica", die im Moment des Schreibens eine fiktionale Welt entstehen läßt und zugleich deren radikale Sprachlichkeit verrät, wurde schon in *Niebla* durchgeführt, etwa wenn 'Unamuno' seiner Figur Augusto den Befehl „¡No te muevas!" (NI 31:278) erteilt. In *Niebla* bleibt der im creation/description-Paradox implizierte radikale Nominalismus jedoch, was die Aussage-TEXT-Repräsentation anbelangt, im Bereich der Ironie; 'Unamuno' wird dadurch nur indirekt, nicht explizit wie Augusto, als „conjunto de palabras" denunziert. Das „creation/description"-Paradox als literarisches Pendant zum *trompe-l'œil* ist in *Fragmentos de apocalipsis* so realisiert, daß dessen Bedeutung nicht mehr an die Ironiekompetenz des Lesers verwiesen wird – mit all den im vorangegangenen Kapitel beschriebenen epistemologischen Implikaten –, sondern im beständigen Oszillieren zwischen Signifikant und Signifikat, Schrift und erzählter Welt selbst besteht. Das „creation/description"-Paradox wird auch so häufig inszeniert und expliziert (FA 201,303,376 pass.), daß es nicht in Vergessenheit geraten kann. Dies hat unmittelbare Konsequenzen für die spezifische Repräsentation und Doppelkodierung des Aussage-TEXTES. Durch die Engführung von Signifikant und Signifikat wird die unterstellte ontologische (oder kognitive) Differenz zwischen erzählter Welt und 'bloßen' Worten so weit minimiert, daß der bei der Lektüre transparent zu werden drohende Aussage-TEXT in immer wieder erneuerter Repräsentation *präsentiert* wird. Der Aussage-TEXT verliert den Vorrang, einzige Realitätsebene einer ansonsten nur fiktiven Welt zu sein (*Niebla*), aber auch den 'Makel', nur entsubstantialisierte rein sprachliche Welt zu sein. Dadurch, daß das „creation/description"-Paradox die referentielle Illusion nicht einfachhin decouvriert, sondern in sprachlicher Beschreibung und Substantialität den doppelten Seinsmodus alles Erzählten bestehen läßt, ist auch die Differenz AUTOR / TEXT unendlich klein, nicht aber aufgehoben. Jede noch so kontingente Imagination des AUTORS wird im Moment der Artikulation zum Aussage-TEXT, PRODUKTION ist hier genuin auf Zeichen- oder TEXT-Initiation reduziert, im Medium des Aussage-TEXTES (der Sprache) gibt es keinen Unterschied zwischen Imagination, Sprache und Welt mehr. Existenz ist deshalb schon gar nicht durch Unwahrscheinlichkeit zu hintergehen: Ein Fabelwesen, das sich als Nebenprodukt der Phantasie des Autors zwischenzeitlich einschleicht, hat den gleichen Stellenwert als Aussage-TEXT wie das Wort „yo". Dies ist schon die erste Spielregel, die den Repräsentationswert von Aussage-TEXT-Repräsentation festlegt. „Los fantasmas", so kann denn auch am Ende der Autor sagen, „somos de

---

[395] Torrente Ballester nimmt hier offenbar eine Reihe der Dispositionen von Calvinos *Se una notte d'inverno un viaggiatore* vorweg (vgl. dazu o. Kap. 1.2.7.3.2).

material invulnerable y la palabra, con la que se nos nombra, un accidente" (FA 397).

Die zweite Spielregel lautet: Alles, was Aussage-TEXT geworden ist, verselbständigt sich, jedes Wort, ist es erst einmal artikuliert, ist selbst ein potentieller AUTOR (Aussage-TEXT-als-AUTOR). Deshalb wird dem ursprünglichen Autor der Moment, da er die erste „secuencia profética" seiner Figur Samaniego *zitiert* (FA 83–94), d.h. in den Aussage-TEXT aufnimmt, zur *hamartia*-Szene. Der erste, in der Ich-Form auftretende AUTOR glaubt zunächst PRODUZIERTEN TEXT – Figuren etwa – verwerfen zu können, wenn sie ihm nicht gefallen: er versucht es mit Samaniego (FA 82). Doch nachdem er ihm Präsenz im Reich der Sprache (im Aussage-TEXT) gestattet hat, kann ihn nichts mehr daran hindern, Willen und Macht des ersten Autors zu unterlaufen und in seinen „secuencias" dessen Platz zu ursurpieren, ihm Figuren zu stehlen (FA 328–330) und schließlich den Autor mit leeren Händen, ohne Lénutchka und ohne Roman zurückzulassen (FA 366–367, 377). Da im Aussage-TEXT alles zu Sprache wird, gibt es hier keine transzendentalen oder sonstwie gearteten Hierarchien mehr. Alle TEXT-Figuren sind gleichrangig und als TEXT nicht nur performativ, sondern auch kreativ. Der Aussage-TEXT ist die Ebene, in der die Wörter selbst PRODUKTIV werden. Es gibt nicht mehr, wie in *Niebla*, verschiedene Standpunkte, von denen verschiedene Erkenntnis möglich ist und die eine Differenz von Subjekt und Objekt begründen. Der Existenz als Aussage-TEXT sind Selbst-LEKTÜRE (als-TEXT) und Selbst-PRODUKTION (als-TEXT) inhärent. Nicht allein der Autor oder eine der Figuren wie bei Unamuno, sondern alles, was Aussage-TEXT ist – d.h. überhaupt alles –, unterliegt den gleichen Bedingungen: es ist immateriell und braucht deshalb nicht mehr explizit *fiktionalisiert* zu werden. Existenz als Aussage-TEXT ist nicht mehr Stigma der LESBARKEIT durch den Anderen, sondern positiv konnotierte PRODUKTIVITÄT: der TEXT-als-AUTOR. Das Jenseits der Sprache ist nicht mehr die zurückersehnte Heimat des Subjekts; Subjekt und Sprache entstehen zugleich, weshalb weder das eine noch das andere einen besonderen Terminus braucht. Die Interferenzen AUTOR-als-TEXT und TEXT-als-AUTOR werden in *Fragmentos de apocalipsis* verschmolzen, weil der TEXT sich selbst PRODUZIERT und dies nur dadurch kann, daß er eben Sprache ist: es gibt deshalb auch keine Intransparenz für seine Selbst-LEKTÜRE. Nicht mehr eine transzendentale Schrift, sondern die 'autoproduktive' *écriture* findet sich hier mittels Selbstrepräsentationen inszeniert. Die personal konzipierte Figur, die ständig als TEXT-Effekt denunziert wird und so beides zugleich ist, Subjekt und Sprache, wird zur Personalallegorese der Sprache als *écriture*: der Ich-Autor als Produktivität der Sprache, Samaniego als vom Urheber gelöste Eigenproduktivität der Zeichen, Lénutchka als sich-selbst-lesendes Zeichen etc.

Allerdings: Der häufige, in seiner Lakonie überdeutliche Rekurs auf die skripturalistische Praxis des *tel quel*-Romans, die beinahe lehrbuchartige

Präsentation des angeblich referenzlosen Signifikanten und die personale Konzeption 'autoproduktiver' Schrift läßt *Fragmentos de apocalipsis* zugleich in kritische Distanz dazu treten[396].

Ironisierter Realismus und ironisierter Skripturalismus

Torrente Ballester geht in der Tat sowohl zum traditionellen Roman als auch zu dessen Überwindungsversuchen in Distanz. Was den Realismus und seine referentielle Illusion betrifft, ist er Parteigänger der *telqueliens*. Mittels des 'creation/description"-Paradoxes wird der *effet de réel* (Barthes 1984/1968b: 167–174) zur Selbstauflösung gebracht. So schreibt der erste Autor im Kontext der oben zitierten Passage über die „operación mágica":

> *¿Cómo son las escaleras [de la torre]? ¿De caracol quizás?* En cualquier caso, muchas, demasiadas para un hombre de mi edad. Si las subo, me canso. Pero ya están ahí, ya las nombré, ya trepan hasta la altura encajonadas en piedra. *Hace frío, y los sillares rezuman humedad. Algunos tramos están gastados y resbaladizos, pero no hay pasamanos donde agarrarse.* Lo cual, sin embargo, no es un inconveniente. Si yo fuera de carne y hueso, y la torre de piedra, podría cansarme, y resbalar, y hasta romperme la crisma. Pero la torre y yo no somos más que palabras (FA 15; Hervorh. U.W.)

Die Destruktion des Realitätseffekts besteht darin, daß jeder Ausdruck, der ihn erzeugt (vgl. die im Zitat hervorgehobenen Passagen), sofort in seiner Sprachlichkeit denunziert wird. Man fühlt sich hier an Maese Pedros Puppentheater erinnert. Der Unterschied ist freilich, daß bei Torrente Ballester diese Destruktion nicht *erzählt* wird, sondern daß sie selbst in der Ebene, *in der* erzählt wird, nämlich im Aussage-TEXT, *stattfindet*. Zum anderen wird auch die Idee bloßer Metaphorizität des Subjekt-Autors als Diskurseffekt in ein ironisches Licht getaucht, nämlich dort, wo im Hintergrund letztlich doch die Konturen eines ultimativen AUTORS aufscheinen. Die gesuchten „personajes" (s. Zit. S.313) sind zwar, wie der autor, „conjuntos de palabras", jedoch nur „*más o menos* como yo [el autor]" (FA 26). Diese Ironie, die indirekt auf einen ultimativen AUTOR verweist, der der Bedingung, TEXT zu sein, eben nur „más o menos" unterworfen ist, mag von dem Bewußtsein zeugen, daß selbst der als *écriture* repräsentierte, 'autoproduktive Text' eben nur eine Inszenierung, eine Repräsentation ist. Um zur Schau stellen zu können, daß das Wort 'autor' oder 'yo', wie prinzipiell alle anderen Wörter der Romanaussage, eine immer wieder neu besetzbare Position ist, muß zunächst ein transzendentaler AUTOR affirmiert werden, sodann erst kann er

---

[396] Diese Ironie – und ebenso die Interferenzen – entgehen natürlich einer *mise en abyme*-Analyse, die, wie Lértoras (1980:86–95), rein deskriptiv bleibt und letztlich darauf hinausläuft, den untersuchten Roman allein das narratologische Beschreibungsinventar bestätigen zu lassen.

dekonstruiert werden; durch die Wörter des Romans hindurch muß eine erzählte Welt erst transparent werden, bevor sich die Signifikanten über ihr wieder verschließen können; die Aussage-TEXT-Repräsentation muß einen figurativen Sinn haben, bevor sie doppelt kodiert sein kann. Im *Quijote* dienten die ironischen Indices Cervantes dazu, einen symbolischen AUTOR zu postulieren; daß der damit zugleich ein rein sprachliches Konstrukt wurde, konnte in Kauf genommen werden, weil er nicht weiter an den Konsequenzen zu tragen hatte; die durch Ironisierung zur Schau gestellte Sprachlichkeit des Subjekts in *Niebla* blieb ganz im Bereich des „creation-description"-Paradoxes; in den *Fragmentos* ist dieses Paradox, in dessen Gewand die 'autoproduktive' *écriture* erscheint, selbst Opfer der Ironie geworden.

2.3.3 Luis Goytisolo *Estela del fuego que se aleja* (1984): Das Subjekt und sein im Diskurs recycletes Double

Der Roman teilt sich in zwei gleichgroße Abschnitte, die im folgenden *Teil I* (Kap. 1–6) und *Teil II* (Kap. 6–11) genannt werden. Die Geschichte spielt zu Beginn der 80er Jahre. *Teil I* gewährt in personaler Perspektive Einblick in das Leben der Figur A, einem erfolgreichen Architekten aus Barcelona. Auf Geschäftsreisen mit Auto und Flugzeug bringen sich Szenen seines Lebens in Erinnerung: Kindheitserlebnisse, Liebschaften, der Franco-Widerstand als kommunistischer Aktivist, die geheime Teilnahme am Parteikongreß in Prag. Die Erinnerungen werden beständig durchbrochen und gleichwohl motiviert von der Gegenwart eines sinnentleert um sich selbst kreisenden Berufs- und Privatlebens. A trägt sich mit der Idee, einen Roman zu schreiben, um aus seinem vergesellschafteten Leben auszubrechen und sich durch einen schöpferischen Akt selbst zu bestimmen. Sind es zu Beginn nur flüchtige, zwischen Geschäftsterminen notierte Einfälle, die er aufzeichnet, so nimmt er in Kap. 6 schließlich in eigentümlicher Weise sein Werk in Angriff.

Teil II: A befindet sich auf einem Flug mit unbestimmtem Ziel. In einem visionären Moment zwischen Wachen und Traum gewinnt er vom Flugzeug aus eine globale Perspektive auf die ihm entzogene Welt und sein Leben. Vor seinem inneren Auge entfaltet sich in einem einzigen Augenblick sein umfassendes Werk. Dieses Werk materialisiert sich gleichsam in der von A erfundenen Figur B, an der er das komplementäre Modell zu seinem bisherigen Leben erprobt. Legt A B zunächst Worte in den Mund, so gewinnt dieser jedoch im Laufe von Teil II zunehmend an Kontur und emanzipiert sich allmählich von seinem Schöpfer zum Protagonisten und souveränen Ich-Erzähler, dessen Rede – später sein Journal – fortan den Roman füllt. B beschreibt tagebuchähnlich sein zurückgezogenes Leben in einem katalanischen Küstendorf. Nachdem er zwanzig Jahre seines Lebens als Forscher über die „ignominia en el mundo" zugebracht hat und, nach eigenen Angaben, zum bekannten Fachmann ohne schriftliche Veröffentlichungen avanciert ist, beschließt er, komplementär zu A, der sich aus der Geschäftswelt in die Kontemplation zurückzog, die angenehmen Seiten eines Lebens auszukosten, das ihm unter den Händen zu zerrinnen droht. Doch dies ist nur die eine Seite seines „nuevo projecto": Wie seinerzeit A plant er einen Roman. Einem bekannten Schriftsteller namens Suil Yotgoilos, der in sein Dorf kommt, vertraut er seine bisherigen Entwürfe an: unschwer ist die Handlung als die Geschichte As bis zu dessen Erfindung von B erkennbar. Bevor B jedoch seinen Roman vollenden kann, fällt ihm zur Zeit dieses Besuches ein Typoskript in die Hände, das von einem gewissen V verfaßt scheint. Es stellt sich bald heraus, daß nur B selbst der Autor gewesen sein kann. V berichtet in dem Schriftstück von einer zwanzigjährigen Arbeit, die ihn die Entschlüsselung eines Manuskriptes aus dem 2. Jahrhundert n. Chr. gekostet habe, in dem eine apokryphe Schöpfungsgeschichte erzählt wird. Angesichts seines rapiden Schwundes an Lebenskraft, die schon A und vor allem B zum Schreiben brachten, zieht sich V zurück, um ein Buch zu schreiben, das – wie jenes von A und B – Kompensation seines Lebens sein soll: die Handlung seines Romans ist dem Rezipienten nunmehr bekannt, denn zum dritten Mal wiederholt sich das erst von A, dann von B erdachte Romanprojekt. B ist indes über den Fund des Manuskriptes so tief beunruhigt, daß er, anstatt in seinen Notizen weiter *über* die Schrift zu berichten, in Paralyse verfallend, sie nur noch transkribieren kann, wodurch sich Vs Bericht seinen eigenen Notizen einschreibt.

Doch auch V widerfährt bei seinem Romanprojekt das nämliche Schicksal wie schon B: Er wird an der Ausführung seines Romans nicht mehr durch einen schriftlichen Text gehindert, dafür aber durch einen mysteriösen Besucher, der W genannt wird und dessen Rede bald auch V nur noch passiv in dem Manuskript wiedergeben kann, so daß Ws Monolog durch Vs Manuskript und Bs Tagebuch hindurch direkt in die Aussage des Romans eingeht und beide zu Kopisten entmachtet. W eröffnet V, daß dieser bereits nur noch das Buch sei, das er, V, erst zu schreiben gedachte – und in der Tat hat V keine andere Existenz als die in seiner Schrift. Weder V noch B, den das gleiche Schicksal ereilt hatte, ist sich dieses Seinsstatus jedoch bewußt. Ws Verdikt am Ende des Romans: „Tu vida es una historia escrita por otro y, cuando las palabras se acaban, es el final", trifft auf alle Figuren zu und schließt auch den Rezipienten mit ein, insofern er mit B und V den Text Ws gelesen hat und das Ende seiner Existenz als Leser von *Estela del fuego* mit dem Ende des Buches zusammenfällt. Die markante, an ein 'Du' gerichtete Rede, mit der W sich schließlich den auseinander hervorgehenden Autoren am Ende des Romans auferlegt, schließt den Kreis zum allerersten Satz des Haupttextes, nämlich die Überschrift von Kap. 1: „ADIVINA QUIEN SOY"; damit wird die Möglichkeit eröffnet, daß W auch der Verfasser von Teil I sein könnte, wenngleich die Romane von A, B und V die ganze Fabel von *Estela del fuego que se aleja* – bis zu einem unbestimmbaren Grad gegenseitiger Einschließung – erzählen.

Die Kreis- bzw. Spiralstruktur des Romans könnte leichthin als *mise en abyme à l'infini* beschrieben werden, wobei die Reihe der sukzessiven Autoren kontinuierlich eine Überlagerung von Schreibhandlungen in zunehmender Komplexität erzeugt. Mit diesem Befund wäre die Analyse vielleicht schon erledigt – doch hätte sie auch zu kurz gegriffen. Denn da die Figuren mit Buchstabennamen allesamt einander AUTOR und TEXT sind und dies zudem direkt auf der Ebene des Aussage-TEXTES, ist es zu Beginn nicht ohne weiteres ersichtlich, welche Abhängigkeiten tatsächlich bestehen. Im Laufe des Romans machen beständig Erzählinstanzen einander Platz und verschwinden. Ab Kap. 6 lösen sich A und die Erzählinstanz auf, die dessen Leben berichtete; B werden zunächst von A, seinem Erfinder, Worte in den Mund gelegt, bald schon spricht er selbst souverän in der Ich-Perspektive bis sich seine Rede plötzlich als Schrifttext herausstellt, in die sich dann die Rede Vs einschreibt und in diese wiederum die Rede Ws. Da Schreiben und Lesen heißt, sich selbst und den Anderen zu schreiben und zu lesen, und jeder Autor seine Existenz im Text eines anderen hat, wird und Geschrieben- und Gelesenwerden zur existentiellen Bedrohung – das eigene Leben zu schreiben und es als Schrift lesen zu können aber ist existentielle Bedingung. Da ferner jedes Schreiben Aussage-TEXT SCHREIBEN bedeutet und die Figuren in der Tat nur 'existieren', wenn sie in der Romanaussage erscheinen, wird der Selbstbehauptungskampf auf dem Schauplatz des weißen Blattes ausgetragen, Gewinne und Verluste berechnen sich nach der konkreten Präsenz im Aussage-TEXT. Goytisolo setzt dabei beide Dimensionen der Romanaussage, die vertikale, paratextuelle (Titelblatt, Überschrift, Haupttext) und die horizontale, syntagmatische (Abfolge) als hierarchische Ordnungsmomente ein.

In *Estela del fuego* sind also die AUTOREN genuine Interferenzen AUTOR-als-TEXT und zugleich TEXT-als-AUTOR, beides in der Ebene des Aussage-TEXTES. Wenn TEXT und AUTOR zugleich Existenzformen und -entwürfe des schöpferischen Subjekts sind, scheint die Spannung zwischen figurativer und wörtlicher Bedeutung der Selbstrepräsentationen beinahe aufgelöst. Die Ironie, wie sie in *Fragmentos de apocalipsis* herrschte, wird hier zum 'Ernst des Lebens' der Figuren: Autor und AUTOR; Schreiben und SCHREIBEN; Selbstverwirklichung und Aussage-TEXT-PRODUKTION; Existenz der Figur und Präsenz im Aussage-TEXT; Name (A, B etc.) und Signifikant; Selbsterkenntnis und sich als Aussage-TEXT LESEN können; Tod der Figur und Ende des Romans – all diese Doppelkodierungen scheinen in eins zu fallen. Dies wird noch dadurch unterstrichen, daß Selbstbehauptung und Hegemonialkämpfe, wie man sehen wird, konsequent ausschließlich mit sprachlichen, bisweilen dezidiert grammatikalischen Mitteln bestritten werden. Beides bedeutet im übrigen für die Analyse, daß die TEXT-Position und die AUTOR-Position nicht voneinander zu trennen sind.

2.3.3.1 AUTOR- und TEXT-Position

Indices: Das Subjekt und sein apokryphes Leben

Der Roman mit beginnt mit dem folgenden Absatz:

> [1] ADIVINA QUIEN SOY. [3] Decir [3a] esta noche ceno en Madrid [3] o [3a] mañana almuerzo en Bilbao [3] o [3a] pasado mañana estoy en París, [3] es exactamente eso, un decir, una forma de hacerse entender, una expresión que responde a un contenido distinto al enunciado y que así debe ser comprendida, un equivalente del [3a] está reunido [3] que mi secretaria, guiada en parte por la experiencia y en parte por su intuición, utiliza para filtrar determinadas llamadas telefónicas, [2] había escrito A en Barajas, a la espera de que anunciaran la salida de su vuelo; [3] frases que yo no he inventado, convenciones impuestas por quienes desean dárselas de hombres de mundo o cuando menos parecerlo, contraseñas de un alto standing de vida, [2] escribió aún mientras los pasajeros se iban agrupando ante la puerta del embarque.
> Una vez en el avión pudo seguir con sus notas, precisar la idea de que [2/3] ir a Paris o a Bilbao o a Madrid o simplemente a ver unas obras a menos de cien quilómetros de Barcelona, eran actividades que, no por rutinarias, habían perdido para él su carácter de viaje.
> (EF 1:7)

Der erste, zumindest auf Anhieb identifizierbare AUTOR-Index scheint A zu sein, genauer gesagt, das 'yo', mit dem A spricht. In den ersten 5 Kapitel werden von A direkt nur einige zu Beginn niedergeschriebene Notizen in den Aussage-TEXT eingehen. Diese Aufzeichnungen finden sich umrahmt von einer anonym bleibenden Erzählinstanz. Da sie As Leben in einem noch zu ergründenden Sinne erzählend erschafft, soll sie As 'Bio-Graph' genannt werden. Beide Stimmen erheben sich zudem unterhalb der Kapitelüberschrift[397], in der ein anderes, zunächst nicht identifizierbares 'yo' ein ebenso unbestimmtes 'tu' anspricht. As Notizen (=[3]) sind also von zwei TEXTEN vorderhand unidentifizierbarer AUTOREN überlagert und gerahmt ([1] und [2]) und schließen selbst wörtliche Zitate ([3a]) ein.

Diese Konstellation wäre nicht weiter auffällig, wenn in diesem Roman Präsenz im Aussage-TEXT nicht in sehr wörtlicher Weise zugleich Existenz der Figur bedeutete. Die PRODUKTIONS-Beteiligung am Aussage-TEXT

---

[397] Die Überschriften von Kap. 1–6 – ab Kap. 7 fehlen sie – sind in *Estela del fuego que se aleja* durch Versalien gekennzeichnet, der Überschriftentext selbst aber ist sonst nicht weiter vom Haupttext graphisch abgehoben; die Wiedergabe im oben gegebenen Zitat entspricht also, mit Ausnahme der Numerierung, dem Original. Daß es sich bei den Versalien überhaupt um Überschriften oder zumindest abgesetzte Texte handelt, ist dem Inhaltsverzeichnis (p.[207]) zu entnehmen.

bildet somit direkt den Existenzkampf der Stimmen ab. So gesehen konkurrieren in den ersten Absätzen drei zum Teil anonyme Aussage-TEXT-AUTOREN, deren Polyphonie komplex hierarchisch geordnet ist: es gibt das 'yo' in der Überschrift, das 'yo' der Notizen und zwischen beiden eine Erzählinstanz. In der zitierten Passage zeigt sich, wie die Auseinandersetzung der Stimmen zudem mit sprachlichen bzw. erzählperspektivischen Mitteln dargestellt wird. A führt sich als Ich-AUTOR ein. In seiner Entlarvung des „Geredes" (=3a) beweist er zugleich, daß er sich des anonymen Diskurses kritisch bemächtigen kann. Sein Schreiben wird allerdings durch die Erzählinstanz unterbrochen. Deren Einschaltung („había escrito A en Barajas") scheint die schwebende Schreibszene auf den ersten Blick nur mit einem situativen Kontext zu versorgen, doch zugleich stellt sie die erzählperspektivische Dominanz über das 'yo' zur Schau, die sich darin äußert, daß die Erzählinstanz As TEXT zu zitieren in der Lage ist. Damit verdrängt sie ihn von seiner Position, direkter AUTOR des Aussage-TEXTES zu sein; in dem Maße, in dem A aber auch als AUTOR-Subjekt nichts anderes als Sprache ist, geht mit dieser Verdrängung die Beseitigung As aus dem Aussage-TEXT einher, die für ihn existentiell ist. A/yo setzt sich erneut durch, indem er selbst TEXT zitiert, nämlich die mit (3a) gekennzeichneten „frases que yo no he inventado". Zunächst gelingt es ihm, sein Schreiben gegen die Sachzwänge des Lebens zu behaupten („[...] escribió aún mientras los pasajeros se iban agrupando ante la puerta de embarque"), schließlich verhindern diese aber doch, die Notizen ohne Unterbrechung fortzusetzen („Una vez en el avión pudo seguir con sus notas"). Die bei Cervantes noch nicht problematisierte und bei Unamuno ironisch gehaltene Simultaneität von Leben und Schreiben (diegetische Existenz und Existenz als TEXT) erscheint hier in einem grelleren Licht: die Widersetzlichkeiten des gesellschaftlichen Lebens verhindern (figurativ) das Schreiben, das (literal) als SCHREIBEN des Aussage-TEXTES zugleich existenzgründend für das Ich-Subjekt ist; sobald das Subjekt nicht selbst schreibt, wird es vom anonymen Diskurs gesprochen oder von fremder Seite erzählt[398]. Der Agent dieser Entfremdung ist im wörtlichen Sinne die Erzählinstanz als AUTOR bzw. im figurativen Sinne die Sachzwänge des Lebens, die der Bio-Graph erzählt. Der auf den ersten Blick unverfängliche Akt des traditionellen Erzählens wird von Goytisolo selbst als Darstellungsmittel eingesetzt. Das erzählperspektivisch bzw. räumlich-syntagmatisch beschreibbare Verhältnis beider Stimmen läßt sich in dem Roman direkt auf die Machtverhältnisse zwischen den beteiligten AUTOREN abbilden, die zugleich das

---

[398] Wie in *Niebla* wird hier ein Rekurs des realistischen Romans als bewußtes Darstellungsmittel ins Spiel gebracht und mit den Mitteln der Selbstrepräsentation als auktoriale Machtstrategie denunziert; es ist zu vermuten, daß die Erzählinstanz selbst als Diskurseffekt/ Machtmittel entlarvt wird, wenn es A gelingt – wie in Kap. 6, als er B erfindet – sie zu verdrängen.

Maß an Selbstbestimmtheit und Existenz der Figuren indizieren[399]. Das erzählte, vom gesellschaftlichen Diskurs gesprochene und den Sachzwängen des Lebens unterworfene Subjekt steht dem schöpferischen, schreibenden Ich ebenso unversöhnlich gegenüber, wie die beiden korrespondierenden Erzählperspektiven unvereinbar sind. Die Entfremdung des Subjekts durch den Diskurs wird noch dadurch sinnfällig gemacht, daß der Bio-Graph das Subjekt in seiner gesellschaftlichen Existenz als ein allgemeines, nicht individuelles 'A' erzählt, während es für sich selbst ein 'yo' ist.

Im zweiten Absatz scheint der Bio-Graph das schreibende 'yo' wieder unter Kontrolle zu haben, wenn die Notizen nur noch im indirekten Stil („Precisar la idea de que ir a París o a Bilbao...") an die Oberfläche des Aussage-TEXTES gelangen und so möglicherweise unter der AUTORschaft der Erzählinstanz stehen könnten, deren Erfindung A und sein TEXT dann wäre. Die Polyphonie und die „Hybridisierung" der Stimmen im Roman gewinnt unter der Perspektive der Selbstrepräsentation eine existentielle Dimension[400]. Bis zum Ende von Kap. 5 bleibt A scheinbar allein Protagonist, aber nicht mehr AUTOR des Aussage-TEXTES.

In der erzählperspektivischen Dynamik manifestiert sich der Existenzkampf zweier AUTOREN und – figurativ – die Dialektik von Selbst- und Fremdbestimmtheit. 'A' ist nichts anderes als der Name, den der Bio-Graph dem Verfasser der Notizen gibt, welcher sich selbst in ihnen allein 'yo' nennt. A existiert als 'A' nur in der Erzählerrede, das schreibende, später schöpferische Ich (ab Kap.6) ist sich unter dem Namen 'A' weder bekannt noch wird A unter diesem Namen je angesprochen[401]. 'A' ist der allgemeinste, nämlich alle anderen Namen und Rollen umfassende Name, unter dem das Ich ein Leben besteht, das ihm die Erzählinstanz gewissermaßen 'andichtet': sie ist im Wortsinn sein Bio-Graph, der zugleich ein sinnentleertes Leben im Er-

---

[399] Dies wird sich noch deutlicher in Kap. 2.3.3.1. *B/V/W* zeigen.

[400] 'Hybridisierungen' wie die zitierte Rede ('Bio-Graph' zitiert As Notizen, A zitiert das „Gerede") beschreibt Bachtin als „un énoncé qui, d'après ses indices grammaticaux (syntaxiques) et compositionnels, appartient au seul locuteur, mais où se confondent, en réalité, deux énoncés, deux manières de parler, deux styles, deux «langues», deux perspectives sémantiques et sociologiques. [...] Fréquemment aussi, un même discours [...] a, par conséquent, deux sens divergents et deux accents" (Bakhtine 1978:125–126, vgl. auch 152–182). In *Estela del fuego* wird sich das Konglomerat der AUTOREN/Stimmen erst allmählich ausdifferenzieren und dabei die zwischen ihnen waltenden internen Hierarchien entbergen. Die Einverleibung der Rede As durch die Erzählinstanz ('Bio-Graph') führt dazu, daß am Ende des Absatzes in der indirekten Rede der TEXT zwei AUTOREN hat: A ist für den Inhalt verantwortlich, der 'Bio-Graph', der zugleich LESER der Rede As ist, aber für die Präsentation der Rede im Aussage-TEXT.

[401] Im Laufe von Teil I, der ausschließlich aus der Erzählerrede besteht, wird A mit verschiedenen Namen bedacht, die jedoch niemals seinen Eigennamen, sondern nur Pseudonyme darstellen: als Kind ist 'Abecedario' sein Spitzname, und 'Alex' der Deckname des kommunistischen Widerstandskämpfers.

zählen stiftet, einen Lebens-TEXT, in dem das 'yo' nur als von fremder Hand GESCHRIEBENES, vergesellschaftetes 'A' existiert. Das zunächst unscheinbare, traditionell wirkende Erzählen wird hier und später als fremdbestimmter Akt des GESCHRIEBEN WERDENS reflektiert, als ein Akt willkürlicher Benennung, der das wahre Subjekt 'yo' entfremdet und an den Signifikanten (A, B etc.) ausliefert. Die Verdopplung der Buchstaben-Figur in einen „starken Signifikanten" (Fluck 1988) und ein Ich-Subjekt, die später auch B, V und W betrifft, verhindert dabei zugleich eine substantialistische Figurenkonzeption, wie sie (noch) bei Unamuno in der Autorsignatur geläufig war, da die Figuren in ihrem Buchstaben-Namen schon von vornherein als inchoative *TEXTE* konzipiert sind[402]. Weder spricht der Bio-Graph 'über' A noch das 'yo' 'über' sich, da beide erst mit dem Aussage-TEXT entstehen und allein in ihm existieren: es gibt kein 'Sprechen über', sondern nur ein 'In-die-Existenz-Sprechen'. Die Spannung zwischen den beiden AUTOREN 'Bio-Graph' und 'A/yo', die beide auf ihre Weise namenlos sind, setzt sich in den folgenden Kapiteln, in denen As Leben erzählt wird, nicht weiter als Duett zweier Stimmen des Haupttextes fort, sondern breitet sich in die paratextuelle Dimension aus. Der fundamentale Konflikt bleibt gleichwohl bestehen und drängt auf eine Aussöhnung von 'A' und 'yo'. Dies wird manifest, wenn nun der gesamte TEXT sichergestellt werden muß, für den A/yo als AUTOR verantwortlich ist.

Der Schauplatz der diskursiven Auseinandersetzungen verschiebt sich im Laufe der folgenden Kapitel in die Überschriftenebene. Dadurch kommt neben der erzählperspektivisch-syntagmatischen zusätzlich eine ebenso hierarchische paratextuelle Komponente ins Spiel. In Kap. 1 besetzte eine anonyme Ich-Stimme den Raum der Überschrift: „ADIVINA QUIEN SOY" mag zwar als hermeneutischer Imperativ das zentrale Identitätsthema des ganzen Romans vorgeben, doch läßt sich weder das grammatikalisch implizierte und anagrammatisch-skripturalistisch in „SOY" verborgene 'YO' noch die beschwörende tu-Anrede einem der bisherigen AUTOREN in Kap. 1 zuordnen. Im Laufe der folgenden Kapitel wird die Überschriften-Ebene allmählich durchlässig und vom Kapiteltext, d.h. von der SCHREIB-Tätigkeit des A/yo, infiziert. Dies zeigt bereits die Überschrift von Kap. 2: „ESQUELETO DEL REICHSTAG (detalle)" (EF 2:27). Der metasprachliche Kommentar „(detalle)" verrät ein selbstbewußtes Schreibsubjekt. Der Titel von Kap. 3: „TODOS LOS HOMBRES SOMOS IGUALES TODAS LAS MUJERES SON IGUALES, Y VICEVERSA" (EF 3:51) ist in einer Anspielung im

---

[402] Dies trifft zunächst besonders für 'A' zu, jenen Buchstaben, der im Kontext der in diesem Roman allerorten insinuierten kabbalistischen Schriftmystik als selbst stimmloser, die Reihe des Alphabeths aber in sich tragender Buchstabe gilt. In vielfachen Variationen wird in *Estela del fuego que se aleja* solche an der kabbalistischen Sprachtheorie inspirierte skripturalistische Technik verwendet; vgl. Fn. 417.

Haupttext wiederaufgenommen („los hombres son así o asá, pero, ante todo, son eso: hombres"; EF 3:66); die flektierten Formen „hombres somos" vs. „mujeres son" indizieren einen maskulinen Überschriften-AUTOR[403]. Die Überschrift von Kap. 4: „SENSIBLE AL TIEMPO" (EF 4:71) wird im Haupttext nur thematisch aufgenommen. Die Überschrift von Kap. 5: „DOCUMENTO ANALOGO" (EF 5:87) ist im Text bereits wörtlich zitiert (EF 5:92). Eine weitere Steigerungsstufe stellt der Beginn des zentralen Kap. 6 dar, der eines ausführlicheren Kommentars bedarf.

A befindet sich nunmehr im Flugzeug. Der Anfang des Kapitels ist eine Parallelstelle zum Romanbeginn, jedoch mit signifikanten Verschiebungen:

> ¿TITULO como nombre que designa, como escisión entre lo que el capítulo es y lo que no es? ¿O acaso mera cesura en el continuo del relato, un relato cuyo propio desarrollo terminará por asumir cualquier clase de subdivisión en un tipo de unidad superior, convirtiendo así a las palabras que debían singularizar cada capítulo en un distintivo a la larga irrelevante? A partir de la palabra palabras, la escritura se hizo temblorosa, entrecortada, derivante, mientras la voz del comandante de a bordo anunciaba despegue inmediato, taking off, y, ante la intensidad de las vibraciones, A renunció a seguir escribiendo y guardó la postal entre las páginas de un libro, los detalles del paisaje reducidos allá abajo a geometría más y más tangencial y divergente. (EF 6:105)

Die Überschrift ist nunmehr Teil der neuerlichen Notizen As, die Fragezeichenklammer umgreift sogar beide TEXTE – der TEXT von A/yo beginnt nun nicht mehr unterhalb der Überschrift, sondern noch vor ihr. Gleichwohl bleibt die Titelebene als solche, wenngleich sie nun nurmehr aus dem Wort „TITULO" besteht, in ihrer Kennzeichnung durch die typographische Konvention (Versalien) erhalten: die paratextuelle Hierarchie Überschrift / Kapiteltext wird sowohl auf Signifikanten-Ebene (syntagmatisch) als auch auf Signifikats-Ebene (Reflexion As über die Funktion von Titeln im allgemeinen) in ihrer Rahmenfunktion „durchgestrichen"[404]. Der Titel bleibt dadurch auch in jedem weiteren Großbuchstaben, der im Text vorkommt, fragmentarisch bestehen. Ebenso wie A, der zwar als Figur auf den nächsten Seiten

---

[403] Im Inhaltsverzeichnis der hier zugrunde gelegten ersten Ausgabe bei Ed. Anagrama (1984) figuriert diese Überschrift indessen als: „TODOS LOS HOMBRES SOMOS IGUALES TODAS LAS MUJERES *SOMOS*" – anstelle von „SON" – „IGUALES, Y VICEVERSA". Laut einer persönlichen Mitteilung des Verlages und nach Rücksprache mit dem Autor handelt es sich im Inhaltsverzeichnis nicht, was gut möglich gewesen wäre, um eine absichtliche Verstellung, sondern um einen Druckfehler. Das Inhaltsverzeichnis, einer der editorialen Paratexte, scheint also nicht in die Selbstreflexion des Textes einbezogen zu sein.

[404] Unter den Strichen der „kreuzweisen Durchstreichung" „s'efface en restant lisible la présence d'un signifié transcendantal. S'efface en restant lisible, se détruit en se donnant à voir l'idée même de signe", so schreibt Derrida (1967a:38) im Rückgriff auf den Heideggerschen Begriff.

verschwindet, jedoch in jedem weiteren 'A' oder 'a' erhalten bleibt, das in der Romanaussage erscheint. Dadurch sind im übrigen auch *zwei* Urheber-Signaturen in die folgenden Kapitel eingeschrieben, die von A und die des noch unbekannten Überschriften-AUTORS. Der Übergriff auf die nächsthöhere paratextuelle Ebene leitet die bevorstehende Emanzipation As von seinem Bio-Graphen ein, denn zugleich schließen sich die Notizen auch der Erzählinstanz gegenüber ab, die sich in Kap. 1 noch zitierend (LESEND) der „notas" hatte bemächtigen können.

Daß die „Durchstreichung" der Hierarchien von Titel vs. Text, Erzählinstanz vs. Figur indes nicht nur das Ziel verfolgt, für den traditionellen Roman typische Hierarchien zu dekonstruieren, zeigt sich im weiteren Verlauf. Sowohl A als auch die Erzählinstanz ziehen sich nämlich zugleich perspektivisch und thematisch – LESEND – von As TEXT zurück. Im Vergleich zur Parallelstelle (EF 1:7) betreibt A *meta*literarische Reflexion, und der Bio-Graph, der die Aufzeichnungen anfangs zitierte, bezieht sich auf die *Materialität* der Signifikanten („a partir de la palabra palabras, la escritura se hizo temblorosa"), womit er nun zu erkennen gibt, daß er As TEXT nicht mehr in seinem indirekten Stil unterbringen kann. Durch diese Bezugnahme auf die Materialität der Schrift wird eine nunmehr unübersehbare Differenz eingeführt, die As Notizen auch als Aussage-TEXT von der Romanaussage selbst trennen, da unter den Augen des Rezipienten ja nicht, wie für den Erzähler und A, die Schrift „temblorosa, entrecortada, derivante" wird. In dem Moment, da die Schrift in ihrer Materialität beschrieben wird, löst sich auch das letzte Zitat-Verhältnis, nämlich das zwischen Aussage und Aussage-TEXT. Bis zur Textstelle „a partir de la palabra palabras [...]" war As Notiz Aussage-TEXT; mit der Auflösung der Graphie („la escritura se hizo temblorosa [...]"), wird As TEXT ein *ikonischer*. Das bleibt nicht ohne Konsequenzen.

Doch zunächst ist festzuhalten, daß sich auf allen zur Verfügung stehenden Ebenen eine Aufwärtsbewegung zur Meta-Perspektive vollzieht – parallelisiert von in der Steigung des Flugzeuges, in dem A sitzt – die in durch Distanzierung die vormaligen Ordnungsschemata und Hierarchien zur Auflösung bringt: die erzähltechnische Perspektive verschwimmt ebenso wie die Graphie der Schrift und wie die Landschaftsformationen aus der Sicht As. Es scheint, als ob A und sein TEXT sich nun auch dem Aussage-TEXT entzögen. Dies wird sich auf triviale Weise bestätigen, wenn A im weiteren Verlauf als Figur tatsächlich aus der Erzählung verschwindet; doch in nicht-trivialer Weise muß man sich fragen, welcher Art seine Existenz dann ist, außer, daß er, als Signifikant, mit jedem weiteren Wort, in dem der Buchstabe 'a' vorkommt, im Aussage-TEXT präsent bleibt und in dem Maße AUTOR-als-TEXT bleibt.

Die Erwähnung eines „relato" in As Notizen läßt darauf schließen, daß As Aufzeichnungen sich während Teil I von gelegentlichen Tagebucheintragungen (EF 1:7) zu vorbereitenden Romanskizzen (EF 6:105) gleichsam heimlich unter der Stimme des Bio-Graphen mitlaufend entwickelt haben, um das von diesem erzählte fremde, apokryphe Leben zu komplementieren. Die allmähliche Infizierung der Überschriften könnte damit einer – allerdings nicht genau quantifizierbaren – SCHREIB-Tätigkeit As überantwortet werden. Wie in Kap.1 so zwingt auch in Kap.6 die physische Welt zur Unterbrechung des Schreibens, die Schrift löst sich auf, doch diesmal kann sich A einer imaginativen Schöpferkraft überlassen, die offenbar zum Selbstausdruck kein *Schrift*medium mehr braucht. Wie die Erde, „visible ya por entero" (EF 6:107), kann er auch sein Leben überblicken und sein 'Werk' in Angriff nehmen:

> hora de relegar las notas a un segundo plano, de dejarse de experimentos y trabajos preparatorios, y entrar de lleno en la realización de un proyecto que [A] acaso jamás iba a terminar y que, no obstante, quisiera terminar para perpetuarse con él (EF 6:107)

Spracherwerb als Existenzgründung

Dieser Übergang, der A zunächst in den 'Bio-Graphen' von B verwandeln wird, vollzieht sich im schrittweisen zeitlichen, räumlichen und perspektivischen Rückzug As aus der Welt als eine Art ekstatischer, immer wieder durch die Realität des Fliegens unterbrochener 'unio mystica' zwischen A/yo und dem Schöpfergott seines gesellschaftlichen Lebens, dem 'Bio-Graphen'. Die Abstinenz von Schreiben und Leben, jenen beiden Existenzformen, in denen die Spaltung des Subjekts in zwei TEXTE, A und 'yo', fremd-GESCHRIEBENER TEXT und selbstbestimmter AUTOR, im Aussage-TEXT fixiert war, setzt die vormalige hierarchische Ordnung beider AUTOREN außer Kraft. Die Erzählinstanz, A und sein 'yo' haben sich offenbar nur gegenseitig zur Existenz bringen können. So wie der Bio-Graph nur als-TEXT, der von A handelt, existiert, hat A nur eine Existenz als-TEXT des 'Bio-Graphen'. In der 'unio mystica', die sich im folgenden zwischen beiden vollzieht, wird also nur eine Kondition zu Bewußtsein gebracht (abermals typisch für den traditionellen, realistischen Roman), die seither für Figuren und Erzählinstanzen fiktionaler Texte gegolten hat, nämlich ein Diskurs-Effekt zu sein. Der im auktorialen oder personalen Erzählen unterstellte 'Autor' und die erzählte Figur werden als Sprachphänomene denunziert. Die Vereinigung von A und 'yo', die das Subjekt zur Selbstpräsenz bringt, geht einher mit der Schöpfung von B. Beides geschieht in der Instantaneität eines zeitlosen, visionären Augenblicks:

> Como si A se hubiera adormecido en el asiento y, poco a poco, entre las cada vez más breves irrupciones de la realidad circundante, se fuese adentrando en los dominios del sueño, así su visión global de la obra en proyecto, una obra que parecía constituirse en algo casi corpóreo, materialización que abarcaba a la vez al libro y al protagonista de ese libro,

a la historia y a la voz narradora de esa historia. Y todo simultáneamente, en una especie de secuencia reducida a un instante. (EF 6:111–112)

War A/yo zu Beginn von Kap. 1 und 6 noch indexikalischer AUTOR eines schriftlichen TEXTES, wenngleich noch keines Romans, so wird er in seinem visionären Moment, dessen Resultat die Geschichte von B sein wird, als AUTOR eines *nicht*-schriftlichen TEXTES, einer „visión", repräsentiert. In dem erhabenen Moment, da der zukünftige Autor bei sich ist, seine Imagination solipsistisch sich gegen die Welt abschließt, er selbst schöpferisch wird und seine Vision sich zu materialisieren scheint – in diesem Moment ist der TEXT, den er PRODUZIERT und der seinen Mangel an Sein aufhebt, mündlich und zunächst sogar hypothetisch, also *ikonisch*:

> la *imagen* que A se había hecho del protagonista, de la voz narradora, alguien que tanto podía ser su antítesis como lo que tal vez hubiera deseado ser en la vida. Un hombre, *llamémosle* B, que tras dedicar años y años a un estudio sobre el papel de la ignominia en el mundo, descubre de pronto que [...] ha ido apartándose paulatinamente de ese mundo [...].
> No se trata de que haya dejado de creer en mis planteamientos, *dirá* B. (EF 6:113; Hervorh. U.W.)

Die Ikonizität des „Bildes" („imagen"), das sich A von B macht, besteht nicht nur darin, daß dieser TEXT als „visión" bezeichnet wird, sondern schlägt sich auch sprachlich nieder: der *coniunctivus adhortativus* („llamémos"), das Futur der Vermutung („dirá B"), die Verwendung des Präsens. Diese Ikonisierung des TEXTES, die die Notizen As hin zum späteren TEXT über B verlängert, hat mindestens zwei Funktionen für die AUTOR-Repräsentation.

(i) Wäre B von vornherein ein *geschriebener* TEXT und nicht eine Vision, so müßte entweder A/yo oder dessen 'Bio-Graph' der AUTOR sein; nur wenn die Existenzstiftung der Figur B Experiment, Hypothese eines möglichen TEXTES oder Romans ist, können A/yo und der 'Bio-Graph' gemeinsam, synthetisiert in der 'unio mystica', die AUTOR-Position besetzen: A/yo ideiert und erzählt B zugleich, wenn er, wie seinerzeit der Bio-Graph As, diesen mit einem Buchstaben-Namen belegt und ihn in einem performativen, wirklichkeitskonstitutiven Akt der Namensgebung ins Leben (in den Aussage-TEXT) 'ruft': „Un hombre, llamémosle B". Das Handlungssubjekt dieser ganz und gar sprachlichen Geburt ist ein kollektives 'wir', in dem sowohl auf figurativer Ebene der ikonisch-hypothetische Charakter der PRODUKTION erhalten bleibt als auch die (wörtlich-grammatikalische) Synthese von A/yo und dem 'Bio-Graphen' manifest ist. Ikonizität der TEXT-Repräsentation hat hier also die Funktion, Operationen darzustellen, die auf der Ebene des Aussage-TEXTES nicht möglich wären. Abermals ist es ein grammatikalischer Kunstgriff, der hier in Anschlag gebracht wird: in diesem Fall hat er die Funktion, letztlich Unmögliches zu leisten, denn trotz aller Potentialität ist B ja fortan im Aussage-TEXT präsent. Damit wird PRODUKTION *ikonischer*

TEXTE zugleich als Modus genialer, transzendentaler Schöpfung eingeführt, wohingegen der indexikalische TEXT – der Aussage-TEXT – als Ort fremder PRODUZIERTHEIT ausgewiesen ist. Ikonizität ist die einzige Möglichkeit für die Figur, die Existenz als Signifikant im Aussage-TEXT zu hintergehen oder zu transzendieren. Die Ikonisierung führt so zum einen zur Dekonstruktion der erzählperspektivischen bzw. paratextuellen Hierarchie. Zum anderen zeigt sich, daß das Ich-Subjekt sich nur konstituieren und erhalten kann, wenn es in der Schöpfung eines neuen TEXTES – nämlich B – über sich und seine Bedingtheit, ein – fremdbestimmter – Text zu sein (Aussage-TEXT), hinauswächst. Dies ist wiederum nur möglich, indem eine Differenz der Repräsentationsart in die TEXT-Position selbst eingetrieben wird, nämlich die zwischen Index und Ikon, Aussage-TEXT und „visión".

(ii) Zum anderen erlaubt die Ikonizität desjenigen TEXTES, der B zur Existenz bringt, der Figur B, sich eigenständig aus dem Potentialis (Vision) in Realität zu verwandeln, zunächst durch mündliche PRODUKTION des Aussage-TEXTES („No se trata de que haya dejado de creer en mis planteamientos, dirá B") und später auch durch schriftliche PRODUKTION. Daß die so erreichte Souveränität nur vorläufig, ja trügerisch ist, stellt sich erst im weiteren Verlauf heraus, wenn es B zum Verhängnis wird, daß sich seine Existenz einem grammatikalischen Kunstgriff verdankt und er selbst nichts weiter als ein Sprachgebilde ist.

Da B im Akt des Sprechen zugleich 'selbst'-PRODUKTIVES Ich und Erzählobjekt von A/yo ist, synthetisiert sich in seinem 'yo' die doppelte Differenz A / Bio-Graphen und 'yo' / A von Teil I. Wo sich A in seinem Zeit-, Raum-, und Körperverlust der Immaterialität des Bio-Graphen angenähert hatte, setzt B ein: Der erste Satz, der über B geäußert wird, ist aus der Perspektive As *über* dessen Leben geschrieben: „Un hombre, llamémosle B, que tras dedicar años y años [...]". Erst nach seiner Taufe durch Bio-Graph/A/yo wird ihm eine eigene Rede zugestanden, die er in der Ich-Perspektive, aber noch unter Aufsicht seines Erfinders, beginnt: „No se trata de que haya dejado creer en mis planteamientos, dirá B". Ein selbstverantwortliches, von seinem Urheber emanzipiertes Sprechen muß sich B erst sprachlich verdienen. Reziprok zur Vereinnahmung As durch den Bio-Graphen in Kap. 1, löst sich das yo von B aus der 'ihn sprechenden' (zitierenden, PRODUZIERENDEN) 3.P.Sg. („dirá B").

Dieser 'Spracherwerb' verläuft in mehreren Stufen. Vermittelt durch Formen der 3.Person Plural, die ein Ich implizieren, durch wertende Einwürfe des Erzählers sowie durch erlebte Rede und Deiktika, die einen raumzeitlichen Kontext erzeugen, wird Schritt für Schritt eine Ich-Perspektive Bs eingeführt:

> Fuera o no coincidencia, *que sin duda lo fue*, la primera señal externa de que en su interior [el de B] se estaba gestando la necesidad de imprimir a su vida un cambio de rumbo, se

produjo ante el espejo del baño, al advertir que, entremezclados a los demás cabellos, destacaban unas cuantas canas. [...]
Es tan subjetivo eso de las canas. Si por una parte, a diferencia de la calvicie, las canas no tienen en sí nada de antiestético, por otra, casi podría decirse que es del tipo de cosas – como hacer buena a mala cara, *pongamos* por caso – que va a días [...] *De un tiempo a esta parte*, además, venía en la prensa el anuncio de un producto, una especie de loción, que sin tener nada que ver con un tinte, hacía que las canas se regenerasen y recuperaran el color perdido. Una prueba que valía la pena hacer aunque sólo fuese como lo que era, como un experimento, y cuyo resultado *me* dejó estupefacto (EF 6:114–115; Hervorh. v. m.)

Abermals wird also hier eine Transgression – diesmal die allmähliche Vereinnahmung der Rede (des Aussage-TEXTES) durch B – allein durch sprachliche Mittel hervorgetrieben. Die Existenzgründung der Figur B verdankt sich grammatikalischer Umformung, ihre Realität ist damit auch nur eine sprachliche. B hat, wie seinerzeit A, eine Existenz allein als (Aussage-)TEXT eines fremden AUTORS: es bedarf deshalb nur eines weiteren TEXTES, um ihn aus dem Aussage-TEXT zu verdrängen und seine Existenz auszulöschen. B und seinem TEXT steht indessen noch eine letzte Metamorphose bevor: bisher ist er eine sprechende, quasi-substantielle Figur, die berichtet, daß sie über ihr Lebenswerk, die Erforschung des „papel de la ignominia en el mundo", gelegentlich Schriftliches niedergelegt hat (EF 7:121). Man muß Bs Ausführungen erst 50 Seiten folgen um ex post festzustellen, daß von einem unbestimmbaren Zeitpunkt an die mündliche Rede in einen von ihm *geschriebenen* Text übergegangen ist. Dies wird deutlich, wenn B sich zu Beginn von Kap. 9 auf die letzten Sätze des vorangegangenen Kapitels mit den Worten „la relectura de las páginas precedentes" bezieht (EF 9:172). Erst jetzt ist die Ikonisierung vollständig zurückgenommen, und Bs TEXT schriftlicher TEXT und damit im Medium des Romantextes.

Die Figurenmetamorphose bzw. -metempsychose A/B vollzieht sich als Wechsel von Buchstabennamen über der Kontinuität eines persistenten Ich-Kerns. Die einzige auktoriale Konstante ist von Romanbeginn an kein Name, sondern ein ebenso allgemeines wie individuelles Personalpronomen, ein Ich in den Notizen As und in der Rede Bs, eine Subjektivität, die gleichsam nur ihren Signifikanten und ihren Seinsstatus wie ein Kleidungsstück gewechselt hat.

Aus Zeichen gestiftete Substanz

Die Genese Bs aus dem Geiste As wurde bis zu dem Punkt verfolgt, an dem B den gleichen Seins-Status genießt wie seinerzeit A. Auch er scheint jetzt eine unabhängige Existenz zu führen, die sich darin ausdrückt, daß er alleiniger AUTOR seines Lebens-TEXTES (Aussage-TEXT) ist. Mit der Existenz Bs als AUTOR steigt allerdings die Komplexität der AUTOR-Position. Der gesamte Teil II, in dem B das Sagen hat, steht deshalb unter der Verantwortung mindestens zweier AUTOREN und ist als TEXT mindestens doppelt kontextualisiert: als PRODUKT As betrachtet, bleibt Teil II ikonisch, eine Vision, „imagen [...] casi corpóreo"; als Rede und schließlich Manuskript Bs ist Teil II schriftlicher Aussage-TEXT, und B ist dessen indexikalischer AUTOR[405]. A und B konkurrieren also auf der paradigmatischen Achse, und die Frage – falls sie entscheidbar ist – wer von beiden die Oberhand behält, gibt zugleich Auskunft über die Kodierung von Ikonizität (A PRODUZIERT Teil II ikonisch als Vision) und Indexikalität (B PRODUZIERT Teil II indexikalisch als Aussage-TEXT).

Nach dem bisherigen Verlauf scheint Teil II eher As TEXT zu sein als Bs. Doch B arbeitet, wie schon A, an zwei Projekten zugleich: Er erzählt bzw. schreibt Notizen, die später – die Stelle wurde schon zitiert („la relectura de las páginas precedentes"; EF 9:172) – in den Aussage-TEXT von Teil II übergehen. Diese Aufzeichnungen sind aber ihrerseits nur das Supplement eines Roman-Projektes von B. Die Fabel dieses Romans ist nun die dem Rezipienten bereits als Projekt von A bzw. als bisherige Handlung von *Estela del fuego que se aleja* geläufige: ein Mann (lies: A) zieht sich aus dem Leben zurück, um einen Roman zu schreiben, dessen Protagonist (lies: B) sein Gegenbild ist (vgl. EF 10:183–185). B unterscheidet nicht von A, daß sein Roman – und natürlich er selbst – nur die *mise en abyme simple* ist: denn wie wäre zu widerlegen, daß die Geschichte As (Teil I) nicht schon der Roman *ist*, von dem B gelegentlich behauptet, Teile niedergeschrieben zu haben; und daß B dann nur ein Name ist, den jenes yo, das in Teil II erzählt bzw. schreibt, sich selbst zulegt? In der einfachsten Variante wäre Teil I das Leben As und zugleich der Roman Bs, Teil II das Leben Bs und zugleich der Roman As (*mise en abyme aporistique*). Weitere Verschachtelungen sind angelegt und ließen sich ins Unendliche fortsetzen, indem Leben/Roman je einer neuen Romanproduktion zugeschrieben werden – die definitive AUTOR-Frage bleibt im *mise en abyme à l'infini* unbeantwortet.

Nun ließe sich auch ein anderer Weg einschlagen. A und B sind sich darin einig, daß sie nur durch Schreiben ihre vielleicht wahre Existenz als Ich gegen die vergesellschaftete Existenz als Buchstabenname behaupten können. Der Agent dieser Entfremdung war im Falle As der Bio-Graph, im Falle Bs ist es A selbst, schon allein deshalb, weil er B 'B' nennt. A gelang es, sein Ich durch eine schöpferische Vision zu befreien. Er entzog sich damit der fremdGESCHRIEBENEN Existenz im Aussage-TEXT – und dies im wörtlichen Sinne, denn in Teil II ist A faktisch als Figur oder als Figurenname nicht mehr

---

[405] Zwei AUTOREN sind es in diesem Analyse- oder hermeneutischen Moment der Erstlektüre: übergeordnete AUTOREN haben sich zwar schon angekündigt ('Luis Goytisolo' auf dem Buchdeckel und ein yo in der Überschrift von Kap. 1), konnten aber in der linear fortschreitenden Analyse noch nicht eingeordnet werden.

präsent. Er wandelte sich vom AUTOR-*als*-TEXT (Aussage-TEXT) in den AUTOR *eines* TEXTES, nämlich seiner „visión". Bs Emanzipation – er weiß es nicht, sondern dies ist die Logik der Chiffre, die Tragik der Figur – besteht darin, sich aus einer Existenz-als-Vision-eines-Anderen, d.h. aus dem Zustand des PRODUZIERT WERDENS zu befreien: ein durchaus unamunianisches Thema. Zugleich muß er dem ontologischen Status der Fiktivität entrinnen. Diese Befreiung kann er allein dadurch bewerkstelligen, daß er sich zum alleinigen AUTOR des TEXTES macht, der er selbst *ist*. B also hat die Aufgabe, durch Zeichen Substanz zu stiften: er muß eine sprachunabhängige Existenz als transzendentaler AUTOR *im* bzw. *als* Aussage-TEXT begründen, figurativ gesagt, er muß sich als selbstmächtiges Subjekt in der Sprache begründen[406]. Dadurch wird die Frage nach der Vorrangstellung von Ikonizität vs. Indexikalität neu gestellt: Sollte es B gelingen, sich aus der Vision zum souveränen Ich zu verwandeln, wäre As Ich-Existenz gescheitert, er verschwände wie einst sein eigener 'Bio-Graph', und der ganze Teil I wäre nichts anderes als Bs Roman. A und seine Vision wären dann *nur* ikonischer AUTOR und TEXT, i.S.v. nur fiktiv. B und sein Roman würden sich auferlegen, weil Indexikalität, also Existenz im Aussage-TEXT und Aussage-TEXT PRODUZIEREN in *Estela del fuego que se aleja* als höherer ontologischer Status kodiert ist. Zunächst müssen also Bs Strategien verfolgt werden, aus seinem Zeichen-Sein (AUTOR-als-TEXT) Existenz (AUTOR) abzuleiten.

Solange B spricht, ist er, wie es scheint, bei sich, doch über ihm liegt der Schatten As, das Verhängnis der Immaterialität und der nicht-gewußten Existenz als Entwurf-eines-Anderen, der ihm Selbstpräsenz nur geliehen hat. Das erste Anzeichen für Bs Emanzipation von A ist der Wechsel des Mediums, der durch den schon erwähnten überraschend auftauchenden TEXT-Index eingeleitet wird. Mit der Äußerung „Confieso que la relectura de *las páginas precedentes* [...], una relectura realizada tan sólo *a los pocos días de haberlas redactado*, me ha resultado dura, casi insoportable" (EF 9:172; Hervorh. U.W.) wird die vormals mündliche Rede zum schriftlichen TEXT Bs. Diese Emanzipation muß aber durch eine Aufgabe der Selbstpräsenz im Sprechen erkauft werden, da sich das schreibende Subjekt niemals mehr – außer in der Instantaneität des Schreibaktes selbst – zeitlich in seiner Schrift wiederfinden kann. Bs Strategie besteht darin, mit dem soeben zitierten TEXT-Index ein für diesen TEXT verantwortliches und unabhängig von ihm bestehendes AUTOR-Subjekt zu begründen. Nun verursacht dieser Index allerdings einen doppelten zeitlichen Aufschub. Das zuvor Geschriebene („páginas precedentes"), ist zeitlich und räumlich von der Stelle, in dem qua Index auf es Bezug genommen wird, getrennt („relectura"). Beides ist aber seinerseits – als Ge-

---

[406] D.h., in der de Manschen Begriffsverwendung, die Rhetorizität der Sprache (die *écriture*) mittels einer symbolischen Lektüre, die Signifikant und Signifikat restlos harmonisiert, ausblenden; s. De Man (1983:206–208).

schriebenes – wiederum von der Zeitachse des angeblich transzendentalen AUTOR-Subjekts getrennt. In der Differenz bzw. Nachordnung zwischen schon Geschriebenem („páginas precedentes") und Moment der Reflexion („relectura") wird die Differenz der diegetischen Zeit des Subjekts zur Zeit des Aussage-TEXTES mitreferiert und somit das Subjekt als Schreibendes impliziert. Sollte es B durch einen Akt referentieller Bezugnahme gelingen, sich in den transzendentalen AUTOR zu verwandeln, so bedeutete dies, daß der reine Akt sprachlicher Selbstreflexion des Subjekts das Subjekt schon als transzendentales begründen könnte; wäre die Reflexion, d.h. das sich selbst als Schrift Erkennen (LESEN) authentisch, wäre der transzendente Ort des Subjekts außerhalb der Sprache (als Aussage-TEXT) möglich.

Aber nicht nur durch TEXT-Repräsentation versucht sich B substantiell in und mittels seiner eigenen Schrift zu begründen. Im Laufe seiner Rede nimmt B auf äußere diegetische Ereignisse bezug, deren Chronologie er mit den jeweiligen Schreibmomenten korreliert: „Era invierno *como ahora*" (EF 9:160), „*estamos* en febrero" (EF 9:173), „*ahora* en esos esplendidos dias de junio" (EF 11:194), „*hoy*, 18 de junio" (EF 11:205; alle Herv. U.W.). Dadurch wird, deiktisch wie beim TEXT-Index, eine punktuelle Simultaneität zwischen der Zeit des berichteten Ereignisses in der Welt und der Zeit des Schreibens des Aussage-TEXTES hergestellt. Die so erwirkte Verzeitlichung des Schreibaktes stellt dessen Prozeßhaftigkeit heraus und bindet damit auch ein prozessuales Schreib-Subjekt mit ein. Spätestens hier mag B – für den Rezipienten und sich selbst – aus der ausdrücklichen *Instantaneität* der Vision As entlassen sein. Die TEXT-Repräsentationen und die sie stützenden Zeitdeiktika errichten ein Zeitkontinuum, welches die Schreibzeit mit der Ereigniszeit korreliert, wobei sich beide gegenseitig zu begründen haben: die berichteten Ereignisse werden durch das Schreiben zur Existenz gebracht, und das Schreiben hat durch seine zeitliche Korrelierung an der Existenz der Ereignisse teil. Selbstbezügliches Festheften von Schreibmomenten wird so zur Selbstbegründungsstrategie des Schreibsubjekts: der unmittelbare Einfluß äußerlicher Ereignisse auf den Schreibakt soll diesen selbst in den Rang eines Ereignisses stellen und seine Existenz affirmieren. Dies zeigt deutlich die schon anzitierte Passage, in deren weiterem Kontext B über die dem Schreiben (und Lesen) zugrundeliegenden Bedingungen reflektiert:

> Confieso que la relectura de las páginas precedentes [...], una relectura realizada tan sólo *a los pocos días de haberlas redactado*, me ha resultado dura, casi insoportable, llevándome a reflexionar largamente acerca del *influjo de factores no ya desconocidos sino incluso aleatorias*, presentes en toda obra humana. ¿Por qué escribí semejantes páginas que poco o nada tienen que ver con el N.P. [i.e. nuevo proyecto: nueva vida y novela], y mucho, en cambio, *con el estado de ánimo que presidía mis abrumadores años dedicados al estudio de la ignominia?* Posiblemente *por una conjunción de factores cuyos efectos conozco tan sólo empíricamente*: la sensación de espanto más que de simple angustia que me poseía la mañana que empecé a redactarlas y que únicamente más tarde acerté a relacionar con una pesadilla que había tenido y después casi olvidado; el tiempo húmedo, lluvioso, desapaci-

ble; la maldita cabeza de cabra pintada en el portal de enfrente, que tuve que acabar borrando con una esponja; qué sé yo, toda una serie de factores. *Y es precisamente la concurrencia de esta clase de circunstancias lo que facilita el desarrollo de asociación de ideas* (EF 9:172–173; Hervorh. U.W.)

B sucht sich im reflexiven Schreiben einen präsenzbegründenden Hier-Jetzt-Ich-Ursprung zu schaffen. Als Ich-AUTOR scheint B mittels Schreiben (Aussage-TEXT-PRODUKTION) gegenüber dem Gesprochenwerden durch A eigenverantwortlich geworden, doch der Preis, den B für seine Absolution von A zu entrichten hat, ist seine allmähliche Entäußerung an den Signifikanten. Seine Existenzgründung war grammatikalisch, und B ist zu diesem Zeitpunkt – faktisch, wörtlich – nicht mehr und nicht weniger als der Signifikant 'yo' seiner Schrift bzw. des Aussage-TEXTES, mit der/dem er koextensiv ist. Das bedeutet, daß jeder andere Text, der sich in seine Aufzeichnungen einschleicht, für B in dem Moment eine existentielle Bedrohung darstellt, da er in den Aussage-TEXT gelangt. Dazu kommt es in der Tat, und es läßt sich nun verfolgen, wie B allmählich als vermeintlicher indexikalischer AUTOR dekontextualisiert wird.

Dekonstruktion des sprachlich begründeten Subjekts

Zum ersten Mal erwähnt B das Auftauchen eines misteriösen Schriftstücks zwischen seinen Papieren, nachdem er mit Suil Yotgoilos, dem bewunderten Schriftsteller, ein Treffen eingefädelt hat (EF 10:187). B scheint die Blätter in instinktiver Beunruhigung zunächst verdrängen zu wollen, doch zu Beginn des folgenden Kap. 11 erscheinen sie erneut. Wie B nun berichtet (EF 10:188), besteht die Überschrift in Versalien aus zwei Teilen: dem Namen seines Hundes „Noisy" – bzw. wie B sich später (EF 11:193) berichtigt, „Noysi" – und einem „V". Daß sich hinter dem 'V' der in Ich-Form erzählende Verfasser des Manuskripts verberge, ist bereits eine Interpretation Bs: „El narrador [del manuscrito], al que provisionalmente, a falta de otros datos, identificaremos con el autor llamándole V [...]" (EF 11:194). Zum dritten Mal, nun in komprimierter Weise, vollzieht sich dieselbe Bewegung: Benennung eines schreibenden Ich mit einem Buchstabennamen, in dem sich Verfasser und Erzähler verdichten. Da der aufgefundene Bericht gleichen Wesens ist wie B selbst, nämlich Sprache, Schrift, muß er dessen Existenz bedrohen, sobald er Aussage-TEXT wird. B gelingt es zunächst, das Manuskript mittels *Paraphrase* in seinen eigenen Bericht, der noch der Aussage-TEXT ist, einzubinden.

V – so wird erzählt – leidet nach zwanzigjähriger Entzifferungsarbeit an einem Text aus dem zweiten Jahrhundert am Verlust der Manneskraft und Schöpferkraft. Als Kompensation für seinen allmählichen körperlichen Verfall bemerkt er an sich die wahrhaft göttliche Fähigkeit körperloser Ubiquität, die ihm erlaubt, in Träumen, Gedanken und sogar Schriften anderer anwesend zu sein. Wie seinerzeit A erlangt er eine „visión global" (EF 11:198) auf sein Leben und vermag den Inhalten seiner eigenen Schriften materielle Existenz zu verleihen. Wie A beschließt er, zur Rettung und 'Aufhebung' seines erlöschenden Lebens ein Buch zu schreiben, das ihm erlauben soll, ein ihm bisher verwehrtes Dasein zu führen. Die überraschenden Übereinstimmungen zwischen dem Exposé, das V von seinem Roman gibt, und Bs eigenem Romanprojekt, schließlich die Papiersorte des gefundenen Manuskriptes, die die gleiche ist, die B üblicherweise benutzt, zwingen B bald zum Eingeständnis, daß er selbst der Verfasser der Schriften sein muß:

> lo que V describía en aquel manuscrito no era su obra sino la mía. Peor aún: describía no sólo cuanto yo llevaba escrito acerca del N.P., tanto en lo que se refiere a la novela propiamente dicha como a las presentes notas, sino que describía incluso lo que aún no había escrito pero pensaba escribir.[...] ¿No iría a resultar finalmente que [...] era yo mismo quien lo había escrito y posteriormente olvidado [...] [y] que ese manuscrito es mi verdadera obra y el N.P. y estas notas meros escritos complementarios? (EF 11:199–200)

Nur anfänglich gelingt es B, sich durch Paraphrase gegen Vs Rede abzuschirmen, bald schon streut er Zitate in sein Tagebuch ein und läßt damit Vs Rede und dessen yo zu, die ihn als AUTOR allmählich aus dem Aussage-TEXT verdrängen: „seguía relatando V", „transcribo literalmente" (EF 11:197) heißt es nun häufig.

So überraschend das Manuskript B in die Hände geriet, so unvorhergesehen wird V von einem geheimnisvollen Besucher während der Niederschrift seines Berichtes gestört. Zunächst ist auch die Benennung des Besuchers mit dem Namen 'W' eine weitere, diesmal von V gesetzte Konvention: „para entendernos, decía [V], le llamaremos W" (EF 11:202). W allerdings beweist seine Vormachtstellung gegenüber B und V, indem er die Verweiskette der provisorischen Namensgebung umkehrt und gegen V wendet. Schon V hatte die Figuren seines geplanten Romans nicht mehr mit Buchstaben-Namen benannt: der Protagonist seines Romans heißt Donde Empieza la Respiración und die Gegenfigur Oscura Narración de los Tiempos. W tauft V nun Fuerza Ciega Caída Sobre Sí Misma, „un nombre del [mismo] género" (EF 11:202) wie die Namen der von V erdachten Figuren, so kommentiert B an einer Stelle das Manuskript. Doch B nutzen diese interpretierenden Einwürfe wenig zur Selbsterhaltung als souveräner AUTOR des Aussage-TEXTES – gemeinsam mit V wird er dem Diktat der Rede Ws unterworfen, denn bald schon heißt es: „[...] dijo W – transcribía V – [...]" (EF 11:203) und, so wäre zu ergänzen: „[...] transcribe B". „[N]o contestar, no comentar; simplemente transcribir" (EF 11:204) sei – wie B noch feststellen kann – das äußerste, was V gegenüber W übrigbleibe, bis schließlich auch B einsehen muß, „lector inerme antes que escritor" (EF 11:205) zu sein. B und V werden in dem Maße, in dem sie zu LESENDEN, kopierenden AUTOREN ohne Einspruchs-

oder Kommentarrecht degradiert werden, von W gesprochen, der schließlich, unter Mithilfe von V und B, direkt den Aussage-TEXT diktiert. Die allerletzten Sätze des Manuskriptes sind nur noch Ws wörtliche Rede. Zu mechanischen Schreibinstrumenten degradiert, sind B und V aus ihrem Text und dem Aussage-TEXT vertrieben und zugleich über mehrere Schwundstufen der Hybridisierung als AUTOREN vom Aussage-TEXT dekontextualisiert: „Tu vida", kann W denn auch behaupten, „es una historia escrita por otro y, cuando las palabras se acaban, es el final" (EF 11:206) – und da in dieser figurativen Deutung zugleich die letzten Sätze von *Estela del fuego* (des Aussage-TEXTES) bestehen, verschwinden mit diesen Worten alle AUTOREN des Aussage-TEXTES.

Beinahe jedenfalls, denn eine letzte Windung lenkt auf den Beginn des Romans zurück: „ADIVINA QUIEN SOY", Überschrift von Kap. 1 und erster Satz des Haupttextes, ist nunmehr als Fragment der Rede Ws erkennbar, denn die Synthese aus Ich-Rede und Du-Anrede ist allein W gegeben. Dieser Zirkelschluß läßt den gesamten Zyklus der AUTOREN einen neuen Anfang nehmen und möglicherweise W als definitiven AUTOR erscheinen, der ein Buch schreibt, in dem ein Protagonist namens A ein Buch schreiben will, in welchem ein Protagonist ein Buch schreiben will... – und jeder dieser Autoren scheitert, weil er von einer immer neuen Stimme um seine Existenz gebracht wird, weil jede Figur nur ein Text ist, weil jeder Text einen Autor hat, jeder Autor aber jemanden, der ihn benennt und zum Text macht... – mit Ausnahme Ws, des ersten Bewegers, wie es scheint.

Durch die mehrfache textuelle Vermitteltheit, in die sich B begab, indem er die Texte Vs und Ws in seinen eigenen zitierend übernahm, schwindet zunehmend seine mit Hilfe von Indices erschlienene Identität und Existenz. Für die Analyse ergibt sich daraus, daß am Ende die Differenzen zwischen B als Sprechendem, als Schreibendem und dem Manuskript eingeschliffen sind. Bs textuelle, aber von A geliehene Identität wird im Verlauf des zweiten Teils über mehrere Schwundstufen schließlich auf die Zeitlosigkeit und Anonymität des objektivierten Signifikanten verwiesen. Die Figur B zahlt damit den Preis für ihre Selbsttäuschung, die darin bestand, sich als Substanz zu denken, wo sie doch immer nur das Projekt eines anderen war, sie löste sich in dem Moment als Subjekt in der *écriture* auf, da sie sich als Subjekt setzen wollte. Aber dieser Mangel an Sein, so sagt der Roman, ist das Schicksal jedes Subjekts, transzendentalen Signifikats, das sich in der Sprache wiederfinden will, jedes AUTORS, der sich im TEXT begründen will.

Einzige Existenz als Aussage-TEXT zu haben steht – figurativ – für die Unmöglichkeit der Selbsterkenntnis: B ist zur Selbstverkennung verurteilt, solange er nicht schöpferisch wird, denn nur in der ekstatischen Schöpfung ist die Figur außer sich und hat für sich eine vollständige LESBARKEIT ihrer selbst als-TEXT erlangt. As Verlassen seines angestammten TEXTES durch die Vereinnahmung der Überschriften und die Erzeugung eines ikonischen TEXTES (die Vision) wird damit zur Transzendierung der Existenzbedingung, Aussage-TEXT zu sein. Solange die Figur aber TEXT und d.h. in einen Verweisungszusammenhang eingebunden bleibt, kann sie sich selbst nicht erkennen, so wenig, wie ein schriftlicher Text sich selbst vollständig einholen kann[407].

Die Seinszustände, die B sprachlich durchlief – Vision As, Sprechender im Namen As, eigenverantwortlich Sprechender, Schreibender und schließlich wieder Rede eines anderen –, sollten eine Ich-Existenz erzeugen und festigen, die sich freilich im luftleeren Raum errichtete An B wird vorgeführt, wie Sprache, Präsenz und Identität des Subjekts erzeugt werden und mit einem einzigen dekonstruktiven Handstreich auseinanderfallen. Die Sprache bringt das Subjekt B als nur gedachtes zur Welt, B ergreift diese Sprache und stiftet seine Präsenz durch TEXT-Indices („a esta parte"; „estas páginas" etc.) – daß all dies nur *Vorstellungen* des Selbst sind, zeigt sich spätestens, wenn ein fremder Text sich auferlegt. Der von B PRODUZIERTE Aussage-TEXT, B als AUTOR-Index also, unterliegt A: die Ikonizität der „visión" hat dadurch aber Vorrang vor der mit dem Index unterstellten Realität oder Substantialität des Selbst. B wird als selbstmächtiges Subjekt dekonstruiert, doch dies mit der Konsequenz, daß ein ikonischer TEXT sich als überlegen erweist, der auf ein Jenseits der Sprache verweist, insofern 'Aussage-TEXT' als Sprache, anonymer Diskurs, Fremdbestimmtheit kodiert war. Die Art und Weise, wie die Verwechslung von Zeichen und Substanz durchgespielt wird, wie alle Kunstgriffe Bs, sich als transzendentales Autorsubjekt der Sprache gegenüber eine Realität oder ein unverbrüchliches Signifikat zu schaffen, nur in die *différance* des Zeichensinns in der Schrift führt[408], läßt *Estela del fuego* hier beinahe zum Lehrstück dekonstruktiver Arbeit werden.

---

[407] Die Frage nach der Möglichkeit eines Sich-Selbst-Einholens im Schreibens wird von Laurence Sterne bis Samuel Beckett gestellt. „Den unmittelbaren Akt des Schreibens zum Gegenstand des Schreibens zu machen, ist unmöglich, da das Schreiben selbst eine Vorgabe braucht, über die geschrieben wird". Durch „diese unaufhebbare Differenz [wird] verhindert, daß der Akt selbst zur Sache des Schreibens werden kann. Da aber dieser Akt zugleich eine Realität ist, heißt das, daß das Schreiben Realitäten nicht einzuholen vermag. [...] Das unabschließbare Aufdecken der im Schreiben verfertigten Fiktionen bleibt daher die einzige Möglichkeit, sich durch das Schreiben selbst der Wahrheit über das Schreiben zu nähern" (Iser 1994:403–404).
[408] Die uneinholbare Vorgängigkeit einer Schrift findet einen alternativen figurativen Ausdruck in dem Fund jenes Manuskriptes (EF 10:187), das das Verdikt über B sprechen wird („tu eres ya tu libro [...]"; vgl. EF 11:193–206); das Manuskript muß nämlich unabhängig vom Zeitpunkt des Findens immer schon da gewesen sein.

Der Autorname jenseits des Textes

In *Estela del fuego que se aleja* sind AUTOR-Positionen von verschiedenen Figuren temporär besetzt. Für jeden TEXT melden mindestens zwei Figuren von verschiedenen Seiten aus AUTOR-Ansprüche an; jeder TEXT wird von einer Figur GESCHRIEBEN, die bereits der TEXT einer anderen ist, jede Figur SCHREIBT und WIRD GESCHRIEBEN. Es gibt deshalb keinen AUTOR-Index, der von dem TEXT, den er SCHREIBT, nicht immer schon dekontextualisiert wäre. Allein W scheint davon ausgenommen, weil er die Bewegung von A bis V als Zyklus im Haupttext abschließt und der Roman mit seiner Rede beginnt und endet. Doch betrifft das Verdikt, das W auf den letzten Seiten über die Figuren spricht: „Tú ya no eres tú [...] tú eres ya tu libro [...] Tu vida es una historia escrita por otro y, cuando las palabras se acaban, es el final" (EF 11:203,206), nicht auch W selbst?

Zur Beantwortung dieser Frage ist zunächst ein Schritt zurück einzulegen. A, B und V schreiben oder planen einen Roman, in dem sie sich selbst fiktionalisieren. In den Worten Bs (der V paraphrasiert): „escribir un libro a través del cual le fuera [al respectivo autor] posible llevar en la realidad el tipo de vida que su propia realidad le había negado. Un libro cuyo protagonista fuera el reverso de lo que era [el autor] (EF 11:198)". Dabei geben sie ihrem fiktiven Double jeweils einen Buchstaben- oder allegorischen Namen. Da jeder dieser AUTOREN aber gleichzeitig das fiktive Double eines anderen AUTORS ist, hat jeder neben 'yo' noch einen zweiten Namen. 'Yo' ist ihr AUTOR-Name, die Buchstaben oder allegorischen Namen sind ihre TEXT-Namen. Das AUTOR-'yo' von A benennt B mit dem Namen 'B', dessen 'yo' tauft den Manuskriptverfasser 'V', dessen 'yo' betitelt seine Romanfigur 'Donde Empieza la Respiración', deren 'yo' ihrerseits ihrem Gegenüber den Namen 'Oscura Narración de los Tiempos' verleiht; umgekehrt tauft das AUTOR-'yo' von V aber auch den Besucher 'W', und Ws 'yo' benennt V 'Fuerza Ciega Caída Sobre Sí Misma'; insofern W/'yo' auch allererster AUTOR ist, gibt er zu Beginn dem 'yo'-AUTOR der Notizen den Namen 'A', d.h. er nimmt die Stelle des 'Bio-Graphen' von A ein. Wenn also jede Figur als Ich-AUTOR auch einen Zivil- oder Taufnamen hat, unter dem sie ein fremd-GESCHRIEBENER TEXT wird und wenn von Vs Erscheinen an jeder weitere AUTOR zusätzlich einen allegorischen Namen besitzt: Welches ist dann der allegorische Name Ws? Die Frage ergibt sich aus der Anwendung einer Interpretationsregel, die im Roman selbst ausgedrückt ist und folglich auf einen symbolischen AUTOR verweist[409]. Dieser gesuchte Name muß sich

---

[409] Inwieweit die vom Roman selbst erstellten Interpretationsregeln tatsächlich angewendet werden, ist natürlich vom empirischen Leser abhängig, besonders dann, wenn der Text eine hochkomplexe Reflexionsstruktur aufbaut. Für den Literaturkritiker Luis Suñén beispielsweise ist bereits mit W die Ebene des ultimativen Autors erreicht (Suñén 1984:5).

oberhalb des Haupttextes befinden, den W ja unter sich abschließt, und dort teilt kein anderer lyrischen Duktus und Rhythmus von 'Donde Empieza la Respiración', 'Oscura Narración de los Tiempos' oder 'Fuerza Ciega Caída Sobre Sí Misma' als der Titel des Romans selbst: 'Estela del fuego que se aleja'.

Damit ist die Reihe jedoch noch nicht abgeschlossen. Namensgebung ist in diesem Roman ein Spiel mit festgelegten Regeln. Zunächst ist Benennung ein LESEN, das etwas Vorgefundenes in Sprache/TEXT faßt. Wer sich im Benennungsakt aber auf die Sprache einläßt, wird von ihr eingeholt und selbst in einen TEXT verwandelt. 'Estela del fuego que se aleja' ist dann seinerseits ein TEXT und das Werk jenes anderen AUTORS bzw. TEXTES, der auf dem Buchdeckel zu finden ist: 'Luis Goytisolo', der somit schon auf dem Titelblatt eine Repräsentation ist, d.h. nicht nur der Autorname, sondern die Autorsignatur. Diese beiden Namen sind auf dem Titelblatt nicht nur faktisch, wörtlich, Text, sondern auch *als* TEXTE *repräsentiert* und als TEXTE LESBAR. Wer aber könnte 'Estela del fuego que se aleja' und 'Luis Goytisolo' abermals LESEN? Allein der Rezipient bzw. ein postulierter symbolischer LESER. Inwiefern aber gilt für ihn dann noch, daß 'Lesen' ein 'Gesprochen- oder Geschriebenwerden' ist? Auf dieser Reflexionsebene ist nur noch ein figuratives Verständnis möglich: Nicht einmal das Lesen des Buches wäre dann ein selbstbestimmter Akt der Sinngebung, sondern abermals ein Bestimmtwerden durch den Diskurs. Wendet der Rezipient diese in den Reflexionsstrukturen des Romans implizierte Interpretationsregel an, so muß er sich selbst als von einem Diskurs, von einer Sprache 'gesprochen' sehen, die, wie es an einer Stelle heißt, auch weiterbesteht, selbst wenn ihre Anwender (Autoren und Leser) aus ihr verschwunden sind (EF 9:170). Wenn der Rezipient nur für die Dauer der Romanlektüre Rezipient ist, dann ist der Roman noch selbst dieser Diskurs, diese Sprache, die ihn gesprochen, determiniert hat. Zugespitzt gesagt: der Rezipient *ist* nichts anderes als die Signifikantenkette des Romans selbst. In der Tat teilt der Rezipient am Ende des Romans mit den Figuren die LESE-Perspektive auf den Aussage-TEXT[410], und wie die Figuren enden, so endet mit dem letzten Wort auch seine Existenz als Rezipient. Andererseits weiß der Rezipient, daß die Signifikanten, die er lesen kann, nicht die 'Wahrheit' der Figuren entbergen, sie erzählen ja nur das apokryphe, entfremdete Leben. Das Versprachlichte ist gerade das Nicht-Authentische, weil Allgemein-Sprachliche, doch kann der Rezipient nur die Romanaussage lesen. Der Rezipient als empirischer Leser – sofern er die im Text aufgebaute Regel für sich akzeptiert, d.h. sich mit dem symbolischen LESER identifiziert – tut dem Roman also Gewalt an, wenn er ihn liest, denn er verwandelt in Sprache, was für sich bleiben wollte und seine eigentliche Existenz jenseits der Sprache, jenseits der Signifikanten des Textes hat.

---

[410] Vgl. u. Kap. 2.3.3.3.

Nun entsteht das fiktive Universum freilich auch erst gelöst von den Signifikanten im Geist des Rezipienten. Dies wäre das Korrelat zur Wahrheit der Vision As, die nur *jenseits* des Aussage-TEXTES bestehen kann. Doch um zu erkennen, daß er darin seine Freiheit hat, muß der Rezipient so viele vom Text vorgegebene Interpretationsregeln anwenden, daß er sich – paradoxerweise – eher als vom Text determiniert erkennen muß[411].

In den letzten Analyseschritten lag die Symbolizität eines ultimativen AUTORS in nur implizit formulierten Interpretationsregeln. Nun gibt es daneben auch im Roman explizit formulierten Regeln. So projektiert A im Moment seiner schöpferischen Vision:

> entrar de lleno en la realización de un proyecto que acaso [A] jamás iba a terminar y que, no obstante, quisiera terminar para perpetuarse con él, de modo semejante a como podría perpetuarse a través de un hijo clónico. Un hijo clónico no sólo exactamente igual a uno, sino también capacitado para continuar nuestra obra a partir del punto exacto en que la dejamos, desarrollarla exactamente igual a como lo hubiéramos hecho nosotros mismos. Es decir: contribuir a un proceso de creación permanente susceptible no ya de justificar la vida de todos y cada uno de esos autores sucesivos, sino, asimismo, asumirlos a todos en uno solo, a imagen y semejanza del autor por antonomasia. (EF 6:107)

B und V werden nicht nur diese „Klone" sein, sondern tragen sich selbst mit den nämlichen, nur leicht variierten Gedanken für ihr eigenes Projekt (vgl. EF 9:170 bzw. 11:193). Auch sie planen einen Roman, in dem der Held sich auf einer irreversiblen Reise in den Tod befindet, und da sie selbst diese Helden im Roman eines je übergeordneten Autors sind, werden sie, bevor sie ihr Werk vollenden, von einer neuen Figur abgelöst, die zugleich ihre Fortsetzung und ihr Tod ist. Der „autor por antonomasia", von dem im Zitat die Rede ist, ist also die gesamte Abfolge der Autoren – und in der Tat stellen die Autoren von A bis W oder von Alpha (α) bis Omega (ω) eine Biographie zusammen, sie altern im Durchlauf des Alphabeths, genauer gesagt, dasjenige, das altert und mit dem Ende der Seiten stirbt, ist das 'yo', an dem alle Buchstabenfiguren teilhaben. Der einzige AUTOR, der nicht als AUTOR des Aussage-TEXTES verdrängt werden kann, nicht dem „vuelo sin retorno" unterworfen ist, weil er ikonisch ist und nur ikonische TEXTE SCHREIBT, ist Suil Yotgoilos, das unschwer durchschaubare Anagramm der Autorsignatur.

---

[411] Diese letzten beiden Zusammenhänge ließen sich auch drastischer formulieren: Aussage-TEXT bzw. die Ebene der Romanaussage ist als der Ort ausgewiesen, an dem Sprachgebrauch zum Gewaltakt wird, sei es im Benennen durch die Sprache (yo wird 'A' genannt) oder im Lesen (des Buchs seitens des Rezipienten). Wenn so die Sprache in ihrem „faschistischen" Wesen vorgeführt wird, weil sie unterwirft und „zum Sagen zwingt" (Barthes 1978:14), so ist auch der Rezipient gewaltsam, wenn er bloß versucht, das Buch zu lesen.

Die Autorsignatur (Suil Yotgoilos)

Die kaum kaschierte Präsenz der Autornamens im Text ist ein versteckter Hinweis auf die schon festgestellte Osmose zwischen den paratextuellen Ebenen 'Titelblatt', 'Überschrift', Haupttext', und es ist gewiß keine Spitzfindigkeit, in den ersten beiden Buchstaben des Nachnamens jenes 'yo' wiederzufinden, das durch den Roman gleitet. Aber gemäß der oben konstruierten Regeln des symbolischen AUTORS ist 'Suil Yotgoilos' jener Taufname, den 'Luis Goytisolo' als Autorsignatur, die nur auf dem Titelblatt erscheint, seinem Repräsentanten im fiktiven Universum gibt, d.h. sich selbst als TEXT. Suil Yotgoilos ist auch der einzige AUTOR, der sich auf keinem irreversiblen Flug in den Polarkreis, ins vernichtende Weiß, wo alle Buchstaben tödlich verblassen, befindet, vielmehr scheint er gerade von dort zu kommen, wenn er, wie es heißt, „finlandés" (EF 10:177) ist.

2.3.3.2 LESER-Position

Indices: Selbstverständigung des schreibenden Subjekts

Bereits der erste Satz des Romans: „ADIVINA QUIEN SOY" richtet im vertraulichen Ton einen hermeneutischen Imperativ scheinbar an einen indexikalischen LESER. Es soll die Identität eines 'yo' bestimmt werden, welches seinerseits Selbstbewußtsein hat oder sich zumindest als mit sich selbst bekannt ausgibt. Das Ratespiel, zu dem es auffordert, schreibt die LESE-Position von Beginn an auf eine eher dekodierende als produktiv sinnstiftenden Tätigkeit fest[412]. Wenn der Rezipient den Roman zu Ende gelesen hat, scheint sich das Rätsel aufzulösen: Das hier sprechende 'yo' muß aufgrund stilistischer Kongruenz W sein. Nun melden sich im Laufe der Geschichte jedoch eine Reihe solcher Ichs zu Wort – oder ein einziges, an dem alle Buchstabenfiguren im Moment ihres Schreibens partizipieren. Wenn das 'tu' auf den letzten Seiten des Buches in der beschwörenden Rede Ws wiederkehrt und sich über V an B richtet – und schließlich zu W selbst zurückkehrt, weil dessen Leben auch nichts anderes als eine Geschichte eines fremden Verfassers und dessen Tod das Ende der Wörter ist –, so haben sich mit der Vervielfältigung bzw. Entfaltung des 'yo', das sich selbst als Rätsel aufgibt, aber auch die möglichen Adressaten der hermeneutischen Aufforderung vermehrt. Es entsteht deshalb ein Art 'Gedränge' in der LESER-Position. Der Rezipient bzw. empirische Leser, der sich im implizierten 'tu' angesprochen fühlen

---

[412] Wenngleich „adivinar" nicht nur 'raten' oder (im Sinne Schleiermachers) 'divinieren', sondern auch 'wahrsagen' bedeuten kann. Diese letztgenannte semantische Komponente ist, wie auch die Anspielung auf 'divino', in diesem Roman nicht ganz ohne konnotative Berechtigung.

mochte, sieht sich mit fortschreitender Lektüre von immer mehr Ichs umringt, die mindestens eben so gut die Adresse der Aufforderung sein könnten und rechtens die eigentlich Angesprochenen sind. Denn für alle Buchstabenfiguren ist die Frage, wer dieses sprechende Ich ist, existentiell, denn es ist die Instanz, die letztlich alle anderen Ichs SCHREIBT. Allein: die Frage nach der Identität dieses Ich kann nur der beantworten, der die Perspektive auf den Aussage-TEXT hat. Die Figuren haben eine defiziente Perspektive: da sie sich selbst unter ihrem Buchstabennamen nicht kennen, kennen sie auch nicht die ganze Wahrheit über sich selbst. Diese Wahrheit sieht nur derjeneige, der die Figuren sowohl als 'yo' als auch als Buchstabenname kennt. Keines dieser Ichs kann die Identitäts-Frage beantworten. Der LESER-Index hat also hier die Funktion, auf einen absoluten, transzendenten Wissensstandpunkt zu deuten. Im Unterschied zum LESER-Index im realistischen Roman jedoch ist dieser Standpunkt in mehrfacher Hinsicht 'doppelbödig'. Zum einen, weil das Subjekt (W), das diesen Ort im Aussprechen des 'tu' bezeigt, nicht der ultimative AUTOR ist. Zum anderen hat der Rezipient (der empirische Leser) aber auch kein Recht, sich *in personam* angesprochen zu fühlen. Er wird vielmehr dazu verdammt, zuzusehen, wie er allmählich zum passiven Beobachter – und bestenfalls zum kommunikativen Vollzugsorgan – einer *Selbstverständigung* des schreibenden Subjekts degradiert wird, da die Ichs, die mit Buchstabennamen belegt werden, ein einziges zeitlich alterndes und sich im Durchlauf des Alphabeths erschöpfendes Subjekt bezeichnen. Die zu Beginn gestellte Identitätsfrage lautete dann nicht: 'Rate, wer ich bin', i.S.v. 'wer spricht?', sondern vielmehr: 'Wer ist es, der mit sich selbst spricht?'[413].

Ikon und Symbol: LESEN als Selbstverkennung

Die Buchstabenfiguren zeichnen sich dadurch aus, daß sie die TEXTE, die sie als Journal oder Roman verfassen, auch selbst LESEN. Als solche sind sie LESER-Ikons. A LIEST die „visión", aus der B entsteht, B LIEST sein Tagebuch, aber auch Vs Schrift etc. Bis auf wenige Ausnahmen sind diese von ihnen GELESENEN TEXTE zugleich Aussage-TEXT. Die Figuren müßten

---

[413] Ein schwächerer, nämlich nicht deiktisch ausgeführter LESER-Index kommt in der Rede Bs zum Vorschein, der überraschend in einigen Wendungen zu erkennen gibt, daß er mit einem Lesepublikum seiner Rede rechnet: „Lo que yo hago es exponer la idea [de que el tiempo transcurre de forma progresivamente acelerada] a modo de hipótesis operativa, *que ofrezco con gusto a cuantos investigadores especializados se muestren interesados en su estudio [...]. Más adelante* doy cuenta de un caso del que fui testigo no hace mucho, un caso en verdad dramático" (EF 8:140–141; Hervorh.U.W.). B ist allerdings gekennzeichnet durch seine Unfähigkeit, sich selbst als-Aussage-TEXT zu erkennen (zu LESEN), so daß die Transitivität seiner an den LESER gerichteten Rede, wenn sie nicht gar eine hermeneutische Falle ist, eher auf eine 'verirrte' Stoßrichtung hinweist (wie seinerzeit bei Augusto; vgl. NI 32:286–287, Zitat. S. 303).

also die Perspektive des Rezipienten teilen können. Wie schon gezeigt, konvergieren sie jedoch in einem entscheidenden Punkt nicht mit ihm: Sie kennen sich selbst nicht unter ihrem Buchstaben-Namen, so daß ihnen mit der UNLESBARKEIT jener TEXTE, die *über* sie GESCHRIEBEN werden, auch entgeht, daß sie PRODUKT eines anderen AUTORS und d.h. Aussage-TEXT *sind*. Wüßten sie dies, würden sie sich selbst in ihrem Wesen erkennen können. Hier denkt man unweigerlich an Augustos Problem in *Niebla*. Die Perspektive des Rezipienten fällt für die Buchstabenfiguren mit der absoluten Selbsterkenntnis zusammen (von hier aus könnten sie sich selbst als Aussage-TEXT wissen/LESEN). Erst auf den letzten Seiten des Romans konvergiert diese Differenz gegen Null, sie wird im gleichzeitigen / gleichseitigen Ende von Aussage und Vs Manuskript aufgehoben. Die LESE-Tätigkeit der Figuren ist also ein interessierter, aber zur Selbstverkennung verurteilter Akt, wobei das Verkennungsmoment in der Differenz zur Rezipientenperspektive liegt.

(i) A. A schreibt über sein Romanprojekt: „una obra que [...] abarcaba a la vez al libro y al protagonista de ese libro, a la historia y a la voz narradora de esa historia" (EF 6:111–112). Die Differenz zur Rezipienten-Perspektive besteht darin, daß As Charakterisierung seines Romans auf die Erzählung über B *voraus*weist; in der Tat konvergieren dort ja Erzählstimme und Protagonist im 'Ich' Bs. A verkennt jedoch, daß diese Synthese, die er für sein Romanprojekt plant, genau seine eigene Situation darstellt, auch er hatte sich mit der Erzählstimme – die er freilich nicht kannte – zusammengeschlossen: diese Synthetisierung ist nur dem Rezipienten bekannt. Aus der Perspektive As stellt die zitierte Stelle also eine symbolische TEXT-Repräsentation dar, für den Rezipienten hingegen ist sie auch eine symbolische *LESER*-Repräsentation, weil sie *rückwirkend* das Verhältnis zwischen A und seinem Bio-Graphen interpretiert. Aus der Sicht des Rezipienten stellt sich nun die Frage, wer diese Synthetisierung im Falle von A/Bio-Graph vorgenommen hat, wessen Roman also Teil I ist. Dieser gesuchte AUTOR siedelt sich in der Differenz der LESE-Perspektiven an. In diesem Lektüre-Moment bleibt dem Rezipienten nichts anderes übrig, diesen AUTOR mit jener Stimme zu identifizieren, die in der ersten Kapitelüberschrift die Frage nach sich selbst gestellt hatte: „ADIVINA QUIEN SOY".

Benennen heißt – so die Lehre in *Estela del fuego* –, den Anderen falsch, in Verkennung seiner wahren Individualität zu fassen, da diese wahre Identität ihren Ort jenseits der Sprache hat und die Benennung eine apokryphe Versprachlichung des Subjekts ist. Im Benennen wird die radikale Andersheit des Anderen geleugnet und das Ich an die vergesellschaftete Sprache ausgeliefert, wobei dieses entfremdete Sein Existenz im Aussage-TEXT war. Das GELESEN WERDEN durch einen Anderen ist zugleich ein als-Aussage-TEXT GESCHRIEBEN WERDEN und dies zugleich eine Entmachtung des Subjekts, die sich im Buchstabennamen niederschlägt. Mit Ausnahme von A kennt keine Figur sich selbst unter diesem fremden Namen, weil keine Figur den Aussage-TEXT LESEN kann. In Teil I weiß A zwar noch nicht, daß er A ist bzw. heißt, muß sich aber in dem Moment, da er seinen Roman in Angriff nimmt, erkannt haben, weil es ansonsten unmotiviert wäre, daß er seine Figur ausgerechnet B nennt. Diese Erkenntnisleistung ist das Äußerste, was den Figuren möglich ist. Den Aussage-TEXT werden sie nie vollständig LESEN können, denn das hieße ja, sich von einer fiktiven-sprachlichen Figur in eine reale Figur zu verwandeln. Solche transzendentale Realität ist nur dort möglich, wo über verschiedene Stufen der Symbolisierung die Ebene 'Luis Goytisolo' erreicht ist. A schlägt den umgekehrten Weg ein: er zieht sich aus dem Aussage-TEXT zurück, indem er sich selbst als ikonischen TEXT („visión") entwirft; hier zeigt sich noch einmal deutlich der epistemologische und ontologische Vorrang ikonischer von indexikalischen TEXTEN.

(ii) B. Die Selbstverkennung macht indessen B zu einer wahrhaft tragischen Figur. Sie hat ihre *Hamartia*-Szene in der Fehldeutung des Manuskript-Titels:

> [El manuscrito] llevaba el nombre de mi perra, Noisy, y [...] el autor se identificaba con una simple inicial, la letra V, ya que no tiene mucho sentido leerlo como si se tratara del número 5 en cifras romanas. (EF 10:188)

Als das Manuskript erneut auftaucht, ist B bereits, ohne weitere Bestimmungsgründe anführen zu können, davon überzeugt, daß V der Name des Verfassers ist:

> La inicial esa V, era la única referencia relativa a la identidad del autor y, en cuanto al título, no era exactamente Noisy, el nombre de mi perra, [...] sino Noysi. De no tratarse de una errata y dado que las letras eran mayúsculas y estaban muy espaciadas unas de otras, tal vez podría entenderse como No y Sí, una negación afirmación cuyo significado más bien se me escapa. (EF 10:193)

Der Rezipient, der bereits über die Geltung von Titeln in *Estela del fuego* das Wesentliche 'gelernt' hat[414], und nunmehr auch über die Vertauschbarkeit homophoner Phoneme wie <i> und <y> unterrichtet ist, braucht sich allein den Titel des Manuskripts als „NOYSI -V" vorzustellen, ihn erstens umzudrehen, um auf den Seinsstatus Bs zu kommen, nämlich „VYSION", und zweitens <V> und <B>, die im Spanischen homophon sind, vertauschen. Wenn B den Titel mißversteht, liegt es daran, daß er genau den Buchstaben der Titelzeile falsch liest, der seinen eigenen Namen bedeutet: Bs blinder Fleck, der ihn vor dem bevorstehenden ontologischen Taumel, den das Manuskript auslöst, hätte bewahren können, liegt also genau in ihm selbst; der Forscher über die „ignominia", die etymologisch – und anders im biblischen

---
[414] 'Gelernt' bedeutet: Anwendung einer Interpretationsregel des Typs auf den weiter unten einzugehen ist.

Kontext – auch 'Namenlosigkeit' bedeutet[415], verkennt seinen eigenen Namen, dessen Kenntnis der Rezipient ihm voraus hat. Zwar muß sich B alsbald eingestehen, daß nur er selbst der Autor des Manuskriptes sein kann – doch die Konsequenz daraus, daß nämlich dann auch der Buchstabe V nicht den Verfasser bezeichnet, sondern Teil des Titels ist, zieht er nicht. Bs LESE-Schwäche legt eine falsche Spur, die der Rezipient nur durchschauen kann, wenn er die im Roman versteckten Hinweise als Interpretationsregeln versteht, und daraufhin den Manuskripttitel als „VISION" liest.

(iii) Am Ende verkündet W den Figuren, „la vida transcurre como la lectura de un libro", der Roman (Aussage-TEXT) endet gleichzeitig und gleichseitig mit dem Manuskript, in dem W spricht[416], und der unter dem *countdown* des Alphabets gealterte und zum blinden Rollstuhlfahrer gewordene Ich-Protagonist wird ins Flugzeug und auf seine letzte Reise ohne Wiederkehr gebracht. W fährt fort:

> Y entonces te asaltará la duda de si todo eso no es parte de tu obra, o de algo que has soñado o imaginado y que luego pudieras haber escrito de no encontrarte ahí, bajo ese blanco y largo techo que te aplasta. Porque para cuando me oigas decirte lo que te estoy diciendo tú ya no estarás en tu cuarto de trabajo sino allí. Porque para oírme tú no necesitas que yo te esté hablando, porque tú puedes oírme sin que yo te hable, y cuando tú oigas estas palabras estarás ya en pleno vuelo. Tu vida es una historia escrita por otro y, cuando las palabras se acaban, es el final. (EF 11: 205–206)

In diesem Moment erst verschwindet die Differenz zwischen der defizienten Figurenperspektive und der Rezipienten-Perspektive. Erst im Moment des Todes, wo der Aussage-TEXT zur Romanaussage wird, ist die LEKTÜRE des gesamten TEXTES, des ganzen Selbst, möglich. Eine Lektüre, die der Rezipient immer schon den Figuren voraus hatte, insofern er die 'ganze

---

[415] 'ignominia' von *ignominis aus in + *gnomen f. 'nomen' (vgl. Eintrag 'ignominia' in: *Der kleine Stowasser. Lateinisch-Deutsches Schulwörterbuch*, bearb. v. M. Petschenig, München: Freytag, 1971). – Der Turmbau zu Babel, ist der Versuch des Menschen, sich selbst „einen Namen" zu machen: „'Wohlan, laßt uns eine Stadt bauen und einen Turm, dessen Spitze bis zum Himmel reicht! Wir wollen uns einen Namen machen, damit wir uns nicht über die ganze Erde zerstreuen!'" (Genesis 11,4, zit.n.: *Die Bibel. Die Heilige Schrift des Alten und Neuen Bundes*, vollständige deutsche Ausgabe, Freiburg: Herder, [17]1965, 9). In der Folge des Turmbaus sind sakrale und profane Sprachen getrennt. Die Parallele von hybrider Selbstbenennung im Medium des vergesellschafteten Diskurses und unerreichbarer Wahrheit des Ich zum Turmbau zu Babel scheint in *Estela del fuego* offensichtlich. Ebenso der Turmbau selbst als Versuch, die *conditio humana* zu hintergehen, d.h. in *Estela del fuego,* von fremder Hand geschrieben zu sein. – Eine weitere, nicht-etymologische Anspielung in ignominia könnte in der Synthese von 'ignis' (lat. Feuer) und 'nomen' bestehen ('Feuername'). Dies scheint vor allem im sprachmystischen Kontext kabbalistischer Anspielungen gerechtfertigt, vgl. u. Fn. 417.

[416] *Estela del fuego* hat 206 Seiten: auf p. 204 gibt B an, er sei auf der „antepenúltima página" des Manuskripts angelangt, auf p. 205 spricht er von „página y media pendiente"; die letzten Worte sind die Ws.

Wahrheit' über sie gelesen hat. Das den Figuren als möglich Denkbare hat sich ins Faktische verkehrt – „Y entonces te asaltará la duda de si todo eso no es [...] algo [...] que luego pudieras haber escrito de no encontrarte ahí [en el avión]". Der Tod der Figuren ist „a la vez real y simbólico" (EF 11:199), Zeichen und Substanz, figurative und wörtliche Bedeutung der Selbstrepräsentation befinden sich, um eine Metapher der Harmonielehre zu verwenden, in 'enharmonischer Verwechslung'. In diesem Moment abschließender Auflösung aller Differenzen hat das zuletzt sprechende Ich (W) nur noch sich selbst als Adressaten. Das gleiche gilt jetzt auch für den Rezipienten, der sich nicht dagegen wehren kann, daß er sich in seiner stillen Lektüre den Text selbst vorspricht, einen Text aber, der, wie es *Estela del fuego* will, von einem anderen gesprochen wird: „para oírme tú no necesitas que yo te esté hablando, porque tú puedes oírme sin que yo te hable". Am Ende des Buches ist das durch verschiedene Figuren hindurchgegangene Ich jedenfalls wieder ebenso mit sich allein, wie auch der Rezipient ist. Die Instrumentalisierung der LESER-Instanz und die Trockenlegung seiner kreativen Fähigkeiten treten deutlich zutage: Freilich hat der Rezipient sein Ich und das Ich der Figuren je zu sich selbst gebracht, ein Ich, das im Diskurs der Anderen zu zerstieben droht; doch die Regeln, die er zu befolgen hatte, dienten allein dazu, einen Roman wieder so zusammenzusetzen, wie er immer schon war. Die Selbstreflexion des Textes schließt paradoxerweise den Rezipienten als produktive Instanz aus und degradiert ihn zur hermeneutischen Reproduktionsmaschine. Der Text schließt sich über dem raunenden Selbstgespräch des „autor por antonomasia" ab, der sich aus der Namenlosigkeit der „ignominia" erlöst, indem er aus sinnlosen Buchstaben über allegorische Namen bis zur Titelblattebene aufsteigt, und sich in der Vision verliert; würde man diesen Autor einfachhin mit dem Diskurs-Namen 'Luis Goytisolo' benennen, so wäre dies nach den Gesetzen des Romans nur eine weitere Verkennung seines Wesens.

2.2.3.3 *Estela del fuego que se aleja* und die Ästhetik der Moderne

In *Estela del fuego que se aleja* nimmt die Ebene des Aussage-TEXTES – das Titelblatt in gleichem Maße wie der Haupttext – eine kaum noch zu überbietende Position im Spiel der Selbstrepräsentationen ein. Durch die diskurskritisch getönte Reflexion auf die Sprache als *écriture*, d.h. auf den TEXT als immer schon dekontextualisiert von AUTOR und LESER, sobald er TEXT geworden ist, wird die Differenz zwischen figurativer und wörtlicher Bedeutung der selbstrepräsentationalen Handlungen aufs geringste minimiert. Noch die Autorsignatur auf dem Buchdeckel, die freilich seit je her ein Text ist, wird mittels symbolischer Repräsentationsregeln *als* TEXT repräsentiert, doch nur, weil sie das letzte Paradigma ist, um jegliches Mißverständnis aus dem Wege zu räumen, daß hier noch von einem Autor bzw. AUTOR, der nicht zugleich Sprache (TEXT) ist, die Rede wäre. Die Selbstpräsenz des schöpferischen Subjekts löst sich in seinem Ausgeliefertsein und seiner Entäußerung an die Sprache auf und verschwimmt in der *différance* oder im Diskurs; sobald es als Schöpfer oder Autor auftritt, wird es von seiner Schöpfung dekontextualisiert. Der Autor ist wesentlich und als Schöpfer, für sich und für seiner Schöpfung, nur Text, er ist für sich und für seine Schöpfung als Sinngeber dekontextualisiert, weil Text immer der Text der Anderen ist. Zugleich *gibt* es Schöpfung, der Text liegt ja vor. In *Estela del fuego* wird deshalb PRODUKTIVITÄT als sprachlich unrepräsentierbar repräsentiert, unrepräsentierbar in der (indexikalischen) Ebene des Aussage-TEXTES, nicht in ikonischen TEXTEN wie As Vision. Der Grund für die Unrepräsentierbarkeit liegt sowohl im darzustellenden Objekt 'Produktivität' als auch im Darstellungsmedium (Sprache) selbst.

Wie bei den *Fragmentos de apocalipsis* ist das Wort Akzidens eines substantiellen Imaginären, wie dort entscheidet Präsenz im Signifikanten des Aussage-TEXTES über Existenz als Figur. Doch während in den *Fragmentos* Aussage-TEXT / Signifikant die Position ist, in der alle Hierarchien zwischen vorgängigem AUTOR und seinem TEXT nivelliert werden, weil alles, was TEXT wird, unterschiedslos PRODUKTIV werden kann, ist in *Estela* der Aussage-TEXT nur der vergesellschaftete und folglich unmögliche Sprach-Ort des Subjekts, aber zugleich der einzig mögliche Ort, an dem das Subjekt sich, freilich indirekt, in seiner Abwesenheit manifestieren kann. Da Logozentrismus-Kritik und Diskurskritik im Dienst stehen, die jenseits der Sprache befindliche Heimat des Subjekts zu behaupten, führen sie zu einem neuen Logozentrismus: Das Subjekt kann seinen außersemiotischen Ort nur beanspruchen, wenn auch der Aussage-TEXT außersemiotisch ist, d.h. seine Repräsentationen literal kodiert sind. Der heitere Nominalismus der *Fragmentos* wird in *Estela del fuego*, wo jegliche Ironie fehlt, als sentimentaler Verlust betrauert. Zunächst deshalb, weil im Unterschied zu Torrente Ballesters Roman bei Goytisolo diese radikale Textualität durch eine hierarchische Entgegensetzung von ikonischer und indexikalischer Repräsentation, Vision und Aussage-TEXT, erkauft ist. Autorschaft und die Möglichkeit, selbstbestimmt zu sein, findet sich nur in einem Jenseits der Sprache (d.h. jenseits dessen, was Aussage-TEXT, was TEXT und LESBAR geworden ist), in welchem der AUTOR 'positive Möglichkeit' aller TEXTE ist, so wie in der kabbalistischen Sprachtheorie A, das Aleph, die Reihe des Alphabets in sich birgt[417].

---

[417] Die Unterfütterung des Romans mit kabbalistischer Sprachmystik kann hier nur angedeutet werden. *Estela de fuego que se aleja* zeigt sich an vielen Stellen stark von dieser häretischen Tradition beeinflußt. Diese Konzeption bezieht ihre verführerische Wirkung auf Romanautoren – deren Goytisolo nicht der erste der Moderne ist – wohl nicht zuletzt aus der Sprach- und Schriftauffassung, die zahlreiche originelle Möglichkeiten skripturalistischer Technik eröffnet. Die Sprache als Mittlerin zwischen der Gottheit und ihrer Schöpfung wird zur ontologischen Struktur der Realität selbst, in „ihrem [...] Wesen" sind

Identität ist an alles gekoppelt, was nicht Aussage-TEXT ist: das Nicht-Sprachliche, zumindest Nicht-Schriftliche. So ist die Vision As ein ikonischer TEXT, und die Kindheit, in der A die Entelechie seiner Entwicklung war, ist

---

„Makrokosmos und Mikrokosmos aufeinander bezogen" (Scholem 1970:26). Wenn im Zusammenfall von Zeichen und Substanz die schöpferische Sprache zu einer Art deklarativem / performativem Sprechakt wird, drückt die kabbalistische Sprachtheorie adäquat das „creation-description"-Paradox aus. In der kabbalistischen Lesart gelten, wie Scholem schreibt, die Buchstaben und zumal das Tetragramm des Gottesnamens „JHWH" als Ursprung von Sprache und damit von Sein: so können auch die einzelnen Buchstaben Namen darstellen (l.c. 38). Das Aleph nimmt hier die Sonderstellung ein, erster Buchstabe der Thora zu sein (der Roman beginnt mit „A/DIVINA" bzw. der Figur A); als nichtlautlicher, bloß „laryngaler Stimmeinsatz" und durch seine lineale Graphie enthält er alle anderen Buchstaben in sich und kann zum Symbol dieser Einheit werden (Scholem 1983:47–48). Der Name, den Gott sich selbst gibt (Suil Yotgoilos), repräsentiert dessen Macht für und innerhalb seiner Schöpfung (Scholem 1970:14–15). Buchstabenkombinationen sind in zweifacher Weise variabel: sie können nach bestimmten Regeln permutiert werden, um neue Namen zu bilden (s. l.c. 73; Luis Goytisolo-Suil Yotgoilos; NOISYV – VYSION); zu Wörtern und Text angeordnete Buchstaben sind als Buchstabenkette lesbar, in dem Sinne, daß ursprüngliche Wortgrenzen aufgehoben und zu neuen Wörtern zusammengestellt werden können (V/isyon, aber auch A als Buchstabe, Präposition, Bestandteil eines Wortes wie a/divin/a); nicht zuletzt kann der gesamte Thora-Text in einer radikalisierten Auslegung als Kombination von Namenselementen, aber auch als *ein* Name, nämlich der Name Gottes verstanden werden (s. l.c. 28–29); dies würde rechtfertigen, 'Estela del fuego que se aleja' als Name des TEXTES aufzufassen, den W PRODUZIERT. Dem Keim des Alphabets bzw. des Gottesnamens entwächst die das Dasein schöpfende Sprache. Umgekehrt – entsprechend der von V in seinem Manuskript wiedergegebenen Geschichte des Sündenfalls – ordnet sich die Schrift zur lesbaren Schilderung je auftretender Ereignisse im Paradies (Scholem 1983:104). Akustisch ist die Sprache das Medium der Offenbarung und der Wahrheit durch die Propheten (Scholem 1970:7); dies entspricht dem *sprechenden* W. In der Weltschöpfung erscheint Gott zugleich als ein unendlicher, lautloser Redner und Schreiber (l.c. 36): „Porque para oírme tú no necesitas que yo te esté hablando, porque tú puedes oírme sin que yo te hable", sagt W am Ende des Romans (EF 11:205). Die Entgegensetzung von ikonischer und indexikalischer TEXT-Repräsentation findet sich, im Lichte kabbalistischer Schriftmystik, als das Schwarze der Schrift (Aussage-TEXT) auf dem weißen Zwischenraum: Die Ur-Thora, die jedem Sprechen und Schreiben vorausgeht, wird dargestellt als schwarze Feuerschrift auf weißer. Dergestalt jedoch, daß das schwarze Feuer das weiße allererst konturiert, mithin deutet, und das weiße paradoxerweise die genuin schriftliche Thora ist, zu dem nur die Propheten Zugang haben. Das Weiße ist das der Auslegung bedürftige, das 'zwischen den Zeilen steht', das Schwarze, Mündliche, ist das immer schon Vor-Gedeutete. Die weltliche Thora ist daher nur die Schrift gewordene Deutung, d.h., wesentlich mündlich und überliefert, demgegenüber die Ur-Thora intranszendent bleibt.

Freilich ändert auch diese mystische Einbettung des Romans nichts daran, daß er sich dem Rezipienten gegenüber, der zum Entzifferer der symbolischen Regeln entmachtet ist, verschließt. Wenn alles Geschriebene nur dazu dient, den „autor por antonomasia" zu sich selbst zurückzuführen („para explicarle todo al autor mismo") so entspricht auch dies noch der kabbalistischen Einsicht, daß Gott in der Sprache – oder der Schöpfung, was das gleiche ist – vor allem sich selbst ausdrückt.

als ein Sein *vor* der Sprache konnotiert[418]. Das Jenseits der Sprache ist also auch ein zurückersehnter Ort. Das Leben geht in der Totalität des Buches auf, zugleich stellt es sich als eine sentimentalische Verlustrechnung dar: der alternde Körper von A bis V als Signifikant der Lebensgeschichte, die von schwindender Körperkraft und wachsender Schöpferkraft erzählt. Der Körper gehört damit in doppelter Hinsicht zur Sprache, zum gesellschaftlichen Außen, demgegenüber der innere Ich-Kern beharrlich bleibt. Das Altern im Zeitfluß führt zum Tod in der zeitlosen Schrift; der geographisch situierbare Raum (Madrid, Barcelona) entgrenzt sich im extraterrestrischen Flug; aus dem prozeßhaften Schreiben gerät ein fertiger Text. Unter dieser 'Bewegung zum Stillstand' entbirgt sich auch die Axiologie vom Innen und Außen der Sprache: die Kontinuität des Ich-Kerns, stets in Verbindung mit selbstbestimmten Schöpfungsakten, steht gegen den vergesellschafteten, fremdbestimmten Diskurs der Anderen, die Seele überlebt den alternden Körper im Schöpfungsakt. Das Jenseits des Diskurses ist im Jenseits des Textes: dort wo der Text nicht Tod sondern Schöpfung ist, wo das Kind noch vor der Sprache ist, wo der Text noch Vision ist etc.

Der Roman ließe sich so in den Worten: „liberar la memoria y la imaginación [...]" – „alcanzar [...] el punto donde se escindió lo que había estado unido" (EF 1:8; 10:184) zusammenfassen. Der Roman *erzählt* zwar, gegen welchen Widerstand und mit welchen Mitteln sich jenes Ich, das sich als Ich weiß, durchzusetzen und zu welcher verschütteten Subjektivität oder zerstreuten Integrität es zurückzufinden hat, welcher Tragik es indessen ins Auge sehen muß. Die Buchstabennamen müssen den *défilé du signifiant* beschreiten, ein ganzes, in der Synekdoche von A-B-V-W angedeutetes oder von Alpha bis Omega reichendes Alphabet durchqueren, sich von sich selbst entfernen „para ver mejor, volver atrás para alcanzar el punto de partida, el punto donde se escindió lo que había estado unido" (EF 10:184). Doch der zurückersehnte Punkt muß sich im Jenseits des Erzählten befinden, weil Er-

---

[418] Dies ergibt sich auch aus einer figurativen Lesart des Romans. In Kap. 5 verfolgt A Erinnerungsspuren in die Kindheit. In den Sommerferien entdeckt das Kind im Zug ein Schild: „exhiba su billete, abono, pase, o documento análogo antes de que se lo exijan. ¿En qué demonios podía consistir ese documento análogo?" (EF 5:92). Der Sinn klärt sich erst 80 Seiten später auf, gelegentlich einer Reflexion Bs über die Identitätsstiftung von Ausweisen: „Sin nombre ni número de identificación nadie sabría que él es él, que él es algo más que una piedra de granizo que se funde" (EF 9:170). Dem Kind, das noch nicht A ist, sondern „Abecedario" (EF 5:100) mit Spitznamen gerufen wird, ist die Entfremdung, die sich im unverstandenen Schild manifestiert, zwar schon vorbestimmt, die Schrift ist ihm vorgängig, aber es selbst ist der Ort, an dem die Spaltung in Ich und Buchstabe noch nicht stattgefunden hat, die Kindheit ist das Stadium, das A zu rekuperieren versucht, den Abzug aus der Welt unternimmt er, um den Punkt zu finden, „donde se escindió lo que había estado unido." (EF 10:184). Seine Selbstfindung, in der schon beschriebenen mystischen Erfahrung gründend, die zur Erschaffung von B führt, wird beschrieben als „visión global" (EF 6:111) etc.

zählen zugleich Sprache ist (Aussage-TEXT), d.h. er wird in einen vom Text nicht kontrollierbaren Horizont projiziert, welcher die Kondition des Textes, Sprache zu sein, hintergeht; der Text transzendiert sich, unterläuft seine Sprachlichkeit auf einen transzendenten Raum hin, in dem sich die Individualität des lesenden Verstehens und der Sinngebung ereignet. Der Roman stellt damit das Undarstellbare in seiner Abwesenheit oder die Undarstellbarkeit des Undarstellbaren dar, das so zum eigentlichen Referenten der Erzählung wird. Da diese Darstellung durchaus nostalgisch ist, hat man zwei Gründe, im Lichte der eingangs (Kap.2.2.0) eingeblendeten Definition Lyotards in *Estela del fuego* das Musterbeispiel eines Romans der Moderne des 20. Jahrhunderts zu sehen. Während dort die Figuren kein Bewußtsein ihres sprachlichen, zeichenhaften Seins haben, wird dies in *Fragmentos de apocalipsis* (und später in *El desorden de tu nombre*) zu einer Größe, mit der bewußt und bisweilen ironisch gerechnet wird. Was dort Tragik ist, wird hier zum Spiel. In *Estela del fuego* ist der Diskurs (Sprache, Aussage-TEXT) nicht einmal mehr ein Kompromiß für das schöpferische (SCHREIBENDE) Subjekt, in *Fragmentos* hat es sich darin eingerichtet. Das „creation/description"-Paradox und die Doppelkodierung des figurativ/literalen Aussage-TEXT-Bezuges wird bei Torrente Ballester ausgenutzt und kann deshalb auch ironisch hintertrieben werden. Bei Goytisolo wird den Figuren Existenz im fremdgeschriebenen Wort (Aussage-TEXT) zur Evidenz des unentrinnbaren Todes. Dadurch findet sich der Leser in der Todes-Perspektive auf das absolut Andere festgeschrieben, und die Signifikanten der Aussage werden für ihn selbst zur Determination. In *El desorden* hingegen wird dieses Lesen Ausgangspunkt einer neuen Version des Romans sein, nämlich jenes Romans, den der Leser produziert.

2.3.4 Juan José Millás *El desorden de tu nombre* (1988): Die Intertextualität des Lebens

Julio Orgaz, Anfang 40, ist leitender Angestellter in einem großen Madrider Verlagshaus und hegt eigene, bislang unverwirklichte Schriftstellerambitionen. Nachdem sich seine geheime Liebschaft mit Teresa zwischen Glück, Schuld und Angst des Entdecktwerdens verausgabt hat und Teresa kurz darauf bei einem Autounfall ums Leben gekommen ist, entwickelt Julio die Halluzination, zu passenden und unpassenden Gelegenheiten die *Internationale* spielen zu hören. Die Handlung setzt ein, als Julio sich daraufhin einer psychoanalytischen Behandlung unterzieht. Nach einer der Sitzungen lernt er in einem nahegelegenen Park Laura kennen, in deren Wesen er die verstorbene Teresa wiederzuerkennen glaubt. Sie verlieben sich bald ineinander, allzu verlockend ist die Möglichkeit für beide, mit dieser Beziehung ein neues Leben zu beginnen: Laura bräuchte sich nicht mehr für den beruflichen Erfolg ihres Mannes aufzuopfern, Julio hingegen verspricht sich von der starken

Präsenz seiner Idealfrau Laura die Überwindung seiner Schreibhemmung, um endlich doch noch Schriftsteller werden zu können. In der Tat beginnt Julio nun allmählich damit, seinen Roman zu konzipieren, ohne ihn allerdings wirklich niederschreiben zu können: dem Prinzip folgend „cortar la realidad a su medida", fügt er die Ereignisse seines Lebens mit narrativem Kalkül zur Handlung eines nur imaginierten Ideal-Romans zusammen, den er bald von seinem wirklichen Leben kaum noch unterscheidet – Literatur soll ihm das Leben erlauben, das ihm nicht möglich gewesen war oder wäre. Julios Wirklichkeit und sein Idealroman, den er später ebenfalls *„El desorden de tu nombre"* nennen wird, beginnen sich auf komplexe Weise gegenseitig hervorzutreiben: 'Realität' und 'Fiktion' laufen ineinander, und am Ende scheint der Roman, dessen Protagonist er ist, mit dem Roman, den er selbst erschafft, zusammenzufallen, so als hätte der Roman *El desorden de tu nombre* vor allem seine eigene Entstehung erzählen wollen.

Nimmt Julio für die Konstruktion seines Romans zunächst an seinem eigenen Leben Maß, so kommt er bald auf den Wegen einer narrativen Vernunft auf den literarischen Einfall, daß die Geliebte des Protagonisten seines Romans – das Pendant zu Laura – die Frau von dessen Analytiker sein muß. Angeregt von den Kriminalgeschichten des jungen Autors Orlando Azcárate, dessen Erzählungen Julio zur Veröffentlichung in seinem Verlag begutachten soll, erscheint ihm schließlich der Mord am Analytiker als die einzige Lösung des – ödipalen – Knotens. Julio erfindet allerdings auch mit diesem literarischen Einfall allein die Konstellation neu, die in seinem wirklichen Leben schon der Fall ist: Laura ist tatsächlich die Frau von Julios Analytiker Carlos, den sie am Ende auch umbringen wird. Dieses Wissen bleibt Julio jedoch bis zum Ende verborgen, da er in der von ihm selbst erschaffenen Welt seines Romans lebt. Lauras Gattenmord wird er aus dem gleichen Grund nicht in seiner 'Realität' situieren können. Carlos hingegen hat die Affäre zwischen seiner Frau und seinem Patienten längst aus den Analysegesprächen herausgehört. Bald muß er sich eingestehen, daß er aufgrund seiner eigenen Verstrickung in die Geschichte die Therapie von seiner Seite aus nicht weiterführen kann. Er muß sich von seinem eigenen Analytiker, den er in der privaten und beruflichen Krise aufsucht, sagen lassen, daß Julio sein Ideal-Ich repräsentiere und allein der Jahre zurückliegende Abbruch seiner Lehranalyse ihn in diese mißliche Lage habe bringen können. Laura hingegen ist die einzige handlungsmächtige Figur. Die wachsende Unzufriedenheit in ihrer Ehe und Julios literarisierte Weltsicht lassen ihr den Gattenmord als Lösung gerechtfertigt erscheinen. Als Julio vom gleichzeitigen Tod seines Analytikers und Lauras Gatten erfährt, glaubt er an eine unerklärliche Übereinstimmung mit seinem eigenen Roman. Laura gibt ihm ihr Tagebuch als Geständnis des Gattenmordes zu lesen, doch Julio ist nicht mehr in der Lage, diese neuerliche Wendung außerhalb seines imaginären Universums zu verstehen.

Die Missetäter – dies macht den Ausgang des Romans überraschend – kommen augenscheinlich ohne Bestrafung davon: Im Bewußtsein, sich mit dem Mord aus den Fesseln der Vergangenheit und der Schuldgefühle gelöst zu haben, planen beide ein gemeinsames neues Leben. Julio scheint geheilt, wenn er am Ende die 'Internationale' nicht mehr hört oder erkennt. Darin hatte sich das schlechte Gewissen des ehemaligen Antifrankisten gemeldet, der sich in der gegenwärtigen marktwirtschaftlichen Welt eingerichtet und Literatur als engagiertes Schreiben gegen Literatur als Ware eingetauscht hat. Julio lebt nunmehr vollständig in seiner narzißtischen Romanwelt. Er nimmt im realen wie im imaginären Leben die Rolle Carlos' ein und kann nach seiner durch rücksichtslosen Opportunismus bewirkten Beförderung im Verlag die Veröffentlichung der Erzählungen von Azcárate verhindern. Sein Lebensroman ist damit vollendet. Er macht sich auf den Weg nach Hause und ist überzeugt, daß er diesen Roman mit dem von ihm schon zuvor erdachten Titel *'El desorden de tu nombre'* als Manuskript geschrieben auf seinem Schreibtisch vorfinden wird. Doch wer hätte die Blätter füllen können? Ist nicht auch jenes immer wieder von Julio evozierte zweite Selbst, das am Schreibtisch sitzt und den Roman niederschreibt, wie Julio ihn konzipiert und lebt, Teil seines unwirklichen Lebensromans? Es stellt sich die Frage, ob das Manuskript wirklich vorliegt, nur in Julios romanesker Welt existiert oder Julio ein großer *desengaño* erwartet, wenn er seine Wohnung betritt. Denn daran entscheidet sich die Geltung seines Romans gegenüber der zurückgelassenen Realität und die Frage, ob er seine Schreibhemmung überwunden oder nur aus dieser Not eine Tugend gemacht hat. Millás läßt diese Frage offen[419].

Der Inhaltsangabe ist zu entnehmen, daß *El desorden de tu nombre* im Korpus der Untersuchung den Strukturtyp vertritt, den Kellman (1980:3) „self-begetting novel" nennt: Eine Figur wird im Laufe der Geschichte in die Lage versetzt, den Roman, den der Rezipient gelesen hat, zu schreiben oder als dessen Autor in Frage zu kommen. Wenn am Ende von *El desorden de tu nombre* der Roman, den der Rezipient gelesen hat, und der, den Julio imaginiert, auf der Handlungsebene zusammenfallen, wird tatsächlich die Illusion erzeugt, Julio habe den gelesenen Roman auf irgendeine Weise geschrieben. Auf einer figurativen Ebene erzählt der Roman seine eigene Genese, wobei verschiedene, das Entstehen von Literatur bedingende Faktoren reflektiert werden: das Unbewußte (das immer wiederkehrende Ödipus-Muster), vorgegebene narrative Modelle wie das Kriminalgenre (Orlando Azcárates Erzählungen), das kontingente 'Leben' selbst. Man kann dann zu dem Urteil gelan-

---

[419] Das Ende des Romans ist seitens der Kritik auch anders verstanden worden: „[...] Julio encontrará ese manuscrito – *El desorden de tu nombre* – justamente cuando todo acabe. Como si la letra escrita fuera la absolución y la resolución de todo, lo único cierto en un mundo de pasos tan inciertos" (Mainer 1994:176).

gen, der Roman schließe sich selbst ein, 'Fiktion' und 'Realität' gingen ineinander über etc. Diese zyklische Struktur wird noch durch die Titelidentität zwischen dem gelesenen Roman und dem, dessen Entstehung erzählt wurde, pointiert, beide Romane schließen sich offenbar in einer *mise en abyme paradoxale* gegenseitig ein. Wie schon im Falle von *Estela del fuego* könnte man es auch hier dabei bewenden lassen, die narrative Struktur als „Reflexionsphänomen" (*mise en abyme*) zu beschreiben, freilich abermals um den Preis einer vorschnellen Typisierung, denn auch in diesem Roman macht gerade der Status des Aussage-TEXTES seine Besonderheit aus.

Abgesehen davon, daß diese zyklische Reflexionsstruktur in *El desorden de tu nombre*, im Jahre 1988, selbst schon wie das Zitat einer in jüngerer Zeit häufig gesetzten Schlußpointe wirkt[420], konstruiert Millás das *self-begetting* auch in einer durchaus irritierenden Variante. Vergleichsweise seien zwei ähnliche Konstruktionen genannt. In André Gides *Les faux-monnayeurs* (1925) gibt es bekanntlich ebenfalls einen Schriftsteller, Edouard, der als AUTOR von Fragmenten des Aussage-TEXTES auftritt und so rechtfertigen kann, daß er seinem allmählich entstehenden Roman den Titel 'Les faux-monnayeurs' gibt; der Aussage-TEXT ist hier aber nicht mit Edouards Notizen kongruent. In Carmen Martín Gaites Roman *El cuarto de atrás* (1978) erscheint am Ende des Romans ein gleichnamiger, identischer Roman im diegetischen Universum, doch hat die Protagonistin dann einen tatsächlich *geschriebenen* Text vor sich, der zunächst ein wachsender Blätterstapel war, bis sich herausstellt, daß er mit den gleichen Worten beginnt und endet wie *El cuarto de atrás* selbst[421]. In *El desorden de tu nombre* ist hingegen fraglich, welcher Art dieser Roman eigentlich ist, den Julio am Ende 'El desorden de tu nombre' nennt. Es fehlen nämlich weitere Aussage-TEXT-Repräsentationen: Julio schreibt so gut wie kein Wort, und es bleibt offen, ob der Roman außerhalb von Julios Phantasie wirklich existiert. Welche Art von 'Texten' werden überhaupt im Titel miteinander identifiziert? Ausgerechnet die Titelwörter sind das einzige, was Julio nicht nur imaginiert oder als imaginierter AUTOR SCHREIBT, sondern tatsächlich notiert. Die Titelidentität deutet damit sowohl auf Kongruenz als auch auf Differenz zwischen Julios Roman und dem Aussage-TEXT.

Letzteres bleibt nicht ohne Konsequenzen für die zyklische Struktur. Die Tatsache, daß Julio nichts wirklich schreibt, bewirkt, daß eine eindeutige Repräsentation des Aussage-TEXTES ausfällt; damit wird der unendliche Regreß des Erzählten verhindert, der beginnt, wenn Julio in seinem Roman die Geschichte eines Mannes erzählt, der aufgrund einer Halluzination in psychoanalytischer Behandlung ist, eine Frau kennenlernt, einen Roman zu

---

[420] Dällenbach (1977:205n2) sieht schon 10 Jahre zuvor die *mise en abyme* in den Bereich der Unterhaltungsliteratur abwandern.
[421] S. S. 151.

konzipieren beginnt, dessen Held wiederum an einer Halluzination leidet etc. – zumindest schließt sich diese zyklische Struktur 'unterhalb' des Aussage-TEXTES ab (im Gegensatz zu *El cuarto de atrás*). Darüber hinaus stellt sich die Frage, was der Aussage-TEXT dann eigentlich ist. Wo befindet er sich, wie und in welchen kulturellen Einheiten kommt er zustande? Als Repräsentation betrachtet, ist er per definitionem ein TEXT, d.h. er muß prinzipiell für repräsentierte AUTOREN, LESER und andere TEXTE PRODUZIERBAR, LESBAR bzw. kontextualisierbar sein. In Umkehrung zu den bisher analysierten Romanen des 19. und 20. Jahrhunderts konstituiert sich in *El desorden de tu nombre* der Aussage-TEXT als Repräsentation nicht durch Bezugnahmen *auf* ihn – d.h. durch Referentialisierungen, die seine Existenz dann schon *voraus*setzen – sondern fragmentarisch *in* verschiedenen LESE- und PRODUKTIONS-Tätigkeiten, wobei gerade das entscheidende SCHREIBEN und weitere indexikalische Repräsentationen weitgehend ausgespart bleiben. Bei Millás vollzieht sich die allmähliche Konstitution des Aussage-TEXTES durch zahlreiche ikonisch und symbolisch repräsentierte PRODUKTIONS- und LEKTÜRE-Akte, die ihrerseits selbst verschiedene Versionen der Geschichte darstellen. Es soll gezeigt werden, daß der Aussage-TEXT als definitive Signifikantenkette, als dem Rezipienten vorliegende Romanaussage damit zu bloßer Version der Geschichte gemacht wird. Diskurshistorisch gesehen wird Literatur als Prozeß und der Text als temporäres Konstrukt, als Überlagerung von narrativen Codes, plot-Modellen, Versatzstücken und Deutungspotenzen repräsentiert. Die Erzählung der eigenen Genese zu einem selbstgenügsamen, in seiner Identität ruhenden Werk ist dann nicht mehr der zentrale bzw. einzige Fokus des Romans, der Kreis schließt sich nicht, die zyklische Form, die am archimedischen Punkt 'Aussage-TEXT' hängt, hat sich in Überlagerungen aufgelöst. Aus diesem Grund wäre es nicht nur eine Verkürzung, nach Art der *mise en abyme*-Analyse nur die einzelnen Phasen der angeblichen 'Selbstproduktion' des Romans nachzuzeichnen, um am Ende festzustellen, *daß* der Roman seine eigene Genese erzählt. Vielmehr muß analytisch in jedem 'Prozeßmoment', der eigentlich ein LESE- bzw. PRODUKTIONS-Moment ist, der entstehende TEXT in den sukzessiven, *ihn konstituierenden* Repräsentationen betrachtet werden[422]. Am Verzicht auf eine tatsächliche Selbsteinschließung läßt sich schließlich auch die Postmodernität des Romans festmachen.

---

[422] Ebenso verschlungen wie die Wege, auf denen die im Vordergrund stehende PRODUKTION vonstatten geht, werden auch die der sich überlagernden LEKTÜREN sein. Die vielfachen Interferenzen, Konkurrenzen und Überlagerungen von PRODUKTIONS- und LEKTÜRE-Akten machen es notwendig, auf einzelne Dispositionen aus den verschiedenen Perspektiven mehrfach zu rekurrieren.

2.3.4.1 AUTOR-Position

Julio greift im Verlauf der Geschichte zwar mehrfach zum Kugelschreiber, doch SCHREIBT er nichts weiter als in einem bestimmten Moment ausgerechnet den Titel des Romans auf ein Blatt Papier (DN 17:169).

Julio als AUTOR-Ikon: Poetik der Psychose

Noch bevor Julio seinen imaginierten Roman in Angriff nimmt, PRODUZIERT er, sozusagen als Präludium und allein vom Wunsch angetrieben, Schriftsteller zu sein, ikonische TEXTE als imaginäre PRODUKTE einer bestimmten Wirklichkeitswahrnehmung (Welt-LEKTÜRE). So liegt er, nachdem er Bekanntschaft mit Laura geschlossen hatte, fiebernd zu Hause im Bett, umsorgt von der herbeigeeilten Mutter, die ihm unerwünschte Evokation der Kindheit ist, und gestaltet delirierend die Realität um:

> Tras colocar en el interior de un paréntesis el volumen y la voz de su madre, [Julio] observó el dormitorio y tuvo la impresión de que todo el conjunto – incluido él – había sido separado de un proceso general para convertirse en una unidad autónoma situada al otro lado de donde sucedían las cosas. (DN 6:46)

Bereits in dieser Phantasie sind die drei wichtigsten Operationen ausgeführt, die auch die spätere Konstitution seines imaginären Romans bestimmen: Die dingliche Realität, die (in der Gegenwart der Mutter) zugleich Epiphänomen einer Vergangenheit ist, die ihn zu erdrücken und zu entgrenzen droht, wird entwirklicht; Julio erzeugt dabei keine neue Realität, sondern verdoppelt und verwandelt das bereits Bestehende durch Selektion. Im Psychogramm des Protagonisten, der wegen einer auditiven Halluzination in Behandlung ist und dessen Selbst sich unter den Wirkfeldern einer beherrschenden Vergangenheit ständig zu entgrenzen droht, bedeutet eine derartige Verarbeitung aber auch den Versuch, mit Hilfe der Imagination die unkontrollierbare Wirklichkeit zu bändigen – um den Preis freilich eines umfassenden Wirklichkeitsverlustes. Julio rettet sich in einen autonomen, von ihm als omnipotentem Schöpfer beherrschten Raum. Eine solche Spiegelprojektion, die mittels Selektion und Kombination, den beiden poetischen Produktionsprinzipien schlechthin, eine kontingente Welt in auktorial geführte Sinnzusammenhänge übersetzt (der AUTOR tritt hier als Welt-LESER auf), beschreibt zugleich den typischen Prozeß psychopathologischer Wirklichkeitsdeformationen. Diese Transformationen des Realen werden sich in der Folge nachgerade als eine Poetik der Produktion von Julios Roman '*El desorden de tu nombre*' erweisen.

In der ersten Analyse-Sitzung mit Carlos Rodó (Kap. 5) ist Julio bereits soweit, seiner bisherigen Biographie die Keimidee für einen Roman zu entnehmen:

> – [...] Ya tengo un buen principio: imaginemos a un sujeto maduro que un día, inopinadamente, comienza a escuchar 'La Internacional'. Y que eso le lleva, como a mí, al diván de un psicoanalista. Y del diván del psicoanalista pasa a los brazos de una mujer que conoce en un parque. Y esa mujer es otra distinta de la que aparenta ser. (DN 5:58)

Julio projiziert sein Leben in das geschlossene Sinngefüge einer *Roman*struktur; seine TEXTPRODUKTION wird zu einer autogenetischen, sinngerichteten, letztlich therapeutischen Bewältigung des kontingenten Lebens. Freilich erzeugt diese durch Selektion, Entwirklichung und sekundäre, ästhetische Sinnstiftung vonstatten gehende Selbsttherapie nur aus einem Roman – dem, der sein Leben erzählt – einen weiteren. Wenn Julio noch in der gleichen Sitzung sein imaginäres und das ihm unmögliche wirkliche Schreiben gleichsetzt, so ist dies letztlich ein Akt der Verdrängung oder Verharmlosung seiner eigentlichen Schreibimpotenz. Die Äquivalenz beider Produktionsweisen begründet er gegenüber Carlos so:

> – [...] Ahora bien, yo – aunque no escriba – me represento a mí mismo sobre un folio, y a veces me pregunto qué diferencia puede haber entre tal representación y el hecho real de escribir. ¿Ese otro que escribe, no narra a fin de cuentas que ahora yo estoy sobre un diván enumerando mis perplejidades a un psicoanalista silencioso? ¿Acaso no narrará después mi encuentro con Laura? ¿No habrá narrado ya mis relaciones con Teresa y su estúpida muerte?
> Es más, ese escritor es el que sabe las cosas que yo ignoro, pero que me conciernen. Y, en consecuencia, es el único ser capaz de articular estos aspectos de mi existencia dentro de un cuadro más significativo. [...] Intuyo, de otro lado, que ese escritor que justifica mi existencia es – al mismo tiempo – mi asesino... (DN 5:59–60)

Diese Sätzen hätten in etwas anderer Formulierung auch Leriano, Lozana, Don Quijote oder die Figuren aus *Estela del fuego* aussprechen können, Durch Julios Anspielung auf einen Autor seines Lebens („ese otro que escribe") wird eine mögliche ironische Selbstrepräsentation in Aussicht gestellt, die auf den bisher noch nicht repräsentierten Aussage-TEXT zielt, in dem ja erzählt wird, was geschieht. Wer aber ist „ese otro" für Julio? Julio kann mit „ese otro" nicht, wie er vorzugeben scheint, den AUTOR des Aussage-TEXTES meinen, weil er bis zum Ende nicht in der Lage ist, den Aussage-TEXT als solchen zu LESEN; zugleich aber muß der Rezipient „ese otro que escribe" mangels Alternativen mit der Erzählinstanz der Romanaussage bzw. dem AUTOR des Aussage-TEXTES identifizieren[423]. Julios Bemerkung

---

[423] Eine solche Repräsentation wiederholt sich an anderer Stelle. In einer der Sitzungen mit Carlos Rodó – das Gespräch dreht sich erneut um das imaginäre Buch – antwortet Julio auf die Frage, welche Beweggründe seiner Meinung nach die Handlungen der Menschen

bagatellisiert also nicht nur vordergründig seine Schreibunfähigkeit und dient ihm als Ausrede; sie bereitet auch die erst gegen Ende des Romans eintretende Pointe vor, daß Julios imaginärer Roman den Titel '*El desorden de tu nombre*' trägt: der Protagonist wird dadurch allmählich in die Nähe des nicht näher spezifizierbaren AUTORS des Aussage-TEXTES gerückt (figurativ: des 'fiktiven Autors' seines eigenen Romans), so daß es am Ende plausibel erscheint, daß eine der Geschichten, die in Millás' Roman erzählt werden, auch die seiner eigenen Entstehung ist. Die in „ese otro que escribe" zumindest für den Rezipienten ironisch angespielte Bezugnahme auf den Aussage-TEXT und dessen AUTOR dient also auch der *narrativen Ökonomie* von *El desorden de tu nombre* als *Argument*. Man muß deshalb genauer betrachten, wie das Argument funktioniert und welcher Status damit Aussage bzw. Aussage-TEXT eingeräumt wird. Offenbar eröffnet sich eine Interpretationsalternative.

(a) Da der von Julio ins Spiel gebrachte Erzähler transzendentaler AUTOR des Aussage-TEXTES wäre, ist er in seiner Existenz weniger davon abhängig, daß Julio auf ihn referiert, als umgekehrt: es ist Julio, der als Figur nicht existierte, wenn über ihn nicht in der dritten Person gesprochen würde. Julio bezieht sich von *seiner* Warte aus also mit „ese otro que escribe" nicht auf die Erzählinstanz in der Romanaussage / den AUTOR des Aussage-TEXTES, sondern auf den seines späteren imaginierten Romans, sein imaginiertes, schreibendes Double. Wenn der Rezipient als empirischer Leser in der literalen Lesart die Ironie realisiert, die darin besteht, daß dennoch Julio eine gewisse Wahrheit ausspricht – nämlich die, daß in der Tat all die von Julio aufgezählten Ereignisse in der Romanaussage erzählt wurden, in diesem Moment oder zukünftig erzählt werden (in Kap. 6 trifft er tatsächlich Laura im Park) – so muß er dem in „ese otro que escribe" versteckten Index eine Art realen Referenten zugestehen. Das Erzählte / Signifikat – so die schweigende Prämisse des Arguments – soll in der Aussage / dem Signifikanten restlos aufgehen. Die Identität von „ese otro", der für Julio sein Leben, d.h. die Welt, erzählend konstituiert, und dem AUTOR des Aussage-TEXTES segnet die Identität von erzählter Welt und Sprache ab und unterstellt damit, daß auch das Bezeichnete, Reale im Code der Sprache wiederholbar ist, das Signifikat im Signifikanten aufgeht.

(b) Ein solcher 'naturalistischer Fehlschluß' könnte auch auf das Konto des empirischen Lesers gehen. In diesem Fall wäre allein Julio durch seine Äußerung delegitimiert. Er weiß eben nicht (und wird es niemals erfahren, da er den Aussage-TEXT nicht LESEN wird), daß sein Leben schon ein Roman ist,

---

im allgemeinen antrieben: „– Eso es un misterio que guarda relación con ese lado de la realidad que no podemos ver ni dominar. Si todo esto que me pasa a mi fuera un cuento de Orlando Azcárate, dependería de él. Aunque tampoco: da la impresión de que alguien le dicta las cosas a ese chico" (DN 13:127).

eine Schrift hinter der Welt lauert, bevor er sie in einen Roman verwandelt, daß sein gesamter *Familienroman* eine narzißtische Selbsttäuschung ist. Welche der Strukturmöglichkeiten wird im weiteren Verlauf des Romans also favorisiert? Man findet bald einen Anhaltspunkt.

Nach der besagten Sitzung treffen sich Julio und Laura tatsächlich im Park; sie gestehen einander ihre Zuneigung und kommen überein, in Julios Wohnung zu fahren:

> [Julio y Laura] callaron mientras el automóvil se deslizaba con una naturalidad sorprendente por entre el enloquecido tráfico de la media tarde. Los conductores regresaban al hogar tras haberse ganado la vida honradamente, pero sus rostros – más que cansancio – reflejaban hastío y desinterés, y parecían ajenos a la primavera que acababa de estallar.
> Julio pensó que *de ese modo, exactamente de ese modo*, habría descrito la situación aquella imagen de sí mismo que se encargaba de tomar cafés y consumir cigarrillos, mientras permanecía sobre la mesa de trabajo rellenando folios con la meticulosidad con la que un niño dispondría en el interior de una caja de zapatos sus objetos queridos.
> La imagen de la caja de zapatos le gustó y se volvió a Laura con una sonrisa de superioridad inteligentemente atenuada por un tono general de desamparo.
> Ella se retiró la melena de la cara con un gesto enloquecedor mientras preguntaba: – ¿Queda mucho?
> El coche bajaba ya por López de Hoyos buscando Cartagena, en dirección a la Avenida de los Toreros. La primavera continuaba intacta; el sol parecía dispuesto a no caer.
> En esto llegaron a la casa de Julio, tomaron el ascensor y él, *agotado por el esfuerzo narrativo*, se preguntó *cómo habría quedado contado el trayecto desde el punto de vista de ella*. (DN 6:64–65; Hervorh. U.W.)

Mit „exactamente de ese modo" findet sich abermals ein Index mit unklarem Bezugsobjekt. Bezieht sich der Ausdruck auf den Aussage-TEXT, also auf den Abschnitt „[Julio y Laura] callaron mientras [...] acababa de estallar"? Und wenn nicht, worauf dann? Kann Julio mit einem Mal den Aussage-TEXT LESEN, wurde die Autofahrt etwa schon aus seiner personalen Perspektive geschildert, womit er AUTOR dieser Passage wäre? Die Beschreibung der Autofahrt wird als Handlungsrealität des reflektierenden Subjekts, d.h. als Diegese, *und* mit dem angeblichen Index „de ese modo" zugleich als Aussage-TEXT vorgestellt. Die Beschreibung ist nicht *nur* Imagination Julios, weil sie zugleich die Handlung vorantreibt und ihn und Laura in seine Wohnung führt, wohin sie ansonsten allein kraft der Imagination Julios gelangt wären. Diese Doppelkodierung des Aussage-TEXTES erinnert an die „creation/description"-Paradoxien Torrente Ballesters, doch läßt ein entscheidender Unterschied diese Identifikation als vorschnell erscheinen: während in den *Fragmentos de apocalipsis* der gesamte Aussage-TEXT von diesem Paradox bestimmt wird, bleibt in *El desorden de tu nombre* vor und nach dieser Passage die Trennung zwischen erzählter Welt und imaginiertem Roman Julios bestehen[424], denn gerade diese Differenz charakterisiert Julios psychogene Wahrnehmungsstörung und ist notwendig, um der Schlußpointe der Titelsignatur den nötigen Überraschungseffekt zu verleihen. Wenn die im Aussage-TEXT beschriebene Handlung zugleich die Diegese konstituiert *und* Julios Version der Beschreibung sein soll, so wird eine Kongruenz von Wahrnehmungscode und Sprachcode, von Wort im Roman und Ding in der Wirklichkeit unterstellt. Die Beschreibung der Autofahrt als von Julio GELESENE Welt wäre das direkte Abbild, das unverbrüchliche Signifikat der Aussage bzw. des Aussage-TEXTES. Die folgende Stelle: „[Julio] se preguntó cómo habría quedado contado el trayecto desde el punto de vista de ella" wiederholt diese Überlagerung. Während die subjektivierende *Beschreibung* des Nachmittags und mehr noch die Metapher des Schreibens („rellenando folios con la meticulosidad con la que un niño dispondría en el interior de una caja de zapatos sus objetos queridos") Julio zugeschrieben werden („La imagen de la caja de zapatos le gustó") oder werden könnten, gilt dies nicht für die erzählte *Handlung* als solche. Es 'gibt' in diesem Fall keine Version Julios, die man einer Version Lauras gegenüberstellen könnte, und die vor allem nur eine 'Version', aber nicht zugleich ein nicht-suspendierbares Handlungselement oder eben die Romanaussage selbst wäre.

Diese Stelle läßt also die erste der obengenannten Interpretationsmöglichkeiten als adäquat erscheinen. Hier steht dann nicht mehr der Geisteszustand Julios zur Debatte; vielmehr manifestieren sich in der soeben analysierten Passage die Konsequenzen des narrativen Versuchs, den Protagonisten in den Augen des Lesers in größtmögliche Nähe zum AUTOR des Aussage-TEXTES zu rücken. Eine durchaus mißliche Konsequenz, denn sie unterstellt ein Abbildverhältnis von Signifikat und Signifikant. Statt die Sprachlichkeit von Weltkonstitutionen vor Augen zu führen, führt das so inszenierte „creation-description"-Paradox hier – paradoxerweise – umgekehrt dazu, Welthaftigkeit der Signifikanten herauszustellen[425].

Bisher kam Julios AUTOR-Tätigkeit in zwei Ausprägungen zur Sprache: als Imagination und – zuletzt – in einer Art von simultaner Überlagerung mit der Romanaussage. Bevor sich die Frage klären läßt, wie und in welcher Hinsicht Julio AUTOR ist bzw. sogar den Aussage-TEXT SCHREIBT, sind noch zwei weitere Momente heranzuziehen, die sein Verhältnis zum Aussage-TEXT

---

[424] Vgl. DN 7:83; an anderer Stelle die Trennung von Literatur und Leben s. DN 13:130.
[425] Man ist versucht, hier von einem narrativen 'Fauxpas' zu sprechen, da ansonsten in diesem Roman die referentielle Illusion gerade mit allen Mitteln als Illusion aufgedeckt wird. Die einfache Umkehr des mimetischen Modells ist nicht schon in jedem Falle dekonstruktiv, sie kann durchaus das Modell wieder implizieren: „à vouloir renverser le mimétologisme ou à prétendre lui échapper d'un coup, en sautant simplement *à pieds joints*", so sagt Derrida (1972a:235), „on retombe sûrement et immédiatement dans son système [...]".

markieren und ebenfalls aufgrund der bisherigen Ergebnisse als zusätzliches Kriterium dafür verbucht werden können, daß die Überlagerungen in der oben zitierten Stelle nicht maßgeblich für das Verhältnis zwischen Julios Schreiben und dem Aussage-TEXT sind, sondern vielmehr für eine bestimmte Disposition der Selbstrepräsentationen in *El desorden de tu nombre*.

Als Laura und Carlos (und der Rezipient) längst unabhängig voneinander wissen, welche Dreiecksbeziehung sie mit Julio bilden, wird diese Konstellation für Julio, der sich seinerseits nicht darüber im klaren ist, zu einem brillanten literarischen Einfall für sein Romanprojekt. Julio ist zu Hause und imaginiert sich selbst als

> personaje de una historia de amor y de adulterio. Moviendo ligeramente la cabeza, fijó la vista en su mesa de trabajo, en su silla vacía, y se imaginó sentado en ella, describiendo sobre un folio la incertidumbre apasionada de un sujeto que, tras una sesión de análisis se dirigía al parque de Berlín en busca de un encuentro probable con una mujer casada. De repente sucedió un acierto narrativo que consiguió arrancar una sonrisa de los labios de Julio: *aquella mujer que bajo la coartada de cuidar a su hija le esperaba sentado en un banco, y con cuyo cuerpo había gozado el día anterior, era en realidad la esposa de su psicoanalista*. (DN 8:83–84; Hervorh. U.W.)

Die Szene ist eindeutig als Phantasie gekennzeichnet. Die Überlagerung besteht nunmehr nur noch zwischen Julios Imagination und der ihn umgebenden Welt: „aquella mujer" ist *zugleich* die imaginierte Frau und die reale Laura. Ein Zusammentreffen der Ehebrüchigen im Park und die Tatsache, daß die Frau die Gattin des Analytikers ist, entspringt Julios Imagination (er weiß nicht, daß das Dreiecksverhältnis in seinem wirklichen Leben tatsächlich besteht), aber die Frau „con cuyo cuerpo había gozado el día anterior" ist die Laura seiner Realität, mit der er in der Tat den Vortag verbracht hatte (s. Kap. 6).

Ein Kapitel später entwirft Julio verschiedene Fortsetzungsmöglichkeiten der Intrige je nach Wissensstand der drei Personen hinsichtlich des Dreiecksverhältnisses. Als einzige Lösung des Knotens will ihm ein Verbrechen angemessen erscheinen. Julio ist mittlerweile so sehr in seine eigene Imagination verstrickt – „*yo*, además del narrador, *soy* el protagonista [de mi novela]", sagt er einmal zu Carlos (DN 13:129; Hervorh. U.W.) –, daß er sein reales Leben aus dem Blick verloren hat. In diesem Bewußtsein beschwört er Laura geheimnisvoll: „Va a pasar algo para que se arregle lo nuestro, ¿verdad?" – und Laura: „Sí, sí, algo va a suceder" (DN 14:147). Doch Laura macht Ernst: sie bringt Carlos um. Als sie dem Geliebten vom Gattenmord berichtet, ruft jener aus: „Pero esto es lo que pasaba en mi novela, en *El desorden de tu nombre*" (DN 17:171). (Darauf Laura, verklärt, wie in einem Roman von Galdós: „Es que esta historia nuestra, amor, es como una novela".) Julios imaginärer Roman wiederholt hier also nicht nur die bisherige Erzählung (den bisherigen Aussage-TEXT insofern er für Julio LESBARE Welt ist) oder ist ihr simultan, sondern weist auch durch den Mordplan in die Zukunft – wenngleich Julio diese Realität nicht mehr sieht, denn er hält Carlos' Tod für das Werk der verstorbenen Teresa. Allerdings ist der Mord eine weitere sehr literarische Vorstellung, die Julio zweifellos – in quijotesker Manier – den Erzählungen von Orlando Azcárate entnommen hat.

Die Imagination erlaubt Julio, die Realität zu simulieren. Er ist trotz der vermeintlichen Indices, die er auf den Aussage-TEXT herstellt, ein AUTOR ohne Schrift-TEXT, der ikonische AUTOR par excellence. Sein Roman nimmt nicht wirklich Einfluß auf sein eigenes Leben. Einerseits wiederholt er, was seine literarisierte Welt ihm vor-schreibt und interpretiert die Welt in einem narrativen Code (hierin gleicht er dem Don Quijote des zweiten Teils, wo die literarischen Vorlagen aus dem Roman selbst stammen). Andererseits sieht er voraus, was sowohl sein eigenes Leben als auch seinen Roman untergründig bestimmt, nämlich die ödipale Logik des Begehrens (Carlos ist offensichtlich der 'Vater', der im imaginären Roman und in der Erzählung ermordet wird).

Auch die Differenz zwischen den beiden in der Titelsignatur zusammengezwungenen TEXTEN, *El desorden de tu nombre* als geschriebener Aussage-TEXT und als imaginierter Roman, tritt nun umso deutlicher zutage, als Julio gerade *nicht* AUTOR des Aussage-TEXTES ist. Gegenüber der Identifizierung beider TEXTE, wie sie sich in einer Darstellung als reflexive *mise en abyme* ergäbe und wie es dem Moderne-Theorem der 'Autoproduktion' des Werks entspräche, erscheint hier nun gerade die *Differenz* zwischen den beiden TEXTEN als eigentlicher Repräsentationsgehalt der Titelsignatur. Indem die Titelsignatur zwei TEXTE miteinander namentlich identifiziert, die substantiell nicht identisch sind, öffnet sie eine Kluft, in der sich ansiedelt, was Julio in seinem Roman *nicht* realisiert und ausschließt, was aber doch die erzählte Welt, d.h. seine Realität und seine Romanproduktion für ihn umso undurchschaubarer determiniert. Wenn sich Julios Schriftstellerei während des gesamten Romans darauf beschränkt, imaginierte TEXTE zu bilden, und diese TEXTE – seien es Fieberphantasien oder ganze Erzählungen – in Julios Welt ihren Ausgangspunkt nehmen, sie aber nicht real verändern oder bedingen, so wird umgekehrt Schreiben, v.a. PRODUKTION des schriftlichen Aussage-TEXTES, mit Welterzeugung in Verbindung gebracht. PRODUKTION von *Schrift*-TEXT – Julio ist dessen unfähig – ist als Produktion von Wirklichkeit konnotiert; für den Rezipienten ist dies unter Bezug auf den als Schrifttext vorliegenden Roman *El desorden de tu nombre* evident, weil diese Schrift als Aussage-TEXT die für Julio reale Welt vorgibt. *Ikonizität* von PRODUKTION und TEXT – Julios Imaginationen und Phantasien – verweisen hingegen auf Nicht-Realität. SCHREIBEN und Schrift-TEXT, die Materialität und Medialität des Romans selbst, erhält so ein ontologisches Prädikat. Das Ungeschriebensein von Julios Roman wird zur Metapher seiner Verdrängung, das Schriftliche – letztlich das Schriftliche des Romans selbst – zum Ausdruck seines Unbewußten.

Bisher wurde eine vorrangig figurative Lektüre der Selbstrepräsentationen durchgeführt. Es bleibt die Frage, inwiefern möglicherweise der Aussage-TEXT dennoch repräsentiert wird, d.h. wie, durch wen oder was der Spalt zwischen den beiden TEXTEN gefüllt wird, denen die Titelsignatur ein Scharnier ist, nachdem es ja nicht dadurch geschieht, daß sich eine Figur des Romans am Ende wirklich als Autor des Romans herausstellt. Für die Analyse gelten diese letzteren, noch zu freizulegenden Momente zugleich als die Repräsentationsgehalte, in denen allein der Aussage-TEXT in Millás' Roman überhaupt bestimmt ist; diskurshistorisch betrachtet ist diesen Repräsentationsgehalten abzulesen, was nunmehr unter Aussage-TEXT verstanden wird – und nicht nur unter Aussage-TEXT als Position im Spiel der Selbstrepräsentationen: die hochgradig metafiktionale Anlage legt es besonders nahe, diese Repräsentationsgehalte figurativ als Aussagen über Literatur selbst zu lesen. Diese Bestimmungsmomente sollen im folgenden festgemacht werden als: die ödipale Logik als PRODUKTIVER intertextueller TEXT, die narrative Ökonomie eines medial vermittelten, literarisierten Lebens und in gewisser Weise ein Handlungsereignis (der Mord), denn dies sind die weiteren PRODUKTIONEN, die für *beide* TEXTE verantwortlich sind.

Laura: Das sprachlose Schreiben der Wirklichkeit

Laura hegt keine schriftstellerischen Ambitionen, dennoch gelingt ihr mit Leichtigkeit, was Julio versagt bleibt: sie ist AUTOR in der Aussage zitierter TEXTE, denn sie schreibt ein geheimes Tagebuch (DN 3:40; 10:96–97; 15:156–157; 17:170). Lauras Vorrang, den Aussage-TEXT mitzugestalten, wenngleich sie auch den Aussage-TEXT nicht LESEN kann und nicht einmal weiß, was sie Julio voraus hat, äußert sich bereits, bevor sie ihr Tagebuch füllt. Wie Julio hat sie eine reiche Phantasie, die zwar zunächst im Imaginären bleibt, aber – einzig in dem Roman – trotz Phantasie-Status in der Aussage-TEXT eingeht. Dies ist umso bemerkenswerter, als die Aussage-TEXT-Ebene als realitätsstiftend kodiert war. Allein zu Hause, wird ihr bewußt, daß sie ihr Leben für den Erfolg ihres Mannes geopfert hat:

> El objeto del rencor era su marido y la causa el hecho de que [Carlos] poseyera aquella consulta, aquel refugio personal que invitaba al recogimiento. [...] Al salir del rencor entró en la fantasía de que *se quedaba viuda. La llamaban por teléfono del hospital en el que trabajaba Carlos y le decían que su marido estaba muy mal.*
> – *¿Es grave?* – *preguntaba ella.*
> – *Piense en lo peor* – *le contestaban con cautela.*

> *Lo había matado un infarto. Ella, evidentemente, nada tenía que ver con el hecho;* sin embargo, empezó a sentirse culpable y tuvo que escapar de la fantasía antes de *utilizar su viudez como hubiera deseado.* (DN 3:39–40; Hervorh. U.W.)

Zwar verweist das Verbtempus *imperfecto* zusätzlich auf den Phantasiecharakter der Passage; doch die Trennung von imaginierter Handlung (Hervorhebung) und realer Handlung wird am Ende des Absatzes in Zweideutigkeit aufgelöst („antes de utilizar su viudez como hubiera deseado"). Erst das Ende des Romans rechtfertigt, daß die Phantasie als gleichrangig mit der Erzählung in der Romanaussage erscheint, denn Laura ist es wirklich, die ihren Mann umbringt. Aussage-TEXT *SCHREIBEN*, d.h. TEXT PRODUZIEREN, der in der Aussage zitiert ist, konnotiert damit nicht nur einmal mehr Realität und Realitätserzeugung, sondern auch Wahrheit (der Fiktion).

Radikaler noch drückt sich Lauras Handlungsfähigkeit in den Tagebuchaufzeichnungen aus. Die Einträge zeichnen sich nicht durch besondere stilistische Eleganz aus, vielmehr handelt es sich um sprachliche Gewaltakte gegen die Sprache selbst. Die Notizen beginnen mit einer Freudschen Fehlleistung: sie – ihr Unbewußtes – schreibt, räsonnierend über die enttäuschte Ehe: „Todo es mentira. El parque está lleno de mentiras. Por error he escrito *el parque está lleno de mentiras* cuando quería decir el *mundo está lleno de mentiras*" (DN 3:41). Der Park ist der geheime Ort ihres Zusammentreffens mit Julio. Wenige Sätze später ist sie bereits in der Lage, die Signifikanten zu dekomponieren (DN 3:41) und schließlich daraus eine Art (etwas einfallsloser) Geheimsprache zu entwickeln (DN 10:97), deren subversives Potential sich bald nach dem Mord an Carlos durch vergifteten Kaffee in der Auflösung moralischer Ordnungsvorstellungen niederschlägt:

> Entre lo permitido y lo prohibido (es decir, entre lo perhibido y lo promitido) hay una distancia variable. A veces, la distancia se diluye, como el veneno en el café (o como el caneno en el vefé) y se convierten en la misma cosa. [...] Quiero decir con ello que se puede viajar al infierno, o al interior de una leprosería, sin que los vecinos o parientes cercanos lleguen a saberlo. La cuestión es saber volver a la normalidad (o norver a la volmalidad). (DN 15:156–157)

Bei diesen Reflexionen handelt es sich zugleich um ihr psychoanalytisches Geständnis, für das sie jedoch, im Gegensatz zu Julio, zunächst keinen Zuhörer braucht. Laura ist autonom. Erst am Ende gibt sie dem Geständniszwang nach und bittet Julio, das Tagebuch zu lesen (DN 17:170).

Laura ist damit 'Autor' im doppelten Sinne des Wortes: Sie SCHREIBT einen TEXT, und sie ist die Urheberin des zentralen Handlungsereignisses in *El desorden de tu nombre*, dem Mord an Carlos. Hier bestätigt sich die schon festgestellte Konnotation von SCHREIBEN: Aussage-TEXT SCHREIBEN – selbst wenn es ein Tagebuch ist und der AUTOR nicht weiß, daß er Aussage-TEXT-AUTOR ist – bedeutet, auf den für Julio und die erzählte Welt transzendentalen Aussage-TEXT Einfluß zu nehmen; wenngleich Laura nicht direkt ihn, Julio, als Figur SCHREIBT, so bringt doch erst ihre Handlung, der Gattenmord, Julios Roman zum Abschluß und ermöglicht die Kongruenz von Roman und Leben im praktischen Sinne (sie können ein neues Leben beginnen) und im narrativen Sinne (denn für Julio wird allein ein Mord die Lösung des Knotens sein).

TEXT-als-AUTOR:
Kriminalerzählungen als Systemreferenz und performative Palimpseste

Julio hat in seiner Eigenschaft als Verlagslektor über die Veröffentlichung eines Kurzgeschichten-Bandes von Orlando Azcárate zu befinden. Azcárate ist gewissermaßen sein Ideal-Ich, weil er in der Lage ist, Literatur zu produzieren und diese vom Leben zu trennen (vgl. Kap. 9). Nachdem es Julio nicht gelungen ist, ihn mit der Macht des über die Veröffentlichung entscheidenden Verlegers einzuschüchtern (zentrales Kap. 9), läßt er ihn aus seinem Ideal-Roman ausscheiden, indem er gegenüber Laura und Carlos die Erzählungen als seine eigenen ausgibt. Im Laufe von *El desorden de tu nombre* wird, vermittelt durch die Lektüre Julios, die Handlung von vier Geschichten aus diesem Band wiedergegeben (DN 4:51–52; 8:76–77, 78–80; 11:111–113). Sie verhalten sich zum Romanganzen wie eingefügte Novellen in knappster Form. Die erste Geschichte, *El Concurso* (DN 4:51–52), unterhält die stärkste *mise en abyme*-Beziehung zum Roman[426] und faßt verdichtet und verschoben die Romanhandlung zusammen. Das bedeutet, daß sie auch Handlungsmomente des Romans indirekt präfiguriert, zumal sie nicht erst am Ende erzählt wird. Deshalb muß sie als versteckter (symbolischer) AUTOR des Aussage-TEXTES betrachtet und untersucht werden.

Ein Schriftsteller – so berichtet die Erzählung – ersinnt den Plan eines perfekten, als Suizid getarnten Mordes an seiner Frau; unfähig ihn auszuführen, macht er daraus eine Kriminalgeschichte, die er die Eitelkeit besitzt seiner Frau zu lesen zu geben. Nachdem sie ihn animiert hat, die Erzählung bei einem Wettbewerb einzureichen, nimmt sie sich tatsächlich das Leben. Aus Angst, die Erzählung könnte als Mordgeständnis interpretiert werden, tötet der Schriftsteller nacheinander alle Jurymitglieder der Ausschreibung, die seinen Text bereits gelesen hatten. An diesem Punkt bricht Julio die Lektüre ab, die Geschichte bleibt ohne Ende.

Die Parallelen zur Erzählung ersten Grades liegen auf der Hand: Der Schriftsteller (lies: Julio) sublimiert seinen realen Wunsch, die Frau zu töten (lies: Carlos zu töten), indem er eine Geschichte schreibt, die von der Frau (lies: Laura) – möglicherweise durch ihn inspiriert – in die Tat umgesetzt

---

[426] Man könnte an mindestens zwei weiteren cuentos von Azcárate ähnliche Beziehungen festmachen: *La vida en el armario* (DN 8:78–80) oder *Me he perdidio* (DN 11:111-113).

wird. Wie der spätere Mord an Carlos ist der Selbstmord sowohl durch Literatur in die Welt gesetzt als auch real motiviert, in beiden Fällen geht der Tat eine unbefriedigende Ehe voraus. Das nämliche gilt für die Morde an den Jury-Mitgliedern: Allein die zweifellos literarisierende und durch Schuldgefühle beflügelte Imagination des Schriftstellers läßt ihm seine fiktionale Erzählung als mögliches Geständnis erscheinen und führt ihn zu der Annahme, seine Kurzgeschichte müsse für wahr gehalten werden. Wie schon in Lauras Tagebuch und Julios Analysanden-Rede wird ein TEXT in den doppelten LESE-Kontext von Literatur und Geständnis gestellt. Die gleiche Motivationsbeziehung, die in der Erzählung Azcárates und im Aussage-TEXT selbst aufgebaut wird, besteht zwischen dieser Erzählung (als literarischem Text) und der erzählten Welt, und zudem in doppelter Weise: Julios Lektüre der beneideten *cuentos* Orlando Azcárates bringt ihn auf die Idee des späteren Mordes an Carlos Rodó in seinem imaginierten Roman. Dadurch setzt er zugleich Lauras zunächst unbewußtem Wunsch, Carlos zu töten, die Prise literarisierter Lebenssicht zu, die notwendig ist, um den Mord tatsächlich auszuführen – einen Mord, der doch nur in Kriminalgeschichten *notwendig* wäre, denn sie könnten sich auch scheiden lassen.

Insofern Azcárates Erzählung eine Handlung antizipiert, die im weiteren Verlauf von *El desorden de tu nombre* tatsächlich stattfindet, ist die Kriminalgeschichte ein symbolischer AUTOR. Der Repräsentationsgehalt von 'Autorschaft' ließe sich in diesem Fall wohl mit 'narrative Strukturlegung' umschreiben. Julio ermordet seine Verlagskollegen zwar nicht, obwohl sie, wie in *El concurso*, den Erzählungsband Azcárates schon kennen; und ebenso wenig tötet er, obwohl zunächst geplant, Orlando Azcárate, um die Geschichten unter seinem Namen zu publizieren (DN 9:89); doch die Mordidee ist geboren, und es werden die Kriminalgeschichten sein (und ein Hitchcock-Film, den Laura am Tatabend sieht), die dem Liebespaar ein Verbrechen als einzige Lösung ihres Problems erscheinen lassen.

Darüber hinaus wird ausgehend von der *mise en abyme*, die *El concurso* darstellt, Fiktion oder Literatur (TEXT mithin) in dreifacher Weise als verwirklichungsfähig, performativ ausgewiesen. (i) Die Kriminalgeschichte des Schriftstellers aus *El Concurso* handelt von einem als Selbstmord getarnten Gattenmord; seine Frau bringt sich nach der Lektüre tatsächlich um. (ii) *El Concurso* selbst bewahrheitet sich sowohl in Julios Entscheidung, im Konzipieren seines imaginierten Romans den Vatermord zu sublimieren, als auch (iii) in Lauras Mord als realer Handlung. Im Motivationsverhältnis von Handlungsmomenten zwischen den Erzählungen ersten, zweiten und dritten Grades bildet sich durchgängig, von der literarisierten Weltsicht des Schriftstellers in Azcárates Erzählung bis hin zu Julio, ein Kontinuum von sich gegenseitig ihre Vorgaben schaffenden TEXTEN, die so den Eindruck eines

Simulakrums erzeugen, das auch in weiteren Dispositionen bestätigt werden kann[427]. Plurale TEXTE, von der 'Erzählung (des Schriftstellers) in der Erzählung (Azcárates) in der Erzählung (*El desorden de tu nombre*)' über die 'Erzählung (Julios Roman) in der Erzählung (*El desorden de tu nombre*)' bis hin zum Aussage-TEXT verhalten sich zueinander wie Ikons, zwischen denen symbolische Gehalte (plot-Modelle, Intertexte etc.) vermittelt werden, die selbst TEXTE sind.

Azcárates Kurzgeschichten sind insofern symbolische Ko-PRODUZENTEN von Julios Roman, als sie diesem Handlungsmomente vorgeben und so auch hinsichtlich des Aussage-TEXTES PRODUKTIV werden, denn Carlos wird am Ende ermordet. Da alle drei TEXTE verschiedene Versionen der gleichen Geschichte darstellen, repräsentieren sie sich *gegenseitig* symbolisch als TEXTE. Azcárates Erzählungen sind der eigentliche Motor (weshalb sie als symbolischer AUTOR beschrieben wurden): da sie schon abgeschlossene Erzählungen sind, werden sie nicht mehr von Julios Roman oder der Haupthandlung beeinflußt[428]. Andererseits sind die Geschichten in ihrer extremen Konstruiertheit eher ausformulierte Realisierungen eines generischen Typs (Kriminalgeschichte) als eigentliche Erzählungen. Man kann deshalb sagen, daß das autokritische Potential der Erzählung in bezug auf den Gesamtroman weniger in einer konkreten inhaltlichen Interpretation besteht, als vielmehr darin, ein ansonsten abstrakt bleibendes Konstruktionsmoment von *El desorden de tu nombre* offenzulegen. Diskurshistorisch interessant ist daran abermals nicht, *daß* hier ein solches Reflexionsverhältnis besteht, sondern daß Literatur damit unter dem Aspekt fokussiert wird, modellhafte Konstruktion auf der Basis generischer und intertextueller Vorgaben zu sein. In doppelter Weise – durch die TEXTE der Therapie-Sitzungen einerseits, die Kurzgeschichten andererseits – entstehen also symbolische TEXT-Repräsentationen, die den Roman in seiner Konstruiertheit repräsentieren und ihn nach außen auf den intertextuellen (Ödipus-plot) und den systemreferentiellen Raum (Genre) hin öffnen.

---

[427] Das Simulakrum verstanden als „une copie de copie, une icône infiniment dégradée, une ressemblance infiniment relâchée [...]. La copie est une image douée de ressemblance, le simulacre une image sans ressemblance. [...] Sans doute produit-il [le simulacre] encore un *effet* de ressemblance; mais c'est un effet d'ensemble, tout extérieur, et produit par des moyens tout différents de ceux qui sont à l'œuvre dans le modèle. Le simulacre est construit sur une disparité, sur une différence, il intériorise une dissimilitude. C'est pourquoi nous ne pouvons même plus le définir par rapport au modèle qui s'impose aux copies, modèle du Même dont dérive la ressemblance des copies. Si le simulacre a encore un modèle, c'est un autre modèle, un modèle de l'Autre dont découle une dissemblance intériorisée" (Deleuze 1969:297).

[428] In dem Maße indessen, in dem Azcárates Erzählungen für den Rezipienten ausnahmslos *nicht* abgeschlossen sind, weil sie nicht zu Ende erzählt/gelesen werden, gesellen sie sich zu zahlreichen weiteren offenen TEXTEN in diesem Roman, die für den Rezipienten unrealisierte Varianten der Romanhandlung sind; s. Kap. 2.3.4.4.

2.3.4.2. TEXT-Position

Die Titelsignatur

Kap. 2.3.4.1 hatte ergeben, daß die Identität der Titel von Aussage-TEXT und Julios Roman weniger ein Zeichen der Identität beider TEXTE ist als vielmehr ein Verweis auf die Pluralität der PRODUKTIONS-Instanzen. Doch die Titelsignatur läßt sich auch in ihrem Eigenrecht als TEXT-Repräsentation analysieren. In dem Moment, da Julio seinem Roman zum ersten Mal den Namen '*El desorden de tu nombre*' gibt (DN 14:148), wird aus dem TEXT-Ikon, das sein Lebensroman bisher darstellte, ein TEXT-Index. Julios Roman und sein imaginiertes, schreibendes Double selbst bleiben dennoch ikonische AUTOREN, da Julio den Roman nicht wirklich niederschreibt. Noch im letzten Satz heißt es nur: „[Julio] tuvo *la absoluta seguridad* de que cuando llegara al apartamiento encontraría sobre su mesa de trabajo una novela manuscrita, completamente terminada, que llevaba por título *El desorden de tu nombre*" (DN 17:172; erste Hervorh. U.W.). Die Titelnennung bleibt der einzige direkte TEXT-Index im ganzen Roman. Die Titelsignatur ist potentiell ein umkehrbares Zitat- und damit Repräsentationsverhältnis zwischen Titel des Buches und Titel des Buches im Buch, also zwischen Aussage-TEXT und Julios TEXT. Der Name „*El desorden de tu nombre*" ist deshalb nicht nur das sprachliche Objekt, das im Titel von Julios imaginiertem Roman zitiert / repräsentiert wird, sondern hat möglicherweise Julios imaginierten Roman '*El desorden de tu nombre*' seinerseits zum Objekt.

Als Julio seinen noch im Entstehen begriffenen Roman tauft, gibt er zugleich eine Interpretation des Titels an die Hand:

> [Julio] se tumbó en el sofá para observar desde allí el escritor imaginario que, sentado frente a su mesa de trabajo, escribía una novela suya titulada *El desorden de tu nombre*, pues ese sería su argumento y su trama, una tupida trama capaz de tapar el agujero producido por la desaparición del otro nombre – el de Teresa – y de aliviar la distancia que todavía le separaba de Laura. (DN 14:148)

Die Deutung des Titels kann als symbolische TEXT-Repräsentation eingestuft werden. Doch welches ist ihr Objekt? Über den Titel welchen Romans spricht Julio, über den imaginierten oder über den Aussage-TEXT? Die Frage will spitzfindig erscheinen, bietet sich doch die Passage als willkommene Interpretation eines schwierigen Titels an. Die Titelidentität beider Romane ist jedoch eine 'Falle', eigentlich bleibt das Objekt unentschieden. Würde diese Unentschiedenheit unterschlagen, so wären auch alle Differenzen zwischen imaginiertem Roman und Aussage-TEXT eingeebnet, die es ja gerade zu bestimmen gilt. Die Titelsignatur kann an sich zunächst nur insofern umgekehrt werden, als sie ein *Zitat* ist. Allein auf der formalen Signifikantenebene besteht Identität und ein gegenseitiges Repräsentationsverhältnis; unter der

Hand auch die symbolische Erweiterung (die Selbstinterpretation) umzukehren hieße, sie als 'Intention des Autors' ernstzunehmen und, wie Dällenbach (1977:130) dafürhalten würde, als „mode d'emploi" zu lesen.

Welche Aspekte sind also nicht-reversibel? Dazu muß man sich die Differenzen zwischen beiden Versionen von „*El desorden de tu nombre*" vergegenwärtigen. Diese ergaben sich vor allem aus der Semantik von ikonisch-imaginär vs. indexikalisch-schriftlich (in der Romanaussage zitiert). Der imaginäre Roman war Julios Wahlheimat, hier hatte er die Freiheit, Realität nach allen Regeln der Erzählkunst zu formen und im Ausschluß unbequemer Wahrheiten zu idealisieren – der Verzicht auf das Schreiben bedeutet gemäß dieser Semantik Verdrängung und Verzicht auf Handlungsfähigkeit. Der Aussage-TEXT ist der transzendentale Ursprung jener Totalität, aus der Julio als Welt-LESER seinen Roman formt, und zugleich jene Seite der Realität, die er nicht dominieren kann – er kann den Aussage-TEXT deshalb auch weder LESEN noch SCHREIBEN. Die UNLESBARKEIT des Aussage-TEXTES für Julio verwehrt ihm auch die Erkenntnis, daß sein Analytiker und seine Geliebte miteinander verheiratet sind und es sich bei dessen Mord um einen Gattenmord handelt[429]. Die Differenz zwischen beiden TEXTEN manifestiert sich als Differenz zwischen Julios Perspektive und der des Rezipienten: für jenen hat der ikonisch-imaginäre Roman Vorrang vor der Realität, für diesen ist Julio als literarische Figur und dessen 'Realität' im Schrifttext von *El desorden de tu nombre* niedergelegt; Julios Verzicht auf das Schreiben muß dem Rezipienten als der deutlichste Ausdruck seiner Verkennung von Wirklichkeit erscheinen.

In welchen Aspekte ist dann aber – umgekehrt – die Reversibilität abgesichert, d.h. inwiefern ist die Titelidentität dennoch eine Aussage-TEXT-Repräsentation? Auf den ersten Blick scheinen sich mögliche Parallelen darauf zu beschränken, daß beides fiktionale, literarische Texte sind. Tatsächlich stellt sich jedoch noch als weitere Gemeinsamkeit heraus, daß beide TEXTE durch den sie strukturierenden Ödipus-Intertext bestimmt sind. Genauer gesagt: Aussage-TEXT und imaginierter Roman repräsentieren sich *gegenseitig* als dessen PRODUKTE. Reversibilität besteht dann hinsichtlich eines Minimal-plots, nämlich des Ödipusmotives. Dieses wiederum ist ein intertextueller TEXT, der nicht nur als 'Spur' im Roman anwesend ist, sondern als solcher

---

[429] Erst als Laura ihn vom Tod Carlos' unterrichtet und ihn bittet, abends in ihre Wohnung zu kommen, bemerkt Julio, daß dies die Adresse seines Analytikers ist, ohne dieser Übereinstimmung Rechnung zu tragen: „La conicidencia era, sin duda, una de esas rendijas que se abren a veces sobre la superficie tersa y dura de la realidad" (DN 17:170). Als Laura ihm ihr Tagebuch als Geständnis zu lesen gibt, hält er die Tat für das Werk Teresas (DN 17:171). Wenn im letzten Satz Julio mit „absoluta seguridad" weiß, daß er auf seinem Schreibtisch einen abgeschlossenen Roman mit dem Titel '*El desorden de tu nombre*' vorfinden wird, ist er durch seine verschobene Wirklichkeitswahrnehmung in den Augen des Rezipienten möglicherweise schon unglaubwürdig geworden.

für die Handlung PRODUKTIV ist, also ein TEXT-als-AUTOR. Dies ist im folgenden Kapitel zu zeigen.

TEXT-Symbole: das 'Unbewußte' des Romans

Julios Einlassungen in der Analytikerpraxis (Kap. 5, 13), Carlos' Darstellung seiner Existenzkrise bei seinem Analytiker (Kap. 12) und die Tagebucheinträge als Pendant für Laura werden dadurch zu TEXTEN, daß sie jeweils in spezifische LEKTÜRE-Situationen eingebunden sind: der Analytiker Carlos ist in bezug auf den Patienten Julio LESER, Carlos' Analytiker in bezug auf seinen Patienten Carlos, und Laura ist LESER ihrer selbst. In dem Maße, in dem aus den jeweiligen Äußerungen (TEXTEN) auf das Unbewußte des Analysanden geschlossen werden kann, sind deren Reden symbolische TEXT-Repräsentationen: formal gesagt, sie interpretieren im psychoanalytischen Code jenen TEXT, dessen Effekte die Figuren sind, und stellen dadurch sozusagen das 'Unbewußte' des Aussage-TEXTES (des Romans) dar. Die Kontextualisierung von Julios zweitem Analysegespräch (Kap. 13) kompliziert sich darüber hinaus, weil sich sein Unbewußtes mittels Einlassungen über Literatur (seinen Roman) Geltung verschafft; damit ist eine *doppelte symbolische* TEXT-Repräsentation etabliert, die den imaginären Roman als primäres Redeobjekt hat, aber natürlich auch in dem Maße den Aussage-TEXT mitmeint, in dem er Parallelen zum imaginären Roman aufweist.

Julio erzählt Carlos von seiner Romanidee (Patient verliebt sich in die Frau seines Analytikers) und den narrativen Möglichkeiten, die sich aus dem Knoten ergeben. Die auf Julio selbst zutreffende Konstellation, die er, im Gegensatz zu Carlos, nicht kennt (Patient ahnt als einziger nichts von dem Dreiecksverhältnis), kommt ihm als einzige nicht in den Sinn. Carlos erkennt die Verdrängung sofort und schlägt ihm diese Alternative vor. Julio weist den Einwand aus der Sicht des Schriftstellers ab:

> – ¡Bah!, esa posibilidad la he descartado, porque yo, además del narrador, soy el protagonista y comprenderá que no iba a dejarme a mí mismo en ese lugar de imbécil. Por otra parte, desde un punto de vista meramente narrativo, esa situación no funcionaría. Sería inverosímil que un psicoanalista se prestara a ese juego, al menos un psicoanalista profesionalmente valorado, como usted, que se acerca mucho al personaje que pretendo describir en mi relato. Una situación como ésa podría darse en la vida, pero nunca en una novela. [...] Las leyes de la verosimilitud son diferentes en la realidad y en la ficción. (DN 13:129–130)

Im Gegensatz zu Julios Deutung des Titels (s.o.) betont nun diese Selbstauslegung gerade die Differenz zwischen der Handlung des Aussage-TEXTES (letztlich der 'realen' Handlung in der erzählten Welt von *El desorden de tu nombre*) und Julios imaginärem Roman; sie liegt genau in der narrativen Konstellation, die Julio für erzähltechnisch inoperabel hält. Erst auf einer zweiten Ebene wird die Handlung des Aussage-TEXTES selbst damit charakterisiert. Durch die von Julio vorgetragene – vielleicht allzu simple – 'Wahrscheinlichkeitspoetik' wird *El desorden de tu nombre* für den Rezipienten symbolisch als eine Art Anti-Roman repräsentiert, der umso authentischer ist, als in ihm genau die Handlung stattfindet, die der seinsvergessene Protagonist als unliterarisch-kontingent verwirft: „Una situación como ésa podría darse en la vida, pero nunca en una novela". Damit ist eine Differenz zwischen beiden TEXTEN als Differenz zwischen 'Literatur' und 'Leben' festgeschrieben. Es steht dem Rezipienten als empirischem Leser natürlich frei, sich darauf einzulassen, die soeben kommentierte Deutung als 'gültige' Interpretation des Romans zu lesen und *El desorden de tu nombre* daraufhin für 'authentisch' zu halten; die Selbstinterpretation, die der Roman dem Rezipienten anbietet, nimmt dann eine traditionelle Poetik in Kauf, die einfach nur umkehrt formuliert wäre[430]. Läßt man aber die Sebstinterpretation (symbolische TEXT-Repräsentation) als 'wahre' Aussage über den Roman gelten, so unterschlägt man wiederum die Differenz zwischen Julios LEKTÜRE seiner Welt und dem Wissen des Rezipienten (der Rezipient würde sich in diesem Fall letztlich paradoxerweise selbst zum Psychopathen erklären). In jedem Falle baut eine Gegenüberstellung beider TEXTE abermals auf der Differenz zwischen ikonischer und indexikalischer Repräsentation auf. Wäre Julios imaginierter Roman nämlich geschrieben, in der Romanaussage zitiert oder zitierbar, dann wäre er entweder – wie es in *El cuarto de atrás* der Fall ist – mit dem Aussage-TEXT identisch oder eine Alternative, d.h. ein anderer Roman mit dem gleichen Titel (wie Cide Hametes '*Historia*' im *Don Quijote*). Abermals dient die Semantisierung von ikonisch vs. indexikalisch zu einer Hierarchisierung, diesmal normativer Art: das Materielle genießt Vorrang vor dem Imaginierten, der 'wahre' Schrifttext vor dem Phantasma, das – bei Julio – mit dem Makel der Selbstverkennung versehen ist.

Die einzig mögliche Lösung des Knotens besteht für Julio schließlich in einem Verbrechen, „pasional en el fondo, pero intelectual en la forma". Carlos

---

[430] Dies wird besonders im Vergleich zu der fast identisch verlaufenden Reflexion über Leben und Literatur in Pérez Galdós' Erzählung *La novela en el tranvía* deutlich. Die besondere Authentizität eines realen Geschehens zeichnet sich hier für den realitätsblinden Protagonisten dadurch aus, daß es stattfindet, obwohl oder weil es eigentlich nur in schlechter, 'romanhafter' Literatur vorkommt. Galdós eigener Geschichte, die all dies erzählt, und dem Rezipienten, der es liest, wird dadurch, daß sie diese Reflexion durchschauen, die Qualität der besonderen Wirklichkeitstreue bzw. des literarischen Urteilsvermögens zugesprochen (vgl. o. Kap. 2.2.1). Bei Millás zeichnet sich für den – in den Augen des Rezipienten – realitätsblinden Protagonisten die gute Literatur dadurch aus, daß sie nicht das Real-Kontingente, sondern nur das Narrativ-Wahrscheinliche erzählt; der Roman von Millás zeigt, daß er diese Reflexion als Fehlschluß durchschaut, und gibt sich selbst als besonders authentisch dadurch aus, daß er die vom Protagonisten verworfene Handlungsmöglichkeit als seine eigene Handlung aufbaut.

bleibt nichts anderes übrig, als daraus den Schluß zu ziehen: „Según ese esquema, el muerto soy yo" (DN 13:130).

Während in der ersten Sitzung (Kap. 5) noch Julios auditive Halluzination besprochen wurde, manifestiert sich in der zweiten Julios Unbewußtes durch seine Einlassungen über seinen Roman. Das Verhältnis zwischen Literatur und Psychoanalyse wird damit äußerst komplex. Julios Äußerungen verweisen nämlich nunmehr zugleich auf sein Unbewußtes und in einer bestimmten Hinsicht auf den Aussage-TEXT – auf das eine, *indem* sie auf das andere verweisen –, insofern Julios Unbewußtes die Produktion seines Romans bestimmt; da dieser und der Aussage-TEXT am Ende zur Handlungskonvergenz gelangen, kommt die ödipale Logik, die die Handlung im imaginären Roman bestimmt, zugleich auch als Konstruktionsprinzip des Aussage-TEXTES (des Romans) zum Vorschein. Unabhängig davon, ob Julio sich der ödipalen Logik seines Romans bewußt ist, wird sie symbolisch dem Aussage-TEXT selbst zugeschrieben: in der erzählten Welt wiederholt sich diese Logik, und das Schreiben von Literatur wäre dann selbst die Therapie. Der Ödipus-plot wird damit, wenn auch ein wenig forciert, als grundlegende Determinante der Handlung eingesetzt. Es ist deshalb nicht verwunderlich, daß diese symbolischen TEXT-Repräsentationen auch ausgerechnet von den Analysesitzungen ausgehen.

Ikons: 'Ästhetische Halluzination der Wirklichkeit'

Ikonische Repräsentationen von TEXTEN, die nicht oder kaum PRODUKTIV hinsichtlich des Aussage-TEXTES sind, spielen in *El desorden de tu nombre* eine eher atmosphärisch zu nennende Rolle. Sie wirken als blasse intertextuelle Spuren, die sich in den Roman hineinziehen, ihn wie die intertextuellen und systemreferentiellen Verweise nach außen öffnen (ganz im Gegensatz zum Hermetismus in *Estela del fuego que se aleja*) und die Funktion haben, eine durch kulturelle Codes vermittelte Wirklichkeitswahrnehmung der Protagonisten zu kennzeichnen. Dies gilt bedingt auch für die zahlreichen Erzählungen Orlando Azcárates. Als simulierte Realitäten sind TEXTE allgegenwärtig und geraten zu Ausgangspunkten für Handlungen bzw. ersetzen sie und bestimmen oder versinnbildlichen das Bewußtsein der Figuren wie z.B. der Hitchcock-Film, den Laura am Mordabend anschaut. In welchem Maße TEXTE als Ausdruck simulierter Wirklichkeit zu Realitätsverlusten führen und die Figuren zu Schauspielern und Betrachtern ihrer eigenen Aufführungen machen, läßt sich an einer sadomasochistisch gefärbten Liebesszene zwischen Julio und Laura zeigen:

> Julio le sujetaba ya las manos a la espalda y la abofeteaba con cierto método. Su rostro se había transformado en el rostro de un hombre violento y vulgar, pero ella no sintió miedo, pues comprendió en seguida *que todo era una representación*. Su violencia, lejos de doler,

evocaba fantasías antiguas jamás realizadas. Así, mientras Julio, entre insulto e insulto, le quitaba la ropa, ella empezó a *fingir* un daño cargado de placer y cayó al suelo cubriéndose los pechos con las manos, *aparentando* una vergüenza sumisa que parecía enloquecerle a él. Quién sabe dónde estoy, se dijo, *gozando de la perspectiva de su propio cuerpo*. Y comenzó a seguir dócilmente las indicaciones de Julio, *mientras a la memoria le venían imágenes de una película de esclavas que atormentaron las noches de su adolescencia*. (DN 11:107; Hervorh. U.W.)

Das Simulakrum ist in diesem Roman – die gerade zitierte Liebesszene zeigt es besonders deutlich – „l'hallucination 'esthétique' de la réalité". Das Reale wird als „hyperreal" dargestellt, d.h. als „ce qui est toujours déjà reproduit": „C'est ainsi qu'à la culpabilité, à l'angoisse et à la mort peut se substituer la jouissance totale des signes de la culpabilité, du désespoir, de la violence et de la mort" (Baudrillard 1976:114). Noch der Titel, *El desorden de tu nombre*, wird von Julio als Verrechnung von zwei *Namen* (Zeichen, TEXTEN) interpretiert, von denen der eine – Laura – in seiner petrarkistischen Färbung eine intertextuelle Spur legt und der andere das Spiegelbild seines eigenen Namens ist (Teresa ZAGRO / Julio ORGAZ). Signifikanten, TEXTE, geben die Grammatik des Seins vor, in dem Julio zwischen zwei unerreichbaren TEXTEN lebt – Teresa und Laura – die er seinerseits nicht real, sondern nur durch eine Mortifizierung in der Literatur erreichen kann. Die Inter-Textualität des Lebens ist hier wörtlich zu verstehen[431].

2.3.4.3 LESER-Position

LESER-Symbol: Psychoanalytischer und literarischer Code

Daß sich in Millás' Roman kein *indexikalisch* apostrophierter LESER findet, überrascht wenig: diesem Fehlen korrespondiert die Abwesenheit eines eindeutigen AUTOR-Indices, der die Apostrophe hätte aussprechen können[432],

---

[431] Es finden sich in *El desorden de tu nombre* natürlich noch zahlreiche weitere intertextuelle Spuren (vgl. Felten 1995), doch interessiert hier nur ihre Funktion in der Selbstrepräsentationsstruktur des Romans.

[432] Zu einer einzigen Gelegenheit kommt Julio, von Carlos in der zweiten Sitzung nach der Rolle des Lesers in seinem Roman und im allgemeinen befragt, auf *den* Leser zu sprechen, doch bleibt die Stelle ein artiger Aperçu, den schon Unamuno im Kontext des *Lektüre-Romans* so hätte schreiben können:
„– Hay un cuento policiaco, no recuerdo de quién, cuya víctima es el lector. El lector no es, desde luego, un sujeto manejable. Participa en la acción y llega a entorpecerla incluso con sus jadeos o con el ruido del mechero cada vez que enciende un cigarrillo. Es, con mucha frecuencia, de todos los personajes, el que más pierde. Se lo digo yo, que he actado de lector en muchísimas novelas.
– ¿Y qué es lo que pierde?
– El tiempo y la inocencia." (DN 13:134).

und generell die Ausblendung des Aussage-TEXTES. Für die *ikonischen* LESER gilt, was schon für die ikonischen AUTOREN bestätigt werden konnte: in dem Maße, in dem sie sich in den verschiedenen Psychoanalyse-Szenen wie gezeigt symbolisch auf den Aussage-TEXT beziehen, eröffnen sie auch eine *symbolische* LESER-Repräsentation. In gestaffelter Distanz zum Rezipienten sind dies folgende:

(i) In den *Psychoanalyse*-Szenen sind Analytiker und Analysand symbolische LESER, insofern sie Rede deuten, die im Aussage-TEXT wiedergegeben ist; Carlos' und Julios LESE-Perspektiven konkurrieren mit der des Rezipienten.

(ii) *Literaturlektüre*: Julio LIEST die Erzählungen Azcárates, die ihrerseits seinen Roman und den Aussage-TEXT bestimmen.

(iii) *Selbstlektüre* Julios: Julio LIEST seine eigene Welt, um daraus seinen Roman zu gestalten. Er LIEST dabei seine Welt so, wie der Rezipient die Romanaussage liest.

Nach den bisherigen Ergebnissen handelt es sich zudem nicht nur um einfache, sondern auch durchweg um mehrfach überlagerte LEKTÜREN: Carlos analysiert (LIEST) die Rede Julios, die ihrerseits Interpretation (LEKTÜRE) der Welt ist; Carlos' Kommentare zu Julios Einlassungen in der Praxis sind also LEKTÜRE von LEKTÜRE von LEKTÜRE; Julios LEKTÜRE der Azcárateschen Erzählungen bestimmt seine LEKTÜRE der Welt etc. Da diese symbolischen LEKTÜREN ihrerseits als Rede realisiert sind, werden die LEKTÜREN ihrerseits zu TEXTEN für andere LEKTÜREN. Aus der LESER-Perspektive heraus entsteht durch diese Vernetzung der Eindruck, daß keiner der im Spiel befindlichen TEXTE *ursprünglich*, sondern immer schon selbst LEKTÜRE ist, und jede der LEKTÜREN eine Version konstituiert, die in unterschiedlicher Weise durch andere relativiert wird, so daß auch keine LEKTÜRE eine *definitive* zu sein scheint. Um diesen Eindruck zu verifizieren, müssen nun die beiden extrapolierten symbolischen LESER-Repräsentationen untersucht werden.

Psychoanalyse

Die beiden dialogisch angelegten Analysesitzungen (Kap.5,13) von Julio und Carlos, die in diesem situativen Kontext stehende Konsultation Carlos' bei seinem eigenen Analytiker (Kap. 12) und monologisch Lauras Tagebuch wurden schon als symbolische TEXT-Repräsentationen beleuchtet. Wie stellen sie sich unter der LESER-Perspektive dar? Die Therapie-Sitzungen sind einerseits komplexe LESE-Situationen, andererseits zeigte sich die psychoanalytische Deutung auf allen Ebenen als bestimmender Diskurs, der dazu tendiert, entweder als zugrundeliegende 'Wahrheit' aufzutreten oder die Konstruiertheit des Textes gerade zu unterstreichen, etwa in dem Sinne, daß die

Erzählungen von Analysand und Analytiker nur konstruktivistisch als Versionen eines Sachverhalts zu verstehen sind[433].

Der Rezipient teilt in den beiden Analyse-Szenen die Perspektive von Carlos und insofern auch die des sich selbst sprechen hörenden Julio. Wie schon gesehen, wurde in der zweiten Sitzung der Aussage-TEXT selbst als durch die ödipale Dynamik strukturiert reinterpretiert. In der Gestalt Carlos' manifestiert sich der symbolische LESER, denn er ist es letztlich, der durch seine Deutung von Julios Rede auch den Aussage-TEXT intepretiert. Nachdem ihm Julio die weitere Handlung seines Romans verraten hat (Liebespaar ermordet Analytiker/Ehemann), interpretiert der Psychologe diese Vorstellung, wie man es vom ihm erwarten würde:

> – Estoy intentando decirle que el argumento de su novela [los amantes matan al psicoanalista/marido] quizá no sea más que el trasunto de una agresividad real, dirigida a mí, pero que usted no se atreve a manifestar directamente.
> – Bueno, eso sería lo de menos. No ignoro que usted representa para mí sucesivas figuras de autoridad cuyo vínculo todavía no he conseguido romper. Tengo entendido que la representación de esas figuras forma parte de su trabajo. [...] [A] veces tengo premoniciones, atisbos de cosas que ya han sucedido en una dimensión diferente, pero que todavía no se han reflejado en esta otra. Por ejemplo, que va a morir mi padre o que, al llegar a casa, voy a encontrarme la novela escrita encima de la mesa.
> – ¿Cuál de esas dos posibilidades elegiría, si pudiera?
> – Es una disyuntiva falsa. Los dos sucesos son la misma cosa. (DN 13:130–132)

Die zitierten Deutungen mögen noch als symbolische *TEXT*-Repräsentationen verbucht werden können, besonders dann, wenn der geschulte Leser schon ahnt, welche Kompensation Julios Roman leisten soll. Die eigentliche symbolische *LESER*-Repräsentation kommt in Anschlag, wenn sich im folgenden erweist, daß Carlos Rodó, mit dessen LESE-Perspektive Julio gegenüber der Rezipient bislang kongruierte, alles andere als der ruhende Pol in der Geschichte ist. Denn dem Rezipienten ist es zwar fast von Beginn des Romans an bekannt, daß Carlos selbst in die Handlung verstrickt ist; nicht aber, daß er schon in der ersten Analyse-Sitzung (Kap. 5) um das Verhältnis Julio/Laura wußte und deshalb die „gleichschwebende Aufmerksamkeit", mit der er Julio hätte bedenken sollen, nicht realisieren konnte. Carlos' analytische Deutung von Julio und dessen Roman ist also keineswegs 'objektiv', sondern vom

---

[433] Psychoanalyse ist *per se* ein selbstrepräsentationaler Rekurs, der zunächst LESER-Repräsentationen erzeugt, genauso sich aber auf die PRODUKTION, den LESBAREN TEXT des Unbewußten, auf die künstlerische Kommunikation überhaupt, auf die Bedeutungsbildung etc. beziehen kann. Ein Roman, der wie *El desorden de tu nombre* in der Praxis des Analytikers spielt, erklärt Literatur zur sprachlichen Manifestation des Unbewußten und den Rezipienten sowohl zum Analytiker als auch zum Analysanden. An dieser Stelle geht es natürlich nicht um eine psychoanalytisch orientierte Interpretation des Romans (s. dazu Holloway 1993), sondern um psychoanalytische Kontexte als selbstrepräsentationale Strategien.

Beobachterstandpunkt kontaminiert. Der Rezipient erfährt dies erst im siebten Kapitel (DN 7:72). Der empirische Leser mag in dem Moment schon realisieren, daß er selbst nicht mit „gleichschwebender Aufmerksamkeit" dem Roman gefolgt ist[434]. Der definitive Anlaß aber für eine Revision der Lektüre, d.h. für die Feststellung, daß Carlos' LEKTÜRE dekontextulisiert wird und eben nicht den transzendentalen LESER im Roman darstellt, ist die Konsultation Carlos' bei dessen eigenen Analytiker, der namenlos bleibt. Nachdem er ihm seinen Fall geschildert hat, erhält er zur Antwort:

– [...] Fíjese: los dos [Carlos y Julio] tienen edades parecidas, los dos poseen un grado de ambición social y profesional importante, en ambos existen indicios de un remordimiento general que ninguno reconoce, y los dos parecen estar locamente enamorados de la misma mujer. Oyendole hablar, cuando describía a su paciente e interpretaba sus impulsos, yo tenía la impresion de que usted hablaba de sí mismo. Su paciente es su espejo. Me ha dicho que estaba a punto de alcanzar un puesto de mucho poder en la editorial en la que trabaja y eso pasa justo en el momento en el que usted está a punto de alcanzar un puesto de mucho poder en la sanidad pública. Piense en ello. No le digo que piense en el poder, porque ya lo hace y porque podría atribuir un significado moralista a mi recomendación. El problema no es ambicionar el poder, sino que no exista una lógica interna en ese deseo. (DN 7:122)

Die Interpretation des zweiten Analytikers stellt eine weitere symbolische TEXT- bzw. LESER-Repräsentation dar, die sich über die erste stülpt, die Carlos Rodó von Julios Äußerungen vorgenommen hat. „Fíjese" könnte darüber hinaus auch den Rezipienten ansprechen, dem in den folgenden Worten die Konzeption des Personals in *El desorden de tu nombre* entdeckt wird. Vor allem wird damit aber das bisher aufgebaute Deutungssystem ein weiteres Mal erschüttert. Die vermeintliche Objektivität der von Carlos erstellten Analyse Julios und seines Romans wird anfechtbar, wenn persönliche Interessen ins Spiel geraten. Der Rezipient, der in Carlos zunächst eine verläßliche Autorität (einen ikonischen LESER) gefunden haben mochte, muß die Analyse-Situation nun auch auf sich selbst, d.h. auf seine eigene Lektüre beziehen, in dem Maße zumindest, in dem er in der ersten und zweiten Analyseszene Carlos' Perspektive geteilt und ihm Deutungsautorität zugestanden hatte. So wie Carlos den TEXT 'Julio' nicht nur nicht unbeteiligt LIEST, sondern dabei etwas über sich selbst erfährt („su paciente es su espejo", wird ihm gesagt), kann auch der Rezipient als empirischer Leser den Roman nunmehr als Folie betrachten und das immer gegenwärtige Interesse, das er an den Text heranträgt, reflektieren: „Der Text ist mein Spiegel und ich mein eigener Patient und Analytiker" könnte er sich sagen; der Text ist, genauer gesagt, die reflektierende Folie, auf der der Rezipient sich selbst anhand seiner bisher vorgenommenen Interpretationen analysieren kann.

---

[434] Vgl. dazu das sehr ähnliche Beispiel der Bildbeschreibung in *La noche en casa* (Kap. 1.2.6.3.3).

Indessen: allein Carlos' Analytiker, die einzige Figur ohne Namen, scheint interesselos zu bleiben und gerät deshalb unter Verdacht, als ultimative LESE-Autorität den Roman auf eine psychoanalytische Deutung festzuschreiben. Wie es scheint, findet die vielfach überlagerte LEKTÜRE der LEKTÜRE hier ihren Abschluß, weil die LEKTÜRE des zweiten Analytikers nicht ihrerseits GELESEN, d.h. als ein Standpunkt unter anderen relativiert wird. Dies mag den Rezipienten als empirischen Leser trösten, der sich immerhin in der Figur Carlos' ermordet fühlen könnte: hinter ihm steht noch ein transzendentaler LESER, der ihm beruhigend die Hand auf die Schulter legt.

Julios Welt-LEKTÜRE

Julios Romanproduktion basiert eindeutig auf der LEKTÜRE seines Lebens, das für den Rezipienten die diegetische Welt bzw. die Romanaussage ist. Was aber ist Julio tatsächlich in der Lage zu LESEN? Gegenüber dem Rezipienten entgeht ihm zunächst allein die Sprachlichkeit und Schriftlichkeit des Aussage-TEXTES (die Romanaussage als Signifikantenkette) und – wie es lange scheint – gemäß einer Logik der Erzählperspektive die personale Perspektive Lauras bzw. Carlos' in den Kapiteln, in denen Julio nicht anwesend ist (Kap. 3, 7, 9, 12 und 15). Im letzten Drittel des Romans signalisiert Julio indessen, daß ihm diese toten Winkel nicht vollkommen unzugänglich sind: so selbstverständlich wie er an die Existenz eines Erzählers glaubt, der sein Leben aufschreibt (DN 5:59–60, 13:127), plant er für seinen eigenen Roman den gleichen Wechsel der Erzählperspektiven. So äußert er gegenüber Carlos:

> Efectivamente, la acción podría evolucionar de tal manera que el psicoanalista acabara asesinando a su paciente. Pero eso nos dejaría sin punto de vista, pues la historia está narrada desde él. Aunque es cierto que hoy mismo, mientras comía, me he planteado la posibilidad de ampliar ligeramente ese punto de vista y ofrecer al lector algunos destellos muy fríos, como una pincelada de carmín sobre los labios de un cadáver, que le hagan ver parte de la acción desde el punto de vista del psicoanalista y su mujer. (DN 13:133)

Da *El desorden de tu nombre* ebendiesen Wechsel der Erzählperspektiven aufweist, wird der Aussage-TEXT hier auch in seiner Erzählanlage symbolisch repräsentiert.

Nun bleibt jedoch noch die Frage zu klären, woher Julio den Titel des Romans 'kennt'. Hat er von irgendeiner Seite aus den Titel LESEN können und, in der Synekdoche, vielleicht den ganzen Aussage-TEXT? Hat er ihn dann vielleicht sogar PRODUZIERT? Was trennt Julio also noch von – oder verbindet ihn mit – der Perspektive des Rezipienten?

Die Produktion seines Romans als *Familienroman* verfolgt einzig das Ziel, ein kompensatorisches und ideales Universum zu erschaffen, in dem die Mächte, die seine Souveränität in Frage stellen würden, ausgegrenzt sind: namentlich Orlando Azcárate (das Ideal-Ich), der Tod (in der Nebenfigur

Ricardo Mellas, eines befreundeten Erfolgsschriftstellers, der genauso unvermittelt, wie er in die Handlung eintrat, an Krebs sterbend aus ihr verschwindet; Kap. 14, 16) und der Über-Vater, Carlos Rodós Analytiker, denn wie jener hat auch Julio seine Analyse im Grunde nicht abgeschlossen. Nun könnte man sicherlich die Schlußpointe – „[Julio] tuve la absoluta seguridad de que cuando llegara al apartamento encontraría sobre su mesa de trabajo una novela escrita, completamente terminada", also den *ganzen* und *geschriebenen* Roman *'El desorden de tu nombre'*, ohne daß er selbst ein Wort geschrieben hätte – auch zugunsten Julios auslegen. In diesem Fall würden ihn all seine Erklärungen zu dem Roman als ultimativen AUTOR des Aussage-TEXTES ausweisen, und tatsächlich wüßte er ebensoviel wie der Rezipient – Julio wäre *der* ultimative Urheber aller Wechselspiele, d.h. der symbolische AUTOR. Doch selbst in diesem Fall bliebe Julio *eine* LEKTÜRE des Aussage-TEXTES verwehrt: er kann *El desorden de tu nombre* nicht schon als *fiktionalen* Text verstanden haben, da die Selbsterschaffungspointe ja gerade auf der Differenz zwischen Leben und Fiktion beruht, da – anders gesagt – Julio den Roman erst aus seiner Perspektive zu einem fiktionalen Text macht.

Julios PRODUKTIVE LEKTÜRE bleibt also letztlich die Strategie einer Selektion. Der für ihn geltenden UNLESBARKEIT des Aussage-TEXTES korrespondiert seine untherapiert gebliebene Schreibhemmung. Doch ist kaum zu übersehen, daß zugleich Verfahren und Ergebnis von Julios LEKTÜRE, nämlich der Entwurf eines abgeschlossenen imaginären Universums, denen der Lektüre des Rezipienten entsprechen: auch diesem bleibt keine andere Wahl, als das Gelesene in ein imaginäres Universum zu transformieren. Wenn Julios Übersetzung des Lebens in einen auktorial kontrollierten Roman als pathologischer Machtdiskurs des allwissenden Autors ausgewiesen ist, wird damit zugleich eine Warnung an die Adresse eines realistisch lesenden Lesers gerichtet. Sie weist seinen (möglichen) referentiellen Fehlschluß, die Literatur mit dem Leben zu identifizieren, als psychogene Wahrnehmungsstörung aus. Da nun aber die Differenz zwischen Julios psychotischer LEKTÜRE und der angeblich 'gesunden' Lektüre des Rezipienten sich an der Differenz zwischen Welt-LEKTÜRE vs. Lektüre eines sprachlichen Textes (der Romanaussage) festmacht, scheint sich doch jene Doppelkodierung des Aussage-TEXTES einzuschleichen, die in den zuvor analysierten Romanen entdeckt werden konnte. Denn Julios Psychose zeichnet sich nur gegenüber der Folie des *realen Textes* ab, die Pathologisierung der Figur muß indirekt auf eine Realität referieren.

2.3.4.4 Die Bedeutung von Schreiben und die Funktionen der Aussage-TEXT-Repräsentation

Die Konstruktion des Romans basiert also noch auf einem letzten Rest einer ontologisch gewerteten Differenz, die in isoliert hervortretenden Indices wie „de ese modo" (s.o.) oder in der Titelsignatur aufgebaut werden. Der Rezipient hat Julio auf diese Weise das Wissen voraus, daß dessen 'Leben' immer schon ein fiktionaler Text ist, noch bevor Julio es in Fiktion verwandeln kann. Und er weiß im Gegensatz zu Julio, daß eine transzendentale Schrift die Möglichkeitsbedingung von dessen Lebens ist, Julio kann sich nur um den Preis einer als psychopathisch dargestellten epistemologischen Blindheit aus der ihn determinierenden Vergangenheit befreien. Das alte, im Horizont unverbrüchlicher Wahrheit aufgeführte metaphysische Thema von *engaño* und *desengaño* scheint im Gewande einer psychosozialen Traumatisierung wiederzukehren, die Hermeneutik der Ent/Täuschung ist dem Rezipienten aufgegeben. Die Ebene des Aussage-TEXTES als Schrifttext ist dabei gleichzeitig für Julio als uneinholbare Vergangenheit, als Transzendentalität der diegetischen Welt und als unvordenkliches Unbewußtes konnotiert. All dies sind zugleich die Gründe für seine Schreibunfähigkeit und der Anlaß seines imaginären Romans. Freilich unterscheidet sich Julios Welt-LEKTÜRE von der Don Quijotes darin, daß er seiner Wahnwelt nicht entsagen muß: vielmehr ist umgekehrt die Welt selbst, in der Julio lebt, 'verrückt' geworden, oder besser gesagt: simulativ, literarisiert, psychotisiert, eine Welt, die Psychopathen beste Entwicklungs- und Aufstriegsmöglichkeiten bietet.

Diese figurative Bedeutungs- und Funktionsebene von 'Schreiben' läßt sich auf den Gesamtkontext des Romans ausweiten. Schreiben ist für Julio gleichbedeutend mit dem Eintritt in die ödipale Triangulation bzw. dem Übergang von der imaginären in die symbolische Ordnung, die ihm letztlich doch nicht gelingt. Der Tod seines Vaters und der fertige, geschriebene Roman sind für ihn gleichwertig (s. DN 13:132). Auf dieser figurativen Ebene schmilzt die Differenz zwischen Aussage-TEXT und *El desorden de tu nombre* (als realem Roman); die Thematisierung der Romanproduktion, bei der Selbstbeobachtung Selbstentwurf ist, zielt zugleich in zwei Richtungen: Sie legt – als Erzähltechnik – die Mechanismen des Romans offen und zeigt, welche Codes ihn regieren, wie Literatur und Leben ineinandergreifen etc. Dabei sind die Wirkkräfte, die den Text konstituieren, zugleich die Determinanten einer Psychose: Fiktionalisierung bzw. Fiktionalität Julios (als Held seines eigenen Romans) ist Textstatus *und* Kennzeichen des Verbleibs in der imaginären Ordnung, Ödipalität ist reflektiertes narratives Grundmuster *und* Traumatisierung. Selbst der Anspruch, *littérature engagée* zu schreiben, ist zweideutig. Dies wird in einigen Einlassungen im ersten Analysegespräch angedeutet. Julio spricht von seinem unverwirklichten Jugendtraum, Schriftsteller zu werden, an den er jedes Mal erinnert wird, wenn er die Internationale hört (DN 5:54–56).

Die Spielarten dieser Doppelkodierung der Selbstrepräsentationen sind in der Titelidentität 'beider' Romane auf den Punkt gebracht. Die Titelsignatur projiziert, auf der Signifikanten- oder Namensebene verbleibend, die Entstehung von Fiktion/Literatur und die Genese der Psychose ineinander. Die Titelsignatur erlaubt also zum einen, als technisches Instrument der Selbstinterpretation des Romans, selbst noch den Titel explizit zu interpretieren (indexikalisch-symbolisch); zum anderen macht die gerade in der Titelsignatur betonte Differenz zwischen Julios Roman und dem Roman, der sein Leben erzählt, eine Anspruchshaltung von Literatur geltend. Während Literarisiertheit oder Fiktionalität des Protagonisten wie im *Quijote* zur Figurencharakterisierung dient, ist das *Schreiben* eines Romans Widerlager des *bloß* Fiktiven, da es performativ, wirklichkeitskonstitutiv ist. Zu dieser Handlung war Julio nicht fähig, wohl aber Millás. Wenn das Schreiben seine Unschuld verloren hat, weil sein ursprünglich sozialkritisches Potential mit dem Makel versehen ist, Effekt einer Persönlichkeitskrise zu sein, kann das reale Schreiben von *El desorden de tu nombre* selbst nur noch dann glaubhaft gemacht werden, wenn es zugleich eine reflexive Verarbeitung dieses Problems ist. Selbstrepräsentation wird hier zur Selbstlegitimation, die Literatur, die nach der enttäuschenden *transición* noch über dieses Thema geschrieben werden kann, muß selbstreflexiv sein. Dies wäre eine Deutung des Romans auf figurativer Ebene.

2.3.4.5   Der Status des Aussage-TEXTES: Realität oder Version?

Zahlreiche Momente räumen dem Aussage-TEXTES den Status von 'Realität' ein, Millás Roman rückt damit in die Nähe von *Estela del fuego*. Auch dort ist die Fähigkeit der Figuren, den Aussage-TEXT LESEN zu können, (nicht erfüllte) Bedingung von Selbsterkenntnis und Befreiung gewesen. Wie in *Estela del fuego* konturiert sich der vom Protagonisten PRODUZIERTE TEXT als ikonischer allein in Abgrenzung gegen den indexikalischen Aussage-TEXT. Während dort aber der Aussage-TEXT der Ort ist, an dem der AUTOR auf seine rein sprachliche Existenz als Signifikant reduziert ist, die zugleich die Determiniertheit, das GESCHRIEBEN und GELESEN WERDEN durch den Anderen bedeutet, und Ikonizität der Vision Freiraum subjektiver PRODUKTION ist, findet sich in *El desorden de tu nombre* die genaue Umkehrung: Der ikonische TEXT, der ungeschriebene Lebensroman, wiederholt den Aussage-TEXT als dessen *defiziente* LEKTÜRE. Aus der Sicht der Selbstrepräsentation wird dadurch der Aussage-TEXT auch nur indirekt repräsentiert; er ist (erzählt) Julios 'ganze', für ihn aber unerreichbare 'Realität', die unter anderem darin besteht, daß Julio schon Existenz in einem

Roman hat, bevor er sich selbst eine Existenz als Protagonist seines Lebensromans erschreibt. In beiden Romanen bleibt der Aussage-TEXT in seiner Schriftlichkeit als eine vorgängige, unhintergehbare Realität kodiert, deren archimedischer Punkt in der evidenten Realität der Romanaussage liegt. In dem Maße rechnet die Ökonomie der Selbstrepräsentationen in *El desorden de tu nombre* mit dem referentiellen Fehlschluß des Lesers und errichtet ihre Argumentation auf einem metaphysischen Schriftbegriff.

Doch andererseits: da in *El desorden de tu nombre* der Schreibakt, der den imaginierten Roman und den Aussage-TEXT zur Deckung bringen könnte, *nicht* stattfindet, kommt es in den Selbstrepräsentationen auch nicht mehr auf die *ontologische* Differenz zwischen 'Fiktion' und 'Realität' an. Der Aussage-TEXT ist weniger Evidenz für die Wirklichkeit gewordene Fiktion und Emblem des Selbstbegründungspathos' moderner Literatur, sondern vielmehr Ausgangspunkt von Interpretationen, mindestens von zweien, die beide auf ihre Weise partial bleiben: der (psychogen gestörten) LEKTÜRE Julios und der des Rezipienten. Die Totalität des Aussage-TEXTES ist das Maß, an dem sich die Defizienz von Julios LEKTÜRE bemißt – in dieser Hinsicht bleibt auch das Nennen des Titels Bestandteil seines imaginierten Romans; für den Rezipienten ist die Romanaussage Ausgangspunkt einer Lektüre, die zwar Julio Perspektive überschreitet, aber doch auch nur eine Version bleibt, d.h. eine defiziente Lektüre.

In *El desorden de tu nombre* wird der 'metaphysische Rest' einer Zentralposition des Aussage-TEXTES durch die vielgestaltigen Verfahren der Pluralisierung von PRODUKTION und LEKTÜRE weitgehend überdeckt. Die zahreichen LEKTÜREN und TEXTE, die sich als Versionen oder Varianten in bezug auf die Erzählung ersten Grades bilden, zeigen an, daß selbst die von der Romanaussage ausgehende Lektüre des Rezipienten nichts anderes als eben nur eine Version der letztlich im Roman erzählten Geschichte ist, ja, daß die konkrete Gestalt der Handlung bzw. der Signifikantenkette nur eine unter vielen Möglichkeiten ist. Julio zählt selbst eine Reihe weiterer auf, als er seinen Roman plant:

a) El paciente habla a su psicoanalista de la mujer que ha conocido en el parque y le da, en sucesivas sesiones, tal cúmulo de detalles sobre ella que el psicoanalista advierte que se trata de su propia mujer. En tal caso, los dos amantes – que ignoran el enredo en el que están envueltos – quedan a su merced.
b) El psicoanalista no llega a enterarse de que la mujer del parque es su esposa. Pero el paciente y la mujer, hablando de sus vidas respectivas, advierten la coincidencia. En esta segunda posibilidad es el psicoanalista quien queda expuesto a los manejos de la pareja de amantes.
c) Llega un punto de la narración en el que los tres advierten lo que pasa, pero cada uno de ellos piensa que los otros no lo saben. En este caso, todos creen poseer sobre los otros un poder del que en realidad carecen.
d) Ninguno de ellos sabe lo que está sucediendo; de este modo los tres personajes evolucionan, ciegos, en torno a un mecanismo que los puede triturar, uno a uno o colectiva-

mente. Sería el azar y el discurrir narrativo los que decidieran por ellos su salvación o su desgracia (DN 9:86–87)

Diese unrealisierten, vollständig im Bereich der Potentialität/Ikonizität verbleibenden, inchoativen TEXTE, sind Möglichkeiten der Handlung, die für Julios Roman gelten, prinzipiell aber auch für den, den der Rezipient liest. Gleiches gilt für die zahlreichen zwar abgeschlossenen, aber nicht vollständig wiedergegebenen Erzählungen Orlando Azcárates, deren Fortführung dem Rezipienten aufgegeben ist. Wenn Julio aufgrund der letztlich unbegrenzten Entwicklungsmöglichkeiten seines Romans es schließlich der Eigendynamik der Erzählung überläßt, einen Ausgang zu finden –

> parecía inútil hacer un esquema antes de ponerse a escribir, pues sería la propia mecánica del relato la encargada de seleccionar, sucesivamente, las diferentes vías hacia las que habría que encaminar la acción (DN 9:87) –

so bedeutet dies nicht, daß es nicht dennoch Determinanten der Romanhandlung gäbe. Die Analyse hat sie bereits herausgestellt: es ist die Aktivität des Unbewußten, das mechanisch den ödipalen plot abspult, gepaart mit narrativer Vernunft, die an Kriminalerzählungen gelernt hat.

Dadurch öffnet sich der Blick auf weitere, an der PRODUKTION beteiligte TEXTE, die, zusammengenommen, die Kluft zwischen faktischem Geschrieben-Sein des Romans und dem diegetischem Nichtgeschriebensein füllen könnten. Julio und sein zweites Selbst, der „escritor imaginario", sind dann nur noch personal konzipierte Instanzen, die als Sammellinse verschiedene PRODUKTIONS-Akte auf einen Horizont projizieren. Mit dem weitgehenden Ausfall der indexikalischen Repräsentation des Aussage-TEXTES geht einher, daß nicht mehr ein schöpferisches Subjekt im Mittelpunkt steht, das am Ende einen Roman oder sich selbst schreibend erschaffen hat, sondern plurale, vom Subjekt strukturell nicht mehr überschaubare Texte, die an der Produktion von Literatur (d.h. weiteren Texten) mitwirken. Wie im *Quijote* zeigt die Auffächerung der PRODUKTIONS-Instanzen zugleich verschiedene Dimensionen und Aspekte des Aussage-TEXTES auf, der gewissermaßen in Arbeitsteilung entsteht. Nun sind nicht mehr Kopist, Geschichtsschreiber, das kollektive Wissen, Dichter, die Figuren selbst und der Schriftsetzer die Produzierenden, und das Werk setzt sich nicht zusammen aus Erzählung, Quelle, mündlichem Bericht etc.; in *El desorden de tu nombre* besteht der TEXT (figurativ: die Literatur) aus Konstrukten: einem bestimmten plot-Typ, einer Erzählperspektive, dem Entstehensprozeß, der gemäß narrativer Codes verläuft etc. An der PRODUKTION beteiligt sind aber auch andere kulturelle Texte: Krimis, Filme, kulturell vermittelte Erinnerungen, es ist nicht zuletzt die Dynamik des Unbewußten, der Intertext des antiken Dramas, treibender Faktor, der die Handlungsfolge auf verschiedenen Ebenen organisiert.

Die Pluralität von PRODUKTIONS-Instanzen, für die nicht genau bestimmbar ist, wie weit die jeweilige PRODUKTIONS-Verantwortung reicht, ist dadurch möglich geworden, daß gerade der Aussage-TEXT, als identische Signifikantenkette, nicht ins Repräsentationsfeld gerückt, sondern in symbolischen Repräsentationen nach und nach erzeugt wurde. Es geht nicht mehr um die Signifikanten des Romans als Herberge von Sinn oder als Argument einer letzten Präsenz, sondern um die Austauschbarkeit von Codes und Modellen. Der Roman wird als Produkt von Intertexten dargestellt, die Signifikantenkette (Aussage-TEXT) ist nur temporär fixiert, löst sich im LESER (Rezipienten) auf und setzt sich in seinen Interpretantenketten fort. In dem Maße, in dem Julio als auf den ersten Blick transzendentaler AUTOR durch die Ko-PRODUKTIVITÄT anderer TEXTE-als-AUTOR relativiert wird und diese TEXTE erst rückwirkend als AUTOREN erscheinen, kann man auch von einer Umkehrung des transzendentalen Modells sprechen: Der Ausschluß des konkreten Schreibens (fixierter Signifikanten) läßt Zeichenproduktion jenseits einer ursprünglichen, subjektiven Setzung stattfinden, läßt sie als PRODUKTIVITÄT erscheinen, deren Subjekte Prä-TEXTE sind, TEXTE, deren eigene AUTOREN nicht mehr rekonstruierbar sind, weil sie nicht mehr befragt werden, weil sie nicht mehr in Frage stehen. Mit der Repräsentationsfigur 'PRODUKTIVE TEXTE' sind hier nicht Sprachwesen gemeint, auf die Merkmale des personalen Subjekts übertragen werden, wie etwa in *El cuarto de atrás*, wo der Roman sich selbst konkret schreibt; PRODUKTION wird vielmehr von Instanzen durchgeführt, die ihrerseits PRODUZIERT, von ihrem Ursprung aber abgeschnitten sind, weil ein ursprünglicher AUTOR nicht mehr rekonstruierbar ist.

Zahlreiche dieser Dispositionen, die sich in dem Vakuum ausbreiten, das der aus dem Zentrum der Repräsentationen verschwundene Aussage-TEXT hinterläßt, lassen sich an einem weiteren Roman belegen, der nur in einer kurzen Skizze eingeblendet werden soll, bevor allgemeinere Schlußfolgerungen gezogen werden können. In Antonio Muñoz Molinas 1986 erschienenem Roman *Beatus ille* findet sich die Ausblendung des Aussage-TEXTES in noch deutlicherer, beinahe programmatischer Weise realisiert. Die folgende Analyse beschränkt sich auf den Zusammenhang der PRODUKTION und der Repräsentationsweise des Aussage-TEXTES.

2.3.5 Antonio Muñoz Molina *Beatus ille* (1986): Die Intertextualität der Geschichte

Der Student Minaya stößt während der beginnenden Agonie des *franquismo* 1969 auf der Suche nach einem politischen Vorbild auf den republikanischen Dichter Jacinto Solana, der unter der Franco-Diktatur zwanzig Jahre zuvor umgebracht worden sein soll. Anhand von Manuskripten, Erinnerungen von

Zeitgenossen und anderen Dokumenten versucht Minaya im Hause seines Onkels Don Manuel in Mágina, in dem auch Solana gelebt hat, dessen Biographie zu rekonstruieren. Er findet schließlich einen 'Beatus ille' betitelten Rechenschaftsbericht Solanas, ein Tagebuch und weiteres Material, das mehr oder weniger zufällig auftaucht. Aus Quellenstudium und durch literarisierte Imagination vorangetriebener 'Konjekturalhistorie', die von dem Wunsch geleitet ist, in Solana einen Märtyrer zu finden, setzt Minaya eine idealisierte Biographie Solanas zusammen. Im Zuge seiner Untersuchungen deckt Minaya eine Reihe von Familienmythen auf, namentlich die Erzählung über den Tod Marianas, der Braut Don Manuels, die in der Hochzeitsnacht 1936 getötet wurde, jedoch nicht, wie es hieß, von einer verirrten Kugel: Mariana war vielmehr zuvor die Geliebte Solanas und wurde auf Geheiß von Don Manuels Mutter, Doña Elvira, aus Eifersucht und politischer Ränke durch die Hand des erpreßten Bildhauers Utreras ermordet. Erst am Ende der Geschichte stellt sich jedoch für Minaya eine noch viel umfassendere und ihn persönlich betreffende Fälschung der Geschichte heraus: Solana lebt. Als Minaya von seiner Geliebten Inés, die im Hause arbeitet, zu ihrem vermeintlichen Onkel geführt wird, gesteht dieser ein, alle Dokumente, anhand derer der Student seine Nachforschungen betrieben hat, von seiner Bettstatt aus fingiert zu haben, nachdem er erfahren hatte, daß Minaya ihm auf den Spuren sei; über Minayas Fortschritte durch die Vermittlung von Inés unterrichtet, habe er sukzessive das Buch 'Beatus ille' sowie die Aufzeichnungen und Indizien nach Maßgabe des Forschungsstandes Minayas für ihn verfaßt und von Inés sichtbar deponieren lassen. Minaya hat demnach Solana als politischen Helden mehr oder weniger unfreiwillig erfunden und ihm eine Existenz verliehen, die jener Fiktionalität nahekommt, die beide immer schon als Romanfiguren in *Beatus ille* beanspruchen. Doch seit Solana von Inés über Minayas Ankunft in Mágina und seine Nachforschungen unterrichtet war, hat auch er sich den Biographen seines Lebens vorgestellt. Diese Wechselseitigkeit – Minaya ermittelt und imaginiert anhand fingierter Dokumente, Solana fingiert und imaginiert Minaya – stellt sich für den Rezipienten allerdings erst am Ende eindeutig heraus, wenn er die Leerstelle des anonymen, seit Beginn sporadisch auftretenden Ich-Erzählers, der sich Minayas Handlungen vorstellt und sie vorzuschreiben scheint, mit Solana identifizieren kann.

Die „Intertextualität des Lebens" (Hassan 1988) in *El desorden* wird bei Muñoz Molina am Paradigma der Intertextualität der Geschichte vorgeführt. Schon auf der Makrostrukturebene zeigt sich, daß Subjekt und Objekt des Schreibens mehrfach relativiert sind und ihren Status wechseln, eine fixierte Position scheint es nicht zu geben: Minaya ist 'Geschichtsschreiber', aber alles andere als der uninteressierte Beobachter; er scheint darüber hinaus in seinen Handlungen auf zunächst undurchsichtige Weise von Solana bestimmt zu werden; Solana ist seinerseits sowohl interessierter Autor der Geschichte als auch das historische Objekt von Minayas Nachforschungen. Der Beliebigkeit der Deutungen und dem Panfiktionalismus einer immer schon textuellen Geschichtlichkeit wird zwar in *Beatus ille* explizit nicht das Wort geredet, denn nicht alle Ereignisse sind Produkte der Imagination Solanas oder Minayas: „yo no inventé la muerte de Mariana ni la culpa de Utrera", so räumt Solana beispielsweise ein, als sich beide am Ende des Romans gegenüberstehen. Doch wo die historische Wahrheit endet und Dichtung, Manipulation der Fakten und Blindheit beginnen, läßt sich nicht genau bestimmen: selbst die 'realen' Ereignisse, so fährt Solana fort, seien mehr oder weniger durch die Imagination Minayas bzw. die fingierten Dokumente des angeblichen Dichters literarisiert worden. Wenn es also keine unabhängig von Darstellung und Beobachtung bestehende 'Realität' gibt, ist allein die Art und Weise der Präsentation und vielleicht ihre ästhetische Qualität maßgebend: „No importa que una historia sea verdad o mentira", fährt Solana fort, „sino que uno sepa contarla" (BI 277). Geschichtsschreibung, so lautete ja schon die Lehre Hayden Whites, ist eine Sache der Poetik bzw. Ästhetik und muß in deren Maßstäben verstanden und bewertet werden[435].

In der komplexen Verschränkung von Wahrheit und Fiktion, Geschichte und Erzählung, Erwartung und Wirklichkeit, Wissen und Verdrängung, Verschleierung und Fälschung verbinden sich historiographische und poetologische Reflexion nahezu undurchdringlich[436]. Beide Reflexionen, die über die Entstehung von Geschichte als Text und die Positionen ihrer Akteure und Interpreten und die über die Entstehung des literarischen Textes im Zusammenspiel von Autor, Imagination, historischer Welt und Leser werden sich gegenseitig zu Paradigmen, zu Spielfeldern einer allgemeinen Reflexion über die Entstehung und Sinngeltung von Texten (der Geschichte, des Romans). Die in ihrer Textualität und Literarizität denunzierte Geschichtsschreibung wird in *Beatus ille* im Bild des Roman selbst gefaßt, an dessen eigener Entstehung Historiographie reflektiert wird – und umgekehrt. Historiographische und literarische Poetik werden miteinander verquickt, und abermals ist es der identische Titel zweier Texte, in dem diese Engführung auf den Punkt gebracht wird: *Beatus ille* ist sowohl der Titel des Romans als auch Titel des – gefälschten – historischen Dokuments Solanas. Dabei ist der Unterschied zu *El desorden de tu nombre* letztlich nur graduell: Bei Millás war der erfundene Roman Julios zukunftsgerichtete und vergangenheitsbewältigende Ge-

---

[435] Vgl. White (1987).
[436] Vgl. Linda Hutcheons an Hayden White angelehntes Konzept der „historiographic metafiction", die für sie den Grundmodus postmoderner Literatur darstellt; sie zeichne sich dadurch aus, daß im gleichen Zuge Literatur und Geschichte reflektiert werde: „the present, as well as the past, is always already irremediably textualized [...], and the overt intertextuality of historiographic metafiction serves as one of the textual signals of this postmodern realization" (Hutcheon 1988:9).

schichtsschreibung als Biographie, und die Titelidentität zweier nicht konvergenter Texte projizierte die Intertextualität des Lebens und die Intertextualität der Literatur ineinander. Auch in *Beatus ille* wird durch die Titelsignatur darauf verwiesen, daß der Aussage-TEXT des Romans selbst als Moment der 'Geschichtsschreibung' in den Argumentationszusammenhang des Textes eingebunden ist. Wenn also die oben zitierten metapoetischen Äußerungen Solanas, die ja zunächst nur symbolische Repräsentationen, d.h. Gesagtes sind, zutreffend sein sollen, muß sich dies nicht nur in der Makrostruktur (Handlung, Korrespondenzen zwischen Minaya und Solana) niederschlagen, sondern auch in der Position des Aussage-TEXTES: der Aussage-TEXT und seine Entstehung bilden dann selbst die oberste Ebene auf der im doppelten, historiographisch-narratologischen Sinne 'Geschichts-Schreibung' stattfindet. Für die Analyse im Problemkontext der Selbstrepräsentation ist die im Roman gebotene Reflexion über die Intertextualität der Geschichte als Paradigma poetologischer Reflexion, d.h. selbstrepräsentationaler Rekurse interessant[437]: Wie wird der Aussage-TEXT also repräsentiert, wie kommt er unter SCHREIB- und LESE-Handlungen zustande, wie sind die mit ihm in Verbindung stehenden Zeichenhandlungen kodiert?

Dadurch, daß auch in *Beatus ille* mit der Titelsignatur gespielt wird, wird der Bezug zwischen historiographischer und poetologischer Reflexion nicht nur verdeutlicht, sondern auch erheblich kompliziert. Freilich drängt sich auch bei Muñoz Molinas Roman sofort der Verdacht auf, daß das Spiel mit dem Titel wie auch der Titel selbst nur noch ein literarhistorisches Zitat ist, genauer gesagt, es besteht wie in *El desorden de tu nombre* die Pointe der Titelsignatur darin, daß der Text, der im Roman den gleichen Titel trägt wie der Roman selbst, gerade *nicht* – und auch nicht idealiter – mit dem Gesamtroman identifizierbar ist. Nach Ansicht von Scheerer (1995: 241-242) gibt es in Muñoz Molinas Roman nämlich vier 'Texte' mit dem Titel '*Beatus ille*'. Jacinto Solana ist der Autor (i) eines zur Mythenbildung um seine Person beitragenden, aber letztlich nicht-realisierten Werks, (ii) des nachträglich fingierten Berichts, den Minaya findet, schließlich ist er (iii) als Ich-Erzähler in dem Maße AUTOR eines 'Beatus ille', in dem er Minayas Handlungen imaginiert; die vierte Version von 'Beatus ille' wäre, nach Scheerer, (iv) der Roman, dessen Autor Muñoz Molina ist. Der Aussage-TEXT ist jedoch mit keinem dieser vier 'Texte' identisch: (iv) ist der reale Text; (i) ist nicht PRODUZIERT, sondern verbleibt im Potentialis; (ii) ist zwar ein schriftlicher Text, der aber nicht im Aussage-TEXT zitiert wird und nicht mit ihm kongruiert; (iii) ist, wie noch zu sehen, ein TEXT, der eindeutig *nicht* im Medium des Aussage-TEXTES verfaßt ist, d.h. nicht *geschrieben* ist und partiell nur

---

[437] Die Interpretation von *Beatus ille* als historiographischer Roman ist mittlerweile gängig in der Forschung; vgl. dazu u.a. Bertrand de Muñoz (1996a, 1996b) sowie die Beiträge in Ortega (1996).

imaginär bleibt. Wie die Analyse zeigen wird, liegt auch bei *Beatus ille* gerade hierin eines der gewichtigsten Darstellungspotentiale der poetologischen und historiographischen Reflexion Muñoz Molinas. Das Nicht-Geschriebensein des Aussage-TEXTES hat eine mindestens dreifache Kodierung.

LESEN: Der nichtgeschriebene Aussage-TEXT als Text des Rezipienten

Durch seine Nachforschungen ist Minaya als LESER-Ikon ausgewiesen. Da er selbst nicht nur wissenschaftliches, sondern auch persönliches Interesse an der Rekonstruktion von Solanas Biographie hat – er ist Ende der 60er Jahre auf der Suche nach einem politischen Märtyrer der Zweiten Republik, unter anderem deshalb, weil er sich dem direkten politischen Engagement entziehen will –, vermischen sich in seinen Arbeitshypothesen Imagination und Faktizität in bald undurchschaubarer Weise. Der vermeintlich unbeteiligte LESER-Historiker steht also im Beobachterparadox, noch bevor offenbar wird, daß selbst eine objektive Interpretation der aufgefundenen Dokumente und Indizien keinen Zugang zur 'Wahrheit' geboten hätte, da sie ja zum großen Teil von Solana fingiert worden sind. Wo Minaya die Dokumente fehlen, konjektiert er die teils wahren, teils erfundenen Fakten und verwandelt sie in Literatur. So phantasiert er etwa, ausgehend von Eintragungen Solanas im Notizheft 'cuaderno azul', den letzten Abend vor dessen vermeintlicher Ermordung:

> [Solana oyó] ladridos de perros y al asomarse a la ventana vio los capotes que se movían subiendo cautelosamente por el terraplén, el brillo frío de la luna en el charol de los tricornios. Exactamente así lo imaginaba Minaya: súbitamente liberado del miedo y de la literatura, pensó en los otros, en la mirada de Beatriz, en su orgullo sin súplica y en su lealtad más firme que el desengaño y la traición. Más alla de la última línea del cuaderno azul, en un espacio limpio de realidad y de palabras, no recordado por ninguna memoria, Minaya quiso urdir la figura ambigua de un héroe: Solana oye todavía el motor que se aleja y [...] (BI 230–231)

Hier wird Minaya nun auch zum LESER-als-AUTOR eines imaginären TEXTES. Minayas Phantasie ist zwar im Aussage-TEXT zitiert („Solana oye todavía el motor [...]"), doch gleichzeitig als nicht-schriftlich, ja nicht einmal als sprachlich ausgewiesen: der Ort Minayas als AUTOR und der seines TEXTES ist selbst „[m]ás alla de la última línea del cuaderno azul, en un espacio limpio de realidad y de palabras, no recordado por ninguna memoria". Deshalb kann Solana ihm am Ende sagen: „ese libro que usted buscó y ha creído encontrar no fue escrito nunca, o lo ha escrito usted, desde que vino a Mágina, desde aquella noche en que Inés le oyó preguntar por Jacinto Solana hasta esta misma tarde" (BI 273). Mit seinen Erwartungen, einen Helden vorzufinden, ist der Rezipient Ende der 1980er Jahre – stellvertreten im LESER-Ikon Minaya und mit angesprochen im „usted" Solanas – eigentlicher Autor des Romans: „Era usted quien exigía un crimen que se pareciera a los de la literatura y un escritor desconocido o injustamente olvidado que tenía el prestigio de la persecución política" (BI 276). Minaya hat den Roman GESCHRIEBEN, wenngleich nicht als Aussage-TEXT, und SCHREIBT ihn weiter, solange die Handlung durch seine Imagination vorangetrieben wird. „Ahora mismo", fährt Solana fort, „su desengaño y su asombro siguen escribiendo lo que yo no escribí, segregan páginas no escritas" (BI 273). Der von Minaya PRODUZIERTE TEXT muß deshalb ein ikonischer TEXT sein, „páginas no escritas" „en un espacio limpio de realidad y de palabras", weil hier zugleich die 'Text'-Produktion des Rezipienten angesprochen ist, die ja notwendig ungeschrieben bleibt und sich im Moment des Lesens vollzieht, gewissermaßen im „ahora mismo", das Solana ausspricht. Dies ist jedoch nicht die einzige Kodierung des Nichtgeschriebenseins des Aussage-TEXTES.

SCHREIBEN: Der nichtgeschriebene Aussage-TEXT als leere Subjektstelle

Denn der LESER Minaya ist zugleich explizit ein TEXT des AUTORS Solana, er ist LESER-als-TEXT, da Solana seinen Biographen in gleicher Weise imaginiert, wie Minaya sich Solana vorgestellt hatte. Als TEXT bleibt das, was Solana PRODUZIERT, ebenso ungeschrieben wie das, was Minaya PRODUZIERT. Diese Ikonizität wird schon zu Beginn des Romans deutlich. Der Roman führt zu Beginn die Szene weiter, mit der er auch endet: Solana ist allein und beginnt mit der Erzählung der ganzen Geschichte, nachdem Minaya und Inés wenige Momente zuvor sein Zimmer verlassen haben:

> puedo *imaginar o contar* lo que ha sucedido y aun dirigir sus pasos, los de Inés y los suyos, camino del encuentro y del reconocimiento en el andén vacío, como si en este instante los inventara y dibujara su presencia, su deseo y su culpa. [...] Basta mi conciencia y la soledad *y las palabras que pronuncio en voz baja* para guiar [Inés] camino de la calle y de la estación dónde él [Minaya] no sabe no seguir esperándola. (BI 7-8)

LESER und AUTOR verwandeln sich in Komplizen: „Yo he inventado el juego" – räumt der vermeintliche Dichter am Ende ein – „pero usted ha sido mi cómplice. [...] concebí el juego, igual que si se me ocurriera de pronto el argumento de un libro" (BI 276). In Minaya fallen der LESER-als-AUTOR und der LESER-als-TEXT zusammen: „Usted ha escrito el libro" und „usted es el personaje central del libro que no ha necesitado ser escrito" (BI 278).

In dem Maße, in dem Minaya aber AUTOR ist, wird Solana zu seinem TEXT, d.h., da er selbst auch AUTOR ist, zum AUTOR-als-TEXT. Der gesamte TEXT entsteht im Wechselspiel von LESER-als-AUTOR- und AUTOR-als-LESER-Positionen. Doch damit ist die Komplexität der Selbstrepräsentationen in *Beatus ille* noch nicht erfaßt. Denn weder Minaya noch Solana sind ursprüngliche LESER bzw. AUTOREN. Minayas Interpretationen der Fakten und seine literarisierten Konjekturen sind ja durch die Dokumente

(TEXTE) vermittelt, und damit seitens Solana in unbestimmbarer Weise mitdeterminiert. Umgekehrt ist Solanas Produktion weiterer Dokumente (TEXTE), die ihrerseits für Minaya Vorlage weiterer Hypothesen (LEKTÜRE-TEXTE) über Solana sind, durch Minayas Fortschritte in der historischen Rekonstruktion (LEKTÜRE) determiniert.

Wenn Solana AUTOR genannt wurde, weil der Roman mit seinem imaginierenden 'yo' beginnt und endet, und Minaya als LESER gelten mußte, weil er Solana nachspürt, keiner von beiden aber den Aussage-TEXT tatsächlich SCHREIBT und beide ihrerseits selbst der TEXT des je anderen sind, so scheinen der Ursprung der Geschichte und die Gesetze der gegenseitigen Determination unauffindbar. Wie in *El desorden de tu nombre* bleibt unbestimmt, welche AUTOR-Instanzen für welche TEXTE verantwortlich sind. Der adäquate Ausdruck dieser Disposition sind die sich gegenseitig hervortreibenden und dynamisch verwandelnden Interferenzen, die vollständig im Bereich *ikonischer* Repräsentation bleiben (etwa gegenüber ähnlichen Verfahren in Calvinos *Se una notte d'inverno*[438]), und das in den letzten Zitaten immer wieder angesprochene – gar betonte – Nicht-GESCHRIEBEN-Sein jenes TEXTES, der zwischen den beständig ihre Positionen wechselnden AUTOREN und LESERN entsteht: „su desengaño y su asombro siguen escribiendo lo que yo no escribí, segregan páginas no escritas" (BI 273); „usted es el personaje central del libro que no ha necesitado ser escrito" (BI 278).

TEXT: Der nichtgeschriebene Aussage-TEXT –
Widerlager der positivistischen oder/und offiziellen Geschichtsschreibung

> Basta mi conciencia y la soledad *y las palabras que pronuncio en voz baja* para guiar [Inés] camino de la calle y de la estación dónde él [Minaya] no sabe no seguir esperándola. *Ya no es preciso escribir para adivinar o inventar las cosas.* Él, Minaya, lo ignora, y supongo que alguna vez se rendirá inevitablemente a la *superstición de la escritura*, porque no conoce *el valor del silencio ni de las páginas en blanco*. (BI 7–8; Hervorh. U.W.)

Auch in diesem Zitat ist der immer wieder angesprochene nicht-GESCHRIEBENE TEXT zunächst kein anderer als der, den der Rezipient selbst mittels seiner Lektüre, die notwendig ungeschrieben bleibt, erzeugt; dieser Ikonizität korrespondiert die Imagination, das leise Sprechen des AUTORS, das die Handlung in Gang setzt. Hier kommt indessen noch eine dritte Kodierung des Nicht-Geschriebenseins zur Geltung. Wo nämlich explizit von *geschriebenen* TEXTEN die Rede ist – „Ya no es preciso escribir para adivinar o inventar las cosas", sind die fingierten Dokumente gemeint. Geschrieben-Sein wird also selbst noch in den geschriebenen *ikonischen* TEXTEN, dem vermeintlichen

---

[438] Vgl. Kap. 1.2.7.3.2.

Nachlaß Solanas, darunter gerade auch '*Beatus ille*', als „superstición de la escritura" denunziert: historiographiekritisch als Täuschung der positivistischen, dem dokumentarischen Wert des geschriebenen Wortes verpflichteten Geschichtsschreibung, die auch die offizielle ist. Ihr gegenüber wird eindeutig der Stille und den weißen Blättern („el valor del silencio [y] de las páginas en blanco") der Vorrang gegeben.

Noch einmal SCHREIBEN: Inés als AUTOR?

Muñoz Molina hält jedoch noch eine abschließende Pointe bereit, die der Kritik bisher scheinbar entgangen ist. Sie springt bei der Frage nach einem möglichen zusätzlichen oder gar ultimativen AUTOR ins Auge. Wie schon beschrieben, gehen die Rezeptions- und Produktionsakte von Minaya und Solana ineinander über. Solana scheint als AUTOR gegenüber Minaya zwar Vorrang zu genießen, doch auch er ist abhängig von den Informationen, die Inés ihm übermittelt. Für Minaya gilt das gleiche. Inés ist es, die zwischen beiden die für die jeweiligen PRODUKTIONS- und LESE-Akte notwendigen Informationen (TEXTE) vermittelt und damit die einzige Verbindung zwischen beiden aufrecht erhält, letztlich die Verbindung zwischen 'Leser' und 'Autor'. Aufgrund dieser Position hat sie wie keine andere Figur in diesem Roman und ohne explizit als AUTOR oder LESER aufzutreten, bestimmenden Einfluß auf den Gang der Ermittlungen, auf die 'Quellenlage', auf die Produktionen und Deutungen. Sie hält die Fäden des Romans in der Hand und kann so als versteckter, ultimativer AUTOR gelten. Es ist äußerst aussagekräftig, daß ausgerechnet sie, die Geliebte von beiden, am Ende von Solana explizit den 'realen' Gegebenheiten zugeschlagen wird – als Minaya dessen Zimmer wieder verlassen hat und zum Bahnhof zurückkehrt, sagt er:

> Veo a Minaya, lo inmovilizo, lo imagino [...] quiero que sepa que lo estoy imaginando y escuche mi voz como el latido de su propia sangre y de su conciencia, que cuando vea a Inés parada bajo el gran reloj amarillo [de la estación] tarde un instante en comprender que no es otro espejismo erigido por su deseo y su desesperación (BI 281)

Inés wird damit ein Status zugestanden, der jedweden Transzendentalitätsanspruch des imaginierenden Solana übersteigt. Wie in der Gestalt Lauras, die in *El desorden de tu nombre* als einzige handlungsfähige und zugleich Aussage-TEXT SCHREIBENDE Figur ausgewiesen ist, bleibt auch in *Beatus ille* in der zentralen Frauenfigur ein letzter Anhaltspunkt für eine Realität bestehen, die mit der AUTOR-Position gekoppelt ist.

2.3.6 *El desorden de tu nombre* und *Beatus ille* als Paradigmen postmoderner Selbstrepräsentation

Die dekonstruierte Referenz der Titelsignatur in beiden Romanen ist vielleicht das auffälligste Symptom dafür, daß der Aussage-TEXT als fixierbare Signifikantenkette, als zentrale Position und zentrales Objekt aus dem Repräsentationsraum herausgeschoben ist. Die Titelsignatur wird eingeführt, nicht mehr um Identität eines in sich ruhenden, sich in sich selbst begründenden Textes mit sich selbst zu zeigen – wie z.B. in *El cuarto de atrás* [439] –, sondern um Differenz zu inszenieren[440]. Die Dekonstruktion der Eigennamen-Referenz in Gestalt der Titelsignatur führt auch zur Dekonstruktion des in der *mise en abyme* postulierten selbstreflexionsfähigen Textsubjekts, welches die *telqueliens* eine Zeitlang postulierten. Diese Dekonstruktion steht im Kontext einer als postmodern zu sehenden Dekonstruktion der Deiktika, bis hin zum Eigennamen (Titel, Autor), letztlich also eines referentiellen Sprachmodus[441], der noch im Skripturalismus in Form der Selbstpräsenz der Signifikanten eine der letzten Bastionen der Moderne war. Nach der Dekonstruktion von Autorsignatur, AUTOR-Index (*Niebla*) und LESER-Index (*Se una notte d'inverno*[442]) wäre es verwunderlich gewesen, wenn mit der Dekonstruktion des TEXT-Index bzw. der Titelsignatur nicht auch der letzte, diesmal von der Literatur selbst erfundene „méta-récit" der Moderne (Lyotard 1979:7), nämlich die Selbstgenügsamkeit und Selbstpräsenz des Signifikanten des ästhetischen Werks – paradoxerweise zugleich der letzte Rettungsversuch eines referentiellen Codes (nämlich auf den Text selbst) –aufgegeben worden wäre. Eine Variante dieser Dekonstruktion, die in der Analyse nur ansatzweise aufgezeigt wurde, besteht darin, den Aussage-TEXT von der gegenüberliegenden Seite her aus dem Repräsentationsraum verschwinden zu lassen, nämlich mittels Dekontextualisierung der AUTOR-, LESER- bzw. TEXT-Indices vom Aussage-TEXT. Diese Form wurde von *Fragmentos de apocalipsis* oder in dem anderweitig herangezogenen *Se una notte d'inverno* realisiert: zunächst wird ein Index aufgebaut (das Autor-Ich, das Leser-Du, oder der Textname), sodann aber stellt sich heraus, daß zwar Autoren, Leser und Texte existieren, nicht aber ein gemeinsamer Bezugstext. Hier besteht das selbstreflexive Spiel dann darin, mit einer referentiellen Deutung der Indices („Stai per cominciare a leggere il nuovo romanzo *Se una notte d'inverno un viaggiatore* di Italo

---

[439] Vgl. u. Kap. 1.2.6.2.2.
[440] Unter diesem Aspekt liegt übrigens eine der am deutlichsten auf die Postmoderne vorausweisenden Dispositionen in André Gides *Les faux-monnayeurs* (1925) gerade darin, daß auch hier Édouards in Planung befindlicher Roman 'Les faux-monnayeurs' heißen soll (ed. 1972:188), diese Aufzeichnungen jedoch nicht mit den *Faux-monnayeurs* (als Aussage-TEXT bzw. Romanaussage) in Kongruenz gebracht werden.
[441] Vgl. dazu Lyotards Programmschrift der Postmoderne *Le différend* (1983: bes. 56–129).
[442] Vgl. u. Kap. 1.2.7.3.2.

Calvino"; NV 3) seitens des Rezipienten zu spielen. Der Übergang von der (modernen) Nostalgie des Verlusts zur (postmodernen) Offenheit für neue Darstellungsmöglichkeiten zeigt sich schließlich deutlich in der Abkehr von der negativen Kodierung des Aussage-TEXTES als Schrift oder Sprachlichkeit: War in *Niebla* und *Estela del fuego* der Aussage-TEXT der bedrohliche Sprach-Ort des vergesellschafteten, versprachlichten, entselbsteten Subjekts, so öffnet sich in *El desorden* und in *Beatus ille* in seinem Verschwinden der Raum für neue Selbstentwürfe, die nicht mehr dem Diktat der fixierten Signifikanten unterworfen sind.

Die Dekonstruktion der Titelsignatur ist einer der Hinweise auf das entscheidende Merkmal postmoderner Selbstrepräsentation, in der der Aussage-TEXT nicht mehr hermeneutischer Fluchtpunkt, unhinterfragter Ausgangspunkt der Selbstproduktion, ontologisches Argument o.ä. ist, sondern ein Text bzw. TEXT unter anderen ist, der unter den gleichen Bedingungen besteht, wie die TEXTE, die ihn konstituieren. Der Roman stellt sich damit figurativ als Knotenpunkt kultureller Zeichenprozesse, als transitorischer Zustand von Signifikantenketten dar, die sich im intertextuellen Raum oder einer als Text erfahrenen Geschichtlichkeit verlieren; der Text ist in seiner Dezentriertheit gerade fixiert genug, um für den Rezipienten lesbar zu sein, damit sich in diesem die Signifikantenkette fortsetzt. Auch hier wird, ähnlich wie bei der modernen Auseinandersetzung mit dem transzendentalen Modell und seinen Konsequenzen, eine immer schon gültige Verfassung und Bedingung von Text und Lektüre explizit gemacht, die jedoch zuvor nicht als solche *repräsentiert* gewesen ist.

Daß sich aus dem Verschwinden des Aussage-TEXTES auch eine Reihe von Verschiebungen und Umbesetzungen der Positionen von SCHREIBEN, LESEN und TEXT ableiten lassen, belegt erneut den Katalysatorwert der Aussage-TEXT-Position. In dem Maße, in dem vom Roman vorgegebene Reflexionsstrukturen nicht mehr den Leser letztlich in der Unproduktivität belassen und ihn zum Vollzugsorgan des eigentlich selbstgenügsamen Werks machen (wie in *Estela del fuego*), sondern der gesamte Roman als eine Lektüre von Prätexten (TEXT-als-LESER) ausgewiesen ist, wird auch die LESE-Position als wirklich PRODUKTIV inszeniert. Auch dies ist jedoch nur möglich, wenn der Index bzw. die Aussage-TEXT-Ebene keine letztlich referentielle Deutung mehr zuläßt, d.h. nicht mehr als Argument einer referentiellen Lesart der Selbstrepräsentationen gilt. Der Aussage-TEXT ist als weiterhin LESBARER TEXT repräsentiert. Das Reflexionspotential des Werks wird nicht mehr von der eigenen Selbstreflexion ausgeschöpft, der Roman erscheint als Epiphänomen eines intertextuellen Raumes, der von produktiven Deutungsinstanzen bestimmt wird. Solange eine literale Bedeutung der Indices nicht aufgehoben oder dekonstruiert war, konnte der LESER determiniert bleiben und die AUTOR-Position sich die Vorrangstellung vorschaffen, der PRODUZENT ebendieses TEXTES zu sein, dieser identifizierbaren Signifikantenkette. Der Aussage-TEXT bleibt erst dann offen und weiterhin LESBAR, wenn er nicht mehr Argument ist.

Die PRODUKTIVITÄT des LESERS, die durch das Verschwinden des Aussage-TEXTES freigesetzt wurde, fand ihren deutlichsten Ausdruck in der Ineinanderprojektion von dargestellter Textproduktion (Julio, Minaya/Solana) und Textproduktion durch den Rezipienten: Sowohl AUTOR als auch LESER (Rezipient) füllen die Leerstelle aus, die der *ungeschriebene* Text hinterläßt, wobei dessen Ungeschriebenheit zugleich das Signum seiner prinzipiellen Offenheit ist. Der dennoch auftretende TEXT-Index – in beiden Fällen die Titelsignatur (Julio 'schreibt' '*El desorden*', Solana/Minaya 'schreiben' '*Beatus ille*') – führt gerade nicht zur *mise en abyme*, sondern verweist auf die Diskontinuität beider gleichnamigen TEXTE.

Aus der Ausblendung des Aussage-TEXTES ergeben sich weitere Dispositionen, die ebenfalls im Rahmen der geläufigen 'Postmoderne'-Definitionen zu sehen sind: Repräsentation von Sinnpluralisierung und -potentialität, von Simulakren, der „Intertextualität des Lebens" (*El desorden*) und der Geschichte (*Beatus ille*), die Rückkehr zur Intrige in der Wiederaufnahme traditioneller Erzählmuster, der Zitatcharakter der Texte etc[443]. In beiden Romanen stehen TEXTE in Form von Interferenzen, Versionen der Handlung, Positionen der LESBARKEIT oder als PRODUKTIVE Kraft im Mittelpunkt. Die gesamte PRODUKTION wird letztlich von TEXTEN übernommen (deren AUTOREN mögen existieren, spielen aber als Zeicheninitiatoren keine Rolle), die sich gegenseitig hervortreiben und so einen Roman konstituieren, der, in seiner Totalität als Romanaussage bzw. Aussage-TEXT, selbst nur ein weiterer TEXT ist. TEXTE sind Potentialitäten von Handlung (wie in *El desorden de tu nombre*) oder Möglichkeiten der Geschichte, Komplexe kultureller Codes oder pluraler PRODUKTION. Keiner dieser zahlreichen repräsentierten TEXTE ist PRODUKT nur *eines* AUTORS, oder eines AUTORS, der nicht selbst immer schon ein TEXT wäre, und jeder TEXT steht im Kontext mehrerer LEKTÜREN, die ihrerseits neue TEXTE erzeugen (psychoanalytische Erzählungen, Selbstentwürfe, Geschichtsaneignung). Pluralität von LEKTÜREN, PRODUKTIONEN und TEXTEN, Unbestimmtheit der je GELESENEN, PRODUZIERTEN TEXTE, Hyperkontextualisierung und simulative Wirklichkeitserzeugung, die dadurch entsteht, daß je für die Dauer ihrer Repräsentation fixierte TEXTE und narrative Zustände sich ihrerseits an vorgängigen oder nachfolgenden TEXTEN bewahrheiten, führen zur Unmöglichkeit, bis in die letzten Konsequenzen das Ausmaß und damit die Verantwortung von PRODUKTION und Deutungen (LEKTÜREN) zu ver-

---

[443] Hinzuzufügen wäre als ein weiteres Merkmal, das nicht in den Selbstrepräsentationen als solches direkt nachweisbar war, die Doppelkodierung von Elite- und Massenkultur (vgl. Fiedler 1988) (*El desorden de tu nombre* hatte in den ersten zwei Jahren nach Erscheinen 11 Auflagen).

folgen. Der TEXT (figurativ: Literatur, der Roman selbst) besteht aus plot-Modellen, Intertexten – aus Konstrukten mithin, die abrufbar und recyclebar sind. Personale AUTOREN lösen sich auf, wenn der Aussage-TEXT nur noch aus einer Vielzahl letztlich zitierter kultureller Codes besteht. In dem Maße, in dem AUTOR und LESER an keiner Stelle mehr als Position unrelativierter (transzendentaler) Zeicheninitiation bzw. -interpretation aufgeführt werden, verliert auch der je entstehende TEXT den Status, ein fixiertes Zeichenereignis zu sein. Für den Rezipienten ist der Roman, der schriftlich fixiert ist, tatsächlich nurmehr Ausgangspunkt der Lektüre, und nicht mehr das 'schwarze Loch', in dem alle Repräsentationen ihr hermeneutisches Gravitationszentrum finden. Diskurshistorisch vermitteln dabei die zahlreichen Interferenzen, in die die Interpretations- und Schöpfungsakte des Subjekts verwickelt sind, an welchen Stellen Sprachlichkeit und Textualität die Produktions-, Lese- und Weltkonstitutionsakte des Subjekts determinieren und ihnen immer schon vorgängig sind.

Die Analyse hat gezeigt, daß man den analysierten Romanen mit der Feststellung einer unbeschreibbaren Auflösung von 'Fiktion' und 'Realität', von 'postmoderner Beliebigkeit', Kontingenz von Sinnbildung etc. nicht gerecht wird. Dadurch werden gerade interessante Abweichungen, Uneinheitlichkeiten etc. aufgesogen, die den Romanen ihre Individualität und ihren Stellenwert zuweisen. Als Besonderheiten fallen, zumal in *El desorden de tu nombre* und *Beatus ille*, die als handlungsmächtig und 'real' vorgestellten zentralen Frauengestalten auf[444], aber auch die randständige Existenz eines ultimativen LESERS in *El desorden de tu nombre* (Carlos' Analytiker) oder die Transzendentalisierung des Ödipus-Motivs.

Die Konsequenz all dieser Dispositionen läßt sich absehen: der am stärksten zur LESER-Position hin orientierte Roman ist derjenige, der keine Selbstrepräsentationen mehr *inszeniert*, sondern immanent, in jedem Wort selbstrepräsentational *ist* – nicht zuletzt aufgrund der kulturellen Kompetenz des Lesers, von der immerhin auch die Radikalität postmoderner Hinterfragung von Bedeutungsbildung abhängig ist[445]. Wenn die zunehmende Intransitivierung und Entmaterialisierung der Selbstrepräsentationsobjekte, die ihren Höhepunkt in den Versuchen der Selbsteinschließung und Autoproduktivität des Romans der 60er und 70er Jahre hat, eine historisch sich entwickelnde Tendenz ist, so müßte postmoderne Literatur sich hingegen dadurch auszeichnen, daß auch der Roman sich wieder öffnet, indem er seine Interpretanten-

---

[444] Die weiblichen Protagonisten nehmen in zwei weiteren Roman Muñoz Molinas, *Beltenebros* (1989) und *El jinete polaco* (1991), eine vergleichbare Sonderrolle ein.

[445] Postmodern sind nicht (allein) die Romane, sondern (auch) die Lektüre der Romane – dies ist das Fazit von Peter Bürgers Untersuchung dreier 'postmoderner' Romane im Hinblick auf die Auflösung von Bedeutungsstrukturen (Bürger 1988).

ketten auf die kulturellen Einheiten zielen läßt, die ihn haben entstehen lassen und ihn in jeder Lektüre neu fortsetzen. Eine Trennung der Objekte AUTOR, LESER und TEXT würde dann nur noch Beschreibungszwecken dienen, während die Literatur von Semiose überhaupt spricht – d.h. über sich selbst. Wenn in postmoderner Literatur jedoch wieder intrigenreiche Geschichten erzählt werden können, nachdem die Experimente des *nouveau nouveau roman* die klassischen Erzählkategorien zur Auflösung gebracht haben, so zeigt das auch, daß die Entschlackung des ästhetischen Zeichens von Referenz noch nicht das letzte oder vornehmste Objekt der Literatur sein muß. Postmoderne Romane jedenfalls können die radikale Instabilität der Bedeutung in eine neue, intertextuelle Welt integrieren und ihre kulturelle Hyperkodierung, anstatt sie zu inszenieren, zur Voraussetzung vielfältiger Interpretationen spannender Texte zu machen.

3. Schlußperspektiven: Der Roman im Zeichen seiner selbst – Selbstrepräsentation als Diskurs

Die Randbereiche des Selbstrepräsentationsdiskurses:
pragmatische Kontexte und Sinndimensionen der Selbstreflexion

Der Selbstrepräsentationsdiskurs entwickelt sich wie jeder andere Diskurs auch in Wechselwirkung mit nicht-literarischen Diskursen und in Abhängigkeit von pragmatischen Faktoren, die von der Erfindung neuer Medien bis zu soziohistorischem oder politischem Wandel reichen. Solche pragmatischen Faktoren sind beispielsweise wirksam, wo poetologische Erörterungen im *Quijote* als Ersatz für die fehlende Romanpoetik, als Verständnishilfen oder Leserrollenangebote eingeflochten wurden. Benachbarte Diskurse, die auf den Modus der Selbstrepräsentation eingewirkt haben, kamen häufiger zur Sprache: die Subjektphilosophie, der *linguistic turn,* die Literaturtheorie selbst. In fast allen hier untersuchten Romanen verbirgt sich hinter der Selbstreflexion schließlich auch ein konkret zeitbezogenes kulturelles Kritikpotential: die Spanien-Problematik im *Don Quijote* oder in *Niebla,* die Auseinandersetzung mit Frankismus und Demokratie in *Estela del fuego, Beatus ille* und *El desorden de tu nombre*[446].

Jenseits dieser pragmatisch-historischen und interdiskursiven Kontexte haben Selbstrepräsentationen Sinndimensionen, die in der Studie generalisierend als 'figurativ' bezeichnet wurden. Solche romanesken Themen des Selbstbe-

---

[446] Zu Selbstbezüglichkeit im Kontext der Spanienproblematik und der Repräsentationskultur in *Niebla* und anderen Texten der *98er Generation* vgl. Mecke (1998). Der Zusammenhang von Selbstbezüglichkeit spanischer Erzählliteratur der nachfrankistischen (posttotalitären) Postmoderne mit Spätfolgen des Frankismus ist immer wieder gesehen worden (vgl. die o. in Fn. 51 angegebene Literatur) etwa im Kontext historiographischer Metafiktion bei Antonio Muñoz Molina oder Manuel Vázquez-Montalbán u.a. In der jüngsten diskursarchäologisch fundierten Sichtung des spanischen Romans unter und nach Franco (Spires 1996) wird die Entwicklung des spanischen Romans zur „posttotalitären episteme" im nachfrankistischen Spanien verfolgt, wobei jedoch der historisch-politische Hintergrund in fragwürdiger Weise auf den paradigmatischen Wert reduziert wird, den er für eine gesamteuropäische Entwicklung der Ästhetik hat.

zugs sind existenz-, oder subjektphilosophische Reflexion (*Niebla*), Diskurskritik (*Don Quijote, Beatus ille, Estela del fuego que se aleja*), psychosoziale Prozesse (*El desorden de tu nombre*) o.ä. – Zusammenhänge, die aus verschiedenen Gründen in einem wechselseitigen figurativen, metaphorischen oder bildhaften Verweisungsverhältnis mit der als ästhetische Reflexion analysierten Selbstrepräsentation stehen. Da es sich bei den Texten nicht um sprachphilosophische oder ästhetische Traktate handelt, sondern um literarische Werke, ist dieser Mehrwert an Bedeutung prinzipiell gegeben, also auch dort, wo semiotische, produktions-, und wirkungsästhetische Themen dominant sind.

Die Rekonstruktion des Selbstrepräsentationsdiskurses, zumal wenn sie historisch und textspezifisch zugleich sein soll, fordert jedoch den Preis einer Abstraktion von diesen Kontexten oder Sinndimensionen selbstbezüglicher Praxis, d.h. letztlich auch den Verzicht auf eine umfassende (thematische) Gesamtinterpretation der besprochenen Romane. Trotzdem sind dies Schnittstellen für weiterführende Analysen: Wie wirkt sich der Buchdruck oder der gesellschaftliche Wandel von Autor und Publikum auf die Inszenierungen von Lesen und Schreiben aus, d.h. auf die Vorstellungen von Produktion und Lektüre? Was sagt es über die figurativen Themen aus, daß sie es gerade sind, die sich anbieten, Bildempfänger von Medienmetaphern u.ä. zu werden – in der Dopplung von figurativer und literaler Bedeutung der Selbstrepräsentationen im 20. Jahrhundert wurde dieses Verhältnis von ästhetischer Reflexion und Figuration mehrfach angesprochen – und wie verteilt sich dabei der Erkenntnisgewinn im Spiel von literaler und figurativer Bedeutung? Diese Kontexte sollten allein in dem Maße berücksichtigt werden, in dem sie die konkrete Selbstrepräsentationsstruktur eines Textes mit bedingten. Wie eng diese Verzahnung im Falle der Erfindung des Buchdrucks war, ließ sich anhand des *Quijote* zeigen. Unter der Leitfrage nach dem Selbstbild von Literatur, das sich zusammensetzt aus den Reflexionen über Schreiben, Deuten, Zeichensein etc., ging es nicht vorrangig darum, *daß* und *welche* pragmatische(n) Kontexte und figurative(n) Sinndemensionen sich an die Selbstrepräsentationen anlagern, sondern darum, zu bestimmen, auf welche diskurshistorischen Möglichkeiten und Grenzen es verweist, daß Selbstrepräsentationen je so und nicht anders realisiert wurden.

Zum Aussagewert der Selbstrepräsentationen und ihrer Beschreibungsparameter

Prinzipiell läßt sich – textspezifisch oder historisch vergleichend – aus der Gesamtheit der Realisierungen innerhalb jedes einzelnen Beschreibungsparameters (Ikonizität, Indexikalität, Symbolizität; AUTOR, TEXT, LESER; Interferenztypen) einzeln, unter einer bestimmten weiterführenden thematischen Fragestellung in Form von AUTOR-, TEXT- oder LESER-*Bildern* oder als Diskurs über das Schreiben, das Lesen, das ästhetische Zeichen etc. eine diskurshistorische Aussage ableiten.

So konnte die Analyse der Romane des 15. bis 17. Jahrhunderts dazu dienen, die jeweilige historische *Semantik* der Bezeichnung 'autor' aus dem konkreten Gebrauch heraus näher zu bestimmen; 'autor' bedeutete in der *Cárcel de amor* die handelnde und das Erlebte erzählende Instanz (AUTOR-als-LESER und AUTOR-als-TEXT), mit dem modernen Autor-Begriff eines ursprünglich Schreibenden fiel nur das 'yo' des autor zusammen. Im *Quijote* überlebte das Konzept eines solchen mimetisch arbeitenden Autors (AUTOR-als-LESER der Welt) nur noch als Zitat im segundo autor und in einigen Aspekten des AUTORS Cide Hametes; der Autor als ursprünglich Produzierender wurde nur symbolisch evoziert; er war nicht als personalisierte Figur greifbar und wurde von dem symbolischen (nicht-interferentiellen) AUTOR abgedrängt. Das transzendentale Modell zeichnet sich vor diesem Hintergrund idealiter dadurch aus, daß der AUTOR weder in Interferenzen erscheint noch funktional auf verschiedene Figuren verteilt ist, wie es noch im *Quijote* der Fall war. Die gleiche Analysemöglichkeit besteht für das LESER-Bild bzw. die Semantik von „lector", etwa mit Blick auf den tatsächlichen Interpretationsspielraum, der dem projektierten Adressaten eingeräumt wird. In einer mehr interpretationsorientierten, d.h. figurativen Lektüre bieten die *énoncés* des Selbstrepräsentationsdiskurses schließlich Ansatzpunkte für *metaphorologische* Fragestellungen. So kann etwa der Wandel auftretender Buch- und Schriftmetaphern im Hinblick auf den Stellenwert, der ihnen als TEXT bzw. Aussage-TEXT zukommt, analysiert werden: im *Quijote* ist das Buchsymbol zwar schon aus seinem metaphysischen Kontext gelöst, doch die anthropomorphisierenden Buchmetaphern tradieren noch analogistische Vorstellungen; in *Estela del fuego* bekommt die Buchmetapher abermals einen metaphysischen Gehalt.

Solche Zusammenhänge lassen sich natürlich auch dort beschreiben, wo AUTOR-, TEXT- und LESER-Positionen nicht mehr begrifflich oder personal gefaßt werden (als Bezeichnung oder Pronomen etwa), sondern zu fragen ist, welche Instanzen oder Entitäten die entsprechenden Positionen besetzen und wie sich Positionen verschieben: inwieweit etwa wird der moderne Leser als eigentlicher Autor tatsächlich in sein Recht gesetzt, wo wird die Idee subjektiver Schöpfung von personalen Autor-Figuren zunehmend auf die TEXT-Position übertragen („la productivité dite texte" ist, wie *Fragmentos de apocalipsis* zeigte, nur mit hohem selbstrepräsentationalem Aufwand zu inszenieren)?

Desweiteren ermöglicht das Modell *Skalierungen und Funktionsbeschreibung intertextueller Bezüge*. In *El desorden de tu nombre* war zu sehen, nicht nur *daß*, sondern *in welchem Maße* Prätexte Zeichenproduktionsfunktionen übernehmen (TEXTE-als-AUTOR) – etwa die Kriminalgeschichten (Systemreferenzen) oder Intertexte wie die Ödipus-Geschichte – und angeblich transzendentaler PRODUKTION (Julio als AUTOR) vorgängig sind und diese somit dekonstruieren.[447] Auf Mikrodiskurs-Ebene lassen sich verschiedene Typen der *Dialogizität* im Kontext weiterer Selbstrepräsentationen funktional und graduell situieren, wie die Analyse von *Estela del fuego que se aleja* zeigte. In ähnlicher Weise ließen sich *dekonstruktive Techniken* graduell und funktional unterscheiden, aber auch historisch beschreiben.

Nun zeigte sich allerdings in den Analysen, daß im großen und ganzen keiner der Repräsentationstypen oder -arten für sich genommen historisch gebunden ist, selbst die Interferenztypen ließen sich in verschiedenen Zeiträumen finden. Die Realisierung eines elementaren Typs an sich begründet selten schon eine Differenzqualität. Da zudem prinzipiell jede Selbstrepräsentation mit jeder anderen verknüpfbar, (de-, re-)kontextualisierbar und interferenzfähig ist, kann auch das Maß oder die Art und Weise der *Vernetztheit* der Kontexte in einem gegebenen Text aussagekräftig sein. Für die Bewertung der Ergebnisse bedeutet dies, daß sich Differentialität bzw. historischer Wandel in den *Verhältnissen* zwischen einzelnen Selbstrepräsentationsmomenten auf und zwischen den paradigmatischen, genealogischen oder relationalen Achsen abzeichnen, in bestimmten Konfigurationen, Häufungen, Komplexionen, Isolierungen etc. aber auch in nicht-realisierten Varianten. Eine weitere Schwierigkeit, den elementaren Selbstrepräsentationstypen an sich eine angestammte Bedeutung zuzuweisen, liegt darin, daß auch Größen *außerhalb* der Beschreibungsparameter sich in Kombination mit diesen als bestimmend erwiesen haben: inter-, intra- und autotextuelle Bezüge, Verwendung der paratextuellen Ordnung u.ä.m. Als historisches Paradigma wurde die Verschiebung der Aussage-TEXT-Position und der Wandel seines Status gewählt, u.a. weil er zentraler Repräsentationsort ist und sich in seinen Repräsentationen viele der Positionswechsel, Interferenzen und Repräsentationsweisen der Objekte synthetisieren, wobei natürlich seine Repräsentation als Objekt an sich ebenso aussagefähig ist.

Position, Funktion und Status des Aussage-TEXTES
als Katalysator und Paradigma historischen Wandels

Es wurde bereits in Kap. 1.2.3.1 festgestellt, daß 'Aussage-TEXT' – wie alle anderen Beschreibungsparameter auch – eine letztlich abstrakt bleibende

---

[447] Eine Berücksichtigung der Rolle medial-differenter TEXTE in der Selbstrepräsentations-Ökonomie kann intertextuelle Gesichtspunkte auf intermediale ausweiten. Diese Dimension der Selbstrepräsentation wurde in der Arbeit nicht weiter verfolgt, da für intermediale Aspekte das Beschreibungsmodell entsprechend erweitert werden müßte.

Position ist. Der Aussage-TEXT, so wurde gesagt, ist die Ebene und die Seinsform, in der sich aus der Perspektive der erzählten Welt heraus die erzählte Welt selbst als Sprachzeichen so materialisiert, daß sie als das diegetische Pendant zur realen, dem Rezipienten vorliegenden Romanaussage aufgefaßt werden kann. Soll diese Ebene in begrifflich faßbarer Weise aussagekräftig werden, müßte sie mit konkreten Inhalten gefüllt werden, wie etwa 'Signifikantenkette', 'Phänotext', 'ästhetisches Hyperzeichen', *'discours'*, Intertext, 'erzählte' oder 'geschriebene Geschichte' u.ä. Eine solche Übersetzung vorwegzunehmen, hätte allerdings den analytischen Zugriff auf die Romane präjudiziert, da ja überhaupt erst der Position, dem Status, nicht zuletzt auch der Funktion, die die umlagernden Repräsentationen dem Aussage-TEXT zuschreiben, abzulesen ist, was darunter tatsächlich zu verstehen ist. Wo er letztlich außerhalb der Selbstreflexion bleibt, weil er als sprachliches Epiphänomen der Erzählung auftritt, wäre unter Aussage-TEXT einfachhin die 'Geschichte' selbst zu verstehen. Gestaltet sich die Selbstreflexion des Romans in der Weise, daß die erzählte Geschichte sich als *Patchwork* von Prätexten ergibt, wäre unter Aussage-TEXT eher 'Intertext' zu fassen. Anders verhält es sich, wenn im Roman weniger die angesonnene mimetische 'Welthaltigkeit' der erzählten Geschichte, sondern vielmehr die Sprachlichkeit oder sprachliche Konstruiertheit im Vordergrund steht: in diesem Fall wäre wohl 'Signifikantenkette' die angemessene Übersetzung.

Die historische Abfolge der Romane zeigte in groben Zügen den Wandel des Aussage-TEXTES: Wandel bedeutet, er ist nicht immer in gleicher 'Sichtweite' der Reflexion, seine Verfügbarkeit als Objekt der Reflexion, die Art und Weise der Reflexion und damit auch die Aspekte, in denen er qua Repräsentation überhaupt erst zum bestimmten Objekt wird, verändern sich ebenso wie sein argumentativer Stellenwert. An der Position des Aussage-TEXTES im System der Selbstrepräsentationen eines Romans läßt sich ablesen, wo das geschriebene Wort oder Zeichen in bezug auf die erzählte Welt steht, welche Transformationen stattfinden, damit das Wort die Welt erzählen und repräsentieren kann, inwiefern die Welt selbst zeichenhaft ist oder das Wort welthaft, welchen hermeneutischen, erkenntniskritischen Stellenwert Sprache und ästhetische Weltdeutungen haben und welche kreativen Leistungen ihnen zugesprochen werden. Der mehrfache, synthetisierende Symptomwert des Aussage-TEXTES erklärt sich daraus, daß dieser einerseits selbst eine Repräsentation ist, andererseits aber eine Position, die sich als solche aus dem Zusammenspiel anderer Selbstrepräsentationen (nicht nur indexikalischer) ergibt. Als *Repräsentationsobjekt* betrachtet gilt für ihn, was auch für die anderen Repräsentationsobjekte gilt, im besonderen aber kommt seine figurative Semantisierung bzw. die figurativ-literale Doppelkodierung in Betracht. Als *Position* betrachtet hat er einen doppelten Stellenwert: in ihn gehen die Positionen der anderen Selbstrepräsentationen ein, da er zentralen ontosemiotischen Repräsentationswert besitzt; da er eine indexikalische Repräsentation ist, d.h. die Frage nach der Wirklichkeitsreferenz der Zeichen stellt, ist aber auch sein Verhältnis zur Romanaussage interessant: Wird die Romanaussage – und damit der literarische Text – als gültige Weltdeutung repräsentiert oder wird das geschriebene Wort als konstitutiver Bestandteil des Textes, nachdem in der Moderne jegliche Mimesisansprüche preisgegeben sind, zum archimedischen Punkt der Selbstbegründung des Werks? Immerhin zeigte sich, daß bis zur Postmoderne die Signifikanten des Textes das stets anwesende Paradigma einer außersemiotischen Realität des Werks, d.h. auch das potentielle Evidenzargument eines referentiellen Codes der ästhetischer Zeichen waren. Der spezifische Ort des Aussage-TEXTES wird so zum Ausdruck eines jeweiligen Begriffs vom sprachlichen, ästhetischen Zeichen und zugleich Katalysator für den Realitätsbezug bzw. auch die Realitätsauffassung der Literatur.

Um nun nicht die in den Einzelanalysen erzielten Ergebnisse allzusehr zu vereinfachen und Wiederholungen der schon formulierten Teilsynthesen zu vermeiden, sollen an dieser Stelle des abschließenden Rückblicks nur einige diskurshistorisch relevante Auffälligkeiten und grobe Linien skizziert werden. Die folgenden Bemerkungen stehen ausdrücklich unter dem Vorbehalt der makrohistorischen Vereinfachung.

So vieldimensional der Aussagewert dieses zentralen Paradigmas ist, in so vielen Bahnen verlaufen auch die Wandlungen, die einhergehen mit der historischen Bewegung der Aussage-TEXT-Position. Sie durchläuft, mit Vorwegnahmen und Zurücknahmen, grob folgende Etappen: außerhalb des Repräsentationsraums – allmählicher Eingang in den Repräsentationsraum – Besetzung der zentralen Stellung innerhalb des Repräsentationsraums – Doppelkodierung – Dekonstruktion der Aussage-TEXT-Repräsentation – Verschwinden. Vier Stationen lassen sich dabei unterscheiden[448].

---

[448] Der Ausdruck 'Stationen' ist mit Bedacht gewählt, weil es sich weniger um Epochen, als vielmehr um Modelle handelt, die freilich auf bestimmte Epochen bezogen werden können. Umgekehrt sollte aber auch nicht der Eindruck entstehen, daß eine bestimmte Selbstrepräsentationsstruktur deshalb etwa 'postmodern' ist, weil sie in einem postmodernen Roman vorkommt – das wäre ein Zirkelschluß. Vielmehr könnte die Unterscheidung spezifischer Formen der Selbstrepräsentation dazu dienen, eine epochale Zuordnung eines Romans aufgrund dieses Kriteriums vorzunehmen. – Bezüglich einer historischchronologischen Situierung der *énoncés* des Selbstrepräsentations-Diskurses und des in ihnen transportierten Wissens ist anzumerken, daß das je in ihnen zum Ausdruck gebrachte Wissen zumeist schon weit vor dem historischen Datum des jeweiligen Textes gegenwärtig gewesen sein dürfte: der Buchdruck war schon über 100 Jahre erfunden und zeitigte seine Wirkungen als Cervantes ihn literarisierte, Unamunos 'Pirandellianismus' in *Niebla* war „algo que flotaba en el ambiente" (Unamuno 1966:501), wie er selbst äußerte, als er Pirandellos Werk (v.a. *Sei personaggi in cerca d'autore*) kennenlernte. Dies relativiert nicht unwesentlich historische Datierungen.

(i) *Frühe Neuzeit.* – Die erste fällt mit dem frühmodernen Zeitraum weitgehend zusammen: hier war der Aussage-TEXT das Epiphänomen sich überlagernder Schreib-, Erzähl- oder Interpretationsakte (PRODUKTIONEN und LEKTÜREN), er selbst blieb, als artikulierte Zeichen, aber zur Schrift geronnene Welt. Der zunehmend zu Bewußtsein kommende Zeichencharakter der Schrift, die damit in Verbindung stehende Problematik der Versprachlichung von Welt und die Einsicht in die Sprachlichkeit der erzählten Welt wird vor allem im Kontext des Medienwechsels Erzählen/Schreiben und Manuskript/Buch reflektiert. In der *Cárcel de amor* war das Geschrieben- und Vorhanden-Sein des Textes im Verbund mit dem anwesend sprechenden Autor-Ich die Garantie für die unterstellte 'Wahrheit' des Begebnisses (wenngleich damit tatsächlich nur die 'Realität' des Erzählaktes selbst evident wurde). In der *Lozana andaluza* war diese Garantie der stattgefundene und in den Zeichen selbst gespeicherte Prozeß des Schreibens, der im Einvernehmen von Autor, Schrift und Welt sich vollzog. Im *Quijote* mußte die Aussage-TEXT-Ebene weitgehend außerhalb des Repräsentationsraumes bleiben, um nicht die erzählte Geschichte in Mißkredit zu bringen; gleichzeitig waren alle Äußerungen, die auf eine besondere Ausdrucksabsicht zielten (nämlich die Identität von Verfasser und Text) an das Präsenz-Argument des Aussage-TEXTES als angeblich reales Buch gebunden (Ironien, symbolischer AUTOR, die Ergänzung der Geschichte im Kolloquium der Leser zu Beginn des zweiten Teils). Punktuell und indirekt (ironisch) erschien die dann für die zweite Station (transzendentales Modell) konstitutive Raumdissoziierung sowie die für die dritte Phase (Moderne) typische Doppelkodierung des Aussage-TEXTES.

(ii) *Transzendentales Modell.* – Das transzendentale Modell, wie es exemplarisch bei Pérez Galdós realisiert war, basiert auf der transzendentalen Dissoziierung von Zeichenproduktion, Zeicheninterpretation und Zeichenereignis. Als Realitätsgarant begründet das Objekt (Aussage-TEXT) die Transzendentalität des Subjekts (AUTOR). Der Aussage-TEXT steht im Zentrum der Repräsentationen, und wie jede Selbstrepräsentation hat er einen ontosemiotischen Wert; aufgrund des Anspruchs der Schrift, Wirklichkeit zu stiften, wird jedoch ihr Zeichencharakter ausgeblendet, d.h. der Aussage-TEXT wird entsemiotisiert. Er ist, wie Peirce sagen würde, „a sign of its object by virtue of being connected with it as a matter of fact and by also forcibly intruding upon the mind, quite regardless of its being interpreted as a sign" (*CP* 4.359).

(iii) *Moderne.* – Für die dritte Phase (Moderne) typisch ist die Doppelkodierung des Aussage-TEXTES, die sich auch schon in der Frühmoderne (Quijote) angedeutet hatte. Die Signifikanten sind nicht mehr vorrangig Erzählung (wie in i) oder archimedischer Punkt für den transzendentalen Status des Erzählers (wie in ii), sondern Erzählung und, in ihrer unterstellten Realität, Argument des Erzählten, ohne daß aber – im Unterschied zu Galdós – die gleichzeitige Zeichenhaftigkeit negiert würde. Hier beginnt die Literatur konsequent mit den ihr eigenen Kategorien zu argumentieren. Aus der modernen

Einsicht in die Sprachlichkeit der Weltkonstruktionen – inklusive des sich schöpferisch wähnenden Subjekts, das etwa in Form des transzendentalen Erzählers sich als Quelle der Erzählung außerhalb ihrer bedrohlichen Sprachlichkeit sehen mochte (Pérez Galdos) – entsteht eine figurative Deutung dieser Sprachlichkeit selbst: die zuvor nur ironisch oder spielerisch denunzierte Zeichenhaftigkeit der erzählten Welt kann nun bildlicher Ausdruck für die moderne Existenzbedingung des Menschen, des Subjekts werden. In dem Maße, in dem die Realität der erzählten Geschichte als Argument für deren figurativen (z.B. philosophischen) Diskurs eingesetzt und damit ein referentieller Sprachmodus unterstellt wird, erfährt die Einsicht in radikale Sprachlichkeit der erzählten Welt durch die figurative Überhöhung eine Relativierung.

(iv) *Postmoderne*. – In der vierten (postmodernen) Phase war der Aussage-TEXT nur noch in den Spuren seines Verschwindens als einer ehemaligen Präsenz gegenwärtig. In *El desorden de tu nombre* und *Beatus ille* findet sich der Aussage-TEXT als Repräsentationsobjekt und als zentrale Bezugsposition der AUTOR-, TEXT- und LESER-Repräsentationen außerhalb des Repräsentationsraums, d.h. die Signifikantenkette kommt nicht mehr als fixierte und identifizierbare Entität ins Spiel und ist deshalb auch nicht mehr archimedischer Punkt von Sinn und Selbstpräsenz.

Steht der Aussage-TEXT in der Gegenwart oder – als Bedeutungspotential – in der Zukunft (des Lesers), so ist er zugleich weniger das Epiphänomen *vertikal-paradigmatisch* überlagerter PRODUKTIONS- und LEKTÜRE-Akte (von der Welt bis zum Aussage-TEXT wie noch im *Quijote*), bei denen Welt und Zeichen in einem Seinskontinuum standen, das mit dem *Quijote* Risse und Brüche zeigte, sondern vielmehr *horizontal-syntagmatischer* Überlagerungen, in denen Zeichen auf *Zeichen* verweisen. Prägnantes Beispiel für die Ablösung des horizontalen Mimesis-Modells durch das vertikale Poesis-Modell ist *El cuarto de atrás*: das Ende des Textes wiederholt den Anfang, der Text schreibt sich selbst und schließt sich über seinem Selbstbezug ab. In der postmodernen Phase ist auch dies nicht mehr möglich. Die Dekonstruktion der Titelsignatur – das im Buch vorkommende Buch mit dem gleichen Titel ist ein anderes als das, in dem es vorkommt – erlaubt in entscheidenden Hinsichten keine Identifizierung zwischen reflektierendem und reflektiertem Objekt. Diese Dekonstruktion der *mise en abyme* ist vielleicht nur das auffälligste Kennzeichen einer Literatur, die im Selbstbezug nicht mehr zu sich selbst kommt. Genauer gesagt, kommt sie 'wieder' nicht mehr zu sich selbst, denn die nämlich Differenz war schon im *Quijote* zu sehen: auch hier war das Buch im Buch nicht identisch mit dem erzählenden Buch und der erwähnte Autorname im Roman nicht als Autor des Romans ausgewiesen. Im *Quijote* fand die verhinderte Selbsteinschließung freilich nicht als Dekonstruktion der Indices und der Referenz statt, die mit der Erfahrung transzendentaler Realität oder der modernen Selbstpräsenz der Literatur einherging, da die Selbstgenügsamkeit des Kunstwerks, deren Signum die Selbsteinschließung gewesen wäre, noch keinen ästhetischen Wert an sich darstellte. Erst in der Postmoderne werden konsequent als Referenz der Zeichen nur andere Zeichen reflektiert, wobei die eigenen Signifikanten nicht mehr Garantie einer Selbstrepräsenz des Werks sind. Da jedoch auch in den postmodernen Romanen eine figurative Sinndimension der Selbstrepräsentationen erhalten bleibt – ansonsten wären sie, wie gesagt, sprachphilosophische oder literarästhetische Essays – kann man den Sachverhalt auch so formulieren: die zeichentheoretischen Implikationen des *linguistic turn* werden nunmehr radikal und konsequent reflektiert.

Löst man den synthetischen Symptomwert des Funktions- und Statuswandels des Aussage-TEXTES und seiner Repräsentationen auf, zeigt sich der historische Verlauf selbstrepräsentationaler Praxis auch als die Geschichte wechselnder quantitativer Besetzungen und funktionaler Verschiebungen der Objektpositionen. Freilich ist nicht jede dieser funktionalen Transformationen gleich relevant. Allgemein läßt sich jedoch für die hier analysierten Romane sagen, daß weder die Einfachbesetzung von AUTOR-, TEXT- oder LESER-Positionen noch deren Nicht-Interferenz, d.h. die ausdifferenzierte funktionale Verteilung auf Zeichenproduktion, Zeicheninterpretation und Zeichenstatus, der Regelfall ist. Letztlich ist diese Disposition auf das transzendentale Modell beschränkt, das darin denn auch um so deutlicher in seiner Konstruiertheit als Ausschlußfigur erscheint. AUTOR-, TEXT- und LESER-Positionen sind, sobald sie im Roman erscheinen, gleichermaßen zeichenhafte Objekte, freilich wurden sie als angeblich transzendentales Subjekt bzw. referentialisierbares Objekt historisch nicht gleichzeitig dekonstruiert. Besetzungen der AUTOR-Position konnten schon früh in ihrer Sprachlichkeit reflektiert werden (seit dem *Quijote*), weil im Ausgleich die TEXT-Position stabil geblieben ist. Die Dekonstruktion eines transzendentalen Lesers aber schien erst möglich zu werden, als Besetzungen der TEXT-Position als *écriture* inszeniert wurde.

Mit Ausnahme des transzendentalen Modells wird Schreiben nicht als Schöpfung *ex nihilo*, sondern als Prozeß dargestellt: als Überführung von Welt in Sprache, als ein Fortschreiben vorgängiger Texte; Schreiben ist selbst ein Geschriebenwerden durch die Sprache, die Sprache, seien es die Signifikanten des Textes selbst oder ihm fremde Intertexte, ist selbst produktiv, Texte erscheinen als Interpretationen anderer Texte, das Interpretieren und die Sinnstiftung ist selbst ein Schöpfungsakt, der sich im Medium der Sprache vollzieht. Ob es dabei um Mimesis, Intertextualität oder Dekonstruktion, um Intertextualität als Mimesis oder als Dekonstruktion etc. geht, hängt nicht zuletzt davon ab, ob der Text sich im Davor und Danach des transzendentalen Modells befindet und in welchem Maße mit dem Objektpositionen Subjektkonzeptionen verbunden sind (s.u.).

Verfolgt man die Auswertung der Ergebnisse in die soeben eingeschlagene Richtung weiter, so ist der Selbstrepräsentationsdiskurs als Gesamtbild der in einem oder mehreren Texten realisierten Dispositionen nicht nur der allgemeine Ausdruck eines Wissens- und Selbstbildes, eines Realitäts- und Sprachmodells, das Auskunft darüber gibt, wie Literatur über sich selbst als Reflexionsobjekt verfügt, d.h. sich selbst als das ihre konstituiert. Es läßt sich an der formalen Gestaltung der Selbstrepräsentation auch ablesen, welche Vorstellungen oder Begriffe von ästhetischer Produktion und Bedeutungsbildung, kurz: welche Begriffe des ästhetischen Zeichens bzw. der ästhetischen Kommunikation aufgebaut werden. (Um auch hier nicht zu vereinfachen, müßten die tatsächlich realisierten Selbstrepräsentationen auf allen Ebenen ihrer Beschreibbarkeit, ihren Komplexionen, Kontextualisierungen etc. berücksichtigt werden.) Es war in jedem Falle mehrfach zu sehen, daß eine im Roman explizit formulierte Poetik nicht unbedingt mit der ästhetischen Zeichenpraxis, die der Text betreibt, übereinstimmt.

In der ersten – frühmodernen – Phase bedeutet der Ausschluß des abgeschlossenen Aussage-TEXTES aus dem Repräsentationsraum ein mimetisches Sprache/Welt-Verhältnis. In dem Maße, in dem das Geschriebene (Aussage-TEXT) nicht als offener, abermals interpretierbarer Text (LESBARER TEXT) repräsentiert ist, wird Sprache und Literatur auch nicht in seiner Zeichenhaftigkeit (als *écriture*), sondern als weltbeschreibungsadäquat gesehen. Interferenzen, die in späterer Epoche dekonstruktiv sind, wirken hier konstitutiv-sinnstabilisierend: so bleiben im AUTOR-als-TEXT die Positionen Zeichenproduktion und Zeichenereignis gekoppelt oder gar verschmolzen (der AUTOR-als-TEXT machte bei Delicado ja gerade die Wahrhaftigkeit des *Retrato* aus). Noch im *Don Quijote* bezeichnet die LESE-Position eher den Adressaten als die Interpretationsebene. Aus der Kombination dieser Dispositionen rührt das Präsenz-Argument des anwesend Schreibenden: das ästhetische Zeichen erscheint als eines, in dem Intention, Referenz und Bedeutung kurzgeschlossen sind. Ebenso fügt sich bruchlos der LESER-als-TEXT in diesen Zeichenbegriff ein, etwa in Form eines Zaungastes und zukünftigen Rezipienten, gleichzeitig anwesend mit dem Autor, der mit dem Schreiben oder beobachtenden Interpretieren der Welt befaßt ist: gerade weil dieser Leser (bis hin zum *Quijote*) nicht erst die abgeschlossene Geschichte vor sich hat, bezeichnet seine Position als LESER noch nicht die Position einer autonomen, von vorgängiger auktorialer Sinngebung und Referenz unabhängigen Interpretationsaktivität. Der abgeschlossene oder zukünftig abschließbare Aussage-TEXT kann dann das (idealisierte) Äquivalent der zuvor GELESENEN Welt sein, das in dem Maß zeichenhaft ist wie die Welt selbst. Gerade diese materielle Verbindung von Signifikant und Signifikat – eine Allianz, die der analogistischen *episteme* entspricht – erlaubt es, selbst noch die Signifikanten, die in späterer Epoche ein Potential unbeherrschbarer Signifikantenketten sind, als unproblematisches Objekt der Mimesis zu betrachten (wie in der Allegorisierung des Buches im *Quijote*). Mit dem Verlust der materiellen Verbindung von Zeichenproduzent und Zeichen, die entschieden durch den Buchdruck vorangetrieben wurde, verlagert sich allmählich die verbürgende Materialität und Präsenz des Autors in die TEXT-Position, die bis ins 20. Jahrhundert hinein sein Stellvertreter wird.

Von Pérez Galdós über *Niebla* bis zu *Estela del fuego* wird der Aussage-TEXT als Paradigma eines referentiellen Modus des ästhetischen Zeichens zwar selbst schon zunehmend in seiner sprachlichen Bedingtheit reflektiert (als Signifikant, d.h. als das Andere des Realen), doch behält ästhetische Sprache eben durch den Rest an verbliebenem Referenzcharakter der Zeichen als 'Zeichen ihrer selbst' noch die Möglichkeit, eine Darstellung überhaupt zu geben. In *El desorden de tu nombre*, *Fragmentos de apocalipsis* und *Beatus ille* (*Se una notte d'inverno* würde sich hier auch eingliedern) sind Zeicheninitialisierung, Zeichenereignis und Zeicheninterpretation so weit voneinander dekontextualisiert, daß nur noch temporär TEXTE bestehen. Entsprechend ist der Aussage-TEXT selbst nur eine Version unter anderen. Die Romane reflektieren und inszenieren, daß sich die Sinnkonstitution in jeder Lektüre neu ergibt. Die Möglichkeiten der als 'postmodern' bezeichneten Literatur entsprechen weithin der radikalen Dekontextualisiertheit sowohl von Produzent und Rezipient (und damit auch vom Referenzobjekt) wie sie J. Derrida in seinem Begriff der *marque* faßt (wenngleich in dieser Arbeit jener Zeichenbegriff nur in Anschlag gebracht worden war, um die Objektdefinitionen möglichst flexibel zu halten – vgl. Kap. 1.2.1.0): die Instanzen der Zeicheninitialisierung und der Interpretation, seien dies nun menschliche Subjekte, subjektanaloge Texte oder Intertexte, sind vom Zeichen selbst dekontextualisiert und in ihren semiotischen Aktivitäten nicht mehr eingrenzbar; jedes Zeichen ist von seiner Sinnstruktur her offen[449].

---

[449] Es wäre denkbar, den in dieser Weise aus den Analyseergebnissen (*énoncés*) destillierten Zeichenbegriff – und seine Kehrseite: ein entsprechendes Realitätsmodell – sprachphilosphischen Zeichenbegriffen (von Platons *Kratylos*, über Arnauld, Locke, bis zu Peirce, Bachtin, Saussure, Wittgenstein, Derrida, Putnam etc.) gegenüberzustellen. Dies könnte dazu beitragen, das Verhältnis zwischen ästhetisch, philosophisch und linguistisch gewonnenem und repräsentiertem Wissen zu klären – Oppositionen, die vielleicht, wie Roland Barthes meint, aus dem Blickpunkt der Sprache (*langue*) gesehen, als solche nur ein „Mythos" sind, weil sie in Wahrheit nicht „objectivité" und „subjectivité" gegeneinanderstellen, sondern nur „des lieux différents de parole" (Barthes 1978:19–20) bezeichnen, von denen aus gesprochen wird und unter denen die Literatur einen privilegierten Platz einnimmt: „[...] la littérature fait tourner les savoirs, elle n'en fixe, elle n'en fétichise aucun; elle leur donne une place indirecte, et cet indirect est précieux. D'une part, il permet de désigner des savoirs possibles – insoupçonnés, inaccomplis: la littérature travaille dans les interstices de la science: elle est toujours en retard ou en avance sur elle. [...] Parce qu'elle met en scène le langage au lieu, simplement, de l'utiliser, elle engrène le savoir dans le rouage de la réflexivité infinie: à travers l'écriture, le savoir réfléchit sans cesse sur le savoir, selon un discours qui n'est pas plus épistémologique, mais dramatique" (Barthes

Für all die genannten Zusammenhänge müßte sicherlich durch eine Ausweitung des Analysekorpus ermittelt werden, welche Dispositionen differentiell und relevant sind. In jedem Falle können die *énoncés* um so genauer und abgrenzender bestimmt und einer Epistemologie bzw. Archäologie des in den Texten (in der Literatur) aufgebauten Diskurses zugeführt werden, je genauer die Analyse ist und je komplexer die gebildeten Kontexte erfaßt und verglichen werden. Die Analyse brachte allerdings auch in dieser Hinsicht zum Vorschein, daß eine direkte Zuordnung zu *epistemen* auf Kosten der Differenziertheit gegangen wäre und mögliche interessante Perspektiven verdeckt hätte. Während im *Quijote* der analogistische Diskurs in Verbindung mit dem der *représentation* besteht, ziehen sich bis in die zeitgenössischen Texte hinein Spuren des „analytisch-referentiellen" (Reiss 1982) Diskures der Moderne, denn selbst die beiden 'postmodernen' Romane formulierten Vorbehalte gegenüber radikaler Kontextlosigkeit.

Arretierung und Entgrenzung des Zeichensinns
als Grundstrategien der Selbstrepräsentation

Jeder Diskurs – es scheint banal, das zu sagen – erzeugt als ein Gesagtes gleichursprünglich ein Negativbild des Nicht-Gesagten: 'etwas repräsentieren' bedeutet, etwas anderes nicht zu repräsentieren oder es nicht anders zu repräsentieren[450]. Dieses Nicht-Gesagte interessiert weniger als intentional Ausgegrenztes, sondern mehr als epistemologisch Ungewußtes (oder Wiedervergessenes). Der historische Diskurs der Selbstrepräsentation ist die Geschichte des *Gesagten* und des *Ungesagten*, des *Wissens* und *Nichtwissens* über semiotisch-ästhetische Zusammenhänge, und die untersuchten Romane werden zu Manifestationen von historischen *Möglichkeiten* und *Grenzen* der Selbstrepräsentation, die sich häufig durch Reflexion oder Explizitmachen von zuvor

---

1978:18–19). Verhältnisse sind es in jedem Fall, die nicht erst heute, in der hier widersprochenen und dort postulierten „Einebnung der Gattungsunterschiede" (Habermas 1988:244) von Literatur, Philosophie und Sprach- und Literaturwissenschaft neu zu befragen wären.

[450] Eine solche Blickweise fokussiert den Selbstrepräsentations-Diskurs gewissermaßen als 'Macht-Diskurs' im Sinne von Barthes (1978:10–16); weniger im Sinne von Foucault (1971), denn literarische Texte können nicht ohne weiteres von ihrem Selbst- und Fremdverständnis her als institutionalisierte Rede gelten, besonders nicht in der von gesellschaftlicher Verpflichtung losgesagten Kunst der Moderne; in vorautonomer Zeit gelten institutionenähnliche Beschränkungen, etwa die in Kap. 2.1.0. schon angesprochene Kontrolle freier Imagination durch das Wahrscheinlichkeitsgebot und andere normative poetische Pflichten.

unhinterfragt gebliebenen Prämissen verschieben[451]. Mag diese Feststellung für alle analytisch rekonstruierten Diskurse gelten, so hat sie für den Diskurs der Selbstrepräsentation doch die besondere Bewandtnis, daß die Rede selbst das Diskursobjekt *ist* und in ihr deshalb das Spiel von Gesagtem und Nicht-Gesagtem, von Präsentiertem und Repräsentiertem in äußerster Engführung stattfindet. Selbstrepräsentationen inszenieren die immer wieder aufgeschobene Präsenz des Ausgesagten *par excellence*.

In der Ebene der Darstellung oder der dargestellten Inhalte ist Selbstrepräsentation als inszenierte Verdopplung des Äußerungskontextes, so ließe sich als Minimalkonsens festhalten, prinzipiell eine semiotische Komplexitätssteigerung, ein Sinnproliferationspotential. Die durch Selbstrepräsentation bewirkte Steigerung des Reflexivitätsgrades ist deshalb freilich an sich weder Ausweis von ästhetischer Qualität oder innovativem, progressivem Bewußtsein[452]. Es kann einen erkenntniskritischen oder gar subversiven Charakter annehmen, aus dem gleichen Grund aber auch zur Code-Stabilisierung dienen (wie die *theatrum-mundi*-Metapher im Theater des *siglo de oro*). Selbstrepräsentationen befinden sich deshalb in der Dialektik von Kommunikations- oder Sinnstabilisierung und Negativität (Dekonstruktion), von Sinnarretierung und Sinnentgrenzung.

Vor allem in den Textbeispielen des 16. Jahrhunderts mußten die Objekte der Selbstrepräsentation (der materieller Text etwa) als quasi-reale Objekte verstanden werden können, um dem Selbstbezug kommunikative, phatische und sinnstiftende Funktionen zu ermöglichen, oder anders gesagt, um das 'Selbst' mit den Selbstrepräsentationen überhaupt erst *herzustellen* – zumindest als Diskursobjekt. Wenn Patricia Waugh als dominante Funktion der *metafiction* die Spannung zwischen dem Text als Kommunikationsmedium und diesem als eigentlichem Objekt, d.h. als Selbstzweck, bestimmt hat[453], so

---

[451] Ohne deshalb schon epistemologischen Wandel *erklären* zu wollen oder eine Kritik der archäologischen Methode durchzuführen – dieser Anspruch wäre angesichts der Gesamtanlage dieser Untersuchung ohnehin vermessen – relativiert sich damit jedoch die Vorstellung des epistemologischen 'Bruchs'. Zur Kritik von Foucaults Diskontinuitäts-These der Epochenbrüche zwischen Renaissance, „âge classique", und Moderne s. Frank (1983:135–243, 1990:362–426).

[452] Selbstrepräsentation ist auch insofern im modernen Sinne ästhetisch, als sie an keine moralische Einstellung gekoppelt ist; die Intervention des Autors auf der Welle des pirandellianischen Modernismus à la *Sei personaggi in cerca d'autore* ist auch dem präfaschistischen Roman zugänglich gewesen. Als kurioses Beispiel sei hier Hans Grimms 1926 erschienener Roman *Volk ohne Raum* genannt, eine Mischung aus Bauernroman und politischer Tendenzschrift, der im Dritten Reich zum Bestseller avancierte, weil er die Lebensraum-Ideologie des Nationalsozialismus mit vorbereitete. Der antiquiert-feierliche Erzähler tritt – nach Art Unamunos – in der Mitte des Romans als Hans Grimm selbst auf und unterhält sich mit seinem Helden Cornelius Fribott in Afrika über die Notwendigkeit, neue Kolonien für die Heimat zu erschließen.

[453] Vgl. o. *Einleitung* S. 22.

zeigte sich, daß Selbstrepräsentationen in beiden Epochen jeweils eine der beiden Seiten vorrangig – jedoch nicht ausschließlich – betonen. Unter dem Rechtfertigungsdruck, dem die Gattung Roman ausgesetzt ist, unter dem Zwang, die mit der Erfindung der Buchpresse verloren gegangene materielle Verbindung von Autor zu Text und von diesen beiden zum Leser zu kompensieren, ist Selbstrepräsentation im 16. Jahrhundert dem Aufbau jener Kommunikationsstruktur in den Dienst gestellt, die seit der Romantischen Moderne durch die Reflexion auf die Sprachlichkeit aufgebrochen wird. Doch ebenso finden sich zahlreiche Ausnahmen. In der paradigmatisch für den Realismus herangezogenen Erzählung von Pérez Galdós machte gerade die durch Selbstrepräsentationen hervorgebrachte vordergründige Einebnung von Fiktion und Realität in der Geschichte weitere, entgegengesetzt wirkende Selbstrepräsentationen notwendig, damit glaubhaft wird, daß zwischen der erzählten Welt und der Extradiegese ein kategorialer Unterschied besteht. Hier ging es um Realitätserzeugung (das Papier, das Buch, das zwischen vernünftigem Autor- und Lesersubjekt vermittelt), im *Don Quijote* hingegen war – kontrollierte – Sinnentgrenzung festzustellen.

Sinnstabilisierung und Sinnentgrenzung sind deshalb nicht in dieser Weise auf Epochen beschränkt, vielmehr sollten sie als zwei fundamentale Strategien der Selbstrepräsentation aufgefaßt werden. Um sie in den Blick nehmen zu können, ist allerdings eine Gegenperspektive zu der chronologisch-historischen Anordnung, wie sie im Analyseteil dieser Studie durchgeführt wurde, notwendig. Denn während die chronologisch aufsteigende Perspektive auf die Texte den Wandel der Selbstrepräsentationen in einer teleologischen Weise vorwiegend als Grenzerweiterungen selbstrepräsentationaler Gestaltungsmöglichkeiten und mit Blick auf das je *Gesagte* des Diskurses verfolgte, erscheinen die untersuchten Romane in einer rückgewandten Perspektive auf das *Nicht-Gesagte*, d.h. auch unter dem Blickpunkt *noch nicht* (oder auch nicht mehr) realisierter Selbstrepräsentationsdispositionen. Wenngleich diese Umkehrung beinahe notwendig zu einer konservativen Einschätzung der jeweiligen Romane führt, ist sie legitim und notwendig, da sie erst in Kombination mit der chronologischen eine präzisere Situierung der Texte erlaubt, vor allem im Sinne der in dieser Studie angestrebten Historisierung bzw. Entmodernisierung der Interpretation. Bestimmte, auf den ersten Blick in sehr ähnlicher Form wiederkehrende Repräsentationsdispositionen erscheinen dann in bisweilen nur gering abweichenden Einbindungen. Verfahren, die in diesem Sinne ein „symbolisches Zeichenmodell" inszenieren (hier im Sinne von De Man verstanden), welches die Rhetorizität der Sprache, die Bedeutungsdrift der Signifikanten unterbindet[454], wären Subjekt-Konzeptionen,

---

[454] Da solche Verfahren in verschiedenen Epochen wiederkehren, drängt sich hier Paul de Mans Auffassung einer Literaturgeschichte auf, die sich in der Dialektik von Ironie, Allegorie (die die Sprachlichkeit von Subjekt und Referenz betonen) einerseits und Symbol

Metaphorisierungen von Selbstrepräsentationsobjekten oder Ausschlußfiguren wie das transzendentale Modell[455].

a) Metaphorisierung als Sinnarretierung: Subjektmodelle

Vor allem die Konstruktion der Selbstrepräsentationsobjekte nach Subjektmodellen entbirgt sich als ein Dispositiv der Metaphorisierung, das verhindert, radikale nominalistische Konsequenzen durchschauter Textualität zu ziehen. Umgekehrt gesagt: Subjektivistische Konzeptionen verdecken prinzipiell die Metaphorizität derjenigen Instanz, die subjektiviert wird, sei es ein Erzähler (AUTOR), das Buch als 'sich selbst produzierendes' Wesen (TEXT) oder ein als Person angesprochener Leser (LESER). So läßt sich beispielsweise erkennen, daß im *Quijote* und in *Niebla* ähnliche Formen einer Anthropomorphisierung des Buches tradiert werden (Don Quijote und Augusto sind ihrem Wesen nach Bücher), während andere Repräsentationen in anderen Objektpositionen zugleich weitaus 'moderner' waren (wie z.B. der symbolische AUTOR im *Quijote* und der dekonstruierte in *Niebla*). Wegen seiner Kürze kann als weiteres Beispiel das Sonett Lope de Vegas herangezogen werden, auch wenn es in dieser Untersuchung nur illustrationsweise eine Rolle spielte: durch das entstehende Sonett werden aus Chacón, den Zuhörern und seiner Rede ein AUTOR, ein TEXT und ein LESER, die in ihrer rein sprachlichen Existenz reflektiert werden; sie definieren sich allein innerhalb des Systems 'Sonett' als diese Instanzen und auch nur gegenseitig; im sprachlichen Raum gibt es keine Subjekt-Position, die nicht selbst in ihrem Status vom jeweiligen Objekt abhängig wäre; diese Aufführung der Foucaultschen *représentation* wird indessen dadurch kompensiert, daß die Rede von der subjektiven Stimme Chacóns getragen ist, mehr aber noch durch die Absicherung des Inhalts in einem externen Code, den Sonettregeln nämlich. Im späteren transzendentalen Modell wird es die nicht durchschaute oder zur Schau

---

(als Harmonisierung von Zeichen und Substanz) andererseits fortschreibt, wodurch die Möglichkeit eines 'symbolischen' Realismus nach der 'ironischen' Romantik erklärt würde (De Man 1983:226).

[455] Darunter fällt nicht nur die Einfachbesetzung etwa der AUTOR-Position, sondern auch komplexere Strategien, sich zu entgrenzen drohende Zeichenproduktivität zu blockieren, wie ausgelassene Vernetzungen von Kontexten. Im *Quijote* wurde keine Beziehung (Kontextualisierung) zwischen den einzelnen LEKTÜREN hergestellt: der Welt-LEKTÜRE des Ritters, der TEXT-LEKTÜRE des segundo autor oder der Cide Hametes; zwischen ikonischen (Welt-)LESERN überhaupt und dem indexikalischen LESER. Eine solche indirekte Stärkung der Position des Aussage-TEXTES ließ sich auch in der Galdós-Erzählung beobachten, in der Diegese und Extradiegese getrennt blieben. In Romanen wie *El desorden de tu nombre* oder *Beatus ille* hingegen sind beinahe alle erzeugten TEXTE miteinander kontextualisiert; dies trägt in nicht geringem Maße zum Eindruck des Simulakrums bei.

gestellte Metaphorizität des AUTOR-Ich sein, die dessen eigentliche Sprachlichkeit verdeckt; die Figur des transzendentalen Autors beruht u.a. auf der Nicht-Reflexion seiner eigenen Textualität, so daß seine Dekonstruktion in der Zurschaustellung seiner Sprachlichkeit bestehen kann. In *El cuarto de atrás* findet sich die nämliche Bewegung einer 'Autoproduktivität', die hier aber nicht mehr durch die Stimme eines vorgängigen Personen-Subjekts hervorgebracht wird, sondern von vornherein durch einen TEXT, der aber auch als autonomes Subjekt handelt und letztlich zur Selbstidentität gelangt. Erst in *Fragmentos de apocalipsis* ist jede Idee personaler Subjektivität als immer schon vorgängig sprachliches Geschehen denunziert – doch dieser Gedanke einer radikalen Textualität, in der sich das vermeintliche Subjekt vorfindet, wird abermals durch Ironien gebrochen.

Eine der aussagekräftigsten Symptomwerte des Aussage-TEXTES – nunmehr auf einer figurativen Ebene – liegt darin, daß er nicht nur die Ebene ist, mit der sich die Repräsentationen, die ihn als Zentrum beanspruchen, in ihren Beziehungen und Wertigkeiten verschieben, sondern auch archimedischer Punkt oder Horizont von Subjektivitätsprojektionen. In der ersten Phase war er die Garantie der zukünftigen Existenz der Figur (Leriano in *Cárcel de amor*), oder ein zweites Selbst (*Quijote*), das neben ihr existierte. In der zweiten Etappe begründete er das Autorsubjekt und das des Lesers. In der dritten Phase wurde der Aussage-TEXT zum angestammten *Ort* des Subjekts, zur Metapher seiner sprachlichen Bedingtheit, seiner Endlichkeit, seiner Determiniertheit durch den Anderen (*Niebla*) oder durch den Diskurs (*Estela del fuego*), letztlich zum Anderen des Selbst überhaupt, in dem sich das Selbst aber seiner selbst gewahr werden kann. In *Niebla* war TEXT (figurativ: Sprache) noch gültiger Reflexionshorizont für die Selbsterkenntnis des Subjekts. In *Estela del fuego* konnte die Selbstkonstitution des Subjekts nur noch außerhalb der Sprache stattfinden. Wenn der Aussage-TEXT (als Netz der Signifikanten) mit dem sprechenden Subjekt identisch wird, weil der Ort im Jenseits der Sprache verdächtig geworden ist, wie in *Fragmentos de apocalipsis*, stehen beide bereits an der Schwelle ihrer Auflösung. Verschwindet der Aussage-TEXT als Reflexionshintergrund, als das Andere des Ich, so verbleibt das (postmoderne) „Subjekt ohne Objekt"[456]. Mit der zentralen Stellung des Aussage-TEXTES löst sich auch das Subjekt als transzendentale Schöpfungs- oder Deutungsmacht auf, umgekehrt formuliert: erst wenn der Aussage-TEXT seine privilegierte Position verloren hat, ist auch die subjektive Konzeption verschwunden.

Diesem Wechselverhältnis entspricht das zeitliche Verhältnis zwischen der Figur und ihrem Roman. Dem allmählichen Einrücken des Aussage-TEXTES ins Zentrum der Selbstrepräsentationen korrespondiert ein zeitliches Einholen

---

[456] So der bei Nietzsche geborgte Titel von Irrlitz' (1990) Auseinandersetzung mit der „Philosophie postmodernen Bewußtseins".

oder, wie bei Galdós, eine räumliche Vergegenwärtigung: für Leriano ist die Niederschrift seines Exempels noch zukünftig, Lozana spricht mit ihrem Dichter, während er sie porträtiert, Don Quijote hat seinen ersten Teil schon überlebt, wenn hingegen der zweite erscheint, ist der Ritter bereits gestorben. Bei Galdós ist das schreibende Subjekt simultan mit dem Schreibakt selbst; Augusto wird schon aus seinem Text, dem Aussage-TEXT, nicht mehr hinaustreten können: Figur und Autor, Augusto und 'Miguel de Unamuno' müssen sich damit trösten, daß die ersehnte Verewigung darin besteht, daß sie bei jeder zukünftigen Lektüre des Buches je aufs neue 'vitalisiert' werden. Die Präsentifizierung des Sinns bei Galdós wird bei Unamuno zur 'rückwirkenden Verzukünftigung' des Sinns: der 'Tod des Autors', so brachte es Roland auf die bekannte Formel, ist die Geburtsstunde des 'Lesers'. In den postmodernen Romanen besteht die Zukünftigkeit eines sich erst im Leser realisierenden Sinns, der sich aus dem Wegfall der Signifikantenebene als zentralem Referenzobjekt der Zeichen ergibt, nicht mehr temporal, in bezug auf eine (etwa nur fiktive) Gegenwart, sondern vielmehr modal als Potentialität.

b) Das Buch als zweites Selbst der Figur:
Eine 'spanische Variante' der Selbstrepräsentation?

Viele der behandelten Texte verbindet eine weitere Strategie der Sinnfixierung, die die TEXT-Position betrifft, nämlich die Metaphorisierung des *Buches als zweites Selbst der Figur*. Die verschiedenen Formen einer Fiktionalisierung des Helden sind in den untersuchten Romanen trotz ihrer zeitlichen Differenzen so ähnlich, daß man geneigt ist, hierin eine 'spanische Variante' der Selbstrepräsentationen zu sehen, die auf einer lebendigen und vor allem kreativen Tradition der Buchmetaphorik beruht[457]. In der *Lozana* und der *Cárcel de amor* ist die Buch-Existenz der Figur (zumeist des Helden) entweder überhaupt nicht als Modus der Sprachlichkeit problematisiert oder – nach Art des Heldenliedes – positiv konnotiert: Der Text wird im Gedenken an die Nachwelt zur idealisierten Biographie der Figur (wenn nicht zur satirischen Verkehrung, wie im Schelmenroman oder der *Lozana andaluza* und dem *Quijote*). Als solche wurde aber eben Text-Existenz gerade nicht als Unwirklichkeit verstanden, sondern umgekehrt: Im Buch liegt das bessere, das dauerhaftere Selbst, und die Sprache, in der es geschrieben ist (der Aussage-TEXT letztlich), ist aufgrund ihres mimetischen Vermögens der adäquate Präsentati-

---

[457] Diese These bedürfte natürlich weiterführender komparativer Studien. Den verschiedenen Varianten der Buchmetaphorik liegt eine phänomenologische Einstellung zur Welt zugrunde, die in anderem Zusammenhang bereits von Díaz (1976:115-116) als Besonderheit der spanischen *nueva novela* der Sechziger und Siebziger Jahre gesehen wurde. Dies muß nicht im Widerspruch zur 'Postmodernität' (s. Navajas 1987:132) der jüngsten hier untersuchten Romane stehen.

onsmodus der erzählten Welt. Mit dem *Quijote* beginnt eine lange, bis in die Gegenwart reichende Tradition, in der die Figur / das Subjekt im Bewußtsein handelt, ein zweites Selbst zu haben, wobei aber durchgängig von Don Quijote und Sancho, über Máximo Manso aus Galdós' *El amigo Manso* und Augusto Pérez bis hin zu Julio Orgaz Text-Existenz Metapher der realitätsabgewandten Weltsicht des Helden ist, der allein in das Räderwerk der Fiktivität gerät, während alle anderen Figuren dagegen äußerst real wirken. Wie für die Figuren des *Gran teatro del mundo* bedeutet die Existenz als Zeichen oder Buch ein je verschieden konnotiertes 'Fiktivsein', dem regelmäßig ein bevorstehender *desengaño* folgt. Don Quijote verliert in dem Moment seine Doppelexistenz als Don Quijote (Buch, fahrender Ritter) und Alonso Quijano (eigentliches Selbst), als er den Ritterromanen abschwört und Hametes Schreibfeder sein Heldendichter wird. Die Figuren des *Gran teatro del mundo* kehren wie Augusto und die Buchstabenfiguren von *Estela del fuego* in die transzendentale Schrift zurück, aus der sie entstanden sind. Text-Sein bedeutet durchgängig eine uneigentliche, vorläufige Existenz, selbst noch bei Julio Orgaz aus *El desorden de tu nombre*.

Wie ist dies unter dem Blickpunkt von Sinnentgrenzung und Sinnfixierung der Selbstrepräsentationen zu bewerten, welches Bewußtsein der Textualität von Buch und Literatur kommt hier zum Vorschein? Einerseits zeugt die mit dem *Quijote* einsetzende Metaphorisierung des Buches als unwirkliche Buch-Existenz des Helden von einem Bewußtsein der Zeichenhaftigkeit und Sprachbedingtheit des Subjekts – zumindest von dem Zeitpunkt an, da das Leben als Buch nicht mehr die bessere, sondern die trügerische, defiziente Realität des Selbst bedeutet. Denn in dem Moment, da Versprachlichung nicht mehr Idealisierung ist, sondern Fiktionalisierung als Scheinwelt meint, wird umgekehrt auch indirekt die Referenzmöglichkeit der Zeichen einer kritischen Sichtung unterzogen. Literatur gelangt so über den Umweg der Metaphorisierung zur Reflexion neuer Dimensionen als ästhetisches Zeichen. Der *Quijote* (auch das *Gran teatro del mundo*) gibt sich aus dieser Sicht als überraschend modernes Werk, zumal die Existenz der Figur(en) als Text oder Zeichen ansatzweise reflektiert ist. Umgekehrt verhindert die gleiche Metaphorisierung von Buch und Zeichen, die den Selbstrepräsentationen eine tragende figurative Bedeutung zukommen läßt, Sprache und Literatur in den radikaleren Konsequenzen einer durch und durch textualisierten Welt darzustellen. In diesem Zusammenhang ist es sehr aufschlußreich festzustellen, daß sich letzte Spuren solcher Buchmetaphorik bis in die Gegenwartsromane hinein finden lassen, selbst dort noch, wo radikale Zeichenhaftigkeit der Welt (und damit des Buches) inszeniert wird: z.B. bei Muñoz Molina und Millás in den Frauengestalten Laura und Inés, die, wie gezeigt wurde, 'realer' sind als alle anderen Figuren, die im Wirkfeld der Fiktionalisierung stehen.

Anhang

Exkurs 1: Selbstrepräsentation und Selbstbezüglichkeit des Zeichens

Um Mißverständnissen vorzubeugen, muß der Begriff *Selbstrepräsentationalität*, wie er in dieser Untersuchung vorgeschlagen wird, gegen Selbstrepräsentativität oder Selbstbezüglichkeit, die für Peirce unter dem Titel „Sign of itself" oder „Sign for itself" strukturelle Anforderung an das Zeichen, Ermöglichungsbedingung der Semiose überhaupt ist, abgegrenzt werden. Ein Zeichen impliziert nicht nur die Möglichkeit unendlicher Verkettung seiner Interpretanten, sondern muß gleichzeitig repräsentieren, daß es repräsentiert, um sich von seiner schieren außersemiotischen Materialität, die es u.U. auch besitzt, unterscheiden zu können[458]. Noch bevor es zur Selbstrepräsentation als Spezialfall der Repräsentation kommen kann, müssen also zwei triadische Relationen nebeneinander treten (vgl. *CP* 2.274), in denen der Rezipient als Interpretant überhaupt erst eine Zeichenrepräsentation in Gang setzt. Erst wenn *außerdem* Selbstrepräsentationalität vorliegt – d.h. der Sonderfall, daß ein Objekt der Zeichenrepräsentation das Zeichen selbst als isoliertes Objekt hat –, muß der Rezipient noch eine zweite Aufgabe übernehmen. Doch zuerst muß das Funktionieren der Repräsentation überhaupt als „sign for itself" geklärt werden. Schönrich hat diese strukturelle Verfassung in Peircens Zeichenmodell folgendermaßen beschrieben:

> Die erste triadische Relation wurde als Semiose zwischen drei Momenten bestimmt: ein Zeichen wird durch einen Interpretanten als etwas bestimmt, das für ein Objekt steht; anders ausgedrückt: ein Interpretant repräsentiert das Zeichen als für das Objekt stehend. Worin unterscheidet sich die zweite triadische Relation [...]? Der Interpretant beschränkt sich nicht mehr darauf, ein Zeichenmittel als für ein Objekt stehend zu interpretieren; er macht eben diese Relation, die das Zeichenmittel zu seinem Objekt einnimmt, selbst wieder zum Objekt. Da zu dieser nun zum Objekt gemachten Zeichenrelation auch der Interpretant gehört, der hier als Agens der zweiten triadischen Relation vorgestellt wird, kann der Sachverhalt auch so formuliert werden: der Interpretant interpretiert sich als den Interpretanten, der ein Zeichenmittel als für ein Objekt stehend interpretiert. Diese Feststellung greift weit hinaus über das [...] Strukturmerkmal der infiniten Verkettung von Zeichen, die

---

[458] Diese Fähigkeit, das Repräsentieren zu repräsentieren bestimmt Foucaults Begriff der *représentation* (1966a:77–81) als eine dem Zeichen selbst innewohnende Kraft, die in seiner *archéologie* zwischenzeitlich das Subjekt übernommen hat, bis die Sprache es sich zurückerobert.

sich auf dasselbe Objekt beziehen. Das interpretierende Zeichen muß sich so auf dieses selbige Objekt beziehen, daß es sich als seine Interpretationsleistung interpretierend mitrepräsentiert. [...] Beide Weisen, die einfache lineare und die selbstbezügliche Verkettung bilden also [da sie nebeneinander stehen sollen] keine sich ausschließende Alternative; es muß möglich sein, beide gleichzeitig zu aktualisieren. Ein Zeichen repräsentiert nicht nur etwas; es kann sich gleichzeitig als repräsentierend repräsentieren (vgl. CP 2.311), indem sich der Interpretant als für ein Objekt stehend interpretiert. Eine solche Zeichenstruktur bildet ein «Zeichen seiner selbst» (*Sign of itself* oder *Sign for itself*, CP 2.230, 5.608). [Diese Lesart] insistiert also auf einer Selbstbezüglichkeit des Zeichens, die sich nicht in die infinite Kette der Zeichen auflösen läßt. Der Selbstbezug wird schon in der Ausgangsrelation verwirklicht und nicht der sich jeweils neu anlagernden Relation nur aufgegeben. Der Interpretant einer solchen *Selbstrepräsentation* [459] repräsentiert nicht nur ein Objekt einfachhin; er muß prinzipiell noch diese seine Repräsentationsleistung so mitrepräsentieren können, daß darin die Einheit von Repräsentierendem und Repräsentiertem gewahrt bleibt. Diese Anforderung an die Struktur der Zeichenrelation schließt nicht aus, daß sich mit dieser Repräsentation in der gewohnten Weise weitere Repräsentationen verketten und sich als Glieder der infiniten Zeichenkette einfügen. (Schönrich 1990:112–114)[460]

Mit anderen Worten: Noch bevor die Ebene erreichbar ist, in der eine Aussage als selbstrepräsentational verstanden werden kann, muß dafür gesorgt sein, daß sie überhaupt etwas repräsentieren kann, ob dies nun ein Aspekt der Aussage (Selbstrepräsentation) ist oder nicht; d.h. das Zeichen muß selbstbezüglich sein, um selbstrepräsentational zu sein. Diese Selbstbezüglichkeit kann dann erst

> ihrerseits Anknüpfungspunkt weiterer Zeicheninterpretationen werden. Aber auf diese, die Selbstbezüglichkeit zum Gegenstand erhebenden Zeicheninterpretationen ist dann ebenfalls die Strukturbedingung der Selbstbezüglichkeit anzuwenden. Sie ist ein Prinzip, das in gegenstandsorientierten und in selbstorientierten [d.h. wohl: selbstrepräsentationalen] Zeicheninterpretationen gleichermaßen Gültigkeit behält. (Schönrich 1990:114)

Exkurs 2: Zur Anwendung von Ecos Begriff der 'kulturellen Einheit'

Damit Selbstrepräsentation der Fall wird, muß eine kulturelle Einheit, ein Signifikat der repräsentierenden Aussage, auf den Text bezogen werden kön-

---

[459] Der hier von Schönrich verwendete Begriff 'Selbstrepräsentation' meint gerade nicht Selbstrepräsentation im Sinne der vorliegenden Studie; dies sind wohl eher die „selbstorientierten Zeichenhandlungen" im zweiten Zitat, auf die Schönrich allerdings nicht weiter eingeht.

[460] Aus ersichtlichen Gründen kann auf die sprachphilosophische Problemlage dieses objektiven Idealismus, die sich aus einer solchen Konzeption ergibt, nicht näher eingegangen werden; s. neben Habermas (1973:116–143) bei Schönrich (1990) die Kontinuität und Abweichungen solcher Konzeptionen von Descartes, Leibniz über Kant, Hegel bis zu Peirce, und eine Kritik des Überbietungsversuchs durch Derridas *différance*-Begriff unter dem Titel der Repräsentation.

nen. Der Text wird damit zu mehr als einer bloßen Signifikantenkette; er muß darüber hinaus auch als Gesamtheit der in einem bestimmten historischen Moment bestehenden kulturellen Einheiten als 'Literatur' aktiviert werden. Nur dann kann einer der Interpretanten der repräsentierenden Aussage mit dem so in die Objektstelle getretenen Text übereinstimmen. Aus verschiedenen Gründen läßt sich hier Ecos Begriff der 'kulturellen Einheit' ansetzen, der im folgenden ununterschieden von 'Repräsentationsgehalt' oder 'semantischer Komponente' verwendet wird. Das Konzept 'kulturelle Einheit' bietet sich zunächst deshalb an, weil Eco es ebenfalls nach dem Modell des Interpretanten definiert. Freilich hat Eco – zunächst ausgehend von Peirce – den Interpretanten als kulturelle Einheit im Rahmen einer allgemei-nen Kultursemiotik codetheoretisch operationalisiert, indem er den Begriff 'Signifikat' nicht extensional oder referentiell bestimmt, sondern als differen-tielle und konventional gesicherte („kulturell [...] definiert[e] und unterschie-den[e]" [Eco 1987b:99]) Bedeutungseinheit. Der Interpretant ist nach Eco

(1) Das *Signifikat* eines Signifikanten, verstanden als auch durch andere Signifikanten übermittelte und damit ihre semantische Unabhängigkeit vom ersten Signifikanten zeigende kulturelle Einheit [...]; (2) die *intensionale* oder Komponenten-Analyse, durch die eine kulturelle Einheit in ihre elementaren semischen Komponenten oder semantischen Marker segmentiert wird und dadurch als ein 'Semem' erscheint, das durch Amalgamierung seiner 'Lesarten' in unterschiedliche kontextuelle Kombinationen eintreten kann [...]; (3) jede der den Komponentenbaum eines Semems bildenden *Einheiten*, wobei jede dieser Einheiten (oder Seme oder semantischen Marker) ihrerseits zu einer weiteren (durch einen weiteren Signifikanten dargestellten) kulturellen Einheit wird, die auch wieder der Komponentenanalyse unterworfen werden kann (l.c. 106–107).

Gemäß dieser Definition sind die verschiedenen Ebenen, auf denen der Interpretant in der Signifikationskonstitution erscheint, strukturanalog: Seme, semische Komponenten, semantische Marker (konnotative und denotative) und semantische Einheiten sind aus der Perspektive der Bedeutungsanalyse *einer* kulturellen Einheit nur verschiedene Stufen der komponentiellen Bedeutungszusammensetzung; jeder Punkt des Komponentenbaums kann aber auch selbst als kulturelle Einheiten aufgefaßt werden, deren Bedeutung in einem neuen Komponentenbaum darstellbar ist. Unter der Perspektive des Codes erscheinen sie als Signifikanten, so daß analog gilt: alle das Signifikat einer kulturellen Einheit bestimmenden Signifikanten, können selbst kulturelle Einheiten sein und von anderen Signifikanten bestimmt werden.

Ein so allgemeiner Begriff des Interpretanten, der mittels semantischer Marker erlaubt, alle Denotationen und Konnotationen zu umfassen und „platonische, psychische und gegenständliche Entitäten" (l.c. 105) als Zeichen zu betrachten (entsprechend also des Peirceschen Zeichen- bzw. Objektbegriffs), führt zu einer umfassenden Konzeption von Semiose, die „*sich durch sich selbst*" (l.c.) erklärt. Rekursivität und Infinität der Semiose (im Peirceschen Begriff) sind auch für Ecos Modell Konsequenzen seines semantischen Systems. In diesem n-dimensionalen Modell „Q" (l.c. 174–178) sind alle von Eco erarbeiteten Zeichentypen, die auch codegesteuert situationelle Kontexte und Konnotationen umfassen und auf den verschiedenen semantischen Komplexionsstufen angeordnet sind, in der Art wie es die Interpretantendefinition zusammenfaßt, in einem System unendlicher semantischer Rekursivität aufeinander bezogen, d.h. von jedem Knotenpunkt aus kann man zu jedem anderen gelangen. Man habe sich, so Eco, vorzustellen, jeder dieser „kulturelle[n] Einheit[en] im Umfassenden Semantischen Universum emittiere bestimmte Wellenlängen, die sie mit einer begrenzten [...] Zahl anderer Einheiten gemeinsam hat" (l.c. 176). Das System wird flexibel und offen, da sich historisch, d.h. je nach geltenden, Konnotation und Denotation regelnden Codes, diese Anziehungskräfte ändern können und das System selbst semantisch bereichert werden kann. Der Begriff *kulturelle Einheit* deckt damit verschiedene semantische Komplexitätsebenen ab (sie werden in der vorliegenden Arbeit nicht weiter differenziert), ist mit der „unendlichen Semiose" kompatibel und impliziert dynamische (historische) Transformationsprozesse. Auch das 'Selbst' des Textes ist dann nur Depot eines kulturellen Wissens, nämlich die Gesamtheit der selbstrepräsentationalen „kulturellen Einheiten". Diese werden in Kap. 1.2.1 als *Objekte* gefaßt.

Exkurs 3: Zur Operationalisierung der Peirceschen Kategorien
für die Selbstrepräsentationstypen

Die Typologie unterscheidet verschiedene Selbstrepräsentationstypen nach ihrem jeweiligen „Semiotizitätsgrad" (s.u.), der sich je nach Objektart und Repräsentationsweise des Objekts bestimmt. Beide Parameter werden, was ihre inhaltliche Definition betrifft, auf der Basis der Peirceschen Fundamentalkategorien *Erstheit, Zweitheit* und *Drittheit* (*Firstness, Secondness, Thirdness*) entwickelt. Diese Kategorien definieren innerhalb der Peirceschen Zeichentheorie zunächst nichts weiter als relationale Wertigkeiten, die sich als ordnende Thematisierungen des Zeichens unter je zwei, gewissermaßen quer zueinander liegenden Kriterien verstehen lassen: sie geben (i) die Eigenschaften oder Seinsweisen an, die Repräsentamen, Objekt und Interpretant besitzen müssen, um als Zeichenrelate in eine Zeichensynthesis zu treten; verschiedene Zeichenklassen ergeben sich dann (ii) daraus, in welchem abermals kategorial definierten Zustand die Zeichenrelate in die Zeichensynthesis eingehen. Am ersten Punkt läßt sich zunächst die relationale Ordnung der Kategorien am deutlichsten *demonstrieren* (für eine Operationalisierung in das zu erarbeitende Modell müssen indessen bestimmte Umdispositionen vorgenommen werden).

Zu (i): Wie diese alternative Zeichendefinition zeigt –

> Ein Zeichen oder *Repräsentamen* ist alles, was in einer solchen Beziehung zu einem Zweiten steht, das sein *Objekt* genannt wird, daß es fähig ist ein Drittes, das sein *Interpretant* genannt wird, dahingehend zu bestimmen, in derselben triadischen Relation zu jener Relation auf das Objekt zu stehen, in der es selbst steht (Peirce 1983:64; vgl. auch *CP* 2.274) –

sind die drei Zeichenpole allein durch die Beziehung, die sie untereinander unterhalten, definiert: ein Zeichen ist eine triadische[461] Relation, die allein zu Beschreibungszwecken – und selbst dann nur mit einem erheblichen Abstraktionsaufwand – zerlegt werden kann, deren Relate aber ihren Sinn nur in der Relation gewinnen. Auf der strukturellen Ebene wird das Zeichen also bei Peirce von den *relationalen* Eigenschaften seiner Bestandteile aus thematisiert: Ein Zeichen entsteht überall dort, wo drei Momente solche Bindungsfähigkeiten oder Wertigkeiten haben, daß sie in ein triadisches Zusammenspiel treten und so eine neue Realität – das Zeichen – hervorbringen. Die Universalkategorien beschreiben, als abstrakte formale Aspekte des Zeichens, genau diese Funktionen und Wertigkeiten der einzelnen Relate:

> *Erstheit* ist das was so ist, wie es eindeutig und ohne Beziehung auf irgend etwas anderes ist.
> *Zweitheit* ist das, was so ist, wie es ist, weil eine zweite Entität so ist, wie sie ist, ohne Beziehung auf etwas Drittes.
> *Drittheit* ist das, dessen Sein darin besteht, daß es eine Zweitheit hervorbringt. (Peirce 1983:55)

Die Kategorien lassen sich direkt auf die drei Zeichenrelate projizieren: Erstheit entspricht dem Bezug des Zeichenmittels zu sich selbst, Zweitheit dem Objekt-Bezug und Drittheit dem Interpretantenbezug. Bereits in den Bezeichnungen der Kategorien drückt sich ihr inneres Ordnungsprinzip aus, nämlich nicht als additive, sondern als Einschließungsbeziehung in aufsteigender Linie. Die Hinsichtnahme der Erstheit ist unabhängig von Zweitheit und Drittheit: ein Zeichenmittel braucht kein Objekt und keinen Interpretanten, um Zeichenmittel zu sein. Zweitheit schließt Erstheit, aber nicht Drittheit ein: Ich nehme kein Objekt wahr, sondern ein Zeichenmittel, das das Objekt repräsentiert. Drittheit ist nur unter Einschluß von Zweitheit und somit auch von Erstheit möglich: Ein Interpretant ergibt sich erst aus der Zeichenmittel-Objekt-Beziehung[462].

---

[461] Die irreduzible Dreiwertigkeit des Zeichens wurde von Peirce aus der Relationenlogik abgeleitet, darauf kann hier allerdings nicht näher eingegangen werden; s. weiterführend Apel (1975).

[462] Die Triade läßt sich nicht in Dyaden auflösen, wie Morris es unternimmt, wenn er aus je einer Zweierbeziehung der Zeichenrelate die Teilgebiete der Semiotik 'Syntaktik', 'Semantik' und 'Pragmatik' (s. Morris 1988:23–24) entwickeln zu können glaubt. Jede

Zu (ii): Doch unter der alleinigen Betrachtung der Zeichentrias unterscheidet sich belichtetes Zelluloid nicht von der Tinte, die Tinte nicht vom Schwarz, und beides nicht von einem Wort. Jeder Zeichentyp kann – abermals mittels der Kategorien – vollständig durch die *Art* des Zeichenmittelbezugs, des Objektbezugs und des Interpretantenbezugs charakterisiert werden. Repräsentamen, Objekt und Interpretant sind also doppelt durch die Kategorien bestimmt: als Relat für die Zeichensynthesis und in der Modalität, in der sie ausgebildet sind, wenn sie diese Funktion wahrnehmen. Dies führt zur folgenden Matrix der Subzeichen[463],

Synthesis: Klassifizierung:	Erstheit Zeichenmittelbezug	Zweitheit Objektbezug	Drittheit Interpretantenbez.
Erstheit	Quali-Zeichen 1.1	Ikon 2.1	Rhema 3.1
Zweitheit	Sin-Zeichen 1.2	Index 2.2	Dicent 3.2
Drittheit	Legi-Zeichen 1.3	Symbol 2.3	Argument 3.3

die sich auch im Semiosedreieck darstellen läßt:

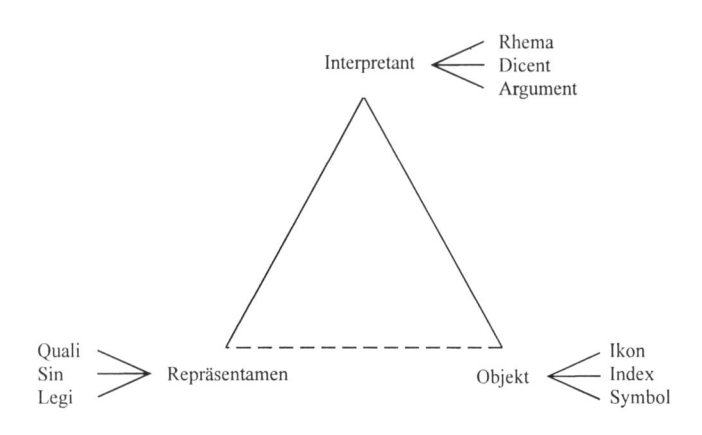

(Abb.4: Subdifferenzierung der Zeichenpole)

---

höherwertige Komplexität – also z.B. vierstellige Relationen – läßt sich aus Triaden konstruieren (s. Peirce 1983:55; 1986:252; 1990:138 mit n36ff.).

[463] Dies ist gewissermaßen die terminologisch kanonisierte Fassung; Peirce bietet auch hierfür im Laufe seines halben Jahrhunderts semiotischen Forschens eine Reihe von begrifflichen Alternativen und Unterklassifizierungen, je nach Entwicklungsstand seiner Theorie und Kontext, die der Übersichtlichkeit halber hier vernachlässigt bleiben müssen.

Nach Peirce ist jedes vollständige Zeichen dann durch das Maß charakterisiert, in dem in Repräsentamen, Objekt und Interpretant Erstheit, Zweitheit und Drittheit auftreten. Je höher die Kategorien, um so höher ist der realitätsthematische Repräsentationswert oder die *Semiotizität*[464], d.h. der Grad der Trennung zwischen Repräsentamen und Objekt bzw. „der Grad der Präsenz" des Objekts im Zeichen (Bense/Walther 1973:96–97). Das sprachliche Zeichen oder (argumentisch-)symbolische Legi-Zeichen ist beispielsweise die Zeichenklasse mit der höchsten Semiotizität, weil der Bezug zum Objekt nur noch durch Konvention besteht. Die zu bestimmenden Selbstrepräsentationstypen sind jedoch keine Zeichenklassen (der Romantext, von dem die Selbstrepräsentationen ausgehen, ist i.d.R. ein komplexes symbolisches Zeichen); wenn sie dennoch inhaltlich nach dem Modell der Kategorien entwickelt werden, differenzieren sie sich an ihrer jeweiligen Semiotizität in dem Sinne aus, daß sie das 'Selbst' in einer je unterschiedlichen 'Realität' darstellen und jeweils verschiedene Abhängigkeiten voneinander haben. Auf Basis der Kategorien werden aus Ikon, Index und Symbol drei Repräsentations*arten* und u.a. aus Quali-, Sin- und Legi-Zeichen drei *Objekttypen* abgeleitet.

---

[464] So die Bezeichnung der Stuttgarter Schule um Max Bense. Im vorliegenden Zusammenhang ist es indessen weder um eine allgemeine *Semiotik* zu tun noch um eine numerische Analyse von „ästhetischen Zuständen".

Literaturverzeichnis

1. Werke

Verzeichnis der Abkürzungen

AM   PÉREZ GALDÓS, Benito [1882], *El amigo Manso*, in *Obras Completas*, intr. biogr., notas y censo de personajes galdosianos por Federico Carlos, Sainz de Robles, Madrid: Aguilar, ³1954, vol.4, 1165–1291.
BI   MUÑOZ MOLINA, Antonio [1986], *Beatus ille*, Barcelona: Seix Barral, ²1988.
CE   ROJAS, Fernando de [1499–1502], *Tragicomedia de Calixto y Melibea libro también llamado La Celestina*, ed. crítica por M. Criado de Val y G.D. Trotter, Madrid: C.S.I.C., 1958.
CA   SAN PEDRO, Diego de [1492], *Cárcel de amor*, in *Obras Completas*, ed., introd. y notas de Keith Whinnom, vol.2, Madrid: Castalia, 1971.
CL   DON JUAN MANUEL [1335], *El Conde Lucanor o Libro de los enxiemplos del Conde Lucanor et de Patronio*, ed., introd. y notas de José Manuel Blecua, Madrid: Castalia, 1984.
CO   GOYTISOLO, Luis [1979], *La cólera de Aquiles (Antagonía III)*, Madrid: Alianza, 1987.
DN   MILLÁS, Juan José [1988], *El desorden de tu nombre*, Madrid: Alfaguara, 1990.
DQ   CERVANTES, Miguel de [1605/1615], *El ingenioso hidalgo Don Quijote de la Mancha*, ed. intr. y notas de Martín Riquer, Barcelona: Planeta, 1980.
CU   MARTÍN GAITE, Carmen [1978], *El cuarto de atrás*, Barcelona: Destino, ²1982.
EF   GOYTISOLO, Luis (1984): *Estela del fuego que se aleja*, Barcelona: Anagrama.
FA   TORRENTE BALLESTER, Gonzalo [1977/1982], *Fragmentos de apocalipsis*, ed. revisada y aumentada por el autor, Barcelona: Destino, 1982.
GA   ALEMÁN, Mateo [1599–1604], *Guzmán de Alfarache*, ed. y notas de Samuel Gili y Gaya, 5. vols., Madrid: Ed. de 'Lectura' (I 1926, II 1927), Espasa Calpe (III, IV 1946, V 1950).

TM   CALDERÓN DE LA BARCA, Pedro [~1635–45], *El gran teatro del mundo. El gran mercado del mundo*, ed. de Eugenio Frutos Cortés, Madrid: Cátedra, 1985.
LA   DELICADO, Francisco [1528?], *Retrato de la loçana andaluza*, ed. crítica de Bruno M. Damiani y Giovanni Allegra, Madrid: Ediciones José Porrúa Turanzas, 1975.
LB   RUIZ, Juan, Arcipreste de Hita [~1330], *Libro de buen amor*, übers. u. eingel. v. Hans Ulrich Gumbrecht, zweispr. Ausg., München: Fink, 1972.
NI   UNAMUNO, Miguel de [1914], *Niebla*, ed. de M.J. Valdés, Madrid: Cátedra, ^{9}1991.
NV   CALVINO, Italo (1979), *Se una notte d'inverno un viaggiatore*, Torino: Einaudi.
NT   PÉREZ GALDÓS, Benito [1871], *La novela en el tranvía*, in *Obras Completas*, intr. biogr., notas y censo de personajes galdosianos por Federico Carlos Sainz de Robles, vol.6, Madrid: Aguilar, ^{2}1951, 485–497.
RC   BORGES, Jorge Luis [1941], *Las ruinas circulares*, in *Ficciones*, Madrid, Buenos Aires: Alianza-Emecé, 1980, 61–69.

Weitere Werke

(Im folgenden werden nicht alle im Laufe der Arbeit erwähnten Werke aufgeführt, sondern nur die, aus denen zitiert wurde.)

AFONSO X, O SÁBIO [~1257–~1279], 209. *Cantiga de Santa María*, in *Cantigas de Santa María*, ed. por Walter Mettmann, 4 vols., Coimbra: Acta universitatis conimbrigensis, 1959–72, vol.2 (1961), 274–275.
BALZAC, Honoré de [1835], *Le père Goriot*, intr., notes et appendice critique par Pierre-Georges Castex, Paris: Garnier, 1963.
BENET, Juan (1980), *Saúl ante Samuel*, Barcelona: La gaya ciencia.
BORGES, Jorge Luis [1936], *Historia de la eternidad*, in *Obras Completas 1923–72*, Buenos Aires: Emecé, 1989, 351–423.
BORGES, Jorge Luis [1941], *Examen de la obra de Herbert Quain*, in *Ficciones*, Madrid, Buenos Aires: Alianza-Emecé, 1980, 81–87.
CARPENTIER, Alejo [1962], *El siglo de las luces*, ed. de Ambrosio Fornet, Madrid: Cátedra, 1985.
CORTÁZAR, Julio [1963], *Rayuela*, ed. de Andrés Amorós, Madrid: Cátedra, 1986.
DIDEROT, Denis [1796], *Jacques le fataliste et son maître*, éd. établ., présentée et annotée par Yvon Belaval, Paris: Gallimard, 1973.
FUENTES, Carlos (1987), *Cristóbal Nonato*, México: Fondo de Cultura Económica.
GARCÍA HORTELANO, Juan [1982], *Gramática parda*, Barcelona: Seix Barral, 1986.
GARCÍA MÁRQUEZ, Gabriel [1967], *Cien años de soledad*, ed. de Jacques Joset, Madrid: Cátedra, 1987.
GIDE, André [1925], *Les faux-monnayeurs*, Paris: Gallimard, 1972 (coll. folio).
GOETHE, Johann Wolfgang von [1774], *Die Leiden des jungen Werther*, in *Goethes Werke*, textkrit. durchges. und mit Anm. versehen v. Erich Trunz (Hamburger Ausgabe), Hamburg: Wegner, ^{1}1951, vol.6, 7–124.
GOETHE, Johann Wolfgang von [1789], *Amor als Landschaftsmaler*, in *Goethes Werke*, textkrit. durchges. und mit Anm. versehen v. Erich Trunz (Hamburger Ausgabe), Hamburg: Wegner, ^{2}1952, vol.1, 235–237 .

GOYTISOLO, Juan [1975], *Juan sin tierra*, Barcelona: Seix Barral, 1985.
GOYTISOLO, Luis [1973], *Recuento (Antagonía I)*, Madrid: Alianza, 1987.
GOYTISOLO, Luis [1976], *Los verdes de mayo hasta el mar (Antagonía II)*, Madrid: Alianza, 1987.
GOYTISOLO, Luis [1981], *Teoría del conocimiento (Antagonía IV)*, Madrid: Alianza, 1988.
GUELBENZU, José María [1977], *La noche en casa*, Barcelona: Destino, 1990.
MALLARMÉ, Stéphane [1897], *Mimique*, in *Divagations*, avec une préface de E.M. Souffrin, Genève: Des. du Mont Blanc, 1943, 194–195.
MONTAIGNE, Michel de [1580–95], *Œuvres complètes*, textes établis par Albert Thibaudet et Maurice Rat, introd. et notes de M. Rat, Paris: Gallimard, 1962.
PROUST, Marcel [1913–27], *A la recherche du temps perdu*, texte établi et présenté par Pierre Clarac et André Ferré, 3 vols., Paris: Gallimard, 1954.
RÍOS, Julián [1983], *Larva. Babel de una noche de San Juan*, Madrid: Mondadori España, 1992.
STRAUSS, Botho [1984], *Der junge Mann*, München: dtv, 1987.
TOMEO, Javier [1977], *El castillo de la carta cifrada*, Barcelona: Anagrama, 1988.
VEGA, Félix Lope de [1617], *La niña de plata*, in: *Comedias escogidas de Fray Lope Félix de Vega Carpio*, ed. y. estudio preliminar de M.M. Peleayo, 4 vols, (BAE, t.24), Madrid, 1946, vol.1, 273–295.

2. Forschungsliteratur

ADAM, Antoine (1948–55), *Histoire de la littérature française au xviie siècle*, 5 vols., Paris: Damat.
ALLAIGRE, Claude (1980), *Sémantique et Littérature: 'Le Retrato de la Loçana Andaluza' de Francisco Delicado*, Echirolles: Ministères des Universités.
ALTER, Robert (1975), *Partial Magic: The Novel as a Self-conscious Genre*, Berkeley: University of California Press.
AMELL, Samuel / GARCÍA CASTAÑEDA, Salvador (eds.) (1988), *La cultura española en el posfranquismo. 10 años de cine, cultura y literatura en España (1975–85)*, Madrid: Playor.
APEL, Karl-Otto (1975), *Der Denkweg von Charles S. Peirce. Eine Einführung in den amerikanischen Pragmatismus*, Frankfurt/M.: Suhrkamp.
ARISTOTELES (1989), *Poetik*, Griechisch u. Deutsch, übs. und hg. v. Manfred Fuhrmann, Stuttgart: Reclam.
ARROYABE, Estanislão (1982), *Peirce. Eine Einführung in sein Denken*, Königstein/Ts.: Athenaeum.
ASSMANN, Aleida (1980), *Die Legitimität der Fiktion. Ein Beitrag zur Geschichte der literarischen Kommunikation*, München: Fink.
AVALLE ARCE, Juan Bautista/ RILEY, Edward C. (1973), „*Don Quijote*", in dies. (eds.) *Suma Cervantina*, London: Tamesis, 47–79.

BAKHTINE, Michaïl (1978), *Esthétique et théorie du roman*, trad. du russe par D. Olivier, préface de M. Aucouturier, Paris: Gallimard [Orig. 1975].
BARTHES, Roland (1953), *Le degré zéro de l'écriture*, Paris: Seuil.
BARTHES, Roland (1964), „Littérature et méta-langage", in *Essais critiques*, Paris: Seuil, 106–107.
BARTHES, Roland (1966a), „Écrire, verbe intransitif?", in ders. (1984), 21–30.
BARTHES, Roland (1966b), „Introduction à l'analyse structurale du récit", *Communications*, 8, 1–27.

BARTHES, Roland (1968a), „La mort de l'auteur", in ders. (1984), 61–67.
BARTHES, Roland (1968b), „L'effet de réel", in ders. (1984), 167–174.
BARTHES, Roland (1970), *S/Z*, Paris: Seuil.
BARTHES, Roland (1971), „De l'œuvre au texte", in ders. (1984), 69–77.
BARTHES, Roland (1973), *Le plaisir du texte*, Paris: Seuil.
BARTHES, Roland (1975), *Roland Barthes par Roland Barthes*, Paris: Seuil.
BARTHES, Roland (1978), *Leçon*, Paris: Seuil.
BARTHES, Roland (1984), *Le bruissement de la langue (Essais critiques IV)*, Paris: Seuil.
BATAILLON, Marcel (1961), *'La Célestine' selon Fernando de Rojas*, Paris: Didier.
BAUDRILLARD, Jean (1976), *L'échange symbolique et la mort*, Paris: Gallimard.
BAUSCHATZ, Cathleen M. (1980), „Montaigne's Conception of Reading in the Context of Renaissance Poetics and Modern Criticism", in Susan R. Suleiman / Inge Crosman (eds.), *The Reader in the Text. Essays on Audience and Interpretation*, Princeton: Princeton University Press, 264–291.
BENSE, Max / WALTHER, Elisabeth (Hgg.) (1973), *Wörterbuch der Semiotik*, Köln: Kiepenheuer & Witsch.
BENVENISTE, Emile (1966), *Problèmes de linguistique générale*, Paris: Gallimard.
BERKOWITZ, H. Chonon (1940), „Unamuno's Relations with Galdos", *Hispanic Review*, 8, 321–338.
BERTRAND DE MUÑOZ, Maryse (1996a), „Presencia y transformación del tema de la guerra civil en la novela española desde los años ochenta", *Insula* 589/590, 11–14.
BERTRAND DE MUÑOZ, Maryse (1996b), „Novela histórica, autobiografía y mito. La novela y la guerra civil española desde la Transición", in: Romera Castillo, José / Francisco Gutiérrez Carbajo / Mario García-Page (eds.): *La novela histórica a finales del siglo xx. Actas del V Seminario Internacional del Instituto de semiótica literaria y teatral de la UNED, Cuenca, UIMP, 3–6 de julio 1995*, Madrid: Visor, 19–38.
BIRUS, Hendrik M. (1982), „Zwischen den Zeiten. Friedrich Schleiermacher als Klassiker der neuzeitlichen Hermeneutik", in ders. (Hg.), *Hermeneutische Positionen: Schleiermacher – Dilthey – Heidegger – Gadamer*, Göttingen: Vandenhoeck und Rup-recht, 15–58.
BLANCO AGUINAGA, Carlos (1964), „Unamuno's Niebla: Existence and the Game of Fiction", *MLN*, 79, 188–215.
BLUMENBERG, Hans (1981), *Die Lesbarkeit der Welt*, Frankfurt/M.: Suhrkamp.
BOOTH, Wayne (1974), *Die Rhetorik der Erzählkunst*, 2 vols., Heidelberg: Quelle und Mayer.
BORCHMEYER, Dieter / ZMEGAC, Viktor (Hg.) (1987), *Moderne Literatur in Grundbegriffen*, Frankfurt/M.: Athenäum.
– Art. 'Metatextualität' (Verf. Z. Kravar, 246–249).
BOURDIEU, Pierre (1992), *Les règles de l'art. Genèse et structure du champ littéraire*, Paris: Seuil.
BRIESEMEISTER, Dietrich (1981), „Die Buchmetaphorik in den Autos sacramentales", *Iberoromania*, 14, 98–115.
BUBNOVA, Tatiana (1987), *Francisco Delicado puesto en diálogo: Las claves bajtianas de 'La Lozana Andaluza'*, México: UNAM.
BUBNOVA, Tatiana (1990), „Cervantes y Delicado", *Nueva Revista de Filología Hispánica*, 38, 567–590.
BÜRGER, Peter (1988), „Das Verschwinden der Bedeutung. Versuch einer postmodernen Lektüre von Michel Tournier, Botho Strauß und Peter Handke", in: Peter Kemper (Hg.), *'Postmoderne' oder Der Kampf um die Zukunft: Die Kontroverse in Wissenschaft, Kunst und Gesellschaft*, Frankfurt/M.: Fischer, 294–312.
BURKS, Arthur W. (1948/49): „Icon, Index and Symbol", *Philosophy and Phenomenological Research*, 9, 673–689.

CALVINO, Italo (1980), „I livelli della realtà in letteratura", in ders. *Una pietra sopra. Discorsi di letteratura e società*, Torino: Einaudi, 310–323.
CANAVAGGIO, Jean-François (1958), „Alonso López Pinciano y la estética literaria de Cervantes en el *Quijote*", *Anales Cervantinos*, 7, 13–107.
CASTRO, Américo (1954), *La realidad histórica de España*, México: Porrua.
CASTRO, Américo (1957), *Hacia Cervantes*, Madrid: Taurus.
CASTRO, Américo (1972), *El pensamiento de Cervantes*, nueva edición ampliada y con notas del autor y de Julio Rodríguez-Puértolas, Barcelona / Madrid: Noguer.
CERQUIGLINI-TOULET, Jacqueline (1993), „L'imaginaire du livre à la fin du Moyen Age: Pratiques de lecture, théorie de l'écriture", *MLN*, 108, 680–695.
CHEVALIER, Maxime (1976), *Lectura y lectores en la España del siglo XVI y XVII*, Madrid: Turner.
CHRISTENSEN, Inger (1981), *The Meaning of Metafiction: A critical Study of Selected Novels by Sterne, Nabokov, Barth and Beckett*, Bergen.
COLIE, Rosalie (1966), *Paradoxia epidemica. The Renaissance Tradition of Paradox*, Princeton, New Jersey: Princeton University Press.
CORNEJO-PARRIEGO, Rosalía V. (1993), *La escritura posmoderna del poder*, Madrid: Fundamentos.
COSTA LIMA, Luiz (1990), *Die Kontrolle des Imaginären*, Frankfurt/M.: Suhrkamp [Orig. 1984].
CURTIUS, Ernst Robert (1938), „Dichtung und Rhetorik im Mittelalter", *Deutsche Vierteljahrsschrift für Literaturwissenschaft und Geistesgeschichte*, 16/4, 435–475.
CURTIUS, Ernst Robert (1967), *Europäische Literatur und lateinisches Mittelalter*, Bern, 6. Aufl. [^{1}1948].

DÄLLENBACH, Lucien (1976), „Intertexte et autotexte", *Poétique*, 27, 282–296.
DÄLLENBACH, Lucien (1977), *Le récit spéculaire. Essai de mise en abyme*, Paris: Seuil.
DAMIANI, Bruno (1969a), „Introducción", in Francisco Delicado: *La Lozana andaluza*, ed. por Bruno Damiani, Madrid: Castalia, 9–25.
DAMIANI Bruno M. (1969b), „*La* crítica", *BRAE*, 49, 117–139.
DAMIANI, Bruno M. (1980), „*La Lozana andaluza*: Ensayo bibliográfico II", *Quaderni Ibero-Americani*, 6, 47–85.
DAMIANI, Bruno M. (1990), „*La Lozana andaluza*: Ensayo bibliográfico III", *La Torre*, 4.14, 151–169.
DELEUZE, Gilles (1969), *Logique du sens*, Paris: Minuit.
DE MAN, Paul (1979), *Allegories of Reading. Figural Language in Rousseau, Nietzsche, Rilke, and Proust*, New Haven and London: Yale University Press.
DE MAN, Paul (1983), *Blindness and Insight. Essays in the Rhetoric of Contemporary Criticism*, second edition, revised; introd. by W. Godzich, London: Methuen [^{1}1971].
DERRIDA, Jacques (1967a), *De la grammatologie*, Paris: Minuit.
DERRIDA, Jacques (1967b), *La voix et le phénomène*, Paris: P.U.F.
DERRIDA, Jacques (1972a), *La dissémination*, Paris: Seuil.
DERRIDA, Jacques (1972b), *Marges de la philosophie*, Paris: Minuit.
DERRIDA, Jacques (1972c), *Positions.* Entretiens avec Henri Rouxe, Julia Kristeva, Jean-Louis Houdebine, Guy Scarpetta, Paris: Minuit.
DÌAZ, Janet W. (1976), „Origins, Aesthetics and the 'nueva novela española'", *Hispania*, 59 (March), 109–117.
DÍAZ-PLAJA, Guillermo (1968), „Cervantes' Erzähltechnik. Einige Bemerkungen", in H. Hatzfeld (Hg.) *'Don Quijote'. Forschung und Kritik*, Darmstadt: Wiss. Buchgesellschaft, 81–114 [orig. 1948].

DIRSCHERL, Klaus (1982), „Lügner, Autoren und Zauberer. Zur Fiktionalität der Poetik im Quijote", *Romanische Forschungen*, 94, 19–49.
DUNN, Peter N. (1979), „Narrator as Character in the *Cárcel de amor*", *MLN*, 94, 187–199.
DURÁN, Manuel (1989), „El *Quijote* visto desde el retablo de Maese Pedro", *Anthropos. Revista de documentación científica de la cultura*, 98/99, 101–104.
ECO, Umberto (1972), *Einführung in die Semiotik*, München: Fink [orig. 1968].
ECO, Umberto (1979), *The Role of the Reader. Explorations in the Semiotics of Texts*, Bloomington and London: Indiana University Press.
ECO, Umberto (1984), *Nachschrift zum Namen der Rose*, übs. Burkhardt Kroeber, München, Wien: Hanser [orig. 1983].
ECO, Umberto (1987a), *Lector in fabula. Die Mitarbeit der Interpretation in erzählenden Texten*, München: Deutscher Taschenbuch-Verlag.
ECO, Umberto (1987b), *Semiotik. Entwurf einer Theorie der Zeichen*, München [orig. 1976].
ECO, Umberto (1990), *The Limits of Interpretation*, Bloomington and Indianapolis: Indiana University Press.
EHLICH, Konrad (1983), „Text und sprachliches Handeln. Die Entstehung von Texten aus dem Bedürfnis nach Überlieferung, in Aleida Assmann, Jan Assmann u. Christof Hardmeier (Hgg.), *Schrift und Gedächtnis. Beiträge zur Archäologie der literarischen Kommunikation*, München: Fink, 24–43.
EISENSTEIN, Elizabeth L. (1979), *The Printing Press as an Agent of Change – Comunication and Cultural Transformations in Early-Modern Europe*, 2 vols., Cambridge/London.
FELTEN, Hans (1995), „Juan José Millás: El desorden de tu nombre", in: Felten, Hans / Ulrich Prill (eds.): *La dulce mentira de la ficción. Ensayos sobre narrativa española actual*, Bonn: Romanistischer Verlag, 99–108.
FERNÁNDEZ MOSQUERA, Santiago (1986), „Los autores ficticios del *Quijote*", *Anales Cervantinos*, 24, 47–65.
FIEDLER, Leslie (1988), „Überquert die Grenze, schließt den Graben! Über die Postmoderne", in Wolfgang Welsch (Hg.), *Wege aus der Moderne. Schlüsseltexte zur Postmoderne-Diskussion*, mit Beiträgen von J. Baudrillard et.al., Weinheim: VCH, Acta Humaniora, 57–74 [Erstv. 1969].
FLUCK, Winfried (1988), „'No Figure in the Carpet'. Die amerikanische Postmoderne und der Schritt vom Individuum zum starken Signifikanten bei Donald Barthelme", in M. Frank / A. Haverkamp (Hgg.), *Individualität. (Poetik und Hermeneutik XIII)*, München: Fink, 541–568.
FOUCAULT, Michel (1963), „Le langage à l'infini", in ders. (1994), vol.1, 250–261.
FOUCAULT, Michel (1966a), *Les mots et les choses. Une archéologie des sciences humaines*, Paris: Gallimard.
FOUCAULT, Michel (1966b), „La pensée du dehors", in ders. (1994), vol. 1, 518–540.
FOUCAULT, Michel (1966c), „L'homme est-il mort?", entretien avec C. Bonnefoy, in ders. (1994), vol.1, 540–544.
FOUCAULT, Michel (1967), „Un 'fantastique' de bibliothèque", in ders. (1994), vol.1, 293–326.
FOUCAULT, Michel (1969a), *L'archéologie du savoir*, Paris: Gallimard.
FOUCAULT, Michel (1969b), „Introduction" [in Arnauld A. et Lancelot C., *Grammaire générale et raisonnée*, Paris, Republications Paulet, 1969, iii–xxvii], in ders. (1994) vol.1, 731–752.
FOUCAULT, Michel (1969c), „Qu'est-ce qu'un auteur?", in ders. (1994), vol.1, 789–821.
FOUCAULT, Michel (1971), *L'ordre du discours*, Paris: Gallimard.

FOUCAULT, Michel (1994), *Dits et écrits 1954–1988*, édition établie sous la direction de Daniel Defert et François Ewald, 4 vols., (I 1954–69, II 1970–75, III 1976–79, IV 1980–88), Paris: Gallimard.
FRANK, Manfred (1983), *Was ist Neostrukturalismus?*, Frankfurt/M.: Suhrkamp.
FRANK, Manfred (1986), *Die Unhintergehbarkeit von Individualität. Reflexionen über Subjekt, Person und Individuum aus Anlaß ihrer 'postmodernen' Toterklärung*, Frankfurt/M.: Suhrkamp.
FRANK, Manfred (1990), *Das Sagbare und das Unsagbare. Studien zur deutschfranzösischen Hermeneutik und Texttheorie*, erw. Neuausgabe, Frankfurt/M.: Suhrkamp. [Erstausg. 1989].
FRANK, Manfred (1991), *Selbstbewußtsein und Selbsterkenntnis. Essays zur analytischen Philosophie der Subjektivität*, Stuttgart: Reclam.
FRENK, Margit (1982), „«Lectores y oidores». La difusión oral de la literatura en el siglo de oro", *Actas del VII. Congreso de la Asociación Internacional de Hispanistas*, Venecia, Italia, 1980, Roma: Bulzoni, vol.1, 101–123.
FRIEDMAN, Edward (1991), „Reading Inscribed: *Don Quixote* and the Parameters of Fiction", in: James A. Parr (ed.), *On Cervantes. Essays for L.A. Murillo*, Newark: Juan de la Cuesta, 63–84.

GENETTE, Gérard (1969), *Figures II*, Paris: Seuil.
GENETTE, Gérard (1972), *Figures III*, Paris: Seuil.
GENETTE, Gérard (1979), „Valéry et la poétique du langage", in Josué V. Harari (ed.), *Textual Strategies. Perspectives in Post-Structuralist Criticism*, Ithaca: Cornell University Press, 339–373.
GENETTE, Gérard (1982), *Palimpsestes. La littérature au second degré*, Paris: Seuil.
GENETTE, Gérard (1983), *Nouveau discours du récit*, Paris: Seuil.
GENETTE, Gérard (1987), *Seuils*, Paris: Seuil.
GERHARDT, Mia I. (1955), „*Don Quijote*. La vie et les livres", *Mededelingen der koninklijke Nederlandse Akademie van Wetenschappen, Afd. Letterkunde, Nieuwe Reeks*, 18/2, 17–57.
GIDE, André (1948), *Journal 1889–1939*, Paris: Gallimard.
GIESECKE, Michael (1991), *Der Buchdruck in der frühen Neuzeit. Eine historische Fallstudie über die Durchsetzung neuer Informations- und Kommunikationstechnologie*, Frankfurt/M.: Suhrkamp.
GILLET, Joseph E. (1956), „The Autonomous Character in Spanish and European Literature", *Hispanic Review*, 24, 179–190.
GILMAN, Stephen (1972), *The Spain of Fernando de Rojas. The Intellectual and Social Landscape of 'La Celestina'*, Princeton, New Jersey: Princeton University Press.
GOODMAN, Nelson (1981), „Wege der Referenz", *Zeitschrift für Semiotik*, 3, 11–22.
GOODMAN, Nelson (1990), *Weisen der Welterzeugung*, Frankfurt/M.: Suhrkamp (orig. 1978).
GOYTISOLO, Juan (1977), *Disidencias*, Barcelona: Seix Barral.
GOYTISOLO, Luis (1992), „Me siento un dinosaurio", entrevista con U. Winter, *Iberoamericana*, 45, 76–82.
GUMBRECHT, Hans Ulrich (1983), „Schriftlichkeit in mündlicher Kultur", in: Aleida Assmann, Jan Assmann u. Christof Hardmeier (Hgg.), *Schrift und Gedächtnis. Beiträge zur Archäologie der literarischen Kommunikation*, München: Fink, 158–174.
GUMBRECHT, Hans Ulrich (1985), „The Body versus the Printing Press: Media in the Early Modern Period, Mentalities in the Reign of Castile, and another History of Literary Forms", *Poetics*, 14, 209–227.

GUMBRECHT, Hans Ulrich (1990), Eine *Geschichte der spanischen Literatur*, Frankfurt/M.: Suhrkamp.

HABERMAS, Jürgen (1973), *Erkenntnis und Interesse*, mit einem neuen Nachwort, Frankfurt/M.: Suhrkamp [^{1}1968].

HABERMAS, Jürgen (1985), *Der philosophische Diskurs der Moderne. Zwölf Vorlesungen*, Frankfurt/M.: Suhrkamp.

HABERMAS, Jürgen (1988), *Nachmetaphysisches Denken. Philosophische Aufsätze*, Frankfurt/M.: Suhrkamp.

HALEY, George (1965), „The Narrator in *Don Quijote*. Maese Pedro's Puppet Show", *MLN*, 80, 145–165.

HALEY, Michael Cabot (1988), *The semeiosis of poetic metaphor*, Bloomington and Indianapolis: Indiana University Press.

HARVEY, L.P (1975), „Oral Composition and the Performance of Novels of Chivalry in Spain", in J.J. Duggan (ed.), *Oral Literature. Seven Essays*, Edinburgh: Scottish Academic Press, 89–110.

HASSAN, Ihab (1988), „Postmoderne heute", in Wolfgang Welsch (Hg.), *Wege aus der Moderne. Schlüsseltexte zur Postmoderne-Diskussion*, mit Beiträgen von J. Baudrillard et.al., Weinheim: VCH, Acta Humaniora, 47–56 [Erstv. 1985].

HEGEL, Georg Wilhelm Friedrich (1986), *Vorlesungen über die Ästhetik*, 3 vols., Frankfurt/M.: Suhrkamp.

HEITMANN, Klaus (1970), „Das Verhältnis von Dichtung und Geschichtsschreibung in älterer Theorie", *Archiv für Kulturgeschichte*, 52, 244–279.

HEMPFER, Klaus W. (1976), *Poststrukturale Texttheorie und narrative Praxis*, München: Fink.

HEMPFER, Klaus W. (1993), „Probleme traditioneller Bestimmungen des Renaissancebegriffs und die epistemologische 'Wende'", in ders. (Hg.) *Renaissance. Diskursstrukturen und epistemologische Voraussetzungen*, Stuttgart: Steiner, 9–46.

HENRICH, Dieter (1966), „Kunst und Kunstphilosophie der Gegenwart (Überlegungen mit Rücksicht auf Hegel)", in W. Iser (Hg.) *Immanente Ästhetik. Ästhetische Reflexion. Lyrik als Paradigma der Moderne (Poetik und Hermeneutik II)*, München: Fink, 11–32.

HERRERO, Javier (1982), „La metáfora del libro en Cervantes", in *Actas del VII. Congreso de la Asociación internacional de Hispanistas*, Venecia, Italia, 1980, Roma: Bulzoni, vol. 7/2, 579–584.

HERZBERGER, David K. (1979), „Literature on Literature: Four Theoretical Views of the Contemporary Spanish Novel", *Journal of Spanish Studies: Twentieth Century*, 7/1, 41–62.

HERZBERGER, David K. (1983), „Antagonía como metaficción", in *El cosmos de Antagonía. Incursiones en la obra de Luis Goytisolo*, prólogo de S. Clotas, Madrid: Anagrama, 107–119.

HONNETH, Axel (1988), „Foucault und Adorno. Zwei Formen einer Kritik der Moderne", in: Peter Kemper (Hg.), *'Postmoderne' oder Der Kampf um die Zukunft. (Die Kontroverse in Wissenschaft, Kunst und Gesellschaft)*, Frankfurt/M., 127–144.

HOLLOWAY, Vance R. (1993), „The Pleasures of Oedipal Discontent and *El desorden de tu nombre*, by Juan José Millás García", *Revista Canadiense de Estudios Hispánicas*, 18.1(otoño), 31–47.

HORAZ (Quintus Horatius Flaccus) (1984), *Ars poetica. Die Dichtkunst*, Lateinisch und Deutsch, übs. u. mit. einem Nachwort hg. v. Eckart Schäfer, rev. u. erg. Ausgabe, Stuttgart: Reclam.

HUTCHEON, Linda (1983) „A Poetics of Postmodernism?", *Diacritics*, 13, 33–42.

HUTCHEON, Linda (1984), *Narcissistic Narrative. The Metafictional Paradox*, New York, London: Methuen.
HUTCHEON, Linda (1989), „Historiographic Metafiction: Parody and the Intertextuality of History", in Patrick O'Donnell, Robert Con Davis (eds.), *Intertextuality and Contemporary American Fiction*, Baltimore: Johns Hopkins University Press, 3–32.

IBSEN, Kristine (1993), *Author, Text and Reader in the Novels of Carlos Fuentes*, New York / Bern et. al.: Lang.
ILLICH, Ivan (1991), *Im Weinberg des Textes. Als das Schriftbild der Moderne entstand. Ein Kommentar zu Hugos 'Didascalicon'*, Frankfurt/M.: Luchterhand (orig. 1990).
IMPERIALE, Louis (1991), *El contexto dramático de 'La Lozana andaluza'*, Potomac: Scripta.
IRRLITZ, Gerd (1990), „Subjekt ohne Objekt. Philosophie postmodernen Bewußtseins", *Sinn und Form*, 42/1, 87–115.
ISER, Wolfgang (1975), „The Reality of Fiction: A Functionalist Approach to Literature", *New Literary History*, 7/1 (Autumn), 7–38.
ISER, Wolfgang (1983), „Akte des Fingierens oder Was ist das Fiktive im fiktionalen Text?", in D. Henrich / W. Iser (Hgg.), *Funktionen des Fiktiven (Poetik und Hermeneutik X)*, München: Fink, 121–151.
ISER, Wolfgang (1990), *Der Akt des Lesens. Theorie ästhetischer Wirkung*, 3. Aufl., München: Fink [¹1976].
ISER, Wolfgang (1994), *Der implizite Leser. Kommunikationsformen des Romans von Bunyan bis Beckett*, 3. Aufl., München: Fink [¹1972].

JAKOBSON, Roman (1963), *Essais de linguistique générale*, tr. et préfacé par Nicolas Ruwet, Paris: Minuit.
JAKOBSON, Roman (1964), „Closing Statement: Linguistics and Poetics", in Th. A. Sebeok (ed.), *Style in Language*, Cambridge, Mass., 350–377 [¹1960].
JAKOBSON, Roman (1979), *Poetik. Ausgewählte Aufsätze 1921–1971*, hg. v. Elmar Holenstein u. Tarcisius Schelbert, Frankfurt/M.: Suhrkamp.
JAMESON, Frederic (1972), *The Prison-House of Language*, Princeton, New Jersey: Princeton University Press.
JAUSS, Hans Robert (1983), „Zur historischen Genese der Scheidung von Fiktion und Realität", in D. Henrich und W. Iser (Hgg.), *Funktionen des Fiktiven (Poetik und Hermeneutik X)*, München: Fink, 423–431.
JAUSS, Hans Robert (1989), „Italo Calvino: *Wenn ein Reisender in einer Winternacht*. Plädoyer für eine postmoderne Ästhetik", in ders. *Studien zum Epochenwandel der ästhetischen Moderne*, Frankfurt/M.: Suhrkamp, 267–302.
JÜTTNER, Siegfried (1973), „Der dramatisierte Erzähler und sein Leser. Hermeneutische Analyse der *Lozana andaluza* von Francisco Delicado", in Horst Baader / E. Loos (Hgg.), *Spanische Literatur im Goldenen Zeitalter.Fritz Schalk zum 70. Geburtstag*, Frankfurt/M.: Klostermann, 175–208.

KABLITZ, Andreas (1992), „Calvinos *Se una notte d'inverno un viaggiatore* und die Problematisierung des autoreferentiellen Diskurses", in K. W. Hempfer (Hg.), *Poststrukturalismus – Dekonstruktion – Postmoderne*, Stuttgart: Steiner, 75–84.
KELLER, Ulrich (1980), „Fiktionalität als literaturwissenschaftliche Kategorie", *Germanisch-romanische Monatsschrift*, Beiheft 2, Heidelberg.
KELLMAN, Steven G. (1980), *The Self-Begetting Novel*, New York: Columbia University Press.

KLEINERT, Susanne (1991): „Antonio Muñoz Molina. Die Begegnung von Kunst und Verbrechen", in: Dieter Ingenschay / Hansjörg Neuschäfer (Hgg.): *Aufbrüche. Die Literatur Spaniens seit 1975*, Berlin: Tranvía, 153–159.

KRISTEVA, Julia (1969), *Semeiotikè. Recherches pour une sémanalyse*, Paris: Seuil.

KRISTEVA, Julia (1970), *Le texte du roman. Approche sémiologique d'une structure discursive transformationelle*, The Hague, Paris: Mouton.

KRONIK, John W. (1977), „El amigo Manso and the Game of Fictive Autonomy", *Anales Galdosianos*, 12, 71–94.

KÜPPER, Joachim (1990), *Diskurs-Renovatio bei Lope de Vega und Calderón. Untersuchungen zum spanischen Barockdrama; mit einer Skizze zur Evolution der Diskurse in Mittelalter, Renaissance und Manierismus*, Tübingen: Narr.

LANCASTER, H.C. (1929–42), *A History of French Dramatic Literature in the Seventeenth Century*, 9 vols., New York: Gordian (Nachdr. 1966)

LANDWEHR, Jürgen (1975), *Text und Fiktion. Zu einigen literaturwissenschaftlichen und kommunikationstheoretischen Grundbegriffen*, München: Fink.

LANGBEHN-ROHLAND, Regula (1970), *Zur Interpretation der Romane des Diego des San Pedro*, Heidelberg: C. Winter.

LAUSBERG, Heinrich (1990), *Handbuch der literarischen Rhetorik. Eine Grundlegung der Literaturwissenschaft*, mit einem Vorwort von Arnold Arens, Stuttgart: Steiner, 3. Aufl. [¹1960].

LEBOIS, André (1949), „La révolte des personnages: De Cervantès et Calderon a Raymond Schwab", *Revue de littérature comparée*, 23, 482–506.

LEJEUNE, Philippe (1975), *Le pacte autobiographique*, Paris: Seuil.

LÉRTORA, Juan Carlos (1980), „La estructura de la 'mise en abyme' en *Fragmentos de apocalipsis*", *Semiosis*, 4, 83–95.

LEUBE, Eberhard (1969), „Die Kunst und das Leben. Zur 'Verselbständigung' der literarischen Gestalt im *Don Quijote*", *Archiv für das Studium der neueren Sprachen und Literaturen*, 205, 454–469.

LIDA DE MALKIEL, Maria Rosa (1950/51), „Tres notas sobre don Juan Manuel", *Romance Philology*, 4, 155–195.

LINK, Jürgen (1984), „Über ein Modell synchroner Systeme von Kollektivsymbolen sowie seine Rolle bei der Diskurs-Konstitution", in ders. und Wulf Wülfing (Hgg.), *Bewegung und Stillstand in Metaphern und Mythen. Fallstudien zum Verhältnis von elementarem Wissen und Literatur im 19. Jahrhundert*, Stuttgart: Klett Cotta, 63–92.

LIVINGSTONE, Leon (1958), „Interior Duplication and the Problem of Form in the Modern Spanish Novel", *PMLA*, 73, 393–406.

LÓPEZ PINCIANO (1953), *Philosophía Antigua Poética*, ed. de Alfredo Carballo Picazo, 3 vols., Madrid: C.S.I.C. / Instituto 'Miguel de Cervantes' [orig. 1596].

LOTMAN, Jurij M. (1986), *Die Struktur literarischer Texte*, 2. Aufl., München: Fink [¹1972, orig. 1968].

LUHMANN, Niklas (1986), „Das Kunstwerk und die Selbstreproduktion der Kunst", in H.U. Gumbrecht / K.L. Pfeiffer (Hgg.), *Stil. Geschichte und Funktionen eines kulturwissenschaftlichen Diskurselements*, Frankfurt/M.: Suhrkamp, 620–672.

LUKÀCS, Georg (1965), *Die Theorie des Romans. Ein geschichtsphilosophischer Versuch über die Formen der großen Epik*, 3. unveränderte Auflage, Neuwied, Berlin: Luchterhand [Erstv. 1916].

LYOTARD, Jean-François (1979), *La condition postmoderne*, Paris: Minuit.

LYOTARD, Jean-François (1983), *Le différend*, Paris: Minuit.

LYOTARD, Jean-François (1988), „Beantwortung der Frage: Was ist postmodern?", in Wolfgang Welsch (Hg.), *Wege aus der Moderne. Schlüsseltexte zur Postmoderne-*

Diskussion, mit Beiträgen von J. Baudrillard et.al., Weinheim: VCH, Acta Humaniora, 193–203 [Erstv. 1982].

MAGNY, Claude-Edmonde (1950), *Histoire du roman français depuis 1918*, Paris: Seuil.
MAINER, José-Carlos (1994), *De postguerra (1951–1990)*, Barcelona: Crítica.
MANDRELL, James (1984), „Author and Authority in *Cárcel de amor*: The Role of El Auctor", *Journal of Hispanic Philology*, 8, 99–122.
MECKE, Jochen (1997), „Repräsentation und Konfusion der Moderne in Unamunos Roman *Niebla*", in: Silvio Vietta / Dietmar Kamper (Hg.), *Literarische Moderne in Europa*, München: Fink.
MECKE, Jochen (1998), *Agonie der Moderne. Ambivalenzen der Repräsentation in der spanischen 'Generación del 98'*, Frankfurt/M.: Vervuert.
MENÉNDEZ Y PELAYO, Marcelino (1910), „Introducción" in ders. (ed.) *Orígenes de la Novela*, vol.3 (Novelas dialogadas), Madrid: Bally/Ballière, i–cclxxxix.
McHALE, Brian (1987), *Postmodernist Fiction*, New York/London: Methuen.
McLUHAN, Marshall (1968), *Die Gutenberg-Galaxis: das Ende des Buchzeitalters*, Düsseldorf/Wien: Econ [orig.1962].
MONER, Michel (1989a), „La problemática del libro en el *Quijote*", *Anthropos. Revista de documentación científica de la cultura*, 98/99, 90–93.
MONER, Michel (1989b), *Cervantès conteur. Écrits et paroles,* Madrid: Casa de Velázquez.
MORAWSKI, Stefan (1970), „Mimesis", *Semiotica*, 2, 35–58.
MORRIS, Charles William (1988), *Grundlagen der Zeichentheorie. Ästhetik der Zeichentheorie*, Frankfurt/M.: Fischer [orig. 1938 u.1939].
MÜLLER, Jan-Dirk (1988), „Der Körper des Buchs. Zum Medienwechsel zwischen Handschrift und Druck", in H.U. Gumbrecht, K.L. Pfeiffer (Hgg*.), Materialität der Kommunikation*, Frankfurt/M.: Suhrkamp, 203–217.

NAGL, Ludwig (1992), *Charles Sanders Peirce*, Frankfurt/M., New York.
NAVAJAS, Gonzalo (1987), *Teoría y práctica de la novela española posmoderna*, Barcelona: Eds. del Mall.
NEPAULSINGH, Colbert (1978), „The Concept 'Book' and Early Spanish Literature", in Aldo S. Bernardo (ed.), *The Early Renaissance, Acta*, Vol.5, Binghampton, New York: The Center for Medieval and Early Renaissance Studies, State University of New York at Binghampton, 133–155.
NEWBERRY, Wilma (1973), *The Pirandellian Mode in Spanish Literature*, Albany: State University of New York Press.

ONG, Walter Jackson (1975), „The Writer's Audience is always a Fiction", in *PMLA*, 90, 9–21.
ONG, Walter Jackson (1977), *Interfaces of the Word. Studies in the Evolution of Consciousness and Culture*, Ithaca and London: Cornell University Press.
ONG, Walter Jackson (1981*), The Presence of the Word. Some Prolegomena for Cultural and Religious History*, Minneapolis: University of Minnesota Press [Erstv. 1967].
ONG, Walter Jackson (1982), *Orality and Literacy. The Technologizing of the Word*, London and New York: Methuen.
ONG, Walter Jackson (1985), „Writing and the Evolution of Consciousness", *Mosaic*, 18/1, 1–10.
OOSTENDORP, H. Th. (1966), „La evolución semántica de las palabras españolas «auctor» y «actor» a la luz de la estética medieval", *Bulletin hispanique*, 68, 338–352.
ORTEGA, Marie-Linda (ed.) (1996), *Le roman espagnol face à l'histoire*, Fontenay/Saint-Cloud: ENS Eds.

PAPE, Helmut (1986), „Einleitung", in Ch.S. Peirce *Semiotische Schriften*, hg. und übs. v. Christian Kloesel und Helmut Pape, vol.1, Frankfurt/M.: Suhrkamp, 9–84.
PARKER, Alexander A. (1968), „Die Auffassung der Wahrheit im *Don Quijote*", in H. Hatzfeld (Hg.), *Don Quijote*, Darmstadt: Wiss. Buchgesellschaft, [Erstv. 1948].
PARR, James A. (1984), „Extrafictional Point of View in *Don Quijote*", in: *Studies on 'Don Quijote 'and Other Cervantine Works*, ed. Donald W. Bleznick, York / South Carolina: Spanish Literature Publications Company, 20–30.
PEIRCE, Charles S. (1931–1958), *Collected Papers*, ed. Charles Hartshorne, Paul Weiss (vols. I–II 1931, III–IV 1933, V–VI 1935), and Arthur W. Burks (vols. VII–VIII 1958), Cambridge, Mass.: Harvard University Press.
PEIRCE, Charles S. (1977), *Semiotics and Significs. The Correspondence between Charles S. Peirce and Victoria Lady Welby*, ed. Ch.S. Hardwick with the assistance of J. Cook, Bloomington, London: Indiana University Press.
PEIRCE, Charles S. (1983), *Phänomen und Logik der Zeichen*, hg. und übs. von Helmut Pape, Frankfurt/M.: Suhrkamp.
PEIRCE, Charles S. (1986, 1990), *Semiotische Schriften*, hg. und übs. von Christian Kloesel und Helmut Pape, Bd.I (1986), Bd.II (1990), Frankfurt/M.: Suhrkamp.
PÉREZ, Janet (1988), „Cervantine Parody and the Apocaliptic Tradition in Torrente Ballester's *Fragmentos de apocalipsis*", *Hispanic Review*, 56, 157–179.
PÉREZ FIRMAT, Gustavo (1978), „Apuntes para un modelo de la intertextualidad en literatura", *The Romanic Review*, 69, Nr.1/2, 1–14.
PFEIFFER, Karl Ludwig (1990), „Zum systematischen Stand der Fiktionstheorie", *Journal for General Philosophy of Science*, 21, 135–156.
PFISTER, Manfred (1985) „Konzepte der Intertextualität", in U. Broich /M. Pfister (Hgg.), *Intertextualität. Formen, Funktionen, anglistische Fallstudien*, Tübingen: Narr, 1–30.
PFISTER, Manfred (1985), „Zur Systemreferenz", in U. Broich /M. Pfister (Hgg.), *Intertextualität. Formen, Funktionen, anglistische Fallstudien*, Tübingen: Narr, 52–58.
PICARD, Hans Rudolf (1983), „Narrative Präsentation zwischen Fiktion und Wirklichkeit in C.J. Celas *La Familia de Pascual Duarte* – Die sinnkonstitutive Leistung der Beziehung zwischen Rahmen und Text", *Akten des Deutschen Hispanistentages 1983. Aspekte der Hispania im 19. und 20. Jahrhundert*, Hamburg, 69–77.
PONZIO, Augusto (1985), „Semiotics between Peirce and Bachtin", *Kodikas (Code)*, 8, Nr. 1/2, 11–28.
PRINCE, Gerald, (1973) „Introduction à l'étude du narrataire", *Poétique*, 14, 178–196.
PRINCE, Gerald (1980), „Notes on the Text as Reader", in Susan R. Suleiman / Inge Crosman (eds.), *The Reader in the Text. Essays on Audience and Interpretation*, Princeton: Princeton University Press, 225–240.

RAIBLE, Wolfgang (1973), „Vom Autor als Kopist zum Leser als Autor. Literaturtheorie in der literarischen Praxis", *Poetica*, 5, 133–151.
REISS, Timothy (1982), *The Discourse of Modernism*, Ithaca, London: Cornell University Press.
RICARDOU, Jean (1967), *Problèmes du nouveau roman*, Paris: Seuil.
RICARDOU, Jean (1971), *Pour une théorie du nouveau roman*, Paris: Seuil.
RICARDOU, Jean (1975), „La population des miroirs. Problèmes de la similitude à partir d'un texte d'Alain Robbe-Grillet", *Poétique*, 22, 196–226.
RICARDOU, Jean (1978*)*, *Nouveaux problèmes du roman*, Paris: Seuil.
RIFFATERRE, Michael (1979), „Sémiotique intertextuelle: L'Interpretant*"*, *Revue d'Ésthétique*, 1/2, 128–150.
RIFFATERRE, Michael (1980), „La trace de l'intertexte", *La pensée*, 215, 4–17.

RILEY, Edward C. (1962), *Cervantes's Theory of the Novel*, Oxford: Clarendon.
ROBERT, Marthe (1967), *L'ancien et le nouveau. De Don Quichotte à Kafka*, Paris: Payot.
ROLOFF, Volker (1984), *Werk und Lektüre. Zur Literarästhetik von Marcel Proust*, Franfurt/M.: Insel.
ROLOFF, Volker (1985), „Von der Leserpsychologie des Fin de siècle zum Lektüreroman. Zur Thematisierung der Lektüre bei Autoren der Jahrhundertwende (u.a. Huysmans, Eça de Queirós, Unamuno, Proust)", *Zeitschrift für Literaturwissenschaft und Linguistik*, 57/58, 186–203.
RÖSLER, Wolfgang (1983), „Schriftkultur und Fiktionalität. Zum Funktionswandel der griechischen Literatur von Homer bis Aristoteles", in Aleida Assmann, Jan Assmann u. Christof Hardmeier (Hgg.), *Schrift und Gedächtnis. Beiträge zur Archäologie der literarischen Kommunikation*, München, 109–122.
ROTHE, Arnold (1986), *Der literarische Titel. Funktionen, Formen, Geschichte*, Frankfurt/M.: Klostermann.
RÜFNER, Vinzenz (1955), „Homo secundus deus. Eine geistesgeschichtliche Studie zum menschlichen Schöpfertum", *Philosophisches Jahrbuch*, 63, 248–291.

SANZ VILLANUEVA, Santos (1985), „La novela española desde 1975", *Las nuevas letras*, 3/4, 30–35.
SAUSSURE, Ferdinand de (1922), *Cours de linguistique générale*, 2. édition, publié par Charles Bally et Albert Sechehaye, Paris: Payot.
SCARANO, Laura Rosana (1986), „La perspectiva metatextual en *El Quijote*", *Anales Cervantinos*, 24, 123–136.
SCHEERER, Thomas (1995), „Antonio Muñoz Molina", in: Alfonso de Toro / Dieter Ingenschay (eds.): *La novela española actual. Autores y tendencias*, Kassel: Reichenberger, 1995, 231–252.
SCHMITZ-EMANS, Monika (1995), *Schrift und Abwesenheit. Historische Paradigmen zu einer Poetik der Entzifferung und des Schreibens*, München: Fink.
SCHÖNRICH, Gerhardt (1990), *Zeichenhandeln. Untersuchungen zum Begriff einer semiotischen Vernunft im Ausgang von Ch.S. Peirce*, Frankfurt/M.: Suhrkamp.
SCHOLEM, Gershom (1970), „Der Name Gottes und die Sprachtheorie der Kabbala", in ders.: *Judaica. Studien zur jüdischen Mystik*, vol.3, Frankfurt/M.: Suhrkamp, 7–70.
SCHOLEM, Gershom (1983), *Zur Kabbala und ihrer Symbolik*, Frankfurt/M.:Suhrkamp [[1]1960].
SCHOLES, Robert (1970), „Metafiction", *Iowa Review*, 1, 100–115.
SCHOLES, Robert (1979), *Fabulation and Metafiction,* Urbana.
SEARLE, John R. (1975), „The Logical Status of Fictional Discourse", *New Literary History*, 6/2, 319–332.
SHAPIRO, Marianne (1985), „The Status of Irony", *Stanford Literature Review*, 2/1, 5–26.
SILVERMAN, Kaja (1983), *The Subject of Semiosis*, New York: Oxford University Press.
SOBEJANO, Gonzalo (1979), „Ante la novela de los años setenta", *Ínsula*, 396/397 (noviembre/diciembre), 1,22.
SOBEJANO, Gonzalo (1983), „Teoría de la novela en la novela española última (Martín-Santos, Benet, Juan y Luis Gyotisolo)", in *Akten des Deutschen Hispanistentages 1983. Aspekte der Hispania im 19. und 20. Jahrhundert*, Hamburg: Buske, 11–31.
SOBEJANO, Gonzalo (1985), „La novela poemática y sus alrededores", *Ínsula*, 464/465 (julio/agosto), 1,26.
SOBEJANO, Gonzalo (1986), „Testimonio y poema en la novela española contemporánea", in *Actas del VIII. Congreso de la Asociación internacional de Hispanistas 1983, Brown University, Providence*, Madrid: Istmo, vol.1, 89–115.

SOBEJANO, Gonzalo (1988), „La novela ensimismada", *España contemporánea. Revista de literatura y cultura*, 1, 9–26.
SOBEJANO, Gonzalo (1989), „Novela y metanovela en España", *Ínsula*, 512/513 (agosto/septiembre), 4–6.
SPIRES, Robert (1980), „From Neorealism and the New Novel to the Self-referential Novel: Juan Goytisolo's *Juan sin tierra*", *Anales de la narrativa española contemporánea*, 5, 73–82.
SPIRES, Robert (1984), *Beyond the metafictional mode. Directions in the Modern Spanish Novel*, Lexington: Kentucky University Press.
SPIRES, Robert C. (1996), *Post-totalitarian Spanish Fiction*, Columbia: University of Missouri Press.

SPITZER, Leo (1959), „Note on the Poetic and the Empirical 'I' in Medieval Authors", in ders. *Romanische Literaturstudien (1936–1956)*, Tübingen: Niemeyer, 100–112.
SPITZER, Leo (1969), „Sprachlicher Perspektivismus im *Don Quijote*", in ders. *Texterklärungen*, München: Hanser, 54–83 [Erstv. 1948].
STETTER, Christian (1979), „Peirce und Saussure", *Kodikas (Code)*, 1, 124–149.
STOICHITA, Viktor I. (1986), „Imago Regis: Kunsttheorie und königliches Porträt in den *Meninas* von Velázquez", *Zeitschrift für Kunstgeschichte*, 49, 165–189.
SUÑÉN, Luis (1984), „Luis Goytisolo o la vida es un libro", *Ínsula*, 450 (mayo), 5–6.

THIBAUDEAU, Jean (1968), „Le roman comme autobiographie", in *Tel Quel. Théorie d'ensemble*, Paris: Seuil, 212–220 [orig. 1967].
TITZMANN, Michael (1989), „Kulturelles Wissen – Diskurs – Denksystem", *Zeitschrift für französische Sprache und Literatur*, 99, 47–61.
TODOROV, Tzvetan (1967), *Littérature et signification*, Paris:Larousse.
TODOROV, Tzvetan (1971), *Poétique de la prose*, Paris: Seuil.
TORO, Fernando de (1981), „Personaje autónomo, lector y autor en Miguel de Unamuno", *Hispania*, 64, 360–366.

UNAMUNO, Miguel de (1968), *Vida de don Quijote y Sancho*, in *Obras Completas* vol.3, Madrid: Escelicer, 49–256 [1905].
UNAMUNO, Miguel de (1966), „Pirandello y yo", in *Obras Completas*, vol.8, Madrid: Escelicer, 501–504[1923].

VERRIER, Jean (1972), „Le récit réfléchi", *Littérature*, 5, 49–59.
VILLANUEVA, Darío (1987), „La novela", in Andrés Amorós (ed.), *Letras españolas: 1976–1986*, Madrid: Castalia, 19–64.
VOLLI, Ugo (1972), „Some possible Developments of the Concept of Iconism", *Versus*, 3, 14–30.

WALTHER, Elisabeth (1979), *Allgemeine Zeichenlehre. Einführung in die Grundlagen der Semiotik*, Stuttgart: Deutsche Verlagsanstalt [^{1}1974].
WARDROPPER, Bruce (1952), „Allegory and the Role of El Author in *the Cárcel de amor*", *Philological Quarterly*, 31/1 (January), 39–44.
WARDROPPER, Bruce (1953), „La novela como retrato: El arte de Francisco Delicado", *Nueva Revista de Filología Hispánica*, 7, 475–488.
WARDROPPER, Bruce (1965), „*Don Quixote*: Story or History?", *Modern Philology*, 63/1, 1–11.
WAUGH, Patricia (1984), *Metafiction. The Theory and Practice of Self-Conscious Fiction*, London, New York: Methuen.

WEBER, Frances W. (1973), „Unamuno's *Niebla*: From Novel to Dream", *PMLA*, 88 (March), 209–218.
WEIMANN, Robert (1991), „Das Ende der Moderne? Versuch über das Autoritätsproblem in unserer Zeit", in ders. u. H.U. Gumbrecht unter Mitarb. von Benno Wagner (Hgg.), *Postmoderne – globale Differenz*, Frankfurt/M.: Suhrkamp, 9–53.
WEINBERG, Bernard (1961), *A history of literary criticism in the Italian Renaissance*, 2 vols., London, Beccles: University of Chicago Press.
WEINRICH, Harald (1985), „Die Leser des *Don Quijote*", *Zeitschrift für Literaturwissenschaft und Linguistik*, 57/58, 52–66.
WHINNOM, Keith (1972), „Introducción crítica", in Diego de San Pedro, *Obras completas*, ed. Keith Whinnom, vol.2, Madrid: Castalia, 7–66.
WHITE, Hayden (1987), *The Content and the Form. Narrative Discourse and Historical Representation*, Baltimore: Johns Hopkins UP.
WILDE, Oscar (1970), *The Artist as Critic. Critical Writings of Oscar Wilde*, ed. by R. Ellmann, London: Allen (orig. 1891).
WYERS, Frances (1990), „Unamuno and 'The Death of the Author'", *Hispanic Review*, 58 (Summer), 325–346.

ZAVALA, Iris M. (1988), „Unamuno: *Niebla*, el sueño y la crisis del sujeto", in Angel G. Loureiro (coord.), *Estelas, Laberintos, nuevas sendas. Unamuno. Valle-Inclán. García Lorca. La Guerra Civil*, Barcelona: Anthropos, 35–50.
ZUMTHOR, Paul (1972), *Essai de poétique médiévale*, Paris: Seuil.
ZUMTHOR, Paul (1983), *Introduction à la poésie orale*, Paris: Seuil.

Register

Definitionen eingeführter Begriffe

Aussage-TEXT 84, 167
TEXT 67; AUTOR 70; LESER 75
Autorsignatur 120, 125
genealogische, kontextuale, paradigmatische Achse 78-79
Index 82; Ikon 90; Symbol 98
Kontext 65
Romanaussage 57
Selbstrepräsentation 44
Titelsignatur 123, 125

Namen-, Werk- und Stichwortindex

Àfonso X (o Sábio) s. *Cantigas de Santa María*
À la recherche du temps perdu 18, 110, 145-146, 160
Agathon 272
Alemán, M. s. *Guzmán de Alfarache*
Allaigre, C. 195-196
Allegorie 183
Allegorisierung der Materialität des Zeichens 214, 219-223
Alter, R. 16, 19–21, 271, 298, 306
Amadis de Gaula 186, 198, 204, 224, 256
Amor als Landschaftsmaler 112
Anagramm 29
Antagonía 41, 69, 115, 122, 131, 132
Apel, K.-O. 416
Arabeske 171
Architextualität 16, 58, 109
'Arcipreste de Hita' s. *Libro de buen amor*

Aristoteles 169, 172
Arnalte y Lucenda 120
Arnauld, A. 37, 404
Assmann, A. 19, 169
autobiographischer Modus 71, 74, 85, 114
autoenchâssement 20, 123, 223, 353, 360, 392, 401 s.a. Moderne
autogen 140, 150, 151, 161
Autonomieästhetik 14, 17, 212, 272 s.a. Selbstbegründung der Kunst; Moderne
Autonymie 13
autoproductivité 16, 21, 24, 140, 151, 161-164, 315
autoproduktiv 317
Autor 64, 66 als Maler, Regisseur, Schriftsteller 110 actor, auctor, autor 83, 120, 166, 169, 174–175, 195, 199, 202, 274, 301, 396 commentator 202 compilator 202 scriptor 202 fingir,

componer, escribir 175 Imagination 169, 220 Intervention 171–176, 199, 247–248, 272 Autor-Funktion 14 Bibliographie 114, 301 Autorname, Eigenname (s.a. Autorsignatur) 56, 109–110, 121 Funktionsbezeichnung 110, 119 Personalpronomen 119, 176, 274
Autoreflexivität 16, 28 als Intertextualitätskriterium 153 s.a. Selbstbezüglichkeit
Autorsignatur 120–123, 125, 144, 158, 176, 274, 294, 310, 340, 345
  Entsprechung beim Leser 135
autotelisch 140, 161
Autotextualität, autotextuell 139, 145, 148, 150, 397
Avalle-Arce, J.B. 201, 235
(Fernández de) Avellaneda, A. *Don Quijote* 171, 201, 207–208, 213–214, 218, 221–223, 230, 232, 238, 239, 242, 244, 257–259, 263
Azorín s. *Doña Inés*

Bachtin, M. 16, 57, 171, 275, 310, 322, 404
Balzac, H. de 85 s. *Le père Goriot*
Barth, J. 18–19
Barthes, R. 13, 18, 31, 51, 64, 72, 79, 130, 147, 150, 339, 404–405
Bataillon, M. 121, 172
Baudrillard, J. 371
Bauschatz, C. 147
Beatus ille 19, 69, 95, 113, 115, 121, 124, 277, 280, 381–395, 401, 404, 408
Beckett, S. 336
Beltenebros 392
Benet, J. s. *Saúl ante Samuel*
Bense, M. 418
Benveniste, E. 82, 83, 84, 86
Berkowitz, S. 282
Bertrand de Muñoz, M. 384
Birus, H. 47
Blanco Aguinaga, C. 282, 307
Blumenberg, H. 257
Bonaventura 202
Booth, W. 116
Borchmeyer, D. 22
Borges, J.L. s. *La biblioteca de Babel; El aleph; Examen de la obra de Herbert Quain; Las ruinas circulares; Pierre Menard, autor del Quijote*
Bouvard et Pécuchet 70
Briesemeister, D. 262
Bubnova, T. 185, 196, 216, 248
Buch als zweites Selbst der Figur 219–224, 410–411 Metapher und Symbol 204, 221, 228, 256, 261, 293, 298, 307–310, 379, 396, 411
  Säkularisierung des Buchsymbol 204, 207, 219, 222, 251
  Anthropomorphisierung des Buches 202, 214, 224, 228, 232, 396 Konzept 30
Buchdruck 14, 95, 167, 173–174, 193, 196–197, 201, 211, 219, 222, 228, 230–231, 251, 253–260, 263, 406
  Manuskript und Druck 186, 190 und Transzendentalität 259 s.a. Körperlichkeit; Mündlichkeit und Schriftlichkeit
Bürger, P. 392
Burks, A.W. 81–82
Butor, M. s. *La modification*

Calderón de Barca, P. 261, 262 s.a. *El gran teatro del mundo*
Calvino, I. 18–20 s.a. *Se una notte d'inverno un viaggiatore*
Canavaggio, J. 169
Cantigas de Santa María 124
Cárcel de amor 120, 126, 142, 170–171, 175–184. 186–187, 190, 192, 194–195, 197, 199, 202, 205–206, 245, 247–252, 254, 256, 396, 400, 409–410
Carpentier, A. s. *El siglo de las luces, Los pasos perdidos*
Castro, A. 42, 170–171, 200, 225, 228, 237
Cela, C.J. s. *La familia de Pascual Duarte*
Cerquiglini-Toulet, J. 202
Cervantes, M.de s. *Don Quijote*
Chevalier, M. 170, 254
Christensen, I. 21
Cien años de soledad 142–143
Colie, R. 225, 260
Cornejo-Parriego, R.V. 144
Cortázar, J. s. *Rayuela*
Costa Lima, L. 19, 169

creation/description-Paradox 22, 278, 288, 313–314, 316, 347, 349, 357–358
Cristóbal Nonato 157
Curtius, E.R. 116, 120, 148, 256–257, 261

Dällenbach, L. s. *mise en abyme*
Damiani, B. 184–185
Dante s. *Divina commedia*
De Man, P. 16, 27, 33, 47, 56, 67, 159, 227, 279, 331, 407
De Toro, F. 21, 223, 283
Decamerone 29
Deiktika 328
Dekonstruktion (von Index, Eigenname, Referenz, Saubjekt u.ä.) 16, 27, 66, 71, 121, 154, 158, 260, 273, 276, 280, 389, 402, 406 s.a transzendental
Deleuze, G. 365
Delicado, F. s. *Retrato de la Lozana andaluza*
Der junge Mann 115
Derrida, J. 16, 29, 40, 43, 47, 62, 66–76, 138, 141, 152, 161–163, 253, 256–257, 324, 358, 404, 413, 421 s.a. marque; Dekonstruktion; *différance*; *dissémination*; Zeichenbegriff
dialogisches Prinzip 16, 333
Dialogizität 16, 322, 397
Díaz , J.W. 410
Díaz Plaja, G. 244
Diderot, D. s. *Jacques le fataliste et son maître*
Diego de San Pedro s. *Cárcel de amor*
différance 47, 138, 152, 161, 310, 336, 346, 413
Dirscherl, K. 201, 215
dissémination 104, 161
Divina commedia 176
Don Juan Manuel s. *El Conde Lucanor*
Don Quijote 18–20, 23, 27–28, 30–31, 34, 41, 42, 70, 73–75, 79, 95, 109–110, 115–117, 121–122, 124, 126–127, 129, 136, 137, 144, 148, 150, 153, 155, 169, 170–174, 179, 186, 190, 192, 194, 197–266, 270, 272, 274, 276, 279–284, 286, 294, 299, 304, 308– 310, 312, 317, 394– 396, 400–411
Doña Inés 113
Durchstreichung 324

Eco, U. 16, 18, 44, 46–47, 56–57, 75, 93– 94, 414–415
écriture 31, 102, 146, 317, 335, 402
Ehlich, K. 255
Eisenstein, E. 253
El aleph 111
El amigo Manso 128, 282, 410
El castillo de la carta cifrada 118
El Conde Lucanor 29–31, 42, 44, 48, 51–54, 56, 58, 60, 67, 74, 76, 79, 84, 86, 99, 101, 129, 130, 164, 171, 203, 258
El cuarto de atrás 64, 69, 71, 74, 110, 114, 116, 120, 123–124, 136, 151–152, 155, 161, 352–353, 369, 381, 389, 401, 408
El desorden de tu nombre 19, 110, 113, 124, 277, 280, 348–381, 383, 389–396, 401, 404, 408, 411
El gran teatro del mundo 120, 126, 127, 155, 274, 283
El jinete polaco 392
El Pinciano 169
El Saffar, R. 197, 200, 202, 212
El siglo de las luces 145
Entsemiotisierung 52, 84, 270–271
Entzifferung 142, 180
episteme 34, 36, 90, 103, 165, 205, 208, 219–224, 233, 241, 253, 259, 403, 405
Erzähler auktorial, allwissend, transzendental 272, 308, 376
Erzählperspektive als Selbstrepräsentation 144, 308, 321, 375, 377 s.a. Erzähler
Estatua con paloma 122
Estela del fuego que se aleja 53, 103, 108, 111, 120–122, 127, 146, 151, 277, 317–349, 352, 355, 370, 378, 390, 394–397, 404, 409, 411
Examen de la obra de Herbert Quain 143–144, 148, 161
extradiegetisch 22, 83–84, 88, 122, 156, 265, 289, 296, 407

Felten, H. 371
Fernández Mosquera, S. 201
Fiedler, L. 391
Fielding, H. s. *Tom Jones*
Figur als starker Signifikant 150, 323
figurative und literale Lesart 27, 160
Fiktion und Fiktionalität 282, 392, 410
  Begriff 19, 30, 160, 169, 262, 281,

305, 377 Funktion 277 performative
Fiktion 112–113
Flaubert, G. s. *Bouvard et Pécuchet,
Madame Bovary*
Foucault, M. 14, 17, 20, 33–37, 39, 65,
72–73, 87, 90, 103, 138, 144, 170,
205, 216, 221, 223, 233, 242, 272,
275, 405, 408, 412, 420, 421 s.a.
episteme; *représentation*
Fragmentos de apocalipsis 18, 22, 30,
31, 42, 122, 145–150, 153, 155–156,
161, 277–278, 280, 308, 311–317,
319, 346, 349, 357, 389, 396, 404,
408–409
Frank, M. 33–34, 138, 140, 163–164,
275, 280, 394, 405
Frenk, M. 170, 175, 242, 257
Fuentes, C. s. *Cristóbal Nonato*

García Hortelano, J. s. *Gramática parda*
García Márquez, G. s. *Cien años de
soledad*
Genet, J. 86
Genette, G. 16, 22, 24, 47, 51, 57, 58,
85– 88, 118, 125, 126, 147, 150, 244,
279
Gerhardt, M. 170, 197, 206, 234, 239,
263
Gide, A. s. *Les faux-monnayeurs*
Giesecke, M. 231, 254, 259
Gillet, S. 21, 41, 223, 283
Gilman, S. 254
Goethe, J.W. v. s. *Amor als
Landschaftsmaler*
Goodman, N. 45, 57
Goytisolo, J. 15, 172, 194 s.a. *Juan sin
tierra; Reivindicación del conde don
Julián; Señas de identidad*
Goytisolo, L. 19 s.a. *Estela del fuego que
se aleja; Investigaciones y conjeturas
de Claudio Mendoza; La cólera de
Aquiles; Los verdes de mayo hasta el
mar; Recuento; Teoría del
conocimiento*
Gramática parda 116
Grimm, H. s. *Volk ohne Raum*
Guelbenzu, J.M. s. *La noche en casa*
Gumbrecht, H.U. 42, 170–173, 251, 254,
277
Guzmán de Alfarache 169, 171, 224, 232,
245, 254

Habermas, J. 33, 66, 275–277, 404
Haley, G. 197, 200, 230, 242
Haley, M. 48–49, 54
Harvey, L.P. 173
Hegel, G.W.F. 17, 227
Heidegger, M. 324
Heitmann, K. 169
Hempfer, K. 34, 138, 151
Henrich, D. 17, 131, 275, 307
Herausgeber-Fiktion 144, 198–199
Herrero, J. 258
Herzberger, D.K. 41, 113
historiographic metafiction 383–385
historiographischer Roman 145, 383–385
Holloway, V. 373
Horaz (Quintus Horacius Flaccus) 169
Hugo von St. Viktor 254
Hutcheon, L. 16, 19–23, 383

Illich, I. 202, 254
Imperiale, L. 173, 186, 194
inszenierte Mündlichkeit 53, 173, 182,
184, 186, 192, 194, 199–204, 232,
248, 252, 271
Interpretant nach Peirce 44–45, 55 (s.a.
Zeichenbegriff Peirce) Interpretant
nach Eco 414
Intertextualität, intertextuell 16, 18, 109,
139, 143–145, 148-153, 208, 248, 273,
277, 312, 363, 365, 367, 371, 381–
382, 390, 393, 396–398, 402 der
Romanaussage 58 s.a.
Architextualität
intradiegetisch 265
intratextuell 139–140, 144, 148, 210, 397
*Investigaciones y conjeturas de Claudio
Mendoza* 122
Ironie 286, 304, 316, 321, 349, 356, 400
postmoderne 18, ironischer Index 213,
214, 227 und Schriftlichkeit 194, 209
Irrlitz, G. 409
Iser, W. 14, 19, 51, 75, 105, 336

Jacques le fataliste et son maître 19, 23,
126, 156, 271–272, 278
Jakobson, R. 13, 16, 24–25, 53, 57, 82,
95, 420
Jameson, F. 16
Jauß, H.R. 19, 160, 169
Juan Ruiz 'Arcipreste de Hita' s. *Libro de
buen amor*

Juan sin tierra 41, 116
Jüttner, S. 172, 190, 195, 248

Kablitz, A. 18, 34
Kafka, F. 118
Kant, I. 272, 274–275
Keller, U. 19
Kellman, S. 351
Körperlichkeit 171, 189, 195, 197, 247, 251, 255, 348
Kristeva, J. 53, 61, 138, 141, 149, 151–152, 253, 256
Kronik, J. 20, 112, 282
kulturelle Einheit 44, 47, 93, 414
kulturelles Wissen 49–51

La biblioteca de Babel 110, 115
La Celestina 115, 121, 144, 170, 172, 174, 175, 186
La cólera de Aquiles 122, 134, 135, 235
La familia de Pascual Duarte 144
La modification 109, 115
La muchacha de las bragas de oro 113
La niña de plata 81
La noche en casa 69, 133, 135, 374
La novela en el tranvía 118, 263–272, 301, 303, 369
La nuit américaine 118
Lancaster, H.C. 172
Lancelot, C. 37
Landwehr, J. 19
Langbehn-Rohland, R. 177, 181
Larva (Babel de una noche de San Juan) 157
Las Meninas 34–37, 62, 72, 76–77, 90, 94, 97–98, 109, 111, 117, 124–125, 132, 136
Las ruinas circulares 74, 109–112, 115–116, 144, 155, 274
Lausberg, H. 86
Le père Goriot 156–159
Lebois, A. 21, 223, 283
Leerstelle 105
Lejeune, P. s. autobiographischer Modus
Lértora, J.C. 316
Les essais 147, 225
Les faux-monnayeurs 24, 80, 110, 124, 352, 389
Leser 62, 169 lector 175, 396 Pronomen 125 Leserapostrophe 77, 90, 101, 125–126, 156 als Betrachter,
Zuschauer 110 leer-ver-oír 166 empirisch 51, 63, 102, 134, 356 historischer Rezipient 44, 87, 345 impliziter Leser 75 Modell-Leser 75 narrataire 51, 54, 61–62, 67, 75, 84, 86, 88, 109, 117–118, 156, 230 virtueller 51
Leube, E. 21, 223, 283
Libro de buen amor 30–31, 126, 130, 132, 148, 155, 170–171, 175–176, 256
Lida de Malkiel, M.R. 42
linguistic turn 16, 18, 20, 273, 275, 308–309, 394, 402
Link, J. 35
literarisches Feld 167, 277
Livingstone, L. 19, 21, 41, 283
Locke, J. 404
Lope de Vega Carpio, F. s. *La niña de plata*
Los pasos perdidos 145
Los verdes de mayo hasta el mar 122, 146
Luhmann, N. 255
Lukács, G. 275
Lyotard, F. 275–276, 349, 389
Madame Bovary 117
Magny, C.E. 113
Mainer, J.C. 351
Mallarmé, S. 18, 29, 152 s.a. *Mimique*
Mandrell, J. 179–180, 183
Manuskript 193, 196, 204, 220
marque 66–67, 73, 76, 161, 404
Marsé, M. s. *La muchacha de las bragas de oro*
Martín Gaite, C. s. *El cuarto de atrás*
Materialität der Romanaussage als Repräsentationsmöglichkeit 58, 115, 360–362
Materialität des Zeichens, der Schrift, des Mediums etc. 17, 167, 193, 201, 204–205, 214–215, 219–220, 222, 243, 251, 325 als Endlichkeit 253, 271, 325, 360, 406
McLuhan, M. 253–255, 259
Mecke, J. 126, 311, 394
mediale Differenz 58, 110, 397
Medialität der Romanaussage als Repräsentationsmöglichkeit 58, 109, 115
Medien 95, 108, 110, 394
Medienmetaphern 95, 97, 108–109, 395

Medienwandel 201, 254, 260, 400 s.a. Mündlichkeit / Schriftlichkeit
Menéndez y Pelayo, M. 15, 184, 186, 195
metadiegetisch 24
metaficción 41
Metafiction 15, 19–22, 406
Metalepse, narrativ 22, 85–86, 88, 186–188, 191, 231
metanovela 41
Metaphorizität 408
Metasprachlichkeit 13, 28
Metatextualität 15, 18, 22
Millás, J.J. s. *El desorden de tu nombre*
Mimesis 23, 61, 77, 142–145, 147, 169, 172, 193, 195, 213, 250, 398, 401, 402
Mimique 161–163
mise en abyme 14–15, 20–29, 33, 56, 61, 100, 113, 123–124, 127, 140, 174, 199, 201, 216, 218, 233, 242–243, 248, 252, 280, 294, 298, 316, 319, 330, 352–353, 360, 363–364, 367, 389, 391
Misericordia 111, 113, 127
Moderne 15–18, 23, 28, 103, 141, 169–170, 275, 278–279, 307, 345, 349, 353, 360, 389, 400 s.a. Selbstbegründung; Autonomieästhetik u.ä.
Moner, M. 197, 202, 258
Montaigne, M. de s. *Les essais*
Morawski, S. 143
Morris, Ch.W. 417
Morrissette, B. 21
mouvance 121, 148, 165, 169, 173, 175, 192–193, 199–200, 208, 219, 231–232, 238, 244, 246, 253, 259
Müller, J.-D. 211, 255–257
Mündlichkeit und Schriftlichkeit 53, 173–174, 204, 242, 247, 254, 258, 260 s.a. Medienwandel
Muñoz Molina, A. s. *Beatus ille; Beltenebros; El jinete polaco*

Nagl, L. 32
narcissistic novel 15, 19
narrataire s. Leser
Navajas, G. 41, 410
Nepaulsingh, C. 175
Niebla 19–20, 30–31, 42, 61, 64, 74, 79, 85–86, 89, 100, 103, 110, 119, 122, 128–129, 136–137, 154–155, 181, 189, 206, 209–210, 213, 223, 231, 261–262, 274, 277, 279–315, 317, 321, 342, 389, 394–395, 399, 404, 408–409
Nietzsche, F. 66, 160, 275, 409
Nominalismus 194, 217, 252, 262
(*nouveau*) *nouveau roman* 14, 18, 24–25, 29, 124, 140, 166, 312, 393
novela poemática 41

Odyssee 29
Ong, W. 148, 253–259
Oostendorp, T. 175–176
Ortega, M.-L. 384

Pape, H. 43
Paratext, paratextuell 57, 109, 285–286, 295, 303, 309, 319, 323–324, 328, 340, 397 s.a. Prolog, Titelblatt u.ä.
Parker, A.A. 237
Parr, J. 258
Peirce, Ch. S. 16, 32–33, 36, 40, 43–49, 52, 55, 56, 60–78, 81–82, 84, 87, 91, 93, 98–99, 102, 227, 275, 400, 404, 412–418, 421 s.a. Zeichenbegriff
Pérez Firmat, G. 139
Pérez Galdós, B. s. *El amigo Manso; La novela en el tranvía; Misericordia, Tristana*
performance 173, 246
performative Fiktion 124, 128
Peritext 58
personaje autónomo 283 s.a. revoltierende Figur
Pfeiffer, H.L. 19
Pfister, M. 116, 153
Picard, H.R. 144
Pierre Menard, autor del Quijote 74, 144, 150
Pirandello, L. s. *Sei personaggi in cerca d'autore*
Platon 404
Polyperspektivismus 116, 273
Polyphonie 16, 149, 171, 248, 322
Postmoderne 18–19, 23, 41, 275, 278, 280, 353, 383, 389–392, 404
Poststrukturalismus 16, 18, 20, 31, 61
Prince, G. 54, 75, 118, 153
Prolog 172, 177, 179, 181–211, 229–241, 244, 257, 258, 294, 296 s.a. Paratext

439

Proust, M. s. *À la recherche du temps perdu*
Putnam, H. 404
Pynchon, T. 19

Rayuela 147
Realismus 20, 23, 263–274, 316, 354, 369, 376, 391
Recuento 110, 113, 122, 131, 132, 135
referentielle Deutung, referentieller Code 58, 84–88, 270, 376, 389, 390, 399, 404
'referentieller Fehlschluß' 266, 356, 379
Referenz 45
La Regenta 117
Reivindicación del conde don Julián 41
Repräsentamen 43
Repräsentation Peirce 43, 45 und Präsenz 47
Repräsentation 32, s.a. Selbstrepräsentation
représentation Foucault 36, 90, 103 s.a. *episteme*
Retrato de la Lozana andaluza 71, 120, 126, 143, 148, 170–212, 223, 231, 245–263, 272, 308, 400, 403, 409,
'revoltierende Figur' 172, 179, 223 s.a. *personaje autónomo*
Ricardou, J. 18, 47, 123, 138–139, 151, 197
Riffaterre, M. 140, 152
Riley, E.C. 169–172, 197, 201, 206–207, 214, 232, 235, 262–263
Ríos, J. s. *Larva (Babel de una noche de San Juan)*
Robbe-Grillet, A. 18
Robert, M. 170, 207, 220
Rodríguez de Montalvo s. *Amadís de Gaula*
Rojas, F. de s. *La Celestina*
Roloff, V. 39–40, 145–146, 301–302
Romanaussage 109 s. Medialität; Materialität
Rösler, W. 207
Rüfner, V. 169

Sanz Villanueva, S. 42
Saúl ante Samuel 130
Saussure, F. de 16, 44, 275, 404
Scarano, L.R. 216
Scheerer, T. 384

Schlegel, F. 227
Schmitz-Emans, M. 115
Scholem, G. 111, 347
Scholes, R. 21
Schönrich, G. 32, 36, 38, 43, 45–47, 72, 412–413
Schriftstellerfiguren 113
Se una notte d'inverno un viaggiatore 18, 85, 86, 157, 115, 158–159, 314, 387, 389
Searle, J. 19, 56
Sei personnaggi in cerca d'autore 41, 86, 399, 406
Selbstbegründung der Kunst (Ästhetik der Moderne) 14–17, 20, 24, 251 s.a. Autonomieästhetik; Moderne
Selbsteinschließung s. *autoenchâssement*
Selbstlektüre 145–146, 152
Selbstrepräsentation und Metaphorisierung 26, 66, 396 und Selbstbezüglichkeit des Zeichens 48, 412 pragmatische Dimension 167, 244, 394
Selbstzitat 69, 74, 122–123, 125, 140, 151–152 s.a. Autorsignatur, Titelsignatur
self-begetting (novel) 15, 22, 33, 113, 351
self-conscious 19–23, 33
self-informing 15, 20–21
self-referential 15, 22–23
self-reflexive 20–21, 23
Semiotizität 418
Señas de identidad 41
Shapiro, M. 227
shifter 82
Simulakrum 365, 391
Skripturalismus 18, 138, 149, 151, 164, 315–316
Sobejano, G. 41–42
Spires, R.C. 19–23, 41–42, 200, 272–273, 283, 394
Spitzer, L. 120, 176, 199–200, 212, 233–240, 256
'sprechendes Buch' 154–155
Sterne, L. s. *Tristram Shandy*
Stetter, Ch. 44
Stoichita, V. 39
Strauß, B. s. *Der junge Mann*
Subjekt 138, 310, 402, 409 als Sprachkonstrukt 150, 159, 278, 281, 309, 316, 321, 380–381, 392, 401

Selbstbegründug im Schreiben 331
und Buch 30, 31 s.a. Buch; Text; Dekonstruktion
Suñén, L. 337
surfiction 15
Systemreferenz 115, 363, 365 s.a. Intertextualität

tel quel 16, 18, 20, 22, 29, 32–34, 138, 161, 389
Teoría del conocimiento 118, 122, 131
Text novela, historia, crónica, libro, vida 166, 175 Demonstrativpronomen 52–53, 67, 80, 122 als Subjekt 20, 33, 138, 161 s.a. Buch
texte général 141
Thibaudeau, J. 161
Titelblatt 77, 285, 294, 319, 345
Titelsignatur 70, 109, 123–125, 135, 140, 152, 158, 164, 366, 378, 384
  Dekonstruktion 360, 389, 401
  Entsprechung beim Leser 135
Titzmann, M. 33–35, 50
Todorov, T. 16, 20, 51
Tom Jones 272
Tomeo, J. s. *El castillo de la carta cifrada*
Torrente Ballester, G. s. *Fragmentos de apocalipsis*
Tractado de amores de Arnalte y Lucenda 182
Transtextualität s.Intertextualität
transzendental 67, 122, 149, 154, 207, 271, 273 transzendentale Position 126 transzendentales Modell 141, 186, 200, 212, 238, 241, 263–274, 276, 381, 400, 407
Tristana 117
Tristram Shandy 18–20, 23, 86, 271–272, 278–279, 336
Truffaut, F. s. *La nuit américaine*

Unamuno, M. de s. *Niebla*
ut pictura poesis 192–193

Van Eyck 38
Vázquez-Montalbán, M. 394
Velázquez, D. de s. *Las Meninas*
Verrier, J. 29
Versalien 62
Villanueva, D. 41

Volk ohne Raum 406

Wahrscheinlichkeit 169, 369
Walther, E. 56, 418
Wardropper, B. 172, 177–179
Waugh, P. 16, 19–23, 272, 278
Weber, F.W. 283, 292
Weimann, R. 176
Weinberg, B. 172
Weinrich, H. 230
Whinnom, K. 177, 183
White, H. 383
Wieland, C.M. 272
Wilde, O. 268
Wittgenstein, L. 404
Wyers, F. 310, 311

Zavala, I. 310
Zeichenbegriff de Saussure 44 Peirce 32, 43, 63, 79, 415–416
Zitat 57, 69, 74, 118, 125, 391
Zmegac, V. 22, 272
Zumthor, P. 121, 169, 173, 176, 256

Mannheimer Beiträge zur Sprach- und Literaturwissenschaft

Zur Schriftenreihe:

Sie ist fächerübergreifend konzipiert und bietet den in ihren Verfahrensweisen immer weiter auseinandertendierenden philologischen Einzeldisziplinen Gelegenheit zur Bekundung der Gemeinsamkeit ihrer Aufgaben. Sprach- und Literaturwissenschaft müssen nicht nur Fachleuten, sondern auch der Öffentlichkeit, die sie trägt, verständlich machen können, daß sie Fragestellungen und Gegenstände von allgemeinem Interesse behandeln und daß ihre Erkenntnisse Belange aller betreffen. Es sagt etwas über die Qualität ihrer Arbeit aus, ob ihnen das gelingt oder nicht. In dieser Reihe sollen vor allem solche Beiträge veröffentlicht werden, die Sprache und Literatur als Wirklichkeit interpretierende Produktionen und ihre wissenschaftliche Erarbeitung als stets neu zu leistenden Beitrag zum Verständnis und zur Humanisierung der Gegenwart zur Geltung bringen und denen das auf eine nicht nur in Fachkreisen verständliche Art gelingt.

Weitere Bände der Reihe:

Band 36:
Ulrike Weißenborn
"Just Making Pictures"
Hollywood Writers, The Frankfurt School, and Film Theory

Band 35:
Jürgen Schwann
Georg Büchners implizite Ästhetik
Rekonstruktion und Situierung
im ästhetischen Diskurs

Band 34:
Stefan Glomb
Erinnerung und Identität im
britischen Gegenwartsdrama

Band 33:
Jürgen Heizmann
Antike und Moderne in Hermann
Brochs "Tod des Vergil"
Über Dichtung und Wissenschaft, Utopie und Ideologie

Band 32:
Christine Braß / Antje Kley
"Will the parts hold?"
Erinnerung und Identität in
Toni Morrisons *Beloved* and *Jazz*.
Zwei Thesen / Two Theses

Band 31:
Werner Reinhart
Literarischer Wahn
Studien zum Irrsinnsmotiv in der
amerikanischen Erzählliteratur
1821-1850

Band 30:
Erich Fritscher
Karl Gutzkow und das
klassizistische Historiendrama
des 19. Jahrhunderts
Studien zum Trauerspiel
"Philipp und Perez"

Band 29:
Claus Ensberg
Die Orientierungsproblematik
der Moderne im Spiegel
abendländischer Geschichte
Das literarische Werk Reinhold
Schneiders

Band 28:
Imke Henkel
Lebens-Bilder
Beobachtungen zur Wahrnehmung in Heimito von Doderers
Romanwerk

Band 27:
Dorothea Kupferschmidt-Neugeborn
"Heal into time and other people"
Schamanismus und Analytische
Psychologie in der poetischen
Wirkungsästhetik von Ted Hughes

Band 26:
Gudrun Loster-Schneider
Sophie La Roche
Paradoxien weiblichen Schreibens
im 18. Jahrhundert

Band 25:
Benita von Heynitz
Literarische Kontexte von
Kate Chopins "The Awakening"

Band 24:
Literaturgeschichte als Profession
Festschrift für Dietrich Jöns
Hrsg. Hartmut Laufhütte

Band 23:
Walter Grünzweig/Roberta
Maierhofer/Adi Wimmer (eds.)
Constructing the Eighties
Versions of an American Decade

Band 22:
Dietmar Schloss
Culture and Criticism in
Henry James

Band 21:
Paul Denzer
Ideologie und literarische
Strategie
Die politische Flugblattlyrik
der englischen Bürgerkriegszeit
1639-1661

Band 20:
Ulrich Halfmann (Hrsg.)
Eugene O'Neill 1988
Deutsche Beiträge zum
100. Geburtstag des
amerikanischen Dramatikers

Band 19:
Eva Kormann
"Der täppische Prankenschlag
eines einzelgängerischen
Urviechs"
Das neue kritische Volksstück –
Struktur und Wirkung

Band 18:
Gerlinde Huber
Das Motiv der "Witwe von
Ephesus" in lateinischen Texten
der Antike und des Mittelalters

Band 17:
Eduard Ditschek
Politisches Engagement und
Medienexperiment
Theater und Film der russischen
und deutschen Avantgarde der
zwanziger Jahre

Mannheimer Beiträge zur Sprach- und Literaturwissenschaft

Annegreth Horatschek

Alterität und Stereotyp

Die Funktion des Fremden in den 'International Novels' von E.M. Forster und D.H. Lawrence

Mannheimer Beiträge zur Sprach- und Literaturwissenschaft 37, 1998
ISBN 3-8233-5037-4

Die nationalkulturelle Alterität in den 'international novels' von E.M. Forster und D.H. Lawrence dient primär dazu, als Reaktion auf die englische Kolonialpolitik und unter dem Eindruck des 1. Weltkrieges die Funktionalisierung eurozentrischer Episteme und Machtstrategien in den kulturellen Identitäts- und Alteritätsentwürfen der Ausgangskultur in Frage zu stellen, sowie mögliche 'Therapieansätze' für die Defizite des englischen, bzw. europäischen Autostereotyps zu entwickeln. Das Einleitungskapitel arbeitet an Joseph Conrads *Heart of Darkness* exemplarisch die Oppositionspaare Licht/Dunkelheit, Seele/Leib, Männlich/Weiblich als tiefenstrukturelle Schlüsselmotive der hierarchisierenden Differenzierung zwischen Identität und Alterität heraus. Um die bislang verborgene Dimension tiefenhermeneutisch angelegter Kulturkritik bei E.M. Forster und D.H. Lawrence aufzudecken, erfolgt die Analyse gemäß diesen Bild- bzw. Stereotypbereichen bei Forster und Lawrence im interdisziplinären Referenzrahmen einer 'Philosophie der Endlichkeit' (Frank) von Gadamer bis Foucault, einer postkolonial, psychoanalytisch und feministisch orientierten 'Hermeneutik des Verdachts' (Ricœur) und des ideologiekritischen Konzeptes der 'Pseudokommunikation' (Habermas) als Zustand einer gesamtkulturellen Verblendung. Die Deutungen modifizieren gängige Urteile sowohl mit Bezug auf Forsters 'liberal humanism' als auch über Lawrences Misogynie.

gnv Gunter Narr Verlag Tübingen
Postfach 25 67 · D-72015 Tübingen · Fax (0 70 71) 7 52 88
Internet: http://www.narr.de · E-Mail: narr-francke@t-online.de

*Mannheimer Beiträge
zur Sprach- und Literaturwissenschaft*

Ulrike Weißenborn

"Just Making Pictures"

Hollywood Writers, The Frankfurt School,
and Film Theory

Mannheimer Beiträge zur Sprach- und Literaturwissenschaft 36, 1998
ISBN 3-8233-5036-6

Ulrike Weißenborn untersucht die amerikanische Hollywood-Literatur auf ihren filmtheoretischen Gehalt. Während in der bisherigen Forschung meist Autobiographisches im Vordergrund stand, bespricht die Autorin hier erstmals Werke von F. Scott Fitzgerald, Nathanael West, Horace McCoy, Jona Didion und Sam Shepard systematisch unter filmischen Aspekten. Ausgangspunkt sind die von der Frankfurter Schule und Ernst Bloch in den 30er Jahren entwickelten Analysen des Films, die das neue Medium in den Zusammenhang von Spätkapitalismus und Kulturindustrie stellen. Außerdem wird die moderne, vor allem von Freud und Lacan inspirierte, psychoanalytische Filmtheorie herangezogen. Neben der Untersuchung der literarischen Werke beschäftigt sich die Arbeit auch mit Hollywoods filmischer Selbstanalyse. Die Verfasserin zeigt, wie harmlos Kazans Verfilmung von *The Last Tycoon* und Schlesingers *The Day of the Locust* im Vergleich mit den wesentlich kritischeren Hollywood-Produktionen der 90er Jahre, Coens *Barton Fink* und Altmanns *The Player*, wirken.

Gunter Narr Verlag Tübingen
Postfach 25 67 · D-72015 Tübingen · Fax (0 70 71) 7 52 88
Internet: http://www.narr.de · E-Mail: narr-francke@t-online.de